主编　山东大学文史哲研究所

顾问　（按姓氏笔画为序）

王元化　王季思　朱东润　吴富恒　余冠英

林　庚　季镇淮　周振甫　钱仲联　萧涤非

中国历代著名

第一卷

吕慧鹃 刘波 卢达 编

文学家

评传

图书在版编目（CIP）数据

中国历代著名文学家评传.第一卷/吕慧鹃,刘波,卢达编.—济南:山东教育出版社,2009
ISBN 978 - 7 - 5328 - 6189 - 7

Ⅰ.中…　Ⅱ.①吕…②刘…③卢…　Ⅲ.文学家-评传-中国-古代　Ⅳ.K825.6

中国版本图书馆 CIP 数据核字（2009）第 030744 号

中国历代著名文学家评传
第一卷

吕慧鹃　刘波　卢达　编

主　　管：山东出版集团
出 版 者：山东教育出版社
　　　　　（济南市纬一路 321 号　邮编：250001）
电　　话：（0531）82092663　传真：（0531）82092661
网　　址：http://www.sjs.com.cn
发 行 者：山东教育出版社
印　　刷：山东新华印刷厂
版　　次：2009 年 3 月第 1 版第 1 次印刷
印　　数：1－2000
规　　格：787mm×1092mm　16 开本
印　　张：34.25 印张
插　　页：5 插页
字　　数：452 千字
书　　号：ISBN 978－7－5328－6189－7
定　　价：64.00 元

（如印装质量有问题，请与印刷厂联系调换）

再版说明

《中国历代著名文学家评传》（六卷）于 1985 年由山东教育出版社出版，共收入先秦至清末我国著名文学家的评传一百五十九篇。本书出版后得到学界、教育界、出版界、文化界的一致好评，并被国家教育部列为全国高等学校文科教学参考书，还获得全国第一届优秀教育读物一等奖等多项奖励。1989 年，我社又出版了该书的续编三卷，收入此前漏选的，或文学史地位略逊于前的，以及主要成就不在文学方面的文史名家的评传一百八十三篇。九卷书总计四百二十余万字。1997 年，本书的前六卷和续编三卷同时再版。此次是第三版。

为了使本书的卷次更加整齐划一，此次将原有的续编一、续编二、续编三改为第七卷、第八卷、第九卷，各卷的篇目、顺序一仍其旧，只是将原来附于第六卷末的前六卷总目录移至第九卷末，与续编的总目录合二为一。本书的再版，完全尊重撰稿人的学术成果，内容、观点、文字全部依据原著，除个别明显的笔下误和排版差错改正外，其他全部照原著重排。

本书的初版是在上世纪 80 年代，由山东大学文史哲研究所主编，吕慧鹃、刘波、卢达三位教授为项目主持人。他们承担了遴选作家、约稿、审稿、编稿、校对等组编工作。其间，编者与我社联合召开了两次编选、审稿会议，其后又在教育部一司的指导下召开了专家终审、定稿会议，使本书得以及时出版。时至今日，山东大学文史哲研究所已改制为院，但为了保持原著原貌，第三版仍沿用了初版时的署名方式。

中国历代著名文学家评传（第一卷）

1

而今,本书顾问王元化、王季思、朱东润、吴富恒、余冠英、林庚、季镇淮、周振甫、钱仲联、萧涤非十位先生以及编者卢达先生和不少撰稿人已先后作古,令人倍感痛惜! 该书的再版,既是对其学术文化遗存的积累与传播,也是对逝者的缅怀和纪念。

在本书再版之际,我们对为此书编写、出版付出过智慧、辛劳的专家学者和所有合作者致以诚挚的感谢! 有了众多名家的支持和参与,才有了这样一部厚重、高品位的学术著作,并且在二十余年后的今天仍有其再版价值。

本书在编辑、出版过程中一定还有诸多不足和错讹之处,在此敬希读者方家不吝赐教。

山东教育出版社
2009 年 3 月

前　言

　　我们的伟大祖国是世界上最古老的多民族国家之一，有着源远流长的文化传统，产生了为数众多的文化巨人。仅就文学家而言，早在公元以前，便出现了遐迩闻名堪称世界文学巨人的屈原、司马迁等。许多世纪以来，优秀的文学家生生不息，倍增叠出。他们的作品像条条巨川，汇入浩瀚的海洋，构成中华民族多彩多姿的一部文学发展史。

　　当前在建设社会主义精神文明的历史任务中，继承和发扬古代作家思想和艺术中的优良传统，以为今天的借鉴，并借此提高民族的自尊心和自信心，都是非常必要的。为此，我们编辑了这部《中国历代著名文学家评传》。教育部已将此书列为高等院校文科教学参考书，并曾约请部分专家加以审订。

　　这是一部大型的作家评传，共六卷，约二百余万字。全书评介了自先秦至"五四"前一百六十余位作家，基本上反映了两千多年来文学家活动的概貌。它不同于作家年谱，采用了以传为主、寓评于传、评传结合的体例，即以作家生平系年和作品系年为主线，对每个作家的生平事迹和主要作品都有较为详细的述评。每篇末还附有主要参考书目，以便读者自学。因此，它比较适合于作为学习文学史的参考教材。广大读者从中可以看到古老的中华民族，为世界文坛哺育了多少优秀作家。

　　这是一部力图肃清极"左"影响的书。文学评论应该以作品的思想性和艺术性相统一为标准。优秀作品，应是二者高度完美的统一；粗劣作品，既无艺术性，也难以表现深刻的思想性。但是长期以来，文学评论中严重地存在着极"左"影响，主要是以反历史主义的观点对待古代作家作品。列宁说："分析任何一个社会问题时，马克思主义理论的绝对要求，就是要把问题提到一定的历史范围之内"（《列宁选集》第二卷第 512 页）；而极"左"思潮者却脱离具体的历史条件，任意苛求古人，曲解文学史上的种种复杂现象，褒贬取舍纯以实用主义为尺度，或者是以作品的政治性完全代替了思想性，并割裂思想性和艺术性的关系，只要思想性，不要艺术性，对那些思想上无害、艺术上有益的作品一概排斥，甚至发展到对那些思想上和艺术上都有益的作品，也大加挞伐。李煜词被全盘否定，自不在话下，连陶渊明、王维、李清照等人的作品都不能幸免，甚至《红楼梦》也一度大有岌岌可危之势。本书注意纠正这一极"左"影响，在重视作品思想性的同时，还比较注意作品的艺术性；在重视作家政治态度的同时，还比较注意其艺术技巧及其在文学史上的影响和贡献。如有的作家基本政治倾向不好或一个时期不好，但其某些作品并未表现出反动的政治倾向来，而且艺术性比较高或影响较大，也予录选，并注意分析、肯定其艺术成就。同时也注意防止对古代作家良莠不分、精华糟粕兼收并蓄甚至一味抬高的错误倾向。

这是一部贯彻百家争鸣方针的书。撰稿人都力图运用历史唯物主义观点和方法，并注意从文学创作和文学评论的特殊规律去研究作家及其作品。但是，在具体运用中，所得结论却又不尽相同，甚至很不一致。这不仅表现在对各个作家的评价标准上，即或涉及同一作家作品，见仁见智，也时有不同。这是正常的可以理解的现象。要对一个作家或一部作品做出科学的结论，不可能一蹴而就，往往要经过反复曲折的过程。只有通过不同学术观点的争鸣，从中加以比较、鉴别，最终才能得出一个符合客观实际的接近科学的结论来。对于众说纷纭的学术争论，撰稿人不仅止于客观介绍，还能表明自己的观点，代表了一家之言。从他们的文章中，还可看出蹊径不同的治学方法和各具特色的写作风格，这对读者治学也大有裨益。

这是一部提高与普及相结合的书。从质的方面看，它具有较高的学术性。大多数撰稿人对所写作家都研究有素，甚至竭尽平生精力，无论对作家的世界观和文艺观，也无论辨误文字、辨析字义或校雠版本、笺释作品，都做过大量工作，因而能做到评述观点稳妥、征引资料翔实、考证论据充分，汲取了历代研究的成果。从量的方面看，它具有较为广博的知识性，对每个作家的生平经历都有较为详细的评述，对其作品有全面介绍，对代表作品有重点论述，做到了学术性和知识性相结合。

这部书的作者不是一个、两个，而是上百个。它荟萃了几代人的研究成果，既有年逾古稀的老一辈专家，也不乏后起之秀的青年学子，更多的则是壮志勃发的中年学者。为发扬我国文学家的优良传统，为研究中国文学所走的具有民族特色的道路，以供今天的文学作家来借鉴，几代人同心协力，辛勤笔耕，评述了中国文学史上灿若繁星的作家群。

从这部评传中，可以看到评价作家作品是一项极其复杂的工作，必须坚持历史唯物主义原则，防止对古人过分苛求或过分溢美的两种倾向。因此，多作些具体分析，比抽象的肯定或否定更有借鉴意义。

作品是社会的镜子，作家是时代的声音。作为观念形态的文学作品，总是在一定社会经济基础上产生并反映它的经济基础的。作家总是自觉或不自觉地受着他所处时代、社会和阶级的制约。他们无论采取哪种文学样式去抒情、叙事，或写景、状物，也无论热情讴歌，或冷静观察、愤怒控诉，总摆脱不了时代、社会和所代表阶级的影响。但是，这一切都不能作简单化、庸俗化的理解。我们不必去责备作家的这种局限，也不应该否定这种局限。时代、社会的局限是任何人也超越不了的。即或作为具有马克思主义世界观的无产阶级作家，也不能具体预见到并反映出其后几百年的社会状况。对于阶级的局限，既不能仅仅根据作家的阶级出身去判断作品的阶级属性，也不能因为作品中反映了劳动人民生活的某些真实方面，便从根本上断定这些作家站在劳动人民立场，过分夸大他们思想的进步性。

作家的世界观是复杂的，反映在文学作品中的作家思想和社会生活也是复杂的。更何况作品的客观思想大于作家的主观思想也是常见的现象。我们应该根据文学反映生活的特殊形式去评价作家作品，对于古代作家，我们不必过分苛求他们没有反映出这些或那些社会的本质来；我们应该感谢他们在作品中已经反映出这些或那些社会的本质或侧影来。正是由于他们对各个历史时期的社会生活提供了形象的画卷，才给后人以认识作用、教育作用和美感作用。这一真善美的艺术作用是任何其它社会科学著作所不能代替的。从中国文学璀璨夺目的画卷里，可以看到古代作家为坚持真理，也历尽艰辛。屈原被放逐，千古尽掬同怀之情；魏晋文人纵酒谈玄，正是为了远祸全身；陶渊明归田园自有其难言之隐；多少返朴归真的诗人也都各有其隐私苦衷。至于那些在政治斗争的漩涡中，终不免被冷落，被罢黜，以至于被杀身的作家，又都各有其缘由，有些令人尊敬，有些值得同情，有些可以理解，有些则咎由自取。总之，都可以给后人以认识或教育的作用。

从这部评传中，还可以看到在一些进步作家身上，集中体现了中华民族的优秀素质，代代相传，日新月异，在各个时代都有其不同的表现形式。屈原那上下求索，虽九死其犹未悔的忧国忧民思想，和文天祥那"留取丹心照汗青"的凛然正气，千百年来，鼓舞了多少英雄豪杰在国家和民族的危难关头，毅然舍身成仁，为国捐躯；李白那蔑视权贵的傲骨，启迪了无数知识分子出淤泥而不染；司马迁忍辱负重的品格，教育了无数身处逆境的人奋发图强。他们都从人民中汲取了智慧和营养，成为中国的脊梁。他们的精神和作品是民族文化的精髓，永远值得发扬光大。

无可讳言，本书还存在一些弱点和缺点，如各篇字数、质量都有不平衡现象。约稿范围不够广泛，也未能极尽国内名家，实为憾事。同样遗憾的是港台等地以及其他海外专家未能参加撰稿，以便为发扬中华民族灿烂悠久的文化传统，为建设祖国的现代精神文明,同尽炎黄子孙涓埃之情。但愿会期不远,弥补有日。

　　本书还存在许多亟待纠正的问题,发现它们的任务,留给广大读者吧。他们,只有他们,才是最公允、最严格,也是最高权威的评论家。

编　者

1982 年 10 月

编者

1982 年 10 月

目　　录

庄　周 ………………………………………… 冯钟芸 (1)

屈　原 ………………………………………… 姜亮夫 (24)

宋　玉 ………………………………………… 陆永品 (48)

贾　谊 ………………………………………… 董治安 (55)

枚　乘 ………………………………………… 费振刚 (67)

司马相如 ……………………………………… 费振刚 (73)

司马迁 ………………………………………… 季镇淮 (83)

扬　雄 ………………………………………… 李庆甲 (117)

王　充 ……………………………… 蒋祖怡　滕福海 (134)

班　固 ………………………………………… 费振刚 (148)

张　衡 ………………………………………… 龚克昌 (156)

曹　操 ………………………………………… 徐公持 (171)

王　粲 ………………………………………… 沈玉成 (184)

蔡　琰 ………………………………………… 陈祖美 (196)

曹　丕 ………………………………………… 徐公持 (202)

曹　植 ………………………………………… 徐公持 (216)

阮　籍 ………………………………………… 罗竹风 (236)

嵇　康 ………………………………………… 郭维森 (251)

潘　岳 ………………………………………… 韦凤娟 (267)

左　思 ………………………………………… 刘文忠 (284)

陆　机 ……………………………… 蒋祖怡　韩泉欣 (297)

郭　璞 ………………………………………… 曹道衡 (315)

陶渊明 ………………………………………………… 廖仲安 (326)

谢灵运 ………………………………………………… 沈玉成 (357)

刘义庆 ………………………………………………… 周一良 (375)

鲍 照 ………………………………………………… 曹道衡 (381)

沈 约 ………………………………………………… 王达津 (401)

江 淹 ………………………………………………… 曹道衡 (417)

谢 朓 ………………………………………………… 林东海 (436)

刘 勰 ………………………………………………… 牟世金 (452)

钟 嵘 ………………………………… 牟世金 萧华荣 (483)

郦道元 ………………………………………………… 段熙仲 (496)

何 逊 ………………………………………………… 张忠纲 (507)

萧 统 ………………………………………………… 殷孟伦 (514)

庾 信 ………………………………………………… 刘文忠 (522)

庄 周

（约公元前 362—前 286 年）

冯钟芸

庄周是我国战国时期的著名思想家，也是一位文学家。庄学是先秦诸子百家争鸣中的重要学派之一，代表庄周思想的《庄子》一书，对后世的哲学、文学影响巨大。因其与老聃的政治、哲学思想有相通之处，一般合称为老庄。实际上，老子与庄周并不完全一致。

一、庄周的生卒和《庄子》一书

关于庄周的生活活动，现存的材料不多，根据《史记·老庄申韩列传》和战国时期某些著作的零星记载，以及《庄子》中散见的片断，可以勾画出一个轮廓。

庄周，战国时宋之蒙（今河南商丘市东北）人。关于他的生卒年，各家说法不一①。庄周与孟轲（约公元前 372—前 289）同时而稍晚，才极高，学极博，然而他一生中门徒不多，朋友有限。当时学术界的名人中只有惠施同他经常来往，进行辩论。惠施死后，庄子叹息说："自夫子之死也，吾无以为质矣，吾无与

---

① 据马叙伦、吕振羽、范文澜、闻一多等论证，庄周生年为公元前 369，335，308，375 年，卒年为公元前 286，275，286，295 年。

言之矣。"在先秦诸子的著述中，只有荀卿提到过庄子，说他的思想认识是"蔽于天而不知人"（《荀子·解蔽》）。

庄周在蒙做过漆园吏，大概时间不长，就隐退从事著述和讲学。他生活贫困，曾身居陋巷，靠打草鞋生活，《庄子·外物》篇说他"家贫，故往贷粟于监河侯"。《山木》篇说他曾"衣大布而补之，正絜系履而过魏王"。《庄子·秋水》和《列御寇》篇说到，楚王使人聘庄周，庄周不应。《史记·老庄申韩列传》记载：

> 楚威王闻庄周贤，使使厚币迎之，许以为相，庄周笑谓楚使者曰："千金，重利；卿相，尊位也。子独不见郊祭之牺牛乎？养食之数岁，衣以文绣，以入大庙。当是之时，虽欲为孤豚，岂可得乎？子亟去，无污我。我宁游戏污渎之中自快，无为有国者所羁，终身不仕，以快吾志焉。"

《史记》把楚王写作楚威王，不知何据。很可能这段文字是从《秋水》、《列御寇》中两个相似的故事演化来的。《秋水》篇中还有一段故事：

> 惠子相梁，庄子往见之，或谓惠子曰："庄子来，欲代子相。"于是惠子恐，搜于国中三日三夜。庄子往见之，曰："南方有鸟，其名为鹓鶵，子知之乎？夫鹓鶵，发于南海而飞于北海，非梧桐不止，非练实不食，非醴泉不饮。于是鸱得腐鼠，鹓鶵过之，仰而视之曰'吓！'今子欲以子之梁国而吓我耶！"

庄周以鹓鶵（凤凰）的高洁自况，嘲讽了惠施。在他看来，梁国之相位犹如一只发臭的死鼠，而死抱住相位不放的惠施就如同一只可卑的鸱枭。

就《庄子》书看来，上述的思想可信。庄周极端蔑视功名利禄，不求闻达，要求"适己任性"以自快，不愿受世俗的种种束缚。他在《刻意》篇中说"就薮泽，处闲旷，钓鱼闲处，无为而已矣"。

从《庄子》所表露的思想看，他之所以甘受贫困，隐居遗世，主要因为他不满当时封建等级宗法制的社会现实，厌恶虚伪的仁义礼智等封建道德说教，主张一切顺应自然，反对人为。这种思想的产生，在当时拥有比较广泛的社会基础。在春秋战国社会封建化的过程中，阶级关系有了变化，产生了封建地主阶级、农奴阶级。此外，还出现了一批自耕农。自耕农是小私有者、小生产者。他们有的是因立了军功，从奴隶、农奴上升为自耕农的，有的是逃亡的奴隶、农奴，在荒僻地区开垦荒地成为自耕农的，还有的是从奴隶主、封建领主阶级下降为自耕农的。前面两种情况比较容易理解，后一种情况有略加分析说明的必要。我国的奴隶社会、封建社会都保留着氏族社会遗留下来的宗法制度。它是按照血统关系确定人的政治经济地位。一般情况，只有长子有财产和贵族地位的继承权，余子（即长子以外的儿子）所分的财产有限，余子的余子所得更少。先世是贵族，几代之后，除了长子、长子的长子……以外，其余的逐渐失去了其贵族的身份和特权，这就是古人所谓的"君子之泽，五世而斩"。春秋战国时期，有相当一批贵族的余子及其后代，地位下降成为独立的自耕农。他们有贵族的血统和文化教养，但只有小块土地，必须亲身参加劳动才可以维持生活，其政治经济地位与农民小生产者无异。这些人从自己切身利益出发，对现实社会绝望，对现行制度不满，其中不少人厌世、弃世成为隐者。《论语》中的长沮、桀溺、荷蓧丈人、楚狂接舆，《庄子》中的庚桑楚、南荣趎等隐者，都属于这一类。庚桑楚等虽未必实有，但抱有这种思想倾向和生活态度的人，则是确实存在的。一方面，他们对传统和现实极端不满，愤世疾俗，甚至认为社会发展人类文明只给人们带来了不幸；另一方面，受小生产者的经济政治地位的局限，他们无力改变现状，看不到前途，因之，思想趋于消沉，无所作为，产生"人生天地间，若白驹过隙，忽尔而已"的虚无主义思想和悲观厌世的情绪。他们因自己政治经济地位软弱，来自社会压力太重，强调适己任性，放荡不羁，借以求得暂时的精神解放或安慰。庄周正是这一类人的思想代表。庄周是宋人，那里长期受荆楚文化的影响。楚生产水平较高，文化丰富多彩。据近年考古发掘的材料，其文化传统、思想风格以及俗尚，是独立于当时中原文化之外的文化体系。当时楚已是大国，具有高度发展的绘画、雕刻艺术，有精湛的纺织技术和医学科学技术。生活时代与庄周相近的屈原（约公元前340—前277）在《天问》中提出了大量的有关自然科学的问题，如：

> 天何所沓，十二焉分？日月安属，列星安陈？出自汤谷，次于蒙汜，自明及晦，能行几里？夜光何德，死则又育？

《庄子·天运》篇也表现了对宇宙运行、变化的关心和理解。《庄子·天下》篇还载有南方倚人黄缭曾探讨"天地所以不坠不陷，风雨雷霆之故"。显然这绝非偶合，它反映了楚文化发展的高度、人们对自然现象的研究探讨和认识。庄周的政治思想、人生哲学与屈原迥然不同，但其《庄子》中的文章的风格与思想的表达形式，可以找到与屈原相近的地方。

庄周哲学中存在着极大的矛盾，也有异常精辟的见解。广阔的知识领域和汪洋恣肆、恢诡谲奇的文笔，使他成为中国历史上最有特色的文学家和哲学家。

长期以来，庄周的思想受到曲解和不公正的责难。魏晋之际，玄学兴起，玄学家纷纷注《庄子》。其中以郭象的《庄子注》影响最大，歪曲最甚。庄学全然有别于儒学，郭象《庄子注》实际上是调和了儒学与庄学，受其影响者，往往认为庄周和孔孟思想一致，甚至认为庄周乃是儒家后学（见韩愈《送王埙秀才序》）。魏晋以后，佛教盛行，高僧居士又以佛解庄，把庄周描绘成释迦的同调（见《世说新语·文学》）。隋唐时期，儒释道三教并立，庄周与老聃被尊为道教的祖师，称《庄子》为《南华真经》，成了神仙家的著述。宋明时代《庄子》被视为异端受到理学家的攻击。

《庄子》是研究庄周思想的资料，是庄周学派的著作总集。汉刘向、刘歆定为五十二篇。传世的《庄子》有三十三篇，其中内篇七，外篇十五，杂篇十一。对于《庄子》各篇的真伪，后人多认为内篇是庄周的著作，外篇、杂篇为庄周的门徒或后学所作。其根据是：认为内篇七篇思想一贯，风格一致，有代表性，因此定为庄周的著作，王夫之可以作为这种意见的代表（见王夫之《庄子解》卷八）；也有人认为内篇文章好，除了庄周别人做不出，这可以焦竑为代表（见《焦氏笔乘》）；第三种意见说，魏晋以来学者都主张内篇是庄周著作，这是传统的看法。这些说法，都值得商榷。

在确定哪些篇章是庄周著作时，司马迁的《史记·老庄申韩列传》的记载应引起充分重视：

> 庄子……其学无所不窥，然其要本归于老子之言。故其著书十余万言，大抵率寓言也。作《渔父》、《盗跖》、《胠箧》，以诋訿孔子之徒，以明老子之术。《畏累虚》、《亢桑子》之属，皆空语无事实。然善属书离辞，指事类情，用剽剥儒墨，虽当世宿学不能自解免也。

司马迁不仅指出庄周"明老子之术"、"诋訾孔子之徒"这一基本思想倾向，而且明白点出他所读到《庄子》中的若干篇篇名。司马迁有忠于史实的品质，有卓越的史识，他的记载应受到重视。就《庄子》一书来看，凡是"剽剥儒墨"、"明老子之术"的文字，多数集中于外、杂篇。老聃思想有激烈与消沉的两个方面，这两种倾向在《庄子》外、杂篇中也有反映。可以说，外、杂篇反映的基本思想是庄周的思想。庄周思想与老聃思想有渊源关系，其基本思想倾向源于老聃，这是公认的意见。如此，就应把最接近老聃思想的外篇、杂篇看做庄学早期的作品，即庄周的著作。而应把以消极思想为主要倾向的内篇列为后期庄学的作品，因为它只是庄周两种思想倾向中的一种，并且是不重要的一种。《史记》关于《庄子》的记载并无内、外、杂篇之分，传世的《庄子》是魏晋时代郭象编定的。在古代，整理者往往根据己意对文章进行删削编排。先秦的《庄子》是多少篇已经不详，汉刘向、刘歆定为五十二篇，郭象定为三十三篇，李颐定为三十篇，崔譔定为二十七篇，向秀定为二十六篇。文章的段落也经常被编纂者移动①。

除非将来考古发掘到《庄子》的原本，我们不应当怀疑司马迁所见到的《庄子》版本，而轻信郭象编定的《庄子》本。从基本倾向看，世传本的外、杂篇代表庄周思想，内篇代表后期庄学思想是比较接近事实真象的。

二、庄周的哲学思想

庄周的哲学思想包含多方面，这里只拟扼要分析庄周的社会历史观、自然观以及认识论中的重要问题。荀子说："庄子蔽于天而不知人。"这个评价抓住了庄周哲学的要点。凡是存在自然和社会对立的地方，庄周总是肯定自然，否定人为的社会、文化、道德。在社会历史观方面，庄周肯定人的自然本性，反对仁、义、礼、智等社会属性，认为后者是加在人的自然本性上的绳索，甚至为保存人之本性，他一再表示蔑视和应该取消人类的文明。在自然观方面，他抬高无形的"道"、"绝对"和"无限"的地位，赞美自然，贬低社会具体事物、"相对"和"有限"的地位，贬斥社会生活的存在意义。如前所说，当时的自耕农无法保障自己微弱的政治经济利益，无法抗拒封建领主的抽税、征兵以及用礼乐刑罚的严格统治。战争的破坏、水旱灾荒的袭击……在重重苦难中，他们迫切要求保住自己赖以为生的条件，盼望能按照自己的意愿生活。庄周把小生产者的这种思想愿望与当时社会的等级、宗法制、专制的封建制度的对立，概括为民之常性与仁义礼智的对立，并大声疾呼灭绝这些束缚人的东西，让民能够按其本性自然地生活。《庄子·天地》篇里善卷对舜说：

---

① 如《齐物论》中"道未始有封"这段文字，在班固所编的《庄子》中在外篇，《养生主》的"庖丁解牛"的寓言，在隋朝和尚吉藏所见的《庄子》中也在外篇中，但郭象本《庄子》中，它们都编入内篇之中。

余立于宇宙之中，冬日衣皮毛，夏日衣葛绨。春耕种，
形足以劳动；秋收敛，身足以休食。

《让王》篇说：

日出而作，日入而息，逍遥于天地之间而心意自得。

《马蹄》篇说：

彼民有常性，织而衣，耕而食，是谓同德；一而不党，
命曰天放。

显然，庄周所谓的民的常性，是反映了当时农民小生产者的
利益和要求。在《马蹄》篇里，他还认为人的性情是自然的，
多样的。圣人制作的仁义等道德规范、礼乐制度适足以给社
会带来不安，造成虚伪和攘夺。这些对人类的生存是多余的，
它违反了人的本性[1]。在《胠箧》篇中，举田成子为例说：
"彼窃钩者诛，窃国者为诸侯，诸侯之门而仁义存焉。"这就
是仁义的作用。庄周对当时社会的揭露是深刻的，的确反映
出不少当时阶级社会的弊端，但他的历史观属于唯心主义的，
否定了社会发展，弃绝智慧，取消文化，这种思想不仅行不
通，而且是历史的倒退。

　　庄周极端憎恶当时社会，便把思想转向广阔的大自然，全
身投入大自然的怀抱。他发现自然之美好，并竭力赞美它的
伟大、崇高、无限与完美，借以反衬人类社会的渺小、龌龊、
有限和残缺不全。概括地说，庄周的自然观有两个方面：第
一，他用无为的道，否定儒家所谓的有意志的天，否定墨家
所谓的有能福善祸淫的鬼神，不承认天、鬼神或某种精神实
体主宰世界。

　　庄周把构成世界的原始材料称为"无"（因为它无形），认为
世界之初，存在着"无"，这便是原始的未分化的世界（"有一而
无形"），万物从这个无形的原始材料产生，有了物就有了形体，

---

　　[1] 《马蹄》："及至圣人，蹩躠为仁，踶跂为义，而天下始疑矣。……安取
仁义？"

从而进入"有"的世界①。"无"也就是庄周常说的"气"、"道"。他给"道"以明确的解释:"是故天地者,形之大者也;阴阳者,气之大者也;道者为之公。"(见《则阳》篇)意思就是说,"道"是天地阴阳之间共同的东西。他又说"通天下一气耳",因此,"道"也就是贯通一切的"气"。气是构成万物的原始材料,万物的生成、发展、灭亡,人的健康、聪明、才干,天高地广,日月运行,无一不决定于得到"气",还是失了"气"(见《知北游》篇),换言之,即万物的一切变化,都取决于"道"。"道"的基本属性就是无为。无为意味着任其自然。万物之变化是事物自身的自然运动,不存在什么主宰。庄周用这个观点考察自然现象,提出了一系列自然科学方面的问题。如:

> 天其运乎?地其处乎?日月其争于所乎?孰主张是?孰维纲是?孰居无事而推行是?意者其有机缄而不得已耶,意者其运转而不能自止耶?

天是运转的吗?地是静止的吗?日月是相互争夺它们的位置吗?谁主宰和施行这些?谁为之树立维纲?谁闲着无事干这些事?我想是其本身有机缄使之不能自已,还是它们的运转根本无法停下来呢?显然,从庄周提出的疑问,已表明他的答案是:没有什么主宰,完全是事物自己的自然运动。

古代人的活动范围狭小,眼界受到较大的局限,因之认为世界是"有限"的。庄周思想受中原传统文化束缚较少,他根据当时科学和生产力的发展水平,探讨世界的无限性问题,提出了关于时间和空间的概念,打破前人的思想局限。他说:"有长而无本剽者宙也"(《庚桑楚》)。宙,指古往今来的时间。无本剽,即没有开端和结束。又说:"吾观之本,其往无穷,吾求之末,其来无穷"(《则阳》),意即凡事都有其根本,而根本又有其根

---

① 《天地》篇:"泰初有无,无有无名;一之所起,有一而未形。物得以生,谓之德;未形者有分,且然无间,谓之命;留动而生物,物成生理,谓之形;形体保神,各有仪则,谓之性。"

本，追寻过去无穷无尽；凡事都有其结果，而结果又有其结果，追寻下去，也将无穷尽。这两段话意思在说明时间是无限的，它既无开端，也无结束；事物的发展变化也是既没有开端，也没有结束。他认真地思考空间的无限性，在《秋水》里，通过海神教训不知天地之大的河神的一段话，清楚地反映了他的观点：

> 计四海之在天地之间也，不似礨空之在大泽乎？计中国之在海内，不似稊米之在大仓乎？号物之数谓之万，人处一焉；人卒（俞樾曰：当为大率）九州谷食之所生，舟车之所通，人处一焉；此其比万物也，不似豪末之在于马体乎？

这里的比喻不一定十分精确，但他能提出世界之广大事物间的悬殊是无限的这样的认识，扩大了人类认识的眼界，应给予充分的估价。

上述关于时空无限的观念表现了庄周思考问题的深度和广度都大大超出前人，在人类认识史上应给以肯定。但是从理论上说："无限纯粹是由有限组成的"①，否定了有限，也就否定了无限。有限、无限是辩证的统一，两者是相依并存的一对范畴，割裂两者的关系是不对的。在对待社会问题上，庄周用时空的无限性来否定有限的人间世，面对社会矛盾而藐视从具体的矛盾入手解决它，其结果只能空话连篇，一事无成。这实际是一种软弱无力、逃避现实的思想表现。

对世界的运动、变化，庄周继承了老聃的思想，强调世界的变动不居。《秋水》中说：

> 道无终始，物有死生，不恃其成；一虚一满，不位乎其形。年不可举，时不可止；消息盈虚，终则有始。

物有死有生，不能一成不变，月有缺有盈，不会停留在某一状态上，年不可举之使它停留，时不可止之不进。一切事物都处于生长消亡、终而复始的运动之中。这种认识，具有唯物主义因素，十分可贵，对批判儒家宣称的百世不变的礼乐制度有着重要的理

---

① 恩格斯：《反杜林论》，《马克思恩格斯全集》第29卷，第56页。

① 恩格斯：《反杜林论》，《马克思恩格斯全集》第29卷，第56页。

论意义。但庄周强调运动的绝对性而无视于事物运动的相对静止方面，即否定事物运动发展中的相对稳定、相对平衡状态则是有害的。用这种观点看待社会，必然导致一切如过眼云烟的消极态度。他的"终则有始"说法则陷于古人的循环论观点，看不到这一过程中包含着提高或发展，因而，他看不到人类社会的发展前途。这构成了他的复古思想的认识论根源。

庄周重视自然，认真考虑过自然科学问题，在认识论上有不少朴素唯物主义因素，如他说"知者接也，知者谟也"（《庚桑楚》），这就是说认识靠对认识对象的接触，认识还依赖于思考。谟原意是议谋，在这里含有考虑的意思。由此出发，他认为世界是可知的，认识者与认识对象虽非同类，并不妨碍可认识。《秋水》篇中有段有名的对话，写了他和惠施争论人能否认识鱼之乐，就说明了这个道理。惠施认为人不是鱼，不能认识鱼（包括鱼之乐），庄周认为人非鱼，但可以认识鱼。双方的辩论中，庄周犯了一点小的差错，但从根本上看，庄周是对的。

庄周在认识论中用力最多的是反对儒墨的真理论。儒家把仁义礼智，墨家把尚贤尚用等视为绝对真理，它们分别被儒、墨定为人类社会的永恒法则。庄周指出它们阻碍了人们进一步发展真理，成为禁锢着人们头脑的桎梏。庄周说：

> 昔者尧舜让而帝，之哙让而绝；汤武争而王，白公争而灭。由此观之，争让之礼，尧桀之行，贵贱有时，未可以为常也。（《秋水》）

情况是不断改变着的，不同时代有不同情况，企图把一种道理奉为绝对真理，应用于一切时代必然犯错误。

承认真理是历史的、相对的，这自然是对的，但是必须看到相对真理中包含着客观的、绝对的、不以人们的意志为转移的内容。否定一成不变的绝对真理也是对的，但是必须承认存在着人们的认识逐步逼近的、会由无数相对真理的总和构成的绝对真理。这就是说，相对和绝对的关系是辩证的，相互渗透的。然而庄周缺乏这种辩证法思想，他否定脱离相对的绝对，却走上另一个极端，鼓吹脱离绝对的相对。庄周的相对真理中失去了绝对，因而走上了相对主义。请看《秋水》篇的这段话：

> 以差观之，因其所大而大之，则万物莫不大；因其所小而小之，则万物莫不小；知天地之为稊米也，知豪末之为丘山也，则差数睹矣。以功观之，因其所有而有之，则万物莫不有；因其所无而无之，则万物莫不无；知东西之相反而不可以相无，则功分定矣。以趣观之，因其所然而然之，则万物莫不然；因其所非而非之，则万物莫不非；知尧桀之自然而相非，则趣操睹矣。

这就是说，事物的大小、有无、是非不决定于事物本身，而决定于观察者的观点。一件事物，可以说是大的，也可以说是小的；可以说是有，也可以说是无；可以说是是，也可以说是非。这是不折不扣的相对主义。庄周赞扬蘧伯玉"行年六十而六十化"，六十岁肯定的正是五十九岁否定的。这种意见固然可取，但弄得不好，也可能是一个信奉相对主义的无原则随风倒的人物。

庄周认识论的另一个问题，是宣扬人类不通过思维、语言这个中介，直接与客体（道）同一。他认为人对道的认识，在于与道相合。在他看来言和意是两种本质上不同的东西。他说："世之所贵者书也，书不过语，语有贵也。语之所贵者意也，意有所随。意之所随者，不可以言传也。"（《天道》）人的意念不能用语言来表达，所以在寓言中他让造车轮的工匠对齐桓公说，你所读的东西全是古人的糟粕。如果说言和意还有关系的话，也仅仅是捕鱼工具筌与鱼的关系、捉兔工具蹄与兔的关系。言是得意的工具，得了意就要忘言，否则得不到意。

在庄周的时代，统治阶级用一切好听的言辞，美化自己卑鄙的行动。庄周把形式和内容、言和意区别开来，不是没有道理的。但是从整个人类认识史、语言史来看，言和意是一致的，尽管言的形式有主观性的一面，可是它的内容是客观的，对言行不一的揭露还是离不开言。语言是思维的直接表现，是思维的最基本的存在方式。没有语言人就不能把基本的主要的认识活动进行下去。庄周主张忘言而直接与道合一，实际上是取消认识，走向神秘主义、非理性主义。

三、《庄子》的文学

研究庄周的哲学思想，应当避开内篇，因为现存的内篇应属后期庄学的思想。从文学观点看，却又有另一种情况。《庄子》三十三篇，无论内篇、外篇、杂篇的文章风格都表现为汪洋恣肆，仪态万方。其对后世文学的影响，在于它开创了荆楚文学浪漫主义的庄骚风格，而不在于它的哲学思想内容是唯物主义还是唯心主义。论思想，古人以老庄并称，论文学，则庄骚连类。这确实是有道理的。伟大的思想著作和伟大的文学作品有时是难以截然区分的。作家要受一定的世界观的支配，对世界的观察缺乏深度，他的文学造诣也就有限。老子、屈原同属荆楚文化类型。庄周深受荆楚文化影响，他的学风、文风也具有浓重荆楚文化特点。作为文学家的庄周，数千年来一直受到重视。鲁迅先生在《汉文学史纲要》中说：

> 著书十余万言，大抵寓言，人物土地皆空言无事实，而其文则汪洋辟阖，仪态万方，晚周诸子之作，莫能先也。

明确地说明了庄子文章的特色。

《庄子》在文学方面的重要特点之一，就是书中有大量的含义深微的寓言。寓言是文学的一种形式，是说明道理的短小故事。先秦诸子的著作中，如《孟子》、《庄子》、《韩非子》、《吕氏春秋》，历史散文中如《战国策》等都保存了较多寓言。人们喜欢用寓言形象地阐明自己的主张，以驳难对方。《庄子》一书，几乎都是寓言。其寓意深切，构思奇特，机趣横生，充满了智慧，有着很强的表现力，艺术水平不仅远远越过同时代的诸家，而且在我国历史上也是罕见的。《庄子·天下》篇说：

> 以谬悠之说，荒唐之言，无端崖之辞，时恣纵而不傥，不以觭见之也。以天下为沉浊，不可与庄语，以卮言为曼

衍，以重言为真，以寓言为广。

《庄子·寓言》篇又说：

寓言十九，重言十七，卮言日出，以和天倪。

庄子自己分别其言为寓言、重言、卮言，他所说的寓言包括一些神话式的幻想故事，也包括通常借事物寓意的故事；重言是借用某些历史故事和古人的话（其中许多是作者的假托）；卮言是指随机应变而寓有深意的话。实际上，这三者无需作细致的区分，它们都是借他事他物以表示某一道理，或者是在所说的话里寄寓着另外的意思。近人胡远濬说："庄子自别其言，有寓、重、卮三者。其实重言，皆卮言也，亦即寓言也。"闻一多在《庄子》一文中很同意这个意见。庄子不欢喜板起面孔、正襟危坐向人讲道理，大量采用"谬悠之说，荒唐之言，无端崖之辞"，把要说的话讲出来。这也是荆楚文化自成体系，不受中原邹鲁传统文化束缚、打破旧格局的一种方法。他常常用极端随便的方式阐发他的极端严肃的有关宇宙、人生的重大问题。一般人感到十分难以说得明白的哲理，他用讲故事、叙家常的方式把道理讲透了，举重若轻，把哲学、文学熔为一炉。当人们被他的动人的故事吸引的时候，也往往是被他的哲学世思俘虏的时候。有时，他为了打破传统的封建宗法制度，要故意和那些缙绅之士开开玩笑，出他们一点洋相。他说"以天下为沉浊，不可与庄语"，实际上，他的写作态度是严肃认真的。

《庄子·秋水》篇是由几个寓言组成的，开头的一段向来被视为最优美的散文：

秋水时至，百川灌河，泾流之大，两涘渚崖之间，不辩牛马。于是焉河伯欣然自喜，以天下之美为尽在己。顺流而东行，至于北海，东面而视，不见水端。于是焉河伯始旋其面目，望洋向若而叹曰："野语有之曰：'闻道百，以为莫己若'者，我之谓也。且夫我尝闻少仲尼之闻，而轻伯夷之义者，始吾弗信，今我睹子之难穷也，吾非至于子之门则殆矣，吾长见笑于大方之家。"

它先描写了秋天黄河水涨，一片汪洋，更以"两涘渚崖之间，不辩牛马"，表现河水之阔广瀚漫。从河伯的欣然自喜，以及顺流入海，见大海之烟波浩渺，始悟到自己见闻的狭隘、浅薄，宇宙间"道"之深远难穷。庄子用河伯望洋兴叹这个寓言说明在广阔的宇宙面前，人类的所知实在有限。人类的知识、眼界、对世界的理解不是绝对的，而是相对的。他不用编哲学讲义的方式论述相对主义，而是用说故事的方式来阐明人类认识的相对性。言近旨远，充满了诗情画意。《庄子·徐无鬼》写惠子死后，庄子过惠子墓，对随行的人说：

> 郢人垩漫其鼻端若蝇翼，使匠石斫之。匠石运斤成风，听而斫之。尽垩而鼻不伤，郢人立不失容。宋元君闻之，召匠石曰："尝试为寡人为之。"匠石曰："臣则尝能斫之，虽然，臣之质死久矣。"自夫子之死也，吾无以为质矣，吾无与言之矣。

庄子的老朋友惠施是当时颇有影响的一个学派的领袖，《天下》篇说："惠施多方，其书五车。"是五车藏书还是五车著书不得而知。总之，他是个学识渊博，经常与庄子互相辩论的诤友。《庄子》书中，几乎处处可以看到他和惠施的辩论，甚至有辛辣的嘲讽。运斤成风这个寓言写得传神、生动。他们之间有深刻的了解和互相信任的合作经历。庄子因老友去世所感到的绝大寂寞、凄凉情绪，以见知音之难遇。文中所表现的深情很似钟子期死，伯牙不复鼓琴的意味。

庄子的寓言寓庄于谐，生动灵活地运用诙谐、谑弄、嘲讽的语言，使读者从中获得鲜明、深刻的印象。如前面引过《秋水》篇鹓鶵与鸱的对话，就是一例。庄子用这段对话把表白自己和揭露对方巧妙地结合起来，收到强烈的艺术对比的效果。庄子寓言中有不少辛辣的嘲讽，如《庄子·列御寇》载有一段故事：

> 宋人有曹商者，为宋王使秦。其往也，得车数乘；王说之，益车百乘。反于宋，见庄子曰："夫处穷闾阨巷，困窘织屦，槁项黄馘者，商之所短也；一悟万乘之主，而从车百

乘者，商之所长也。"

> 庄子曰："秦王有病召医，破痈溃痤者得车一乘；舐痔者得车五乘；所治愈下，得车愈多。子岂治其痔耶？何得车之多也？子行矣！

这里没有一句描写，只用了两小段对话，取得传声绘神的效果。曹商得意地向庄子夸耀自己本领的神色，庄周对曹商的蔑视，对社会恶劣风气的针砭，表现得淋漓痛快。这类寓言，大概就是庄子所谓的"厄言"。在他的笔下，嬉笑怒骂皆成文章，难怪凌约言说："庄子如神仙下世，咳吐谑浪，皆成丹砂。"

寓言的主旨在于故事的象征意义，然而庄子对故事的结构、环境气氛的安排、人物性格特征等独具匠心，因而显示其独创性。如《庄子·至乐》篇：

> 庄子之楚，见空髑髅，髐然有形。撖以马棰，因而问之曰："夫子贪生失理而为此乎？将子有亡国之事、斧钺之诛而为此乎？将子有不善之行，愧遗父母妻子之丑而为此乎？将子有冻馁之患而为此乎？将子之春秋故及此乎？"于是语卒，援髑髅枕而卧。
>
> 夜半，髑髅见梦曰："子之谈者似辩士。视子所言，生人之累也；死则无此矣。子欲闻死之说乎？"
>
> 庄子曰："然。"
>
> 髑髅曰："死无君于上，无臣于下，亦无四时之事。从然以天地为春秋，虽南面王乐不能过也。"
>
> 庄子不信，曰："吾使司命复生子形，为子骨肉肌肤，反子父母妻子闾里知识，子欲之乎？"
>
> 髑髅深矉蹙頞曰："吾安能弃南面王乐而复为人间之劳乎？"

故事构思奇幻，通过环境气氛的安排，把社会的苦难、髑髅对整个世俗世界的鄙弃，以及其超脱人世间的自由突现出来，给人以深沉凝重之感。《庄子·外物篇》"儒以诗礼发冢"这段寓言，通过环境、人物思想行动的描写，"剽剥儒墨"：

儒以诗礼发冢。大儒胪传曰"东方作矣，事之若何?"

小儒曰:"未解裙襦，口中有珠。诗固有之曰:'青青之麦，生于陵陂，生不布施，死何含珠为!'接其鬓，厌其顪，儒以金椎控其颐，徐别其颊，无伤口中珠。"

大儒和小儒师徒二人干着无耻勾当，却引经据典把它说成是最合乎《诗》、《礼》的行为。庄子揭露儒家宣扬的"仁义"、"诗礼"，不过是用来掩盖其贪婪与无耻。《庄子·胠箧》篇明白宣称:"彼窃钩者诛，窃国者为诸侯。"是正面直叙。这个寓言则委婉曲折，轻松而又形象地揭露了儒家言行的虚伪、悖谬，甚至可笑。这也就是司马迁所说的:"善属书离辞，指事类情，用剽剥儒墨……"

《庄子》里的寓言有不少与古代神话传说关系密切。《山海经·西山经》有段记载①:

有神焉，其状如黄囊，赤如丹火，六足四翼，浑敦无面目，是识歌舞，实为帝江也。

《庄子·应帝王》里说:

南海之帝为倏，北海之帝为忽，中央之帝为浑沌，倏与忽时相与遇于浑沌之地，浑沌待之甚善。倏与忽谋报浑沌之德，曰:"人皆有七窍，以视听食息，此独无有，尝试凿之。"日凿一窍，而浑沌死。

《山海经·西山经》郝懿行说:"庄生所云中央之帝混沌，为倏、忽凿七窍而死者，盖假此以寓言也。"幻想和夸张在神话传说和寓言中都足以启发人们的想象，开拓人们的思想境界，只是神话的艺术虚构在作者是不自觉的，带有更多的朴素性质;寓言往往是作者有意虚构的，目的在于通过生动的形象和构思，表现某种深刻的涵义。浑沌凿窍的故事，目的在于说明万物要顺应自然，适其本性。否则，将受戕害而丧生。《庄子·逍遥游》中的一篇神话式的寓言:

---

① 《山海经》写成定本较晚，但它长期流传在人民中间，应早于《庄子》。

藐姑射之山，有神人居焉。肌肤若冰雪，淖约若处子，不食五谷，吸风饮露，乘云气，御飞龙，而游乎四海之外。其神凝，使物不疵疠，而年谷熟。……之人也，物莫之伤，大侵稽天而不溺，大旱金石流，土山焦而不热。

"肌肤若冰雪，淖约若处子"勾画出神人的丰姿和精神的纯洁；"不食五谷，吸风饮露……"表现神人超脱世俗和精神的自由。这个人使"大侵稽天而不溺，大旱金石流，土山焦而不热"。用这样人物的性格特点来烘托他所向往的"神人"、"真人"、"至人"。

《庄子》散文的第二个特点，是重视客观事物的细致描绘，善于运用比喻。庄子观察力之深刻精微胜过他人，其善于捕捉事物的特征并加以描述的才能也胜过他人。从前文"儒以诗礼发冢"的故事，已看出作者的观察力与细致描写："接其鬓，厭其颅"，"以金椎控其颐，徐别其颊"。接、厭、控、别，即撮、按、敲打、撬开，写儒者使用了多种手段撬开死尸之口，还特别加了个"徐"字，以表示慎重，唯恐损伤口中的珠宝。《外物》篇中写任国之公子"为大钩巨缁，五十犗为饵"，垂钓会稽东海之滨：

已而大鱼食之，牵巨钩陷没而下，骛扬而奋鬐；白波若山，海水震荡；声侔鬼神，惮赫千里。

三十余字，着墨不多，写出一番惊天动地的景象。扬其头尾，奋其鳞鬐，是大鱼吞钩后昂首张鳞、挣扎乱窜的情态，"白波若山"以下四句，则以大海的陡然变幻，见海之深，鱼之大，以及鱼的苦斗。其构思奇特，语言精练，而腾挪变化，气象万千。是艺术的夸张，但又反映了客观事物的实际。《庄子·达生》篇中，叙述一个驼背的人用长竿粘蝉的故事，着重描写了他的技术训练及所以获得成效的要领：

五、六月，累丸二而不坠，则失者锱铢；累三而不坠，则失者十一；累五而不坠，犹掇之也。吾处身也，若厥株枸；吾执臂也，若槁木之枝。虽天地之大，万物之多，而唯蜩翼之知；吾不反不侧，不以万物易蜩之翼，何为而不得！

中国历代著名文学家评传（第一卷）

用长竿粘蝉最忌手颤、竿头摇动。驼背人竿头置累丸以锻炼臂力和技能。"若厥株枸"、"若槁木之枝",用一撅断木椿,一节枯树枝,形容其身、臂沉稳不动的形象,接着写其全神贯注,似有神通的精神状态。《庄子》内篇中也有不少传神的描绘,如《齐物论》里的一段写风的奇文:

> 夫大块噫气,其名为风。是惟无作,作则万窍怒号。而独不闻之翏翏乎?山林之畏佳,大木百围之窍穴——似鼻、似口、似耳、似枅、似圈、似臼、似洼者、似污者。激者、謞者、叱者、吸者、叫者、譹者、宎者、咬者。前者唱于,而随者唱喁,泠风则小和,飘风则大和,厉风济则众窍为虚,而独不见之调调之刁刁乎?

在"山林之畏佳(即岷崔),大木百围之窍穴"的下面,一连用了八个比喻,从小的孔洞到大的窍穴:用人体的孔,物体之状,深地、洼地来比拟,以见窍穴的种种形状,又用"激者"等八种不同的声音描摹窍声,最后写风吹树动,"于"、"喁"之声相和,因风之大小形成不同的和声。这段文字有声、有状、有情致,洋洋洒洒,穷物理,达物情,穷造化之姿态。作者写的不是风的表象,而是风的自身,把难以捉摸的东西表现得如此出色,颇得风的神理。语句有长有短,错落有致,更增添了文章的气势。赵秉忠说庄子、列子"摛而能文,穷造化之姿态,极生灵之辽广,剖神圣之渺幽,探有无之隐颐……"又说:"天籁之鸣,风水之运,吾靡得覃其奇矣。"确实是深有体会的评论。

庄子说的"知者接也,知者谟也",说明了他在认识论上的朴素唯物主义因素,同时,这也是他所以获得艺术感受,作品取得艺术成就的根本道理。刘辰翁曾说庄子之文,"不随人观物,故自有见",看出了庄子所以能随物赋形,富有独创性的原因。庄子形容马:"喜则交颈相靡,怒则分背相踶"(见《庄子·马蹄》);写雉:"泽雉十步一啄,百步一饮"(见《庄子·养生主》);形容人生短促:"若白驹过隙,忽然而已"(见《庄子·知北游》);描摹支离疏之伛偻:"颐隐于脐,肩高于顶,会撮指天，五管在上，两髀为胁"（见《庄子·人间世》）。如此种种，俯拾即是。它们都抓住了所描写的对象的主要特征，做到语言精粹、鲜明得势，正因为作者对事物有细密的观察，深刻的感受，有认辨事物的思想深度和精湛的语言艺术。朱熹说庄子"是他见得方说到"（《朱子语录》卷一二五），话似平淡而意思丰实。"见得"，应包括作家的观察体会、识见和艺术感受；"说到"，也就是我们常说的穷造化之工。

庄子善于运用比喻，似乎任何情况、任何事物都可以用作比喻。

> 今世俗之君子，多危身弃生以殉物……今且有人于此，以隋侯之珠弹千仞之雀，世必笑之。是何也？则其所用者重，而所要者轻也。（《让王》）

> 庄子钓于濮水，楚王使大夫二人往先焉，曰："愿以境内累矣。"庄子持竿不顾，曰："吾闻楚有神龟，死已三千岁矣。王巾笥而藏之庙堂之上。此龟者，宁其死为留骨而贵乎？宁其生而曳尾于涂中乎？"二大夫曰："宁生而曳尾涂中。"庄子曰："往矣，吾将曳尾于涂中。（《秋水》）

> 泉涸，鱼相与处于陆，相呴以湿，相濡以沫，不若相忘于江湖。（《天运》）

这三个例子中，第一个喻弃生以殉物者的愚昧可笑，第二个说明庄子不愿富贵、热爱自由的性格，第三个比喻小惠相及，不如相忘于江湖各得其乐，旨在反对儒家所鼓吹的仁义。其他如《逍遥游》论证超越时空的绝对自由，使用了大大小小的比喻，前人已有过分析，这里不必赘述。

《庄子》散文的第三个特点，在于他笔端流露出诗人特有的至情至性，使他的散文浮想联翩，优美动人。《庄子·则阳》里，抒写其对旧国的眷念：

> 旧国旧都，望之畅然。虽使丘陵草木之缗，入之者十

九，犹之畅然！况见见闻闻者也，以千仞之台县众闲者也。情之深，格调之高，超出一般作家的千言万语。稍稍经历沧桑的

人，读后都为之一唱三叹。庄周宁愿贫困，一再拒绝做高官的机会。他这种人生态度，固然为了远祸全生，而更重要的是要保持个人精神上的自由与人格的尊严。《庄子·外物》记了庄子借小米的故事：

> 庄周家贫，故往贷粟于监河侯。监河侯曰："诺。我将得邑金，将贷子三百金，可乎？"
>
> 庄周忿然作色曰："周昨来，有中道而呼者；周顾视，车辙中有鲋鱼焉。周问之曰：'鲋鱼来，子何为者邪？'对曰：'我东海之波臣也，君岂有斗升之水而活我哉？'周曰：'诺。我且南游吴、越之王，激西江之水而迎子，可乎？'鲋鱼忿然作色曰：'吾失我常与，我无所处。我得斗升之水然活耳。君乃言此，曾不如早索我于枯鱼之肆！'"

《庄子》书中，把理想的得"道"的人称之为"真人"。《庄子·大宗师》中，作者以最深厚的感情、最细的笔触，刻画了"真人"的性格、品质和相貌。他说：

> 古之真人，不逆寡，不雄成，不谟士，若然者，过而弗悔，当而不自得也；若然者，登高不栗，入水不濡，入火不热，是知之能登假于道也如此？……若然者，其心志，其容寂，其颡𬱖。凄然似秋，煖然似春，喜怒通四时，与物有宜而莫知其极。

这个"真人"当然是作者幻想出来的，是有至情、至性的人，他以全部身心拥抱它、歌颂它。《庄子》文章潇洒飘逸，幻想丰富，连自己也陶醉于所描绘的幻想之中。《庄子·德充符》里所描写的"真人"，不论是兀者王骀、兀者申徒嘉、兀者叔山无趾，恶人哀骀它、阐跂支离无脤、瓮𦉥大瘿，都是些奇形怪状、形体残缺的人物，然而他们都具有美好的灵魂，高超的精神境界，使社会上公认的圣贤名流如仲尼、子产相形见绌。作者的目的固然在于说明"德有所长而形有所忘"，而就其构思说，以丑为美，古今也只有《庄子》一书最精最多。《庄子》把幻想虚拟的"真人"写得那么真实，甚至看成实有，这就是《庄子》的艺术风格。它一无依傍，有自己的美学理想，独特的构思方式，惊人的形象塑造。

上述三个方面，约略反映了《庄子》散文的基本文学特征、艺术趣味和风格。这些特点的形成，与时代、生活环境、作家的思想性格有着密切关系。

从《庄子》一书看，庄周为人怪诞而实严肃，旷达而实平易，无情而时时流露至情。《庄子》所代表的隐者阶层的思想情绪，主要是既无力改变当时的处境，又不甘于泯没。《庄子·缮性》说得明白：

> 古之所谓隐士者，非伏其身而弗见也，非闭其言而不出也，非藏其知而不发也，时命大谬也。当时命大行乎天下，则反一无迹；不当时命而大穷乎天下，则深根宁极而待。此存身之道也。

庄周对当时社会现实极端鄙视，对统治者采取不合作的态度。他的怪诞、旷达，是对当时社会制度和世俗的仁义道德规范的消极反抗。他严肃、平易、细密和有至情。他的现实处境和性格，使他时时在探索人生价值、观察自然现象。他痛恨当时社会上的险恶、龌龊、狭隘、虚伪，渴望得到精神上的自由与解放。常人认为最值得追求的，他不认为是实有。他追求一种思想境界，在处世上，也要求保持独立的人格和内心世界的自由。现实生活毕竟与他理想的社会生活相去太远，因之，思想感情上不能不存在着种种矛盾。这些矛盾和幻想，构成他写作的动力，形成文学上的浪漫主义精神。

庄周受荆楚文化的影响十分明显，可以说他和屈原都是荆楚文化的土壤上培育起来的。楚国的自然科学和文化艺术的发展给他提供了思想资料和艺术方面的启示。楚地巫风炽盛，《汉书·地理志》说，楚地"信巫鬼，重淫祀"。王逸《楚辞集诗》也说，楚俗"信鬼而好祠。其祀必作歌乐舞鼓以乐诸神"。当地人祀神祈祷丰年或祈求神保护地方的安全。他们设想的神和人一样，有着欢乐、哀愁。在这一点上，颇似古希腊的神话。我们从

《楚辞·九歌》中看到日神东皇太一、云神云中君、湘水神湘君、湘夫人……以及河伯、山鬼，都具有人的思想情绪。《离骚》中的灵氛、巫咸可以与神交通，可以上天下地，驱遣日月风雷。屈原还编织了许多神话传说，借以表现自己遭受打击后，为坚持理想而上下求索的精神。《离骚》是我国古代最伟大的浪漫主义诗歌。在《庄子》中，我们可以看到人与鱼对话，河伯与海神交谈，连无生命的风和骷髅也要表示意见，牧马童子游于六合之外，藐姑射山之神人可以乘云气、御飞龙，而游乎四海。还有那些恢张之论，奇谲的寓言等等，也充满了浪漫主义色彩。庄周略早于屈原，思想、性格、对待生活的态度都和屈原不同，但他的文章所表现的基本文学特征却有与屈原相通的地方。这就是说，他们均有楚风。

庄周"独与天地精神往来，而不敖倪于万物"，"上与造物者游，而下与外死生无始终者为友"（见《庄子·天下》），这种超越世俗的生活态度，使他能够摆脱世俗礼教、习惯的束缚，展开想象的翅膀在宇宙间飞翔。感情奔放、观察深邃，感受得愈充分，其艺术概括也就越深刻。庄周在想象中为自己展开独往独来的广阔天地。这无疑是形成其独特艺术风格的重要原因之一。

在我国解放以前的几千年封建社会里，儒家和儒教思想一直占有主要的地位。先秦时期，邹鲁文化继承西周的传统，成为中原地区的重要学派。秦汉以后，儒家思想开始宗教化，封建礼教的"三纲五常"、忠孝仁义成为历代封建统治者共同尊奉的教条。《庄子》思想作为代表荆楚文化，受西周以来的传统束缚最少并能给以批判，对后来的思想解放不啻一付清凉剂。《庄子》一书"剽剥儒墨"，非汤武而薄周孔，抨击传统、嘲笑礼教，这是长期封建社会中不可缺少的清新空气，也是封建社会文化精神不可缺少的反对派。

庄周及《庄子》对后世哲学和文学的影响都很深远。就其哲学思想、人生观来说，有积极的方面，也有消极的方面；就其文学上的贡献说，其浪漫主义色彩，独特的艺术风格都给文学园地增添异彩。正因为《庄子》以它卓越的文学成就吸引着读者，以至使人只顾欣赏其文风瑰丽，震惊其才华横溢，竟忘记了去区别思想的精华糟粕。对《庄子》这部思想复杂而又有艺术魅力的文化遗产，运用历史唯物主义立场、观点、方法分析、评价，是我们文学史、哲学史研究者的责任。

　　附记　本文的第一、二部分（即庄周的生卒和《庄子》一书，庄周的哲学思想）采用了《中国古代著名哲学家评传》中任继愈、阎韬两位同志所写的《庄周》一文的观点和材料，并征得他们的同意，特此说明。

主 要 参 考 书 目

1. 司马迁《史记》卷六三《老庄申韩列传》，中华书局校点本。
2. 郭庆藩《庄子集释》，中华书局版。
3. 刘文典《庄子补正》，商务印书馆 1947 年版。

屈　原

（公元前 339？—前 278 年）

姜亮夫

　　屈原是中国文化史上伟大的爱国主义诗人，也是对后代很有
影响的大政治家、大教育家。他的诗歌充满了爱国家、爱人民的
深厚感情，并且率真自然，活泼自由，富于独创性；他继承发展
了中国自有史以来直至战国时代南方文化的优良传统，创立了
"楚辞"这样一种新的诗体。由于屈原直接参加了自己时代的复
杂、激烈的政治斗争和学术论战，由于他的作品中充分表现了对
国家人民的那种光辉、笃实、刚健的忠爱之忱，在战国两汉以
后，不仅有不少人在文学上追踪屈原，承袭了楚骚的余绪，而且
屈原的名字成了忠于国家、坚持正义的一面旗帜，成为一种楷
模。可以并不夸大地说，屈原一生的贞诚表现及其成就，从一个
方面，对于我们民族精神的形成产生了深刻的影响。屈原是世界
文化史上永远值得人们纪念的伟大历史名人之一。

一、屈原的身世

　　关于屈子身世的材料，最重要的，是他自己写下的《离骚》
的首八句诗；其次为司马迁的《史记·屈原贾生列传》（其中屈
原部分）。

　　《离骚》首八句说：

> 帝高阳之苗裔兮，朕皇考曰伯庸。摄提贞于孟陬兮，惟
> 庚寅吾以降。皇览揆余于初度兮，肇锡余以嘉名：名余曰正
> 则兮，字余曰灵均。

这八句话是自叙身世。从原始祖先说到父亲，说到自己的生日，与父为之命名又为之起字。这段话是最可靠的第一手材料。

"高阳"，是楚人传说中的始祖，又称颛顼，可能是某个图腾的专名。因为高阳的生地相传在昆仑一带，所以屈子每当情绪无可依托时，有时想到高阳，也有时想到西方，想到昆仑高原，这一名词自然就成为屈原寄命归宗的根本了。

"摄提"、"孟陬"指的是生的年月。"庚寅"是楚民族的吉宜日，合于战国以来男命起寅的传习。屈原认为，自己的生辰应三寅（寅年、寅月、寅日）之吉，得天独厚。"正则"是"平"字的引申义①，所以《史记·屈原贾生列传》有"屈原者名平"之说；至于"灵均"的"均"，为古"畇"字的别构，实即"原"字。

以上八句诗，透露了屈子身世的一些真实之处，准此去研究《离骚》全文、《九章》各章，许多费解的诗句才能明了其含义。

《史记·屈原列传》是现存最早的屈子传记，内容基本可靠②。下面，试以这篇传记的内容作线索，结合其它材料，简要叙述屈原的生平事迹。

如上所说，《离骚》已经写明了屈子的生辰。但古历推算方法不同，自洪兴祖、朱熹以来，对于屈原生年、月、日的考订，异说纷纭，其中，如邹汉勋用殷历，陈玚用周历，刘师培用夏历。至近时，浦江清的推算比较全面周到，他的结论是楚威王元

---

① "平"本为"秤"之本字，古以水为平正，故平与正经常连文，而"则"有法度之义，与"秤"为衡量之法度同义。

② 我们有许多理由肯定《史记·屈原列传》，譬如，从屈赋二十五篇中细细抽绎，可以发现许多与《史记》相一致、相呼应的篇章；再如，《屈原列传》是屈原事迹的综览，而太史公的漫游，是的确到过长沙一带的，必然采录了许多材料，记于传中，等等。当然，这篇传记有文字错乱之处，但可从校刊、考证入手去求得问题的解决。近百年来，有人全部否定这篇文章，甚至怀疑屈原的存在，是毫无根据的。

年（公元前339年）正月十四日。综合诸家说法，其间上下之差不过四年。在这四年中，与楚及诸国的形势及屈子相关涉之处，并无重要的事情，与屈子一生关系也不大，所以历代的推测，只是根据的材料与推算的精粗问题而已。

《史记》又说屈原是楚之同姓。楚氏族传说的始祖是颛顼高阳氏，从古代地理传统来看，应当是甘肃、青海一带的人，与姬姓、姜姓这两个集团同是古中国的西方氏族，应当是夏氏族的原始部分。《离骚》、《远游》称昆仑为故乡（俗称"老家"的意思），是指楚氏族发祥之地。据《楚世家》说，楚高阳六代孙名季连，是楚创业始祖，姓芈。季连之后鬻熊曾"子事"周文王。鬻熊的曾孙熊绎正式受封于楚，居丹阳（今湖北秭归县），传熊通（又作达）。通自立是为楚武王，其子瑕，食采邑于屈，子孙遂以屈为氏。则屈只是楚国芈姓分支氏族。屈瑕的子孙以邑为氏，春秋以来，历世都为楚统治集团的显职。有屈重、屈完（或作倪）、屈禦寇、屈采、屈荡、屈到、屈建、屈生、屈巫、屈狐庸、屈申、屈罢、屈春、屈庐、屈阎、屈子荡、屈弗忌、屈匄等，我们还可以根据文献，把屈氏在朝的人，系统排成世系。屈瑕为莫敖后，重、到、建、荡、生、大心、子华皆为莫敖，且多父子相传。至屈原与春申君，皆为左徒。左徒当即莫敖（莫敖可能是屈氏族的分图腾），这是实证，不容否认。传说中屈子还有姊姊，可能是秭归地名之附会。又说他有妾或侍女，名女嬃①，大抵是人世悲悯爱惜屈子，为之作设想附益之说了。

屈瑕所食采邑之屈，历来无考，因而屈子故里只能据汉以后各家记载论之，考诸家说屈子故里，以丹阳之秭归传说为最多。丹阳即楚始封之地，郦道元《水经·江水注》引袁崧《宜都山川记》曰："秭归，盖楚子熊绎之始国，而屈原之乡里也，原田宅于今具存。"又云："秭归县东北数十里有屈原旧田宅……名其地曰乐平里。宅之东北六十里有女嬃庙，捣衣石犹存。"

---

① 女嬃也是化名，嬃即嬬之异文，战国末期到六朝之间，都用此以指幼女。

据《史记》记载，屈原青年时代学识深厚，见闻博洽，"入则与王图议国事，以出号令；出则接遇宾客，应对诸侯"，甚得楚怀王的信任。但是，"与之同列"的上官大夫却"心害其能"，向楚王进谗言："王使屈平为令，众莫不知，每一令出，平伐其功，曰以为'非我莫能为'也。"终于使得"王怒而疏屈平"。应该指出，屈子此时只是被楚怀王疏远；有人认为"疏屈平"指屈原被流放，是不对的。

屈原伟大的自叙体长诗《离骚》，就作于见疏于怀王之时。司马迁说："屈平疾王听之不聪也，谗谄之蔽明也，邪曲之害公也，方正之不容也，故忧愁幽思而作《离骚》，'离骚'者，犹离忧也。"他还引淮南王刘安《离骚传》中的话，高度评价了屈原的成就，称赞屈原之志"虽与日月争光可也"。

屈子被黜以后，秦、楚、齐等国之间更加激烈地展开了纵横法术斗争。先是秦王使张仪入楚，勾结怀王宠姬郑袖，哄弄楚王，使楚国在政治上、外交上吃了大亏。接着由于楚怀王轻率出兵，又遭大败。屈子在这段时间，曾被派遣去齐，返国后劝怀王杀张仪以绝秦，但因有郑袖、靳尚为内奸，张仪得又逃去，搞得楚国损兵失地，结果是合纵之计全归失败。

其后，怀王不听屈原谏阻，去与秦王会面，竟被扣留，终客死于秦。楚人固纷纷责备子兰劝怀王入秦之罪，而处于流放中满怀忠诚的屈原，更深情地眷顾楚国，系心怀王，希望继位的顷襄王能够有所醒悟，振奋起来。

然而，由于《离骚》朴质率真的抒情，由于它尖锐地抨击了时政，谴责了胄子，屈原又触怒了新当权者，在楚王宠弟（子兰）与宠臣（靳尚等）的勾结鼓动下，屈原被放逐到江南。

屈原以光明正直存心国家民族的忠贞之士，竟落入谗言的深海，自己不忍去国，不忍去民，而国事又已到不可救药的地步；他感到走投无路，除了投水一死，还可能保全清白之身，不至落入敌手，于是在顷襄王二十一年（前278），自沉于汨罗江。屈原一生，最终是一个千古奇悲的结局。

二、政治上的得失利钝

关于屈子在政治上的得失利钝，与他的仅仅可考的两个职任关系很大。这两个职任就是《史记》所谓的为楚怀王左徒与《渔父》篇提出的三闾大夫。

（一）关于左徒。《史记》言屈原"为楚怀王左徒"，其职位相当高。考战国楚官制，时为左徒者，仅屈原与春申君二人。春申君以左徒升为令尹，而《左传》庄公四年，"令尹"与"莫敖"合称，襄公二十五年又有"屈建以莫敖为令尹"之说，可见以莫敖为令尹是楚之旧习，而莫敖之职位仅次于令尹（详参姜亮夫《春秋楚莫敖考》）。史称屈原入则禁御左右，出则应对诸侯，主为盟会，亦与莫敖职任全合，则左徒当即楚在春秋时的莫敖。

莫敖这一称谓，用于楚早期，当是楚族在较原始时的"方言"，楚人知之，而别国人所不能知。楚自春秋之末与齐、鲁、三晋接触益多，习于中原文化，而职官名称仍用楚古习，在国际事务中很不方便，所以改用左徒一词。左徒一名也略近于自创，只其文则与中原相近，但决不是后人所谓唐代的左右拾遗，因为左徒（莫敖）与令尹、司马是三圭重侯，正是国之重臣，决非左右拾遗之可比。这又可能与楚之宗教术语有关，而又是世职，似乎有点与社会史上所谓的祭司长之类相似，是参国事的三巨头（军长、政长、宗教长）。祭司长是个决策者，与后世史职相似，总起来看是巫与史合流的人，所以屈子行事，也颇于巫史有关。

（二）三闾大夫。三闾大夫一称始见于《渔父》。王逸《楚辞章句序》说："三闾之职，掌王族三姓，曰昭、屈、景。"洪兴祖《补注》云："汉徙大族昭、屈、景三姓于关中。"所谓三闾，即三姓聚居之所曰闾，音稍变则为三户①。三闾大夫者，应当就

---

① 《史记·项羽本纪》《索隐》、《正义》皆以"三户"为地名。其地所说不一，或以为在南阳之内乡县，有屈原冈，内乡即析县故地。则屈子为三闾大夫正在三户。

是春秋战国以来的所谓公族大夫。大约昭、屈、景三姓聚居在先人发祥地丹阳之间，而设官以统，固古今建置之一法也①。

公族大夫之职详见于《左传》、《国语》。《左传》宣公二年中，赵盾"使屏季以其故族为公族大夫"，使训乡之子弟，共俭孝弟，而凡乡子、适子属焉。《国语·晋语七》栾伯请公族于悼公告言一段，言"膏粱之姓难正也"，使"惇惠者教之"，"文敏者导之"，"果敢者谂之"，"镇静者修之"云云，与屈子滋兰树蕙情景正相似，故三闾大夫即公族大夫无疑。且晋之公族，皆晋同姓大夫，与屈子为楚之同姓也正相同。此一官职与屈子文学关系至密切，为古今所未尝注意。则楚南公所谓"三户亡秦"，正谓公族足以亡秦也，与秦末诸侯公族协力推排秦之事实亦得其解。汉高祖定天下，三族必至强大，移至关中也正足以明证此义了。

屈子一生迹业，不出政、教两端。依史传所载，用屈文为证，可析为：一、左右怀王议论国事及应对宾客；二、草宪令；三、参加合纵派与秦之斗争；四、两使于齐，可能参预齐稷下诸生的学术议论；五、教育胄子。此中一、二、五为内政问题，三、四是外交国际斗争问题。

当时的历史发展变革，从许多事实中可得知者，如周朝统治制度已不能适应变革的形势，诸侯都已自成中心，国内外需要富国强兵的欲望已超过宗法与政治制度的双重统治，以至礼乐征伐自诸侯出。而各国间的进步，也有大小强弱之分，选用贤能才智之士，改革社会与政治制度，公室已不复能统治世室。鲁之三桓，晋之八姓等，成为一国实力之所在。到三家分晋以后，形成战国开始的局面，一方面形成世室与公室之争，争人民，争土地。王室益微，公室大行兼并，而世室在内日渐横霸。每个国家内则借权谋之士辅翼内政，外则依奇勇豪杰君子之士，以对外斗

---

① 考春秋列国宗族，如鲁有三桓，郑有七桓，宋有戴桓八族，晋有八姓，怀姓九宗，祝融八姓之属皆是。则屈子所仕即公族大夫之氏矣（参程公说《春秋分纪》）。

争。楚国的形势也大致相似。但楚不是周后，所以他的政治军事还带上些较原始的氏族社会遗风，譬如传弟不传子，令尹、司马、左徒等三圭重臣都掌于宗室，没有分封之制，也没有以王室为大宗的观念，等等。又因物产丰富，水利发达，工业为一时之冠，而其南疆又是沃野千里无人与争，所以自春秋以来它已成为南方的大国。战国以后，公室至尊，世室不得有异谋异图，所以它能称雄一世。

屈子之辅佐怀王，正在七国转变交替之时，我们把上列事叙述一下，即可明了一切。

我们先来看看列传所说的参预国事的斗争，这即是"图议国事""应对诸侯"，以至"造为宪令"，而最后遭谗、被疏等等。

《史记》所记的这部分内容，说的是事怀王被谮而见疏，为屈子生涯中之第一阶段。屈原身为近臣，大得信任，主持国家政策的修改，宣布宪令（即后世认为屈子主变法之所本），实为其一生政治生涯的高点。这些，在屈子文中是可以得到证验的。如《九章·惜往日》说：

> 惜往日之曾信兮，受命诏以昭时。奉先功以照下兮，明法度之嫌疑。国富强而法立兮，属贞臣而日娭。秘密事之载心兮，虽过失犹弗治。心纯厖而不泄兮，遭谗人而嫉之，君含怒而待臣兮，不清澂其然否？蔽晦君之聪明兮，虚惑误又以欺。弗参验以考实兮，远迁臣而弗思。

这一段话无异是列传全文的一个概括，零星散见《离骚》、《九章》者尚不止此，这里不多证了。

至于变法一事，正是战国时期各国欲摆脱贫困和政治危机而极普遍施行的，楚国在悼王时已有过吴起变法的事例。怀王初年也还想有一番作为，曾争到了纵长。则屈子欲变旧以更新，也是必然有其事的，只可惜为在朝贵族与权势之徒所反对，连楚之胄子也因他们的既得利益而反对。"荃蕙化而为茅"，所以屈子以为蕙兰可恃，"羌无实而容长"。张仪一谋，郑袖得手，而贤智丧生，国亦危亡矣。这样看来，屈子到底是看形势的了，直到谏怀王不可入秦，而后知势不可为。顷襄继立，权贵对这位爱国忠贞之士的迫害，毫不放松，于是他被正式放逐在江南，最后蹈汨罗江而死。所以《列传》这段文章是言简义赅，与《惜往日》合校，一切都明白无误了。

变法之制起于魏文侯之用李悝，其次为秦孝公之用商鞅，韩昭侯之用申不害，想来屈子之变法，可能与商鞅、吴起相似，开罪懿亲、贵族，故同列大夫能倾之于怀王。商鞅、吴起皆受极罚，而屈子免于一死，这其中是有些差别的。

从《列传》第二段文章看，屈子也参加了外交事务，同意合纵的主张，主联齐抗秦。可惜怀王不听，终至客死于秦。

张仪入楚行反间之计，破坏从亲。这时屈子是个被疏远的人，怀王又用他使齐，以团结从亲之约。在金钱美色诈骗之下，楚国先受了丹淅之大败，再遭商于之骗，终至于怀王入秦不返。此时，屈子被疏远在汉北，大概见到情势危殆，回到郢都（参《九章·抽思》），谏怀王不可入秦，谏而不听，从亲之谋彻底失败，楚之国事日非，卒至亡国。一个忠贞有为的人，还能安然久活吗！

屈子此时完成了长篇大作《离骚》。里边有许多直言不讳的成分，也有许多被人附会歪曲乃至可以诬蔑的词句，顷襄又大不及他老子，更糊涂荒唐，再加以佞臣把谗言送到顷襄耳里，于是王怒而迁之。

大约此时郢都在庄蹻暴楚之后，已经"百姓震愆"，"人民离散相失"，所以他只得弃故乡而就远，在《九章》的《涉江》一文中，详细说了此行的路程，曰："济江湘"、"乘鄂渚"，"邸车方林"、"乘舲上沅"，"发枉陼"、"宿辰阳"，"入溆浦"，大概前后流浪九年多。这段时间于国事宗事只有悲叹而无正式职任，也许他还想从民间有所冀望，得当报国，累言"南人不可为"，所以有九年之久，在无可奈何之际，才纵身以入清流，自沉于汨罗江中，也是求得一个"服清白以死直"之身，完成其为忠贞爱国的宗亲之怀。

以上是屈子以宗亲之重、以左徒职任参加楚国内政外交的重大业迹的概况。但屈子还有个三闾大夫的宗官，这大概等于秦汉以后的太常、宗正之属；春秋战国间相当于晋、鲁诸国的公族大夫，是管理皇亲的正印官，并管教育宗族子弟，是个责任深重的职官。这在《离骚》中也是非常重要的事。

> 余既滋兰之九畹兮，又树蕙之百亩。畦留夷与揭车兮，杂杜衡与芳芷。冀枝叶之峻茂兮，愿竢时乎吾将刈。虽萎绝其亦何伤兮，哀众芳之芜秽。

其心志坚固，然而"兰芷变而不芳"，"荃蕙化而为茅"，欲教育胄子与己同心治理楚国亦不可得。政治上的失败还可说是一时得失，而同道无人，后进不晋，亡国之灾立见。古今伤心之事，乃在教育失败，道亦不足以有为，衰竭立见，吾民何辜，遭此荼毒！此大诗人之所以根本失望。使屈子不负宗子维城之责，固亦可以远逝高翔，但他顾忌高阳子孙蒙此大辱，安得不以死明心迹，以求服其清白，以死其"直"者乎？千古奇悲也。

三、屈子学术成就与思想综述

屈子的家世、政治经历及其成败（尤其是左徒与三闾大夫的职任，约略是位古史官与司徒的规模），再加上同纵横家争斗，齐稷下的往来，使他的知识面极广博而深沉。举凡天文、地理、古代的礼乐制度、博物，尤其是楚国旧史之所载，他都是内行。在这些广博知识里，他总结了许多道理，形成了深刻的思想体系。因人因事而为条例，一一在全部文章里表现无遗。各各有其特殊的论点，但不必能综合成为系统的思想。换句话说，屈子的思想是对事物的各各总结，而不是成套的有体系的合乎"全体大用"的逻辑总结。但是从汉以来，一谈到屈子思想的文章，绝大多数是用《汉书·艺文志》的九流来比附。有的说屈子是儒家，有的说是道家，有的说是法家、阴阳家乃至杂家等，都各有些似是而非的论据。他们的成说也都有书可核对，所以也不无一些道理。但总觉支离破碎说不周圆，矛盾很多而且大。其实把一个诗人，尤其是爱国诗人，选进九流百家，只能说是刘歆《七略》的框架，不够稳妥。文学家到底不是思想家，何况诸子百家之分，根本也不很圆满，所以还是从作品里去直接分析，实事求是较为了当率直一些。

（一）宇宙知识与天道观

宇宙问题，包括天地形成及天体、天德等问题。在屈子的作品中，天地形成的观念，在《天问》一篇中说得极为具象而全面。譬如说："遂古之初，谁传道之？上下未形，何由考之？"这是最明显的宇宙形成的问语（历代都说成是历史传说问题，至谬），可说是表现了屈子对宇宙形成的具体知识，这与《庄子》的《天道》、《天运》等文同义。探索宇宙形成，战国以来，已成了诸子百家同有的课题。庄子、惠施及稷下诸家，皆具此说。而《天问》一篇分析得最细，如言"圜则九重"是说天体的立体的现象。"九天之际，安放安属"是说天体的横剖面。其次是天象，天象之最明显者为日月星辰，加上风云雷雨，这些不仅在《天问》里言之，屈子在其他文里也常常说到。"天白颢颢""天德明只"（《大招》），这都是些有目共睹的事象。进而言天德，则"定时代序""日月交食""生霸""死霸"，也都是天体运行问题，而屈子所记，非常具体。更从天象运行的规律中引出所谓"天德明只"，这是千古以来的明德观念的引伸。又如说："指九天以为正兮""恐天时之代序""惟天地之无穷兮"，皆言天固有之德，而屈原弟子宋玉承之曰："赖皇天之厚德"，与明明之德并列。细绎此等思想，实皆自殷周以来故说。这该是一位深习史事、精熟故习之史家，而又有宗教性之神秘思想与文学创作中之浪漫意识多方面杂糅而得此结果。又如说地貌的文章云："斡维焉系，天极焉加，八柱何当，东南何亏"，"九州安错，川谷何洿"，"东南西北，其修孰多"……这些都是客观存在的，应当属于当时的知识性的学说，并无一点情感思想夹杂其间。

至于说到天庭时的许多事象,如地府组织、上帝天门,这是从人世的王室组织反映到上天的。这当然是想象成分,把人世制度神化,自然进而为人格化,这在《离骚》、《天问》、《九歌》、《九章》、《远游》中无处不存在。发展而为天上也有贤良之臣,如轩辕、傅说之属。这种神而人格化也是浪漫思维的必然结果。再加上一些地方传说,于是神灵特多,且具体。"天庭"一词,只见于《九思》,屈、宋文中无之,然综论屈文,则也已见"太微"、"天极"诸语。太微者,《史记·天官书》"三能、三衡者,天庭也"。《晋书·天文志》:"太微为衡。……又为天庭。"《礼疏》"太微为天庭,中有王帝座"。则天庭是指天帝之庭言。则"帝宫"、"帝座"及所用全部"天"字之可指数者,为量也很多了。神权既立,用以和人世相比附,而"天道"观中夹着一些具体知识及和人世的交替(天人之际,古来本有交往之说),于是在屈子文中有许多具体的天道观,而无天道一词(此词见于《楚辞》汉东方朔《七谏》"天道之所在"云云,然含义乃是长生之道)。但自春秋以来,"天道"一词又确为诸家所用恒语,而其含义亦多与屈子相似。《离骚》:"皇天无私阿兮,览民德焉错辅。""夫孰非义而可用兮,孰非善而可服?"从《易·谦·象传》"天道下济而光明"、《书·汤誓》"天道福善祸淫"、《周语》"吾非瞽史,焉知天道"等例可见,"知天道"自是史官的一种重任。屈子本是楚国的史官,史官必深知天象,因以推论人事,而归其祸福盈亏之象于天道。屈子论古代君臣祸福盈亏之事,如后益与禹,一则祚绝,一则子孙逢长;舜弟肆犬豕而不危败;梅伯、箕子同为圣人,一则受醢,一则佯狂;武王伐殷,如此切激,而周有天下最久。凡此种种,皆天道之不可知者,这和《论语》孔子"不言天道",与子产之言"天道远"全相同。这正是屈子之为史官,多明往事的本相。然而"天道"一义只是逻辑现象,总结后的术语,是思想的概括,可见屈子承袭古说的证据,但他确添出许多的具体道德名目,如义善、无私、耿介、纯粹、和、诚、平等皆是,这是在先秦诸子中所没有或少有的。

又屈赋还有一辞，曰"天命"，如《哀郢》之"皇天不纯命"，《天问》有"皇天集命"，"天命反侧"，其含义和天道同为一类，然"命"字似较有变易之象，而天道似较有固定之义，其同为天之"行为"则一也。

（二）认识论及人生观

屈子文中有大量关于物质和精神之逻辑分析。如"实质"、"体性"、"内外"、"有无"、"形心"、"本末"、"性情"等等，分论"清浊"、"阴阳"、"上下"、"魂魄"的差殊，而又言变、言化，虽多属于春秋以来常见的词汇，但在具体使用时，则多所发展。这个问题，实在是很细腻的，非短篇所能尽言。故从略。

屈原文中言心理状态的词语也很详尽，如"思"、"心"、"想"、"中情"、"内美"、"欲性"、"志识"、"精神"等，都可作为屈子认识论的最好说明。

人生观。屈子一生的事迹，即足以为其人生观之具体说明。从屈文中所涉及到的几件事，即可窥其全豹。一、自修：每当世事失望时，则退修初服，至欲死以"服清白之直"为归，则可见他性行的刚健。从他事君教胄子而论，则"怨灵修之浩荡"，"虽九死其犹未悔"。文中以"耿介"评尧舜，以"纯粹"论三王，这些先人都是他所向往的贤哲。而责备谗佞贪婪等针砭时政之言，也都刚健不阿。这正是《易经》所谓的"君子终日乾乾、夕惕若"的思想，所以责之于人者虽甚严，而其自责更严。从彭咸之隐去不可得，终至于实践他"服清白以死直"的诺言，刚烈为千古之冠，而每篇作品，无处不表现忧国忧民的思想情操，故其所常用的道德条目中，如曰中、曰正、曰真、曰耿介、曰介、曰纯粹、曰严、曰敬、曰谊、曰诚、曰直、曰平等，无不含有一种极其健康的美，此也就是屈子人格的表现。

（三）美政

屈子的政治思想（或理想），从上面陈述中已可概见。《离骚》有言"既莫足以为美政兮，吾将从彭咸之所居"。美政一词，为概括性术语。屈原文中分三义明之。一是对古代圣君、贤臣、贤后歌颂最多。言君的如尧、舜、禹、汤、后稷、文王及楚之三后，乃至殷之王亥、王季，以及齐桓、晋文等。说贤后的如《离骚》所求四女。称贤臣的如伊尹、傅说、吕望、周公、宁戚、箕子、介子、比干、伍子胥、伯夷、叔齐及楚之子文。其中，除求四女或多借喻之辞外，皆屈原所望于其君其臣者。君若有明德在躬，民得其惠，则天为置辅，这就是屈子所欲得而事之者。所言贤女，则是屈子所愿求以辅佐楚王宫中的一切善政者①。所以用女性为象征。至府中的一切贤臣、大臣，则以古贤伊、吕、傅、宁等为准则。主要在"孰非义而可用，孰非善而可服"之士，则不以世袭及贵胄为对象。此用人惟贤，而非惟亲之义。所以他的忠正、忠贞之由来，在于好修、从善、正直诸端。三则民本思想是他为政的一个轴心，从"皇天无私阿"二语，继以"圣哲以茂行兮"二语，再加上他所定的道德条目："无私"、"明德"、"茂行"等，终之以"苟得有此下土"，更益以"相观民之计极"，遂整个一段都是说明屈原是以民为政治美恶良窳之基本因素。

上述三说，都是屈子致君尧舜的理想，大体都是承袭旧说，而列举例证为之总结。屈原是一位政治思想家、教育家，他虽多袭用古说，但更绳以最鲜明的道德准则，为理想政治制定标准。他的理想是极有条理的，而决非空头政客，单凭口说，朝秦暮楚，恶滥小人而自号为英雄者可比。

屈原最具体的治国思想与组织计划，在《大招》一文中论之极详，且率真；其中可分为，一、贤能在位，二、对人民的政治处理，三、为君之德之要求，四、开拓疆土，等等。

---

① 中国的政治结构，自来有宫中、府中之差，宫中即皇王私处，府中才是国家政府机构。

四、文 学 成 就

屈子文学，称赋或称辞，这两个名称从汉以来都是混用的，后人又往往因《离骚》的伟大内容能概括屈文全部，所以又称之曰骚。而且《离骚》是联绵词，不能分开用，后人因屈赋的特点而借用此语，在我们这个国家文化史上，这种方式方法也可以通得过。至于后来又把《离骚》称为经，《九辩》以下称为传，这本是儒家经典的大例，在学术源流方面，也自有其用处，不必去计较。

屈原作品，根据刘向、刘歆父子的校定，及王逸的注本，是二十五篇。《离骚》一篇，《天问》一篇，《九歌》九篇（加《东皇太一》与《礼魂》共十一篇），《九章》九篇，《远游》、《卜居》、《渔父》各一篇，合计二十五篇。但据《史记·屈原列传》所载，有《招魂》一篇，近世来很有人把《大招》也算为屈原的作品，这就成为二十七篇了。我是很赞成加入"二招"的。

大体说来，《离骚》、《天问》、《九歌》三篇，可作为三种体性的代表。《九章》、《远游》、《卜居》、《渔父》，其内容与作风、体性皆与《骚》同，为一组，大体都是有事可据、有义可陈的，是屈子创作的重心，情愫与事实相纠合而成篇，是一切文学家的正常创作。《天问》只是屈子思想学术造诣的表现，应是学术文章。《九歌》则是祀神乐曲，是屈子修饰润色楚民间文学的典范，也就是南楚文学的典范，有情感，然而是代人说的，不必是自己心中的情感。因此，从体情来说，这三组（骚、歌、问）是三种表现，从这三个体性来说，《九歌》是楚国的古词。

《九歌》是楚民间久传的旧形式。从南楚所传古诗歌谣谚看，它们的造句遣词风骨，莫不与《九歌》形式相同。譬如以五七句为主，用兮字作语尾助词，多用联绵词等。这种形式依存于其内容，它们的内容都是比较自由，比较不那么隐晦，吐词都比较真实，又不那么干枯，所以修饰非常活泼、美丽、奔放。《九歌》

是完全承袭这种特色，而且从内容说，则写男女情思，真切而无塞塞缩缩，或放荡不羁之态。人鬼之爱也极有人世真实之感，所以女神是如此妙曼，也无一点媟黩之念。男神是如此安雅，一点"怒目金刚"之气也没有，乐神也就是乐民，不以庄肃晦其真情，这是很不容易的写实手法。而屈子优为之，可见其民俗风习之深厚，及入人之深，决不是强学可能的。

《九歌》九篇的结构，是一个整套，不可分割，与《九章》、《九辩》之各自为篇者不同，从它的这个结构上看，应当近于元以后的套数，搬演了一大套。王国维先生以为是中国的原始戏曲，日本青木正儿引申发展说明是四对夫妇（或准夫妇）神的对舞，说成舞戏，更合于文学艺术发展的实际情况。笔者认为，《东皇太一》是迎神曲，《礼魂》是送神曲，颇与汉以来的郊祀制度相似，汉代在文艺上的礼制，大体是承袭楚人来的，所以《九歌》可能就是汉《郊祀歌》的初本。汉《郊祀歌》中有许多神，也是《九歌》中的神①。

所谓配偶神，是东君与云中君对，大司命与少司命对，河伯与山鬼对，二湘相对，东皇为迎神曲是也。那么，《国殇》一篇作用为何呢？据古社会学的民俗学讲，有这样一种制度，当国有大事特别是军事时，为了鼓舞士气，往往在出征前有一场大规模鼓舞士气的舞蹈。楚与秦的战争需要鼓励士气，所以用《国殇》的悲壮的歌声，惨烈的情节，来使出征战士在出征前夕得到一次大的鼓舞。《九歌》以《国殇》作结，实在是非常妙的手法。

屈子对《九歌》的修饰润色是煞费苦心的。东皇太一是神的最尊者，他不用太一出场，只由巫者舞场，而陈设美备，是敬之重之的办法。东君、云中君是日月神，显得高高旷旷。二司命是大神，是管人间事的，遣词造句，都是人世情况，而不失庄严之

---

① 解放前，笔者写的一篇《九歌解题》即以此为基础而定为楚的郊祀歌，后来出版社觉得"不合时宜"，建议改为民歌。其实一切礼制都莫不起源于民俗，则说为民歌也未尝不可，不过以体制来看，纯真的民歌是不会有这样成套的规格的。

气。河伯、山鬼是地祇，写山鬼的妙曼绮妮是很动人的。写二湘的缠绵极近人世的人情味，而湘君之赠是玦，夫人之赠是内衣，男女礼文极尽礼制之蕴。想来屈子在修饰这一个大套时，也许还把道具、衣著、舞容、场面等等都一一考虑过的。真是千古奇文。在结束时，《礼魂》的场面，又是用大合乐的情调来作结束。"长无绝兮终古"，祝愿这场热烈的情味，终古不绝，又何等有人情，何等有风骨啊！

《离骚》的语言修辞，是得自《九歌》而展之。《九歌》用兮字，分担各种含深义的语助词（参看姜亮夫《〈九歌〉兮字用法分析》），它是舞蹈，可以用手足身段等等来补足语言音乐之不足，增加歌声的绵缈之情。而《离骚》只是诵诗，含义应由语言本身完成，所以虚助词都用含义有别的字。这是骚、歌在语言方面的最大最特殊的差别，然而基本的差别，则骚是屈子表情达意之作，如泣如诉，不是对大众的浩歌，从内容上决定了两体的差别。所谓骚的承歌，从形式上来看，是非常易知易见的，而从内容上说，则歌是鼓舞群体之歌，骚只是抒个人之情为主的诵诗，这一根本性问题认清后，则所以承袭，所以发展，是划然分明的了。

"离骚"一词的含义，古今讨论虽多，但大体不外五种意见。《史记》屈原传、班固《骚序》以为是"离忧"，王逸以为是"别愁"，项安世以为是"骚离"的倒言，笔者的旧说以为是"离蠚"的别构词，近人多以为即今语的"牢骚"一语之变。近年来想到，还是太史公与王逸注的话为允当。全篇主旨是因了被怀王所疏远，得离开君王，离开国都，而发愁生忧。这一义与全文最为切合，忧愁的是自己离开了国土、君王，则群小当朝必乱国纲，所以要想到寻个好女来陪伴君王（春秋以来，以贤女喻贞良忠诚之士是常事）；数求不得，因想去求重华，去先人兆域泣诉一番；到了昆仑，不由痛泣，连仆夫也悲而马亦跼局，诉说了莫足与为美政，还是得返其故居，全篇文章是"入世"之念至为强烈，只不过是忧国忧君，并不是就要去国三千里，或用牢骚为之，所以用别忧别愁解之，非常稳妥。这与《远游》之思远遁，乃至登仙，及《悲回风》、《怀沙》决心离世而死，是大不相同的。骚篇之成，在怀王入秦之前，对楚国恩重义深，不可能有第二种想法，此二义也。

《离骚》篇分三大段，自篇首至女嬃申申詈予为一段，写以宗子入仕，仕而为人谗害，并非由于自己有过得罪国君，而是国君荒唐，听谗而已。然古今因女宠、男宠而至君臣乖离者至多，难道明于治乱的屈子还不能知吗？所以在第一大段中，只说到小人谗害，君王不察而已。第二段用就重华陈辞，开出下文，以求贤为辅，以救国家危乱，因为"兰蕙化茅"，自己所教的胄子也不可靠，所以得求之天地四方，为第二大段。然而求之不得，乃顺着游踪去到昆仑先人高阳之兆域，痛极而忽思，仍返故国，再求仕进，以观后效，遂尔作结，情感虽然激动，而无遗弃国家、宗主、人民之念。总而观之，不过是忧谗去国而已，去国而又访求贤俊，则其欲返国臣君之情，跃然纸上，无可言说矣！

在《列传》里对《离骚》一段，赞赏备至，既上比风雅，而又可与日月争光，把这篇开千古局面之作，说得如此之崇高，也即是把这位爱国诗人比于神圣，似乎自有文章以来，无此作法，也无第二人，可谓至矣尽矣。然而屈子是很悲惨地用死来统一了他的性行品德，来完成他作品与人格之融化。

与《离骚》情调思想完全统一的还有《九章》、《远游》、《卜居》、《渔父》诸文，都不过是《离骚》的一枝一节、一鳞半爪，或某一含义而已。了解了《离骚》，这些篇章自易入手。

现在来谈谈《九章》。《九章》不是一篇文章的九段，是各自为篇的九个篇章。肯定不是屈子自辑的，一定是弟子甚至就是刘向、刘歆父子所辑。因之我们要把它作为九篇文章来处理。

《九章》的篇目是：《惜诵》、《涉江》、《哀郢》、《抽思》、《怀沙》、《思美人》、《惜往日》、《橘颂》、《悲回风》。各篇各有其含义，都是屈子的创作。自王逸以来，都是这样说的。到洪兴祖才疑《思美人》以下四篇非屈子之作。曾国藩说，《惜往日》

多俗句。吴汝纶以《悲回风》为吊屈原之作。大概启发这个说素的是《汉书·扬雄传》。传中叙述扬雄作《反骚》、《广骚》之后说："又旁《惜诵》以下至《怀沙》一卷，名曰《畔牢愁》。"扬雄好拟古，而摹屈作悃切，而《九章》则《思美人》以下四篇，独缺而不拟，大概就是洪兴祖之所本，这种猜测是不对的，没有确证的。

《九章》的内容，王逸以为放江南思念君国所作，恐不全当。《九章》所言，皆有具体事项可寻。有早年所作，与《离骚》意旨相同者，有晚年所作，当在《远游》之后。按《九章》共九篇，每篇有篇题，其题皆与本篇含义相协。《悲回风》似仅以篇首三字为题，其实含义亦在《悲回风》词底，此与屈子全部作品相同，为战国文体发展之一端。兹将各章大意缕述于下：

（一）《惜诵》：此章为初放时之作，与《骚》同旨，文亦相似。惜诵是在朝时诵说古训，这就是古代祝史之职所谓的矇诵，当指为左徒言。诵而至于悲悯，发愤以抒其为国之情。下文说竭忠诚反离群，又总以先君后身，全章以君不明小人谮害为旨，篇末言远集，与《骚》旨同。

（二）《涉江》：记南游，过大江，以入溆浦。这是放逐江南时作的。盖追叙浮江之事，晚年之作，有必死之志。

（三）《哀郢》：为放江南九年不得复，追思初放情事而作。近人多以为秦兵入楚，但文中仅言百姓震愆而无国破家亡的情景，疑指庄𫏋暴楚而言；且文中只有忧国之情，而无君臣恩义之言，疑为顷襄以后之作。

（四）《抽思》：这是在怀王听谗见疏后居汉北时所作。犹有冀进之情，皆君臣离判之辞，归罪小人。

（五）《怀沙》：此章言自己虽放逐，不以穷困易其操，无人知我，伏节死义而已。其文回迁曲折，有誓死之情而无必死之决，其辞直而未激，当在《惜往日》之前，《涉江》、《哀郢》之后。

（六）《思美人》："美人"指楚君，言己不能自达而志不变。

大旨承《抽思》立说，与《骚》尤相近。尤有奋勉之思，作于怀王时。

（七）《惜往日》：屈子决心死之前，追怀一生而总结得失经历之作。写生世业迹都可以和《骚》、《远》及《九章》各篇相印记，实际上是屈子自为生世的一篇总结（可参看《山带阁注》及林云铭《楚辞灯》两书叙论）。

（八）《橘颂》：实与荀卿《赋篇》同体用，为战国南疆新兴文体之一，然荀卿重在物体，而屈子则重在自喻。

（九）《悲回风》：全章都写思想回惑，不知所释，是非善恶不调协，所谓痛心。文中描绘心出入、内外、远近之情，上下、左右、前后之态，而仍不知所止，悲感与思理相挟持，思入渺茫，情辞凄楚，惶惑不安，情虽动荡，而文极安雅，是屈子文章最细腻匀贴，而又洒落之作。

用纯理的分析来否定一切事事物物的美恶是非，从而决定了必死的决心，算是寻到了去处，然而文章词气，一丝没有临死的纷乱，大的悲伤。以心安理得之像写视死如归之情，所以文章极绵缈安雅之能事，"临难毋苟免"还只是消极的思理，而"视死如归"一丝不乱，才是一个伟大人物的心胸之表现，是非常人所能体会的，再加上《惜往日》、《怀沙》等篇的情绪萧索，于是而有汨罗之痛。这样一来，屈子之生有其条件、屈子之死有其伟大的表现，成此一世伟人不容易，我们历史上得此伟人也不容易，甚过千千万万个帝王将相，成其为中华民族的精英。

《离骚》的情绪，是个忧字、愁字，是初失志之作，为第一期，还有入世之思；《远游》之作，是在迫扼痛苦的心情之下，欲出世以自放，远游高飞以自处，只是个出世之思，比《骚》的忧愁情绪又深一层，为屈原自处的第二期愿望；到《惜往日》、《怀沙》、《悲回风》，则心情平静下来，以最深厚的学理，分析事物的是非、美恶，得到了安身立命之所，大解脱了，入定了，死是求到"安身立命"之所了，从极度的悲痛中解放出来，是辞世，是放下了"人世"，走出了社会，求得了清白，死不可忧愁，死不是悲伤，所以安然自得地去了，是第三期思想，也是一、二、三期的总结。所以《九章》只是零星的发抒，而《悲回风》又是总结性的总结。

《卜居》、《渔父》两文，内容极相近，都是以人世美恶是非为标准，而求其"自处"，其评论所持执的真理，仍是《骚》、《章》之所持，不过更集中一点，可窥见屈子热爱人世、热爱真理，所以用道德标准来量人世，老老实实，不卖一点乖，不说一点假。借郑詹尹与渔父两人来作为决策的对象，其实与《离骚》借巫咸、灵氛、彭咸乃至于重华，是同一手法，不过用郑詹尹、渔父，而不是神巫大灵，可以窥见文章比较有层次，是更接近人世些，这只是一事一义之作，可能是有过这两个人，谈过这些事的记叙而已。

《天问》篇涉及两个大问题，因而也是两大段，大段中各有小段。第一大段说的是天地自然问题及其历史传说。第二大段是谈人世的过去历史问题，而以"天道"（或天命）为评论的基础，所以用天问一题。这是屈子得之楚的古史传说，与当时齐、鲁诸儒所热心讨论的问题。大致可作如下分析：前半论天地生成，天体天象与稷下之说相合，天德、天庭、地貌、地变等与齐、鲁、三晋之说相合。天地神祇及日月星辰诸端及其神鬼等，可能是楚国的古代传说。其第二部分，论人世古史之处很多与北土之说不合，或大量多与北土所传（如夏史），可能是楚旧史，或即楚左史倚相所传的三坟、五典、八索、九丘之中的传说，这正是屈子所昭习的史实，大体说来，都是北土诸儒的所谓缙绅先生难言的东西，所以从古到今《天问》一文号为难读，历代注释也多半不能得其实情。王逸的《章句》与朱熹的《集传》所得皆极肤浅，一直要到郭璞引《山海经》中材料作注，才渐见放光彩，可惜郭书早亡，只能从洪兴祖《补注》中看到一点。经清三百年的考研，发现渐渐多了，而以刘梦鹏、胡文英等人所得较多，笔者采获所及，倒也有些可喜的发现，最近把本人的《屈原赋校注》重订一番，结合《楚辞通故》，大概全部问题都得到松动，但未必可作定论。

《天问》的材料故事，可能都是旧史所传，而屈子录之，至少也替后代保存了许多材料。另外，必须认识：一、从对于天地日月等自然现象提问来看，屈子学识的领域是很广博的，大体说来，又可分为两种情况：一是问所不知，二是问所不信。这虽是两个问题，而其反映的时代面貌是一致的。不知而问是深一层认识问题，疑而求信，信而为问，是半知半不知的现象。有些是科学性的问题，譬如天地生成、天体、地貌等是真真切切的知识问题。至于疑虑而问，可能属于认识的角度问题（这在我的《重订天问校注》中都已提出）。二、对历史的探索（即第二部分），屈子是有明确的认识的，大体都是以天道伦理道德为基础，如问善恶之报不准确，义不义而所得或相同或相异，这即是后世所谓屈子的是非善恶不背于圣人之所由，也即是说屈子有儒家思想的来源。其实，屈子所提出的是非善恶的准则，正是战国一代社会发展所认识的标准。这些标准，合于人群社会的安宁进步的基础。若是我们再把它同《骚》、《章》、《远》、《卜》、《渔》合参，是完全统一的，这说明屈子是个有思想、有见解、有认识的大文人。

论"二招"。"二招"即《大招》、《招魂》两篇。《招魂》一文，太史公第一个认为是屈子的作品，而王逸以来多半认为是宋玉的。《大招》一篇，有人认为是屈子之作，也有人认为是景差之作。本人在五十年前，大体也同意宋玉、景差所作的主张，所以写《屈原赋校注》时，不收这两文，但近十年来，发现此二文非屈原不能为之。

肯定"二招"是屈子作品，与肯定《远游》是屈子作品用的是同样的方法。一、从语言学的角度来分析：第一，所用的一些特殊词是统一的，尤其是联绵词、成语等。第二，用代词、助词及许多虚词、介词，几乎完全一致。第三，用韵与《骚》、《章》无区别。第四，意识形态无差殊。第五，所使用的楚公室的史事、文物、制度，不仅与屈子之作相同，而且与《战国策》、《楚世家》也是相合。二、从文体文风上来看，与屈子作品亦甚相近。《大招》更为朴实。《招魂》的华泽也未落入宋玉风格中去。这些问题，令人看来也许是小事，其实一个人的作品，自有其统一的语言、统一的用事、用典及逻辑方式，也各自有其特异之处。

从《招魂》内容看，其中所描写的宫室园林、衣食乐舞等，无一而非帝王之所享受，则其所招之对象，非王者莫属，更证以"乱词"，则为忆昔从君之游乐也，时屈原身在江南，故结之曰："哀江南"。谓不能哀之于郢都而哀之江南，时在江南也（详见姜亮夫《二招校注》）。可见，《招魂》一篇司马迁以为屈原作，以哀楚怀王之客死于秦，是较为可信的。

至于《大招》，前人或以为景差招屈子，但自"永宜厥身"以前，盛称宫室苑囿、女乐饮食之美，若与《招魂》相似而威仪稍谢；"永宜厥身"以下，言国之舆地、田邑、民庶、重臣、治制之美、赏罚之当……无一不与屈原所仰望之"善政"全相拍合；文尾也显与屈子政治之寄望相一致。可见此篇为屈原自招之词。

屈赋的风貌与北方的《诗经》显然不同。《诗经》可用温柔敦厚四字表之。而屈赋则真挚、刚健，不忘暴露丑恶，也不避称颂表彰；换言之，它不以温柔敦厚表其真，仍用《论语》一段话，可以说明："可以兴，可以观，可以群，可以怨"；换言之，它写真情、真事、真理，不为长者讳，不为贤者讳，不为大人讳。这是黄河流域的民风与长江流域民风的习于强悍有所不同。《汉书·地理志》说楚地民习的一段话，以屈文证之，确是这样的。所以，写男女情思，志士爱国，是如此切直，其所描绘抒写的内容是如此丰富，什么都可以奔入笔底，写神话，写神人之爱，写思得古贤女、圣妃为配，思与天神鬼怪游观戏弄，等等。一切神都有民间普通人性。词底无处不爱国，无处不含真理，而色泽浪漫、情思奔放，达到了逻辑思维与情感结合的高度。这样自由奇突，绝不是北方文学所能比肩的。这些情实是楚的风习所决定。北方为宗法社会所范围，南方不受此限，可能是氏族社会的遗存，也就是三苗旧壤之遗留。

因为他们的思想自由，无所不可，所以楚国的人材辈出，诸子百家多出三楚，而"三户"亡秦，也正见其精悍坚强之风有来由矣。

说到这儿，自然涉及屈赋对后代的影响。汉家文物、制度，大体是体用两方，都是三楚之所传。高祖定都关中，统一北土，是政治上的得手，而其下文武全材多有楚人，又移楚三姓于关中，"三姓"正是三户之民，所以汉兴以后的文学，从《大风歌》，唐山夫人《房中乐》、《郊祀乐》到武帝《秋风辞》、《瓠子歌》，广被天下，而楚辞传习也不断地在提倡，也可以说是楚化①。汉代的赋家（大赋），只不过是语言文字之学进入楚辞体内的一种新资料，注入楚的旧酒瓶而已。

从影响来看，则后世的绍骚之作，几为一切人都曾试为之，虽新文体、诗体（五、七言诗）的外形发展，也可以一一指其楚化关系。此外，则以屈子身世为题材的诗歌、词曲、戏剧、琴辞、大曲、话本，无所不有，又如艺术中之绘画（屈子像、《天问》图、《九歌》图等），也更仆难数，影响远非《诗经》之所能及。

总之，屈子文学的造就，是为文学史上继往开来的伟大创业，是中国文化史上的至高至大艺术珍品，为中国人民之所热爱。而屈子的至大至刚的人格，刚健笃实光辉的形象，千百年来，更一直为人们所景仰所称颂。爱国爱民的伟大诗人屈原是永远不朽的。

主要参考书目

1. 司马迁《史记》卷八四《屈原贾生列传》，中华书局校点本。

---

① 汉乐府以五言为主，只是调协南北的一种表现，从实际的语言角度论之，仍是《楚骚》，而不是《诗经》。

2. 司马迁《史记》卷四〇《楚世家》，中华书局校点本。

3. 《楚辞补注》，中华书局 1957 年用四部备要据汲古阁宋刻洪本排校纸型重印本。

4. 姜亮夫《屈原赋校注》，人民文学出版社 1957 年版。

5. 姜亮夫《楚辞学论文集》，上海古籍出版社版。

6. 姜亮夫《楚辞通故》，齐鲁书社即将印行。

宋 玉

（生卒年不详）

陆永品

宋玉的生平事迹，历史记载甚少，他的生卒年均不详。据司马迁《史记·屈原贾生列传》记载说："屈原既死之后，楚有宋玉、唐勒、景差之徒者，皆好辞而以赋见称；然皆祖屈原之从容辞令，终莫敢直谏。"按照司马迁的说法，宋玉作为辞赋家，是在屈原死后才在楚国享有盛名的。

宋玉具体生长在什么年代，还有别的什么活动，司马迁并没有记载。西汉韩婴的《韩诗外传》、刘向的《新序》、晋代习凿齿的《襄阳耆旧传》①，对宋玉的生平活动才作一些更具体的补充记载。《韩诗外传》说："宋玉因其友见楚襄王，襄王待之无以异，乃让其友……"《新序》说："宋玉事楚襄王，而不见察，意气不得，形于颜色……"《襄阳耆旧传》说得比较详细：

宋玉者，楚之鄢人也。故宜城有宋玉冢。始事屈原，原既放逐，求事楚友景差。景差惧其胜己，言之于王，王以为小臣。玉让其友……友谢之，复言于王。玉识音而善属文，襄王好乐爱赋，既美其才而憎之似屈原也。曰："子何从俗，使楚人贵子之德乎？"对曰："昔者有善歌者，始而曰下里巴人，国中属而和之者数百人。既而曰阳春白雪，朝日鱼离，

---

① 此书已亡佚，见《玉函山房辑佚书补编》。

国中属而和之者不至十人。含商吐角，绝伦赴曲，国中属而
和者，不至三人矣。其曲弥高，其和弥寡也。"

这些虽属传说，大抵都是根据前人提供的史料所写，不可能是凭
空杜撰。照此说来，宋玉是楚国鄢（今湖北省宜城市）人，与屈
原同时稍晚，事楚襄王，为小臣，地位甚低，颇不得志。

宋玉的作品，据《汉书·艺文志》载有十六篇，但多数已亡
佚。至今保存下来的，对其中有些篇章，争论颇多。比较能够确
定下来的，一般认为，只有《九辩》一篇。据考，《高唐赋》、
《神女赋》、《登徒子好色赋》、《风赋》（见《文选》）四篇，亦
为宋玉所作。其它如《古文苑》载《笛赋》、《大言赋》、《小言
赋》、《讽赋》、《钓赋》、《舞赋》六篇，《文选》存《对楚王问》
一篇，皆属赝作。（见胡念贻《中国古典文学论丛》中《宋玉作
品的真伪问题》）

作者的这五篇作品，大致可分为三类：（一）《九辩》为一
类；（二）《高唐赋》、《神女赋》、《登徒子好色赋》为一类；
（三）《风赋》为一类。

《九辩》是作者的代表作。王逸说："宋玉者，屈原弟子也，
闵惜其师，忠而放逐，故作《九辩》以述其志。"（《楚辞章句》）
意思是说，宋玉作《九辩》是借用屈原的口吻，来述说屈原的远
大抱负及其不幸的遭遇。同时，也能看到，作者在此作品中也借
以抒发自己志不得伸的苦闷。

作品写屈原被疏远之后，仍然盼望着去见楚王，劝谏楚王任
用贤良，联齐抗秦，拯救楚国的危亡。然而，楚王却重用群小，
听不进忠言，因此使屈原大失所望，异常愤懑。诸如："专思君
兮不可化，君不知兮可奈何。""愿一见兮道余意，君之心兮与余
异。车既驾兮朅而归，不得见兮心伤悲。倚结轸兮长太息，涕潺
湲兮下沾轼。"作者用极其生动形象的语言，来表达屈原不能实
现理想的痛苦心情。屈原所以无法见到楚王，申述自己的主张，
都是由于靳尚、郑袖、子兰、司马子椒等群小当道，从中作梗的
结果。"岂不郁陶而思君兮，君之门以九重。猛犬狺狺而迎吠兮，

关梁闭而不通。"这几句诗，概括了屈原对群小的愤恨。

宋玉自恃才华出众，认为本应受到重用。可是，他却在楚王手下当一名无足轻重的小臣。显然，这对他来说是大才小用了的。物不平则鸣。在《九辩》里，宋玉也道出了自己不平的心声。例如："坎廪兮贫士失职而志不平。郭落兮羁旅而无友生。惆怅兮而私自怜。""窃慕诗人之遗风兮，愿托志乎素餐。"等等。类似这样的诗句，就是作者失志的苦闷和不平的自我写照。

《高唐赋》、《神女赋》、《登徒子好色赋》三篇，都是针对楚襄王而写，是"假设其事，讽谏淫惑也"①。从这三篇赋的"序"中，便能清楚地看到作者的这种写作意图。《高唐赋》"序"写宋玉为楚襄王述说，楚国先王游于高唐之台时，曾梦见巫山之女，"王因幸之"。此女去而辞曰："妾在巫山之阳，高丘之阻，旦为朝云，暮为行雨，朝朝暮暮，阳台之下"云云（千古流传的"巫山云雨"，即由此而来）。楚王听了这些，便令宋玉撰写了《高唐赋》。这篇赋，等于引导楚王游览了一遍高唐。首先作品写高唐之大，登巉岩下望，可以观百谷汇集。然后写树木郁盛、"葩华覆盖"的优美景象；磐石险峻，令人神往。再写许多花卉香草，斗妍吐芳。"众雀嗷嗷，雌雄相失，哀鸣相号"。又写当年的游仙方士以及礼神、打猎的情景。最后写："思万方，忧国害，开贤圣，辅不逮。"所谓"曲终奏雅"，稍进讽谏之意。

《神女赋》"序"写："楚襄王与宋玉游于云梦之浦，使玉赋高唐之事。其夜王寝，果梦与神女遇。其状甚丽，王异之。明日以白玉……"接着宋玉便盛赞神女的瑰姿玮态。之后，宋玉奉楚王之命，写了此赋。在作品中，作者把神女的蛾眉、朱唇等姣丽

<hr />

① 《文选》李善注，说《高唐赋》、《登徒子好色赋》两篇，是"假以为辞，讽于淫也"。其实，《神女赋》的写作意图，亦在于此。然而，朱熹则说："若《高唐》、《神女》、《李姬》、《洛神》之属，其词若不可废，而皆弃不录，则以义裁之，而断其为礼法之罪人也。"又说："《高唐》卒章，虽有思万方、忧国害、开圣贤、辅不逮之云，亦屠儿之礼佛，娼家之读《礼》耳，几何其不为献笑之资，而讽一之有哉？"（《楚辞集注·序》）此乃封建大儒的偏颇之见，不足为训。

体态，描写形容一番。再写神女亲近楚王，但"欢情未接，将辞而去"。楚王思念神女，"惆怅垂涕"，通宵不眠，"求之至曙"。作者曲折委婉的讽谕之意，就在最后这寥寥数句。

《登徒子好色赋》写得更加微妙。"序"写登徒子在楚王面前，毁谤宋玉好色。宋玉说自己无有此事，反证登徒子好色。宋玉证明自己无有此事，写得颇为精彩，恰到好处。他说："天下之佳人，莫若楚国；楚国之丽者，莫若臣里。臣里之美者，莫若臣东家之子。东家之子，增之一分则太长，减之一分则太短，著粉则太白，施朱则太赤，眉如翠羽，肌如白雪，腰如束素，齿如含贝，嫣然一笑，惑阳城，迷下蔡。然此女登墙窥臣三年，至今未许也。"这段文字，的确可谓一篇杰出的"美女赋"。宋玉以美女为自己辩解，是非常有力的。但是，他反证登徒子好色的说法，就没有什么道理了。当时秦章华大夫在场，他又向楚王说，宋玉所称说的美女，不过是"南楚穷巷之妾"，不足为大王言。认为他曾看见的美女，比宋玉所说更加妩媚。因此，楚王令他陈说其美。接着这篇赋就写，在春天，郑、卫、溱、洧之间，"群女出桑"，"华色含光，体美容冶，不待饰装"。那些"处子"，"恍若有望而不来，忽若有来而不见，意密体疏，俯仰异观，含喜微笑，窃视流眄"云云。于是楚王才认为宋玉不好色。从这篇作品里，似乎难以使人看到，其中有什么"假以为辞，讽于淫也"之意。

《风赋》写"楚襄王游于兰台之宫，宋玉、景差侍。有风飒然而至，王乃披襟而当之曰：'快哉此风，寡人所与庶人共者邪！'宋玉对曰：'此独大王之风耳，庶人安得而共之。'"于是宋玉便描写"大王之雄风"，与"庶人之雌风"的不同，借以讽谏楚王。赋中"庶人之风"一段描写，把贫苦人民的悲惨生活，表现得十分真切，与他写楚王奢靡的生活，作了鲜明的对比。宋代苏辙曾经指出宋玉写此赋的用意说："玉之言，盖有讽焉。夫风无雌雄之异，而人有遇不遇之变。楚王所以为乐，与庶人所以为忧，此则人之变也，而风何与焉？"（《黄州快哉亭记》）

文如其人。应当说，每一个作家，每一部作品，都具有其独到的思想，独特的风格。从宋玉这五篇作品来看，也都说明他与众不同的鲜明特色。

先谈他作品的思想性。司马迁说宋玉、唐勒、景差之徒，"皆祖屈原之从容辞令，终莫敢直谏"。宋玉的《九辩》、《风赋》，虽有明显的讽谏思想，但"终莫敢直谏"，应属司马迁所说此类作品。班固则说："大儒孙卿及臣屈原离谗忧国，皆作赋以风，咸有恻隐古诗之义。其后宋玉、唐勒，汉兴枚乘、司马相如，下及扬子云，竞为侈丽闳衍之词，没其讽谕之义。"（《汉书·艺文志》）宋玉的《高唐赋》、《神女赋》、《登徒子好色赋》，则过于曲折委婉，辞盛叶茂，"没其讽谕之义"，应属班固所说此类作品。就作者主观意图来说，即使寓有讽谕之义，也是"曲终奏雅"，"劝百而讽一"（《汉书·司马相如传》）。应当说，这是宋玉作品思想内容上的严重局限。这是其一。其二，作者在作品中，也流露出自己怀才不遇，志不得伸的失意情绪，这对我们了解作者的生平、人格、思想境界颇有帮助。诸如："岁忽忽而遒尽兮，恐余寿之弗将……无衣裘以御冬兮，恐溘死不得见乎阳春。"（《九辩》）众所周知，屈原行廉志洁，忠君爱国，同情人民疾苦，始终不渝地追求理想，"九死未悔"，把生死置于度外，最后以身殉国。这表现了屈原的光辉思想，高大形象。相比之下，宋玉考虑个人得失较多，就显示出他思想境界的格调不高了。不过，从"愿衔枚而无言兮，尝被君之渥洽"，"欲寂寞之绝端兮，窃不敢忘初之厚德"，"赖皇天之厚德兮，还及君之无恙"（同上）这些句子中，恰恰又表现出宋玉的软弱性格及其低下的地位和身份。与屈原作为左徒的身份，敢于斗争、坚韧不拔的性格形成了鲜明的对照。

在艺术性上，宋玉的作品有三个突出的特色。

第一，屈原开创了"楚辞"文学的新样式。宋玉对屈原的作品虽有所承继和模仿，但他在"骚"体的基础上，又创造了"赋"体文学，对汉赋以来的"赋"体文学的发展，曾经起过积极的推动作用。对此问题，应当分两个方面来谈。其一，它比"骚"体写得更加铺张。譬如，《高唐赋》描写巫山高大险峻，居高临下，雄伟壮观，用排比的笔法，把山上的景象及其气势，竭力形容和夸张，铺叙得淋漓尽致。仅从此作开头的一段描写，就能看到这一显著特色。这段写道：

> 惟高唐之大体兮，殊无物类之可仪比。巫山赫其无畴兮，道互折而曾累。登巉岩而下望兮，临大阺之稽水。遇天雨之新霁兮，观百谷之俱集。濞汹汹其无声兮，溃淡淡而并入。滂洋洋而四施兮，蓊湛湛而弗止。长风至而波起兮，若丽山之孤亩。势薄岸而相击兮，隘交引而却会。崒中怒而特高兮，若浮海而望碣石。砾磥磥而相摩兮，嶊震天之礚礚。巨石溺溺之瀺灂兮，沫潼潼而高厉。水澹澹而盘纡兮，洪波淫淫之溶㵘。奔扬踊而相击兮，云兴声之霈霈。

在这二十六句中，描写百谷俱集的浩大声势，就占二十一句。可见这等铺张排比的写法，就为汉代司马相如《子虚》、《上林》等大赋的产生奠定了基础。其二，它比长于抒情的屈原的作品，句法上更加富于变化。譬如《九辩》有一段这样写道：

> 悲忧穷戚兮独处廓，有美一人兮心不绎。去乡离家兮徕远客，超逍遥兮今焉薄。专思君兮不可化，君不知兮可奈何。蓄怨兮积思，心烦憺兮忘食事。愿一见兮道余意，君之心兮与余异。……慷慨绝兮不得，中瞀乱兮迷惑。私自怜兮何极，心怦怦兮谅直。

根据抒发感情的需要，在这些句子中，有长有短，长短错落，句式变化比屈原的作品更大，更加灵活，并且于变化中臻于整齐完美。

第二，《登徒子好色赋》、《风赋》两篇，采用问答的形式，在艺术上是一种创新。屈原的《天问》只是问而无答。宋玉开拓问答形式，对后代此类作品的产生，无疑将起着积极的影响。而且在宋玉的五篇赋中，其中有三篇有"序"，这也是前所未有的创举，开后人写诗并序的先河。他的"序"，又都写得清丽华美，饶有情趣，能给人留下深刻的印象。

第三，《九辩》开头写："悲哉！秋之为气也。萧瑟兮草木摇落而变衰。"它写秋天萧条的景象，表现了作者悲秋的情怀，实则是他失意情绪的表露。借景言情，融情于景，寓意是颇深的。表面上看，这里写秋天的景象，它比屈原写"嫋嫋兮秋风，洞庭波兮木叶下"（《九歌·湘夫人》）两句，写得更细致，更感人，因而更能引起人们的共鸣。屈原这两句诗，写得轻飘、淡雅、优美，非常出色。宋玉这两句，劈头"悲哉"二字，如晴天霹雳，能使人猛醒，勾起对萧瑟秋景的悲感。"萧瑟兮草木摇落而变衰"一句，写得生动、真切，写出了秋风吹打树木、花草，而树叶飘落、花草枯萎的形象。尤其"摇"字的使用更妙，它给诗句的生动形象性增辉不少，可谓是诗眼。所以，后人谈到"悲秋"时，往往就会想起宋玉来。杜甫说："摇落深知宋玉悲，风流儒雅亦吾师。"（《咏怀古迹》）正是对宋玉"悲秋"名句的赞美。

也正是由于宋玉的作品具有独到的艺术特色，才对后代产生很大的影响。杜甫说"窃攀屈、宋宜方驾"（《戏为六绝句》），把屈、宋并提，这就说明宋玉在中国文学史上占有不可忽视的地位。

主 要 参 考 书 目

1. 司马迁《史记》，中华书局校点本。

2.《楚辞章句》，见宋洪兴祖《楚辞补注》，中华书局本。

3. 班固《汉书》，中华书局校点本。

4. 刘向《新序》，《丛书集成初编》本。

5. 韩婴《韩诗外传》，中华书局本。

6.《襄阳耆旧传》，见《玉函山房辑佚书补编》。

7. 萧统《文选》，中华书局影印胡刻本。

8.《古文苑》，见《惜阴轩丛书》第十三函。

9. 苏辙《栾城集》，《四部丛刊》初编本。

10. 朱熹《楚辞集注》，《古逸丛书》本。

11. 胡念贻《中国古典文学论丛》，古典文学出版社版。

贾　谊

（公元前 200？—前 168 年）

董治安

贾谊是汉初有名的政治家和文学家。作为政治家，贾谊不是时代的幸运儿，一直没能获得理想的成功；然而，政治家的气质，对于历史和现实的敏感，以及仕途上的遭逸受陷、怀才不遇，却深深地影响了他的散文和辞赋的写作，最终促使他在文学上取得了可观的成就。

一

贾谊约生于汉高帝七年（公元前 200 年），主要活动，大体在文帝时。

青年时期的贾谊，在故乡洛阳（今河南洛阳市东）一带，就以才气不凡而崭露头角。十八岁，以能诵述《诗》、《书》和撰写文章扬名于郡中，因此得到河南郡守吴公的青睐，成为郡守的门客。继而又由于吴公的荐举，被文帝刘恒召以为博士。

汉初的博士，掌文献典籍，为王朝的咨询官。贾谊青年得志，意气风发，在诸博士中表现出优异的才能。据说，每当文帝下诏令交付议论，诸老博士欲语不能，而年纪最轻的贾谊，却"尽为之对"，且能道出其他人要说的意见。这自然使博士们感到惊讶，也引起文帝的注意，对他分外器重。于是，不到一年，他竟被破格提拔为太中大夫，成为文帝左右掌议论的一名高级顾问官。

大约就在这段时间，贾谊写下了有名的三篇《过秦论》。这是一组政治性很强而又富于艺术表现力的优秀散文。文中，对于秦自孝公以迄始皇逐渐强大的过程，以及最后形成的显赫声势，作了铺张描写和大力渲染，然后笔锋陡转，再极写陈涉乘势崛起，发兵亡秦，如摧枯拉朽之易，从而在鲜明的对照中总结出秦王朝覆亡的教训，强调了秦始皇"不施仁义"和二世"重以无道"所酿成的恶果。文章取名"过秦"，显然是借以警告刘汉王朝不要重蹈前代的旧辙，有针砭现实的寓意。三篇文章气势酣畅，雄辩滔滔，带有战国纵横议论的余风；而其用语浅明，文辞美富，句式趋向骈偶，又开始具有了汉代散文在表现形式上的某些新的特点。

如果说《过秦论》毕竟是在"过秦"的外衣下，曲折地表达出对于时政的隐忧，那末在献给文帝的另外一些奏疏中，贾谊就更直接地表明了个人的政见，积极发挥了参政的作用。出自他的建议，汉王朝对于旧有的律令作了适当的改革，并制定了若干新的条款；还是出自他的建议，文帝又于即位后二年的冬十月下诏，命令居住在长安的列侯都返回自己的封国去，进一步加强了对诸侯王的管理。在《论定制度兴礼乐》的上疏中，贾谊积极提出了"定制度，兴礼乐"，从而使"诸侯轨道，百姓素朴，狱讼衰息"（《汉书·礼乐志》）的设想；而且，他亲自草拟了关于礼仪、典章改革的具体方案，其中包括根据"色上（尚）黄，数用五"的原则，把官名全部作了改动①，等等。这套建议，由于牵涉太多、求之过急，在当时不可能被全部推行，但从中却可以看出贾谊从政的热情，及其改革现实的强烈愿望。

值得特别一提的是，贾谊此时还写了一篇颇有文采，几乎同

---

① 参见《史记·屈原贾生列传》。

《过秦论》同样广为流传的《论积贮疏》①。奏疏的主旨，是建议执政者重视农业生产，以"积贮"为"天下之大命"；而全文的重心，则在于猛烈抨击"背本趋末"的社会不良风气，以及揭示这种风气所酿成的潜在祸患。剀切透辟的分析，令人怵目惊心的形象描述，都使得作者的结论给人以确凿无疑和不容忽视的印象；朴实而带有感情的用笔，清晰的层次和叙述的逻辑性，也增加了文章的说服力。据《汉书·食货志》记载，文帝曾经"感谊言，始开籍田，躬耕以劝百姓"，表明贾谊的上疏直接产生了作用，终于引起执政者对于纠正时弊的重视。

汉文帝二年（前178），正当二十三岁的贾谊仕途一帆风顺，开始在政治上舒展抱负的时候，一次沉重打击猝不及防地落到他的头上。事情的直接起因，是汉天子打算进一步擢升贾谊"任公卿之位"。这在刘恒来说，或许是出于一点爱才之意，但由此却触发了朝中群臣早就蓄积于胸的不满和忌恨。他们异口同声地攻讦贾谊，一条是"专欲擅权"，一条是"纷乱诸事"。这些人当中，不仅包括东阳侯张相如、御史大夫冯敬，而且还有早年随刘邦起事，而后又在讨平诸吕、拥立文帝过程中建立过奇勋大功的绛侯周勃、颍阴侯灌婴等人，问题就显得严重了。

贾谊为什么会遭到周围人的如此攻击呢？自然，文帝群臣中不无那种专以谗毁别人为能事的奸佞小人，像见于记载的邓通便是一个②。这种人，与贾谊冰炭同炉，关系自可想而知③。然而，绛、灌诸人是王朝的耆旧重臣，与邓通之流不同，贾谊为什么在

中国历代著名文学家评传（第一卷）

---

① 此据《汉书·文帝纪》、《食货志》。按，《疏》中有"汉之为汉几四十年矣"一句，则此文又似为文帝十一年（前169年）或稍前所作。疑"四十（卌）"为"三十（卅）"之误。

② 《汉书·佞幸传》："邓通，蜀郡南安人也，以濯船（船）为黄头郎。""官至上大夫。""文帝时间如通家游戏，然通无他伎能，不能有所荐达，独自谨身以媚上而已。""文帝尝病痈，邓通常为上嗽吮之。"

③ 《文选·吊屈原文》李善注引应劭《风俗通》："贾谊与邓通俱侍中同位，数廷讥之。因是文帝迁为长沙太傅，及渡湘水，投吊书曰：'阘茸尊显，佞谀得意'，以哀屈原离谗邪之咎，亦因自伤为邓通等所愬也。"按，以上所记，虽不见于《史》、《汉》，当不无根据。

他们那里也得不到支持和容忍呢？这主要是由于，在绛、灌等人看来，贾谊的主张不合乎时宜。

汉代初年，承秦之弊，开始实行省简政刑、"与民休息"的政策。经过二十多年，到文帝时，虽已初步可见成效，但社会秩序还有待于进一步稳定，物质基础尚未十分雄厚；而与此同时，在"衣食增殖"、"户口寝息"的后面，封建制度下一些带根本性质的矛盾，也随之发展起来。贾谊基于对某些社会问题的敏感，试图大幅度地改变前代以"无为而治"为特征的指导思想，立即建立一整套新的礼仪和法令制度，从长远来说，无疑符合封建大一统社会的政治需要；但是，在当时那样一个号称"粗安"的时代，实现贾谊设想的改革所需要的各种具体社会条件，一时却并未完全成熟。保持稳定、积累财富，既然还是摆在执政者面前的必须继续追求的目标，贾谊的建议不能马上得到那些把持大权而执著于现实的政治家，如周勃、灌婴等人的同意和支持，就不那么难以理解了。

另外，就贾谊自己来说，由于他渴望在事业上有所建树，急切间，步子可能迈得太快了一点；而出于恃才自信，又难免把事情的复杂性看得简单了一点。这自然也容易增加周围人对他的种种不满。苏轼说："（贾谊）欲使其一朝之间，尽弃其旧而谋其新，亦已难矣。"又说："为贾生者，上得其君，下得其大臣，如绛、灌之属，优游浸渍而深交之，使天子不疑，大臣不忌，然后举天下而唯吾之所欲为，不过十年，可以得志。"（《贾谊论》，《经进东坡文集事略》卷七）这话尽管讲得未免有些绝对化，应该说还是有其一定的道理。

像在平静的航路上遇到陡起的风暴，群臣的攻击、毁谤，使得贾谊的政治道路和生活道路，发生了一个重大的转折。先是文帝刘恒开始对他疏远，不再用其议事；随后，他更被任命为长沙王吴差的太傅，实际上是从王朝中央被贬谪到地方上去。

长沙王都临湘（今湖南省长沙市）。沅湘一带，原是大诗人屈原晚年被流放过的地方。屈原忧国忧民，却不得见信于楚王，被谗放逐，与贾谊的遭遇不无相似之处；屈原《离骚》篇终所云："已矣哉！国无人，莫我知兮！"更容易引起贾谊强烈的共鸣。于是，在渡过湘水的时候，他不禁满怀感慨，写下了一篇被刘勰称为"体同而事覈，辞清而理哀"的《吊屈原赋》①。赋中，贾谊对于屈原"遭世罔极"、"逢时不祥"，表示深沉的哀叹；并用"鸾凤伏窜兮，鸱枭翱翔"，形容当年楚国黑暗混乱、是非颠倒的现实，用"使骐骥可得系而羁兮，岂云异夫犬羊"和"横江湖之鳣鲸兮，固将制于蝼蚁"，比喻屈原不见容于群小的可叹可悲。这类描述，都含有自况的意味，读者完全能够感受到充塞于贾谊胸中的纡郁愤闷。

就形式而言，《吊屈原赋》是一篇用"骚体"写成的抒情赋。它的体制乃至某些语句，带有模仿楚辞的痕迹是很明显的。但是，同样明显的是，它大大地散文化了，它不再是诗，而已开始从楚骚当中蜕变了出来；它确实已经创造性地使用了一种新的文体。在这个意义上，可以说，《吊屈原赋》正是汉初赋体形成阶段的重要代表作之一。

由于贾谊在《吊屈原赋》中引屈原为同调，而《史记》的作者司马迁又对屈、贾都寄予同情，为两人写了一篇颇有影响的合传，后世遂往往以贾谊与屈原并称。陶渊明《读史述九章》，就有"屈贾"一题；杜甫笔下，也屡有"气劘屈贾垒"（《壮游》）、"中间屈贾辈，谗毁竟自取"（《上水遣怀》）之类的诗句。当然，今天看来，屈、贾之间毕竟有其不同之处。这主要表现在，贾谊似乎较为缺少屈原那样的高尚情操和磊落胸怀，因而也缺少屈原

---

① 见《文心雕龙·哀吊》。"体同"，一作"体周"。

那种"虽九死其犹未悔"(《离骚》)的斗争精神。由于这方面的原因,贾谊的部分作品,有时就难免显得过于低沉伤感,以至存在一些触目的消极成分。

贾谊谪居长沙的三年,在政治上几乎完全处于被闲置的状态。事情很清楚,他来长沙既然带有左迁的性质,其立身处事,当然要注意自警自戒,不敢再轻举妄动。而当时,长沙王吴差,又是仅存的一家异姓侯王,地位风雨飘摇,随时都可能被汉王朝乘机翦除。吴差同中央派来行监护之责的贾谊之间,关系也就只能是若即若离,非常微妙。这不禁使贾谊感到难堪的寂寞。同时,长沙地方僻远,低洼潮湿,生活的不适更加重了他的抑郁之感。当笼罩于他那十分敏感的心头之上的阴影愈益扩大的时候,他甚至想到了死。他的那篇色调颇有些暗淡低沉的《鹏鸟赋》,就是在这种心境的支配下写成的。

鹏鸟,即猫头鹰,时以为不祥之鸟。在《鹏鸟赋》中,贾谊以鹏鸟止于己室,表现自己难以排遣的疑惧不安;并通过同鹏鸟问答的形式,抒写了自己对一些哲理的思考,企图以此求得个人的宽慰和思想的解脱。他写道:"且夫天地为炉兮,造化为工;阴阳为炭兮,万物为铜。"他写道:"万物变化兮,固无休息。斡流而迁兮,或推而还。"他写道:"祸兮福所倚,福兮祸所伏;忧喜聚门兮,吉凶同域。"不承认宇宙间存在什么冥冥的主宰,明确肯定事物本身在不断地变迁、发展,从而把人间的祸福吉凶也视为相互倚伏、相互转化,应该说是贾谊哲学思想中值得肯定的积极因素。但是,他在赋中同时认为:"其生若浮兮,其死若休。"公然表示要"释知(智)遗形兮,超然自丧。"显然接受了庄子的某些影响,这就在旷达之中又未免显得有点消极悲观。一方面积极地有所追求、探索,试图合理地解释周围发生的一切,渴望摆脱眼前的烦恼;一方面却又陷于绝望的泥淖难以自拔,声言要忘怀一切,有意地自我麻醉,这是贾谊自身的深刻矛盾。

三

文帝七年（前 173），贾谊被召回长安。他的政治生涯，重又出现一线希望之光。

贾谊到宫中晋见皇上，适值文帝刚刚举行过祭祀天地的仪式。君臣之间久未相见，这次晤谈，一直进行到深夜；而且，皇上不知是由于听得出神，还是仅仅为了表示自谦，竟还在坐席上向前移膝相靠拢。可惜的是，文帝头脑中还盘旋着祭祀之事，他向贾谊的发问，只是探询有关鬼神本源的问题，没有涉及到贾谊心目中占主要位置的关于整治社稷之方针大计。这未免使贾谊感到失望。晚唐诗人李商隐在《贾生》一诗中不无讥讽地描写此事道：

> 宣室求贤访逐臣，贾生才调更无伦。
> 可怜夜半虚前席，不问苍生问鬼神。

然而，文帝还是又一次被贾谊的"才调"打动了。结果，贾谊被任命为梁怀王的太傅。梁怀王刘揖，是文帝刘恒的少子，雅好《诗》、《书》，深受宠爱。贾谊来到刘揖身边，实际上也就是向皇上大大靠近了一步。他终于摆脱了困居临湘的寂寞，他那遭受创伤的内心，暂时又得到了安慰。

其后几年，贾谊曾多次向王朝上疏，陈述自己对政事的意见，最后写成了《陈政事疏》（一称《治安策》）一篇长文①。在这篇长文一开始，贾谊就尖锐地驳斥了"天下已安已治"之说，指出有"可为痛哭者"、"可为流涕者"、"可为长太息者"。在他看来，当时的政治形势是"本末舛逆，首尾衡决，国制抢攘，非甚有纪"，就像"抱火厝之积薪之下而寝其上"一样，处于严重危机之

---

① 见《汉书·贾谊传》。按此篇文字与《新书》（《数宁》、《藩伤》、《宗首》、《亲疏危乱》、《制不定》、《藩强》、《五美》、《大都》、《解县（悬）》、《势卑》、《威不信》、《孳产子》、《时变》、《俗激》、《保傅》、《阶级》等篇）大致相同，当为班固采掇《新书》剪裁熔铸而成（参见余嘉锡《四库提要辨证》卷一〇《子部》第一）。

中。贾谊所论的社会危机，主要是由以下若干问题构成的：

其一，朝廷同地方的矛盾。他认为，地方诸侯王势力在逐日强大，尾大不掉，终将构成朝廷的巨患；因此，必须迅速分散诸侯王的实力，削减各封国的土地，加强中央集权。

其二，汉王朝同北部边疆族的矛盾。他指出，朝廷"岁致金絮采缯"以奉匈奴，"行臣下之礼"，只能助长对方的气焰，酿成不断的祸害；所以，要根本改变卑躬屈膝的对外政策，积极制伏匈奴，消弭边患。

其三，社会内部上与下、贫与富，以及其它种种矛盾。他相当广泛地揭露了当时的社会弊病，提出要改变竞相侈靡的风气，重视农业生产，建全君臣、上下的等级制度和父子、六亲的封建关系，以及提倡礼仪道德，注意教化人民，等等。

《陈政事疏》是贾谊多年来对现实社会观察、认识的总结，较全面地表述了他的政治主张。他见微知著，能够洞察掩藏在表面安定繁荣之下的社会隐患，的确表现了政治家的卓见。他对于社会发展大势的描述，虽有危言耸听之处，但所抉发、分析的许多具体问题，大都做到了立论有据，并且往往能一针见血，深中肯綮。

遗憾的是，贾谊的呼吁和警告，并未在执政者那里立即激起相应的反响。他的一系列建议被陆续付诸实行，大抵还要待到景帝刘启以至武帝刘彻之时。

当然，文帝刘恒并不是那种昏聩无能的庸主，在可能范围内，他也曾有选择地把贾谊某项具体主张变成自己的措施和策略。比如，文帝十一年（前169），为加强对其它诸侯国的防范，"徙淮阳王武为梁王"，就是采纳了贾谊《请封建子弟疏》中的献策；文帝十六年（前164），一举"分齐为六国，尽立悼惠王子六人为王"，"又迁淮南王喜于城阳，而分淮南为三国，尽立厉王三子以王之"。（《汉书·贾谊传》）将诸侯国化大为小、化整为零，也是援用了贾谊在《谏立淮南诸子》等疏中提供的谋略。不过，"徙淮阳王"，已在贾谊去世前不久；而"分淮南为三国"等

贾谊

等，则更是贾谊死去四年以后的事了。

文帝九年（前171），天大旱。大约就在此时，贾谊写了《旱云赋》（今存残篇，见《古文苑》卷一）。赋的开头，非常真实地描写了云聚而未雨的景象，表现了人们切盼时雨而不得的焦灼心情；继而又形象地正面写出了旱情严重、禾稼枯槁以及农夫的悲苦。值得注意的是，作者在埋怨"皇天之靡惠"的同时，却有意地把天灾同当权者的失政联系起来："怀怨心而不能已兮，窃托咎于在位。""何操行之不得兮，政治失中而违节！"这就不只是空自悲天悯人，而能注意从政治上寻找酿成民生疾苦的现实根源，把责难的矛头指向"在位"者。所有这一些内容，在汉赋当中，都是极为少见的。

文帝十一年（前169），贾谊被召回长安以后的第四年，他的政治生涯又遭到一次不及提防的打击。是年六月，梁怀王刘揖在前往朝见皇上时，竟不慎坠马而死。贾谊身为太傅，无疑有失职之嫌，可以据以治罪；而更令其深自歉疚者，是他感到有负于皇上的重托。一种政治上的不祥之感，加以道义上的自责，造成贾谊过于沉重的精神负担。他只是终日哭哭啼啼，不能自已。

贾谊的哭泣，自然也包含着对自己仕途坎坷、命运多蹇的悲伤。贬谪长沙，已使他一度难以自振；谁料当他生活上、政治上出现难得的转机之时，又一次横祸飞来……在他看来，实现自己苦心编织的政治理想，希望是更加渺茫了。

过了一年，文帝十二年（前168）时，年仅三十三岁的贾谊，竟在无限忧伤之中默默死去。

四

鲁迅先生在《汉文学史纲要》一书中，曾认为，同晁错相比，贾谊有不够"沉实"，"乃颇疏阔"的一面。他又说："盖以文帝守静，故贾生所议，皆不见用，为梁王傅，抑郁而终。晁错则适遭景帝，稍能改革，于是大获宠幸，得行其言"。接着，鲁

迅深刻指出："使易地而处，所遇之主不同，则其晚节末路，盖未可知也。"（《鲁迅全集》第九卷）

是的，贾谊终其一生，一直期望通过文帝实现抱负和理想；而被称为"躬修俭节，思安百姓"（《汉书·食货志》）的文帝刘恒，总的看来，却是一个奉行黄老、倾向守成的君主。他欣赏贾谊的才具，偶或也能听取贾谊的意见，然而却不可能更多地信任贾谊，尽用其策略。这就只能把多才多识而锐意进取的贾谊，实际上闲置了起来，最后造成了贾谊个人的悲剧结局。

其实，文帝之奉行黄老、倾向守成，究其根本，还是决定于当时社会的现实需要。公元前 2 世纪前期，整个社会正处于由乱到治、由极其贫困到初步富足这一发展过程当中。文帝之前，虽已有"惠帝拱己，高后女主制政，不出房闼"，出现了"天下晏然，刑罚罕用，民务稼穑，衣食滋殖"（《汉书·食货志》）的局面，但进一步稳定社会、巩固政权、增殖人口、积聚物力，则还在于文景之时。文帝奉行的政策，像"与匈奴和亲"，对匈奴侵扰持退让态度，"令边备守，不发兵深入，恐烦百姓"（《汉书·文帝纪》）；像几次明令减轻全国人民的赋税、徭役；像注意安抚各封国，协调统治集团内部的各种关系；以及自奉节俭，"以示敦朴，为天下先"（同上）等等，都是顺应了历史的发展趋势，为汉武帝时一个盛大富强帝国的出现，作了必要的准备。政治家活动的舞台，总是建立在客观现实允许的基础之上。贾谊热情地鼓动汉文帝去推行"多欲"的、"有为"的政治，希望借助汉文帝演出有声有色的活剧，而当时社会的客观现实，暂时却还不能为此提供相应的舞台。必要与可能的矛盾，促使文帝对待贾谊的态度一直带有二重性。这不能不说是构成贾谊一生缺憾和不幸的真正历史原因。

贾谊留下的著作，主要有散文和辞赋两类①。他的散文，班

---

① 此外，据说贾谊还写过一部《春秋左氏传训诂》（参见姚振宗《汉书艺文志拾补·六艺略》）。

固说有五十八篇(《汉书·艺文志》),现在能够见到的,除保存在《史》、《汉》中的几篇奏疏外,还有十卷《新书》。自宋以来,一再有人斥《新书》为妄人伪托之作,其实这种怀疑和指责并无坚确的证据。《新书》固未必是贾谊亲手编定,今本复多残阙失次,但所辑录的文章应该是基本可信的;编辑者的时代,亦当与贾谊相去不远。《汉书·艺文志》又记载:"贾谊赋七篇。"于今可见者五篇。其中,《虞赋》(《古文苑》卷二十一)止残存三十字;而保存在《楚辞》中的《惜誓》一篇,王逸说:"不知谁所作也。或曰贾谊,疑不能明也。"比较可靠和重要的,就只有上文提到的《吊屈原赋》、《鵩鸟赋》和《旱云赋》了。同其他著名作家相比,贾谊传世的作品,从数量看并不算很多;但是,在汉初那个特定的历史阶段,他所取得的文学成就,却有其承先启后的重要作用,不容忽视。

汉代初年,盛极一时的诸子之作,已经告一段落;战国后期奇文郁起的楚辞,继屈宋之后,也没有再出现引人注意的作家作品。文学在酝酿着新的发展。贾谊的赋作,上承荀赋、楚骚,而有自己的开拓、创造和变化,进一步推动了汉赋这一新文体的形成。贾谊笔下的散文,往往侧重于揭发社会弊端,评论时政得失;风格朴厚,样式不一;语言或趋于浅明,或更多骈俪成分。其中虽不无先秦诸子之作的流风影响,却更明显地带有汉代的色调和气息,开了此后两三百年间数量繁多而体制丰富的政论文创作的先河。

当然,还应该看到,贾谊对于社会矛盾的大胆揭露和精辟分析,对于政治改革所作的努力和探索,对于人民疾苦的由衷关心和深厚同情,以及对于自身不幸遭遇的愤懑和忧伤,都那样鲜明地体现于他的散文和辞赋之中,从而使得他的作品不仅具有较强的现实性,而且具有进步的倾向性,具有感情色彩较为浓重的基本特征。

就以上几方面而论,在汉初半个多世纪的文学史上,似乎还没有另一个人足以同贾谊的贡献相比并。正是在这个意义上,可

以说，贾谊并没有辜负自己所处的历史时代，而时代也确实造就了贾谊。

主要参考书目

1. 司马迁《史记》卷八四《屈原贾生列传》，中华书局校点本。
2. 班固《汉书》卷四八《贾谊传》，中华书局校点本。
3. 王耕心《贾子次诂》，光绪二十九年龙树精舍刻本。

枚　乘

（？—公元前 140 年）

费振刚

　　枚乘，西汉赋家。生年不详，卒于汉武帝元年（公元前 140 年），字叔，淮阴（今属江苏）人。文帝时，为吴王刘濞郎中。刘濞依恃地方势力，策划发动武装叛乱。枚乘上书劝阻，吴王不听，枚乘因此离开吴国到梁国，为梁孝王门客。

　　景帝即位后，根据晁错的建议，实行了一系列削弱诸侯权力的措施。景帝三年（前 154）以吴王刘濞为首的七国诸侯为此发动了武装叛乱。景帝一方面以周亚夫为太尉，率大军予以进击，另一方面根据袁盎等人的建议，腰斩晁错于长安东市，以缓和诸侯对中央王朝的怨望，七国之乱终于被平息，吴王刘濞也死于乱兵之中。在吴王刘濞发动叛乱过程中，枚乘再次上书吴王，劝他度时量力，不要再与中央王朝相对抗，吴王刘濞又拒绝了他的劝告。七国叛乱平息后，枚乘因此而知名。景帝召拜枚乘为弘农都尉。由于他长期在诸侯大国为上宾，所结交的都是英俊之士，生活十分悠闲，因此他不愿意做地方官吏，托病辞去了职务，仍去梁国投奔梁孝王门下。其时，在梁孝王左右聚集一批善于写作辞赋的文士，而枚乘是其中最优秀者。景帝中元六年（前 144），梁孝王死，枚乘回到故乡淮阴。

　　汉武帝刘彻在做太子的时候，就仰慕枚乘的文名，等到他一登皇帝位，就派遣使者"以安车蒲轮（以蒲草裹住车轮，使车子安稳)"迎接枚乘来长安。但因为枚乘年事已高,还是没有经受住路途的颠簸,终于死在路途之中。

据《汉书·艺文志》,枚乘有赋九篇,今传赋三篇,其中《七发》载《文选》、《柳赋》载《西京杂记》、《梁王菟园赋》载《古文苑》,后两篇,前人多认为是伪作,不可信。另,《汉书》本传载其文两篇:《谏吴王书》、《重谏吴王书》,后者因内容与史传记载不尽相符,亦有人认为是伪作。

枚乘所生活的文景时代,为了巩固完善封建统一的中央王朝的统治,面临着两个问题。其一是由于秦王朝的残暴统治,以及秦末的战乱,生产遭受极大的破坏,人民生活贫困,国库空虚,以至史书上用"天子不能具醇驷,而将相或乘牛车"来形容这种情况。其二是汉高祖在与项羽斗争过程中,为了取得胜利,不得不分封一些重要将领为王,以争取他们的支持。刘邦做了皇帝以后,在逐个地剪除异姓诸侯的同时,却又大封同姓子弟为王,企图加强对各地人民和偏远地区的统治。但是,由于各诸侯王国的权力很大,实际上成为独立的割据势力,与汉中央政权处在相对立的地位,常常图谋叛变,窥伺着皇帝的宝座。为此,文帝、景帝一方面继续执行汉高祖"休养生息"的政策,另一方面则着手解决地方割据势力。枚乘虽然长期是吴国、梁国的文学侍从之臣,但他却与当时进步的思想家、政治家的认识一致,主张废止秦王朝的严刑峻法,与民休息,谴责封建统治阶级的骄奢淫佚,反对地方势力的割据,而主张逐步削弱诸侯国的权力,以维护封建王朝的统一。所有这一切,都体现在他的作品中,形成了进步的思想倾向和鲜明的时代特点。

《七发》是确立枚乘在中国古代文学发展中地位的作品。关于《七发》,自北宋以来,多数学者认为是枚乘为劝阻吴王刘濞的谋反而作,虽然于史无证,但由于枚乘长期生活在诸侯的宫廷之中,对诸侯王的生活有深切的了解,而他又确曾两次上书吴王,劝阻其谋反,因此,《七发》的写作决非无的放矢,而是有其一定的针对性的。刘勰所说"所以戒膏粱之子也"(《文心雕龙·杂文》），是符合作者的写作用心的。至于"七发"的涵义，历来有两种说法：一、刘勰说："盖七窍所发，发乎嗜欲，始邪末正，所以戒膏粱之子也。"（《文心雕龙·杂文》）二、李善说：《七发》者，说七事以起发太子也。"（《文选注》）这两种说法都有一定道理，但就文章的结构层次来说，后一种说法更可信。

《七发》开头假设楚太子有病，吴客去探病，吴客指出：

> 今夫贵人之子，必宫居而闺处。内有保母，外有傅父，欲交无所。饮食则温淳甘膬，脭醲肥厚；衣裳则杂遝曼暖，燀烁热暑。虽有金石之坚，犹将销铄而挺解也，况其在筋骨之间乎哉！故曰：纵耳目之欲，恣支体之安者，伤血脉之和。且夫出舆入辇，命曰蹙痿之机；洞房清宫，命曰寒热之媒；皓齿蛾眉，命曰伐性之斧；甘脆肥脓，命曰腐肠之药。今太子肤色靡曼，四支委随，筋骨挺解，血脉淫濯，手足惰窳；越女侍前，齐姬奉后；往来游宴，纵恣乎曲房隐间之中，此甘餐毒药，戏猛兽之爪牙也。所从来至深远，淹滞永久而不废，虽令扁鹊治内，巫咸治外，尚何及哉！

这里，吴客把楚太子患病的根源归结为安逸懒惰、腐化享乐的生活，同时吴客又认为这样的病不是一般的药石针灸所可以治好的，只能以"要言妙道"对病人加以劝解、说服，才能消除他们的病。这是全篇的序，由此引起正文。正文则通过楚太子与吴客的反复问答，由吴客分述音乐、饮食、车马、游宴、田猎、观涛等六件事的乐趣，由静而动，由近及远，一步步地启发太子，诱导他逐渐改变其生活方式。作者着重铺写了田猎、观涛两事，因为他认为田猎可以驱散懒惰的习惯，观涛不仅可以"发蒙解惑"（头脑清醒），而且还可以使久病的人，即使背已伛，足已跛，目已盲，耳已聋，也会恢复正常。正是由于田猎、观涛有这样的效用，使楚太子听了吴客的叙述后，病势有所减轻，尽管他说："仆病未能也"，可是喜悦的表情开始出现在"眉宇之间"，并渐渐充满了整个面部，表现了希望改变其生活方式的愿望。在此基础上，吴客说要为楚太子引见"方术之士"，向他陈述"天下要言妙道"，和他一起"论天下之精微，理万物之是非"，以转移楚太子的志趣。于是"太子据几而起"，精神焕然清醒，仿佛听到了圣人辩士的言论，出了一身透汗，病就完全好了。作者所要圣人辩士议论的"要言妙道"，尽管没有写出，可以想见并不会有什么高明之处，超出不了封建社会的正统思想家的见解，但他对贵族生活的描写，则表现了作者对贵族社会的揭露和批判，更可贵的是他为楚太子病所提供的治疗原则，不仅击中了当时贵族社会的要害，而且对于今天也有着一定的启示。对于强烈追求物质生活享受的某些人来说，不仅要逐步引导他们改变生活方式和生活情趣，更主要的要把正确的思想灌注于他们的头脑之中。没有正确思想的引导，没有坚定的信念和美好的理想，一个人终不免要为物质生活所引诱而走上歧路的。

一种文学样式的出现，都有着它的发生、发展的过程。就汉赋来说，它的最早源头可以上溯到战国后期的荀卿和宋玉。《荀子》中的《赋篇》是最早的以赋名篇的作品，而传为宋玉的作品除《九辩》外，都是赋，无论是文意风格还是在语言运用上，都给予了汉赋的作家以相当的影响①。西汉初年的赋家如贾谊，就其现存的赋作看，实际上还是楚辞的余绪。它们以抒情议论为主，而不以铺写事物见长，显示了由楚辞到汉赋的过渡痕迹。关于枚乘的《七发》，虽然不是以赋名篇，但在形式上采用主客问答的方式；在语言运用上，尽管有少数楚辞式的语句，但通篇是间有韵文的散文，不着重于抒情议论，而着重于铺叙和描写。所有这些，都是直接继承荀卿和宋玉，而为后来的司马相如等汉赋作家所发展，形成汉代大赋的固定格局。可以看出，《七发》的

① 关于宋玉作品的真伪，历来有争论。但《文选》所载五篇：《风赋》、《高唐赋》、《神女赋》、《登徒子好色赋》、《对楚王问》，虽有可疑之处，其中也确有后人篡改的文字，但大体上可确认系宋玉所作，至少不是汉代以后的作品。司马迁在《史记·屈原贾生列传》中说："屈原既死之后，楚有宋玉、唐勒、景差之徒者，皆好辞而以赋见称。"班固《汉书·艺文志》："宋玉赋十六篇。"都可以作为宋玉有赋的佐证。

出现，标志着新体赋——汉赋的正式形成，从而也就确定了枚乘在中国文学史上的地位。

《七发》在艺术上有自己的特色。汉赋在写作上的主要特点是铺叙描写的夸张，这就是刘勰所说的"腴辞云构，夸丽风骇"（《文心雕龙·杂文》），但《七发》在这方面并不像后来汉赋那样堆砌重叠，臃肿板滞，也不像后来的汉赋作家那样喜欢用奇僻词汇来描写事物的情状，使人不堪卒读。《七发》的文字比较平易，在描摹事物上不靠词汇的大量堆砌，而能从各种角度，以各种比喻来显示事物的声貌，因而不乏精彩的段落，如写观涛的一段：

> 疾雷闻百里；江水逆流，海水上潮；山出内云，日夜不止。衍溢漂疾，波涌而涛起。其始起也，洪淋淋焉，若白鹭之下翔；其少进也，浩浩澄澄，如素车白马帷盖之张；其波涌而云乱，扰扰焉如三军之腾装；其旁作而奔起也，飘飘焉如轻车之勒兵。

为了显示江涛的特征，作者用白鹭的飞翔，素车白马的奔驰，来形容江涛的形状；用"三军之腾装"，"轻车之勒兵"，来形容江涛的声势，绘声绘色，丰富生动，确把"天下怪异诡观"的景象形象地呈现在读者的面前，而产生了涤荡胸襟，发蒙解惑的艺术效果。在篇章结构上，后来的汉赋作家往往陈陈相因，呆板固定，绝少变化，而《七发》则层次清楚，略有变化，其个别段落还穿插了人物的一些动作表情，增加了文章的生动性，清何焯说："数千言之赋，读者厌倦，裁而为七，移步换形，处处足以回易耳目，此枚叔所以为文章宗。"（《评注昭明文选》引）正是指出了《七发》在结构上的特点，也是《七发》较之后来汉赋高明的地方。

枚乘《七发》不仅奠定了汉代大赋的形式，而它的写法也引起了后世许多作者的模仿，形成了一种定型的主客问答的形式，为此《文选》在各类赋之外，另列"七"一类，除《七发》外，收有曹植《七启》、张协《七命》两篇，另据清平步青《霞外攟屑》统计，枚乘以后，唐代以前，仿作者有四十家。唐以后至近代也不断有人仿作。可见其影响之大，但这类作品模仿因袭，思想和艺术均无多少可取之处。

枚乘的两篇上吴王书，都是为谏阻刘濞谋反而作，受辞赋创作的影响，多用比喻，趋于排偶。特别是第一篇上吴王书，由于当时刘濞叛乱尚在密谋之中，他也不便明白说出，只好运用各种譬喻，曲折地表达其劝阻之意，语言含蓄，说理透彻，有较高的艺术价值。

主要参考书目

1. 班固《汉书》卷五一《枚乘传》，中华书局校点本。
2. 萧统《文选》，卷三四、三九，中华书局影印胡刻本。

司马相如

（公元前 179？—前 118 年）

费振刚

司马相如，汉代著名辞赋家。字长卿，小名犬子，后羡慕蔺相如之为人，故更名相如。蜀郡成都（今四川成都）人。约生于汉文帝元年（公元前 179 年）左右，卒于汉武帝元狩五年（前118）。

司马相如"少时好读书，学击剑"（《史记·司马相如列传》）。文帝景帝之际，文翁为蜀郡太守，"见蜀地辟陋，有蛮夷风"（《汉书·循吏传》），因为大兴教化，"起学官于成都市中"（同前），并派遣蜀中青年十余人去长安学习儒家经典，司马相如亦在其中。① 景帝初年，司马相如为武骑常侍，由于景帝不好辞赋，对他也不看重，他对于这个职务不感兴趣。恰好这时候，梁孝王来到长安，并带来了邹阳、枚乘、庄忌等一批文士。司马相如为能与他们交游而感到高兴，于是他借口有病，辞去武骑常侍的职务，去做梁孝王的门客②。"梁孝王令与诸生同舍，相如得与诸生游士居数岁，乃著《子虚》之赋。"（《史记·司马相如列传》。为省篇幅，以下凡引《史记》本传者，均不注明出处。）

---

① 见附注（一）。

② 景帝时，梁孝王曾四次来长安，司马相如游梁，当在梁孝王第三次来长安时，其时为景帝七年（前150）。

景帝中元六年（前144），梁孝王死，司马相如归蜀，因家贫，往依临邛令王吉。临邛富人卓王孙因为司马相如是王吉的客人，设盛宴招待他。卓王孙有女名文君，新寡，懂音乐，司马相如原已知道，即在宴席之上，"以琴心挑之"，"文君窃从户窥之，心悦而好之"，"夜亡奔相如，相如乃与驰归"成都。司马相如"家居徒四壁立"，无以为生，于是，二人再反临邛，"尽卖其车骑，买一酒舍酤酒，而令文君当炉，相如身自著犊鼻裈，与保庸杂作，涤器于市中"。卓王孙深以为耻，杜门不出。经文君的兄弟、叔伯的劝说，卓王孙才不得已分给文君"僮百人，钱百万，及其嫁时衣被财物"。司马相如夫妇乃重归成都居住。

汉武帝好辞赋，即位后就把一批辞赋作者招致在自己的周围。当他读了司马相如的《子虚赋》后大为赞赏，并以自己不得与作者同时为遗憾。其时，蜀人杨得意为狗监，恰好在汉武帝身边，乘机向汉武帝说："臣邑人司马相如自言为此赋。"汉武帝十分高兴，马上下令召见司马相如。在召见时，司马相如表示《子虚赋》"乃诸侯之事，不足观，请为天子游猎赋"。赋成奏上，汉武帝大悦，任以为郎①。

汉武帝元光五年（前130）以后，司马相如曾两次奉汉武帝之命出使巴蜀（今四川），对开发西南地区，沟通汉族与西南少数民族的关系，做了有益贡献。在此期间，他写有《喻巴蜀檄》和《难蜀中父老》两篇散文。前者是他出使巴蜀时发布的政府文告。在文告中，作者一方面说明汉武帝在此以前所派之使臣唐蒙在沟通西南过程中，对巴蜀人民的滋扰，并非是汉武帝的意旨，另一方面又要求巴蜀人民要服从汉王朝的命令。后者是一篇说理散文。文中，作者先假托蜀中父老对开发西南的政策提出非难，然后用使臣的名义正面阐述了汉王朝开发西南的意义。

司马相如从巴蜀回来后，有人告发他出使时曾受人财物，因而被免官，但不久又复为郎。由于这件事，使他看到了仕途之险

---

① 见附注（二）。

难，因而常称病闲居于家。这一时期，司马相如曾陪从汉武帝去长杨宫（今陕西周至东南）游猎，因见汉武帝"好自击熊羆，驰逐野兽"，以为"非天子之所宜近"，于是上《谏猎疏》以讽谏。还过宜春宫，作《哀秦二世赋》，其辞有云："弥节容与兮，历吊二世。持身不谨兮，亡国失势。信谗不寤兮，宗庙灭绝。"当是针对现实情况而发的感慨。

司马相如晚年任文园令，这是管理文帝陵园的闲散职务（后人辑录他的作品，题为《司马文园集》本此）。但他对于朝廷大事，仍很关心。他见汉武帝"好仙道"，因上《大人赋》欲以讽谏，但效果与其愿望相反，汉武帝读完赋，反觉"缥缥有陵云之志"（《汉书·扬雄传》）。后司马相如因病免官，家居茂陵（今陕西兴平东南，汉武帝死后葬此）。元狩五年（前118），病卒于家。汉武帝遣使者求其遗书，其妻说："长卿未死时，为一卷书，曰'有使者来求书，奏之。'"这就是司马相如绝笔之作《封禅文》。

综观司马相如一生，他早年热心于政治，入仕途后，虽有所建树，有其得意的时候，但也因看到了官场中的互相攻击，自己也亲受其害，时有压抑之感，所以到了晚年，常称病闲居，不与公卿大夫往还，不慕官爵，他并不是一个不讲操守、趋炎附势的无行文人。但由于他生活在汉代最繁荣的时代，又长期生活在宫廷的特殊环境中，缺乏对社会现实的深刻了解和对人民苦难生活的具体感受，因而在他的作品中，我们主要看到的是对封建大一统王朝的颂扬，对封建统治者善意的讽谏，缺乏对人民爱憎情绪的反映，也没有对社会生活矛盾斗争的描写，这是司马相如的思想及其创作的重大缺陷。

汉武帝时期是汉赋创作的鼎盛时期。造成这种情况的原因是多方面的。它适应统治阶级的政治需要，汉武帝等统治阶级上层人物的大力提倡，以及众多作者的共同努力则是其基本的因素。班固在《两都赋序》中说：

　　赋者，古诗之流也。昔成康没而颂声寝，王泽竭而诗不

75

中国历代著名文学家评传（第一卷）

作。大汉初定，日不暇给。至于武、宣之世，乃崇礼官，考文章，内设金马石渠之署，外兴乐府协律之事，以兴废继绝，润色鸿业。是以众庶悦豫，福应尤盛，《白麟》、《赤雁》、《芝房》、《宝鼎》之歌，荐于郊庙；神雀、五凤、甘露、黄龙之瑞，以为年纪。故言语侍从之臣，若司马相如、虞丘寿王、东方朔、枚皋、王褒、刘向之属，朝夕论思，日月献纳。而公卿大臣御史大夫倪宽、太常孔臧、太中大夫董仲舒、宗正刘德、太子太傅萧望之等，时时间作。或以抒下情而通讽谕，或以宣上德而尽忠孝，雍容揄扬，著于后嗣，抑亦雅颂之亚也。故孝成之世，论而录之，盖奏御者千有余篇，而后大汉文章，炳焉与三代同风。

班固所论虽然已涉及到汉宣帝以后的情况，但他所提及的情况和作者主要的都是汉武帝时期的，因此，我们可以视为对汉武帝时汉赋创作繁荣情况的概括叙述。同时我们也可以从班固对汉赋的全面肯定和赞扬中，认识到汉赋的社会作用和本质，它同《诗经》的雅颂一样，是一种宫廷文学，主要是为封建统治阶级"润色鸿业"服务的。

在汉武帝时期众多的汉赋作家中，司马相如无疑是最突出的人物。据《汉书·艺文志》著录，司马相如有赋二十九篇，现存题为司马相如赋五篇：《史记》、《汉书》本传载《子虚上林赋》（《文选》亦载，分为《子虚赋》、《上林赋》两篇）、《哀秦二世赋》、《大人赋》，《文选》载《长门赋》，《古文苑》载《美人赋》（本篇前人多疑为伪作，本文没有论及）。另，其他古籍还引用司马相如的两篇赋的一些文句和一篇名。《子虚上林赋》是司马相如的代表作。

《子虚上林赋》借子虚、乌有先生和无是公三人的对话联结成篇，形成三个自然段落。楚使子虚出使来齐，"齐王悉发境内之士，备车骑之众"，举行大规模的田猎，以便在楚使子虚面前显示齐国的气魄。田猎后，子虚访问乌有先生，当乌有先生问及田猎之乐时，子虚则将他在田猎后回答齐王问话时所描述的楚王

司马相如

在云梦泽打猎的盛况又重复了一遍，以表明楚国田猎之盛大远远超过齐国。这是第一个段落。接着乌有先生为齐国辩护，并批评子虚说："今足下不称楚王之德厚，而盛推云梦以为高，奢言淫乐而显侈靡，窃为足下不取也。必若所言，固非楚国之美也。有而言之，是章君之恶；无而言之，是害足下之信。章君之恶而伤私义，二者无一可，而先生行之，必且轻于齐而累于楚矣。"接着乌有先生说以齐国之大，"吞若云梦者八九，其于胸中曾不蒂芥"。至于其中的奇珍异宝、名禽怪兽更是不能一一列举。乌有先生想借此以折服楚使子虚。这是第二个段落。最后无是公指出："楚则失矣，齐亦未为得也。"他批评子虚、乌有先生"不务明君臣之义而正诸侯之礼，徒事争游猎之乐，苑囿之大，欲以奢侈相胜，荒淫相越，此不可以扬名发誉，而适足以贬君自损也。"接下去无是公大事铺张天子上林苑的巨丽，在描绘了上林苑的地势后，连用了七个"于是乎"来描述上林苑的种种繁华、富丽、周全的情况和天子游猎的壮阔气势，以显示汉天子的无比声威和气魄，以压倒齐、楚。文章末尾，作者让汉天子出场宣布："此太奢侈！……非所以为继嗣创业垂统也。"于是解酒罢猎，并命有司曰："地可以垦辟，悉为农郊，以赡萌隶；隤墙填堑，使山泽之人得至焉。"作者正是以此来正面宣扬汉天子的圣德，批判子虚、乌有先生所宣扬的齐王、楚王的奢侈淫靡的生活和不加检束的放纵行为。"于是二子愀然改容，超若自失，逡巡避席曰：'鄙人固陋，不知忌讳，乃今日见教，谨闻命矣。'"作者这样来结束全文，也是有其用意的。

《子虚上林赋》是汉代经济、政治、文化高度发展的产物。作者在赋中所描写的是帝王贵族的生活，竭力宣扬的是汉家天子的奢华和富有，尽管这些描写是不全面的，而且还有过分夸张而失去真实的地方，可它仍可以使我们感受到封建统一国家在上升时期所具有的气象和面貌：物产的丰富，园林的广大，文化的昌盛，国力的强大。从作者的愿望来说，《子虚上林赋》要对帝王贵族起讽谏作用，抑制他们对生活享受的过分追求，但这种讽谏是委婉的，正如前人指出是劝百讽一，甚至是欲讽反谀，其作用是不足道的。但我们正可以从中总结经验教训，给我们以借鉴；文艺家要重视自己的社会责任，无论是歌颂，还是暴露，他们都不能单纯地相信自己的善良愿望，而要充分注意到文艺作品的社会效果。从另一方面，我们如果联系到当时被平息不久的吴楚七国贵族的叛乱，以及汉武帝采取种种措施以削弱诸侯的权力这个社会背景，无是公对上林苑的夸张描写，作者所宣扬的汉天子抑制奢侈、崇尚节俭的议论，以及末尾子虚、乌有先生态度的转变，这对于维护封建帝国的统一所起的政治作用是十分明显的，这也正是汉武帝对这篇赋极力赞赏的主要原因。

《子虚上林赋》如《七发》一样，在艺术上的特色是铺写叙述上的夸张，但较之《七发》更为厉害，更为程式化。例如关于云梦的描写：

> 云梦者，方九百里，其中有山焉。其山则盘纡岪郁，隆崇嵂崒；岑岩参差，日月蔽亏；交错纠纷，上干青云；罢池陂陁，下属江河。其土则丹青赭垩，雌黄白坿，锡碧金银，众色炫耀，照烂龙鳞。其石则赤玉玫瑰，琳瑉琨吾，瑊功玄厉，瑌石碔砆。其东则有蕙圃，衡兰芷若，芎䓖菖蒲，江离蘪芜，诸柘巴苴。其南则有平原广泽，登降陁靡，案衍坛曼，缘以大江，限以巫山。其高燥则生葴菥苞荔，薛莎青薠。其卑湿则生藏莨蒹葭，东蔷雕胡，莲藕菰芦，奄闾轩芋，众物居之，不可胜图。其西则有涌泉清池，激水推移；外发芙蓉菱华，内隐钜石白沙。其中则有神龟蛟鼍，瑇瑁鳖鼋。其北则有阴林巨树，楩柟豫章，桂椒木兰，蘖离朱杨，樝梨梬栗，橘柚芬芳。其上则有赤猨蠷蝚，鹓雏孔鸾，腾远射干。其下则有白虎玄豹，蟃蜒貙豻。

作者为了写云梦的盛况，极力写这里的山水土石的名贵，接着把他所想象到一切奇花异草、珍禽怪兽，都按着东南西北上下的方位排于其中，尽管斑烂绚丽，华艳夺目，但由于夸张失实，写法呆板，反而削弱了艺术的感染力。晋挚虞在《文章流别论》中说："夫假象过大，则与类相远；逸辞过壮，则与事相违；辩言过理，则与义相失；丽靡过美，则与情相悖。"是触及到了汉赋写作缺点的要害的。司马相如又是文字学家，作过字书《凡将篇》（已佚），因此他写赋喜欢用奇词僻句，更使人难于卒读。但司马相如毕竟是一位富于文采的文学家，以《子虚上林赋》而论，尚不失其结构宏伟、词汇丰富的特点，也有一些气势充沛、形象生动的描写，如描写音乐的一段：

> 于是乎游戏懈怠，置酒乎昊天之台，张乐乎胶葛之宇；撞千石之钟，立万石之钜；建翠华之旗，树灵鼍之鼓。奏陶唐氏之舞，听葛天氏之歌，千人唱，万人和，山陵为之震动，川谷为之荡波。

作者在这里运用排句、骈语，层层渲染，气魄宏大，词采富丽，有一定的感人力量。但就整个说来，这样的精彩片段是不多的，改变不了作品凝重板滞的总倾向。

汉赋到了司马相如手中建立了固定的形体，《子虚上林赋》成为后世赋家刻意模仿的样板，像西汉末的扬雄、东汉初的班固等人，尽管他们的思想、才力诸方面都堪称大家，但他们写赋却没有冲破《子虚上林赋》的藩篱，失去了新鲜活泼的创造力。尽管人们也习惯称他们为汉赋著名的作者，但他们对我国古代文化发展的主要贡献是在其他方面，而不在他们的汉赋写作。司马相如是汉赋创作高潮中站在高潮顶端的人物，他的创作代表汉大赋的最高成就，但也是他使汉赋定型，使汉赋走上了模仿因袭的道路。这就是司马相如在我国文学发展中的地位。

司马相如另一篇对后世影响较大的赋是《长门赋》。《文选》在赋前有序：

> 孝武皇帝陈皇后时得幸，颇妒。别在长门宫，愁闷悲思。闻蜀郡成都司马相如天下工为文，奉黄金百斤，为相如、文君取酒，因于解悲愁之辞。而相如为文以悟主上，陈皇后复得亲幸。

据此知《长门赋》是司马相如为陈皇后失宠而作。作品以一个失宠的后妃的口气，细致生动地抒写了她那种望君不至的复杂心情，有一定的艺术表现力，如赋的结尾一段：

> 舒息悒而增欷兮，蹝履起而彷徨。揄长袂以自翳兮，数昔日之𠎢殃。无面目之可显兮，遂颓思而就床。抟芬若以为枕兮，席荃兰而茝香。忽寝寐而梦想兮，魄若君之在旁。惕寤觉而无见兮，魂迋迋若有亡。众鸡鸣而愁予兮，起视月之精光。观众星之行列兮，毕昴出于东方。望中庭之蔼蔼兮，若季秋之降霜。夜曼曼其若岁兮，怀郁郁其不可再更。澹偃蹇而待曙兮，荒亭亭而复明。妾人窃自悲兮，究年岁而不敢忘。

作者以深切的同情、婉转娟秀的文词，描写了女主人公深夜不眠、起卧不安、坐待天明的种种行动，形象地反映了她当时的寂寞孤独、悲愁难抑的心理活动，鲜明真切，似见其人，如闻其声。《长门赋》与司马相如其他赋作不同，表现手法、艺术风格与《楚辞》相近，是一篇很好的抒情作品。序文所云"陈皇后复得亲幸"，并不是事实，作者也许并非专为陈皇后所作，但它写出了封建时代皇帝后宫绝大多数女子的可怜可悲的遭遇和她们痛苦的心情，有一定典型意义，对后世"宫怨"题材诗歌的创作有着深刻的影响[1]。

司马相如的散文除前面提到的三篇外（均载《史记》、《汉书》本传），据《史记》、《汉书》本传所记，尚有《遗平陵侯书》、《与五公子相难》、《草本书》等，今皆佚。就现存的作品而论，他的散文多用排偶句式，亦喜铺张渲染，有的作品也采用主客问答的方式，和他的辞赋有一致之处。

附注（一）　关于文翁任蜀郡太守时间，《汉书》前后有不同说法。《地理志》："景武间，文翁为蜀守。"《循吏传》中，一说："至于文景，遂移风易俗，是时循吏如河南守吴公，蜀守文翁之属。"一说："文翁……景帝末为蜀守。"另据常璩《华阳国志》："孝文帝末年，以庐江文翁为蜀守。"

---

[1] 见附注（三）。

关于司马相如受文翁派遣到长安学习儒家经典事，上引诸书皆没有提到司马相如的名字。《汉书·地理志》说："文翁……教民读书法令，未能笃信道德，反以好文刺讥，贵慕权势。及司马相如游宦京师诸侯，以文辞显于世，乡党慕循其迹。后有王褒、严遵、扬雄之徒，文章冠天下。文翁倡其教，相如为之师。"但《三国志·蜀志·秦宓传》载秦宓给同郡王商信中明确地说："蜀本无学士，文翁遣相如东受七经，还教吏民，于是蜀学比于齐鲁。故《地理志》曰'文翁倡其教，相如为之师'。"

综合以上材料，我认为司马相如受文翁派遣去长安，确有其事，但可能他学完没有立即回去，而是做了景帝的武骑常侍。一直到梁孝王死，他才返回蜀中。也正是基于这一点，我把文翁任蜀郡太守时间定为文景之际，其时司马相如大约二十多岁。

附注（二）　前人对司马相如所作《子虚赋》、"天子游猎之赋"的分合，意见颇有分歧。《史记·司马相如列传》不载《子虚赋》原文，而在司马相如请为汉武帝写"天子游猎之赋"后录此赋，并在赋前说明："相如以'子虚'，虚言也，为楚称；'乌有先生'者，乌有此事也，为齐难；'无是公'者，无是人也，明天子之义。故空藉此三人为辞，以推天子诸侯之苑囿。其卒章归之于节俭，因以风谏。"《汉书·司马相如传》因之。《文选》则分全赋为二篇，自开头至"无是公"以上为《子虚赋》，"无是公"以下至结尾为《上林赋》。由于有了这种不同的记载，于是有人据《史记》、《汉书》，认为本传所录就是"天子游猎赋"，而另有《子虚赋》；有人则据《文选》，认为《文选》所题为《上林赋》者，为"天子游猎赋"。近人高步瀛在其所著《文选李注义疏》中对各家说法之得失作了中肯的批评，认为当以两篇为一篇为是。他特别推重吴汝纶的说法。据其所引，吴汝纶认为："《子虚》、《上林》一篇耳。下言'故空藉此三人为辞'，则亦以为一篇矣。而前文《子虚赋》乃游梁时作，及是天子，乃为天子游猎赋，疑皆相如自为赋序，设此寓言，非实事也。杨得意为狗监，及天子读赋，恨不同时，皆假设之词也。"另，日本学者泷川资言在其所著《史记会注考证》中说："愚按《子虚》、《上林》，原是一时作。合则一，分则二。而'楚使子虚使于齐'，'独不闻天子之上林乎'，赋名之所由设也。相如使乡人奏其上篇，以求召见耳。"吴氏、泷川氏的说法，虽亦属推测，但有一定道理，足资参考。综合以上说法，我认为这篇赋前后一贯，不可强分为两篇，而其篇名可依照《文选》之例，称之为《子虚上林赋》。以此名篇，并非杜撰，旧题葛洪所撰的《西京杂记》有"相如为子虚上林赋"的话，似可作为依据。

附注（三）　《长门赋》历来有人怀疑是后人托名之作。现代学者中亦有人持此看法，为此他们征引前人的说法作为论据，其中有的，我以为是不能说明问题的。例如《南齐书·陆厥传》载陆厥与沈约书，其中有"长门、上林，殆班一家之赋"，于是有人就推断陆厥否定了《长门赋》为司马相如所作。但细读全文，陆厥实无此意，恰恰相反，陆厥在这封信中所要表达的是一个作家可以写出风格不同、工拙各异的作品，因此"非一家之赋"，非"不是一个作家的作品"之谓，乃"不是一种风格的作品"之谓也。又顾炎武在《日知录》卷十九"假设之辞"条目下说："古人为赋，多假设之辞，序述往事，以为点缀，不必一一符同也。子虚、亡是公、乌有先生之文，已肇始于相如矣，后之作者，实祖此意。……而《长门赋》所云'陈皇后复得幸'者，亦本无其事，俳谐之文，不当与之庄论矣。（原注：《长门赋》乃后人托名之作，相如以元狩五年卒，安得言孝武皇帝哉。）陈皇复幸之云，正如马融《长笛赋》所谓屈原迁乐国，介推还受禄也。"据此认为顾炎武断《长门赋》为后人托名之作。我认为这不完全符合其原意。顾炎武原意在说明古人写赋多假设之辞，不必尽与事实相符，而《长门赋》所云陈皇后事，即一例，并没有否认司马相如对此赋的著作权，只是在其"原注"中，因赋序中所称孝武皇帝乃为刘彻死后的谥号，而司马相如死于汉武帝前，不能称其谥号，因之他怀疑《长门赋》为后人托名之作。据此，我认为顾炎武所论及的主要部分没有涉及《长门赋》作者问题，至于他于注文中所提供的论据，只能怀疑赋序非司马相如所作，但不能由此否定这篇赋是司马相如所作。这个问题，我准备另作一文加以说明，这里我暂引以上两种说法略加评论，表示我的看法，即把《长门赋》断为托名之作，论证是不充分的。至于赋前序文，可能不是司马相如所作。

主 要 参 考 书 目

1. 司马迁《史记》卷一一七《司马相如列传》，中华书局校点本。

2. 班固《汉书》卷五七上、下《司马相如列传》，中华书局校点本。

3. 萧统《文选》，卷七、八、一六、三九、四四、四八，中华书局影印胡刻本。

司马迁

（约公元前 145—前 87 年）

季镇淮

一、家庭和少青时代

司马迁，字子长①。汉景帝中元五年②（公元前 145 年），生于左冯翊夏阳县的一个农村（今陕西韩城市芝川镇）。这个地方，东临奔腾怒吼的黄河，北有横跨黄河的龙门山。自古以来，千千万万的劳动人民和黄河洪水作斗争，流过无穷无尽的血汗，面对着黄河由北而南，流入峡谷，迅急地穿过龙门山，滚滚浊浪，不可阻挡的自然形势，既不断地作制服黄河水患的艰苦努力，同时也用历史或神话故事来鼓舞自己，龙门山自然地成为人们驰骋幻想的一个神奇的地方。司马迁自己说生于龙门，就是习惯地乐于称道这个自古相传著名的地方。

司马迁出身于中下层官吏家庭。高祖司马昌，当秦始皇时，

---

① 参看王鸣盛《十七史商榷》卷一《史记一》"迁字子长"条、梁玉绳《史记志疑》卷三六"有子曰迁"条"附案"。

② 司马迁生年旧有二说：一为生于汉武帝建元六年（前 135），一为生于汉景帝中元五年（前 145）。本文从后者，参看王国维《观堂集林》卷一《太史公行年考》、梁启超《饮冰室合集》专集第一五册《要籍解题及其读法》、郑鹤声《司马迁年谱》（商务印书馆版《中国史学丛书》）等。

做主铁官。曾祖司马无泽，在汉初做长安的一个"市长"。祖司马喜，没有做官，而有第九等爵位，为"五大夫"。他的家庭在汉文帝（刘恒）时可能是所谓"中人之家"，以农业、畜牧致富，因而能够出粟买爵。司马迁说自己"耕牧河山之阳"，大概在他小时候，家庭还以务农为业，他也帮助家人养牛放羊，做些辅助劳动。

父司马谈约生于汉文帝初期，是一个有广泛文化修养的读书人。他曾"学天官于唐都"，学天官就是学天文，观测日月星辰，唐都是当时有名的观测星象的专家；"受易于杨何"，《易》讲阴阳吉凶，和天文星象有关系，杨何是当时有名的《易》学专家；"习道论于黄子"，道论就是汉初流行的黄老学派的思想，黄子就是黄生，是当时黄老学派的学者。

司马谈在汉武帝（刘彻）建元年间（前140—前135）做了太史令，通称太史公。这是史官，汉武帝新恢复的一种古官，官位不高，职权不大，主管天时星历、祭祀礼仪、搜罗并保管典籍文献。这是史官的传统。他的三个方面的文化学习，有的可能学得早些；有的可能是在做太史令到长安以后的事，因为到这个时候不仅职掌上有迫切的需要，而且也具备了便利学习的条件。

史官掌握文化知识，是历史上出现最早的一种官。从殷周奴隶社会时代到春秋战国奴隶社会转变为封建社会时代，史官的职权、地位逐渐减小、降低，但他们的政治立场或态度，从来没有改变，无例外地为维护统治阶级利益而掌管文化事业。他们的职掌，历代相传，最重要的是为统治阶级记言记事。在殷周时代，他们记录的是最高奴隶主即帝王的言和事；在春秋战国时代，由于奴隶制向封建制的过渡，社会阶级的升沉变化，他们记录的范围相应地扩大到各国统治者及其卿大夫的言和事。但到汉武帝时的太史令并没有这项职掌，司马谈自觉地按照古代史官传统，准备要为新兴的封建统治阶级记言记事。他在大约三十年（前140—前111）的太史令职守上，在"百年之间，天下遗文古事靡不毕集太史公"的便利条件下，不仅有论述历史的志愿和计划，而且很可能已开始了部分的撰述工作。

但在统治思想上,司马谈当时是有不同的看法的。他有一篇《论六家要指》的文章,论述春秋战国以来众多的学术思想流派,区分出重要的阴阳、儒、墨、名、法、道德六家。在这里,他对于阴阳等前五家都有所肯定和批判,而对于道德一家即道家则完全肯定地加以赞扬。他认为道家思想已批判地采取了其他五家思想的长处。道家思想即"黄老"学派的思想是汉王朝初期的统治思想,皇帝、皇后、贵族、大臣、学者、隐士爱好、奉行"黄老",盛极一时。黄指战国以来传说中的黄帝,老指老子。这一学派主要以战国时代的《老子》为依据,认为虚无的"道"是天地万物的根本,政治上主张"无为而无不为",就是司马谈所说"与时迁移,应物变化",也就是适应时势,顺其自然。这样统治者就会得到清净、安宁。汉王朝是在篡夺了秦末农民大起义的胜利果实的基础上建立起来的。汉初统治者鉴于秦王朝短期覆灭和农民起义的教训,一方面大封贵族王侯以图保卫王朝的统治;这是迫于形势的倒退措施,必然走向反面。汉王朝的统治区,在汉初并未达到全国,只有十五郡①。一方面承长期战乱之后,人口消耗、地广人稀、生产力低下的现实,缓和压迫、减轻剥削,扶植中小地主成长,鼓励个体小农开垦,以图安定和巩固封建统治秩序,恢复和发展农业生产。道家黄老思想是适应这种政治经济的需要的,因而流行一时,成为统治思想。司马谈接受道家黄老思想的影响,在西汉初期几十年,是很自然的。汉武帝当权后,经过汉初六七十年的社会安定及汉景帝(刘启)对吴楚等七国叛乱藩王的打击,汉王朝的封建统治已经相当巩固。随着生产事业的发展,社会物质财富的增长,它必然结束"清净无为"的局

---

① 《史记》卷十七《汉兴以来诸侯王年表第五》:"……汉独有三河、东郡、颍川、南阳,自江陵以西至蜀,北自云中至陇西,与内史,凡十五郡,而公主列侯颇食邑其中。"三河指河东、河内、河南,加东郡、颍川、南阳,共六郡。江陵以西至蜀五郡:南郡、江夏郡、汉中郡、广汉郡、蜀郡。云中至陇西三郡:云中郡、定襄郡、陇西郡。以上加内史,共十五郡。

面，走上强大发展的阶段，进一步加强中央集权的、专制主义的封建统治。春秋战国时代孔子、孟子所讲仁义道德及"君君、臣臣、父父、子子"的一套，就是应时的、合适的需要，因而被认为代替了道家思想，成为统治思想。汉武帝罢黜百家，独尊儒术，决不是随意的选择，而同样是为当时的政治经济条件决定的。司马谈这时依然独崇道家，显然不合时宜，落后于封建国家形势的发展。但汉武帝时代，实际对各派思想并未加以严格禁止。汉武帝尊重的董仲舒，特别提拔重用的公孙弘，都不是单纯的儒家。董仲舒以儒家而讲阴阳家的学说，公孙弘"习文法吏事，而又缘饰以儒术"（《史记·平津侯主父列传》）。"学黄老之言"的汲黯，并未遭到冷遇，汉武帝曾两度特任他为郡太守，"吾徒得君之重，卧而治之"（《史记·汲郑列传》）。可见汉武帝时代的统治思想，实际是儒家思想而兼用阴阳家、法家和道家"黄老"的思想，所谓"汉家自有制度，本以霸王道杂之"，并不"纯任德教"（《汉书·元帝纪》），就是司马谈独崇道家，也还承认这三家各有所长而为统治阶级所需要的。汉武帝时代统治思想的复杂化是当时社会矛盾、阶级斗争复杂化的反映。

司马谈的史官立场和工作及其政治思想对司马迁都是有影响的。作为学术论文，司马谈的这篇《论六家要指》，不仅给司马迁后来为先秦诸子作传以很好的启示，而且也给后来刘向、刘歆父子对先秦诸子的流派分类以重要基础。这篇论文是有时代意义和历史价值的。

司马谈是个读书人，在做官之前，不可能是一个劳动的农民。司马迁小时候在家乡也未必是一个完全的牧童，大概在做牧童的同时已开始了学童的生活。司马谈到长安做官以后，司马迁自然地随着父亲到了长安，因而更能专心学习，有了更多的学习机会。司马迁自说"年十岁则诵古文"，当是到了长安以后的事情。所谓"古文"，就是用古代文字写的典籍。汉初传习的古书，许多是用汉代通俗应用的隶书即所谓"今文"写的，也有先秦保存下来的，用古文写的。司马迁十岁时所诵的"古文"，就是指某些用古文写的书，不必专指某一种书。他所以这样说，表明他很早就有古文的修养，他的童年学习是艰苦而正规的。

　　司马迁十岁这一年，即建元五年（前136），汉武帝立五经（《诗》、《尚书》、《礼》、《易》、《春秋》）博士。次年，好黄老思想的窦太后死了，贵戚武安侯田蚡为丞相，汉武帝就毫无顾虑地按照儒家思想来办事情了。又次年（元光元年，前134年），通过贤良对策的方式，传公羊《春秋》的董仲舒和"学春秋杂说"的公孙弘，都成为封建王朝的著名人物。此后，司马迁于元光、元朔之际、约在十七八岁的时候（前129—前128），曾亲受董仲舒的《春秋》和孔安国的古文《尚书》。董仲舒的《春秋》学说和孔安国的《尚书》学说，对年轻的司马迁都有影响，特别是董仲舒的《春秋》学说，竟成为司马迁后来著作《史记》的指导思想。

　　还在司马迁童年的时候（建元二年，前139），汉武帝在长安城西北八十里、槐里县的茂乡，建造自己的陵园，周围三里，把茂乡改为一个县，叫做茂陵（今陕西省兴平市），并鼓励人民移住茂陵，每户给钱二十万，田二顷。到司马迁十九岁这一年（元朔二年，前127），汉武帝为了加强封建王朝的统治，听信说客主父偃的献计，把全国地方豪杰及家产在三百万以上的富户迁到茂陵。轵县（今河南省济源市）的游侠郭解，本来家贫，不合迁徙的规定。但郭解在民间的威信很高，人民拥护他，地方官吏不敢不举徙他。大将军卫青给郭解讲情，汉武帝不听。郭解终于被迫全家迁往茂陵，地方上人集款送行，不下千余万。郭解到了长安，一般"贤豪"认识或不认识郭解，听说郭解来了，都争着要和他做朋友。司马迁大概也就在这个时候，曾经见过郭解。郭解为人，短小精悍，生活简单，说话不多，给司马迁的印象很深。后来举徙郭解的同县人杨季主的儿子、杨季主和家人接连被郭解一帮人杀了，于是汉武帝就下令通缉郭解。而郭解已经举家逃亡，沿途望门寄宿，他不隐瞒身份，人民也愿意留住他。临晋（今陕西省大荔县）人籍少公从来不认识郭解，为了掩护郭解的踪迹，自杀灭口。过了许久以后，郭解才为王朝捕获。王朝审讯的结果，郭解所犯杀人的罪状，皆在大赦之前，因此郭解又被释放了。第二年（前126），王朝派专使到轵县调查郭解案情，在招待使者的坐席上，有人称誉郭解，有个儒生表示反对。后来这个儒生又被郭解的人杀了。但郭解实在不知道这一件事，凶手亦无影无踪，莫知为谁。地方官吏又上报郭解无罪。这时汉武帝特别提拔起来的公孙弘已为御史大夫，坚决主张杀掉郭解。于是汉武帝就杀了郭解及其家族。郭解对年轻的司马迁的影响是无形的、深刻的。后来他写《游侠列传》，歌颂这样一个专和王法作对的游侠，并歌颂一切真正的游侠，表示了对历史人物和封建道德不同的看法，这是封建王朝及其士大夫们所想象不到的。

在汉武帝始而鼓励人民、继而压迫豪强迁徙茂陵的形势下，司马迁的家庭不知在哪一年和什么原因，也搬到茂陵来了。因此茂陵显武里成为司马迁的新籍贯。晚年的董仲舒和著名辞赋家司马相如，也都移家茂陵。后来到司马迁五十岁的时候（太始元年，前96），汉武帝又一次"徙郡国吏民豪杰于茂陵、云陵（今陕西淳化县北）"，这时茂陵"户六万一千八十七，口二十七万七千二百七十七"，约占右扶风二十一县户口的三分之一，它已成为一个有名的皇家贵族的游园别墅和公开、集中地管制豪强的很大的城市了。

二、漫游祖国和郎官经历

汉武帝元朔三年（前126），二十岁的司马迁大概是奉父亲司马谈的命令，暂且停止古文经传的诵读，远游访问名山大川，接触伟大祖国的土地和人民，实地考察古代和近代的历史，表现了实践主义精神。

司马迁从京师长安出发，出武关（今陕西商洛市商州区），经南阳（今河南南阳市），至南郡（今湖北江陵县）渡江。他到了长沙（国）的罗县，访问了县北汨水楚国诗人屈原自沉的地方。屈原的悲剧遭遇，引起他的同情和幻想，凄楚流涕，想见屈原的为人。而后从长沙溯湘江而上，考察了古代传说帝舜南巡死葬的九疑山（湖南宁远县境），又从湘南到湘西，顺沅江而下，这就是他所说"阚九疑，浮于沅湘"的情况。

司马迁在"浮于沅湘"之后，东浮大江，"南登庐山"。这一带河流密布，"皆东合为大江"，他考察"禹疏九江"的传说。然后顺江而下，东南上会稽山（今浙江绍兴县东南），山上有一洞，传说禹王进去过，因而叫禹穴。司马迁到这里来，·是为了"探禹穴"的。之后，他回到会稽郡的吴县，这里湖泊众多，相连成一片，他又登上了姑苏山，眺望了所谓五湖。在吴县，他还参观了楚国贵族春申君黄歇的故城及其规模宏大的宫室。

司马迁在游历了江南之后，渡江北上，首先到达淮阴（今江苏淮阴县东南），这是汉朝名将韩信的故乡和封侯之地。他访问了淮阴父老，从父老们的口中得到了许多生动的淮阴侯的故事。在父老们的指引下，他参观了韩母墓地。然后渡过淮水，沿泗水北上，就到达了鲁国的都城（今山东曲阜市）。这是古代文化的一个中心，是儒家创始人孔子生长的地方。他访问了城北泗上的孔子墓和孔里；还参观了孔子的庙堂、车服、礼器等等遗物，又看见在孔子的遗风影响下儒生们按时习礼的情景：这一切使司马迁对孔子发生无限的崇敬，想亲见孔子的为人。他在这里旅居的时候相当长，观察体会，处处可以看到孔子的遗风。这是印证古书的地方，他在这里向儒者们请教，讲习学业。他还特地到齐国的都城（今山东淄博市临淄区）去过一趟，也是为了同样的目的。

司马迁在游历了齐鲁之后，就转向南游。他在邹县逗留下来，游览了秦始皇东巡郡县曾到过的峄山，并在这里学习了饮酒、射箭的礼节。由此向南，经过齐国孟尝君田文的封邑薛的故城（今山东滕州东南），司马迁和父老们谈话，知道当日孟尝君好客养士，无分好歹，一概收容。作奸犯法的人，亡命藏身到薛中来的共有六万多家。传说孟尝君以好客自喜，真是"名不虚传"。从薛再向南，就到了有名的彭城（今江苏徐州市）。这是秦楚、楚汉战争必争之地，也是赫赫一时的西楚霸王项羽的都城。司马迁到这里当然更要访问一番。这是搜集秦汉之际历史资料的一个中心。他没有因为这时已非常穷困而影响漫游计划，对于秦末农民起义军的若干领袖的故乡是不能轻易走过的。他从彭城向西北，就到了沛郡的沛县（今江苏沛县东）。丞相曹参是这里人，秦时为沛狱的属吏；丞相萧何是沛郡的丰县（今江苏丰县）人，和曹参同事，是沛狱的主吏。汉高帝刘邦当时为沛东的泗水亭长，和萧何是同乡。刘邦到沛县打官司，常常得到萧何的袒护和开脱；他为沛县送民夫到咸阳，县"吏皆送奉钱三，何独以五"。公元前 209 年（秦二世元年）的秋天，陈胜、吴广首先在沛郡的蕲县（今安徽宿州）发难起义，接着各地人民纷纷起来杀掉本县的"长吏"响应。刘邦在沛县人民杀了沛令之后，得到沛县人民和萧何、曹参等的拥护，成为沛县起义军的领袖沛公。沛县是秦末农民起义最初的一个中心，这里参加起义的人独多。鸿门宴上的壮士樊哙是沛县人，当日原是卖狗肉的。汝阴侯夏侯婴是沛县人，原以编织养蚕器具为生，还时常为丧家做吹鼓手。司马迁在这里参观了他们的故居，听到他们平居时的许许多多故事，觉得闻所未闻。还有汾阴侯周昌、周昌堂兄御史大夫周苛、蒯成侯周緤、安国侯王陵、辟阳侯审食其等等，也都是沛县人。由沛县向西，就到了丰县。非刘氏封王（燕王）的卢绾也是这里人，和刘邦同里（阳里）、同日生，后来又"俱学书"。两家家长一向也很要好。刘邦在沛县起义后，卢绾也就跟着刘季，参加了起义军。由沛县向西南，经砀县到睢阳（今河南商丘市南）。颖阴侯灌婴原是这里一个贩卖绸缎的小商人。最后由睢阳而西，就到了大梁（今河南开封）。这是魏国的都城。司马迁在这里访问了所谓"夷门"，原是大梁的东门。当日魏国贵族信陵君无忌谦恭下士，亲身拜访夷门监者侯嬴的故事，如在目前，更觉亲切了。父老们还为他讲述秦魏最后一战的故事，据说秦军围大梁，引河水灌城，三日城破，魏王投降。秦人就这样灭了魏国。过大梁而西，司马迁大概没有再到别处去，就一直回长安了。

司马迁这一次长途漫游，是一个壮举，也是一个创举。这是他的学习和实践。他游历了祖国的广阔山河，接触了广大人民，考察了历史遗迹，了解了许多历史人物的遗事、逸闻以及许多地方的民情风俗和经济生活，开扩了眼界、扩大了胸襟，他的收获是丰富而宝贵的。这对于他后来著作《史记》无疑是有很大的帮助的。尤其重要的是他在彭城、沛、丰一带的访问收获，对于他叙述秦楚、楚汉战争的形势和以刘邦为首的汉王朝初期统治集团的面貌，必然会发生很大的影响。司马迁这样一次有目的、有意义的漫游，大概需要一二年或者更多的时间。

司马迁在漫游祖国之后，又过了几年，约在二十五六至三十岁之间（元狩、元鼎间，前122—前116），开始登上仕途的阶梯，做了一名"郎中"。这是汉王朝宫廷内部庞大郎官系统中最低一级的郎官，月俸三百石，实领十七斛。郎官的一般职务是"掌守门户，出充车骑"。皇帝不出巡的时候，他们是宫门武装执戟的卫士；出巡的时候，他们是车驾的侍从。平常在宫廷内部，亲近皇帝，既很有光彩，一旦由内廷外调，往往改为"长吏"。所以郎官是富贵子弟追求仕进的目标。司马迁得到小郎官，由一个地位卑微的史官的儿子，变为武帝左右的亲信，那也算很不容易了。

从此以后，司马迁以一个郎官身份，当然和宫廷内各种官吏一样，是要侍从皇帝的。武帝在当权的初期，因为忙于加强内部统治以及对北方强敌匈奴的攻击和防御，一直没有出巡过。公元前113年（元鼎四年）冬十月（这时历法仍以十月为岁首），武帝开始出巡郡县。先到雍（今陕西凤翔县），祭祀五帝。之后，折向东北，从夏阳到河东。在河东郡（今山西夏县北）的汾阴（今山西万荣县北），立后土祠，举行祭礼，一切仪式是太史令司马谈和祠官宽舒议定的。礼毕之后，武帝复南渡黄河，取道荥阳（今河南荥阳市）西返，到了洛阳，下诏说："祭地冀州，瞻望河洛，巡省豫州，观于周室。"武帝这一次周游河洛，观省民风，司马迁父子都是跟着的。第二年（前112）冬十月，武帝照例到雍祭祀五帝。之后，西过陇坂（山名，在陕西陇县、甘肃清水县境），登了崆峒山（今甘肃平凉市西），又北出萧关（今宁夏固原市东南），和数万骑兵一起打猎于新秦中（今内蒙古自治区鄂尔多斯地），然后回到甘泉（宫名，在今陕西省淳化县甘泉山）。后来司马迁回忆说"余尝西至空桐（崆峒）"，就是讲这一次侍从武帝西登崆峒的事。

崆峒侍从的明年（元鼎六年，前111）秋后，司马迁奉武帝之命出使巴蜀以南，代表汉王朝去视察和安抚西南少数民族地区。从过去二十多年来武帝先后派唐蒙、司马相如、公孙弘等去西南所负通好和开发少数民族地区的重大使命看来，司马迁此时已经表现出很有才能，被武帝认为是当朝众多的"辩知闳达，溢于文辞"（《汉书·东方朔传》）的人材之一，取得了武帝的重视和信任，因而才能有这次西南之行的使命。他这次到西南去，条件好得多了，巴蜀人民多年来流血流汗，用艰苦的劳动和自然斗争，开辟了通往巴蜀以南的道路。司马迁当时由长安出发，南出汉中（今陕西汉中南），经巴郡（今重庆市北）到犍为郡（今四川宜宾市），由犍为郡到牂柯郡（今贵州黄平县西）。然后到蜀郡（今四川成都市），出零关道（今四川芦山县东南），过孙水（今安宁河）桥，到越嶲郡（今四川西昌市东南），到沈犁郡（今四川汉源县东南）。这就是司马迁说的"奉使巴蜀以南，南略邛（西昌）、筰（汉源）、昆明（今云南保山、腾冲、顺宁等地）"的具体路程。司马迁这一次的出使，收获无疑也是很丰富的。从此，司马迁对祖国西南地区的地理、物产、民情、风俗，便有了亲切的认识。这对他后来写《货殖列传》等是有很大的帮助的。

汉武帝在平定了南越、安抚了西南少数民族地区之后，便于元封元年（前110）冬十月，亲自率领十二部将军，出长城，向多年威胁西北的匈奴大示威。匈奴人这时休养兵马，不敢出头。接着东越人也来投降，武帝便命反覆无常的东越人迁到江淮间来，以便控制。这样就结束了东南沿海近百年的割据局面，出现了帝国统一的新形势。于是汉武帝便决意及时举行"封禅"典礼。这是祭祀天地一种特别隆重神秘的仪式，先到泰山顶上去祭天，然后在泰山底下祭地。一个帝王举行了这种典礼，才表明他是真正的受命天子，完全有资格作为天的唯一合法代表，实行其对人间的统治。这种说法，起于战国时代，是为封建地主阶级的愚民统治服务的。秦始皇在做皇帝后的第三年（前219）曾举行过这种典礼。汉初六七十年，还来不及做这种不切实际、欺骗人民的事。到了武帝时代，地主阶级的封建统治不但巩固而且强大发展了，就不断地有人劝武帝举行封禅。到了东南沿海完全平定，匈奴远遁漠北这个时候，该是庆太平、告成功的时候了，武帝就自然地把封禅典礼提到出巡的日程上来了。

同年（元封元年）春正月，当武帝东行齐鲁、准备封禅的时候，司马迁从西南回来，赶到洛阳，见到了快要死去的父亲。封禅是千载难逢的盛典；司马谈侍从武帝，到了洛阳，因为得病，留下来了，又急又气，病更重了。他拉着儿子的手，一边哭，一边说，把毕生的事业和理想最后遗留给司马迁。他希望司马迁在他死后，仍然做一个太史；做了太史，不要忘记他所欲论著的一切。他看到孔子死后，至今四百多年，诸侯兼并，史记断绝。当今海内一统，明主贤君、忠臣义士应该论述的人物，他作为一个太史而没有论述，废弃历史事业，甚为惶惧。他希望司马迁记住这件事。司马迁眼看这种情景，垂着头，流着眼泪说"小子不敏，请悉论先人旧闻，弗敢阙"（《史记·太史公自序》）之后，司马谈就瞑目长逝了。司马迁接受了父亲的遗命，因为他的出使尚未复命，也因为他做郎官的经常职务，他不能多耽搁，必须赶快再去山东，侍从武帝。

武帝到了山东，先东巡海上，命数千人入海到蓬莱山求神仙，而后在泰山上下祭祀了天地。礼毕之后，仍希望遇到神仙，复东至海上，沿海北上，至碣石山（在河北昌黎县境）。又巡辽西郡（今河北卢龙县东），历北边，至九原郡（今内蒙古五原县）。五月，回到甘泉。武帝这一次巡行封禅，绕了一个大圈儿，行路万八千里，赏赐所过地方，"用帛百余万匹，钱金以巨万计"（《史记·平准书》）。司马迁这一次从巡，参观了长城内外，对祖国北方的认识更扩大而充实了。

明年，元封二年（前109）的春天，武帝东巡，又祭祀了泰山。而后亲临濮阳（今河南濮阳市南）瓠子的塞河工地。这是黄河的一个老缺口，二十多年来没堵得牢，常常决开。这次武帝亲临工地，先举行了祭河礼，"沉白马玉璧于河"；而后就命文武侍从百官，都去背柴草，参加塞河工程。决口处先用竹子一排一排地打下桩，再填上土石和柴草。这时是春天，东郡人民又都烧草起火，因此柴草缺乏，工程进行很困难，武帝恐怕这一次塞河又不得成功，就用当时流行的楚歌体作歌二首。其中有句说："不封禅兮安知外？"这显然是为他的徒劳无功、愚惑人民的封禅把戏在进行着辩解和赞扬。瓠子塞河工程，在武帝的亲临督责之下，文武侍从也都参加劳动了，数万真正的劳动大军也感到稀奇和鼓舞，多年为害的瓠子决口终于塞起来了。为了纪念这个塞河工程的完成，武帝还在瓠子新堤上建筑一个宫，名"宣房宫"。

司马迁这时虽新遭父丧，但必须如常地侍从武帝。在此次塞河工程中，司马迁也参加了负薪的行列。武帝的《瓠子歌》也使他深受感动。"悲《瓠子》之诗而作《河渠书》"（《史记·河渠书》赞语），他的《河渠书》就是在这件事的直接影响之下产生的。

在郎官的职务上，因为不断地侍从武帝和奉命出使的关系，司马迁游历了祖国更多的地方，接触了更广大的土地和人民；同时也见识并结交了宫廷内外的许多人物，获得了更多的见闻；他的实践经验愈来愈丰富了。

三、开始著作《史记》

司马谈逝世的第三年（元封三年，前108），司马迁果如他父亲的遗言，做了太史令。这是司马迁毕生著作《史记》的起点和重要的条件。东汉人桓谭说得对："太史公不典掌书记，则不能条悉古今。"(《全后汉文·新论上》）太史令是六百石一级的官，实领月俸七十斛，是"长吏"之一。在一系列官僚系统中，太史令虽然还是低级的，总算属于"卿大夫"一流了，比起郎中来，当然堂皇得多。实际上，他由"内廷"到"外廷"，由亲近武帝的侍从官员变为王朝的一个普通下级官员了，不过"厕下大夫之列，陪外廷末议"而已。但这样一个职位，也不是随便一个人就可以得到的，它需要有"文史星历"专门知识的人才能充任，司马迁正是由于早有多方面的学习而具备了这个条件的。司马迁抱着极大的热情来对待他的职位，他几乎断绝一切往还应酬，忘掉家庭事务，日夜思虑怎样贡献他的全部才能和智慧，专心一意地钻研自己的工作，以求得到武帝的欢心和信任。从为太史令起，他开始了著作《史记》的基本工作，"䌷史记石室金匮之书"。这就是在封建王朝的藏书处阅读、整理一切历史资料。这个工作的开始是很困难的，因为从汉初解除"挟书律"到武帝这时候，王朝的藏书已经非常丰富："天下遗文古事，靡不毕集太史公"(《史记·太史公自序》）。但是杂乱无章，缺乏源流和分类条理，连一个可资查考的目录还没有。其中有断简残编、重见杂出、真伪交错以及古今文字不同等等棘手问题。司马迁以一人之力，从大堆杂乱的古代典籍、近代著作以及王朝档案里，抽出系统的历史条理，是需要高度的热情和创造性的劳动的。

司马迁在整理史料的同时，还有一种无定而经常的职务，这就是和做郎中一样，仍需侍从武帝。武帝这时还是常要出巡，公元前 107 年（元封四年）冬的北巡（自言"北过涿鹿"，就是这一次侍从的事），次年（元封五年）冬的南巡，又次年（元封六年）冬的北巡，司马迁都因太史令的职务不断地侍从武帝。他自己也说过："余从巡祭天地诸神名山川而封禅焉。"(《史记·封禅书》赞语）。这对司马迁的著述工作，不是妨碍，而是更有益处。随着仕途的升迁和阅历的加深，他对祖国的认识愈来愈熟悉、愈全面了。

太初元年（前104），司马迁更因太史令的专门职务，倡议并主持了改革历法的工作。

战国晚期以来，流行着阴阳家齐人邹衍"五德终始"的学说。这种学说把金、木、水、火、土五种物质力量互相克制的自然现象的概括，应用到人事上来，企图证明历史上改朝换代不断反复的现象，就是由于这五种物质力量规律性地前后替代而决定的。它们的不断替代，反复循环，叫做"五德终始"。谁要得了五德中的一德，谁就是受命天子，应该作为一个朝代的统治者。受命的证验就是那些非由人力、而由天命出现的各种"符瑞"。和五德相应的就是各个朝代不同的制度。它解释历史上的朝代，说最早黄帝得土德，后来夏得木德，商得金德，周得火德。因此这些朝代各有相应的符瑞和制度。它把原始朴素的唯物主义的"五行"思想，变为唯心主义的历史循环论，产生并流行于战国后期，显然是统一形势的要求，为新朝代的出现制造舆论、准备思想条件的。第一次按照"五德终始"的公式办事的是秦始皇。他在统一六国之后，以为周得火德，秦代周，当为水德，于是就定出一套与水德相应的制度。历法用一种古历叫《颛顼历》，以十月朔为岁首。

汉王朝建立后，一直没有实行受命天子必须改制的一套。其初汉高帝自以为是黑帝，得水德，一切制度当然和秦一样，无须更改。但到文帝时，汉家究竟得到何德，却成了长期争论不休的问题，丞相张苍坚决认为汉得水德，洛阳年轻人贾谊和鲁人公孙臣，先后又以为汉得土德。因此改制的事当然无从实行。这是适应汉初几十年统治者只求坐稳天下，无暇顾及改制的实际情况的。武帝当权后，汉王朝的统治已经得到初步的巩固和发展，他于元光五年（前134）的贤良策问中，又复强调探求天人关系以及历史上朝代兴衰、终始变化的问题。儒家而兼阴阳家的董仲舒于武帝第三策对答中，提出了"夏上忠，殷上敬，周上文"又一唯心主义的历史循环论。他认为"道之大原出于天，天不变，道亦不变"。夏、商、周三代的道都是一样的，而所崇尚的不同，只是补救弊政；王者改制，只是顺承天命，实际并没有要改变道的事。他只讲夏、商、周三代循环论，认为三代所崇尚的忠、敬、文是百王所同的，足以循环应用，并进一步说："今汉继大乱之后，若宜少损周之文致，用夏之忠者。"（《汉书·董仲舒传》）汉武帝这时既未按照董仲舒的建议用夏政去改制，后来内外繁忙，也顾不得改制的事。到了元封元年，武帝既然举行了王者的封禅典礼，改制也就成为早晚必不可少的一幕。而实际推动武帝改制的力量是司马迁的改历工作。

汉兴以来，既然一直没有改制，历法仍沿用秦的《颛顼历》，已与天象不符，"朔、晦月见，弦、望满亏，多非是"（《汉书·律历志上》），早有改正朔的必要。司马迁为太史令后，大概已注意到整理历法，到了元封七年，他就和太中大夫公孙卿、壶遂等上书，"言历纪坏废，宜改正朔"（《汉书·律历志上》）。司马迁等的建议原是从改正朔的实际需要出发的，在当时汉武帝当然要把它和王者受命改制的一套联系起来，就叫御史大夫儿宽和博士们共议："今宜何以正朔，服色何上？"（《汉书·律历志上》）儿宽和博士赐等皆说："帝王必改正朔，易服色，所以明受命于天也。"（同上）于是武帝就命令司马迁、公孙卿、壶遂和侍郎尊大、典星射姓等共同制订汉历。为了精密的推算，这个受命改历的小组就要求更多的懂得历法的人参加工作。结果历法专家邓平、司马可、酒泉侯宜君、侍郎尊和民间的历法研究者共二十余人皆入选。年老的方士唐都，巴郡的隐士落下闳也都被请来了。在数十位专家共同努力推算之下，一个精密的新历终于确定下来了。这个新历，以正月为岁首，即有名的《太初历》，是对古历一次重大改革。汉武帝改元封七年为太初元年，并下令改制，除改历一项外，按汉得土德的系统宣布了一套制度改革。于是汉兴百年以来，刘氏封建王朝受命改制神秘的胡诌终于成为现实了。由此可见，武帝实行改制是由实际的改历需要促成的，而改历则是由司马迁的倡议和主持而完成的。武帝的受命改制，不过是刘氏封建王朝欺骗人民的虚伪的一幕，而以司马迁为主要负责人的改历，却是一件对人民有益的工作。《太初历》以建寅之月为正月，是所谓"夏正"，是春秋晚期以来"行夏之时"理想的实现。"盖三王之正若循环，穷则反（返）本"（《史记·高祖本纪》赞语）。它不合于"五德"系统，而合于三代循环论所谓"三统"的系统。但它的价值并不决定于是否符合封建统治阶级的思想系统，而决定于是否符合人民的需要。以司马迁为首的太初改历工作，对人民是需要的，是值得称道的。

封禅是一个受命的王者向天作报告，表明他作为一个天的代表者对人间的统治已经巩固了，大功告成了。改制表明一个受命的王者，必有不同于前朝的、自己的制度，以显示出他是真正合格的、代替前朝的王者。这些滑稽的花样，都是欺骗人民的幌子，都是封建统治者抬高自己以加强对人民群众的统治的办法。但当时士大夫们的看法，却不是这样的。他们以为像封禅、改制这样的事，是千载难逢的盛典，是划时代的历史事件。司马谈没能参加封禅，认为终身憾事。可见这些骗人的把戏，在当时一般士大夫心目中是如何的神圣！司马迁在六年前既参加了封禅，这时又参加了改制，倡议、主持并完成了改历工作，可以设想，他当时躬逢这些盛典，也是引以为荣、非常兴奋的。不过我们也要知道，改制一幕中最重要的一部分就是改历，而这是在司马迁的倡议、主持下完成的，因此司马迁对改制的兴味，就不是神秘和虚无的，而是确有实感的，因为他确乎做了一件最有价值的改历工作。

但是改制之后，那种神秘的太平盛世的气氛，使司马迁仿佛感觉到：作为孔子的一个继承人，著作《春秋》那样一部书的时候已经到来了。父亲司马谈的遗言他记得很清楚；周公卒后五百年而有孔子，孔子卒后到现在又有五百年，应该有人继承孔子，做一番述作事业。他觉得他有责任担当这种事业。经过与壶遂对孔子作《春秋》以及自己著作计划和理想的讨论，司马迁的著作志愿更坚定了，目的也更明确了。就在改历完成这一年，即太初元年，他开始了继《春秋》，著作《史记》的工作，这年他四十二岁，正是精力旺盛的时候。

司马迁于太初元年改革历法之后，开始著作《史记》，这决不是偶然的。这时汉兴已经百年（前206—前104），封建国家出现了空前统一的壮阔形势，政治、经济和文化都有了进一步的发展；同时封建统治阶级对广大人民的压迫、剥削日益严重和残酷，阶级矛盾和统治阶级内部矛盾也不断深化和复杂化。总结历史经验，清理古代历史文化并记载秦汉以来的近代历史，是适应封建统治阶级的现实要求的。史官从来是统治阶级人物并为统治阶级服务的。孔子作《春秋》，是代表没落奴隶主贵族阶级而制订奴隶制的政治道德纪纲的。司马谈、迁父子以私家著书而继《春秋》论述历史，也是不能违背这一根本立场的。特别是《春秋》以后的几百年历史即封建社会的历史，无疑是要为封建统治阶级而制订政治道德纪纲的。司马谈对司马迁的遗言，司马迁和壶遂的谈话，都证明了这一点。而从司马谈到司马迁也逐渐具备了论述历史的条件，司马迁这时不仅占有国家藏书处丰富的特别是秦汉以来的历史资料，而且也学习了多方面的历史文化和科学知识；更重要的是他二十多年来的实践经验，调查了许多古代历史传闻和故事，接触了伟大国家现实面貌和当代许多重要人物，并从许多前辈重要人物的子孙后代，得到了从未记载的许多谈话资料。司马迁这时开始著作《史记》，无疑是最合适的人选。

司马迁是怎样开始他的工作的呢？这我们无法具体知道。但是有些基本观点我们还是有根据的，可以肯定的。

首先是著作的目的。他从为封建地主阶级制订政治道德纪纲的立场出发，对历史事件和人物要像孔子作《春秋》那样，显示褒贬和爱憎，就是"别嫌疑，明是非，定犹豫，善善恶恶，贤贤贱不肖"（《史记·太史公自序》）。这样做，当然是有标准的。因为是非、善恶、贤不肖等等，都是有阶级内容的，他的标准只能是封建地主阶级即统治阶级的政治道德的标准。

第二是著作的形式和计划。由于过去一些历史著作的启发，他把古今历史作一次通盘的清理而纳入于"本纪"、"表"、"书"、

"世家"、"列传"五种不同的体例。"本纪"记历代帝王世系，"表"记历代大事，"书"记个别事件的始末，"世家"记侯王贵族的世系，"列传"记各种人物生平的言行活动。它们各自独立又互相呼应和补充，从而形成一个完整的体系。这是前所未有的一种独创的历史著作的形式和计划。

第三是正确地处理历史资料。历史著作必须依据确实可信的资料，而无论是古代和近代的资料，也无论是著录或传闻的资料，都有真伪、可信不可信的问题。司马迁提出"考信"的原则是调查研究的科学原则。问题在根据什么去"考信"，他以古代历史文献《诗经》、《尚书》等等作为信史的根据，这在我们今天看起来，当然是大有问题的。因为这些文献本身就有真伪问题。但在当时缺乏信史的情况下，它们还是比较系统的、可信的古史资料。更可贵的是，司马迁并不是盲目地尊古、信古，他的最后依据，还是相信他的亲身实践所获得的活资料。他写第一篇《五帝本纪》，对黄帝的古史资料的处理，就是一个很好的例证。他既不相信"百家言黄帝"，也不完全相信孔子所传黄帝的某些资料。他根据自己"西至空桐，北过涿鹿，东渐于海，南浮江淮"的实地见闻，以为"长老皆各往往称黄帝、尧、舜之处"（《史记·五帝本纪》赞语），民间确有关于黄帝的传说，因而相信黄帝的存在，并结合古书上某些可信的记载，"著为本纪书首"。对于许多史事缺乏资料或有记载而无法"考信"，则缺而不记或表示怀疑的态度。这是实事求是的科学态度。

第四是严肃地对待历史事实。历史事实是可信的，能不能认真地记载，还是一个关键问题。对古代历史需要恰当地选录事实，除了认识上局限性外，如果工作认真，并不难做到这一点。但对秦汉以来即近代和当代的历史，就不只是抄录、运用史料的问题，而是第一次记载历史，这直接关系着汉代统治阶级的实际和利益，不仅需要创造性的努力，而且还需要严肃态度和坚毅精神。司马迁懂得"孔氏著《春秋》，隐、桓之间则章，至定、哀之际则微"（《史记·匈奴列传》赞语），——其所以微，就是因为切近当世而有所"忌讳"。春秋时代史官为维护奴隶主统治而记事，因而遭到杀戮的史实，他也是熟悉的。但是为了忌讳或畏祸，而不能认真地记载历史，那也就不能维护封建统治阶级的利益，达到著作的目的，得到严正封建纪纲的作用。真实地记载历史是客观存在对人们主观意识的斗争问题，也就是唯物史观对唯心史观的斗争问题。这是不能由封建统治阶级的意愿来解决的。实践证明，司马迁对这个困难问题是正视的，表现了某种认真记载历史事实的严肃态度和坚毅精神。

我们说，这些基本观点司马迁在开始工作的时候是有考虑的，明确的，但我们并不能由此得出结论，认为司马迁在他毕生工作过程中，对这些观点都贯彻得周到、一律。实际上在他的著作中，存在着不少矛盾。对这些矛盾，需要具体地分析，从而给以肯定或否定，这在下面我们还会谈到。

四、发愤完成著作计划和理想

太初元年，司马迁开始著作《史记》，他订了庞大的计划，用毛笔在竹木简上书写，工作仍是很不方便的。由于他的基本目的、方法和态度都是明确的，整理阅读资料也已经有了几年的功夫，可以想象，他的工作进行得很顺利。但无论司马迁怎样热心于他的著述工作，他根本不可能闭户著书。这时武帝巡视四方，祭祀天地，已成为每年的习惯，司马迁必须照例侍从[①]。他的工作是在武帝不断出巡的间歇中努力进行的。不过司马迁也从全国游历中获得历史资料，这已经和他的著述工作构成了不可分离的关系。这样他一直工作了六年。

意外的是，司马迁在开始著作后的第七年，遇到了李陵投降匈奴的事件。李陵是与匈奴七十余战名将李广的孙子。司马迁早

[①] 《汉书》卷七五《夏侯胜传》："武帝巡狩所幸郡国凡四十九。"据《汉书·地理志》，西汉"凡郡国一百三"。可见武帝巡狩郡国几及全国一半。

年见过李广，后来与李陵同在宫廷侍从，虽未相熟成为朋友，但很佩服李陵的为人，是一个"奇士"，有"国士之风"。天汉二年（前99），李陵与匈奴战于浚稽山（今蒙古人民共和国喀尔喀境），最后兵败投降匈奴，败坏了"李氏世将"的家风，丧失了民族立场。司马迁对李陵投降匈奴的看法怎样呢？他和许多人不一样，很有理由地同情李陵，以为李陵决不会向匈奴投降，因此触怒了武帝，下了监狱。这时司马迁的一班朋友们，没有谁敢出来奔走营救；武帝左右的那些亲贵也没有谁肯为他讲一句话，他只得"独与法吏为伍，深幽图圄之中"而无可告诉。封建法庭严刑审讯的结果，司马迁得了"诬上"（欺骗皇上）的罪名，是一个死罪。这时是天汉三年（前98），他的全部著述工作，还在"草创未就"的时候。

封建王朝的法律，原是保护封建统治阶级利益、压迫人民的工具。汉武帝时代，犯死罪的人，根据两条旧例可以免死：一条是拿钱赎罪，一条是受"腐刑"。这时司马迁面临三种选择：一是"伏法受诛"，二是拿钱免死，三是甘受"腐刑"。要多少钱可以免死呢？从此后三年内两次免死诏令看来，需要五十万钱。这是一般"中人之家"五家的家产。司马迁既然得不到朋友的帮助，自己又官小家贫，哪来这许多钱呢！用钱赎罪这一条生路，司马迁和一般穷人一样是走不通的。因此司马迁实际只有两种选择：死，还是受"腐刑"？他想到，人总不免一死，但"死有重于泰山，或轻于鸿毛"，死是有轻重意义的不同的。这里，司马迁提出这个死有不同意义的重大问题，但是他不可能、实际也没有解决这个问题。他只觉得如果他这样"伏法"而死，那就像很多牛身上少一根毛，死去一个蚂蚁一样，是毫无意义、很不值得的。他看到有"死节"的人。什么是死节？就是为封建的政治道德纪纲而死。但他认为，他这样的死，又说不上是什么"死节"。那么，不死，就只有受耻辱？他认为这是关系维护封建礼制的"士节"（"刑不上大夫"），但是事已至此，耻辱已经受了，还谈什么"士节"？司马迁想到这里，死与受辱的纠缠好像容易解开了。实际他既无法逃避封建王法的网罗，也抛不开封建名位的羁绊。因而他忽又想到，一般人总是贪生怕死、留念亲戚、顾恋妻子的，只有那些"激于义理"（坚决维护封建是非）的人，才能相反。他相信自己不是那种怕死的人，他早已失去父母，没有兄弟，孤单一身，对妻子也没有什么顾恋。他又以为"勇者不必死节，怯夫慕义，何处不勉焉"。他即使承认自己是一个懦弱的人，要苟活偷生，却也晓得何去何从，何至甘愿忍受牢狱中的耻辱？多少奴隶婢妾，犹能决然而死，何况他受辱至此？司马迁千思万虑，他觉得除了他的平生著作理想还未实现之外，实无忍辱苟活之理。他想起："西伯拘而演《周易》（事见《史记·周本记》）；仲尼厄而作《春秋》（事见《史记·孔子世家》）；屈原放逐，乃赋《离骚》（事见《史记·屈原贾生列传》）；左丘失明，厥有《国语》（参看《史记·十二诸侯年表》）；孙子膑脚，兵法修列（事见《史记·孙子吴起列传》）；不韦迁蜀，世传《吕览》（事见《史记·吕不韦列传》）；韩非囚秦，《说难》、《孤愤》（事见《史记·老子韩非列传》）；《诗》三百篇（即《诗经》）大氐（抵）贤圣发愤之所为作也。此人皆意有所郁结，不得通其道，故述往事思来者。及如左丘明无目，孙子（孙膑）断足，终不可用，退论书策，以舒其愤思，垂空文以自见。"这就是说历史上一系列人物，也都是在遭遇了苦难之后发愤著书，以鸣其不平于天下后世的。实际这些人物的遭遇和著书情况，本来各不相同，很难一概而论，司马迁这样想，只是尽量寻求历史人物在不幸的境遇中著书的故事作为自己的精神支柱。这样，司马迁终于在封建纪纲之外，看到了自己的生路，决计忍辱含垢，坚持他的著作计划和理想。也就在天汉三年（前98），司马迁"卒从吏议"，甘心下"蚕室"（执行腐刑的一种特殊监狱），"就极刑而无愠（怒）色"，他受了最耻辱的"腐刑"（又称宫刑）。从此以后，他的著述工作得到更大的力量，而在若干篇幅里也自然地流露着自己的不幸遭遇的隐痛。

太始元年（前96）夏六月，汉武帝大赦天下，司马迁因于此时出狱。之后，他做了中书令。这个官也是汉武帝新设的，"领赞尚书，出入奏事，秩千石"，比太史令高。经常职务是把皇帝的命令下到尚书，也把尚书的奏事呈给皇帝。从此以后，司马迁以一个宦官的身份，在内廷侍候，更接近武帝了，好像"尊宠任职"，实际已为一个打扫宫廷、听候使唤的奴隶。他除了坚持他的著述工作以外，对朝廷内外的一切事务，已经毫无兴味，往往精神恍惚，"居则忽忽若有所亡，出则不知所如往"。他的内心忍受着痛苦的煎熬和无限的愤恨，"每念斯耻，汗未尝不发背沾衣也"。

司马迁的一个叫任安（字少卿）的朋友，于太始四年（前93）的四五月间，写信给他，"教以慎于接物，推贤进士为务"。任安是出于好意，勉励他，安慰他，希望他有所作为。实际在这好意里面，却也包含着把司马迁当做一般宦官的看法，以为他身在宫廷，接近武帝，容易乘机进言。不知司马迁这时"自以为身残处秽，动而见尤，欲益反损，是以抑郁而无谁语"。当时司马迁刚从武帝巡行山东回来，又忙于处理日常事务，没有机会和任安见面，也没能及时给任安写回信。不久任安因罪下狱，到了十一月，司马迁因为任安可能于十二月受刑，生死莫测，他自己也要于彼时侍从武帝巡行西北，才不得不给任安写回信。在这封充满怨言的《报任安书》里，司马迁把他所以"隐忍苟活"的苦心，所以不能"推贤进士"而不过"从俗浮湛（沉）、与时俯仰"的苦心，悲凉沉痛地呈献在朋友面前，而以"死日然后是非乃定"自誓。这一篇恰是鲁迅先生所说"无韵之《离骚》"，是对自己不幸遭遇的反复申诉。在这封信里，司马迁也告诉任安一个重要的消息："仆窃不逊，近自托于无能之辞。网罗天下放失旧闻，略考其行事，综其终始，稽其成败兴坏之纪，上计轩辕，下至于兹，为《十表》、《十二本纪》、《书八章》、《世家三十》、《列传七十》，凡百三十篇。亦欲以究天人之际，通古今之变，成一家之言。"①共"五十二万六千五百字，为《太史公书》"。这样看来，他的著述工作已经基本完成了。从这里，我们也可以看到，他完成的是一部包含五种体例、从黄帝到著者当世约三千年的通史，他的著作目的已从开始时设想继承《春秋》、"采善贬恶"的论人论事，发展而为探究天人关系以及古今历史"成败兴坏"的规律变化；他的著作性质不是官修书史，而是"一家之言"。这是空前的一个创造，是司马迁的理想、血汗和坚强努力精神的结晶，是我国古代文化史上值得庆幸的一件大事。这时司马迁是五十三岁。

从此以后，司马迁的事迹已无可考，他是怎样死的，最后活到多大年纪，都很难有确定的答案。他大约卒于武帝末年（前87）左右，一生与武帝相始终。

司马迁从元封三年（前108）为太史令后开始阅读、整理史料，准备写作，到太始四年（前93）全部写作计划基本完成，共经过了十六年。这是他的著述事业的主要阶段。在这时期中间他主持了改历工作，无辜地"遭李陵之祸"，虽然因此耽搁了一些时间，但这种特殊的工作和不幸的遭遇却成为鼓舞和推动他写作的一种很大的力量。在这之前，从元朔三年（前126）到元封二年（前109），由于漫游祖国、侍从武帝和奉使西南地区，他的读书时间好像很少，但这些接触实际的经历却成为他后来写作资料的一个重要来源（其中侍从武帝巡行四方一事，是贯彻终身的）。在这之后，即在征和元年（前92）以后，他除了担任中书令一职，经常在武帝和尚书中间传达事务外，在晚年的主要工作就是对于他的全部著作的修补加工。司马迁一生的仕途历程，在汉王朝的官僚系统中，处于中下层被屈辱和被损害的地位，但这也就是他的著作事业的准备、创造和完成的过程。司马迁坚持完成的著作即《史记》和他一生丰富的实践经验、广泛的科学文化知

---

① 此据《文选》卷四一所录《报任少卿书》，较《汉书》卷六二《司马迁传》所载稍详。

识，构成了血肉相连不可分离的密切关系。

司马迁的著作，除《史记》外，传世曾有八篇赋，现在还存一篇《感士不遇赋》。这篇抒情小赋，大致可以相信，是司马迁晚年的思想情绪的反映。它诉说着"谅才韪而世戾，将逮死而长勒"，"何穷达之易惑，信美恶之难分"，"理不可据，智不可恃"：在专制主义的封建压迫下，在矛盾重重的封建地主阶级内部，一个正直的、有才能的中下层士大夫，总会遭遇到这种无可奈何的命运的吧。从这篇作品里，我们看见一个饱经忧患、感慨深沉而又"逮死长勒"、终身坚持自己的理想的老人。

五、《史记》人物传记的思想性及其叙事特点

毛泽东同志在《中国革命和中国共产党》论著中指出："在中华民族的开化史上，有素称发达的农业和手工业，有许多伟大的思想家、科学家、发明家、政治家、军事家、文学家和艺术家，有丰富的文化典籍。"司马迁一生努力完成的《史记》就是中华民族从黄帝以来的开化史，它是根据丰富的古代文化典籍和著者的实践经验而写成的。司马迁是属于中华民族伟大的文学家和历史家的行列的。

司马迁著《史记》，以"究天人之际，通古今之变，成一家之言"为目的，以本纪、表、书、世家、列传五种体例为形式，有组织有计划地整理了公元前1世纪初以前中华民族三千年开化发展的历史。这是一部巨大的历史著作，是前所未有、并世少见的创作。

五种体例互相区别而又互相联系和补充，形成了一个不可分割的整体。《八书》以叙事为主，是个别事件的始末文献，是全书叙事单一集中的补充。它们叙述的是政治、经济、军事、宗教、科学、文化等方面的始终变化。《十表》是依朝代顺序并把它们分为几个阶段而制作的，它们互相独立而又互相联系；以简单的记事为主，是某一历史时期、某一历史现象或事件的始终变

化，是全书叙事的联络和补充。就历史著作说，这《八书》和《十表》是重要的，不可少的。但它在《史记》中却居于次要的地位。《史记》的主要部分是《十二本纪》、《三十世家》和《七十列传》。这是全书的中心。《十二本纪》除《秦本纪》、《项羽本纪》外，是历代帝王世系和纪年的系统，是叙述历代帝王的政绩的。《三十世家》除《孔子世家》、《陈涉世家》外，叙述秦以前地方割据世袭的侯王和汉代侯王的历史。《七十列传》除《匈奴列传》等六篇外，叙述贵族公子、各种官僚、政治家、军事家、思想家、文学家、经学教授、策士、隐士、说客、刺客、游侠、土豪、医生、卜者、商人、俳优、幸臣等等不同社会阶层、不同类型人物活动的历史。上述例外的那些篇，有的仍是割据的世袭侯王的历史（《秦本纪》），有的是秦末农民起义领袖的历史（《项羽本纪》、《陈涉世家》），有的实际上也还是思想家活动的历史（《孔子世家》），有的则是秦汉以来在东南沿海新的割据侯王的历史（《南越列传》、《东越列传》），有的是西南少数民族君长的历史（《西南夷列传》），有的是外民族君长的历史（《匈奴列传》等）。由此可见，《史记》的中心部分是从古到汉各个社会阶层、各种不同地位、不同职业的人物活动的历史，是历朝历代一系列历史人物的传记。

以人物传记为中心来反映历史内容这一新的历史方法，是司马迁的首创，但也有其历史和现实的根源。春秋战国以来，社会大变革的结果，解放了奴隶，产生了新的阶级关系，活跃了社会各阶层人物。在发展的小生产互助中，个人的作用更突出了。诸子百家从代表各自阶级阶层的利益出发，风起云涌于政治和文化的斗争舞台，表现了蓬勃的朝气。这些都给司马迁以人物活动来反映历史，提供了历史内容的前提。而《左传》、《国语》、《国策》等历史著作中，也往往具体生动地描写了春秋战国时代人物活动的片断形象，这对司马迁写作历史人物传记，无疑也有所启发。特别重要的是经过秦末的农民大起义而建立起汉王朝大一统的统治已经百年，产生了一代新的历史人物，更有记载的必要。

司马谈在给司马迁的遗言中说："今汉兴，海内一统。明主贤君忠臣死义之士，余为太史而费论载，废天下之史文，余甚惧焉！汝其念哉！"正是一代新人物需要记载的反映。

由此可以想象，事实也正是如此：以人物为中心的《史记》，主要写的不是人民群众的历史，而是帝王将相和官僚士人的历史，也就是历代统治阶级从奴隶主阶级到地主阶级、特别是汉兴以来地主阶级的历史。司马迁的世界观或历史观还是唯心主义的。汉兴百年的统治思想，从战国晚期以来的阴阳家思想，到汉初的道家思想，到汉武帝时代以董仲舒为代表的儒家而兼阴阳家的思想，对司马迁都有程度不同的影响。司马迁的世界观或历史观是很复杂的。"天人之际"即天道和人事的关系，以及历史上朝代的兴亡盛衰的变化，是汉兴以来特别是汉武帝时代统治阶级共同探讨的根本问题。司马迁把他著作《史记》的最终目的也归结到这里，是符合当时统治阶级的要求的。作为这一根本问题的答案两套历史循环论即五德循环论和三代循环论，对司马迁的影响是很自然的，他的世界观或历史观基本上跳不出这些圈套。它们把天人关系说成是人事最后由天命来决定，历史上的朝代兴亡盛衰以及个人的成败得失，都说成是非由人力所致，而是由天命来决定的。这种愚民的统治思想在《史记》里有不少反映。例如作者在《六国年表·序》里说秦"卒并天下，非必险固便形势利也，盖若天所助焉"，在《秦楚之际月表·序》里十分强调地说汉之代秦，"此乃传之所谓大圣乎？岂非天哉，岂非天哉！非大圣孰能当此受命而帝者乎"，而《高祖本纪·赞》则完全用董仲舒的三代循环论。司马迁作《孔子世家》，自乱其例，提高孔子的历史地位，实由于迷惑孔子为周公卒后五百年天命的圣人。《史记》以人物为中心，更根本的是以帝王即圣人为中心，这在《太史公自序》里也是说得清楚的。此外汉初统治阶级信奉道家黄老学派"清净无为"的思想，实质是统治阶级企图稳定封建秩序、束缚人民手足一种愚民的思想，对司马迁的政治思想也有一定的消极影响。先秦的法家思想，到汉武帝时代，实际并未禁

⊙司马迁

绝，而为统治者与儒术同时运用的统治工具，这对司马迁是有切身的经验的。但从政治思想上说，司马迁大致和司马谈一样，承认它对封建统治有"正君臣上下之分"的作用，而批判其"严而少恩"，极端残酷的刑法统治。

《史记》以人物为中心的进步思想意义和历史内容在于：司马迁不是从主观唯心主义的哲学公式出发，而是从客观存在的历史实际出发来观察历史的变化发展，这就是《太史公自序》里所说："王迹所兴，原始察终，见盛观衰，论考之行事。"这表现在两方面：首先他扩大了历史记载的范围。这在《八书》里就有显明的表现。就中心部分讲，不但写汉族、少数民族即秦汉以来封建国家以多民族而存在的历史，也写了一些外民族君长与中华民族通使往还以及斗争的历史；不仅写统治阶级的历史，也写了一些下层社会人物的历史：反映了全面的历史观。其次，他承认历史并不永远是一王一姓的，而是不断变化和发展的。《秦始皇本纪》、《项羽本纪》、《高祖本纪》、《吕后本纪》依历史变化顺序而编写，突出地反映了这个发展的观点。司马迁认为秦应"世异变，成功大"，指出"学者牵于所闻，见秦在帝位日浅，不察其终始，因举而笑之，不敢道"，是不对的，因而并不像唯心主义的三代循环论撇开了秦王朝短暂的统治①。承认秦汉之际项羽的统治和吕后的统治，也都是从历史实际的变化出发，而不是从任何循环论的公式出发的。他作《陈涉世家》，把陈涉起义比之为"汤武作"和"《春秋》作"，以"圣王"看待陈涉，不仅因为陈涉是秦末农民大起义最初的发难者，而且也因为陈涉在秦楚之际确有发号施令半年的统治。这也是从历史实际的变化出发的。与此相应，对社会发展，司马迁赞成道家《老子》的顺其自然，有消极的因素；而反对它的"小国寡民"历史倒退论，却是把历史

中国历代著名文学家评传（第一卷）

---

① 钱大昕《史记志疑·序》谓："史公著述，意主尊汉，近黜暴秦，远承三代，诸表微见其旨。秦虽并天下，无德以延其祚，不过与楚项等，表不称秦汉之际而称秦楚之际，不以汉承秦也。"此论显未体会司马迁承认客观实际，发展的历史观。而说"近黜暴秦"，更不合史公之意。

看成变化和发展的。

正是由于司马迁从历史实际观察历史的变化和发展，他在观察了许多的历史人物和历史现象之后，就能发现了问题。在《伯夷列传》里，他对所谓"天道无亲，常与善人"的天道观，反复地举出了相反的事实，提出了质问，最后说："余甚惑焉，傥所谓天道，是邪非邪?"在这里，他所举出的善人、恶人诚然是有问题的，但基本观点却是怀疑神秘的天命论即唯心主义的世界观或历史观。这是对当时统治思想的圈套的突破。同样地，在《游侠列传》里，他比较了各种人物，也怀疑了封建统治阶级所谓圣贤和道德，而肯定社会下层人物游侠的救人之急、牺牲自己的道德。他这里引"鄙人"的话说："何知仁义，已飨其利者为有德。"又在《货殖列传》里说："人富而仁义附焉"。都是对封建统治阶级的道德观的虚伪性的揭露。不论司马迁的自觉意识怎样，这些例证实际上包含着道德观的阶级属性和阶级对立存在的看法。这是对封建统治思想的又一突破。班固在《汉书·司马迁传》赞语中批评司马迁"是非颇谬于圣人：论大道则先黄老而后六经，序游侠则退处士而进奸雄，述货殖则崇势利而羞贫贱。"班固说的第一点是不正确的，第二、三两点却正是司马迁的进步思想。

从历史实际出发（观察历史），关键问题还在于是否忠实于历史事实，依照历史实际的本来面貌记录下来。后于司马迁不远的西汉刘向、扬雄，东汉的班彪、固父子都认为司马迁的《史记》是"实录"。依照班固的解释，"实录"的意思，是"其文直，其事核，不虚美，不隐恶"，即照事实实事求是地直录。这里包含着认真对待历史实际的方法和态度问题。对于古代历史，"实录"是考订、选取、运用历史资料问题。而对于秦汉以来的近百年史，特别是汉代当代的历史，就不只是现成资料的摘录、移写问题，而是面对现实，记录现实，这就不能不发生"忌讳"的问题。但司马迁是坚持了"实录"的精神的。《史记》的人物传记，正如鲁迅先生在《汉文学史纲》（第十篇）中所说："不拘于史法，不囿于字句，发于情，肆于心而为文"。即不为传统历史记载的成规所拘束，而按照自己对历史事实的思想感情记录历史。这直接表现在对汉代统治阶级一系列人物的历史记载。从最高的皇帝到王侯贵族，到将相大臣，到地方长官等等，他固然不抹杀他们的神奇、光彩的一面，但突出的是揭露他们的愚昧、偏私、腐朽、丑恶以及残酷的压迫和剥削人民。1968年我国文物考古工作者对河北满城汉景帝儿子、中山靖王刘胜及其妻窦绾两座墓葬的发掘和研究，有力地证明了司马迁在《五宗世家》里对刘胜骄奢淫逸的揭露确是实录。这种实录精神，有古代史官记事的影响，如《左传》里就有许多记载是对奴隶主阶级罪恶历史的揭露，更重要的是司马迁认真对待亲身经验的结果。这是《史记》所以被认为是"谤书"的由来。但是司马迁的实录精神是不能不受他的世界观或历史观、政治思想以及个人好恶制约的。他的实录最重要、最大量的一部分在于揭露汉代统治阶级的罪恶，而其目的归根到底在于为封建统治者提供历史的借鉴作用。例如在《酷吏列传》里，他写了汉武帝时代残酷的刑法统治，是实录；又写了在这种统治之下所造成的官逼民反的严重情况，也是实录。因此可以认为，司马迁在这里写了阶级斗争，反映了真实的历史，是难能可贵的。但他并不认为这时的民反，就是人民的起义反抗，而认为是"法令滋章，盗贼多有"的结果。由此可见他的实录是为他的阶级立场决定的，而其目的在于为封建统治者寻求统治方案，提供历史的借鉴作用。因此，对司马迁的实录，无论是古代的历史还是秦汉以来的近百年史，我们还需要加以分析和研究。

从实录的精神出发，司马迁又是怎样写作人物传记的呢？首先是为什么人作传的问题。他所写的人物很广泛，主要从实际出发。有些人物不得不写，如帝王和公侯贵族有关纪年、世系为历史著作所必需；此外还有广阔选择的余地。他所选的人物，不是取决于其人的官职或社会地位，而是取决于其人的实际行为表现。官为丞相的人，他不一定为他们作传。在《张丞相列传》

末，他说："自申屠嘉死之后，景帝时，开封侯陶青、桃侯刘舍为丞相；及今上时，柏至侯许昌、平棘侯薛泽、武强侯庄青翟、高陵侯赵周等为丞相：皆以列侯继嗣，捉捉廉谨，为丞相备员而已，无所能发明有著于当世者。"可见，一些无所作为的丞相，没有什么发明，没有功名著于世，不过是备员而已，只用一句话概述了几个人，并不给他们一一作传。司马迁不为那些庸庸碌碌无所成就的丞相作传，相反，他却写了许多下层人物传记，如游侠、商人、医生、倡优等等，因为这些人都是有某些可取之处的。人物选定了之后，就是具体的叙事问题。以人载事，叙述一个人生平事迹始终，这是司马迁的首创。人物无论大小，他的生平事迹总是很多的，又如何写呢？司马迁的笔法是，着重写其"为人"，并注意其"为人"的复杂性。如《平津侯主父列传》写公孙弘："弘为人恢奇多闻，常称以为人主病不广大，人臣病不俭节。"又说："弘为人意忌，外宽内深。诸尝与弘有郤者，虽详（佯）与善，阴报其祸。"这个人是被汉武帝特别提拔做丞相的。这里可见作者注意写他的为人内外两方面。"弘为人恢奇多闻"，写其为人表现宽弘奇伟，知识很广博。"弘为人意忌"，写其对人多有积怨，外宽内深，是写其心。又如《酷吏列传》写张汤："汤为人多诈，舞智以御人。始为小吏，乾没，与长安富贾田甲、鱼翁叔之属交私。""乾没"是空手得利的意思。这是写张汤为小吏时好用计谋以制服人的表现。下文又说："汤至于大吏，内行修也。通宾客饮食。于故人子弟为吏及贫昆弟，调护之尤厚。"则写其为大吏时为人颇为宽厚，有利于人。这些例证都可见司马迁写人物传记要写出其为人大体，并注意其复杂性。司马迁是不喜欢公孙弘和张汤的，但是写了他们的好处。概括言之，《史记》人物传记的最大特点，其一是真实性和倾向性的统一。过去有人说："史记于叙事中寓论断。"（顾炎武《日知录》卷二六）又有人说："叙事不合参人断语，太史公寓主意于客位，允称彻妙。"（刘载熙《艺概》卷一）他们说的都是一个意思，就是把自己的看法寓于客观的事实叙述之中，用事实来表示自己对

司马迁

所写人物的爱憎态度。如有名的《项羽本纪》，他同情项羽，以极其饱满的热情来写这个失败的英雄，既赞扬项羽勇猛无前，摧毁秦王朝暴力统治的功绩和精神，也指责他沽名钓誉，头脑庸俗，胸无大志，批评他以粗豪自恃，无比残暴。所有这些都是通过项羽本人的事迹来表现的。在本传里，作者没有发议论，但他对项羽的爱憎态度于叙事之中是有显明的表示的。但有时可能使人有"依违"之感。唐萧颖士"尝谈仲尼作《春秋》为百王不易法，而司马迁作本纪、书、表、世家、列传，叙事依违，失褒贬体，不足以训"（《新唐书·萧颖士传》）。"依违"是"不专决"的意思①，即倾向性不明显。如《商君列传》，写得很完整，把商鞅的变法主张和经过写得具体、仔细，读到最后还觉得作者是赞成这个人物的。但是在传《赞》里，才表明他对传主的看法："商君，其天资刻薄人也。"这就是说，《史记》人物传记于叙事中寓褒贬，有时不很显明，要结合传《赞》才能认识清楚。《史记》里许多人物，无论作者对其人是爱是憎，大抵都是如此写法。只有少数如《伯夷列传》、《屈原贾生列传》等，叙事兼议论，或则发舒孤愤，提出问题，或则略似后世作家作品评论。伯夷这个人，在战国时有很多传说，汉朝初年也有不少传说，都赞美这个人，但没有具体的事实，给这个人作传，没有多少事可写。传说中有伯夷，为人清廉，给他作传，使那些不清不廉的有所借鉴，有所标榜。《屈原贾生列传》也是如此，事实也是不多的，特别是《屈原传》。这两篇传和其他的传不同，所以鲁迅先生以为这两篇如小品文（《且介亭杂文二集·杂谈小品文》），确是《史记》人物传记的变体。这和传主事迹渺茫或较少有关系，也和作者对他们的遭遇同情有关系。

《史记》传记叙事的又一特点是个性和典型性统一。司马迁写人物传记，无固定的格式，大抵因人立传，因事成文。就形式

① 《汉书》卷三六《楚元王传》刘歆《移太常博士书》"犹依违谦让"师古曰："依违，言不专决也。"

说，有单传、合传、类传的区分，主要意图在于表现传主"为人"的特征。根据对人物特征的认识取舍事件。取大事，这是当然的，因为它们有关于客观的历史实际，也有关于人物的历史业绩。但也不排除小事。如《李斯传》在传首写李斯"见吏厕中鼠食不絜"和"观仓中鼠食积粟"而感叹："人之贤不肖譬如鼠矣，在所自处耳！"目的在于表现李斯为人见机行事，不顾是非美恶，阿世苟活，一生贪图富贵利达的特征。又如《张汤传》在传首写张汤儿时"掘窟得盗鼠及余肉……并取鼠与肉，具狱磔堂下"的故事，叙述详细，目的在于表现张汤为人善于治狱，他的酷吏之才，实出于天性。此外如张良、韩信、陈平等传，也都写他们年轻时一些小故事，而这些小故事往往也不都是光彩的。司马迁写这些小故事，目的同样是为了表现他们为人的特征的。一般取事不多，这是《史记》的事简。不写太多的事件，选取重要的几件事来写，这样叙事是简洁的，不堆砌许多事。项羽、李广都自称身经"七十余战"，但传中所写他们的战迹也都只有两次。有些事件由于牵连别人或其他原因，则写于别传，这是司马迁惯用的"互见法"。项羽的好多缺点，写在韩信传里，一方面表现出韩信用兵有独到的见解，一方面也赞美了韩信，避免了正面批评项羽。又如写刘邦美的事情，大的事件，但看了《项羽本纪》及其他一些传，就会感到刘邦还有另一个面貌。刘邦被项羽打败，逃难，以及把儿子和女儿屡次推下车等情节，都写在《项羽本纪》里。避免在一篇中堆砌事件，影响人物形象的塑造，而"为人"的复杂性则于此可见。对于所取之事，无论大小，往往极力描写，有细节、场面，使之故事化，成为历史画面，则又是《史记》传记的文繁。这是古代史官记事又一新的高度的发展，实开后世小说的先河。这里历史和文学就分不开了。《项羽本纪》里关于"鸿门宴"的描写，《廉颇蔺相如列传》里关于蔺相如完璧归赵、秦赵渑池之会的描写都是最突出的。如以《汉书·高帝纪》中所写的"鸿门宴"与《史记》的相比，那就清楚地看出历史文献和文学作品的差异。《史记》所写的"鸿门宴"，也不是司马迁想象或虚构出来的，而是根据传说写成的。这种文繁，实即重点突出。梗概的叙述和具体的描写相结合，形成波澜起伏、繁简相间、引人入胜的独特风格。选择人物，全面了解人物的"为人"，剪裁事件，重点突出。某些事件，既是个人传记，又往往有典型意义，反映丰富的历史内容。这是一个创作的过程，从而塑造了生动鲜明的人物形象。如《魏公子列传》、《项羽本纪》、《李广传》、《魏其武安侯列传》、《酷吏列传·张汤传》、《游侠列传·郭解传》等，都是代表作品。

《史记》人物传记的语言很丰富，口头流传的成语、谚语、歌谣，广泛采用；又不避免方言土语，和后来古文家只求"雅"不同。用古史资料，往往以当时通用语翻译古语。如《五帝本纪》写关于尧舜的事迹，取材于今文《尚书·尧典》，把《尧典》的"允厘百工，庶绩咸熙"、"百姓如丧考妣，三载四海遏密八音"，"惟时懋哉"等语，译为"信饬百官，众功皆兴"，"百姓如丧父母，三年四方莫举乐"，"维是勉哉"，原文和译文比较读之，就觉译文易读易懂多了。《史记》的语言，是"文言"，但接近口语，一般叙述语和人物对话谐和一致。明快而含蓄，言外有意，耐人玩味；简约和繁复，不拘一格，各当其用，大抵服务于人物特征的描写。特别引人兴味的是刻画人物说话口吻，从而表现人物的精神态度。又往往适当地强调、夸张，使人物形象突出。这是《史记》语言很突出的特点，这样的例子是很多的。

一、《高祖本纪》："（五年）正月，诸侯及将相相与共请尊汉王为皇帝。……汉王三让，不得已，曰：'诸君必以为便……便国家。'"二、《陈涉世家》："陈胜王凡六月。……陈王出，（其故人）遮道而呼涉。……入宫，见殿屋帷帐，客曰：'伙颐！涉之为王沈沈者！'"三、《陈丞相世家》："于是上（孝文皇帝）亦问左丞相平。……平谢曰：'主……臣……陛下不知其驽下，使待罪宰相。'……"四、《张丞相列传》："（周）昌为人强力，敢直言。……及帝欲废太子……而周昌廷争之强，上问其说，昌为人吃，又盛怒，曰：'臣口不能言，然臣期……期知其不可。陛下虽欲废太子，臣期……期不奉诏。'……"五、《汲郑列传》："天子方招文学儒者，上（武帝）曰：'吾欲……云云。'黯对曰：'陛下内多欲而外施仁义，奈何欲效唐虞之治乎！'……"以上五例，汉高祖让皇帝位的话，陈胜故人惊讶陈胜为王一派阔气的话，陈平惶恐对答汉文帝的话，周昌口吃对答汉高祖的话，汉武帝对汲黯的讲话，都是当时口语的直录摹拟，或完全或不完全，生动地反映了说话者当时各各不同的神情态度，至今读之，犹觉汉初人物谈话的各种情景展现于目前。《史记》人物传记的出色和作者运用语言的努力是有极大的关系的。

《史记》人物传记的成功，主要表现在战国秦汉以来的那些篇，既是历史文献而又富有文学性。其特征在于作者根据确实可信的历史事实，加以选择、剪裁和强调，通过明晰通俗的语言，忠实地塑造了各种人物的生动鲜明的形象，有他们的个性和典型性，从而反映了一定历史时期复杂的社会面貌和本质。司马迁开创了我国的传记文学。

由于辞赋和散文的发达，东汉时代产生了文章的概念，人们往往以司马相如和司马迁为文章家的代表，文章家就是文学家。司马相如是汉武帝时代的著名的辞赋家；司马迁也写过辞赋，但著名的作品则是《史记》的传记散文。他开创了我国古代散文一个新的历史时代。

《史记》流布以后在历史学和文学的发展史上发生了长远、广泛而深刻的影响。这些我们在这里就不多说了。

主要参考书目

1. 司马迁《史记》，中华书局校点本。
2. 班固《汉书》卷六二《司马迁传》，中华书局校点本。
3. 《史记会注考证》（日本泷川龟太郎），文学古籍刊行社版。
4. 《太史公行年考》，王国维《观堂集林》卷一一《史林三》。
5. 郑鹤声《司马迁年谱》，商务印书馆版。

扬　雄

（公元前 53—18 年）

李庆甲

扬雄（一作杨雄①），生于西汉宣帝甘露元年（公元前 53 年），卒于新莽天凤五年（18），字子云，蜀郡成都（今属四川）人，西汉著名的文学家、哲学家、语言学家。

一、扬雄的生平及其思想

扬雄生当西汉后期。西汉的前期与中期是中国历史上第一个得到高度集中统一的封建帝国的繁荣发展阶段。但是从汉元帝时代（前48—前33）开始，王朝统治阶级在政治上、生活上急剧腐化，土地兼并进一步发展，外戚、宗室、王侯和豪强巨富们无限制地榨取人民的劳动果实，加上连年不断的水旱灾害，造成了严重的危机。整个社会动荡不安，农民起义此起彼伏。上层豪强的代表外戚王莽，篡夺了刘氏王朝政权，推行违反历史发展趋势的"改革"措施，不仅没有解决当时极为紧张的阶级矛盾，又给广大人民增添了严重的新灾难。就在扬雄死后的不几年，一场酝

① 段玉裁《说文解字注》第六篇："古假'杨'为'扬'，故《诗·杨之水》，毛曰：'杨，激扬也。'《广雅》曰：'杨，扬也。《佩觿》曰：杨，柳也。亦州名。'古书州名皆作'杨'矣。"

酿已久的全国性农民大起义终于爆发了。

扬雄出生于一个没落的中小地主阶级家庭。他的先世是周朝伯侨的后裔，封在晋之扬地，因以为氏。周衰时扬氏称侯。扬雄的五世祖扬季官至庐江太守。后来"世世以农桑为业"，到了扬雄时家中只"有田一廛①，有宅一区"；"家产不过十金，乏无儋石之储"。(《汉书·扬雄传》)《汉书》本传还说扬雄为人简易佚荡，少嗜欲，"非其意虽富贵不事"，"默而好深湛之思"。他和司马相如一样，是一个口吃病患者，不善言谈。自幼好学，以业儒为主，但与一般为干求利禄而埋头繁琐空疏章句之学的儒生不同，博览群书，讲究贯通，因而后来成为一个学问渊博，经学、小学、辞章兼长的学者和作家。

扬雄早年，酷好辞赋，创作取法于屈原、司马相如。在他出蜀之前，赋作已很有成绩，在文坛上颇有声名。汉成帝元延元年(前12)前后，在他四十多岁的时候，从家乡来到了京都长安。经在汉成帝身边为郎的蜀人杨庄的引荐，被喜爱辞赋的汉成帝召见。时隔不久，又由曲阳侯王根②推荐为待诏。一年多后除为郎，给事黄门，成了皇帝身边的文学侍从之臣。开头几年，他继续读了一段时间的书，并为他后来编撰语言、训诂学著作《方言》搜集了不少宝贵资料。他日常的主要任务是写作辞赋供汉成帝赏玩，创作态度非常认真，桓谭《新论》引有一则扬雄谈作赋情况的记载：

> 子云亦言：成帝时，赵昭仪方大幸，每上甘泉，诏使作赋。为之卒暴，思精苦。始成，遂困倦小卧，梦其五藏出在地，以手收而内之。及觉，病喘悸，大少气。病一岁。

说明扬雄在创作时的艰苦情景，与《西京杂记》所载司马相如创作时"意思萧散，不复与外事相关"的状况颇相仿佛。

----

① 《文选·藉田赋》注引晋灼《汉书》云："廛，一百亩也。"
② 据《汉书·扬雄传》，推荐扬雄为待诏的是司马车骑将军王音。按：其时王音已死。"王音"当为"王根"之误。

扬雄的《甘泉》、《河东》、《羽猎》、《长杨》四大赋都写于汉成帝时代，都为讽谏成帝而作，这四篇作品的序言对此有详细的叙述。扬雄以赋进谏，情怀激切，固然与他的儒家思想比较浓厚有很大关系，但决定性的因素还是现实的政治状况。成帝时代，西汉鼎盛的时期已经成为过去，国事日非，王朝正迅速没落、衰亡下去。感受到时代危机的扬雄，在自己的作品中要求最高统治者注意保持清醒的头脑，表现出他对本阶级前途、命运的关心。

汉成帝以后，政治更加黑暗。哀帝时傅太后用权，哀帝母丁姬之兄大司马丁明和哀帝皇后傅氏的父亲孔乡侯傅晏，自恃身为外戚，公然擅权卖爵；而为哀帝所宠幸的小臣董贤，权势尤盛。汉平帝即位时年仅九岁，朝政全部操纵于外戚王莽集团之手。在这种统治阶级内部豪强集团之间，愈演愈烈的争权夺利的丑剧面前，扬雄淡泊自守，既没有为了高官厚禄去投靠在争夺过程中总是占据上风的外戚集团，也不敢冒着杀身灭族的危险去公开反对他们，行动上力求不介入到这类尖锐剧烈的矛盾中去。

据《汉书·王贡两龚鲍传》，扬雄年少时曾受学于以治《易》、《老》著名的严君平。因此，思想体系属于儒家的扬雄，从很早起就吸收了一些道家的因素。严君平是一位明哲保身的隐者，扬雄的人生观也深受其影响。丁、傅、董贤执权用事，望风承旨的可以平步青云，扬雄却埋头撰写《太玄》，有人嘲笑这是"以玄尚白"，讽刺他不善仕进，讲玄奥的道理也不免白费。针对别人的讥讽，他特意写了《解嘲》作答，其中说：

> 炎炎者灭，隆隆者绝；观雷观火，为盈为实；天收其声，地藏其热。高明之家，鬼瞰其室。攫拏者亡，默默者存；位极者宗危，自守者身全。是故知玄知默，守道之极；爱清爱静，游神之廷；惟寂惟寞，守德之宅。

由此可见，扬雄正是运用从《老子》继承来的这种消积无为的哲学观点去观察问题，以明哲保身的态度去应付自己所面临的一切。

然而，扬雄思想上儒家传统的伦理观念特别深厚，篡夺皇位的行径在他的感情上不见得接受得下去；他是一个代表中小地主阶级利益、学术思想倾向于古文经学派的思想家，与当时豪族大地主阶级的腐朽统治存在着一定的矛盾。正因为如此，所以在扬雄思想深处，对自己所处的黑暗现实和对丁、傅、董贤以及王莽篡政集团是不满的。他不敢明言自己的意见，只能以隐晦曲折的方式将不满和愤恨深藏在他于汉成帝以后写成的学术著作《太玄》①、《法言》及抒情辞赋里面。在《太玄》、《法言》中，作者对一些哲学问题和社会问题发表了见解，主要是用儒家的观点去观察问题，基本体系是唯心主义的。但自然观具有唯物主义倾向，要求人们必须按着自然的本来面貌认识自然："不擢所有，不强所无。譬诸身，增则赘，而割则亏。故质干在乎自然。"（《太玄·莹》）对一般神怪迷信，作者采取批判态度："神怪茫茫，若存若亡，圣人曼云。"（《法言·重黎》）认为能长生不老的仙人根本不存在："有生者必有死，有始者必有终，自然之道也。"（《法言·君子》）西汉哀、平之际，谶纬广泛流传，成了当时唯心主义宗教神学的主导思想。王莽在篡夺政权的过程中露骨地玩弄这一套装神弄鬼的把戏。西汉末年，在弥漫着宗教神秘主义的思想领域里，扬雄的上述论点有明显的进步意义，其批判的锋芒所及是不言而喻的。

　　在哀、平、新莽期间，扬雄致力于撰写《太玄》、《法言》等学术著作，不再写体物叙事的大赋。这是因为，一方面由于汉哀帝不欣赏这种被一般人看成与郑、卫之音差不多的辞赋②，即使写了也无人要看。同时，扬雄自己思想上已改变了对辞赋的看法，认为这种文学无益于世道人心，只是"童子雕虫篆刻"（《法

---

　　① 关于《太玄》撰成的具体时间，目前学术界有人认为在汉成帝时代。问题有待于进一步深入探讨，这里沿用通行的看法。
　　② 《汉书·哀帝纪》载哀帝即位之初，即下诏曰："郑声淫而乱乐，圣王所放，其罢乐府。"据此可推知他对辞赋的态度。视辞赋为郑、卫之音，差不多是当时通行的看法，扬雄自己后来也是这样看的。

言·吾子》）之类的小玩艺，故而弃之不作了。他的官职一直很低微，成、哀、平"三世不徙官"（《汉书·扬雄传》）。新莽时，以三朝耆老的资历"转为大夫"（同上），地位略有升迁。

王莽即位之后，为防止自己以制造符谶等迷信手段登上皇帝宝座的"机密"泄露出去，就捕杀曾经参与其事的人灭口。扬雄虽不知情，但也受到牵连。逮捕时，他正在天禄阁校书，惊骇之极，乃被迫投阁，然自杀未遂。事情很快在京城里传开，还出现讥评扬雄的童谣：

惟寂寞，自投阁。爱清静，作符命。（同上）

人们讽刺扬雄言行不一，以为他也参与了伪造符命的肮脏勾当，以致投阁自杀，而他在《解嘲》中是以"爱清爱静"、"惟寂惟寞"自我标榜的。看来，人们好像是误解了扬雄，但实际上并非毫无根据。他与王莽集团的关系，确实使人感到有点暧昧不清。突出的事例是王莽即位之初，他写过一篇《剧秦美新》，赞颂这个逆历史潮流而动的王莽。尽管扬雄撰此文可能是为某种情势所迫，不一定是由衷之言，也不至于是为了换取高官厚禄。然而，它至少是一种妥协，表现出扬雄思想、性格上软弱、动摇的本质，也显露了他所奉行的明哲保身人生哲学的虚伪性。正确看待扬雄在新莽时期的一些行为，既不能用是否忠于一姓王朝的封建正统思想作为评论标准，也不必为他开脱、回护；适当的批判是必要的，当然也不能因此而否定其全人。

扬雄晚年，"嗜酒而少算"（《文心雕龙·程器》），仍然过着清贫的生活，在忧惧、郁闷中默默无闻地死去。死后葬在安陵阪上，好友桓谭、弟子侯芭为他治丧，侯芭并为之背土筑坟，称之为"玄冢"（《扬雄家牒》）。

综观扬雄一生，历事成、哀、平、新莽四朝，郁郁不得志，政治上未有什么作为。留下的著作较丰富，除辞赋等文学作品，有《太玄》、《法言》、《方言》。东汉始有集，已散佚。明人辑有《扬子云集》，清严可均所编《全上古三代秦汉三国六朝文》收其赋、箴等共四卷，最为详备。

二、扬雄的文学创作

扬雄的文学创作，以辞赋方面的成就为最突出，在中国文学史上是继司马相如之后的又一位大辞赋家。他的赋作，现存十一个完篇：《蜀都赋》、《反离骚》、《甘泉赋》、《河东赋》、《羽猎赋》、《长杨赋》、《酒赋》、《逐贫赋》、《太玄赋》、《解嘲》、《解难》。此外，《霻灵赋》残存几句佚文，《广骚》、《畔牢愁》仅存篇目。

司马相如是汉赋的奠基者。汉赋发展到司马相如已进入全盛时期，形式、格调定了型，后代作家很难超越其范围。扬雄对司马相如的作品不仅推崇备至，并且以之作为学习的范本。因此，他的作品在体式结构、描写手法以及语言运用方面，都深受司马相如的影响。然而，扬雄毕竟具有较高的创作才能，学问又很广博，在模拟之中能运用自己的才学去构思遣辞，再加上时代环境与司马相如也很不相同，所以作品仍显示出自己的特色。其总的特点是思理深赡，辞情诡丽，以学力见长。

《甘泉》、《河东》、《羽猎》、《长杨》四赋历来被誉为扬雄的代表作。它们与《蜀都赋》都是比较标准的铺采摛文、体物叙事的大赋。扬雄写于出蜀之前的《蜀都赋》，结构宏大，文采佚丽，表明作者居蜀时期作赋才能已经成熟。作品的内容是叙述他的家乡蜀郡成都。在赋里，作者根据实际史地材料，运用夸张手法，陈述了雄伟壮丽的巴山蜀水和这个"天府之国"的繁盛富庶。这篇作品，有模仿司马相如的痕迹，但它专写蜀郡成都，却开了后来京都大邑赋的先河。东汉班固《两都赋》、张衡《二京赋》和西晋左思《三都赋》的创作，都从《蜀都赋》中得到过启发和教益。

班固《汉书·扬雄传赞》说："（雄）以为辞莫丽于相如，作四赋：皆斟酌其本，相与放依而驰骋云。"扬雄写四大赋时，艺术水平有了进一步提高，作品中有不少描绘与铺陈相当精彩，

"放依"司马相如而堪与之比美。如《甘泉赋》写甘泉宫的建筑，起首从远处写起，着一"望"字，生发开去，初步勾勒出一幅甘泉远景图：

> 是时未臻夫甘泉也，乃望通天之绎绎。下阴潜以惨廪兮，上洪纷而相错；直峣峣以造天兮，厥高庆而不可乎强度。平原唐其坛曼兮，列新雉于林薄；攒并闾与茇菩兮，纷披丽其无鄂。崇丘陵之驳骁兮，深沟嵚岩而为谷；逴逴离宫般以相烛兮，封峦石关施靡乎延属。

然后由远而近，仍紧扣"望"字，由写人们的观感入手：

> 仰挢首以高视兮，目冥眴而亡见。正浏滥以弘惝兮，指东西之漫漫。徒回回以徨徨兮，魂眇眇而昏乱。据轱轩而周流兮，忽軮轧而无垠。

借助于人们的视觉印象和心理感受来传神，渲染出甘泉宫的气势。再进一步，作者将笔锋转向人们视线所及的对象本身，用细线条加以具体描绘：

> 翠玉树之青葱兮，璧马犀之瞵瑜。金人仡仡其承锺虡兮，嵌岩岩其龙鳞；扬光曜之燎烛兮，乘炎景之炘炘；配帝居之县圃兮，象泰一之威神。洪台崛其独出兮，撠北极之嶵峞；列宿乃施于上荣兮，日月才经于柍桭兮，电倏忽于墙藩；鬼魅不能自逮兮，半长途而下颠；历倒景而绝飞梁兮，浮蠛蠓而撇天。

白描、比喻和夸张手法交错使用，把殿前苍翠青葱的玉树，装饰在殿壁上光华夺目的玛瑙和犀牛角，高额深睛的金人，耸立于天际的洪台等甘泉宫最富有特征的景物，惟妙惟肖地刻画出来。由大入细，步步深入，多层次地描绘与铺陈，构成此赋所独具的深沉瑰奇的风格，具有较强的艺术感染力量。

《蜀都赋》通篇铺陈，没有丝毫说理的成分。四大赋的情况却大不相同，可以说是篇篇都在说理，这不仅直接体现在作品的序言里，也反映在每篇作品之中。如上面提到的《甘泉赋》就贯穿着讽谏之意。"似紫宫之峥嵘"：以天帝居住的"紫宫"比拟甘泉宫的规模气概，意在说明这样的宫殿对于人间帝王来讲是过分奢丽的。"袭琁室与倾宫兮，若登高眇远，肃乎临渊"：从现实中的甘泉宫追溯到历史上夏桀的"琁室"和商纣的"倾宫"，讽示成帝"当以亡国为戒，若临深渊也"（《汉书·扬雄传》颜师古注引应劭语）。司马相如的作品也有讽谏的因素，然其重点在于铺陈，只是在作品结束的地方点缀一条讽谏的尾巴，正如扬雄所说的那样，是所谓"曲终而奏雅"（《汉书·司马相如传赞》引扬雄语）。扬雄的四大赋，立意却侧重于讽谏，与司马相如的赋作有明显的区别。

扬雄比司马相如更自觉地注重赋的教育意义，反对为铺陈而铺陈，这一点是无可非议的，并且对当时的现实有积极的政治意义。问题在于他在创作实践中往往不能将铺陈与说理二者有机地统一起来。如写汉成帝横渡黄河去祭后土活动的《河东赋》，仅在全文之首对帝王出行和祭祀略作铺陈，然后即以主要篇幅叙述汉成帝"思唐虞之风"的感想和作者自己的劝谏之辞，给人的感觉是以理说教之意有余，艺术感染力不足。《昭明文选》选录扬雄的代表作，惟独弃《河东赋》而不取，想必与此有关。写汉成帝田猎活动的《羽猎赋》也有类似的缺陷。

铺陈与说理结合得比较自然的是《长杨赋》。这篇作品的主题与《羽猎赋》相同，但它没有描写盛大的田猎，而以汉代建国和兴盛的历史作为陈述的重点，历叙高祖的创业维艰、文帝的休养生息及武帝的安边治国。运笔简练，文字流畅，不故作堆砌，无滞涩臃肿之感。如写汉武帝时代的面貌：

> 于是圣武勃怒，爰整其旅。……疾如奔星，击如震霆，碎轒辒，破穹庐……遂猎乎王庭。……分梨单于，磔裂属国……夫天兵四临，幽都先加。回戈邪指，南越相夷，靡节西征，羌僰东驰。是以遐方疏俗，殊邻绝党之域，自上仁所不化，茂德所不绥，莫不跂足抗手，请献厥珍，使海内澹然，永无边城之灾，金革之患。

这里，特别值得指出的是，作者对汉成帝的荒淫行为既未作正面说教，也没有直接批评，而是"颂扬"汉成帝和"先王"一样地"安不忘危"；校猎长杨是为了"振师"、"习马"、"简力"、"校武"，有其军事和政治意义，"岂徒欲淫览浮观，驰骋粳稻之地，周流梨栗之林，蹂践刍荛，夸诩众庶，盛狄獯之收，多麋鹿之获哉"！作者先勾画出高祖、文帝、武帝治国安民的功业和"躬服节俭"的遗风，使之与汉成帝穷奢极欲的荒淫行为形成鲜明对比。然后反话正说，一本正经地"颂扬"汉成帝那些应予否定的行为，这就使作品收到一种喜剧性效果，讽刺得既含蓄又有力，艺术上较为成功。

扬雄的抒情辞赋同样值得重视。如果说扬雄的体物叙事的大赋以学习司马相如为主，那么他的抒情辞赋则更多地受到屈原的影响。扬雄现存的抒情赋除《反离骚》是入仕前的作品外，其余都作于哀、平、新莽期间。《反离骚》为吊屈原而作，对屈原的不幸遭遇深表同情，也有着作者自己的身世之感，如："凤凰翔于蓬陼兮，岂驾鹅之能捷！骋驊骝以曲囏兮，驴骡连蹇而齐足。枳棘之榛榛兮，蝯狖拟而不敢下，灵修既信椒、兰之哝佞兮，吾累忽焉而不蚤睹？"这里既是在替屈原鸣不平，实际上也抒发了他自己的郁愤，曲折地反映出他对当时黑暗现实的不满。《反离骚》的风格极力学屈原，但"思积功寡"（《文心雕龙·哀吊》），艺术上的成就也不高。

扬雄抒情赋中的优秀之作当推《逐贫赋》为代表。这篇赋立意新颖，构思奇妙，富有思想意义。运用轻松诙谐的笔调抒发作者不满现状的悲愤情感，是它的主要特色和价值所在。在赋中，作者将"贫"拟人化，作者自己——"扬子"与之对话。起先是"扬子"厌"贫"，对它下逐客令："今汝去矣，勿复久留。"经过一席对话，扬子转变了对"贫"的态度，"'贫'遂不去"。下面一段话是"扬子"逐"贫"时讲的：

> 人皆文绣，余褐不完。人皆稻粱，我独藜飧。贫无宝玩，何以接欢？宗室之燕，为乐不槃。徒行负赁，出处易衣。身服百役，手足胼胝。或耘或耔，露体霑肌。朋友道

绝，进官凌迟。厥咎安在？职汝为之。舍汝远窜，昆仑之
颠。尔复我随，翰飞戾天。舍尔登山，严穴隐藏。尔复我
随，陟彼高冈。舍尔入海，泛彼柏舟。尔复我随，载沉载
浮。我行尔动，我静尔休。岂无他人，从我何求！

扬雄的阶级地位使他有较多的机会接触到社会的下层，自己又长
期在贫穷中生活过，所以能将生活中种种贫困的景况，和人们想
摆脱贫困而又摆脱不了的无可奈何的心理状态，写得比较生动、
具体。有些话看起来很风趣，实际上很辛酸。"贫"的答辞尤其
发人深省，它说：

昔我乃祖，宣其明德。克佐帝尧，誓为典则。土阶茅
茨，匪雕匪饰。爰及季世，纵其昏惑。饕餮之群，贪富苟
得。鄙我先人，乃傲乃骄。瑶台琼树，室屋崇高。流酒为
池，积肉为崤。是用鹤逝，不践其朝。

这里，表面上是"贫"在教育"扬子"，实质上是作者借"贫"
的答辞批判不合理的社会现实。在剥削制度下，富贵常和罪恶联
系在一起。尽管《逐贫赋》中包含着一定程度的安贫乐道的消极
思想，作者更不可能从阶级的观点去看待贫富问题。然而，扬雄
赞美以清贫为美德的治世之君"帝尧"，谴责荒淫奢侈的黑暗
"季世"，把经济上的贫、富与政治上的治、乱联系起来观察问
题，这一点是难能可贵的。而且，他是贫非富，不论作者主观上
意识到没有，客观上却使这篇作品获得了非常深广的批判意义。

《逐贫赋》对后代的一些进步文学家有积极影响，一些失意
文人也从中得到共鸣。"韩文公《送穷文》、柳子厚《乞巧文》，
皆拟扬子云《逐贫赋》"（《容斋续笔》）；"王振又作《送穷辞》，
孙樵《逐痁鬼文》，其源正出于《逐贫赋》"（《野客丛谈》）。

《太玄赋》抒发作者在当时凶险污浊的处境中潜身远祸的思
想，是一篇哲理赋，情调较为消极，但对黑暗现实有较为直接的
揭露。这篇作品用赋的形式写人生哲理，后来班固的《幽通赋》、
张衡的《思玄赋》、蔡邕的《玄表赋》等都是沿着《太玄赋》所
开辟的蹊径发展而来的。《解嘲》、《解难》是两篇散文赋。《解

嘲》受东方朔《答客难》的影响较大，赋中夹杂着恢奇谐谑的成分，其艺术风格和《太玄赋》不同。《解难》阐述他的《太玄》文字写得艰深的理由，替自己辩护，对后代文学理论发生一定的影响。《酒赋》一作《酒箴》，是一篇典型的状物小赋。作者借物喻人，通过对水瓶、酒壶不同遭遇的叙述，谴责那些贪荣好利、趋炎附势的小人，为高洁朴素之士抱不平。作品篇幅短小精悍，笔锋犀利，寓意较深。

唐代杰出的文学家韩愈说："子云、相如，同工异曲。"（《进学解》）在西汉赋坛上，司马、扬并提，认为只有扬雄的作品可与司马相如相匹敌。

扬雄的文学创作，并不局限于辞赋。他是连珠体的创立者。连珠体的特点是"借物陈义以通讽喻之词"（明徐师曾《文体明辨》），篇幅短小，语言凝炼，大多骈偶而有韵。从扬雄现存的几首连珠来看，内容主要阐述儒家仁政爱民的思想，都是为了规劝皇帝而作。自扬雄之后，继作者甚多，有演连珠、拟连珠、畅连珠、广连珠等名称。

扬雄作《州箴》和《官箴》，恢复了箴这一古老文体的活力。古代的箴大都是一种古拙的格言，由于扬雄在创作中吸收了辞赋艺术手法，才使箴发展成具有文学意味的作品。据记载，扬雄的作品有《州箴》十二篇，《官箴》二十一篇，现大都存在，可是其中混有别人的伪作。

在散文方面，扬雄也有其一定成就。他的散文，继承贾谊、司马迁的余绪，同样具有汉代散文那种内容充实、语言朴茂的特色和精神。他的《谏不受单于朝书》便是一篇优秀的政论文。汉哀帝建平四年（前3），单于上书愿朝五年，哀帝及一般公卿从财政支出等方面考虑，拟不同意。扬雄力排众议，写了这一篇有名的谏书。汉哀帝终于放弃原先的主张，接纳了扬雄的意见。从语言艺术方面说，这篇文章有笔力劲练、条理缜密、气势流畅、说理透辟的特点。他的儒学著作《法言》，刻意模仿《论语》，笔法生硬。然而，在文字上继承了先秦诸子的一些优点，用简括的文字说理，往往富于含蓄，在唐代古文家中也发生过积极影响。唐代古文运动的倡导者韩愈的散文，在继承先秦、两汉古文优良传统的基础上加以创新，发展而来。在西汉的作家中，"退之所敬者，司马迁、扬雄"（见柳宗元《答韦珩示韩愈相推以文墨事书》）。这里，韩愈将扬雄与司马迁并列在一起，给以很高的评价。总之，后代散文家们所谓"文必秦汉"、"西汉文章"云云，是包括扬雄的散文在内，同样地把他看成学习的典范的。

三、扬雄的文学理论

扬雄是一位文学作家，同时又是一位文学理论家。他除了以辞赋创作著称外，还发表了一些辞赋理论。其中有的是谈创作体会的，这当是他早年爱好辞赋时期的见解。桓谭《新论》引扬雄语云："能读千赋，则善为之矣。"结合扬雄的创作实践看，这完全是他的经验之谈。

扬雄作赋，认真贯彻儒家传统文论中重视文学教化功能的要求，作品的讽谏因素非常突出。后来他发现辞赋本身存在一个无法解决的矛盾，即作者的讽谏意图与作品所产生的实际效果不相一致。因此，扬雄后期转变了对辞赋的态度，不仅不再写那种铺张扬厉的大赋，对过去辞赋作家的评价也起了相应变化。例如他在《法言·吾子》中说：

> 或问：景差、唐勒、宋玉、枚乘之赋也益乎？曰：必也淫。淫则奈何？曰：诗人之赋丽以则，辞人之赋丽以淫。如孔氏之门用赋也，则贾谊升堂、相如入室矣。

这里，提出了"诗人之赋丽以则，辞人之赋丽以淫"的原则，把景差、唐勒、宋玉以下诸家，包括他早年推崇的司马相如在内，都列入"丽以淫"的范围，将他们的作品比成"女工之蠹"（同上），主张完全取消。

扬雄早年对屈原的作品评价很高，认为"文过相如"（《汉书·扬雄传》），成就超过司马相如。对屈原的为人，有同情的一面，也有不满的一面，在《反离骚》中以他所信奉的明哲保身的人生哲学为标准对屈原提出了许多批评。应该指出，屈原的斗争精神是屈原作品的灵魂，否定这种精神实际上也就否定了他作品的思想内容。由此可见，扬雄对屈原作品的推崇，主要是在艺术形式方面。在他后期，随着他对辞赋态度的变化，对屈原的作品，从内容到形式都持基本否定的态度。他说："或问：屈原智乎？曰：如玉如莹，爰变丹青。如其智，如其智。"（《法言·吾子》）所谓"如其智，如其智"，意思是说屈原"未足以为智也"（汪荣宝《法言疏证》）。这仍然是对屈原为人所提出的微词。他又说：

> 或问：屈原相如之赋孰愈？曰：原也过以浮，如也过以虚。过浮者蹈云天，过虚者华无根。然原上援稽古，下引鸟兽，其著意，子云、长卿亮不可及也。①

认为屈原作品成就高于司马相如，看法和早期好像一致。实际上，这里是在基本否定屈原作品的前提下进行评论的，不过对屈原作品贬得轻一点，对司马相如贬得重一点罢了。他在这里明确指出，屈原作品和司马相如一样，都具有"过"的缺陷。所谓"过"，与他所提出的"辞人之赋丽以淫"的"淫"意思相同。屈原作品既然是"过以浮"，也属"丽以淫"的范围，当然也在被取消之列。

扬雄对于辞赋缺点的批判是颇为有力的，他所提出的"诗人之赋丽以则，辞人之赋丽以淫"的原则，在反对辞赋过分铺张、渲染和强调作品应当注意思想内容等方面具有一定积极意义。但是他把所谓"辞人之赋"全部说成是"丽以淫"，对之采取一笔抹煞的态度，表现出很大的片面性。后期竟至连屈原的作品也予以否定，则尤为错误。扬雄用儒学和明哲保身观点评论屈原的做法，对班固、刘勰等人产生了不良的影响。

扬雄后期反对辞赋，与他当时文学思想中保守、复古因素的

---

① 见《文选·谢灵运传论》李善注引《法言》逸文。

发展分不开来。扬雄后期，一方面以当代孔、孟自居，并提出了明道、征圣、宗经的文学主张，这是他早年重视讽谏作用的文学思想沿着保守、复古道路进一步发展的结果，它构成了他后期反对辞赋的理论基础。他在《法言·寡见》中说：

> 或问：五经有辩乎？曰：惟五经为辩：说天者莫辩乎《易》，说事者莫辩乎《书》，说体者莫辩乎《礼》，说志者莫辩乎《诗》，说理者莫辩乎《春秋》。舍斯，辩亦小矣。

130
⊙
扬
雄

对儒家经典作了极高评价。他又在《法言·吾子》中说：

> 或曰：人各是其所是，而非其所非，将谁使正之？曰：万物纷错，则悬诸天；众言淆乱，则折诸圣。或曰：恶睹乎圣折诸？曰：在则人，亡则书，其统一也。
>
> 舍舟航而济乎渎者，末矣；舍五经而济乎道者，末矣。弃常珍而嗜乎异馔者，恶睹其识味也？委大圣而好乎诸子者，恶睹其识道也？

指出经和圣二者是互为一体的关系，二者都统一于道。明道、征圣、宗经的文学思想，发端于荀卿，到了扬雄进一步发展为比较完整、详备的理论形态。后来的刘勰、韩愈等人在这方面深受扬雄的影响。由于它的基本点是要求文学为维护封建统治阶级的根本利益服务，所以从扬雄以后，明道、征圣、宗经的理论成了封建统治阶级在文学创作和批评方面的最高准则。

明道、征圣、宗经的原则不但是扬雄反对辞赋的理论基础，而且是他全部文学理论的核心。

从明道、征圣、宗经的原则出发，扬雄反对过度的文饰。《法言·吾子》说："或曰：女有色，书亦有色乎？曰：有。女恶华丹之乱窈窕也，书恶淫辞之淈法度也。"《太玄》也说："雕仟之文，徒费日也"（《文》）；"无质先文，失贞也"（《饰》）。他主张华实相副，事辞相称。《法言·修身》说："实无华则野，华无实则贾。"在事、辞二者之间，扬雄认为应以前者为主，他在《法言·吾子》中强调"君子事之为尚"，并用"羊质而虎皮"的比喻说明"文是"不等于"质是"，"质"才是主要的、根本的一面；如果"文是"而"质非"，只能导致不堪设想的不良后果。

本于明道、征圣、宗经的原则，扬雄论文，非常重视"法"，主张以"先王之法"（《法言·吾子》）为法。他后期著述，完全以此作为指导思想。实际上，喜爱摹仿前人是他一生的创作特征，前边提到他早期爱好辞赋时讲的"能读千赋，则善为之矣"就包含这样的意思。《汉书·扬雄传》正是抓住这一点来总结他的全部创作的。当然，扬雄主要是在形式方面摹仿前人，并非在内容上也因袭前人；即就形式而言，他也是摹仿之中仍有所创造。因此，无论是他前期的赋作，或者是他后期的学术著作，不能说没有成就和价值。然而，从总的倾向来看，他的作品，尤其是后期著作，形式上摹拟之迹确实过重，这无疑是一个严重缺陷。扬雄所提出的"法"的主张和他摹拟的文风产生了不良影响，后代的拟古主义者往往从这里找到理论根据。

按照明道、征圣、宗经的标准，扬雄在《法言》中评论了一些作家、作品，如：

> 或问《周官》？曰：立事。《左氏》？曰：品藻。太史迁？曰：实录。

> 或曰：淮南、太史公者，其多知与？曷其杂也？曰：杂乎杂。人病以多知为杂，惟圣人为不杂。

> 淮南说之用，不如太史公之用也。太史公，圣人将有取焉；淮南，鲜取焉耳。必也儒乎！乍出乍入，淮南也；文丽用寡，长卿也；多爱不忍，子长也。仲尼多爱，爱义也；子长多爱，爱奇也。

这里，他对司马迁的评论值得注意。首先，扬雄指出《史记》有秉笔直书的优点，这就是他所说的"实录"的意思。其次，扬雄批评《史记》的缺点在于"杂"和"爱奇"，这是指《史记》中不符合儒家思想的地方而言。《汉书·扬雄传》中讲到扬雄对司马迁的批评，他说："太史公记六国，历楚、汉，讫麟止，不与圣人同，是非颇缪于经。"这当然是偏见。后来班固等人在评论司马迁时，沿袭了扬雄这种错误的观点。

由于复古、保守思想的发展，扬雄后期提出文必艰深的理论，并体现在自己的写作之中。别人批评《太玄》用语艰深，他回答说："象焉其事而不务其辞，多其变而不多其文也。不约，则其旨不详；不要，则其应不博；不浑，则其事不散；不沈，则其意不见。"（《太玄·玄莹》）这里所说的"约"、"要"、"浑"、"沈"，正是《太玄》在写作上与众不同的特点。扬雄指出，他这样写是为了做到旨详、应博、事散、意见，即内容的深刻性、概括性和充分的表达。扬雄还认为，用语不平凡是圣人创作的特点："或曰：辞达而已矣。圣人以文，其奥也有五：曰元、曰妙、曰包、曰要、曰文。幽深谓之元，理微谓之妙，数博谓之包，辞约谓之要，章成谓之文。圣人之文，成此五者，故曰不得已。"（《渊鉴类函·文章》引《法言》逸文）他又说，圣人之文——五经用语艰深，是因为内容深奥的缘故："或问：圣人之经不可使易知与？曰：不可。天俄而可度，则其复物也浅矣。地俄而可测，则其载物也薄矣。大哉！天地之为万物郭，五经之为众说郛。"（《法言·问神》）他在《解难》中对此作了更为深入的发挥，实际上也都是故作艰深之论。宋代苏轼批评扬雄为"以艰深之词，文浅易之说"（《答谢氏师书》），是很有道理的。扬雄的文必艰深说，产生了不良影响，成了唐代古文运动中皇甫湜、来无择、孙樵等人理论的先声。

在中国文学理论批评史上，扬雄是汉代最主要的一个封建正统的文学理论家。他的文学主张的主导倾向是保守、落后的，这种倾向在他的后期尤为突出。他从理论上奠定的明道、征圣、宗经的原则，成了中国长期封建社会处于绝对统治地位的正统文学观，制约着文学创作沿着为反映、维护儒家之道，即为封建统治阶级根本利益而服务的方向发展。

主要参考书目

1. 班固《汉书》卷八七上、下《扬雄传》，中华书局校点本。

2. 严可均《全上古三代秦汉三国六朝文》，卷五一、五二、五三、五四，中华书局影印本。

3. 汪荣宝《法言疏证》，宣统辛亥金薤琳琅斋印。

4. 谢无量《中国六大文豪》，中华书局 1916 年版。

5. 陶秋英《汉赋之史的研究》，正中书局 1947 年版。

王 充

（公元 27—？ 年）

蒋祖怡　滕福海

一、细族孤门的身世和愤世嫉俗的文章

王充，字仲任，会稽郡上虞（今浙江上虞市境）人，生于东汉光武帝建武三年（公元 27 年），卒于和帝永元八年到十六年（96—104）之间，享年七十至七十八岁。

王充的一生，在政治上是失意的，在生活上是困顿的。他出身于"细族孤门"，先世原籍是魏郡元城（今河北大名县境）。他的祖先因为从军有功，曾被封到会稽阳亭县，但不到一年就因天下丧乱而失封，流落在阳亭，以农桑为业。王充的祖先名勇，尚气任侠，杀伤了不少当地豪家。为了避祸，王充的祖父王汎只好拖儿带女，"举家担载"从阳亭县搬到钱唐县（今杭州市的一部分），以商贩为生。王汎有两个儿子，大的叫王蒙，小的叫王诵。王诵就是王充的父亲。蒙、诵两兄弟比他们的祖辈更加刚强悍勇，在钱唐县又和当地一丁姓豪门结下怨仇，因此只得再度搬迁到上虞县去居住。王充就诞生在上虞。

王充自幼敏慧。他六岁入书馆学习，接受启蒙教育。书馆中同学百余人，都曾因做错事或学不好而受鞭打，唯独王充从未受过先生和父母的责罚，也未受邻里责怪。他八岁起就跟老师学习

《论语》、《尚书》,一天能背诵千多字。当他十二岁时,会稽流行疫病,死人过万。王充的父亲可能就死于这场瘟疫。王充成孤儿后,对母亲十分孝顺,为乡里所称道。后来他离乡到京师洛阳就读于太学,老师是著名的学者和历史学家班彪。由于家贫买不起书,王充只好到洛阳市上的书铺去读所卖的书。他记忆力很强,过目成诵。就这样,既博览群书,又得名师指点,便打下了广博深厚的学问基础;写起文章来,"援笔而众奇"。但他"才高而不尚苟作,口辩而不好谈对,非其人,终日不言"。(以上均见《论衡·自纪》。此后凡引自《论衡》的引文,均只注篇名。)他所交的朋友,尽管有年幼位卑的,但却不是庸碌之辈。他所发的议论,出乎意料,合乎情理,乍听似是刻意标新立异,但细听下去,人们就会被他的道理所说服。他的好友谢夷吾后来曾将他和"前世孟轲、孙卿,近汉扬雄、刘向、司马迁"相比。然而王充这位备受朋友们推崇的天才,学成之后,不过辞师还乡,当个农村塾师以糊口。后来他也出仕,"在县位至掾功曹;在都尉府,位亦掾功曹;在太守,为列掾五官功曹行事;入州为从事"(《自纪》),当的几任都是小官,而且还因政治主张和上司不合而受贬黜。

在仕途中,王充为"郡国守相,县邑令长,陈通政事,所当尚务"而作《政务》之书。建初初年,王充所作的《备乏》、《禁酒》,当是《政务》一书中的两篇。(见《对作》)

王充通过官场浮沉的切身体会,深恶痛绝世俗之人"贪进忽退,收成弃败",趋炎附势的恶劣习尚,因而又写了"《讥俗节义》之书"十二篇(《自纪》)。可惜《政务》、《讥俗节义》二书今均失传。

一个学识渊博的学者,生当政治、学术气氛压抑沉闷之时,秉承了他祖、父勇于反抗的性格,身历备受排挤的坎坷仕途,目睹翻云覆雨的炎凉世态,自不能不拿起笔来批判当时的黑暗现实。《论衡》就是他亲笔撰述流传至今能让我们窥见其人品风貌、思想见解的唯一著作。

二、"疾虚妄"与"为世用"

《后汉书·王充传》注引谢承《后汉书·王充传》:"著《论衡》八十五篇。"明胡应麟《少室山房笔丛·九流绪论》则说:"《论衡》八十四篇。"今天所见《论衡》分三十卷,存八十五篇之目,八十四篇之文,其中《招致》一篇,只有一个题目,文字在宋、元之间已经亡佚。当今学者大都认为,今本《论衡》有逸文,而无伪篇与逸篇。[①]

《论衡·讲瑞》称"此论草于永平之初"。按明帝永平元年(58)王充三十二岁。同篇又说:"至元和、章和之际,孝章耀德,天下和洽,嘉瑞奇物,同时俱应……此篇已成,故不得载。"章帝卒于章和二年(88),称"孝章耀德",则此篇定稿必在章帝逝世(88)之后,即和帝永元初年,则最后定稿时王充至少已六十二三岁。足见《论衡》一书,几经修改。又《论衡·自纪》:"年渐七十,时可悬舆……乃作《养性》之书,凡十六篇。"《自纪》的撰述,又在《养性》书写作之后。据此,王充的撰述《自纪》,已在七十岁以后。足见王充写作《论衡》,花了他大半生的时间和精力。

据谢承、范晔两家《后汉书》本传及葛洪《抱朴子》的记载,王充写作《论衡》时,闭门潜思,绝庆吊之礼,其家门后、窗前、灶间、柱下到处摆着笔砚简牍,"见事而作"。刘勰《文心雕龙·神思》也说,王充潜心著述,以至"气竭于思虑"。为撰成《论衡》一书,他确是本着严肃的态度,付出了艰巨的劳动。

王充一生活动的历史时期,是农民运动处于低潮,东汉王朝加强统治,阶级矛盾继续发展的历史时期。大肆宣扬"君权神授"的"谶纬之说",正是当时统治阶级强化思想统治的主要手段。"谶"本是一种预言、隐语。"纬"对"经"而言,是经义

---

① 见附注。

的附会和衍伸。它们以荒诞不经的预言、神话传说、原始迷信附会儒家经义。谶纬自战国至秦汉，常为历代帝王所信奉、利用，他们力图从中找出一言半语以证明自己称王称帝是不可违抗的"天命"。王莽篡汉曾指使其党羽大量制造符瑞和谶纬，汉光武帝刘秀起兵也袭用这套惯伎。

汉代还盛行"五行"之说，如当时宣传的"汉为火德"之类。由于把"五行"处处联系政治、政权，于是"明堂"、"封禅"、"郊祀"等迷信之说，就大大地风行了。

王充的写述《论衡》，主要的就是对这些谶纬之说和世俗的种种迷信，力加批判。

《论衡》全书内容非常丰富。其中许多篇章是从政治和哲学角度对谶纬符瑞、五行灾异等迷信说法的批判。王充认为，宇宙是物质性的，以"气"为其基本原素。天道无知无为，自然万物的生成变化是自然而然的，没有什么神秘的超自然的主宰。人类也是一种物质，而儒家所谓"天地故生人"的说法是荒唐的。人世的治乱非关天意，也不决定于什么"信"和"礼"的教养，而主要决定于民众的经济生活状况。人的本性受地理环境、社会环境的影响，是可以改变的。人的知识来源于耳目见闻感性经验，但也强调了由表及里、察往知来的理性认识的重要，有力地批判了"圣人生知"的谬论。书中还发表了对当时来说是相当高明的自然科学见解。这些说明，王充不愧为我国古代一位杰出的朴素唯物主义思想家，是敢于向当时占统治地位的神学思想挑战的坚强战士。

《论衡》的文字质朴、流畅，雄浑和富有说服力，如长江大河、浩瀚闳肆，一泻千里，为后来散文家所重视和学习。如晋代葛洪的《抱朴子》中称王充为"冠伦大才"，又说"若所著文，时有小疵，犹邓林之枯枝，若沧海之流芥，未易贬也已。"然而王充的突出成就，则是他对我国文学理论发展所做出的非凡贡献。

王充说："诗三百，一言以蔽之曰思无邪；《论衡》篇以十

中国历代著名文学家评传（第一卷）

数，亦一言也，曰疾虚妄。"（《佚文》）疾虚妄——求实诚，这是贯穿在《论衡》全书中的一个基本论点。王充所指的"虚妄"，主要是关于谶纬、五行，"天人感应"和世俗迷信等有神论的无稽之说，而表现在文章写作上的一部分夸张失实的描写，也包括在"虚妄之辞"中。王充又说："为世用者，百篇无害；不为世用，一章无补。"（《自纪》）"疾虚妄"与"为世用"是贯穿《论衡》全书的基本宗旨，也是王充文学理论的精髓。

为世用——尚用，说的是写作目的和文章功用。王充指出："故夫贤圣之兴文也，起事不空为，因因不妄作，作有益于化，化有补于政。"（《对作》）这是说，文章是为特定的事情所激起，为明确的目的而写出的；而且提笔之初便要注意客观效果，使所作文章有益于教化政治，"匡济薄俗，驱民使之归实诚"（《对作》）。王充认为民实诚则易治理，易治理则政清明，所以他高度评价文章的功用："化民须礼义，礼义须文章。"（《效力》）王充的益化补政，说到底是为了巩固封建统治秩序，而且他过分强调政教作用，也易于忽视文学的艺术特性。这是王充文论的时代的和阶级的局限性。但"为世用"的文学主张则是基本应该肯定的。

王充撰述《论衡》时的"见事而作"，就是目的明确，"不空为"、"不妄作"的，他以写作实践贯彻了"为世用"的理论。王充在《对作》中说：

> 是故《论衡》之造也，起众书并失实，虚妄之言胜真美也。故虚妄之语不黜，则华文不见息；华文放流，则实事不见用。故《论衡》者，所以铨轻重之言，立真伪之平……冀悟迷惑之心，使知虚实之分。实虚之分定，而华伪之文灭。华伪之文灭，则纯诚之化日以孳矣。

他所以把这书取名为《论衡》，就是想让它"如衡之平，如鉴之开"（《自纪》），用来衡量各种言论和事实的轻重是非，以定其取舍。

王充认为，明辨是非可以"驱民使之归实诚"；他还认为，

"文人之笔"可以"载人之行，传人之名"。善人希望文章书籍中记上自己的善行、传下善名，就会更加努力为善；恶人害怕记载和流传自己的恶行、恶名，就会努力抑制自己的作恶邪念，这样就起到"劝善惩恶"（《佚文》），以佐教化的社会作用。

要使文章发挥应有的教化作用，就一定得"疾虚妄"——崇实：以客观事理来检验，要求所发议论切合实事，不违真理。

《论衡》中"三增九虚"就是本着这种宗旨写成的。书中的批判矛头首先指向图谶、符瑞等说，一一戳穿圣君生知、天人感应、神道鬼怪等迷信谎言。其次批判了为封建统治者歌功颂德、涂脂抹粉、纪事失实的史传和传说，也批判了孔、孟和诸子议论中的"非谓之言"、"不然之说"。最后还批判了夸大其辞、舍本逐末、应制应酬的赋颂文学。

赋是汉代盛行的文学体裁。当时帝王豢养一批帮闲赋客，"游于忘忧之馆"（《西京杂记》），如《汉书·枚皋传》所载："上有所感，辄便赋之"。后来枚皋"自悔类倡"。扬雄壮年之后也认为作赋是"童子雕虫篆刻，壮夫不为"；就因为当时很多赋已成一味歌颂王家功德之盛和田猎、宴饮、声色之乐的虚辞滥说，走上内容空虚、雕琢堆砌、陈陈相因的形式主义歧路。王充抓住汉赋的不良倾向嘲讽道："深覆典雅，指意难睹，唯赋颂耳"（《自纪》）。他说，当时赋颂"文丽而务巨，言眇而趋深，然而不能处定是非，辩然否之实。虽文如锦绣，深如河汉，民不觉知是非之分，无益于弥为崇实之化"（《定贤》）。他这样做，是有救弊补偏的积极意义的。

王充对"调文饰辞，为奇伟之观"的"华伪之文"的猛烈批判，涉及对文学上的"增"的手法的评价问题。《论衡》特辟《语增》、《儒增》、《艺增》三篇专门谈"增"。"增"就是"夸张"。例如他说，养由基善射是事实，但百发未必百中，"言事者好增巧美，数十中之，则言其百中矣。百与千，数之大者也。实欲言十则言百，百则言千矣。是与《书》言'协和万邦'，《诗》曰'子孙千亿'，同一意也。"对实有的或可能有的事情"闻一增以为十，见百益以为千"，以少为多、即小夸大，这是"增"的一种方式。再如"纣之不善，不若是之甚也……天下之恶皆归焉"，纣干的坏事本来很多，索性把天下坏事都加到他头上，使之成为一个恶人典型；尧、舜本质是好的，干脆把所有好处都归到他们名下，使之成为善人模范。这种移植集中，又是增益夸张的另一方式。要运用"夸张"的手法，就得通过发挥想象来完成。王充把想象类推称为"准况"。他说，比如鹤在云中叫，人可以在地下听到，由此推想鹤在沼泽的叫声，同样可以传到天上。这就产生了"鹤鸣九皋，声闻于天"的诗句。但人不能登天，究竟天上是否真能听到泽中鹤鸣，则谁也无法验证。未经检验即非实事，而只能是虚构想象，也就属于"增"。

夸张手法产生和存在的社会心理基础，是"俗人好奇。不奇，言不用也。故誉人不增其美，则闻者不快其意；毁人不益其恶，则听者不惬于心"，"为言不益，则美不足称；为文不渥，则事不足褒"。他认为在经书中圣贤是针对俗情"语不益，心不惬，心不惬，行不易"而"增其语欲以惧之，冀其警悟"。那种"增"有着明确的目的，而且他们在外表上"增过其实"之时，内心里也并不误以虚为实，所以还是可取的。（《艺增》）至于诸子传书和世俗传说中的"增"，王充就把它们列入"虚妄之言"的范围内加以否定。总之，王充坚持"凡天下之事，不可增损"的态度，具有反对迷信和浮夸的积极意义。但他对经艺之增的曲意回护，是有偏见的；而且把文章、文学作品中的生活与实际生活等同起来，未免太机械、太简单了。但是，提出这种现象来加以讨论的，王充是第一个。

《佚文》说：

> 五经六艺为文，诸子传书为文，造论著说为文，上书奏记为文，文德之操为文。立五文在世，皆当贤也。造论著说之文，尤宜劳焉。

"文德之操"不属文体之一，是指作者的品德修养。原来先秦时"文"的概念所指还更广泛，包括一切用语言记录的典籍以及制度、政绩、知识、人品等等。王充把"文德之操"列入"五文"之一，便保留了先秦"文"概念的某些含义。而"经艺之书"、"诸子传书"、"造论著说"、"上书奏记"四种，都属用文学语言来表达的文章，"文"的概念，已进一步明确。可知王充"五文"之说，正好标志着从先秦到六朝"文"的概念变化过程中的一个过渡阶段。直到六朝的宋、齐、梁朝，我国文学才开始成为一种独立的学科，而"文"的概念，才和今天的"文学"较为接近。由于"五文"不单指文章，文章不单指文学，而且王充又特别重视能直接服务于教化的造论著说之文，拿史传、论说文体的标准来要求文章、文学，自然要从"疾虚妄"出发，而排斥增饰夸张了。所以，王充对文学作品和艺术手法的某些偏激看法，是可以理解的；他的"五文"之说，尽管简单，但毕竟作了文体分类的初步尝试，是值得注意的。

"疾虚妄"的另一面是"求实诚"：从作者的主观态度着眼，要求出自真诚，表里一致。他在《超奇》篇说：

> 有根株于下，有荣叶于上；有实核于内，有皮壳于外。文墨辞说，士之荣叶皮壳也。实诚在胸臆，文墨著竹帛，外内表里，自相副称，意奋而笔纵，故文见而实露也。

"意奋而笔纵"，是以意为主的意思。例如，王充把文人分为"鸿儒"、"儒生"、"通人"等类。他心目中的理想人物是"鸿儒"，因为他们"精思著文"，要"立义创意"，"眇思自出于胸中"，这就比只能"采缀传书"、"鹦鹉能言之类"的"儒生"、"通人"要高明得多。他主张作文敢于"极言"、"不隐讳"，把话说透，不吞吞吐吐，不隐瞒掩饰自己的思想。如果作者言不由衷，或所见不真，作品就不能帮助人们认识事物，也就不能对社会有所裨益。

这就要求作者自身有一定修养，能够"尽材成德"。所谓"尽材"，是要有广博的知识和学问，览达古今；所谓"成德"，是要有"文德之操"。"以知为本，笔墨之文，将而送之；岂徒雕文饰辞，苟为华叶之言哉！精诚由中，故其文语感动人深……非

徒博览者所能造，习熟者所能为也。"（《超奇》）

他还要求作者有驾驭语言文字的能力，使充实正确的思想内容得以尽可能完美地表现出来，让读者接受、信服并为之感动。王充并不否定形式的作用，而要求内容与形式相统一。因为"夫人有文，质乃成"（《书解》），"文辞美恶，足以观才"（《佚文》），故他也重视"膏腴之辞"（《超奇》）。但他肯定的美是与善和真紧密联系的，对形式美的讲求决不能违背"文德之操"：既不可存哗众取宠之心，竞为华伪靡丽之辞，靠雕琢文字，去迎合庸俗趣味，也不得怀欺世盗名之意，务作隐闭指意之文，用艰深得教人看不懂的文章，来吓唬幼稚的人。为世用的，只能是明言直露的"易晓而难为"（均见《自纪》）之文。他还指出"文字与言同趋"，都是为了交流思想感情，大胆地提倡作文可"集以俗语"。这实际上是对堆砌奇难僻字的文风痛下针砭，是很可贵的。

出身寒门的王充，对"言金由贵家起，文粪自贱室出"（《自纪》）的习气十分敏感，非常愤慨。他认为，批评文章的标准，不能以地位之高低、俗情之抑扬、时代之后先来评论优劣，而只能以它是否真，能否为世用作依据。有人批评《论衡》"违诡于俗"而不足贵。王充理直气壮地反驳道："论贵是而不务华，事尚然而不高合。论说辩然否，安得不谲常心、逆俗耳？"（《自纪》）充分表现了他追求真理，绝不和光同尘的战斗精神和倔强个性。又有人嘲笑《论衡》"文不与前相似，安得名佳好，称工巧"？《自纪》以一段精彩的话回答了这种荒唐成见：

> 饰貌以强类者失形，调辞以务似者失情。百夫之子，不同父母，殊类而生，不必相似，各以所禀，自为佳好。文必有与合然后称善，是则代匠斲不伤手，然后称工巧也。文士之务，各有所从，或调辞以巧文，或辩伪以实事。必谋虑有合，文辞相袭，是则五帝不异事，三王不殊业也。美色不同面，皆佳于目；悲音不共声，皆快于耳。酒醴异气，饮之皆醉；百谷殊味，食之皆饱。谓文当与前合，是谓舜眉当复八

采，禹目当复重瞳。

王充鲜明地提出文贵独创的观点，从审美的角度说，创作不要仿造，因为读者欢迎丰富多姿的有独创的风格；从求真的角度说，写作更不应模拟，因为乔装打扮必丧失本来面目，歪曲真情实事。

王充还提出"才有浅深，无有古今；文有伪真，无有故新"（《案书》）的论点。文在"真"的标准面前，古今是平等的，故要求文人"博通古今"。但反映社会生活的文学必然随着反映对象的进步而进步。汉代疆域扩大了，教化普及提高了，加上后代可以吸收前代文化遗产的有利条件，如《超奇》所说："周有郁郁之文者，在百世之末也；汉在百世之后，文论辞说，安得不茂？"当代人就不仅不必拟古，而且完全可以创新超古。

从以上介绍中，可以看出"文之伪真"是王充衡文和作文所最关注的首要问题。因为，"疾虚妄"论旨既包括表现作者的真实思想感情，也包括反映社会生活的本来面目两层意思。从真实地反映事物本相的要求出发，便引出对"增"的表现手法的研究。从真实地表现作者的主观世界的要求出发，便引出"以知为本"、以意为主、以文附质的论点，这其实也就属于形式与内容的关系问题；这方面的研究又导出心口如一、言文同趋的写作原则，导出内容和形式全面兼顾的推崇独创、反对拟古，以及文学进化等正确的文学观点。而文求真、疾虚妄，归根到底是为了更有效地发挥文学对社会的有益功用。固然王充本无意于写一部系统的文学理论著作，但经过爬梳整理，我们就会发现，上述诸多观点并非互不相关而是有着内在联系的，"疾虚妄"与"为世用"就是贯穿于其间的核心观点。所以抓住崇实、求真、尚用之要点就能把握王充文学理论的精神实质和最大特征。至于在具体的文学理论问题的研究上，如关于文学独创性的强调，他是第一个；关于文学进化今胜于古的论题，他注意到联系社会生活的进步来阐述，很有说服力。他的许多观点，在当时固然振聋发聩，到今天也仍然足资借鉴。

三、光照后世

《论衡·自纪》："年渐七十，时可悬舆，仕路隔绝，志穷无如"，"发白齿落，日月逾迈，俦伦弥索，鲜所恃赖，贫无供养，志不娱快"。王充就在这"年渐七十"的时候，写下了《养性之书》十六篇。臧琳《经义杂记》认为《自纪》所载"养气、自守、适食、则酒、闭明、塞聪、爱精、自保、适辅、服药、引导"，可能即是十六篇之目。《太平御览》七二〇引《会稽典录》亦称"充年渐七十，乃作《养生之书》凡十六篇。养气自守，闭目塞聪，爱精自保，服药导引，庶几获道"，则可以证明臧说之非。但十六篇中有《养气》一篇，则可肯定。《文心雕龙·养气》："昔王充著述，制养气之篇"，即为佐证。《会稽典录》中有"庶几获道"之语，似以《养生》书为方士之言。王充之作此书，是力图益寿延年，却并不妄想长生不死。他的服药引导，可能和《黄帝内经》等医书中注重药物治疗，引导锻炼的道理相通，而有别于方士之"度世不死"（《无形篇》）。

在王充的晚年，他的好友谢夷吾上书汉章帝推荐王充，章帝特诏公车到会稽征辟，王充以老病为辞，没有奉诏远行。

在和帝永元中（96—104，即王充七十到七十八岁之间）王充病卒于家。

《自纪》所称"垂书示后"之"书"，指的是他的《养生（性）》书，因为这是他唯一的晚年著作。谁料这《养生》之书竟和《政务》、《讥俗节义》之书等一起失传了。而他的《论衡》尽管写了颂汉的几篇，但由于它的主要内容是反对"天人感应"的，触犯了汉王朝的根本利益，也被冷落而几遭"殄灭"失传之厄。《后汉书·王充传》注引袁山松《后汉书》载：

> 王充所作《论衡》中土未有传者。蔡邕入吴始得之，恒秘玩以为谈助。其后王朗为会稽太守，又得其书。及还许下，时人称其才进。或曰："不见异人，当得异书。"问之，

果以《论衡》之益，由是遂见传焉。

在王充生前和死后一段时期内，东汉王朝统治还相对稳定，儒家和神学迷信思想相当牢固地禁锢人们的头脑。随着汉末封建秩序和儒学统治地位的动摇，异端思想有所抬头，王充那种敢于怀疑"圣贤"、推倒偶像的离经叛道精神，就开始引起知识分子们的注意和共鸣，从而开辟了三国两晋间由通侻以至任诞的风气。例如，三国时孔融曾说过，母亲和儿子的关系如瓶之盛物一样，无甚亲恩可言。这在当时是大不孝的惊世骇俗之谈，也是孔融被杀的罪名之一，但并不是他的新见，而是祖袭了《论衡·物势》的言论。

在文学理论方面，王充对后代的影响也是巨大而且深远的。如魏时曹丕《典论·论文》说："文章经国之大业，不朽之盛事"，梁代刘勰要求文学承担起"序志述时"的职责，唐代白居易提出著名的文学主张："文章合为时而著，歌诗合为事而作。"……他们对文学社会功用的高度评价，都可看做是对王充"为世用"的观点的继承和发挥。

晋挚虞《文章流别论》批评当时辞赋"假象过大，则与类相远；逸辞过壮，则与事相违"；刘勰《文心雕龙》特立《夸饰》一篇来讨论《论衡》中所提出的"增"，主张"夸而有节，饰而不诬"，以及在《宗经》"六义"中提出"事信而不诞，义直而不回"的创作原则。这些议论即是滥觞于王充的崇实思想，而有了更大的发展。

刘勰主张"为情而造文"，"情深而不诡"，要求内容决定形式，使"表里一体"，这也可追源到王充的求真精神。

其它如王充讲究"文辞美"，与刘勰的"文丽而不淫"之间，王充对文学语言的"易晓"要求，与沈约"文章当从三易"（易见事，易识字，易读诵；见《颜氏家训》）的标准之间，特别是王充对文章"无有古今"甚至后胜于前的意见，与曹丕反对"贵远贱近"，以及葛洪的文学进化观点之间，无不可以一一找到其前传后承、不断发展的轨迹。

王充对后世的影响并非只存在积极的一面。因为生当科学尚未昌明，社会生产力受着封建生产关系束缚的汉代，作为地主阶级知识分子的王充本人的思想，也不可避免地受到时代和阶级的局限。例如在哲学方面，由于小农自然经济无力抗御自然灾害，所以王充在指出社会的治乱受民众的物质生活制约时，把年成的好坏（因而连带把社会治乱）的原因归结为"天命"、"时数"，这就坠入自然宿命论；肯定"骨相"，认为人的寿夭富贵由"天所施气"决定，也坠入唯心论。在文学方面，由于王充站在地主阶级立场上，故其"为世用"主张实际上只不过是为封建政治教化服务；在批判"华伪之文"时也流露他的尊经思想。由于文学在汉代尚未独立分科和充分发达，也由于王充主要是从思想家角度考虑问题，而他的思想方法又带有机械唯物论的形而上学片面性，所以他对文艺特性的认识是不足的，在"崇实"的同时，把生活真实和艺术真实等同起来，把神话和迷信混为一谈，还把文学中一些夸张手法也视为"虚妄"，我们在继承王充的文论遗产时，对其中这些虽然只占次要地位，但是属消极方面的东西，是应该剔除出来，加以扬弃的。

文学理论随着创作的发展而发展，理论又回过头来指导和促进创作。从这个意义上说，王充的哲学思想和文学理论，就间接地但又是有力地推动了汉魏六朝文学的发展。

"贫无一亩庇身"，"贱无斗石之秩"（《自纪》）的王充，终生辛劳颠沛，勤于著述，而身后只传下一部书。他的一生可以说是封建时代下层知识分子不幸遭际的一个缩影。但是，他不屈的战斗精神、求实态度和在发展文学理论上的披荆斩棘之功，将是永远不能磨灭的。

附注　据刘盼遂先生考证，今本《论衡》中还可发现已佚去的《觉佞》、《能圣》、《实圣》、《盛褒》四篇篇目的痕迹。此说未必可信，因为明代以前官私书目著录均作八十五篇。详见《论衡篇数考》（1962年《中华文史论丛》）。清代熊伯龙曾以《论衡》"宗孔子"为理由，推断出其中的

《问孔》、《刺孟》两篇不是王充原作的结论。后来学者意识到熊氏是为了使《论衡》"一一悉合乎道",因而对不合于圣人之道的《问孔》、《刺孟》加以删削的用心,故多不以该二篇为伪作。胡适在其《中国哲学史大纲》和《中国哲学史讲义》中,曾分别以《乱龙》与《论衡》全书的见解有矛盾,以及《别通》提及蔡伯喈,而王充死后蔡邕始生,故王充不可能知蔡为理由,断定这两篇是伪作。容肇祖先生的《论衡中无伪篇考》辨明此事。容氏指出《论衡》中《龙虚》、《感类》、《死伪》、《定贤》诸篇所说土龙致雨的事情与《乱龙》篇相合,又指出,在《论衡·案书》一篇之中,关于土龙即有互相矛盾的说法,说明《论衡》全书各篇有思想矛盾之处并不足奇,从而说明胡适的说法是错误的。《乱龙》实非伪篇。至于《别通》所提是蔡伯偕,胡适误认作蔡伯喈。蔡伯偕与王充同时代,与王充之后的伯喈蔡邕并非一人,故《别通》亦非伪篇。

主 要 参 考 书 目

1. 王晖《论衡校释》,商务印书馆 1935 年版。
2. 刘盼遂《论衡集解》,古籍出版社版。
3. 蒋祖怡《王充的文学理论》,上海古籍出版社重版本。
4. 蒋祖怡《试论近三十年来王充的研究工作》,见《学习与探索》1981 年第 3 期。

班　固

（公元 32—92 年）

费振刚

一、班固的生平

班固，字孟坚，扶风安陵（今陕西咸阳）人，生于东汉光武帝建武八年（公元 32 年），卒于和帝永元四年（92），汉代著名历史学家、文学家。

班固出身于仕宦之家。曾祖父班况，成帝时为越骑校尉。祖父班稚，哀帝时，为西河属国都尉，迁广平相；平帝时，王莽擅权，班稚惧，归相印，补为延陵园郎。父班彪及堂伯父班嗣都是西汉末年著名学者，扬雄、王充等皆亲登其门受学。班彪"性沈重好古"（《后汉书·班彪传》），"唯圣人之道然后尽心焉"（《汉书·叙传》），是一位正统的儒家学者，他在西汉末年群雄割据的形势下，衷心拥汉，著《王命论》，宣扬封建集权的大一统思想。公元 25 年，汉更始帝被杀，长安一带大乱，班彪携家避难河西（今甘肃黄河以西），投靠河西大将军窦融，并为其"画策事汉"（《后汉书·班彪传》），窦融所上章奏，皆出班彪之手，因此得到汉光武帝召见，拜徐令，以病免，后为望都长，年五十二，卒于官。司马迁的《史记》流传以后，不少学者如刘向父子、扬雄、史岑等，因《史记》记事止于汉武帝太初年间，遂缀集时事来续补它。但班彪认为这些续补之作都"不足以踵继其书"(《后汉书·班彪传》),于是他"乃继采前史遗事,傍贯异闻,作《后传》数十篇"(同前)。班彪的思想和其所著《后传》都对班固的思想和他后来《汉书》的写作产生了重大影响。

班固九岁时,即"能属文诵《诗》、赋",十六岁入洛阳太学,"所学无常师,不为章句,举大义而已。性宽和容众,不以才能高人"(《后汉书·班固传》),因此深为当时儒家学者所称赞。二十三岁,父班彪卒,班固还归乡里,因其父"所续前史未详,乃潜精研思,欲就其业"(同前)。汉明帝永平元年(58),入东平王苍幕府,同时在家中开始在班彪《后传》的基础上撰写《汉书》。永平五年,有人上书明帝,控告班固私自改作国史,捕入京兆狱。他的弟弟班超怕他被系狱中,无法自明,乃亲至长安,向明帝陈述了班固的著述意图,同时郡守也把班固的书献上。明帝很赞赏班固的才能,召至校书部,并任命为兰台令史,后转迁为郎,典校秘书,明帝并让他继续完成《汉书》的写作。从此班固奉诏在兰台撰写《汉书》,至章帝建初七年(82),基本完成,前后共经历二十余年。尚未完成的部分表、志,是在班固死后,由其妹班昭和马续补写成的。

班固自为郎后,"遂见亲近"。其时京师正"修造宫室,浚缮城隍",而关中父老则希望仍把都城建于长安。班固对此持异议,于是"上《两都赋》,盛称洛邑制度之美,以折西宾淫侈之论"(《后汉书·班固传》)。至章帝时,因章帝"雅好文章",班固"愈得幸","每行巡狩,辄献上赋颂,朝廷有大议,使难问公卿,辩论于前,赏赐恩宠甚渥。"(同前)章帝建初三年(78),班固升迁为玄武司马。建初四年十一月,讨论五经异同的白马观会议召开,由章帝亲自主持会议,许多著名儒者参加了论辩,班固以史官兼记录之职,参与其事,并撰成《白虎通德论》(又名《白虎通义》)。白虎观会议是我国经学历史上一个重要事件,它进一步发展了董仲舒以来的今文经学的唯心主义和神秘主义哲学思想,把西汉末年兴起的纬书、谶记抬高到和经书具有同等的神圣地位，使儒家经典进一步宗教神学化，以利于加强封建专制的统治。《白虎通德论》就是在这样思想指导下所编纂的一部经学的官方答案。是书虽然具有浓厚的宗教迷信的成分，但其中保存了不少经书的古义和当时的名物制度，有一定的学术价值。班固又根据当时流行的五行学说，以为汉承尧后，作《典引》，"典"谓《尧典》，"引"犹续也。《典引》是他为叙述汉德而续《尧典》之作，同《白虎通德论》一起，集中反映了班固的正统儒家思想。章帝末年，班固亦母丧去官。

和帝永元元年（89），大将军窦宪出征匈奴，班固为中护军随军前往。汉军大破匈奴，登燕然山（今蒙古人民共和国杭爱山），刻石勒功，由班固作《封燕然山铭》，镌于石上，以纪其事。永元四年（92），窦宪因阴谋弑逆迫令自杀。班固亦因此免官，后被仇家洛阳令种兢逮捕入狱，遂死狱中，年六十一岁。

二、班固的《汉书》

班固的《汉书》是继司马迁的《史记》之后又一部伟大的历史著作。司马迁开创了我国纪传体史学，《史记》是一部上起黄帝下至汉武帝太初年间的通史。汉代自刘向、扬雄以至班彪，都在缀集时事来续补《史记》，而没有人想到要写一部汉代的断代历史。班固则有意识采取《史记》汉初一部分史实，再补续昭宣至哀平时代的历史事实，而写成了一部断代的历史，这是班固对司马迁纪传体史学的创造性发展，也是对我国历史学的重大贡献。旧时"班马"、"史汉"并称，是有一定的道理的。

《汉书》记事始于汉高祖元年（前206），终于王莽地皇四年（23），共二百二十九年的历史。全书包括本纪十二篇，表八篇，志十篇，列传七十篇，共一百篇，后人划为一百二十卷。作为历史著作，《汉书》在体制上是承袭《史记》的，所不同的是改"书"为"志"，取消"世家"并入"列传"。但并不完全是机械照搬，特别是《汉书》的十志，它同《史记》八书一样，是记载典章制度的文化史，但它在《史记》八书的基础上进一步寻源穷本，不少地方较之《史记》提供了更完整、更丰富的史料，如《汉书·食货志》虽主要根据《史记·平准书》，但材料更为系统、具体，成为研究秦汉经济制度和社会生产力的第一手材料。再如班固根据刘歆《七略》创立的《艺文志》，根据《尚书·禹贡》、《逸周书·职方解》所创立的《地理志》，都是我们研究有关学科的重要材料，也是班固对我国古代文化保存上的独特贡献。就是在汉初的史实方面，尽管《汉书》大多沿用了《史记》的原文，但班固也花了一番整理剪裁的工夫，并且订正补充了《史记》的一些疏漏，也不能简单地认为是原文照抄。

作为史传文学，《汉书》成就不如《史记》高，但亦有自己的特色。

以思想而论，由于班固出身于仕宦人家，特别是受他父亲正统儒家思想的影响，尽管他十分同情司马迁的不幸遭遇，但对于司马迁"是非颇缪于圣人"是不赞成的，因之在批评历史事件和人物上，他缺乏司马迁那种匡世济民的战斗热情。后来他又奉旨修史，使他完全站在封建正统的立场上，为封建统治阶级"润色鸿业"，歌功颂德，甚至为他们的荒淫暴虐的行为进行粉饰，尤其是在"本纪"的写作上，突出地表现了他思想的局限性。但作为历史学家，班固又认为司马迁有"良史之材"，赞扬司马迁"其文直，其事核；不虚美，不隐恶"的"实录"精神（《汉书·司马迁传赞》），他重视客观的历史事实，因此《汉书》不仅比较全面清楚地反映了西汉一代的历史，而且在一些人物传记中暴露了统治阶级的种种罪行，有助于我们认识封建社会的黑暗的现实。在《外戚传》中，作者借录解光的奏文，揭露了汉成帝后宫的种种秽行，特别是汉成帝和赵飞燕妹妹昭仪亲手杀死许美人所生之子一段：

> （成帝）诏使严持绿囊书予许美人，告严曰："美人当有以予女，受来，置饰室中帘南。"美人以苇箧一合盛所生儿，缄封，及绿囊报书予严。严持箧书，置饰室帘南去。帝与昭

仪坐，使客子解箧绹。未已，帝使客子、偏、兼皆出，自闭户，独与昭仪在。须臾开户，呼客子、偏、兼，使绹封箧及绿绨方底，推置屏风东。恭受诏，持箧方底予武，皆封以御史中丞印，曰："告武：箧中有死儿，埋屏处，勿令人知。"武穿狱楼垣下为坎，埋其中。

这里用浅显明确的语言，具体而深入地揭露了封建帝王的兽性行为，读之令人发指，也是对统治阶级思想和道德的批判。在《霍光传》中，作者写了外戚的专横暴虐及其爪牙鱼肉人民的罪行。在《陈万年传》、《张禹传》中还暴露了封建官僚谄事权贵以求荣，表面上"谨厚"，而内好声色财货的丑恶嘴脸。在揭露的同时，班固在《汉书》中还写了一系列爱国忘身、坚持民族气节、刚正不阿的正面人物，在一些传记中，作者还接触到了人民的疾苦，并对那些体恤人民疾苦的官吏给予肯定和赞扬。所有这些，都表现了班固对历史事实的尊重和对历史人物的爱憎分明的态度，从而使《汉书》较之后来的正史官书有着更为丰富的社会内容和严肃的批判精神，为后世学者所肯定。

在人物传记写作上，《汉书》也有不少成功之作，同《史记》优秀的人物传记一样，成为后代传记文学的典范。如《苏武传》，作者通过一系列具体生动情节的描写，突出了苏武视死如归、不为利诱、艰苦卓绝的斗争精神，表扬了苏武身陷敌营十九年，坚持民族气节的高尚品格，给人们以不可磨灭的印象，特别是通过李陵对苏武的劝降和李陵置酒送苏武归汉的两个具体场面，用对比的手法，更加反衬出苏武精神的可贵和品格的崇高。在《朱买臣传》中，作者通过朱买臣失意和得意时的不同精神面貌和人们对他的不同待遇的具体描述，既揭露了封建时代世态炎凉的社会习尚，又活画出封建时代在功名利禄的引诱下没有独立人格的知识分子可怜可憎的形象。在朱买臣为会稽太守后，作者写道：

初，买臣免，待诏，常从会稽守邸者寄居饭食。拜为太守，买臣衣故衣，怀其印绶，步归郡邸。值上计时，会稽吏方相与群饮，不视买臣。买臣入室中，守邸与共食，食且饱，少见其绶。守邸怪之，前引其绶，视其印，会稽太守章也。守邸惊，出语上计掾吏，皆醉，大呼曰："妄诞耳！"守邸曰："试来视之。"其故人素轻买臣者，入内视之，还走，疾呼曰："实然！"坐中惊骇，白守丞，相推排陈列中庭拜谒。买臣徐出户。有顷，长安厩吏乘驷马车来迎，买臣遂乘传去。

这是一个十分生动的戏剧场面，它通过人们对朱买臣前倨后恭的具体描写，形象地揭示了封建社会对权势崇拜的丑态。

班固写人物时，又常常以写人物的生活细节以及他们日常生活琐事和谈话来突出他们的思想性格。如《陈万年传》写陈万年有病，还让他的儿子陈咸在其床下接受他的教训："语至夜半，咸睡，头触屏风，万年大怒，欲杖之，曰：'乃公教戒汝，汝反睡，不听吾言，何也！'咸叩头谢曰：'具晓所言，大要教咸谄（谄）也！'万年乃不复言。"陈咸头触屏风的动作，陈万年的盛怒以及陈咸的直率回答，形象地刻画出一个不以谄事权贵为耻的官僚形象。《张禹传》也是通过叙述张禹的日常言行，围绕着他"持禄保位"的卑鄙心理，戳穿了张禹"为人谨厚"、"为天子师"的堂皇外衣，显示了他庸俗、虚伪、阴险的本来面目。在《外戚传》中，作者通过李夫人病笃时与汉武帝等人的对话，既揭露了封建帝王宫闱中的女子"以色事人"，"色衰而爱弛，爱弛而恩绝"的可怜生活，又生动地揭示了李夫人悲怨、惶惧、凄郁的心理活动。这种细致的心理分析和个性描写，对魏晋以后传奇小说的创作是颇有影响的。

由于受到当时汉赋创作的影响，班固本人就是著名的汉赋作家，因此在《汉书》写作中，他追求语言的富丽典雅，趋于骈化，又喜用古字（本字或假借字），如"供张"作"共张"、"伺察"作"司察"、"东厢"作"东箱"、"嗜好"作"耆好"、"揖让"作"揖攘"等，这使《汉书》在文学语言方面，不像《史记》那样接近口语，那样明白显豁、生动活泼，但有简练整饬、详赡严密的特色，而引起后世许多散文作家的喜爱，如柳宗元、苏轼、黄庭坚等著名唐宋文学家都是精熟《汉书》的。范晔在《后汉书·班固传赞》中说："迁文直而事核，固文赡而事详。若固之序事，不激诡，不抑抗，赡而不秽，详而有体，使读之者娓娓而不厌，信哉其能成名也。"这一论断不仅比较准确地指出了《史记》、《汉书》语言风格的不同，也说明了后世文人喜好《汉书》的主要原因。

《汉书》流传后，由于其多用古字，比较难读，东汉末年已有应劭、服虔为之作注。到了唐代，颜师古汇集前人二十二家的注释，纠谬补缺，裁为己意，作《汉书》新注，流传至今，有中华书局校点本，最便使用。

三、班固的辞赋及其它创作

班固又是东汉初年著名的汉赋作家，他的《两都赋》，梁萧统所编《文选》列为第一篇，可见其在汉魏六朝文人心目中的地位。但从汉赋发展的实际来说，《两都赋》在体制和表现手法方面都是模仿司马相如《子虚上林赋》的，是西汉大赋的继续，并没有自己的独立风格。所不同者，是《两都赋》的描写对象已由从贵族帝王的宫苑、游猎扩展为整个帝都的形势、布局和气象，虽然也有汉赋常有的夸张失实的毛病，但由于班固能够运用较多的长安、洛阳的实际史地材料，因此《两都赋》对汉代社会生产的发展、城市的繁荣、物质的富饶，有着一定真实的反映，较之司马相如、扬雄等人的赋作，有较为实在的现实内容。如《西都赋》所写的长安城内的气势和郊野的丰茂：

> 建金城而万雉，呀周池而成渊，披三条之广路，立十二之通门，内则街衢洞达，闾阎且千，九市开场，货别隧分，人不得顾，车不得旋，阗城溢郭，傍流百廛，红尘四合，烟云相连。于是既富且庶，娱乐无疆，都人士女，殊异乎五方，游士拟于公侯，列肆侈于姬、姜。……

> ……下有郑、白之沃，衣食之源，提封五万，疆场绮

分，沟塍刻缕，原隰龙鳞，决渠降雨，荷甾成云，五谷垂颖，桑麻敷棻。

这里作者虽然用了不少夸张的比喻，但还是比较真切、具体的。班固的《西都赋》开创了"京都大赋"一体，张衡的《二京赋》、左思的《三都赋》都是在其影响下出现的。

除《两都赋》外，班固还有散文赋《答宾戏》和《幽通赋》。《答宾戏》作于章帝初年，他有感于父子相承，都以才能文章显于当世，而他们职务"位不过郎"，心有所不平，于是作《答宾戏》以自解，着重抒发了作者"专笃志于儒学，以著述为业"（《汉书·叙传》）的志趣，在形式上是模仿司马相如《答客难》和扬雄《解嘲》的。《幽通赋》是他早年模仿《楚辞》而作的，也是述志之作。另，班固还有一首五言诗《咏史》，内容是咏缇萦救父，汉文帝除肉刑的事，"质木无文"，缺乏形象化，是现存的五言诗最早的一首，反映了文人初学五言新体诗，技巧还不熟练的情形。

班固作品除本文所论及外，尚有多篇，《后汉书》本传云："固所著《典引》、《宾戏》、《应讥》、诗、赋、铭、诔、颂、书、文、记、论、议、六言，在者凡四十一篇。"《隋书·经籍志》有《班固集》十七卷，已亡佚。现存《班兰台集》为明人所辑，收《汉魏六朝百三家集》中。

主 要 参 考 书 目

1. 范晔《后汉书》卷四〇《班固传》，中华书局校点本。

2. 郑鹤声《史汉研究》，商务印书馆1933年版。

3. 班固《汉书》，中华书局校点本。

4. 萧统《文选》，中华书局影印胡刻本。

张　衡

（公元 78—139 年）

龚克昌

一、个人经历

　　郭沫若曾把张衡誉为："如此全面发展之人物，在世界史中亦所罕见。万祀千龄，令人景仰。""全面发展"云云，当指他既是杰出的科学家，又是著名的文学家。

　　张衡字平子，南阳郡西鄂县（今河南南阳市北）人。生于东汉章帝建初三年（公元 78 年）。家为著姓。祖父堪，在长安求学时，因品学兼优，被诸儒誉为"圣童"。光武帝刘秀对堪的品德志向极为赞赏，即位后，即征他为郎中，三迁为谒者；在增援大司马吴汉平军阀公孙述途中，追拜为蜀郡太守。后力助吴汉灭公孙述。堪入据成都时，检阅库藏珍宝，悉数上报，秋毫无私。后转为渔阳郡（治所在今北京市密云县西南）太守。捕击奸猾，赏罚分明。时匈奴万余骑南侵，堪率数千骑迎击，大破匈奴。在他任职的八年时间内，匈奴不敢窥境。堪发动百姓广开稻田八千余顷，百姓歌之曰："桑无附枝，麦穗两歧；张君为政，乐不可支。"

　　张堪的思想品德，对张衡有很明显的影响。

　　张衡少年时，善属文。十七岁游学三辅。三辅当时是全国政治、经济、文化最发达的地区之一。张衡对那里的政治、经济、文化等方面的历史及现状，都作了深入的考察，从而扩大了眼界，提高了学识，同时也为后来写作《二京赋》（即《西京赋》和《东京赋》）提供了坚实的基础。张衡在三辅地区约待了一年。随后由长安东往洛阳。在途经骊山时，作《温泉赋》，热情歌颂骊山温泉胜景。张衡约于永元六年（94）春夏间抵当时的京都洛阳。在那里，他曾就教于太学，所以提高很快，遂"通《五经》，贯六艺"。张衡虽才高于世，但并无骄色，也不追求名利。永元（89—105）中，郡国推选他为孝廉——这在当时是出仕的捷径，他拒绝了；公府几次征召他出来做官（就是三公等大官特聘著名人士做本府属官），他也没有接受。但张衡家境贫寒，难于长期游学，恰巧这时鲍德出任南阳太守，邀他做主簿。鲍德是他所敬仰的人，任所又在自己的家乡，张衡也就乐于应命了。时在永元十二年（100），他刚好二十三岁。大概也就在这个时候，他正式动手写作《二京赋》。连同前段的准备工作，到后来的写成，一共延续了十年之久。这是一篇传诵一时的大赋。与此同时，他还写了《南都赋》，对家乡南阳作了尽情的讴歌。

安帝永初二年（108），鲍德升调大司农，张衡也就辞去任了九年之久的南阳主簿职，回家专心做学问。永初三年（109），大将军邓骘再三邀请张衡出来做官。邓骘是邓太后的哥哥，当时安帝幼小，他以大将军的名义辅政。骘很欣赏张衡的才学，如果张衡想升官发财，这又是一个大好机会。但张衡始终不答应。他对利禄一直是很淡薄的。

安帝永初五年（111），张衡应安帝召令为郎中。元初元年（114），迁尚书侍郎。元初二年（115），改任太史令，主持全国的天文、地理、风雨气候的观测工作。张衡乐于充任此职，前后两次历官达十四年之久，并写下《灵宪》这篇天文学上的名著。

安帝建光元年（121），张衡改任公车司马令，这是个接近皇帝的职务，比较有权势。安帝死后，顺帝又调他任太史令旧职。人们以为张衡失意了，纷纷议论他。但是张衡不以为意，他写了

《应问》来回答他们，时约在永建元年（126）。张衡安心当他的太史令，搞他的科学研究和机械制作。阳嘉元年（132），他创造了候风仪和地动仪。仪器的设计和制作都很先进精细。有一次地动仪上的龙吐出铜丸，但人们没有感觉出地震，因而以为张衡制造的仪器不可信。可是仅隔几天，驿马即传来消息：陇西发生地震。与吐出铜丸的龙所指的方向相合。这时大家才佩服仪器的神奇妙用。此外张衡还创造了能自动转向的三轮指南车和能自动起飞的木雕。

张衡在潜心治学的同时，对国家大事仍然非常关心。阳嘉（132—135）初，他看到最高统治者奢华无度，朝政日衰，国力陵替，就上《陈事疏》，要顺帝依遵礼制，抑制奢靡，治理好国家。他还曾上过《驳图谶疏》，对从西汉成帝、哀帝以来，统治阶级利用图谶，"欺世罔俗，以昧势位"，进行了大胆的、严厉的痛斥；他要求最高统治者"收藏图谶，一禁绝之"。他的绝大部分赋作，也都是有很明显的针对性、批判性，表示出对国事的关心。

阳嘉（132—135）中，张衡被提升为侍中，也即做皇帝的高级顾问，"掌侍左右，赞导众事，顾问应对"。这是个很重要的职务，但在昏君的统治下却难于履行职责。有一次顺帝问他，天下最痛恨的是谁？宦官们害怕说到自己，都瞪眼威胁他。张衡只好违心地随便应付几句。但宦官们还不肯罢休。他们知道张衡正直，总归是自己的祸患，所以都在皇帝面前毁谤他。张衡心里非常忧愤，就写了一篇《思玄赋》，来表示自己的不满。早在十来年前的永初（114—120）年间，刘珍和刘𬙂骓在东观撰写《汉记》，曾上书请求张衡参加这项工作，不巧两人随后相继谢世，张衡这时就想辞去侍中职到东观去撰写《汉记》。他指出《史记》、《汉书》的记事有十几个地方与典籍不符等等。但几次上书，顺帝都不答应。张衡未能去完成二刘未竟事业，当时人是极感遗憾的！

永和元年（136），张衡出任河间相（治所乐城，在今河北献县东南）。河间王刘政素有"骄奢"、"不遵典宪"的恶名，国内又多豪强大族。他们上下勾结，狼狈为奸。张衡到任后，即"治威严，整法度，阴知奸党名姓，一时收禽"。百姓很称赞他的政绩。但这时大汉帝国的政治已十分腐败，张衡感到自己的理想难以实现，郁郁不乐，因而就写了《四愁诗》和《怨篇》来抒发自己的忧郁心情。永和三年（138），张衡上书"乞骸骨"，并写《归田赋》，表示退休的决心。但顺帝不准他辞退，把他调回京城升迁为尚书。可惜任职不到一年，这位杰出的科学家、文学家就因积劳成疾，忧愤地死去了，终年六十二岁。

二、政治思想状况

张衡的好友崔瑗说张衡是"焉所不学，亦何不师"（《河间相张平子碑》），这话原指他博学多闻，但也揭示了张衡在政治思想上的某些特点。因为张衡在学业上的兼收并蓄，无所不师，难免造成他思想上的复杂性。儒、道、墨三种思想张衡都兼而有之，其中儒、道两种思想都曾经分别占据过主导的地位。

大家都知道，儒家思想统治着两汉四百年的思想界。张衡的思想基本上也当属儒家一面。他对最高统治者一直持拥戴、合作的态度。他的所有诗、赋、文、疏，大体上都是站在正统的儒家立场上，以儒家的经典作武器来批判一切违法乱纪的现象。在《归田赋》里，作者表示要"弹五弦之妙指，咏周（公）、孔（子）之图书；挥翰墨以奋藻，陈三皇之轨模"。在《二京赋》里，张衡从仁人爱民的儒家思想出发，极力反对统治阶级的骄奢淫逸。他甚至连儒家那一套爱及禽兽的说教也搬出来，所谓"不穷乐以训俭，不殚物以昭仁；慕天乙（汤名）之弛罟……仪姬伯（指文王）之渭阳，失熊罴而获人（指得吕望），泽侵昆虫，威振八寓，好乐无荒，允文允武（信与文、武王同功德）"。

张衡的道家思想表现得时隐时现，有时不很明显，有时却很突出，成为他思想的主导面。这当与他的性格、修养、境遇有关。张衡在青年时代就不汲汲于功名富贵，如《后汉书》本传所说的："常从容淡静，不好交接俗人。永元中，举孝廉不行，连辟公府不就……大将军邓骘奇其才，累召不应。""衡不慕当世，所居之官，辄积年不徙。"这与儒家出仕效世，兼济天下，追求功名富贵是大相径庭的。在《归田赋》里，他表示要接受老子的遗教，回老家隐居："感老氏之遗诫，将回驾于蓬庐。"类似这种思想在文、赋里也时有表现，如《二京赋》作者所宣扬的"为无为，事无事……遵节俭，尚素朴，思仲尼之克己，履老氏之常足……贱犀象，简珠玉，藏金于山，抵璧于谷……"也主要表现道家的归真返朴思想一面。张衡的《髑髅赋》，简直就是老庄思想的化身。赋借髑髅的口，发表了一通消极虚无的人生哲学，所谓"死为休息，生为役劳……荣位在身，不亦轻于尘毛。巢许所耻，伯成所逃，况我已化，与道消遥……合体自然，无情无欲"，从艺术形式到思想内容，与庄子的《至乐篇》都如出一辙。这篇赋可能是张衡晚期的作品，那时张衡已备尝人间的忧患，已由于对混浊现实的不满而滋长了超世绝俗的情绪。这是他消极思想的一面。

在这里，还须指出，张衡虽然是个科学家，但他思想上还有许多迷信落后成分，这在他的著作中是屡见不鲜的，在《日蚀上表》、《大疫上疏》、《陈事疏》、《论举孝廉疏》、《应间》、《思玄赋》、《二京赋》、《南都赋》中都有所表现。我们如不指出这点，对他在诗赋中流露出来的一些听天由命的宿命论观点，就无法解释了。

三、诗赋的思想内容

张衡现存的作品较多，保存至今的赋有《温泉赋》、《南都赋》、《二京赋》、《思玄赋》、《归田赋》、《髑髅赋》、《周天大象赋》等八篇和《羽猎赋》等五个片断，诗歌有《同声歌》和《四愁诗》，文有《应间》和《七辩》等等。其中以《二京赋》、

《归田赋》最负盛名。《同声歌》和《四愁诗》也同属传颂之作。

张衡与在他之前的赋家的作品是有所不同的，这个不同突出表现在讽谏问题上。

由司马相如所完成的汉赋，开始摆脱了儒家对诗赋乃至一切形诸文字的作品所提出的讽谏的原则，而致力于追求艺术美，探讨文学艺术自身发展规律，谋求文学艺术本身独立地位。这是文学艺术的一大进步。鲁迅在《魏晋风度及文章与药及酒之关系》里，称赞曹丕主张诗赋不必寓教训，反对当时那些寓训勉于诗赋的见解，认为这是"为艺术而艺术"，是"文学的自觉时代"。其实反对在诗赋中寓教训，从司马相如时就开始了，曹丕只不过是更加自觉明确而已。所以人们批判汉赋"劝百而讽一"，那是批错了的。"劝百而讽一"，实际上也正是放弃在赋里寓教训的意思。但对这个文学艺术上的大进步，张衡并不理解，因而也不赞成。在《二京赋》结尾，他特地抓住最有代表性的赋家司马相如和扬雄批了一通："故相如壮上林之观，扬雄骋羽猎之辞，虽系以颓墙填堑，乱以收置解罘，卒无补于风规，只以昭其愆尤。"张衡这种态度，很明显是从扬雄那里接过来的。扬雄说过："赋者将以风之，必推类而言，极靡丽之辞，闳侈钜衍，竞于使人不能加也，既乃归之于正，然览者已过矣……由是言之，赋劝而不止明矣！"（《汉书·扬雄传》）但扬雄这种观点，是儒经影响的结果，这从扬雄弃赋从经，仿《易经》作《太玄》等可证。这是不足为训的。但也正因为张衡在写赋上始终遵循儒家的教训，走老路子，因此，他的赋鼎革的精神是没有了，但却也具有正统儒家作品通常所具有的特点，这也就是比较注重讽谏，留意于对违法虐民行为的批判。尤其是张衡为人深沉持重，有正义感，因此他的作品也就具有较深厚的思想性和较强烈的针对性与批判性。

首先表现在对当时日趋没落腐败的朝政的揭露和批判。这点在他的诗赋里是普遍存在的。而《思玄赋》表现得尤为突出。赋中作者表明自己有很高的德行——"匪仁里其焉宅"，"匪义迹其焉追"；可是人们并不欣赏他——"奋余荣而莫见"，"播余香而莫闻"。因为这个社会是"宝萧艾（臭草）于重笥兮，谓蕙茞之不香；斥西施而弗御（幸）兮，絷骐骥（骏马）以服箱（拉大车）；行颇僻（邪佞）而获志兮，循法度而离殃"啊！所以他被逼超绝尘世，浮游八方。但哪里有他落足之地呢？他又如何能离开故乡呢？"悲离居之劳心兮，情惆惆而思归。"最后只好托命于"玄谋"——加强道理意志的修养，达到独善其身的目的，而不能参与政事，为国家出力。

在《归田赋》里，张衡劈头就说："游都邑以永久，无明略以佐时。徒临川以羡鱼，俟河清乎未期，感蔡子之慷慨，从唐生以决疑。谅天道之微昧，追渔父以同嬉；超埃尘以遐逝，与世事乎长辞。"在这里，我们可以想象到一个人遭受压抑和排挤的过程。他原先也想拿自己的才学去效世，可就是"俟河清乎未期"，等不到机会！他对蔡泽"游学于诸侯，大小甚众，不遇而从唐举相"（《史记·范雎蔡泽列传》），深有同病相怜之感，他看到社会那么黑暗，只好"与世事乎长辞"！

和这篇赋写于同时的《四愁诗》，其序文说："阳嘉中（似当从《后汉书》本传作'永和初'），（衡）出为河间相，时国王骄奢，不遵法度，又多豪右并兼之家……时天下渐弊，郁郁不得志，为《四愁诗》。依屈原以美人为君子，以珍宝为仁义，以水深雪雾为小人。"把这几篇诗赋联系起来看，可以清楚地知道张衡之所以产生"四愁"和要"思玄"、"归田"的原因，这就是最高统治者的骄奢昏庸，阉宦的把持朝政，政事日非，豪强大族横行，土地高度集中，人民处在水深火热之中。这也当是张衡所谓"天下渐弊"和"郁郁不得志"的具体内容吧！张衡诗赋反映的这些问题，也正是东汉后期社会严重存在的阉竖弄权和豪强兼并的实况。这是东汉政治社会黑暗的主要特征，对此，史书多有记述，这里就不再征引了。

其次是反对统治阶级的荒淫奢侈。这在《二京赋》表现得最为充分。《后汉书》本传说："时（指永元中，也即公元100年左右）天下承平日久，自王侯以下，莫不逾侈，衡乃拟班固《两都》，作《二京赋》，因以讽谏。"这里只说"王侯以下"，而不涉及皇帝本人，自然是"为尊者讳"。但是最大的"逾侈"只能是皇帝自己。《二京赋》实际上也正是这样来表现的。在《西京赋》里，作者让凭虚公子尽情地暴露西京天子的淫奢，他即使燕息于琼楼玉宇般的宫殿里，有成群的美女供自己玩弄，仍感不够威风，不够满足，所谓"惟帝王之神丽，惧尊卑之不殊；虽斯宇之既坦，心犹怲而未摅（舒）；思比象于紫微，恨阿房之不可庐"即是。赋随后又极力描写西京天子狩猎、娱乐活动的排场。西京天子为什么要这样穷奢极侈呢？凭虚公子给我们作了回答："方今圣上……掩四海而为家，富有之业，莫我大也。徒恨不能以靡丽为国华，独俭啬以龌龊（小节），忘《蟋蟀》（见《诗经·唐风》，是所谓'刺俭'诗）之谓何？"也就是说，天子是天下最富有的人，他应该尽情地挥霍，绝不能小里小气，贻人笑柄。这样的暴露和讥刺，正是汉赋经常采用的笔法，所谓反话正说。

作者对西京天子的训斥并没有就此罢休。在《东京赋》里，作者进一步讲了侈靡的危害性："秦政利嘴长距……思专其侈，以莫己若，乃构阿房，起甘泉，结云阁，冠南山，征税尽，人力殚，然后收以太半之赋，威以参夷之刑"，"百姓不能忍，是用息肩于大汉"。秦始皇骄奢淫欲，把自己的淫乐建筑在黎民百姓痛苦的基础上，迫使人民揭竿而起，把它推翻掉。这是对西京天子的教训。

最后作者通过安处先生口指出："今公子苟好剿民以媮乐，忘民怨之为仇也；好殚物以穷宠，忽下叛而生忧也。夫水所以载舟，亦可以覆舟！"这里表现了作者反对奢靡的动机。作者明确地把统治者的"媮乐"和老百姓的不满联系在一起，又把老百姓的不满与封建王朝的安危联系在一起。从历史经验中得出结论："夫水所以载舟，亦所以覆舟！"人民力量是不可抗拒的，是违逆不得的。为自己计，统治者必须遵行节俭！在后来的《陈事疏》里，张衡又说："恭俭畏忌，必劳祉祚；奢淫谄慢，鲜不夷戮。"看出他惩奢劝俭是十分执着的，是有深刻的思想作基础的。

这里有必要指出的是：其一，张衡通过安处先生口为东京天子——实际上指当今皇上——大唱赞歌。其实张衡后来所经历的几个皇帝，都是一些末流昏君，淫奢得很。但他不敢直揭其丑，只好借训斥西京天子来影射，用虚构当今皇上的俭约来暗刺其行为之有失。张衡的难言之隐，是可以谅解的。

其二，作者对天子所作的任何批评指摘，对百姓灾难所表示的任何关切，其动机目的自然都是为统治阶级着想，为封建王朝的久治长安计。但即使如此，我们仍应看到其积极意义。尤其是联系到东汉中后期统治阶级的骄奢（这一点，王符的《潜夫论》等有很具体的揭露），其意义就更明显了。

对伟大壮丽的祖国的歌颂，当是张衡赋的又一个重要内容。这部分内容几乎无例外地表现在张衡青年时代的作品中。出现这种情况也不是偶然的，因为当时正是东汉帝国日丽中天的大好时期。永元元年（89），汉军分三路进击北匈奴，出塞三千余里。北匈奴或走或降。窦宪登燕然山（在今蒙古人民共和国）刻石颂汉威德。永元二年（90），耿夔、任尚等又率汉军西出张掖郡，去国五千余里，大破北匈奴于金微山（今俄罗斯境内阿尔泰山）。这是自汉出师以来追击外敌最远的一次。此时班超经营西域也完全成功，西域五十余国全部内属，葱岭东西路通。其他四邻少数民族也与汉族和睦相处。这是中国继西汉武宣以后又出现的一个盛世。对此张衡在《二京赋》里作了热情的歌颂：

> 惠风广被，降泊（及）幽荒，北燮（和）丁零（古族名，分布在贝加尔湖地区。章和二年，曾配合汉军进击北匈奴），南谐越裳（古国名，在今越南），西包大秦（古罗马帝国），东过乐浪（郡名，在今朝鲜北部），重舌之人（懂外语的人）九译（指需经过多种语言转译），金（都）稽首而来王。

中国国势强盛，疆域辽阔，与周围各国和平相处，开辟中外交通，发展中外贸易，交流传播文化，促进生产发展，对中国对外国，都大有益处。这些功业，是值得颂扬的。

南阳是张衡的故乡，那里山明水秀，风景优美，自春秋战国以来就是我国经济文化先进的地区之一。《荀子·议兵篇》就说到那里的铁矛锐利无比。到东汉，由于南阳是光武帝的故乡，南阳宛城就成为南都了。它与洛阳（东都）、长安（西都）鼎足而立，成为当时全国最繁华的城市。所以《古诗十九首·青青陵上陌》的主人公为及时行乐，即便"驱车策驽马"，也要"游戏宛与洛（洛阳）"，可以想见当时的盛况。这里农业与关中一样发达。所以张衡专门写了一篇《南都赋》歌颂它。赋中尽情地描写了那里的物产矿藏等等。如："其水则开窦（孔）洒（分）流，浸彼稻田；沟浍脉连，堤塍（畦）相辗（连），朝云不兴，而潢潦（水池积水）独臻（至）。决渫则暵（乾），为溉为陆。冬稌（稻）夏穱（麦），随时代熟。其原野则有桑、漆、麻、纻、菽、麦、稷、黍，百谷蕃庑，翼翼与与。"看出这里水利设施十分先进，因而农业极为发达，农产品十分丰富。在当时，农业的发达往往同城市的繁荣、政治文化的发展联系在一起。南阳的情况正是这样。这是劳动人民创造性劳动的结果。

《温泉赋》写了这个千百年来誉满天下的长安附近骊山的温泉："览中域之珍怪兮，无斯水之神灵。"它的神灵就在于能治病消灾，延年益寿。据化验，这里的温泉富含石灰质、碳酸锰、碳酸钠、二氧化硅等矿物质，对风湿病、关节痛、消化不良、四肢麻痹症，以及多种皮肤病，都有疗效。可见张衡并没有虚美。"于是殊方跋涉，骏奔来臻，士女晔其鳞萃，纷杂遝其如烟。"可以推想当时观光、沐浴的盛况。六百年后的白居易在其《长恨歌》里对这里的温泉也大加赞美。

在《二京赋》里，我们还可以看到至为难得的有关杂技艺术表演的描写。它的内容是丰富多彩的，演技也是堪称神奇超绝的。表演的节目有举重（"扛鼎"）、爬竿（"寻橦"）、过刀关（"冲狭"）、飞燕点水（"燕濯"）、舞刀、掷剑、走索、空中翻滚、化装魔术等等三十几项。演出时还有布景氛围烘托，音乐伴奏，搞得有声有色，强烈地吸引着观众。张衡这些描写看来也没有溢美之处，大量出土的文物已证明了这一点。

四、诗赋的艺术特色

张衡诗赋的艺术成就首先表现在虚构、夸张等浪漫主义手法的运用。这在当时是汉赋备受攻击的重点之一。如东汉初大文艺理论家王充，就极力反对文学艺术上的"虚妄"（实际上也包括虚构、夸张等浪漫主义手法），他宣称自己的代表作《论衡》就是为反对"虚妄"而写的——不管是史、论还是文学艺术的"虚妄"——他都一概加以反对，这在《对作》、《艺增》、《儒增》、《语增》、《书虚》等篇都可以看到。班固在《汉书·司马相如传赞》里曾指出："相如虽多虚词滥说，然要其归，引之于节俭，此与《诗》之风谏何异？"看出班固虽为相如赋的作用争辩，但对"虚词滥说"这一倾向也不敢肯定。而这个"虚词滥说"，从人们的批评中可以看出，实际上也是指艺术上的虚构、夸张问题。西晋的左思吸取了前代赋家的这些"教训"，在写作《三都赋》时，特地写了个序，声称自己写到赋里的事物，都有"地图"、"方志"等等作根据，决不敢有半点虚构、夸张。

当时文学艺术上的虚构、夸张等浪漫主义表现手法问题之所以受到普遍反对，是因为文学艺术还没有从经、史、论中独立出来，人们还不承认它有自己的特点，都一概按经、史、论等著作标准去要求它。但张衡与其他赋家一样，不顾社会舆论的压力，根据文学艺术自身的特征，勇敢地探索，大胆地运用文学艺术的虚构、夸张等浪漫主义手法，积累了有益的经验。请看他的《西京赋》是如何描写通天台的高耸：

> 通天眇以竦峙，径百常（古十六尺）而茎擢（如木上拔），上辩华以交纷（文彩交错），下刻峭其若削。翔鹖仰而不逮（及），况青鸟与黄雀。伏棂槛而顿听，闻雷霆之相激。

通天台高到大鸟都飞不上去。俯伏在上面，只听见雷霆在下面滚动的声音。写得形象而有气魄。

井干楼的描写更为精彩。井干楼是武帝建造的，高五十丈，但在张衡的笔下，却是："消（散失）雾埃于中宸，集重阳之清澄；瞰（视）宛虹之长鬐（脊），察云师之所凭（依）；上飞闼而仰眺，正睹瑶光（星名）与玉绳（星名）；将乍往而未半，怵（恐）悼慄而怂兢；非都卢（善爬高的人）之轻趫，孰能超而究升（爬完）。"爬到井干楼上，可别有一番天地，那里没有尘埃，那里的阳光特别明亮。往下可以看到蜿蜒匍匐的云师，往上庶几与星星交会。人们还未爬到一半，就吓得全身发抖，止步不前。这真是一段绝妙的虚幻夸张，令人读后如身临其境，惊惧万分！

注意艺术形式是张衡诗赋的又一特点。表现在讲究气势，注重叙事，崇尚华饰，富有文采。

读张衡赋，往往被其波澜壮阔、气势磅礴的文势所吸引。如《西京赋》一开头凭虚公子就滔滔不绝地论证着：

> 夫人在阳时则舒（逸乐），在阴时则惨（悲戚），此牵乎天者也。处沃土则逸，处瘠土则劳，此系乎地者也。惨则鲜于欢，劳则褊（少）于惠，能违之者寡矣。小（指庶民）必有之，大（指帝王）亦宜然。

这是一个地理环境决定的观点，很明显是错误的，可是他那口若悬河的辩技，层出不穷的推论，却如惊涛骇浪，滚滚而来，令人望而生畏。接下去是引经据典：

> 秦据雍而强，周即（就）豫而弱，高祖都西（指西京长安）而泰，光武处东（指东京洛阳）而约，政之兴衰，常由此作。

这是上面地理环境决定论的进一步发挥。他片面地强调了秦因据咸阳而强，周因迁洛邑而弱等等，自然是错误的。可是他那居高临下的气势，那急切、肯定、无穷的论证，却不能不使人叹服！

汉大赋中这种从辩论中表现恢宏阔大的气势，比比皆是。这很明显是受到先秦纵横家的影响。纵横家就是专事言辩，讲究气势。但更重要的原因恐怕还要到现实生活中去寻找。大汉帝国强盛的国势给它们提供了无穷的创作源泉。像汉赋这种气派，我们在《诗经》、《楚辞》里是很难找到的。这往往是一个国家民族向上的表现，是值得重视的。

在我国古代，叙事诗是不够发达的。《诗经》、《楚辞》主要是抒情诗，叙事状物的很少。这也符合文学艺术发展的规律，最早的诗人总是为抒发自己的感情才作诗。《诗·尧典》称："诗言志。"《庄子·天下篇》说："诗以道志"，《毛诗序》也以为："诗者，志之所之也；在心为志，发言为诗。"都可以作证。但汉赋的明显特点却是叙事状物，通过叙事状物来表现情志。所以刘勰在《文心雕龙·诠赋》篇说："赋者，铺也；铺采摛文，体物写志也。"刘勰还说赋是"极声貌以穷文"——极力用文采来描绘事物，"写物图貌，蔚为雕画"——描绘事物的形状，美得好比雕刻绘画一般。刘勰这样来概括汉赋的特点是符合实际的。汉赋这种特点，在张衡赋里也存在。尤其是他吸收了前代赋家的经验教训，因而在"体物写志"方面表现得更成熟。如《东京赋》描写洛阳宫苑的景致：

> 濯龙（池名）芳林（苑名），九谷八溪，芙蓉覆水，秋兰被涯。渚戏跃鱼，渊游龟蠵。永安离宫，修竹冬青。阴池幽流，玄泉冽清。鹎鶋秋栖，鹍鸹春鸣；睢鸠丽黄，关关嘤嘤。

这些笔墨完全摆脱前人赋作描写皇宫帝苑常犯的那种沉重的贵族宫庭气味。在这里，人们倾耳一听，仿佛可以听到上有关关鸣鸟，下有潺潺流泉。人们举目四望，那池渊的跃鱼，那丛中的飞鸟，那茂密的修竹，那如茵的芳草，便相继映入眼帘。这真是一幅美妙的大自然风景画，直叫人心旷神怡，流连忘返！

又如《归田赋》那段脍炙人口的风景画：

> 于是仲春令月，时和气清；原隰郁茂，百草滋荣；王睢鼓翼，仓庚哀鸣；交颈颉颃，关关嘤嘤；于焉逍遥，聊以娱情。

这是张衡想象中的归田后的农村景色，它充满着春的气息，生活

张衡

的欢乐；它表达了作者对归田生活的向往，同时也暗寓着对仕途生活的厌恶，对王朝政治的不满。真是笔端著佳境，墨中寄感情，既是写景的妙文，又是抒情的佳作。

张衡诗赋的语言文字比较典雅而又清新。如《四愁诗》："我所思兮在泰山，欲往从之梁父艰，侧身东望涕沾翰。美人赠我金错刀，何以报之英琼瑶。路远莫致倚逍遥，何为怀忧心烦劳。"这是张衡看到大汉帝国的天已经渐渐地阴暗下来，自己的理想无法实现，而效法屈原借诗来抒发自己忧抑的情怀。诗共四章，反复吟咏，但写得怨而不怒，哀而不伤，端庄凝重，华美秀丽，完全符合张衡的身份。类似这样的例子，在《二京赋》、《南都赋》里是随处可见的。

张衡的《怨篇》、《同声歌》，写得则极清新可喜。刘勰在《文心雕龙·明诗》篇说，《怨篇》是"清典可味"——也就是清新典雅，耐人寻味的意思。《同声歌》被认为是"寄兴高远，遣辞自妙"。《西溪丛话》说："陶渊明《闲情赋》必有自，乃出张衡《同声歌》。"是可以相信的。

在此我们应强调指出，汉赋突出地表现讲究气势，注重形式美、词藻美，应认为是汉赋开始脱离儒家经典轨道，垂意于自己的艺术特点，走文学艺术自身发展的道路的表现。这是文学艺术上的一个大跃进。所以鲁迅先生把这种"为艺术而艺术"称为"文学的自觉时代"，给予很高的评价。但过去人们往往因为汉赋讲究艺术形式而加以否定，这是不对的，是缺乏历史唯物主义的观点的。我们对汉赋包括张衡赋在内的讲究艺术形式，崇尚华饰，应给予足够的评价。

张衡作品也有他的缺点，如在《思玄赋》、《髑髅赋》、《归田赋》表现出消极避世思想。从形式上来讲，《二京赋》、《周天大象赋》、《南都赋》等大赋过于铺张、呆板，语言也有堆砌、雕琢的毛病。张衡还有喜欢模拟的弱点，如《二京赋》模拟《两都赋》，《思玄赋》模拟《离骚》，这都是不好的倾向。

主要参考书目

1. 范晔《后汉书》卷五九《张衡传》，中华书局校点本。
2. 《张河间集》，张溥《汉魏六朝百三名家集》本。

张

衡

曹 操

（公元 155—220 年）

徐公持

汉末三国时期，是风云际会、人才辈出的时代，在当时涌现的众多杰出人物中，作为政治家、军事家，同时又兼文学家的，当首推曹操。

一、少年行止及仕途初试

曹操字孟德，一名吉利，小字阿瞒。沛国谯（今安徽亳州）人，生于汉桓帝永寿元年（公元 155 年）。祖父曹腾是个宦官，顺帝时为中常侍大长秋，桓帝时封费亭侯。父曹嵩，本夏侯氏子，是曹腾携养的螟蛉子，灵帝时仕至大司农、大鸿胪，最后又用钱买了个太尉。因此，曹操是生在一个当时虽有权势却为士族清流所鄙视的家庭里。对此，曹操自己是很清楚的，他后来曾说过："自以本非岩穴知名之士，恐为海内人之所见凡愚……"（《让县自明本志令》），而那些出身士族的政治敌手，则抓住这点，直斥他是"赘阉遗丑"（陈琳《移豫州檄》）。

曹操自少即机警有权数，任侠放荡，飞鹰走狗，喜欢恶作剧。那件在叔父面前佯装中风，以使父亲不信叔父告发的记载，是符合他的性格作风的。当时他颇不为世人所重，惟名臣桥玄，对他很赏识，说："天下将乱，非命世之才不能济也。能安之者，其在君乎！"又有一名士许子将，则称他是"治世之能臣，乱世之奸雄"。曹操听了这亦褒亦贬的评语，颇为自得。

曹操二十岁时举孝廉为郎，开始走上仕途，担任洛阳北部尉。在任雷厉风行，有犯禁之人，不避豪强，一律棒杀。宦官小黄门蹇硕是当时权臣，其叔父违禁夜行，当即被曹操杀死。他的强硬措置使京城贵幸为之侧目。后迁顿丘令，征拜议郎。在议郎任上，他又上疏为数年前因谋诛宦官而见害的窦武、陈蕃鸣冤。这些行动，表明曹操同当时的宦官集团实在并无什么葛藤牵连，倒是多有触忤。此后又迁济南相，所属十余县，官长多阿附朝廷贵戚或宦官，贪赃枉法，曹操到任不久，即奏免了其中八个。当地民间又多淫祀，历来官员不敢干涉，曹操亦予禁绝。在他治下，奸宄逃窜，郡界肃然。后来因开罪朝中权臣，为免祸起见，又辞官回乡里，欲以读书田猎自娱于衰世。未久，又被征入洛阳为典军校尉，直到汉末乱起。以上所说青少年时期及在仕途上初试锋芒的经历，是他生活的前期。在此一时期里，他用实际行动表现了要廓清吏治、"除残去秽"的初志，也显示了不凡的政治才干和魄力。

应当指出的是，当中平元年（184）暴发全国规模的黄巾农民大起义时，曹操正任骑都尉，他追随皇甫嵩、朱儁等，参与了对黄巾军的镇压。后来还多次与黄巾军对垒。尽管当时许多政治人物如刘备、孙坚等全都参与过此事，但这无论如何也是一个严重的污点。曹操作为地主阶级的政治家，其进步性毕竟是有限度的。另外还需指出的是，曹操很早就已显露出他性格中权诈的一面。他尽管不是后世舞台上的那种白脸奸相，但确实有着多疑善忌、好用权术等特点，有时还很阴狠残忍。虽然这在旧时代政治家那里也是很难免的，并非曹操所独有，而且它在曹操身上也不占主导地位，但总是一种应予批判的品格。

至于在文化艺术方面，曹操很早就有广泛的兴趣。他曾自述"长大而能好学"（曹丕《典论·论文》）。除了深研兵法以外，他对各种经传、诸子百家、书法、围棋、药理、建筑等都颇精熟。他尤好音乐、文学，这给他以后的创作打下了坚实的基础。

二、逐鹿中原、削平群雄

中平六年（189），灵帝死，外戚何进谋诛宦官，反被宦官所杀，朝中大乱。西凉军阀董卓乘乱带兵入据洛阳，专断国柄，肆虐京师，废少帝刘辩，立刘协为帝（献帝），又鸩杀太后。曹操不愿奉侍董卓，从洛阳脱出，间行东归至陈留。当时袁绍、袁术等一批实力派人物在东方各地起兵，讨伐董卓，曹操募得五千兵，也参加了讨董，这是他建立自己的军事力量的开始，时年三十五岁。但这些实力人物并非真心报效国家，他们各怀私心，只想扩大自己的地盘，所以讨董不久就演变成了一场新的军阀混战。在这场兼并战争中，开始时曹操处境不妙，他兵寡力弱，又缺少强固的根据地，随时有被他人消灭的危险。初平三年（192），他收编青州黄巾降卒精锐，组成"青州兵"，从此实力壮大起来。此后又经过十多年艰难曲折的奋斗，他终于在各派军阀的激烈对抗中脱颖而出，成为逐鹿中原的胜利者。

在这里有两件事是曹操取胜的关键，也最能体现曹操高明的政治策略和杰出的军事才能。一是建安元年（196）他把窘困徙转中的汉献帝迎到许昌，自己充当皇帝的保护人。从此他以"挟天子以令诸侯"的方式，建立起了政治上的有利地位，他动辄打出"奉辞伐罪"的旗号，使他的对手处于被动地位。二是建安五年（200），他在官渡同盘踞全国十三州中的四州的河北军阀袁绍对阵，一战而消灭了袁氏军队十余万，创造了我国历史上著名的以少胜多的战例，击垮了这个最强大的竞争者。总之，通过十多年的征战，到建安十三年（208）冬为止，曹操先后消灭了陶谦、张济、吕布、袁术、袁绍、刘表等集团，基本上统一了北方广大地区。这就是曹操生活的第二个时期，也可以说是中期。

在不断取得战争胜利的同时，曹操在政治、经济各方面也实施着比较进步的、开明的措置。首先是打击当时最反动、最残暴的豪强地主势力，限制他们对广大人民的掠夺奴役。河北地区"豪强擅恣，亲戚兼并，下民贫弱，代出租赋，衔鬻家财，不足应命"（《收田租令》），他就下令坚决予以禁止。其次在用人上打破豪门士族的小圈子，坚持"唯才是举"的方针，把大批出身庶族寒门而有真才实学的人罗致到自己手下，加以任用，造成"文武并用、英雄毕力"（王粲语）的盛况。另外，他参照了"秦人以急农兼天下，孝武以屯田定西域"（《置屯田令》）的"先代良式"，在建安元年就开始推行屯田制，实行耕战政策。在当时社会遭到极大破坏的情况下，这一措施对恢复农业生产、保证军粮供给起到重大作用，曹军借此而建立了强兵足食的优势。曹操还好刑名之学，他强调"夫治定之化，以礼为首；拨乱之政，以刑为先"（《以高柔为理曹掾令》），针对当时乱世的现实，他特别重视法治，认为这是匡治时弊的良方。他对部下、对家人，都实行严刑峻法。曹植妻衣绣，违犯了家令，被勒令自裁。他自己行军时马惊践麦，触禁令而割发代首之事，虽然颇有弄权术的意味，但其目的还在于要维护法令的严肃性。

在这一时期里，他由一名声望不显的普通官员，变为众所瞩目的政治中心人物。也就在这一时期里，他在文学创作上也取得了巨大的成功，今存诗歌，多此时所作。

三、"鞍马间为文"

曹操在繁忙的军旅生活中，"昼则讲武策，夜则思经传，登高必赋，及造新诗，被之管弦，皆成乐章"（《魏志·武帝纪》注引《魏书》）。他并不是个专业诗人，他的创作方式，就如唐代元稹所说，是"鞍马间为文，往往横槊赋诗"（《杜君墓系铭》），而其作品也具有现实性强，同他本人的政治、军事活动密切相结合的特色。此时期的主要诗歌，有《薤露》、《蒿里》、《苦寒行》、《步出夏门行》等，都是乐府诗。

《薤露》、《蒿里》，直接以汉末大战乱为题材，描写了当时风云变幻的社会现实。《薤露》从汉代第二十二世皇帝灵帝刘宏任人不良写起，接写何进被杀，董卓入洛、杀帝煽后，烧掠京城，又强迫朝廷西迁长安等事件。《蒿里》从关东群雄兴兵讨董写起，接写各路军阀"军合力不齐"，各争势利，互结兵祸，掀起了新的大规模混战，而实力最强的袁氏兄弟，一个在淮南称帝，一个在河北刻玺，都企图攫取最高权位。两篇诗所描写的史实，在时间上紧相承接，即从中平六年（189）直到建安二年（197），它们以极简约的文字，概括了汉末最混乱的近十年间的基本事件。正因此，后人评这两篇诗为"汉末实录，真诗史也"（钟惺《古诗归》）。这两篇诗还有一点颇值得注意，那就是诗人对待人民的态度。《薤露》末四句是："播越西迁移，号泣而且行。瞻彼洛城郭，微子为哀伤。"这里号泣而行的人，诗中没有明指为谁。不过揆诸史实，他们应当包括两部分人，一部分是西迁长安的朝廷官员，一部分是被董卓军驱赶入关中的洛阳城内外百姓。从人数上看，后一部分占绝大多数。曹操以"哀伤"的心情描写他们的苦难，蕴含着他对广大人民的同情。这种同情在《蒿里》中表现得更为明白。诗篇在描述了军阀混战之后，又以这样的句子作结束："铠甲生虮虱，万姓以死亡。白骨露于野，千里无鸡鸣。生民百遗一，念之断人肠！"为万姓的死亡而悲痛肠断，这种人道主义感情是颇为可贵的。曹操的这种感情，在其他一些场合也时有表露，如他建安七年写的《军谯令》中说："吾起义兵，为天下除暴乱。旧土人民，死丧略尽，国中终日行，不见所识，使吾凄怆伤怀。……"曹操在这里表现出的人道主义思想，与他差不多在同时期镇压黄巾农民起义的行为并不矛盾，因为他的同情人民，归根到底属于封建统治阶级的民本思想。他主张"天地间，人为贵"（《度关山》），但更强调"立君牧民，为之轨则"（同上），农民起义越出了"轨则"，他就要加以镇压了。

《苦寒行》作于建安十一年（206）。在这之前，袁绍早已于建安七年病死，率领袁氏残部继续同曹操对抗的袁绍长子袁谭也已被杀，次子袁熙、袁尚兵败势穷，已经逃奔到辽西乌桓。曹操基本平定了冀、青、幽三州，即乘胜进军并州，去消灭袁氏的另一股残余力量——袁绍的外甥高干。这年正月，曹军从邺城出发，越过太行山，直叩并州的门户壶关。此诗写的就是进军途中情景。它以"苦寒"为中心，把太行山区隆冬时节的艰难行军写得十分真切形象。诗中先总写"北上太行山，艰哉何巍巍"，接着就具体描写险峻的道路、荒凉的环境、严寒的气候，同时插写"我心何怫郁，思欲一东归"等内心反应，苍凉悲慨的气氛流贯全篇，极为浓郁强烈。末尾"悲彼东山诗，悠悠令我哀"二句，引出《诗经·东山》诗，进一步加强了诗篇的悲凉色彩，同时又把这场艰苦行军同西周初的周公东征相比拟，这样也就在一片悲哀声中透出了诗人胜利的自信心。这篇诗在艺术上要比同为五言诗的《薤露》、《蒿里》成功，它写景与叙情结合得很紧密，被王夫之称为"绝好"（《船山古诗评选》）。

征高干的军事行动颇为顺利，至三月即克壶关。高干见大势已去，弃军投奔荆州刘表，在途中被捕斩。于是曾被袁氏统治的河北四州，全部平定。这时，在曹操的敌手当中，实力较强的就剩一个刘表了。刘表是汉室宗族，在荆州经营了十多年。汉末战乱波及荆州较少，那里相对地还算稳定，中原士人避乱来归者很多。刘表依仗长期积累的人力物力，自以为可以像周文王那样坐待时机，图王霸业。他从建安初就同袁绍结为盟好，南北呼应，对曹操形成夹击之势。当曹操平定河北后，部下诸将多主张迅即回师，南征刘表。但是曹操深知刘表为人优柔寡断，不足为患，所以他在谋士郭嘉的支持下，决定深入北征，穷追袁熙、袁尚兄弟，并打垮袁氏的支持者辽西乌桓蹋顿。建安十二年五月，大军自邺城出发。至今冀东地区时，遇大水，道路不通，即转行山道，在柳城（今辽宁朝阳附近）大破乌桓军，杀蹋顿，袁氏兄弟又奔辽东，为辽东太守所杀，袁氏残余势力遂被彻底消灭。就在这次北征途中，曹操写下了《步出夏门行》。

《步出夏门行》包括"艳"及四解。"艳"即序章，写诗人在北征进军途上的复杂心情。他面对着暴雨和洪水的阻拦，又想起了出征之前关于南征还是北征两种不同意见的争论，使他"临观异同，心意怀犹豫，不知当复何从"。他遥望大海，心中不禁惆怅起来。这种心情是真实的，它让我们看到了一位雄才大略的杰出人物的内心矛盾，他在胜利的征途上，也有犹豫和忧虑。以下四解，从内容看，分别作于不同时间。一解《观沧海》，与"艳"当为同时之作，这首诗把诗人亲临大海的所见景象，用朴素而极富气势的语言描绘了出来：

> 东临碣石，以观沧海。水何澹澹，山岛竦峙。树木丛生，百草丰茂。秋风萧瑟，洪波涌起。日月之行，若出其中。星汉灿烂，若出其里。幸甚至哉！歌以咏志。

写得既素净优雅，又气势磅礴，表现了诗人的阔大胸怀。后人评论说这首诗"有吞吐宇宙气象"（沈德潜《古诗源》），信为不虚。后面三解，是从"孟冬十月"写起的，对照史实，这应当是在胜利回师之时了。其中二解《冬十月》和三解《河朔寒》，写了北方寒冬时节的民情风物，表现了诗人对当地百姓疾苦的关心，"写得苍劲萧瑟"（沈德潜《古诗源》）。四解《龟虽寿》，与前三解以描写客观事物为主不同，它完全是抒写诗人的志尚。诗中以"神龟虽寿，犹有竟时。腾蛇乘雾，终为土灰"的生动比喻，和"盈缩之期，不但在天。养怡之福，可得永年"等高度哲理性的句子，表述了对人生的达观积极态度，它们闪耀着朴素唯物主义的思想光芒。尤其是"老骥伏枥，志在千里，烈士暮年，壮心不已"四句，传达了诗人老而弥坚的进取精神，成为千古传诵的名句。

曹操在这一时期除了他的诗歌创作外，对文学事业还有另一重要贡献，那就是他亲自造就起了一个文学家集团——邺下文人集团。这个集团主要成员有王粲、刘桢、徐干、陈琳、阮瑀、应玚、杨修、吴质、邯郸淳、繁钦等，还有女诗人蔡琰。这些文人原来分散在全国各地，他们的情况就如曹植所说："昔仲宣独步于汉南，孔璋鹰扬于河朔，伟长擅名于青土，公干振藻于海隅，德琏发迹于北魏，足下高视于上京，当此之时，人人自谓握灵蛇之珠，家家自谓抱荆山之玉。吾王于是设天网以该之，顿八纮以掩之，今悉集兹国矣"（《与杨修书》）。至于蔡琰，则是曹操专门派使者持金璧，把她从南匈奴中赎出的。从建安初阮瑀、徐干等入曹操幕开始，到建安十三年王粲等来归为止，十余年中集合了"盖将百计"（钟嵘《诗品·总论》）的文学人才。他们受曹操的任用，担任各种职务，有的还居于要职，如王粲做到侍中，阮瑀、陈琳是曹操的亲随书记。同时，他们也在曹操父子的带动鼓励下从事文学创作，创作了许多作品。建安文学是我国文学史上的一个高潮，这个高潮是由包括"三曹"、"七子"的邺下文人们掀起的，而曹操就是这个文人集团的组织者和领袖。

四、"吾为周文王矣"

建安十三年（208）六月，已经成为北方广大地区主宰者的曹操，把自己名义上的官职，从"司空"升为"丞相"。七月，率军南征荆州。这时的刘表，由于不再存在北方袁氏的呼应，已经坐失掉了同曹操对抗争雄的良机。在曹军压境的穷迫形势下，他忧病而亡。其子刘琮随即举州投降。曹操很顺利地得了荆州，就又率军顺江而下，打算一举扫平江东，实现一统南北的宏图。但是，他却遇到了已在江东立足多年的孙权集团，以及从中原败退到荆州、又从荆州败退下去的刘备集团的联合抵抗。这年十一月，双方在赤壁（今湖北嘉鱼县境）接战，曹军由于骄盈轻敌，加上不习水战，又遇疾疫，结果大败。这是曹操生平遭到的最大的一次挫折，从此他的生活进入了第三个也是最后一个时期，而全国的政治形势也开始转入三国鼎立的局面。

在后期，曹操的精力集中于巩固北方的统一，发展经济和军事实力，为统一全国准备坚实的条件。他后期采取的主要军事行动是，建安十六年（211）平定了关中陇右地区，使整个黄河上游都纳入他的管辖之中；另外，同东南的孙权集团和西南的刘备集团之间，也发生过几次大的战役，不过这些战事基本上都是以相持形态进行的。在经济上，大力恢复并发展农业生产，屯田的规模也续有扩大。他又再三下令求贤，强调对人才不能求全责备，"士有偏短，庸可废乎！"（《敕有司取士勿废偏短令》，建安十九年）甚至说即使是"不仁不孝而有治国用兵之术"（《举贤勿拘品行令》，建安二十二年）的人，也不要遗漏。

这一时期，曹操在使自己的政权长期化方面，也采取了一系列措施。首先，他于建安十六年使儿子曹丕任副丞相，又封曹植等诸子为侯，这是为造成"盘石之固"的局面而作的安排。接着，他本人于建安十八年（213）封魏公，加九锡，魏国置尚书、侍中、六卿，在邺城设立了一整套正式的行政机构，这就进一步确定了汉献帝的傀儡地位。这一措施是他要代汉的明确表示，为此他曾与他的首席谋臣、长期的心腹荀彧发生矛盾，迫使荀彧自杀。建安二十一年（216）五月，曹操又进号魏王，二十二年，更设天子旌旗，备天子乘舆，并立曹丕为魏太子。这就完成了夺取帝位和权力世袭的一切准备。然而，曹操至死也没有代汉称帝。他的考虑主要是，在当时天下三分的形势下，自己率先做出这种举动，于实际利益上并无多少裨补，徒然给政敌们增加攻击自己的口实，容易在政治上陷于被动。所以当孙权上书向他称臣，并建议他称帝时，他立即警觉到，"是儿欲踞吾著炉火上邪！"而当他的部下陈群、夏侯惇等要他"应天顺民"称尊号时，他则说"若天命在吾，吾为周文王矣"，明确表示将由他的儿子来最后完成改朝换代的步骤。这是他的机敏处，也是他的周密处。

五、后期诗文创作

曹操在后期写有哪些诗歌，甚难确切判明。不过从作品内容看，大略可以认为，《短歌行》（之一、之二）、《秋胡行》（之一、之二）、《精列》等篇是晚年之作。在这些诗中，有两个问题比较复杂。一是诗中多有叹老嗟岁的描写，如"对酒当歌，人生几何。譬如朝露，去日苦多"，"天地何长久，人道居之短"，"年之暮奈何，时过时来微"等。在这些暮年之叹中，不可否认地存在着一些感伤情绪。这作为封建时代人物来说，是不足怪的。不过曹操的暮年感伤，是有限度的，他不像汉末某些文人那样，陷入哀愁绝望之中，或者引出及时行乐的消极想法来。对此，我们只要拿《古诗》中所写的"浩浩阴阳移，年命如朝露……不如饮美酒，被服纨与素"、"生年不满百，常怀千岁忧。昼短苦夜长，何不秉烛游"等对照起来读，即可明了。同时，诗人在这里也决没有专意叹老而忘了事业。《秋胡行》（之二）中说得好："不戚年往，忧世不治。存亡有命，虑者为蚩"。即使是在《短歌行》（之一）所写的"忧思难忘"、以酒浇愁的场合，他心中萦念着的仍然是希望多得贤才以辅己，来巩固发展既成的王业。他在诗中使用了《诗经》成句"青青子衿，悠悠我心"、"呦呦鹿鸣，食野之苹，我有嘉宾，鼓瑟吹笙"等，这些都是传统意义上的"求贤"诗句。诗末更以"山不厌高，海不厌深，周公吐哺，天下归心"来作结束，表现了对贤士的热切渴望和虚己延纳之意，同时也象征着诗人在事业上的永不满足。曹操晚年诗中这种"不戚年往，忧世不治"的精神，是同前面说及到的《龟虽寿》中表述的思想一脉相承的。

二是在曹操后期诗歌里，还存在着"游仙"的内容。如《精列》、《秋胡行》（之一、之二）中就有此类描写。至于《气出唱》三首，更可以视为纯粹的游仙诗（《气出唱》三首的写作时间不一定在后期）。对于这种游仙内容，学术界一般是作否定性评价的，如说"《气出唱》等游仙诗宣传神仙长生等思想；《秋胡行》除了游仙外，还有宿命思想"，说它们"在思想上和艺术上都不足取"（《中国文学史》）。不过这样评价似乎略嫌简单了些。游仙内容，当然说不上有多少积极意义，但我们也不能遽然将它们划入消极作品一类里去。曹操自述"性不信天命之事"（《让县自明本志令》），史载他曾"除奸邪鬼神之事"（《魏志·武帝纪》注引《魏书》），曹植也曾说过，对方士神仙之说，"家王及太子与余兄弟皆不信之，咸以为调笑"（《辩道论》），所以不能以此指他在宣传神仙长生。我以为这些包含着游仙内容的作品，当时主要是为了用于宴饮侑酒场合而创作的，其性质不过是"以为调笑"之资而已。当然，这个问题还可以作进一步探讨。

曹操在后期还写有一些优秀的散文，其代表作是《让县自明本志令》。令文作于建安十五年末，当时北方广大地区新定，加之赤壁败后未久，人心并不稳定，而内外政敌们又乘机发动宣传攻击，攻击的主要之点就是说他将"谋为篡逆"。为安定人心、反击政敌，曹操写了此文，以"自明本志"。令文分四段。第一段写他初入仕途时志望有限，只是想当一个郡守，或者封侯做征西将军，死后墓碑上好刻"汉故征西将军曹侯之墓"数字。第二段写他在董卓之乱后兴义兵，完全是"投死为国，以义灭身"，幸而平定天下，当了宰相，这对他来说，"意望已过矣"。第三段举周文王、乐毅、蒙恬等历史人物为例，说明自己并无"不逊之志"，并说这是自己的肝鬲之言。第四段说自己愿意将所封四县交出三县，食户三万减去二万，以"分损谤议"，但要他立即放弃兵权、政权，却不行，"诚恐己离兵为人所祸也"，"是以不得慕虚名而处实祸"。文章以"叙心腹"的口气写出，质朴、直率、娓娓动听，毫无当时官长行文故作典雅深文以自贵的作风。它写得极有气势，很具个人的特色。其中有些话如"设使国家无有孤，不知当几人称帝，几人称王！"在直率、自信中又夹有几分霸气，可谓典型的曹操语言，读了如闻其声、如见其人。此外，曹操的《与王修书》、《止省东曹令》等也写得很有特色。《止省东曹令》约作于建安十七年，令文很短，只有五句二十一字：

日出于东，月盛于东，凡人言方，亦复先东，何以省东曹？

它文义完足，不像有阙文，写得极精练。令文完全没有去分析事理，而是用了三个比喻，来说明东曹不该省去，写法是非常特别的。又它的语言节奏感很强，读来就如一首朗朗上口的民歌。

六、身后褒贬

建安二十五年（220）正月，曹操病卒于洛阳，享年六十六岁。他去世的当年十月底，曹丕就以禅代方式把汉献帝赶下台，自己登上了皇帝宝座，创建魏朝。曹操被追尊为武帝，因此后代又称他为"魏武帝"。

曹操在政治上一直是个有争议的人物。不仅生前他的政敌骂他"名为汉相，实为汉贼"，即在后世他也受到不少责难。对他非议的内容，无非就是"谋为篡逆"、"巨奸大猾"之类。出现这种现象，有历史的原因。一是曹魏国祚短促，只是经过文、明二世总共二十余年，政权就转移到了司马氏的手中。而历史上机运不长的朝代的君主，大凡都要受到后世的攻击。二是非议曹操最烈之时，在南宋以后，当时全国处于南北对峙状况，而"正统"的汉族政权僻处江左，北方中原地区是异族政权，于是三国时期居于北方中原的曹魏，自然就要被比拟为非正统的篡逆政权了。说到底，这里是封建的正统观念在起作用。至于明、清以后一般社会舆论对曹操的贬斥，则还同《三国演义》有不小关系。这部小说是在宋、元讲史的基础上写成的，尊刘反曹的思想贯穿全书。当然，与此同时，也有一些有识之士，能够比较公允地评论曹操的功过，如王夫之即是一人。至近代，曹操在历史上的本来面目逐渐得以恢复。鲁迅曾指出："曹操是个很有本事的人，至少是个英雄"。解放后，50年代末郭沫若、翦伯赞等曾专门撰文为曹操翻案，并引出了一场热烈的讨论。

至于曹操在文学上的贡献，则向来争议不多。只有钟嵘在《诗品》里将他列入"下品"，评价偏低。那是因为南朝时期流行绮丽文风，所以曹操质朴苍劲的诗歌不被重视。但唐、宋以后，评价就渐高，如敖陶孙说："魏武帝如幽燕老将，气韵沉雄"（《诗评》），胡应麟说："魏武沉深古朴，骨力难侔"（《诗薮》），吴乔说："（曹操）终身攻战，何暇学诗，而精能老健，建安才子所不及"（《围炉诗话》），这些都是有一定代表性的说法，而颇言中肯綮。另外，曹操是文人写作"拟乐府诗"传统的开创者。

曹操毕生著述甚丰，据清代姚振宗《三国艺文志》考证，后代流传的著作有十九种之多，其中仅《魏武帝集》即有三十卷。不过原集至宋代皆已散佚，明代张溥辑其零散作品，为《魏武帝集》一卷，包括令、教、表、奏事、策、书、尺牍、序、祭文、乐府歌辞等各体共一百四十五篇，清代严可均、丁福保等续有增补。1959 年中华书局据丁福保《汉魏六朝名家集》本为底本，加以校订补充，并增入《孙子注》，出版了《曹操集》，为现今最详备本子。

主要参考书目

1. 《曹操集》，中华书局编辑出版。

2. 黄节《魏武帝魏文帝诗注》（魏武帝部分），人民文学出版社版。

3. 余冠英《三曹诗选》（曹操部分），人民文学出版社版。

4. 北京大学中国文学史教研室《魏晋南北朝文学史参考资料》（曹操部分），中华书局版。

5. 安徽亳县《曹操集》译注小组《曹操集译注》，中华书局版。

6. 河北师范学院中文系古典文学教研组《三曹资料汇编》（曹操卷），中华书局版。

7. 《曹操论集》，三联书店编辑出版。

王　粲

（公元 177—217 年）

沈玉成

建安时代是一个作家蔚起的时代。曹操、曹丕、曹植父子以自己的政治地位和艺术实践总持风雅。在他们周围环绕着为数众多的作家，其中最著名的就是后人习称的"建安七子"。

"七子"这一名称，始见于曹丕《典论·论文》："今之文人，鲁国孔融文举，广陵陈琳孔璋，山阳王粲仲宣，北海徐干伟长，陈留阮瑀元瑜，汝南应玚德琏，东平刘桢公干。斯七子者，于学无所遗，于辞无所假，咸以自骋骥骤于千里，仰齐足以并驰，以此相服，亦良难矣。"曹丕这篇文章写作于建安二十三年前后，当时这七位作家都已去世，文章中特别提出他们，带有追怀悼念的意义，而并不意味着除了七子而外，就不再有像杨修、吴质这些可以和他们"齐足而并驰"的人物。由于《典论·论文》这篇文章的巨大影响，"七子"之名遂得以为后世文人所公认。

就文学成就来说，居于七子首位的应当是王粲。《文心雕龙·才略》说王粲"摘其诗赋，其七子之冠冕乎"，钟嵘《诗品》把他和曹植、刘桢共列于上品，代表了晋宋以来对王粲的评价，今天来看，这一评价也是恰当的。

一、流离于战乱之中

王粲，字仲宣，山阳高平（今山东邹城）人。他出生于名门世族之家。曾祖王龚，汉顺帝时官居太尉，名重一时；祖父王畅，曾被人称为"八俊"之一（见《后汉书·党锢传》），汉灵帝时做过司空。父亲王谦没有能像上两辈那么显赫，只在大将军何进府中当过长史。

何进是汉室外戚。东汉后期，外戚和宦官争夺政权，斗争十分激烈。中平六年（公元189年），灵帝病死，何进密令董卓率领凉州军开进洛阳，剪除宦官集团。不料事机不密，反为宦官先发制人，因而被杀。凉州军旋即抵达洛阳，董卓成为实际的执政者，鸩何太后，废少帝，立刘协，是为献帝，初平元年（190），董卓劫持献帝和百官西迁长安。在一片混乱之中，王谦、王粲父子随同西迁。这一年，王粲才十四岁。

王粲是一个聪慧早熟的少年。抵达长安以后，他的才华已经脱颖而出。长安的流亡政府中，有名儒、大手笔蔡邕。尽管时局极端动乱，蔡邕家里仍然经常宾客满堂。有一次，王粲登门拜谒蔡邕①。年近六十的蔡邕一听王粲来到，立即"倒屣迎之"（《三国志·王粲传》），使满座为之震惊。蔡邕对王粲作了一番称赞，又向宾客们表示要培养这一位神童："吾家书籍文章，尽当与之。"②

董卓是一个残暴的军阀，部队中的军官大多也是地方上的豪强土霸。这支部队具有极大的破坏性，在劫持献帝西迁的时候，纵火焚烧，使洛阳城内外百余里成为一片焦土；又把朝廷中多年

---

① 东汉以来，士人获取社会声誉的一条重要途径是取得名人的揄扬。王粲以童稚而见蔡邕，和《世说新语·言语》所记孔融之谒李膺颇为相似。

② 语见《三国志·王粲传》。蔡邕的话后来没有完全兑现。《三国志·钟会传》注引《博物记》："蔡邕有书近万卷，末年载数车与粲。"《后汉书·董祀妻传》也记有蔡琰对曹操说过"昔亡父赐书四千余卷"的话，可见蔡邕的藏书并没有全部送给王粲。

收藏的图书档案——写上字的绢帛撕裂拼缀为车盖和口袋，造成了秦火以来又一次大规模的文化浩劫。到达长安以后，董卓变本加厉，任意杀戮大臣，弄得统治阶级内部人人自危。初平三年，司徒王允收买董卓部将吕布杀死董卓。另外两个部将李傕、郭汜又杀王允，而后又互相攻杀。人民生活更陷于水深火热之中，几年之间，关中原野几乎不见人迹。

政府已经七零八落，封官赐爵却照常进行。十六岁的王粲曾经为司徒所辟，又有诏授他为黄门侍郎，他都辞而不就，并且和一位同样年轻早慧的朋友士孙萌联袂南下，投奔荆州，依附刘表。①

在南下的征途中，王粲写下了《七哀诗》第一首②，这首诗是现存王粲诗歌中写作年代最早的一首诗，年轻的诗人为读者展开了一幅惊心动魄的战乱图：

> 西京乱无象，豺虎方遘患。复弃中国去，委身适荆蛮。
> 亲戚对我悲，朋友相追攀。出门无所见，白骨蔽平原。路有
> 饥妇人，抱子弃草间。顾闻号泣声，挥涕独不还。"未知身
> 死处，何能两相完？"驱马弃之去，不忍听此言。南登霸陵
> 岸，回首望长安。悟彼《下泉》人，喟然伤心肝。

王粲以惨恻而愤慨的心情描绘了军阀之间的战乱给人民带来的苦难。"出门无所见，白骨蔽平原"，正可以和曹操的"白骨露于野，千里无鸡鸣"（《蒿里行》）互相匹敌，互相印证。诗中选择了妇人弃子的情节，吴淇评论说："人当乱离之际，一切皆轻，

---

① 《三国志》本传记此事，谓是年粲十七岁。但据《文选》卷二十三王粲《赠士孙文始》诗李善注引《三辅决录》赵岐（当作挚虞）注，记士孙萌南下事于王允被杀之前，而王粲此诗又明言"我暨我友"，"迁于荆楚"，则本传所记有误，当作"年十六"。请参看俞绍初《王粲集》附录《王粲年谱》。

② 《七哀》为乐府诗题。王粲有《七哀诗》三首，历来都认为非一时一地之作。又，日本学者伊藤正文在《王粲〈七哀诗〉考》中说，很难认为"这样成熟度甚高的作品会出自十六岁的青少年之手"（章培恒译，载《中华文史论丛》1982年二辑）。按，仅凭"成熟度"来推断，理由是不充分的。不必多举论证，夏完淳十卷《夏节愍公集》中的一些作品，单就"成熟度"这一点来说，也许超过王粲这首诗，而他仅仅活了十七岁。

最难割者骨肉，而慈母幼子尤甚。写其重者，他可知矣。"（《六朝选诗定论》卷六）吴淇论诗，多有迂腐的见解，但这一段分析是可取的。古人所谓"举重赅轻"，突出最动人、最典型的部分，其他就不言自见。王粲成功地使用了这一技巧，有如乐曲中以强音奏出主旋律，给人的印象就格外强烈。前人大多认为王粲的五言诗声韵和缓，但这首《七哀诗》却结构紧凑，音节急促，格调悲凉，是建安前期诗歌中一首突出的作品。

二、荆州十五年

建安初年的战争浩劫并没有波及荆州。荆州辖有八郡，包括今天的湖北、湖南地区，"地方千里，带甲十余万"（《三国志·刘表传》）。州牧刘表，出身于太学，也是士大夫阶层中的一个有名人物，史称刘表在荆州"爱民养士，从容自保，关西、兖、豫学士归之者以千数"（《资治通鉴》卷六二献帝元年）。由于这一原因，加上刘表和王粲是同乡，又曾受学于王畅，王粲之投奔这块"乐土"就是非常自然的事了。

在荆州襄阳，王粲定居达十五年之久。有关这一段时期的生活和创作，虽然史文简略，但是钩稽比照，还可以弄清大致的轮廓。

王粲是一个聪明绝顶的才子，然而身材短小，其貌不扬。刘表原来想把女儿嫁给王粲，就由于嫌王粲"形陋"而改变主意，转而嫁给了王粲的族兄王凯，而且直言不讳地向王粲说明理由。王粲为人"躁竞"而"通侻（同脱）"，自然难免不快。也许正由于此，他和刘表之间始终不能融洽，在荆州一直不受重用。曹植在《王仲宣诔》中说他"翕然凤举，远窜荆蛮。潜处蓬室，不干权势"，所谓不干，对热中仕进的王粲来说，自然不是"不为"而是"不能"。

刘表的幕府中不乏像蒯越、韩嵩这样的才智之士，然而在文学才能上，则没有人可以和王粲抗衡。所以，王粲尽管抱负不伸，他的长处却没有被埋没。刘表需要王粲，王粲想在荆州安身立命，也不得不克尽厥职。

建安三年，长沙太守张羡起兵背叛刘表，刘表发兵讨平张羡。为了收拾人心，宣传这次军事行动合乎大义，就由王粲执笔写了一篇《三辅论》，以汉赋中假托主客的办法，申明用兵乃是为了"去暴举顺"，并且对刘表的武功作了一番铺陈。文章已经残缺，辩护士的口吻却已昭然可见。建安五年前后，王粲又写了一篇《荆州文学记官志》，颂扬刘表延揽儒生，讲求经术，在文治方面也有重大的成就。

当时的北方地区，是曹操与袁绍互争雄长的局面。建安五年官渡一战，曹操以弱胜强，大败袁绍。两年后，袁绍病死，他的两个儿子袁谭、袁尚兄弟阋墙，互争继承权。袁尚的兵力多于袁谭，袁谭在困急之余向曹操求救。从袁氏的利益来说，这无异于引狼入室，而对刘表来说，失去了犄角之势，其后果也不难想见。于是刘表让王粲代自己写信分致谭、尚兄弟，动以感情，晓以利害，希望他们停止争斗，外御其侮，"先除曹操，以平先公之恨；事定之后，乃议兄弟之怨，使记注之事定曲直之评。"这种为双方劝和的信很难掌握分寸。王粲在七子中本不以尺牍见长，但这两封信驾驭得宜，显示了他多方面的写作才能，刘勰称他"文多兼善"（《文心雕龙·才略》），自非溢美之辞。

官样文章不妨碍体现作家的技巧，却难于见出作家的感情。要了解王粲，需要通过他述志抒怀的诗歌和辞赋。

可以考定为作于荆州的诗篇是《赠士孙文始》、《赠文叔良》、《赠蔡子笃》、《七哀诗》的第二首，《思亲为潘文则作》也可能是这一时期的作品。除《七哀诗》以外，其他都是四言诗。士孙文始即前面提到的士孙萌。萌父名瑞，是王允诛杀董卓的幕后策划者，和王允一起为李傕所杀。据《三国志·董卓传》注引《三辅决录》注："天子都许，追论瑞功，封子萌澹津亭侯。"萌临当就国，王粲作诗赠萌。献帝迁许，事在建安元年（196），诗的写作时间也应当是这一年或下一年。诗中叙述和士孙萌南下，身当离乱，以故知而同处他乡，更显出了友谊的亲厚。全诗语言典雅，在惜别、慰勉之中又渗进了自己的感伤和不平。蔡子笃，名睦，是蔡邕的从兄弟，魏国建立后官居尚书（见《晋书·蔡谟传、蔡豹传》）。王粲送别蔡子笃返回北方故乡，而自己却久滞荆楚，感情更为怆恻。诗的语言朴素质直，不务雕绘，"风流云散，一别如雨"，更为历来的批评家所激赏。《七哀诗》"荆蛮非吾乡"，用狐狸赴穴、飞鸟归林既赋且比的手法，又用波响猿吟、风凄露冷的气氛渲染，以点明主题"羁旅终无极，忧思壮难任"①。陈祚明《采菽堂古诗选》卷七说王粲的诗是"小雅、变风之余"，刘熙载《艺概》卷二说"王仲宣诗出于骚"，单从这几首诗来看，也足以证明是一偏之论。实际上，诗、骚的传统，在王粲的作品中都是体现得相当清楚的。

这种去国怀乡之思在《登楼赋》中得到了淋漓尽致的表达。建安十年左右，王粲曾经到过当阳县东南的麦城②，登上城楼，极目四望，不禁悲从中来：

> 虽信美而非吾土兮，曾何足以少留！遭纷浊而迁逝兮，漫逾纪以迄今。情眷眷而怀归兮，孰忧思之可任！凭轩槛以遥望兮，向北风而开襟。平原远而极目兮，蔽荆山之高岑。路逶迤而修迥兮，川既漾而济深。悲旧乡之壅隔兮，涕横坠而弗禁。昔尼父之在陈兮，有"归欤"之叹音。钟仪幽而楚奏兮，庄舄显而越吟，人情同于怀土兮，岂穷达而异心。

接着就感伤日月不居，希冀天下清平，自己得以骋驰当世。这种怀才不遇，要求见用的心情，从建安到盛唐，在文人的作品中具有很大的普遍性，反映了腐朽的门阀或权贵对人才的压抑。敏感的文人喊出的是时代的声音。文学作品可以和实际的政治才能如

---

① 壮，前人或释为少壮之壮，自属望文生义。或释作壮盛之壮，也稍觉迂曲。余冠英《汉魏六朝诗选》引《方言》释作刺痛，新而有据，可从。

② 王粲所登的楼家在何处，历来有襄阳、江陵、当阳三种，而且互相驳难，迄无定说。这里采用郦道元《水经注》"沮水"和"漳水"中的意见。清初的吴景旭在《历代诗话》卷一五认为"于理为近"。

风马牛之不相及。如果有人鄙夷不屑地谴责曹植的骄妄，或者旁搜博引地论证李白不是只会说豪言壮语而确有安邦定国之策，那么，至少他所谈的不是文学。王粲的情况也属于这一类。下面我们可以看到他在曹操那里得志以后所做出的"成绩"。

辞赋这一文学形式，由汉初降及建安，篇幅多由巨制而转为小品，写法上也从铺陈排比而转为抒情体物。王粲的《登楼赋》和曹植的《洛神赋》代表了建安辞赋的最高成就，这应当是不会有不同意见的。

从一些迹象来看，王粲在荆州十五年，曾和经学大师宋忠有所交往。《隋书·经籍志》录有《尚书释问》四卷，题"魏侍中王粲撰"，有的研究者认为可能就是受宋忠的影响而写成的（参看缪钺《读史存稿·王粲行年考》）。

王粲在荆州的交游，可以考知的还有裴潜和潘濬。裴潜在私下对王粲说过刘表的坏话，可见他们交非泛泛；潘濬为人聪察，曾经受到王粲的赏识。这两人《三国志》均有传。

据梁元帝萧绎的《金楼子》记载，王粲在荆州"著书数十篇。荆州坏，尽焚其书，今在者一篇，知名之士咸重之"。萧绎的说法不知何所依据。以情理而论，曹操对文士一贯比较优待，王粲何至惊惶到"尽焚其书"？但既然文献有征，无妨转录以备一说。

三、邺下时期的生活和创作

建安十三年（208），王粲的生活中发生了重大的转折。

曹操在建安九年彻底消灭了袁绍的残余力量，平定河北，统一中原。建安十年，曹操又北击乌桓，解除了后顾之忧，于是就积极准备南下。八月，刘表病死，刘琮继守荆州。当时荆州统治集团内部，在对待曹操的态度上分为主战和主降两派，王粲属于主降派。九月，刘琮降。

曹操不愧为雄才大略的政治家。他刚刚取得荆州，就迫不及待地擢用人才，过去不为刘表所容以及不愿和刘表合作的和洽、刘廙、韩暨、裴潜、司马芝和王粲，都被任命为适当的官职。王粲被辟为丞相掾，赐爵关内侯。

这一次南行，曹操的随行人员除了曹丕以外，还有刘桢、徐干、陈琳、杨修、应玚等文士。从此，王粲就加入了曹操幕中的文士行列，并越来越受到曹氏父子的信任。为了庆贺这次南征的成功，在离开襄阳进击刘备以前，曹操虽然军务倥偬，仍抽暇在汉水之滨置酒大宴群僚。在宴会上，王粲举觞致辞，歌颂曹操这一选任贤俊的措施，"使海内回心，望风而愿治，文武并用，英雄毕力"。这"贤俊"之中自然包括王粲自己。由侘傺不遇而青云得路，这一番话透露了王粲的兴奋和洋洋自得之情。

很可能就是出于宴会主人的倡议，以汉皋神女为题，请诸文士临江作赋。① 严可均《全后汉文》录有陈琳、杨修、应玚、王粲的《神女赋》，显然是同时的作品。王粲这篇赋写得相当成功，警句像"扬娥微眄，悬藐流离。婉约绮媚，举动多宜"，不仅画出了神女的风韵，而且创造了后世"淡妆浓抹总相宜"、"宜嗔宜喜"这样的描写技巧（参看钱钟书《管锥编》第三册第六七条）。

曹操在襄阳没有停留多久，就率领大军追击刘备，然后抵达江陵，顺流而东，与孙权在赤壁交战，不幸被周瑜一把火烧得大败。曹操留曹仁、徐晃镇守江陵，自己率领残兵败将回到老家谯郡（郡治在今安徽亳县），休养整顿，训练水军，以图报仇雪恨。

王粲是否随行至江陵和谯郡，已经无法考知。这一年的春夏之交，他曾经回过许都或洛阳，《初征赋》是这次旅途中的纪行之作。赋名《初征》，又有"逢屯否而底滞兮，忽长幼以羁旅。赖皇华之茂功兮，清四海之疆宇"这些话，足以证明是第一次北返。曹丕在《典论·论文》中以《初征》、《登楼》并举，可惜这篇赋已经残缺，仅在《艺文类聚》卷五十九保留下来十八句，

中国历代著名文学家评传（第一卷）

---

① 建安文士同题之作，大多是游宴集会的产物。《神女赋》不妨也作如是观。

不得窥其全豹，因而无法作更多的评论。

这次北返的时间很短，不顾盛暑，王粲又匆匆赶到谯郡。七月，曹操发兵从涡水入淮水，到达合肥。王粲和曹丕都有《浮淮赋》，赞美军容的威武壮盛。十二月，曹操又回到谯郡。曹氏父子在公余之暇，仍然不失他们的诗人本色，和文士们长夜饮宴，刘桢《赠五官中郎将》的第一首描写的就是饮酒听歌的情状。王粲现存的作品中没有类似的内容，但作为当时的座上客之一，应当不会例外。

赤壁之战以后，孙权据江东以自保，刘备取得荆州，孙刘联盟，和曹操形成暂时稳定的对峙局面。曹操于是退回邺城，着手安定内部。从这时开始，建安文士才云集于邺下，文风臻于极盛，像钟嵘《诗品序》中所说的那样："曹公父子，笃好斯文；平原兄弟，郁为文栋；刘桢王粲，为其羽翼。次有攀龙托凤，自致于属车者，盖将百计。彬彬之盛，大备于时矣！"他们游宴过从，吟诗作赋，"并怜风月，狎池苑，叙酣宴，慷慨以任气，磊落以使才"（《文心雕龙·明诗》）。王粲和其他文士虽然不断还有跟随曹操出征的任务，但是此去彼来，邺下文坛始终活跃而且热闹，一直持续到建安二十二年为止。

在过去，富贵和欢愉往往是文学家的不幸。从此以后，王粲就很难写出像上面说过的《七哀诗》和《登楼赋》这样忧思深广的作品了。读者在王粲集中所看到的《公宴诗》、《杂诗》以及以玛瑙勒、车渠碗、白鹤、鹦鹉等等为题材的大量咏物小赋，其中有的题目也见于其他文士的作品中，无疑都是奉命应教的产物。这些作品中间或也渗进一些作家的寄托，但总显得浅而且轻。当时王粲已经迁升军谋祭酒，仕途颇为得意。建安十八年，封曹操为魏公，加九锡。受封之前，曹操做了一通三揖三让的老文章。揖让之际，荀攸、王粲领衔劝进。曹操受封以后，王粲立即被任为实权很重的侍中之一。至此，他要"假高衢以骋力"的壮志已酬，积极性更为高涨。他走马上任，"兴造制度"（本传），制礼作乐，写作了《太庙颂》和《俞儿舞歌》等几篇有韵的谀辞。

这自然不等于说王粲入邺以后没有写出过比较好的作品。建安十六年七月，曹操西征马超，曹植、王粲、阮瑀随军。八月，过洛阳首阳山，王粲有《吊夷齐文》。历代对伯夷、叔齐的评论可谓极多，王粲这篇吊文，褒贬抑扬都能言之成理：

> 知养老之可归，忘除暴之为仁。絜己躬以骋志，衍圣哲之大伦。忘旧恶而希古，退采薇以穷居。守圣人之清概，要既死而不渝。厉清风于贪士，立果志于懦夫。到于今而见称，为作者之表符。虽不同于大道，合尼父之所誉。

在曹氏代刘已成定局的形势下，细辨文章的用意，实际上在于颂今而不在于悲古，同时也是为自己的行为开脱。这是一个"古为今用"的例子。阮瑀在同时也作有《吊伯夷》，唱的是"求仁得仁"的老调，远远比不上王粲的聪明伶俐。这年年底，大军返回长安，路过为秦穆公殉葬的"三良"冢，有《咏史诗》。过去有人认为"孟德阴贼，好杀贤士。仲宣《咏史》，托讽《黄鸟》"①。可是评论家忘记了曹植也写有同样的一首《三良诗》，两诗的立意甚至遣词都十分相似，难道儿子也竟会讽刺老子？不恰当地赞誉和不恰当地责备王粲以"圣君"称呼曹操一样，都算不得知人论世的公正见解。

《从军诗》五首，第一首作于建安二十一年正月，其他四首作于这一年年底的征吴途中。这一组诗也是比较优秀的作品。诗的基调是毫不回避从军的辛苦，然后笔尖一转，说有这样既神且武的主帅运筹策划于帷幄之中，敌人很快可以荡平，而且士卒的本职就是打仗，岂能因为想念家中老小而牢骚愁苦？最后落到自己，表示了铅刀一割的心愿。全诗气象壮阔，格调苍劲，立言也可谓得体，为后来杜甫的前、后《出塞》这一类作品开辟了先路。

《从军诗》的第五首是王粲的绝笔。早年的流离颠沛，壮年

---

① 张溥《汉魏六朝百三家集·王侍中集》题辞。持这种见解的并不止张溥一人。

的尽瘁王事，这位"体弱通悦"的诗人终于在军中得病①，第二年即建安二十三年正月二十四日离开了人世，年四十一岁。死后被安葬在济州城任城县，地在今山东济宁县。他有两个儿子，建安二十四年因为与魏讽造反一事有关，为曹丕所杀②。

和同时代的文士相比，王粲的后半生是得意的。孔融、杨脩被杀，徐干贫病，应氏兄弟曾远赴朔方，刘桢因平视甄夫人而被罚做苦工，独独王粲一直为曹操所信用，委以重要的职责，经常陪同曹操坐车出入。而且，在曹氏兄弟的夺嫡之争中，王粲也能以玲珑圆滑的态度周旋其间，而不像杨修、吴质那样死保一派，因而能同时获得曹丕和曹植的好感。《世说新语·伤逝》："王仲宣好驴鸣。既葬，文帝临其丧，顾与同游曰：'王好驴鸣，可各作一声以送之。'赴客皆一作驴鸣。"喜欢驴鸣，也许是王粲"通悦"的一种表现。不顾别人的难堪，让生前友好都各作一声，由此可以见出王粲在曹丕心目中所占的比重。曹植作有《王仲宣诔》，说自己和王粲"义贯丹青，好和琴瑟，分过友生"。这样的遭际，也确实够得上"生荣死哀"了。

王粲聪明而博学，《三国志》本传说他"博闻多识，问无不对"，读道边碑能够背诵而不失一字，看围棋局可以覆局而不误一道。他通经学，能算术③，在文学领域里更是兼工各体，"著诗、赋、论、议垂六十篇"。《隋书·经籍志》记王粲有集十一卷，到了宋代尚存八卷（晁公武《郡斋读书志》），宋以后就散佚了。现在我们所能看到的王粲作品，都出于后人的辑录，比较常见的有张溥辑本《王侍中集》，在《汉魏六朝百三家集》中；丁

---

① 夺走王粲生命的是一种传染病，古人称为"疫疠"。史载，本年初春，操军在居巢遇疫，而且还把病菌带回邺城，造成了更大的灾难，"家家有僵尸之痛，室室有号泣之哀"（曹植《说疫气》），徐干、陈琳、应场、刘桢都染病而卒。

② 当时曹操正在关中，听到这件事，叹气说："孤若在，不使仲宣无后。"见《王粲传》注引《文章志》。

③ 古代所谓算术，多指历数之术，但也间指计算之术。本传说他"性善算，作算术略尽其理"，当是用的后一种意义。

福保辑本《王仲宣集》，在《汉魏六朝名家集》中。1980年中华书局出版的俞绍初校点本《王粲集》，在前人的基础上作了进一步的加工整理，录存诗二十三首，文四十六篇，补遗七题，并附录清人黄奭所辑的《英雄记》①。每篇作品都注明出处，颇便读者使用。

王粲对于后世的影响，钟嵘曾经在《诗品》中言之凿凿，说潘岳、张协、张华、刘琨等晋代作家"其源出于仲宣"。钟嵘所见到这些作家的作品要比今天多得多，他比我们有更为充分的发言权。而在我们看来，这种继承发展的脉络则已经不是那么清楚了。然而，就建安文学的全貌来说，时代精神的一致较之作家风格的差异要远为重要。建安文学对后世的巨大影响，其中也有属于王粲的一部分，而且是不小的一部分。

195

主 要 参 考 书 目

1. 陈寿《三国志》卷二一《王粲传》，中华书局校点本。
2. 刘勰《文心雕龙》（范文澜注），人民文学出版社版。
3. 钟嵘《诗品》（陈延杰注），人民文学出版社版。
4. 萧统《文选》，中华书局影印胡刻本。
5. 严可均《全上古三代秦汉六朝文》，中华书局本。
6. 俞绍初《王粲集》，中华书局版。
7. 余冠英《汉魏六朝诗选》，人民文学出版社版。
8. 王仲荦《魏晋南北朝史》，上海人民出版社版。
9. 《王粲行年考》，缪钺《读史存稿》。

中国历代著名文学家评传（第一卷）

---

① 《隋书·经籍志》录有《汉末英雄记》八卷，题作王粲撰，列在"杂史"类中。《三国志》裴松之注曾大量引用过《英雄记》，《后汉书》李贤注、《文选》李善注和唐宋类书中也时有引录。但《英雄记》是否就是王粲的《汉末英雄记》，还有待进一步探讨。

蔡 琰

（约公元 177—？年）

陈祖美

一、蔡琰的生平

蔡琰是以才华著称的汉末女诗人。字文姬，又字昭姬，陈留
圉（今河南杞县）人，汉末著名学者蔡邕的女儿。博学多才，精
通音律。她的生平，史载不详。丁廙《蔡伯喈（邕）女赋》称：
"在华年之二八，披邓林之曜鲜，明六列之尚致，服女史之话言。
参过庭之明训，才朗悟而通玄。当三春之嘉月，时将归于所天。"
（《艺文类聚》卷三〇）从这段话里可以知道，蔡琰于十六岁时适
人。据《后汉书·列女传》记载，蔡琰先是适河东卫仲道，夫死
无子，归母家。兴平中，天下丧乱，为胡骑所虏，身陷南匈奴十
二年，与左贤王生二子。曹操素与邕善，念其无后，乃遣使者以
金璧赎回，再嫁给同郡董祀①。

董祀为屯田都尉，犯法当死，文姬诣曹操请之。当时公卿名
士及远方使驿坐者满堂，操谓宾客曰："蔡伯喈女在外，今为诸
君见之。"及文姬进，蓬首徒行，叩头请罪，音辞清辩，旨甚酸

---

① 参见《太平御览》卷八〇六曹丕《蔡伯喈女赋序》，中华书局 1960 年版。序
中有"命使者周近持玄玉璧"的话。

哀，众皆为改容。操曰："诚实相矜，然文状已去，奈何？"文姬曰："明公厩马万匹，虎士成林，何惜疾足一骑，而不济垂死之命乎！"操感其言，乃追原祀罪。时且寒，赐以头巾履袜。操因问曰："闻夫人家先多坟籍，犹能忆识之不？"文姬曰："昔亡父赐书四千许卷，流离涂炭，罔有存者。今所诵忆，裁四百余篇耳。"操曰："今当使十吏就夫人写之。"文姬曰："妾闻男女之别，礼不亲授。乞给纸笔，真草唯命。"于是缮书送之，文无遗误。

蔡琰青少年时期都是生活在一个政治黑暗、战乱频仍、民不聊生的时代。

正因为是这样的时代，她的"有血性"（鲁迅《且介亭杂文二集·题未定草六》）、为人正直、"才学显著"（《三国志·王粲传》）的父亲，才屡遭迫害。汉灵帝时，蔡邕任议郎，因应诏上书论朝政阙失，受到中常侍程璜的构陷，被关进洛阳监狱，与家属髡钳徙朔方。九个月后，遇到大赦，又为中常侍王甫弟五原太守王智所密告。邕虑卒不免，乃亡命江海，远迹吴会，积十二年。董卓专权，邕被胁迫利用，署祭酒。及董卓被诛，邕被牵累下狱死。

蔡琰的命运与其父是患难与共、休戚相关的。《后汉书·宦者列传》记载，中常侍吕强为蔡邕申冤上疏中有："陛下回受诽谤，致邕刑罪，室家徙放，老幼流离。"蔡邕此次获罪是公元178年。"老幼流离"的"幼"当指蔡琰，因为她是蔡邕的独生女儿。这说明蔡琰从襁褓期间开始，就跟随父亲过了九个月的囚放生活，十二年"亡命江海"的生活。

蔡琰在丈夫卫仲道死后，因没有孩子，回到娘家陈留圉居住。在汉献帝兴平（公元194—195年）年间，她被掠到南匈奴。当时，蔡琰约十七八岁。一个青年女子，只身流落异乡，受尽了种种不堪忍受的折磨，况且她还是"忠孝素著"的一代名儒的"令女"！当蔡琰在南匈奴生活了十二年、生了两个孩子之后，曹操派使者用金璧赎其归汉。这时，蔡琰又处在悲喜交集的矛盾之中。归汉是历史盛事，令人高兴，从此，她这个被称为"中郎有女能传业"① 的才女，将得以一展才学，同时也可以消弭她十二年来远离乡里、思乡怀旧的痛苦；然而抛别"尚未成人"② 的两个孩子，对于一个做母亲的人来说，这又不能不是极大的痛苦和不幸。

蔡琰的最后结局，史载阙失，目前只有从她的作品中去寻找答案。

二、蔡琰的作品

史籍中系于蔡琰名下的作品共有三篇，即是见于《后汉书·列女传》中的五言和骚体《悲愤诗》各一章，以及见于郭茂倩《乐府诗集》和朱熹《楚辞后语》的琴曲歌辞《胡笳十八拍》。这三首诗虽然都是以蔡琰的身世为题材的自传体作品，但自从苏轼以"东京无此格"（曾慥《类说》卷九《仇池笔记·拟作》）等理由否认五言《悲愤诗》是蔡琰写的以来，三首诗的真伪问题一直存在。目前，文学史界基本肯定五言《悲愤诗》是蔡琰写的；认为骚体《悲愤诗》所述情节与事实不符，是晋人伪托的。对《胡笳十八拍》的作者问题，也有不同争论。其中，有曲调的作者问题，有诗的作者问题。要回答曲调的作者问题，不妨先看看蔡琰的音乐修养。除了《后汉书·列女传》说蔡琰"妙于音律"外，李贤等在她的传注中引刘昭《幼童传》云："邕夜鼓琴，弦绝。琰曰第二弦。邕曰偶得之耳。故断一弦，问之，琰曰第四弦。并不差谬。"《后汉书·蔡邕列传》称蔡邕善鼓琴。蔡琰在其父的熏陶下，从小具备了音乐创作条件。唐诗中有句云："蔡女昔造胡笳声，一弹一十有八拍"（李颀《听董大弹胡笳声兼语弄

---

① 中郎即蔡邕。《后汉书·蔡邕列传》："初平元年，拜左中郎将"，史称蔡中郎。"中郎有女能传业"一语，分别见《昌黎先生集》第十卷《游西林寺题萧二兄郎中旧堂》一诗和《王临川全集》第三七卷《胡笳十八拍》集句。

② 见蔡琰的五言《悲愤诗》，以下引文未注明出处的皆见此诗。

寄房给事》)，"文姬留此曲，千载一知音"（刘长卿《鄂渚听杜别驾弹胡琴》），《乐府诗集》引《琴集》曰："大胡笳十八拍，小胡笳十九拍，并蔡琰作。"还有"蔡女传笳谱"之说。因此，认为《胡笳》曲调是蔡琰写的，当是顺理成章的。而《胡笳十八拍》诗的作者是不是蔡琰，历来有争论，今人的两种不同意见，可参见 1959 年中华书局出版的《胡笳十八拍讨论集》。这次讨论中的肯定论者可以郭沫若为代表，他说："这实在是一首自屈原的《离骚》以来最值得欣赏的长篇抒情诗。""是用整个的灵魂吐诉出来的绝叫"。"没有那种亲身经历的人，写不出那样的文字来"。"我是坚决相信那一定是蔡文姬作的"。否定论者的意见概括起来大致是：第一，《胡笳十八拍》诗的内容与史实和南匈奴的地理环境不合；第二，从东汉末年到唐代几百年的时间不见著录、论述和征引；第三，风格体裁与汉末不同；等等。

　　五言《悲愤诗》的长处在于真实而深刻地反映了那个苦难的时代，艺术地再现了蔡琰悲惨的一生。诗中淋漓尽致地描写了作者在汉末丧乱中目睹的"马边悬男头，马后载妇女"的惨状、自身遭受的"欲死不能得，欲生无一可"的苦难，以及流落异地思乡念亲的悲哀、被赎归汉离别"出腹子"时肝肠欲摧的痛苦。诗的结尾更发人深思，作者说自己回到中原家里，家人丧亡殆尽，连内外表亲亦靡一孑遗。家乡田园荒芜，白骨露野，人声断绝，豺狼号叫。孤苦零丁，虽生无依。最后写道：

　　　　　托命于新人，竭心自勖厉。流离成鄙贱，常恐复捐废。
　　人生几何时，怀忧终年岁。

这些悲怆凄楚的诗句，既可补充史料之不足，又能触发读者的艺术想象。在史乘中，我们还无法断定蔡琰命运的结局，对其经历的记载也极为简略。但蔡琰诗中却再现了她身经亲人丧亡之苦、又罹流离战乱之难、终抱抛别亲子之憾的悲惨人生。使人不难设想，蔡琰如同封建社会中千千万万倍加不幸的妇女一样，将是"一生抱恨常咨嗟"（《王临川全集》卷三七）。不言而喻，对于了解封建社会妇女的命运和汉末的社会现实，这首诗有着深刻的悲剧意义和独特的认识价值。

五言《悲愤诗》有比较完整的故事情节和人物形象，在文学史上被认为是叙事诗，在一定意义上可以说是感情的结晶体。这首诗的特点是感情饱满，情绪激越，尤以母子之别，写得真挚沉痛。全诗在叙述了主人公从被掳到入胡的过程后，用了将近三分之一的篇幅描写母子连心的感受：

> 邂逅徼时愿，骨肉来迎己。已得自解免，当复弃儿子。天属缀人心，念别无会期。存亡永乖隔，不忍与之辞。儿前抱我颈，问"母欲何之？人言母当去，岂复有还时？阿母常仁恻，今何更不慈？我尚未成人，奈何不顾思！"见此崩五内，恍惚生狂痴。号泣手抚摩，当发复回疑。……去去割情恋，遄征日遐迈，悠悠三千里，何时复交会？念我出腹子，胸臆为摧败。

这些诗句不仅写得感情真挚，动人心弦，还巧妙地把叙事、对话、心理描写等穿插在一起。人物形象生动传神，跃然纸上。

无可讳言，在民族问题上的时代局限性，这首诗里也有反映。如下边诗句：

> 边荒与华异，人俗少义理。处所多霜雪，胡风春夏起。

出身于诗礼之家的蔡琰，从个人被蹂躏被侮辱的种种遭遇出发，认为少数民族地区"人俗少义理"，与汉族不一样，自己看不惯，这是可以理解的。

在文学史上，不少作家的崇高地位，是由他们卷帙浩繁的传世之作确立的；而蔡琰作品的流传，固然与其经久不衰的生命力有关，但这种生命力，是用作者的血肉之躯培育成的。如果要说在文学史上的贡献，那末，蔡琰的贡献，远不是一二首诗的问题，她是把整个身心都融合到创作之中了，她所奉献的是整个的生命。

主要参考书目

1. 范晔《后汉书》：《蔡邕列传第五十下》，《宦者列传第六十八》,《列女传第七十四》,《南匈奴列传第七十九》,中华书局校点本。

2. 丁廙《蔡伯喈女赋》,见《艺文类聚》卷三〇,中华书局本。

3. 陈寿《王国志》卷二一《王粲传》,中华书局校点本。

4.《蔡中郎集》,《四部丛刊》本。

5. 郭茂倩《乐府诗集》第五九卷,中华书局本。

6. 朱熹《楚辞后语》卷三,《古逸丛书》本。

7. 余冠英《论蔡琰〈悲愤诗〉》,见《汉魏六朝诗论丛》,古典文学出版社版。

8.《胡笳十八拍讨论集》,中华书局版。

曹 丕

（公元 187—226 年）

一、童年及邺城时期生活

曹丕，字子桓，曹操卞氏所生长子。生于汉灵帝中平四年（公元 187 年）。那时正值汉末天下大乱。就在此前不久的中平元年，暴发了全国规模的黄巾农民大起义，而就在此后不久的中平六年，又发生了外戚何进与宦官间的大火并，接着又是连绵不绝的军阀大混战。作为群雄之一的曹操，初起时实力不强，而且没有巩固的根据地，为安全计，他经常置家眷于军中转战四方。这种军旅生活，给予幼小的曹丕以很大影响，他曾自述："……余时年五岁，上以四方扰乱，教余学射。六岁而知射，又教余骑马。八岁而知骑射矣。"（《典论·自叙》）然而曹丕并没有仅仅成为一介武夫，据记载，也就是在这八岁时，他已经"能属文"，稍稍长成，又"博贯古今经传、诸子百家之书"（《魏志·文帝纪》注引《魏书》）。曹丕这种文、武兼通的发展方向，同他父亲的教导有很大关系，曹操本人就是一位文才出众、武略盖世的英杰。

建安九年（204），曹操同最大对手袁绍父子间的多年战争，取得了决定性胜利，攻克了袁氏大本营邺城。年仅十八岁的曹丕，在进驻袁氏府第时，遇见了来不及逃走的袁绍次子袁熙的妻子、比他大五岁的甄氏，他见她貌美，遂纳为妻。从这以后，随着北方广大地区渐次被平定，曹操也改变了家眷随军的做法。曹丕有时虽还须随父出征，如建安十三年的南征刘表、建安十七年的东征孙权等，他也参加了，但大部分时间都安居于曹操的统治中心邺城，直到建安二十四年（219）他三十三岁为止。在这一时期里，曹丕作为曹操的公子，在邺城的生活是相当奢华的。他所爱好的是宴饮游乐、击剑田猎等。那情形正如他在《与吴质书》中写的：“……弹棋闲设，终以六博，高谈娱心，哀筝顺耳，驰骛北场，旅食南馆，浮甘瓜于清泉，沉朱李于寒水，白日既匿，继以朗月，同乘并载，以游后园……”他还喜欢狎伎，曾经纳过一个歌妓名叫王孙琐的。当时邺城盛行斗鸡，曹丕就是主角之一，应场《斗鸡》诗中“兄弟游戏场，命驾迎众宾……”指的就是曹丕兄弟。至于在政治上，曹丕在这一时期则已逐渐成熟，曹操也有意让他担当一定的任务，以观察他的才能。如建安十六年曹军西征马超，建安二十年西征张鲁，建安二十四年西征刘备，数次留守后方邺城之责，就都由曹丕承担。在留守期间，他基本上不负父亲的重托。如二十四年那一次，西曹掾魏讽等人乘大军在外、邺城空虚之机会，潜结谋反，曹丕及时发现了这一阴谋而予以扑灭。因此，在众兄弟中，他是比较受曹操看重的。这种受到重视的情况，除了上述曹操数次出征，他都担起留守邺城之任外，还表现为在政治名分上，他常在诸弟之上。曹操于建安十六年初始封诸子，有曹植、曹据、曹林等分别封为侯；曹丕则未封侯，被任命为五官中郎将、副丞相。当时曹操自为丞相，所以曹丕得到的职位是高于诸弟的。但是，尽管如此，他在邺城时期，在政治上却长时间地怀着一大忧虑，这就是他能否被确立为曹操的法定继承人——太子问题。

曹操有子二十五个，曹丕排行上次于刘夫人所生曹昂（字子修），居第二。曹昂在建安二年征张绣之役中死难，于是曹丕就成了长子，当时他才十一岁。这种长子地位，在“立嫡以长”的封建传统下，对他当太子是很有利的因素。然而，曹操就是迟迟不立太子。即使是建安十八年他封魏公、建立魏国社稷宗庙和置尚书、侍中、六卿，二十一年又进位魏王，也总是让储君的位子空着。这里的原因倒并不在于曹操对曹丕有何特别的不满，而是在于曹操更加欣赏另两个儿子——曹冲、曹植。曹冲为环夫人所生，年龄比曹丕小九岁。他聪慧异常，五六岁时，即有"成人之智"，著名的称象故事就发生在他幼时。加上他宽仁大度，所以特见宠爱。曹操曾多次对群臣称述，表示要传位给他。建安十三年曹冲得病，曹操亲自为他请命，后来死了，曹操极为悲痛。曹丕上前劝慰，曹操却说"此我之不幸，而汝曹之幸也"，说着又痛哭起来。曹操这话意思极明，所以曹丕日后当了皇帝，还常常要说："若使仓舒（曹冲字）在，我亦无天下。"曹冲由于早亡，并未对曹丕构成实在的危险，而真正的危险则主要来自曹植。丕、植间的立太子矛盾绵延了十年之久，而且影响了彼此长期的关系。

曹植是曹丕同母弟，小丕五岁。曹植的特点是文思明敏、才华英发，这对文学修养深湛又一贯实行"唯才是举"用人方针的曹操来说，无疑也具有很大吸引力。曹丕尽管文学才力也不弱，终究不是弟弟的对手，所以在许多显露才华的场合，都让曹植占了先。例如建安十七年铜雀台新落成，曹操率领诸子登台，并命他们各赋一篇，就是曹植写得最快最好。曹操有好几次就想立曹植为太子。但是，曹植本质上是个浪漫气质很重的文人，缺少政治家应有的精明干练，他任性而行、不自雕励、饮酒不节，屡次违犯法纪，以致渐失父宠。而曹丕则比较深沉老练，能够矫情自饰，运用一些权术手段，在父亲面前树立自己的良好形象。而且他还颇善于争取一些大臣、宫人的舆论支持，并充分利用长子的方便，终于使形势朝有利于自己的方向转变。建安二十二年十月，曹操结束了长期的犹豫不决，正式立曹丕为太子。当时离曹操去世已只有两年多一点时间了。曹丕经过长期的竞争，终究达到了自己目的。他当时高兴得竟也一时失去了自制力，搂住了丞相长史辛毗的脖子说："辛君知我喜不？"

二、邺下文人集团的核心

文学创作，是曹丕在邺城时期的重要活动领域，他（以及曹植）充当着邺下文人集团的核心。这个集团完全是在曹操的扶植下形成的，曹操是他们的当然领袖。不过曹操不可能摆脱繁忙的军政事务，在创作上投入很多精力。只有曹丕、曹植以公子身份，能够真正成为这个集团的一分子。邺下文人既然都是曹氏政权中的幕僚属吏，丕、植兄弟对他们也就自然形成一种主从关系，所以一些文学活动也就常常是围绕着他们而展开的。曹丕在《又与吴质书》中写道："昔日游处，行则连舆，止则接席，何曾须臾相失，每至觞酌流行，丝竹并奏，酒酣耳热，仰而赋诗……"这是说的当日文人们的活动情状。曹丕在《叙诗》中又写道："为太子时，北园及东阁讲堂并赋诗，命王粲、刘桢、阮瑀、应玚等同作"，在《寡妇赋序》中写道："陈留阮元瑜与余有旧，薄命早亡，每感存其遗孤，未尝不怆然伤心，故作斯赋，以叙其妻子悲苦之情，命王粲并作之"，这里就说出了他在文人中的特殊地位。另外，陈琳在《玛瑙勒赋序》中说："五官将（即曹丕）得马脑，以为宝勒，美其英采之光艳也，使琳赋之"，也可以证实曹丕确乎居于邺下文人创作活动的中心。从具体作品来看，像刘桢《赠五官中郎将》四首、应玚《侍五官中郎将建章台集诗》、曹植《侍太子坐》等等，它们的写作本身，无不都同曹丕有关。所以，曹丕对于建安文学的繁荣，是起了积极作用的。

当然，曹丕在邺城时期的文学业绩，更主要的还表现于他自己的创作上。曹丕在此时期写下了数量颇多的作品，包括诗、赋和各体散文。

他的诗歌从内容上大体可分三大类。一类写自己的公子欢娱生活，一类写征夫思妇哀情，一类写当时的有关政治军事活动。第一类作品有《善哉行》、《孟津》、《芙蓉池作》、《于玄武陂作》

等，它们主要描写宴饮、田猎、游乐等场面，思想上当然谈不上有什么积极意义。第二类作品有《于清河见挽船士新婚与妻别》、《陌上桑》、《燕歌行》、《代刘勋妻王氏杂诗》、《清河作》、《杂诗》二首等。这些诗主要述征夫行役、夫妇别离相失之苦，虽然都是代人立言，却一定程度上反映了当时人民的苦难生活。就这一点来说，应予肯定。这一类诗，艺术上也比较成功，往往能通过细腻的刻画，把征夫思妇的内心感受揭示出来。如《杂诗》之一，开首写"漫漫秋夜长，烈烈北风凉"，把季节时间的大背景作了交代，并由此定下了一片清凄基调。接着就主人公出现，写他夜不能寐、披衣彷徨，不觉白露沾衣裳。再从主人公之眼出发，写他所见的清水波、明月光，及星斗纵横，这些都进一步增添了清凄气氛。再从主人公之耳出发，写他所听到的草虫悲鸣和孤雁哀叫，更使气氛由清凄转入悲凉。在作了上述这些充分烘托描写后，诗篇方才正面点出主旨："郁郁多悲思，绵绵思故乡"。最后又接四句："愿飞安得翼，欲济河无梁。向风长叹息，断绝我中肠"，再强调一遍思归愿望。全篇写得似疏而实密，不露结构痕迹，在语言上平易质朴，不作奇险峭刻之语，于平淡自然中见情绪。后人评论曹丕这类诗的特色说："盖佳处本在词语之外"（陈祚明《采菽堂古诗选》）。第三类作品有《黎阳作》五言三首及六言一首。它们直接写曹军南征题材，诗中或者形容风雨中行军的艰难，或者描述万骑风靡、干戈纵横的军容，在内容及风格上均与前述二类诗歌不同，然其成就不及第二类突出。

　　曹丕邺城时期的创作，在诗歌形式的发展方面是有贡献的。他的诗在篇、章、句式的运用上比较自由，或长或短，不拘一格，显得活泼自如。特别是《大墙上蒿行》，全诗长达七十五句，三百六十余字，其中有三、四、五、六、七、八、九言各式长短句子，它们交互间隔，节奏活跃多变化。这种诗歌格式，当时文人极少运用，只在汉代乐府民歌中比较多见。这篇作品，对后代长篇歌行的影响颇大，王夫之认为："长句长篇，斯为开山第一祖。鲍照、李白领此宗风，遂为乐府狮象。"（《船山古诗评选》）

此外，曹丕在诗歌体裁上还作出了另一重要贡献，即他是最早写出比较成熟的七言诗的诗人。七言句式起源较早，在两汉民歌中早已存在，但一般文人却对它不甚注意，大约是视之为鄙俗的缘故吧。曹丕在这方面则认真学习，并大胆实践，写出了杰作《燕歌行》。此诗全由七言句组成，写得音节谐和、情致流转，为建安诗歌中所仅见，在整个中国诗歌史上也"开千古妙境"（胡应麟《诗薮》）。

曹丕今存赋将近三十篇，绝大部分为邺城时期所作。从题材上说，它们大致可分感事和叙物两类。感事之赋如《述征赋》、《临涡赋》、《感离赋》、《寡妇赋》、《校猎赋》、《弹棋赋》等，它们或述征伐战斗，或写游戏田猎，或悯伤夭亡，或感叹别离，其内容范围相当广泛；叙物之赋如《感物赋》、《愁霖赋》、《槐赋》、《柳赋》、《玛瑙勒赋》等，凡所见之物，悉可入赋。从写法上看，它们篇幅一般都比较短小，而描写又很精练集中，少有铺张扬厉、堆砌迭架、漫漶夸饰之语。同时，有些描写还相当生动真切，富于感染力，即使是叙物之赋，也能做到寄寓以充沛的感情。如《感物赋》是写蕉的，但赋中由物而联系到人，"悟兴废之无常"、"信人物其有之"。总的来看，曹丕的赋，虽然名篇不多，但都可归入抒情小赋中去，无论体裁、功能或表现手段，都摆脱了两汉大赋的传统成规。它们对建安时期抒情小赋的蓬勃发展，起到了积极的作用。

曹丕在邺城时期的散文，主要有书、论两类。其代表作是《与吴质书》、《又与吴质书》、《答繁钦书》和《典论》。他的书信写得文词流丽、语调亲切，带有很浓重的抒情色彩。如两篇给吴质的书中都有的忆旧念友文字，读来颇为感人。《典论》是曹丕的精心之作，大体上在他称帝之前即在邺城时期已写就。这是一部自成体系的综合性论说文集，所论述方面包括政治、道德、伦理、生活、文化等，由于原书久佚，只存少数篇章，所以其全貌已不可得睹。从现存的《自叙》等篇看，叙写从容，语言清新，的确比较精美。曹丕践阼之初，曾以素布写上他的《典论》

及诗赋送给孙权，又以纸誊写一篇送给张昭，以显示他在武功之外的文才，可知他对这部著作是颇自得的。他死后，明帝曹叡又将《典论》刊石流传。在建安散文创作中，曹丕也是重要一家。

除了创作而外，曹丕在邺城时期还在文学批评方面作出了贡献。他的《又与吴质书》和《典论·论文》，都涉及到了文学批评。特别是《典论·论文》，堪称是我国最早的一篇文学专论。在这篇文章里，曹丕强调了文学作为一种事业的重要性，说"文章经国之大业，不朽之盛事"。曹丕这种推重文学的观点，同存在于两汉时期的认为辞赋是雕虫小技、壮夫不为的看法相比，是一个进步。正是从文学与政治有紧密联系、文学是立身扬名的有力手段这种认识出发，曹丕才对文学有了强烈的热情。在《典论·论文》中，作者还对"今之文人"孔融、陈琳、王粲、徐干、阮瑀、应玚、刘桢等七人的创作，进行了比较扼要的分析，指出他们各自的长处及缺点，其分析大体上是准确的、有分寸的。文章在对"建安七子"作综合评论以后，又提出了"文以气为主，气之清浊有体，不可力强而致"的论点，表明曹丕对创作个性问题很重视。《典论·论文》开了文学批评的风气，在文学史上占有重要地位。

三、行"禹舜之事"

建安二十五年（220）正月，曹操病故于洛阳。傀儡汉献帝无可奈何地下了一道诏书，在表彰曹操功德的同时，称颂了一番曹丕，说"丕奕世宣明，宜秉文武，绍熙前绪"，命他继位为魏王兼丞相，并改元延康。这时，三国鼎立的形势已经相对稳定化，所以"挟天子以令诸侯"的策略已变得不那么有用，献帝这块招牌到了可以舍弃不用的时刻。曹操生前声称："若天命在吾，吾为周文王矣"，现在，曹丕就真的来做周武王的工作——改朝易代。就在这年的十月末，即热热闹闹地演出了一场"禅让"剧，先由献帝降册逊位，接着由群臣联名上书称说祥瑞之事及谶纬之言，劝进践阼。曹丕三让，群臣又三劝，最后受禅。受禅仪式极其隆重，有公卿、列侯、诸将、匈奴单于、四夷朝者数万人陪位列席。礼毕，曹丕满意地说："舜、禹之事，吾知之矣。"登极后，又改元黄初，并把国都从邺城移到洛阳，于是曹丕就成为曹魏的第一位皇帝——魏文帝。

由于汉祚终止，这就给了一向以"汉室宗亲"作标榜的刘备以自立的机会，就在曹丕称帝的次年，刘备在成都也称帝，建号章武。孙权起初名义上臣服于魏，接受魏的封号，后来夷陵一战，大破刘备，实力有所壮大，所以也在黄初三年自立称帝，建号黄武。至此，三国鼎立就完成了最后的步骤。

曹丕即位后，很想振奋一下人心、更新一番气象。他曾多次用兵。他在延康元年七月，就曾兴兵东巡至谯。当然这次主要是为炫耀武力。黄初三年十月，他就真的南征孙权，大军直打到江陵。黄初五年七月，他又率水军巡行至寿春；六年秋冬，又发兵十余万，舟师东征，至广陵临江观兵而返。这些军事行动，都没有取得实质性的成果，究其因，还是由于当时魏、蜀、吴三国相对平衡，政权内部也都比较稳定，所以谁也不具备消灭他方的力量。这件事曹操晚年也没有做成，曹丕当然更只能徒劳糜费了。

在内政方面，曹丕也采取了不少措施。他下诏明令"后族之家不得当辅政之任"，又规定宦人为官，不得过诸署令。这是有鉴于东汉外戚宦官干政，使朝政紊乱的教训，而作出的颇有见地的决策。他接受陈群的建议，确立"九品官人之法"，作为取士的基本办法。这样就在用人问题上改变了曹操的不拘一格、"唯才是举"的方针，大体上恢复了两汉的察举制度，使统治阶层固定化，形成新的士族，扩大了社会等级隔阂。这是个倒退的政策。他下诏禁断"非祀之祭、巫祝之言"；又兴复各地儒学，封孔子后人孔羡为"宗圣侯"以尊崇之；朝中又立太学，设诸经博士。这样，在汉末战乱中被废弃的封建正统文化，又得以确立其统治地位。他下令除了"谋反大逆"之外，民间其他事端都不得相告讼；他还放宽了刑律，"广议轻刑，以惠百姓"（《黄初五年癸酉诏》）；又多次遣使者巡行各地，问民间疾苦，赈济灾民等。这对于安定社会秩序、缓和社会矛盾，有一定好处。

以上这些措施，一方面消除了某些社会弊端，并使百姓能在一定程度上得到休养生息，一方面又扩大了士族地主的权益，使曹魏政权由基本上代表中小地主利益，逐渐向大地主阶级性质演进。所以曹丕的政策既有进步之点，又有倒退之处。总的来看，曹丕在他短短六年的皇帝生涯中，做了一个守成之君。他的政绩不算出色，但也还过得去。他内心很仰慕汉文帝，曾著《太宗（汉文帝庙号）论》，极力推崇其为君之道，表示要效法其"宽仁弘厚，躬修玄默，以俭率下，奉生送终，事从省约"等。他为此还违背了曹操生前要做周文王的意愿，追谥他为"武帝"，而把"文帝"的名号留给自己。事实表明，曹丕在某些方面确似汉文帝，但比起汉文来，他的"宽仁弘厚"还不够。从他建安中向曹洪借贷不得、称帝后因此而向这位族叔报复的事件里，可以看出他气量还是褊狭的。他在"躬修玄默"上也差了些，几次兴师征伐就是证明。

这里还须提一下他对同姓诸侯王的态度问题。曹丕始继位，就命令同姓诸侯——都是他的兄弟们，各就封国，不得擅留京师。在整个黄初年间，诸侯王虽然膺着很高的名号，但所受待遇很苛薄。他们不得随意行事，不得离开封地，互相间不得通音问，曹丕还派有监国使者，对他们严加督责，稍不如意，即奏其过失，请治其罪，弄得诸侯王无不日夕怵惕、人人自危。曹丕的这种态度，当然与他建安年间争立太子的一段经历有关，带有报复性质。正因此，他对曹植以及在立太子问题上支持曹植的曹彰这两个同母弟最为忌刻。曹植曾多次被徙封，所徙之地多贫瘠之区，而且两次被监国使者诬奏治罪，差一点被议成大辟之罪，只是由于母亲卞氏干预，才免于死。曹彰建安年间立有大功，又生性刚毅威猛，所以曹丕对他更加忌惮一些，终于在黄初四年朝京师时将他毒死。曹丕的这种政策，后来又为明帝曹叡所继承。这种做法，固然在防止诸侯王干预朝政、加强中央集权方面是有效

曹丕

的，但其流弊也颇明显，它使新建立的曹魏皇室缺少藩屏拱卫，而过多地依靠异姓大臣。汉初宋昌所说的"盘石之宗"既然不复存在，也就为日后司马氏篡夺政权提供了有利条件。所以也可以说，曹丕制定的苛待诸侯王的政策，是曹魏政权短命的因素之一。后来司马炎建立晋朝，立即崇封诸侯王，显然是吸取了曹魏的教训。不过司马炎的做法也有很大弊病，它直接引出八王之乱，导致西晋覆亡——这是后话了。

黄初七年（226）五月，曹丕病卒于洛阳，享年四十岁。他当皇帝的实际时间只有五年零七个月。他在染疾前尚未有太子，原因是，长子曹叡虽已长成，却是甄氏所生。甄氏在建安末即因年老色衰而宠弛，黄初元年曹丕登大位，也没有立她为皇后。甄氏为此有怨言，又于次年被赐死。这一情况影响了曹叡的地位，曹丕迟迟不立太子。不过曹叡很聪明，他一方面对后来被立为皇后的郭氏极表尊敬，博得了她的欢心，另一方面也努力去打动曹丕。据载有一次他随曹丕出猎，见母子二鹿，曹丕先射杀母鹿，又使他射子鹿，曹叡不从，说"陛下已杀其母，臣不忍复杀其子"，说完悲泣不已，曹丕很受感动，树立之意从此定了下来。事见《魏志·明帝纪》注引《魏末传》。曹丕病笃，自知不起，即立曹叡为太子，又遗诏曹真、陈群、曹休、司马懿辅嗣主。

四、黄初年间的文学活动

曹丕在黄初年间国事繁忙，他的文学活动比起建安时期少得多，不过并未完全辍笔。我们还可以看到他在此时的一些作品。在诗歌方面，有《短歌行》、《令诗》、《秋胡行》、《至广陵于马上作》、《饮马长城窟》等。

《短歌行》内容为悼念父考，当做于曹操死后不久。诗以人亡物在写起，以忧令人老作结，感情还比较真挚。据《古今乐录》记载，曹丕作此辞，自己弹筝和歌，其曲调最美。《令诗》是禅代时作的六言诗，曹丕在让禅的令文中将它引述出来，说

"庶欲守此辞以终，卒不虚言也"。诗中主要是说世道丧乱，他要出来"佐时整理"，虽然语气谦虚，实际上是为自己登极造舆论，所以又叫人们将它"宣示远近"，此诗只是一篇官样文章。《秋胡行》三首皆述求贤之旨，当作于禅代以后。一首《歌魏德》，直说得贤的道理；二首《佳人期》，以佳人喻贤才，表达自己"企予望之"的渴求之心；三首《浮萍篇》，以浮萍、芙蓉为兴，以美人为比，写出自己"知音识曲"的愿望。《至广陵于马上作》产生于黄初六年十月那次东征时。诗篇前半写军容威武雄壮，后半写自己决定采取更高超的"不战屈敌虏"的策略——实际上就是要退兵了。这篇诗的结末值得注意，它写道："岂如东山诗，悠悠多忧伤"。这同曹操《苦寒行》的结句"悲彼东山诗，悠悠令我哀"正成鲜明对照。曹操把《诗经·东山》诗中的忧伤同现实战争的艰苦性联系在一起，产生了共鸣；曹丕则把《东山》诗当做同现实战争需要不相容的东西而加以否定。表面上，似乎曹丕诗的调子更高昂，曹操倒有些消沉，但联系二诗各自的背景情况来看，则曹操的那一篇虽然气氛悲凉，却显得真实恳切，并且透露出一种自信心，而曹丕的这一篇虽然情调热烈，却让人看出原是为鼓舞士气而作，多少带有说大话的味道。《饮马长城窟》，内容和《至广陵于马上作》略同，约为一时之作。从以上这些有时间可考的黄初中所作诗歌看，有两个与他本人建安时期所作诗歌不同的特点，一是题材的现实政治性大大加强了，那种反映个人生活感受的作品减少；二是与此相联系的抒情性大大减弱了，那种朴素清丽的民歌风很强的作品已几乎消失。这种现象，当然是诗人身份地位变化的直接结果。

曹丕在黄初年间似乎很少再写赋，这显然也同他精力集中于政务有关。至于散文，此时期数量不少，但大多是诏令文字。作为国家的最高统治者，他在这些文章里，除了内容都针对现实政务外，在风格上也与前期散文有所不同。前期那种平易亲切、娓娓动听的语调消失了，代之而出现的是一副"天子"声气。这时期几乎举不出一篇与《与吴质书》等相媲美的篇什来。不过他的

曹
丕

诏令同一般皇帝的同类文字相比，也还有些特色，这就是刘勰指出的"魏文帝下诏，辞义多伟"（《文心雕龙·诏策》），表明他的内在文学修养还是起作用的。

曹丕在黄初年间总的文学成就，无疑比建安时期要逊色。不过，他在这时期做的一件文化建设工作，却也可以说是史无前例的，这就是他主持编成了我国第一部类书。参加此项工作的有王象、刘劭、桓范等当时著名文人。书共收千余篇文章，都由先代经、传中辑出，以类相从编排，编为四十余部，每部包括数十篇，总共八百余万字。编辑这部书的目的是供曹丕查阅资料之便，故名《皇览》。书已散佚不存。它开创了我国编辑类书的传统，在它影响下，后来许多朝代都由皇帝亲自出面，大规模地组织编辑类书，这些类书对保存古代典籍文献，起了重要作用。

五、有关评价种种

综观曹丕一生的政治和文学业绩，应作如何评价？陈寿在《魏志·文帝纪》文后说："文帝天资文藻，下笔成章，博闻强识，才艺兼该；若加之旷大之度，励以公平之诚，迈志存道，克广德心，则古之贤主，何远之哉！"这里肯定他的文才，同时指出他气度不广、有时处事不公等政治上的缺点，应当说大体上是允当之论。曹丕在文学上的成就，确实比在政治上更突出些。他与曹植，同为建安文学的主要角色。当然，两人各有所长，具体的成就又是有差异的。

关于曹丕与曹植，历来有种种黜陟褒贬。过去某些论者曾有一些抑丕扬植的说法。刘勰就曾提到过一种"旧谈"，认为曹丕文才"去植千里"，刘勰不同意这种"旧谈"，他说："子建思捷而才俊，诗丽而表逸；子桓虑详而力缓，故不竞于先鸣。而乐府清越，《典论》辩要，迭用短长，亦无懵焉。"（《文心雕龙·才略》）刘勰还分析了这种"旧谈"的根源，认为是"俗情抑扬，雷同一响，遂令文帝以位尊盛才，思王以势窘益价，未为笃论也"。刘勰所批评的这种观点，是以人事关系中的是非来代替客观的文学评价。此外，还有一种贬抑曹丕的意见，是说他的诗歌语言过于通俗质朴，这可以钟嵘为代表。《诗品》列曹丕于"中品"，认为丕诗"所计百许篇，率皆鄙质如偶语。惟'西北有浮云'十余首，殊美赡可玩，始见其工矣。"钟嵘的意见，实际上是受了南朝时期崇尚华靡文风的影响，把曹丕的优点当成缺点来谈了。不过，这些抑丕扬植的说法，只在一部分评论者那里存在，应当说，后世多数论者还是能够比较客观地看待丕、植兄弟各自的成就的，如刘勰就是这样。又如明代王世贞说："吾览钟记室《诗品》……至魏文不列乎上，曹公屈第乎下，尤为不公，少损连城之价"（《艺苑卮言》），这说法也是比较中肯的。在这个问题上还须要一提的是，至近代，又出现了一种抑植扬丕的意见，认为曹丕"不是一位寻常的材料"，各方面都无可非议，而曹植则无论政治上、品质作风上、文学创作上都大成问题，甚至说曹植惯弄权术，在文学上代表着逆流，他在文学史上的地位，"一大半是封建意识凑成了他"等等。这种意见以郭沫若的《论曹植》（收入《历史人物》一书）一文为代表。这种意见有些矫枉过正的倾向。

曹丕著作，《隋书·经籍志》著录有集二十三卷，又有《典论》五卷，《列异传》三卷。今皆已散佚，明代张溥辑有《魏文帝集》，收入《汉魏六朝百三家集》中。

主 要 参 考 书 目

1. 《魏文帝集》，张溥《汉魏六朝百三家集》本。

2. 严可均《全上古三代秦汉三国六朝文·全三国文》，中华书局影印本。

3. 丁福保《全汉三国晋南北朝诗·全三国诗》（魏文帝部分），中华书局版。

4. 黄节《魏武帝魏文帝诗注》（魏文帝部分），人民文学出版社版。

5. 余冠英《三曹诗选》（曹丕部分），人民文学出版社版。

6. 北京大学中国文学史教研室《魏晋南北朝文学史参考资料》（曹丕部分），中华书局版。

7. 陈寿《三国志·文帝纪》，中华书局校点本。

8. 河北师范学院中文系古典文学教研组《三曹资料汇编》（曹丕卷），中华书局版。

曹　植

（公元 192—232 年）

徐公持

一、"生乎乱，长乎军"的才子

汉献帝初平三年（公元 192 年），中国正处于历史上最混乱的局面之中。当时以董卓为头目的西凉军阀，已经裹胁着献帝和公卿大臣，从洛阳迁都到长安，在关西继续肆恶未已。而蜂起讨董的关东各路实力人物，则在尚未同董卓军队正面交锋之际，即已互相杀伐起来，掀起了新的兼并战争。作为关东群雄之一的曹操，当时正在参与对黄巾农民起义军的镇压。就在此时，曹操的夫人卞氏，生下了第三个儿子，取名植，字子建。

那时曹操的实力还不强。他靠了袁绍的支持，得了个东郡太守的官职，但实际上并无稳固的根据地。为安全计，他的妻子儿女全都随军行动，他打到哪里，他们就跟到哪里。曹植自幼就同兄弟们一道，受着紧张而充满危险的战争生活的锻炼。这种生活，一直继续到曹操击败他的主要对手袁绍，并攻克袁氏父子盘踞多年的邺城，并把自己的大本营安放在这里为止。那时是建安九年（204），曹植已经十三岁了。曹植的这段童年生活，对他毕生影响很大，他日后对政治的历久不衰的热情，他想建功立业的强烈愿望，甚至他在军事方面的某些知识，无不基始于这段生活。他后来在《陈审举表》中说："臣生乎乱，长乎军，又数承教于武皇帝，伏见行师用兵之要，不必取孙、吴而闇与之合……"这里虽有些自夸之词，但所述他的童年经历，则是真确的。

然而，如同兄长曹丕一样，曹植在长期的军旅生活中，并没有专意去发展自己的军事才能。他在学习着武略的同时，更注重于发展文才。据《魏志》本传载，他"十岁余，诵读诗论及辞赋数十万言"，并且"善属文"。到了定居邺城以后，他在同一些著名文士的互相交接、切磋琢磨之中，文学才能更加成熟，他的才名也更快地传播开来。人们给他起了个诨号，叫做"绣虎"，意思是，他是一只浑身都是文彩的老虎。当时他那文才英发的风貌，在一件事中有很典型的表现。有一著名文人邯郸淳，从荆州来归曹操，曹操让他去见曹植，曹植非常兴奋。他在同邯郸淳交谈之前，先去洗了个澡，然后披散头发、袒胸露臂地给邯郸淳表演"胡舞五椎锻"，接着又表演"跳丸击剑"，接着再"诵俳优小说数千言"。背诵完毕后，又穿戴上衣帽，整理一下仪容，再与邯郸淳谈话，谈话的内容是，评说混元造化之端，品物区别之意，然后论羲皇以来贤圣名臣烈士优劣之差，古今文章赋诔及当官政事宜所先后，又论用武行兵倚伏之势。谈毕，再命厨房进酒馔。席上又侃侃而谈，众皆默然恭听。邯郸淳至暮方出，出来就对人说，曹植是个"天人"。曹植就是这样地以他的出众才华，吸引着周围人们的注意。

二、邺中生活及创作

从建安九年到建安二十四年，是曹植的少年——青年时期。在这时期内，他除了有几次随军出征，如建安十二年北征三郡乌桓、十六年西征关右、十七年东征孙权之外，平日都生活在邺城。所以也可以说这是曹植生活的邺城时期。邺城是魏郡的郡邑，冀州州治亦设此，在汉末兵燹之灾流于全国、洛阳长安两都以及大小城镇都受到严重破坏的现实中，邺城是一个相对幸运甚至可以说是保存了一定繁荣的都市。当时曹操的丞相府，以及建安十八年后的魏公府、建安二十一年后的魏王府，都设于此。曹操手下的文、武要员，除一部分人镇守四方以及在许都执行监视汉献帝任务外，其余也都聚集于邺，所以这里又是冠盖辐辏之地，是曹魏政权事实上的国都。邺城的政治地位十分重要，而这里的文学空气也颇浓厚。在曹操本人的率先带领和支持下，在他幕中任职的一些文人学士，公余之暇从事着文学创作活动，组成了一个文人集团。这个集团的人数颇多，主要有王粲、陈琳、徐干、刘桢、阮瑀、应玚、杨修、邯郸淳、繁钦等。曹植则以公子的身份，同曹丕一道充当着这个集团的核心。邺下文人集团的基本活动方式就是宴饮游乐、诗赋唱和。其情形正如曹植在《娱宾赋》中所写的："遂衍宾而高会兮，丹帷晔以四张。办中厨之丰膳兮，作齐郑之妍倡。文人骋其妙说兮，飞轻翰而成章。谈在昔之清风兮，总贤圣之纪纲。……听仁风以忘忧兮，美酒清而肴甘"。这场面是够热闹的了。

在这种背景下，曹植在邺城所过的生活，也就是以宴饮游乐、吟诗作赋为主要内容。我们看他的《游观赋》，就可了解他游乐时的排场之盛："静闲居而无事，将游目以自娱。登北观而启路，涉云际之飞除。从熊罴之武士，荷长戟而先驱。罢若云归，会如雾聚。车不及回，尘不获举。奋袂成风，挥汗如雨。"再看他的《斗鸡篇》，更是具体描写了他游乐的一个重要节目——斗鸡的过程："游目极妙伎，清听厌宫商。主人寂无为，众宾进乐方。长筵坐戏客，斗鸡观闲房……"此外，他的《公宴》、《侍太子坐》等诗中的"公子敬爱客，终宴不知疲。清夜游西园，飞盖相追随"，"清醴盈金觞，肴馔纵横陈。齐人进奇乐，歌者出西秦"等，无不是他（以及曹丕）的公子奢靡生活的真实写照。曹植还有一篇颇有名的《名都篇》，不少论者认为它是讽刺批判一些轻薄少年的浮华作风的，但从诗篇本身看，并不含有什么讽讥的意思。从"观者咸称善，众工归我妍"等句去体味，倒是颇有些称赞欣赏的口气。所以，不如说这篇作品写的是曹植自己的生活，诗中写的"斗鸡东郊道，走马长楸间"、"我归宴平乐，美酒斗十千"、"连翩击鞠壤，巧捷惟万端"等事，其实都是与曹植的行为相合的。

曹植的这种生活，连同他那些以自我欣赏口吻写的有关诗、赋，都是不足取的。它们暴露了作为贵介公子耽于享乐的劣根性。不过，这样说还不足以概括他在建安九年至二十四年间的全部生活和创作。谢灵运在《拟魏太子邺中集诗·平原侯植》的序里所说的"公子不及世事，但美遨游"，后一句是对的，前一句却不确。因为曹植在这一时期还有他"及世事"的一面。他并没有完全忘情于严酷的现实，特别是他在此时期内曾数次随父出征，对当时社会的基本现实有一定了解，这在他的创作上也有所反映。这里可以举《泰山梁甫行》、《门有万里客行》、《送应氏》为例。

《泰山梁甫行》约作于建安十二年曹军北征三郡乌桓途中，曹植随军到了北方滨海地带，他对那里的异域风土和边地人民的贫苦生活产生了强烈印象：

　　　　　八方各异气，千里殊风雨。剧哉边海民，寄身于草墅。
　　　妻子象禽兽，行止依林阻。柴门何萧条，狐兔翔我宇。

诗里明显地流露了对"边海民"的关切和同情，这是颇为可贵的情操。《门有万里客行》，则描写了一位流落他乡者的痛苦心情，他"本是朔方士，今为吴越民"，而现在却不得不"去去适西秦"。诗中没有明写这人为什么会成为"吴越民"，又为什么要去"适西秦"，但从他"挽衣对我泣，太息前自陈"的表情看，一定是遭遇到了某种无法抗拒的重大不幸。《送应氏》二首，作于建安十六年，当时曹植从军西征，途经洛阳，而他的属官平原侯庶子应场有事要折返北方去，曹植作此送别。诗中着力描写了洛阳这个一代帝都，在经历了汉末战乱、又过了十余年之后，映入诗人眼中的劫后余烬景象。在昔日的深宫崇殿之处，只见"垣墙皆顿擗，荆棘上参天"。城中人民曾被董卓杀掠几尽，今天是"不见旧耆老,但睹新少年"。当初的繁华市井,早已变得"侧足无行径,荒畴不复田"。诗篇结束写道:"中野何萧条,千里无人烟。念我平生居,气结不能言",诗人把自己放了进去,直接表现了他面对一片破败惨酷景象的悲愤情绪。曹植在这里的描写,同曹操《蒿里》"白骨露于野,千里无鸡鸣。生民百遗一,念之断人肠",王粲《七哀》"出门无所见,白骨蔽平原……悟彼下泉人,喟然伤心肝"的描写是一致的,它们都是反映汉末社会大破坏真实情状的重要篇章。所以曹植的《送应氏》,堪称建安文学中的现实主义优秀诗篇。以上所例举的三篇诗,在曹植建安时期全部作品中所占的比例是较小的,但是,它们的内容、质量,却弥足珍贵。

此外,曹植在建安时期还有另一批作品,它们虽然没有深刻地反映社会现实,但也不属于耽溺声色享受一类。它们或者抒发对挚友的深重情谊,如《离友诗》、《感节赋》、《赠徐干》、《赠丁仪》等;或者表示对生活中不幸者的同情,如《出妇赋》、《弃妇篇》、《浮萍篇》等;还有的则是带有咏史性质的作品,如《述行赋》、《三良》等。这些诗赋,写得也还比较严肃,有一定思想。如《述行赋》,约作于建安十六年西征关右时,赋中叙述"观秦政之骊坟"时的感想,作者一方面"哀黔首之罹毒",一方面又"酷始皇之为君",表现了对秦皇暴政的批判和对服役百姓的哀怜。另外他还写有一些散文,如《与杨修书》,书中表现了他笃于友谊的情操和对文学创作有关问题的见解。这些作品,也都显示着曹植在建安时期创作的丰富和复杂性,他毕竟有异于普通的纨袴少年或无聊文人。

三、立太子之争

曹植在邺城生活期间,有一件或明或暗、时松时紧,但始终在进行着的要事,这就是立太子之争。这件事的结果,对曹植有着至关重大的影响,所以应当详为之说。

关于太子问题，是必须从曹操说起的。曹操本有长子，就是刘夫人所生曹昂，但在建安二年的征张绣之役中，他为掩护曹操而战死了。曹操在悲痛之余，只好在诸子中再择继承人。当时曹丕年最长，按照封建时代"立嫡以长"的传统，最有可能被立为太子。但曹操在用人问题上向来强调"唯才是举"，这种思想也影响了他对继承人的选择。他属意的首先是少子曹冲。曹冲生性聪慧，"生五六岁，智意所及，有若成人之智"（《魏志》本传），加之宽仁大度，极得父宠。曹操数次对群臣夸奖他，有传后于他之意。不想曹冲在建安十三年十三岁上病死了，于是曹操的宠幸又落到曹植身上，这原因也是由于曹植才华过人。对于曹植言出为论、下笔成章的本领，曹操起初是不相信的，他以为那一定是有一批帮闲文人捉刀代笔、预先替曹植准备好了的。为此，他曾做过一次当面考试。那是在邺城铜雀台新落成之际，他率领着诸子登台观景，就在那里叫他们当场各做一篇赋。结果曹植第一个交卷，而且做得最好。这下曹操相信了，他这个儿子才气非凡。于是他考虑着要立曹植为太子。就这样，从建安十三年开始，丕、植兄弟间在这个问题上矛盾逐渐尖锐起来，酿成了一场复杂的斗争。

在开始阶段，曹植占有相当的优势。除了他的才华是雄厚资本外，他还有一些支持者给他造舆论。其中最积极的是丁仪、丁廙兄弟和杨修。丁氏兄弟是曹操故人之子，当时亦称名士，颇受曹操重视。丁仪还差一点做了曹操的女婿，只因他一只眼睛有毛病，被曹丕到曹操那里去说了句"妹妹恐怕不愿嫁给独眼龙"，事情才没有成功，为此他更恨透了曹丕。他和丁廙多次对曹操称颂曹植是"奇才"，说他"博学渊识，文章绝伦，当今天下之贤才君子，不问少长，皆愿从其游而为之死，实天所以钟福于大魏，而永授无穷之祚也"。曹操被他们说中了心怀，颇以其言为是，当场表示："吾欲立之为嗣，何如？"尽管如此，曹操却还有些狐疑不决，一直没有采取行动正式立储。他的意思还是要多作观察考验。为此，他在建安十九年东征孙权时，使曹植负起留守邺城的重任，临行告诫他说："吾昔为顿丘令，年二十三。思此时所行，无悔于今。今汝年亦二十三矣，可不勉欤！"建安二十四年，关羽在荆州方面发动攻势，围困襄樊，曹操又曾叫曹植担任增援部队的统帅，去解救襄樊之围。在平时，也对他严加察看。

然而，曹植未能经受住考验。建安十九年的留守任务算是完成了，可是却在其他一系列事情上犯了过失、出了毛病。他的毛病总的就出在"任性而行，不自雕励，饮酒不节"（《魏志》本传）上。他的才子气太多，缺乏自制能力。在他的过失中，有一件使曹操特别地恼怒。事情大约发生在建安二十一二年间，当时曹操有事外出，留在邺城的曹植喝醉了酒，就私自坐着王室的马车，打开了王宫的正门司马门，在只有帝王本人在举行典礼时才行走的"驰道"上纵情驰骋游乐一番，一直走到金门。这件事，在推行严刑峻法的曹操看来，是严重的违犯法制行为，他在盛怒之下，处死了掌管王室车马的公车令，并且就此发布了几篇命令。一篇令文是针对曹植的，令中说："始者谓子建，儿中最可定大事"，"自临菑侯私开司马门至金门，令吾异目视此儿矣"。还有一篇令是针对诸公子属吏的，令中说："诸侯长史及帐下吏，知吾出，辄将诸侯行意否。从子建私开司马门来，吾都不复信诸侯也。恐吾适出，便复私出，故摄将行，不可恒使吾尔谁为心腹也"。这里明白表示了曹操对此事的极端重视和对曹植的极端失望。这是曹植由擅宠到失宠的转折点，决定了他在立太子斗争中归于失败。至于建安二十四年的受命南征事，发生在曹丕已立为太子之后，但当时曹植也还可能有所挽回。不过曹植在这件事上也处理得极其糟糕。曹操决定他为南中郎将、行征虏将军，并派人叫他前来亲受戒敕时，他却正喝得酩酊大醉不省人事，于是曹操不得不撤销了对他的任命。这事无疑也只会加重曹操的失望。

另一方面，工于心计的曹丕则大异于是。同曹植的"任性而行，不自雕励"相反，他是"御之以术，矫情自饰"（《魏志·陈王传》）。"矫情自饰"的一例就是送行路哭事。原来每当曹操有事离邺，百官及诸子都要到城外送行祖道。在这种场合，曹植都要即席发表一通对父亲的华美颂辞。凭着他的文思和口才，他总要压倒诸兄弟，成为在场众人注目的中心。曹丕虽然文学修养也很高，但才思不及曹植敏捷。面对这种下风局面，他只能怅然自失。后来他在心腹吴质的策划下，想出了对策，即在这种场合不去同曹植较量口才，而是伏地痛哭。这一手果然有效，曹操及众人觉得，曹丕才思虽逊于弟弟，其诚心则又过之。至于"御之以术"，则有篾纳吴质等事。那件事的过程是：曹丕常与吴质秘密议事，为不使人知，曾以车载大篾、篾中藏纳吴质进宫。这事被杨修发觉，就去报告曹操。曹丕闻知事泄，心里很紧张，但吴质又替他谋划说，下次可以只拉空篾入宫，杨修必然又要去禀报，曹操就会来查验，查验而无征，则对方就要自己担个谎报之罪。曹丕如计而行，果然达到了目的，曹操反而对杨修生了疑心。另外，曹丕还很善于笼络各方面人心，他利用自己的长子地位，让一批"耆年硕德"的大臣如贾诩、邢颙、崔琰、毛玠、桓阶等为自己说项。他们都到曹操那里去劝他不要更改"立嫡以长"的传统；他们还提出袁绍、刘表这两个近人为例，说立少不立长，最后要闹到破家亡国的地步。曹丕甚至还把工作做到后宫里去。他博得了曹操的一个宠妃王昭仪的好感，替他在曹操面前说话。这些功夫，自然不会白费。建安二十二年十月，曹丕终于在一场持续将近十年的斗争中取得胜利，被立为魏太子。曹植虽然同时也增邑五千，并前万户，但这只是对失败者的一种安慰而已。曹植争立太子的失败，给他此后的生活罩上了一重无法消除的阴影。

关于丕、植争立问题，后代一些评论家的见解不尽相同。有一种观点认为，曹植根本就没有去"争"。此说首倡于隋代王通，他说："陈思王可谓达理者也，以天下让，时人莫之知也"（《文中子·事君篇》），"谓陈思王善让也，能污其迹，可谓远刑名矣。人谓不密，吾不信也"（《文中子·魏相篇》）。这意思就是，曹植本来就要让天下给曹丕，他"不自雕励，饮酒不节"等表现，都是故意如此，为的是要让得不露形迹。后来丁晏等亦持其说。此说并无多少确凿的根据，只是对曹植的一种无端美化罢了。还有一种观点则与此相反，认为曹植不但没有"让"的事实，而且还是一个喜欢"用术"不择手段去"争"太子地位的人。近人郭沫若即持此说，见所著《论曹植》一文（收入《历史人物》中）。不过其说也未免于武断。要之曹植既不是伯夷、叔齐式的让国君子，也不是专门弄术的卑污小人。他自己未始不想当太子，"争"的事还是有的；不过他"争"的办法则并不高明，甚至可以说有些笨拙。从他热情洋溢直露外向的气质来看，阴谋计算，实非其长。

四、黄初年间的"举挂时网"

建安二十五年（220）正月，曹操病卒于洛阳。就在曹操刚逝世之际，曹丕、曹植之间又差一点掀起一场风波。事情原委是，曹操临终前曾紧急驿召当时镇守在长安的次子曹彰。曹彰其人刚毅威猛，是曹操得意的"黄须儿"，他在立太子问题上是站在曹植一边的。这次曹操死前召见他，究竟要吩咐些什么？由于他赶到洛阳时曹操已经死去，所以就成了一个谁也无法回答的问题。但是曹彰却有自己的理解，他认为父亲临终专门召他，是为了立曹植为继承人，而让他来充当废立之事的执行者。于是，他刚抵达洛阳，就质问有关官员"先王玺绶安在？"俨然有夺取大权、强行废立的意思。他还把自己的想法对曹植说了。曹植却明白此事的利害，不是轻易干得的。他力劝曹彰克制，一场夺宗冲突才没有爆发。

于是曹丕顺利地继位为魏王、丞相。不过曹丕执掌朝纲后，却对曹植并不存什么温情。他一步步地实行着对曹植的打击迫害。所以，以曹操之死为界线，曹植的政治处境发生了根本性的改变。他在建安年间，尽管后期渐失父宠，但总的来说是一位备受优遇的公子，而到了曹丕掌权的延康、黄初年间（220—226），他就成了一个备受迫害的罪人。曹丕打击曹植的第一步，就是先除掉他的羽翼。他找了个碴儿，把丁仪、丁廙及其家中男口全都杀了。丁仪曾多方哀告求饶，都不免于死。曹植眼看着自己的友人被难，又无力相救，心中万分凄楚。他为此写了一篇《野田黄雀行》，诗中把丁氏兄弟比作网罗中的黄雀，说自己"利剑不在掌"，只能忍看朋辈罹祸。诗中又设想有一位"拔剑捎罗网"的"少年"，来挺身解救黄雀，表现了诗人内心的希望。在这篇诗里，可以体味出诗人也在为自己的前程担忧。这种担忧并不是没有道理的，不久，曹植自己果然也掉进了那张"罗网"。

曹丕在延康元年（220）的十月末，通过禅让方式把汉献帝撵下台，自己登上帝位。称帝后不久，他就发动了一场对曹植本人的迫害。具体过程是，首先由曹丕派出监督曹植的"监国谒者"（又称"监国使者"，凡诸侯国都驻有一名，行监察之责）灌均，上疏奏曹植"醉酒悖慢，劫胁使者"，然后曹丕就把曹植召到洛阳，交百官议其罪。官员们仰曹丕之旨，认为曹植罪行严重，有的主张免为庶人，有的主张论以"大辟"。由于曹植生母卞氏从中干预，曹丕不好下毒手，只得下诏说："植朕之同母弟，朕于天下无所不容，而况植乎！骨肉之亲，舍而不诛。其改封植。"结果曹植幸免于死，只是被贬了爵，由县侯的临菑侯降为乡侯的安乡侯，而且削减了许多食户，由原先的万户减为约千户上下。曹植在黄初四年写有一篇《责躬诗》，诗中说："……伊尔小子，恃宠骄盈。举挂时网，动乱国经。作藩作屏，先轨是坠。傲我皇使，犯我朝仪。国有典刑，我削我黜。将置于理，元凶是率。明明天子，时惟笃类。不忍我刑，暴之朝肆。违彼执宪，哀予小子。……"所叙就是这一次被治罪的过程。

这种"举挂时网"的事件，在黄初二年（221）的秋冬间，又重演了一次。当时曹植已由安乡侯改封为鄄城侯。在鄄城，他被东郡太守（东郡郡治设鄄城）王机、防辅吏仓辑诬告，又被治罪。诬告的具体内容不详，总之是他又经过朝廷"百寮之典议"，被迁居于邺城旧居，闭门思过。幸好这次治罪时间不长，未久就又返回鄄城。对此，曹植曾在一篇表文中说是"虽免大诛，得归本国"（《求习业表》）。有了这两次痛切的教训，曹植从此百事惟谨，他那"任性而行，不自雕励"的习性自然也就改了许多。从这以后，曹植还在鄄城住了两年，由于处处小心，王机等人尽管"吹毛求瑕，千端万绪"（《黄初六年令》），再也没有挑剔出什么罪状来。黄初三年三月，曹植进封为鄄城王，食邑也增加到二千五百户。黄初四年五月，他奉诏同诸侯王一起到洛阳"会节气"。在洛阳上疏自责请罪，又作《责躬诗》，曹丕表示嘉许。同年秋冬间，徙封为雍丘王。到雍丘后，又被监国使者所告发，不过这次却没有酿成大的事端。黄初六年末，曹丕东征引军还，经过雍丘，对他又加赏赐，增邑五百户，并前三千。直到次年五月曹丕病卒，他一直在雍丘。

从以上所述过程来看，曹丕在黄初三年以后，对曹植的迫害是有所放松的。这多半是由于卞氏的干预以及曹植本人表示服罪的结果。不过还应当看到，对曹植的歧视仍然存在，他实际上是一名被宽大处理的罪人。例如黄初三年三月的由侯进封为王，表面上是诸侯一律对待，实际上还有差别。从时间上说，别人是二月封的王，他比诸兄弟晚一月。从等第上说，别人封的都是郡王，如曹彰的任城王、曹彪的弋阳王、曹据的章陵王等，全是以郡为国，曹植的鄄城王却是县王，以县为国，比诸兄弟低一等。后来徙封雍丘王，也还是县王。至于在物质待遇上，曹植比诸王"事事复减半"（《魏志》本传），比较来说也是低一等的。在黄初三年、六年虽然有过两次增邑，但这都是第一次被治罪食户大减之后的小增，其绝对数字是低的。在建安末，曹植食邑万户，是当时唯一的"万户侯"，而曹彰才五千户。至黄初中，曹彰增为万户，曹植则大减小增为三千户，不足曹彰的三分之一。所以总的来说，曹丕在位的六年间，曹植一直是在艰危窘困的境遇中讨生活，诚如后来袁淑所说的，他是身为王侯，却"思为布衣而不能得"（《袁子》）。

五、"忧生之嗟"

　　社会地位和生活的变化，也整个地改变了曹植的文学创作。他在黄初年间，创作上呈现出全新的面貌。其内容上的特点主要有两个，一是脱尽了建安时期诗赋中的公子纨裤气，斗鸡走马、宴饮游乐的题材一扫而空；二是开始大量写作反映受迫害生活、抒忧发愤的诗文。谢灵运《拟魏太子邺中集诗·平原侯植》小序中所说的"颇有忧生之嗟"，当即指曹植入黄初之后的作品。"忧生之嗟"主要围绕诗人的个人命运，因此其社会意义是有一定限度的，比起曹植建安年间那些反映社会重要现实、描写人民生活的作品来，显然要狭窄。但是，这些"忧生之嗟"在暴露封建统治者的残忍冷酷、揭示地主阶级内部关系方面，还是具有一定深度，有相当的认识意义。在艺术风格上，黄初年间的作品也显然有别于前，这种区别，正如清代吴淇所说："陈思入黄初，以忧生之故，诗思更加沉著。故建安之体，如锦绣黼黻，而黄初之体，一味清老也"（《六朝选诗定论》）。曹植黄初时期的代表作，有诗歌《赠白马王彪》、《七哀》、《种葛篇》、《鼙舞歌》，辞赋《洛神赋》、《九愁赋》、《慰情赋》，散文《自诫令》等。

　　《赠白马王彪》作于黄初四年诸王朝洛阳后。在这次朝会期间，任城王曹彰暴卒。联系到他在当初立太子问题上的态度，死因诚然十分可疑。有记载说，是曹丕假意同他下棋，让他误食毒枣而死的。到七月，诸王还国。曹植与白马王曹彪同路东归，刚出洛阳不远，监国使者就来阻止，说"二王归藩，道路宜异宿止"，于是两人只好分手，临别，曹植作此诗相赠。曹彪亦有答诗，今已佚。这篇诗共七章，并有序。序中先交代朝京师前后经过，明确提到了曹彰暴薨及"有司"干预同行事。接着，一章就写返国时的凄楚心境，他边"怨彼东路长"，边"引领情内伤"。二章又写途中遇雨，道路泥泞，人马皆困，强烈地渲染了悲凉气氛。三章写诗人与曹彪即将离别，愤怒指斥"鸱枭鸣衡轭，豺狼当路衢，苍蝇间白黑，谗巧令亲疏"。四章又宕开去写景，诗人择取秋风中的寒蝉、西匿的白日、赴林的归鸟、索群的孤兽等为描写对象，进一步烘托了凄凉悲惨气氛，使"感物伤我怀"一句显得非常自然沉至。五章转写曹彰暴亡事，感叹人生无常，"咄唶令心悲"。六章再转，从前五章的悲凉清凄情调中跳出，写诗人强慰曹彪"丈夫志四海，万里犹比邻"。七章则总括全篇，述别后永无再会之日，惟以彼此"俱享黄发期"相勉而已。此诗写得十分沉痛。宋代刘克庄说："子建此诗忧伤慷慨，有不可胜言之悲。"（《后村先生大全集》）诗篇对于迫害者的谴责也相当尖锐，特别是第三章中直斥那些曹丕的爪牙为"鸱枭"、"豺狼"、"苍蝇"，这里包含着强烈的愤慨。诗中虽不敢明指曹丕本人，只说他信谗，但对这位皇帝哥哥的不满，则是不难体味出的。此诗在表现手法上很值得称道。它层次分明，从容而又紧凑地将事、理、情、景淋漓尽致地展示开来，结构完整而又富变化。它的情与景互相渗透，真正做到了以景入情、化情为景。再者，从二章到七章，都采用章间首尾相衔的所谓"顶针格"写法，显示了诗人学习民歌的成绩。由于此诗感情真挚强烈，艺术手法高超，它就成为曹植五言诗中最为杰出的一篇。有人评论说它"气体高峻雄深，直书见事，直书目前，直书胸臆，沉郁顿挫，淋漓悲壮，……遂开杜公之宗"（方东树《昭昧詹言》）。

《洛神赋》是曹植的另一名篇。其作意据序说："黄初三年，余朝京师，还济洛川，古人有言，斯水之神名曰宓妃，感宋玉对楚王说神女之事，遂作斯赋。"赋中描写了一位美丽多情的女神，率领着杂遝众神，在洛水显灵。诗人仰慕之余，发出了"恨人神之道殊兮，怨盛年之莫当"的感慨。洛神是理想的化身，这篇赋表现了作者在受着迫害、壮志不伸的条件下，仍然有所追求的精神。此赋虽然借鉴了宋玉神女赋，但在艺术上又另辟蹊径。它不作过多铺排堆砌，篇幅相对短小精练，在具体描写上则多用比兴，力图突出人物形象。如写洛神姿态是："翩若惊鸿，婉若游龙。荣曜秋菊，华茂春松。仿佛兮若轻云之蔽月，飘飖兮若流风之回雪。远而望之，皎若太阳升朝霞。迫而察之，灼若芙蓉出渌波。……"一连串的比喻，把她的优雅美貌形容得极为生动。此赋的抒情性很强，无论写洛神或"君王"，都突出了他们"盛年莫当"的哀怨。在魏晋时期抒情小赋的发展中，《洛神赋》占有很重要地位。关于此赋，过去有"感甄"之说，谓曹植曾求甄氏女，后甄氏嫁曹丕，甄氏死，曹丕以甄氏枕赍植，甄氏化为洛神，与植相见，因作赋。说见李善《文选》注。然此说始出于唐代，后人多指出其妄，为小说家言。近人亦多不信之，唯郭沫若认为"子建要思慕甄后，以甄后为他《洛神赋》的模特儿，我看应该也是情理中的事"（《历史人物·论曹植》）。

六、太和年间的求自试及"优文答报"

黄初七年五月曹丕死后，他的长子曹叡继位，是即魏明帝。次年改元太和。曹丕一死，曹植立即写了一篇诔文，文中为曹丕"颂德咏功"，说他"如冰之洁、如砥之平"、"心镜万机、揽照下情"等等，词旨哀切。不过对曹植来说，曹丕之死无疑意味着政治迫害的减轻，应当说是件幸事。曹叡是他的侄子，无论如何会给他一些体面。事实上，曹叡登极后，确也对他有某些优礼的表示，如把曹丕生前服用的衣被十三种赐给曹植，到了太和三年（229）十二月，又将他从雍丘迁到东阿，这是曹植自黄初以来首次被徙封到沃饶之地，他的物质生活因此有所改善。这时，其他诸侯王都已改为县王，所以他在等第上也不比别人低了。

然而，这些优礼多是物质待遇或是名位上的。在实际政治地位上，曹植在太和年间并没有获得根本的好转。最基本的事实是，他仍然被禁阻于封地而不能与闻朝政。这种禁防壅隔的政策，反映了曹叡对他戒心甚重。太和二年曾经发生过一件事，使得曹叡的戒惧更加深了一层。这年春天，蜀丞相诸葛亮率军攻祁山，魏国边情吃紧，曹叡驾临长安亲督诸军御敌。忽然有一个消息传到首都洛阳，说曹叡已经死在长安，从驾的群臣要迎立雍丘王曹植来继大位。一时间，洛阳城里从卞太后直到公卿大臣，都很慌乱。后来曹叡回到洛阳，大臣们都为此惴惴不安，惟恐曹叡怪罪下来。卞太后提出要追查谣言，曹叡却无可奈何地说：当时天下人都这么说，又去追查谁呢？这件事对曹叡的刺激无疑相当大，要他尽释对曹植的疑虑，就更困难了。总的来说，曹叡对待包括曹植在内的诸侯王，大体上还承袭着曹丕的那一套办法。太和年间因"犯禁"而被参奏的诸侯王不少，计有曹据、曹衮、曹干、曹彪、曹徽等多人，事皆见《魏志·武文世王公传》，由此可知诸王的处境不妙。对于这种政策，当时有一些大臣是不赞成的，他们曾上疏婉谏其事。如杨阜就曾以曹植的境遇为例，向曹叡"陈九族之义"。另外，栈潜也曾上表说"庸勋亲亲"的道理，认为"亲亲显用，则安危同忧。深根固本，并为干翼，虽历盛衰，内外有辅"，他还举周初的周、吕、召、毕诸公夹辅成王为先鉴，指出当时"既无卫侯、康叔之监，分陕所任，又非旦、奭"的情况是十分危险的。这些谏言，无疑都有一定道理，日后司马氏篡权、曹魏王侯无力反抗的事实，也证实了他们的担心。但是，这些都不能打动曹叡，他听而不纳，只是答复杨阜说"览思若言，吾甚嘉之"而已。

不过曹植本人在太和年间的精神状态，却有了很大改变。这主要表现为，在黄初时期他只是诚惶诚恐地昧死请罪，无论诗、文中都充满着"忧生之嗟"，无暇他顾；而入太和以后，他已不再为自己的生存担忧，他把注意力转移到国家政事上来了，特别是他慷慨激昂地多次要求曹叡给他以从政的机会。这一变化，无疑同他在诸侯王中的特殊身份有关。他是曹叡唯一的嫡亲叔父，其他诸王皆非卞太后所生，因此他的胆子壮了许多。这种情况，不仅决定了他在此时期创作的内容，也影响了他创作的体裁。建安、黄初时期创作以诗、赋为主，今存曹植集中能够确指为太和年间的作品，则主要是散文，尤其是给曹叡的表文。其中著名的有《求自试表》（太和二年）、《求存问亲戚表》（太和五年）、《陈审举表》（太和五年）、《谏取诸国士息表》（太和五年）等，此外尚有《与司马仲达书》（黄初七年八月，曹叡登极之初）、《谏伐辽东表》（太和六年）等。至于诗、赋，此时期只有《杂诗》六首中的之二（"转蓬离本根"）、之四（"南国有美人"）、之五（"仆夫早严驾"）和《吁嗟篇》、《喜雨》等，而它们同建安、黄初时期诗赋相比，不显得突出。

《求自试表》见录于《魏志》本传，传云"太和元年徙封浚仪，二年复还雍丘，植常自愤怨，抱利器而无所施，上疏求自试"，这正是此表的主旨。表文首先述"古之授爵禄"都是以"功勤济国、辅主惠民"为前提的，而自己却无功受重爵厚禄。接写自己愿意逞其才力，"输力于明君"，即使身分蜀境，首悬吴阙，也在所不悔。表文又说："如微才弗试，没世无闻，徒荣其躯而丰其体，生无益于事，死无损于数，虚荷上位而忝重禄，禽息鸟视，终于白首，此徒圈牢之养物，非臣之所志也。"至此，作者的不满情绪已很强烈。表文又进一步说，自己想仿效骐骥和卢狗，但可惜没有伯乐和韩国。这里已是在讥刺曹叡无知人善任之明，其情绪也确已由不满而变为愤怨了。表文写得激情淋漓，声泪俱下，全篇流宕着悲凉慷慨之气，为魏晋散文中的佳篇。

《求存问亲戚表》（即《求通亲亲表》）亦见录于《魏志》本传。在这篇表文中，曹植强烈指斥了对诸侯王所施加的种种禁制，对他所过的"婚媾不通，兄弟乖绝，吉凶之问塞，庆吊之礼废，恩纪之违，甚于路人，隔阂之异，殊于胡越"的生活深表怨恨，他希望曹叡能够撤除这些限制，同时又一再向曹叡表白忠诚心志，说"若葵藿之倾叶，太阳虽不为之回光，然向之者诚也。窃自比于葵藿，若降天地之施、垂三光之明者，实在陛下"。表上，曹叡答复说，表中所述诚是，不过那些禁制并非国家所规定，而是下面的官吏在执行中"矫枉过正"了。这当然是推诿之词。《陈审举表》是论述用人问题的。表中又一次强烈地表示了曹植"列有职之臣，赐须臾之问"的夙愿。这篇表文的值得注意之处还在于，它从历史和现实的角度，提出了同姓和异姓在政权中的地位作用问题：

> ……盖取齐者田族，非吕宗也。分晋者赵、魏，非姬姓
> 也。唯陛下察之。苟吉专其位，凶离其患者，异姓之臣也。
> 欲国之安，祈家之贵，存共其荣，没同其福者，公族之臣
> 也。今反公族疏而异姓亲，臣窃惑焉。

曹植在太和五年提出这个问题，应当说他具有相当的政治敏感。
曹叡当时实行的就是较多地依靠异姓大臣如陈群、司马懿等的方
针。而由于这条方针一直继续下去未予改变，导致了正始末司马
氏篡权得以实现。当然，曹氏和司马氏的政权易代，只不过是不
同统治集团之争，这里并不存在正义非正义问题，所以我们也不
必从道义角度去评论曹植在这个问题上的是非。但至少可以说，
他在这里表现出了清醒和明智，不像曹叡被对同宗的恐惧所蒙
蔽，反而对自身政权的真正危险视而不见。对于曹植诸如此类颇
有些真知灼见的表文，曹叡的态度仅止于"辄优文答报"。这是
礼貌的拒绝，曹植只好在自己的封国里无所事事，继续做"圈牢
之养物"。

太和六年正月，曹叡把诸侯王都召到洛阳会元正。这是曹植
在黄初四年以后过了八年的第一次到京师。这时的洛阳，经过曹
叡的刻意经营、大力缮葺，已经不复是当年那种破败情景了。曹
叡对这位嫡亲叔父的招待是够客气的，首先让他在洛阳城里游观
一遍，还对他身体瘦弱表示关心存问，又有赐御食、赐冬李等
举。那篇存问手诏写道："王颜色瘦弱何意耶？腹中调和不？今
者食几许米？又啖肉多少？见王瘦，吾甚惊，宜当节水加飧"，
可以说是关怀到无微不至。但是，当曹植借此机会，提出要同曹
叡单独详谈，发表对时政的意见，并要求得到政治上任用时，曹
叡却不予考虑了。曹叡对他的不信任是根深蒂固的。这次朝会历
时一个月左右，接着曹植就又被徙封为陈王（这是郡王），增邑
五百户，并前三千五百户。这是从黄初以来多次徙封的最后一
次。曹植到了陈，知道自己的希望已无实现的可能，心情非常郁
闷。其年十一月二十八日，即发病死去，享年四十一岁。临终前
遗令薄葬，其坟墓在东阿。植卒后，朝廷谥之为"思"，因此后

世称他为"陈思王"。它的意思据《谥法》: "追悔前过,思",又张守节解是"思而能改"。从这谥号看,曹植不仅生前受迫害、被禁防,死后还被定为犯了过错的人。曹叡的这种严苛态度,从数年后他的一道诏书中仍可见到,他在景初中(238年前后)有诏说: "陈思王昔虽有过失,既克己慎行,以补前阙,且自少至终,篇籍不离于手,诚难能也。其收黄初中诸奏植罪状、公卿已下议尚书秘书中书三府大鸿胪者,皆削除之。"这里虽然做出了宽大姿态,但仍是以曹植犯有"过失"为前提的。

七、文学上的"君子"

曹植在建安时期曾说过,他要"戮力上国,流惠下民,建永世之业,流金石之功,岂徒以翰墨为勋绩,辞赋为君子哉!"(《与杨修书》)不过从他不太长的一生来看,他在前期(建安)并没有做出什么轰轰烈烈的事业,后期(黄初、太和)更只是在封地"禽息鸟视"而已,他的建功立业志愿尽管始终十分强烈,却彻底落了空。而在他似乎不屑为的"翰墨"、"辞赋"方面,则恰恰做出了巨大的"勋绩",成了一位文学史上的"君子"。

总括起来说,曹植的文学业绩是相当全面的,他在诗、赋、散文各方面都是能手。他的诗歌以五言为主,也写四言、六言、杂言的。两汉五言诗主要存在于乐府民歌中,文人创作则不多,而且"质木无文",不够成熟。至汉末有无名氏《古诗》出现,才在诗歌语言上有较大进步,写得比较自然流转。但它们在题材、容量上嫌褊狭,而且风格少变化。建安时期是文人创作五言诗的高潮,曹操、王粲、曹丕、刘桢、蔡琰等都有一些佳作产生,出现繁花纷呈局面。而集大成者则推曹植。他运用五言形式最为熟练,无论述志叙事、咏史赠答,全都极其自如,而且写来长篇短制,不拘一格。他认真从乐府民歌中汲取养料,诗中大量使用比兴手法,使作品意象生动。他还很善于提炼,比起汉乐府民歌来,他的语言更精彩,音节更浏亮,描写更工细。曹植诗歌中有许多警句，常为后人所称道。对曹植的诗歌成就，钟嵘在《诗品》中评论说："骨气奇高，词采华茂，情兼雅怨，体被文质，粲溢古今，卓尔不群。嗟乎！陈思之于文章也，譬人伦之有周、孔，鳞羽之有龙凤，音乐之有琴笙，女工之有黼黻。"推崇到了诗歌圣者的地位。

曹植在辞赋上的成就表现为他大量写作篇帙短小之作，他的赋无论体物、纪事，全都贯注进了强烈的感情，他在题材上进一步向日常化、小型化、多样化开拓，在写法上则基本摒弃了铺排堆砌的传统。他是两汉大赋向魏晋南北朝抒情小赋过渡的关键人物之一。此外，他除了写作抒情小赋如《洛神赋》等，还写过一些俳赋式的东西，如《鹞雀赋》，全篇都是寓言写法，末后二雀相语，谐谑成趣，而其句法则基本都是四言，与四言叙事诗无大异。曹植的散文，尤以前期的书信、杂论和后期的表疏为佳。除了前面已提及的《与杨修书》、《求自试表》、《陈审举表》以外，还有如《辩道论》议论糅合叙事，生动活泼，《令禽恶鸟论》多引述传说故事，妙趣横生，《髑髅说》全篇学庄子、张衡，而不蹈袭雷同，都是文采斐然之作。

曹植对后代文学的影响巨大。两晋南北朝作家对他极为推重。谢灵运是个出名的恃才傲物之人，他却说："天下才有一石，曹子建独占八斗，我得一斗，天下共分一斗"（《释常谈》所引）。当时诗人学习曹植的情形，正如钟嵘所形容的，"抱篇章而景慕，映余辉以自烛"（《诗品》）。不过南北朝诗人学曹植往往只看重他"词采华茂"一点，而对他"骨气奇高"方面却甚少注意，这是由于当时形式主义靡弱诗风盛行的缘故。到唐代，自陈子昂提出"汉魏风骨"问题后，曹植的"骨气"才又重新受注意，他的诗风才又得到较全面的认识。伟大的现实主义诗人杜甫曾写道："子建文章壮"（《别李义》），"文章曹植波澜阔"（《追酬故高蜀州人日见寄》），他还自称"诗看子建亲"（《奉赠韦左丞丈二十二韵》），又把边塞诗人高适与曹植相比类（《奉寄高常侍》："方驾曹、刘不啻过"），这些都有助于理解曹植对后代文学有着怎样的影响。

　　曹植著述繁富，为建安作家之最。他生前自编过作品选《前录》，收七十八篇，死后曹叡曾为之集录作品百余篇。《隋书·经籍志》著录有集三十卷、《列女传颂》一卷、《画赞》五卷。但原集已佚，今存最早的版本是南宋嘉定六年刻本《曹子建集》，共十卷，含诗、赋、各体散文二〇六篇。明代郭云鹏、汪士贤、张溥等所刻《陈思王集》，大率据宋本稍加厘订而成。清代同治年间丁晏《曹集铨评》，对各篇文字作了校订，又从其他古籍和类书中增辑了不少佚篇残文，为现今所见较好本子。光绪年间朱绪曾《曹集考异》，对各体诗文的考订甚详。近人黄节《曹子建诗注》、古直《曹子建诗笺》对诗歌部分作了较细密的注释，各有独自见解。解放后余冠英《三曹诗选》，选录曹植诗四十余首，注释折衷诸说，且多己意，颇称允当。

主 要 参 考 书 目

1. 《曹子建集》，宋嘉定六年刻本，上海涵芬楼《续古逸丛书》影印本。

2. 丁晏《曹集铨评》，文学古籍刊行社排印本。

3. 朱绪曾《曹集考异》，《金陵丛书》排印本。

4. 黄节《曹子建诗注》，人民出版社版。

5. 古直《曹子建诗笺》，《层冰草堂丛书》排印本。

6. 余冠英《三曹诗选》（曹植部分），人民文学出版社版。

7. 北京大学中国文学史教研室《魏晋南北朝文学史参考资料》（曹植部分），中华书局版。

8. 河北师范学院中文系古典文学教研组《三曹资料汇编》（曹植卷），中华书局版。

阮　　籍

（公元 210—263 年）

罗竹风

一、从《阮籍传》看阮籍其人其事

关于阮籍的生卒事迹，晋书卷四十九《列传》第十九是这样记载的：

> 阮籍，字嗣宗，陈留尉氏（今河南尉氏县）人也。父瑀，魏丞相掾，知名于世。籍容貌瑰杰，志气宏放，傲然独得，任性不羁，而喜怒不形于色。或闭户视书，累月不出；或登临山水，经日忘归。博览群籍，尤好庄老。嗜酒能啸，善弹琴。当其得意，忽忘形骸。时人多谓之痴，惟族兄文业每叹服之，以为胜己，由是咸共称异。

> 籍尝随父至东郡，兖州刺史王昶请与相见，终日不开一言，自以不能测。太尉蒋济闻其有隽才而辟之，籍诣都亭奏记曰："伏惟明公以含一之德，据上台之位，英豪翘首，俊贤抗足。开府之日，人人自以为掾属；辟书始下，而下走为首。昔子夏在于西河之上，而文侯拥篲；邹子处于黍谷之阴，而昭王陪乘。夫布衣韦带之士，孤居特立，王公大人所以礼下之者，为道存也。今籍无邹、卜之道，而有其陋，猥见采择，无以称当。方将耕于东皋之阳，输黍稷之余税。负

薪疲病，足力不强，补吏之召，非所克堪。乞回谬恩，以光清举。"初，济恐籍不至，得记欣然。遣卒迎之，而籍已去，济大怒。于是乡亲共喻之，乃就吏。后谢病归。复为尚书郎，少时，又以病免。及曹爽辅政，召为参军。籍因以疾辞，屏于田里。岁余而爽诛，时人服其远识。宣帝为太傅，命籍为从事中郎。及帝崩，复为景帝大司马从事中郎。高贵乡公即位，封关内侯，徙散骑常侍。

籍本有济世志，属魏晋之际，天下多故，名士少有全者，籍由是不与世事，遂酣饮为常。文帝初欲为武帝求婚于籍，籍醉六十日，不得言而止。钟会数以时事问之，欲因其可否而致之罪，皆以酣醉获免。及文帝辅政，籍尝从容言于帝曰："籍平生曾游东平，乐其风土。"帝大悦，即拜东平相。籍乘驴到郡，坏府舍屏鄣，使内外相望，法令清简，旬日而还。帝引为大将军从事中郎。有司言有子杀母者，籍曰："嘻！杀父乃可，至杀母乎！"坐者怪其失言。帝曰："杀父，天下之极恶，而以为可乎？"籍曰："禽兽知母而不知父，杀父，禽兽之类也。杀母，禽兽之不若。"众乃悦服。

籍闻步兵厨营人善酿，有贮酒三百斛，乃求为步兵校尉。遗落世事，虽去佐职，恒游府内，朝宴必与焉。会帝让九锡，公卿将劝进，使籍为其辞。籍沉醉忘作，临诣府，使取之，见籍方据案醉眠。使者以告，籍便书案，使写之，无所改窜。辞甚清壮，为时所重。

籍虽不拘礼教，然发言玄远，口不臧否人物。性至孝，母终，正与人围棋，对者求止，籍留以决赌。既而饮酒二斗，举声一号，吐血数升。及将葬，食一蒸肫，饮二斗酒，然后临诀，直言穷矣，举声一号，因又吐血数升。毁瘠骨立，殆致灭性。裴楷往吊之，籍散发箕踞，醉而直视，楷吊唁毕便去。或问楷："凡吊者，主哭，客乃为礼。籍既不哭，君何为哭？"楷曰："阮籍既方外之士，故不崇礼典。我俗中之士，故轨仪自居。"时人叹为两得。籍又能为青白眼，见礼俗之士，以白眼对之。及嵇喜来吊，籍作白眼，喜不怿而退。喜弟康闻之，乃赍酒挟琴造焉，籍大悦，乃见青眼。由是礼法之士疾之若雠，而帝每保护之。

籍嫂尝归宁，籍相见与别。或讥之，籍曰："礼岂为我设邪！"邻家少妇有美色，当垆沽酒。籍尝诣饮，醉，便卧其侧。籍既不自嫌，其夫察之，亦不疑也。兵家女有才色，未嫁而死。籍不识其父兄，径往哭之，尽哀而还。其外坦荡而内淳至，皆此类也。时率意独驾，不由径路，车迹所穷，辄恸哭而返。尝登广武，观楚汉战处，叹曰："时无英雄，使竖子成名！"登武牢山，望京邑而叹，于是赋《豪杰诗》。景元四年冬卒，时年五十四。

籍能属文，初不留思。作《咏怀诗》八十余篇，为世所重。著《达庄论》，叙无为之贵。文多不录。

籍尝于苏门山遇孙登，与商略终古及栖神导气之术，登皆不应，籍因长啸而退。至半岭，闻有声若鸾凤之音，响乎岩谷，乃登之啸也。遂归著《大人先生传》，其略曰："世人所谓君子，惟法是修，惟礼是克。手执圭璧，足履绳墨。行欲为目前检，言欲为无穷则。少称乡党，长闻邻国。上欲图三公，下不失九州牧。独不见群虱之处裈中，逃乎深缝，匿乎坏絮，自以为吉宅也。行不敢离缝际，动不敢出裈裆，自以为得绳墨也。然炎丘火流，焦邑灭都，群虱处于裈中而不能出也。君子之处宇内，何异夫虱之处裈中乎！"此亦籍之胸怀本趣也。

子浑，字长成，有父风。少慕通达，不饰小节。籍谓曰："仲容已豫吾此流，汝不得复尔！"太康中，为太子庶子。

从《晋书》阮籍本传的记载，大体上可以了解他的为人。第一，性情有些古怪，行为也反常，一般人认为他"痴"；喜欢读书，对老、庄特别感兴趣。第二，本来抱着治国平天下的志向，而且很有才能，可以干一番事业，但因处于魏、晋之交，历经丧乱，世事纷扰，名士多被杀戮，于是他就采取隐遁避世态度，以酗饮免祸。为了对付司马氏求婚，竟然一醉两个月，使对方无从开口。第三，被迫做过一些散官，但都不长久。从骑驴（一般应当骑马）到东平上任，"坏府舍屏鄣，使内外相望，法令清简，旬日而还"来看，他是很有治才的，但宦海浮沉，却一直把仕途视为畏途，想尽一切方法加以摆脱。第四，放浪形骸，反对礼教，不拘小节。对那些蝇营狗苟的利禄之辈，尽情讥讽，说他们无异于裤裆里的虱子，"逃乎深缝，匿乎坏絮，自以为吉宅也"，到头来却被无名孽火烧得焦头烂额。他又能作青白眼，对礼俗之士以白眼相待，对"同道"则现青眼，充分表明他的爱憎。第五，能写大文章，能写诗，为世人所称道的《达庄论》、《大人先生传》和《咏怀》八十余篇，就是力作。《咏怀》诗在五言诗的发展道路上起过"承上启下"的重要作用。

　　阮籍的性格特征似乎是双重的，充满了矛盾，然而却又和谐地统一在一个人身上，还显得那么自然。例如他反对礼教，但不为已甚，对儿子阮浑"少慕通达，不饰小节"，并不以为然，还规劝说："仲容（侄子阮咸）已豫吾此流，汝不得复尔！"一之为甚，岂可再乎！对阮籍来说，内心并不是真正反对礼教的，他所反对的不过是所谓"俗儒"，即假道学、伪君子，因此，不愿儿子再像"竹林名士"那样。阮籍"任性不羁"，很有些出乎常规的大胆议论，例如在大将军从事中郎任上，"有司言有子杀母者"，他就发了一通："嘻！杀父乃可，至杀母乎！"最后却辩解说："……杀父，禽兽之类也。杀母，禽兽之不若。"可见仍然逃不出通常的伦理道德观念。大约对一般原则问题，他敢于发表自己的真知灼见，一针见血；对具体的事和人就比较留意了，不肯轻易表态。这就是"籍虽不拘礼教，然发言玄远，口不臧否人物"的最好注脚。不是阅历多，老于世故的人，恐怕是难以做到这一点的。

　　我们想研究某一时代、某一作家的思想和作品，至少要了解作者的历史背景、个人经历和所处的环境；否则，有些问题扑朔迷离，便难以捉摸。对于阮籍，也同样如此。阮籍其人其事，是脱离不开魏晋之交，丧乱已久，名士多罹杀身之祸这种历史背景的。他想保全性命，内心活动与实际行动，就不能不保持一定距离。所谓"志存刺讥，而文多隐避"，正是这个道理。在同时代人中，嵇康戮，向秀降，而阮籍独能"善终"，这的确是一个值得深思的问题。"世人皆醉我独醒，世人皆浊我独清"，是需要忍受极大熬煎和痛苦，非具有远见卓识，难以做到的。阮籍表面醺醉，内心清醒。他反对礼教，蔑视利禄，超然物外，悠然自得，"全生保真"，终其天年，确是中国文学史上值得研究的突出人物。

二、阮籍的时代和思想

阮籍家世不是高门贵族，这从《本传》"咸（其侄）与籍居道南，诸阮居道北，北阮富而南阮贫"的记载，可窥端倪。父亲阮瑀是"建安七子"之一，为曹氏所重。阮籍是正始年代（魏齐王曹芳年号）的著名文学家，曾任步兵校尉，故世称阮步兵。他博览群书，尤好老庄；旷达不羁，反对名教。所作《咏怀诗》八十余首，有"建安风骨"，慷慨任气，格调高浑。

魏、晋两代约二百年，阮籍处于魏、晋交替的年代，当时曹魏政权日渐衰微，代之而起的是司马氏专权。他就在这个政治斗争的漩涡里应付、挣扎，偶而不慎，便会遭灭顶之灾。对曹氏末年的庸碌、腐败，他深表不满；但又不愿与司马氏同流合污，甘为虎伥，因而始终采取一种"虚与委蛇"的态度。他与曹氏有较深的历史渊源，在感情上难免有所牵连，这就大体上决定了他的处世态度。

魏、晋之交，正当黄巾起义和董卓大乱以后，社会生产力遭到严重破坏，可以说是赤地千里，饿殍遍野，民不聊生的年代。在"士流"中，有些人由于对现实不满，经受着精神上的极大折磨。当时司马氏已篡位，而阮籍的名气又大，说话需要再三斟酌；为了避嫌远祸，也只好酣饮为常，口不臧否人物了。不妨说，他是借酒浇愁，并以饮酒作为掩护的。司马懿求与阮籍结亲，他竟一醉六十天，使对方无从开口，不了了之。这样，即使话讲错了，也可以酒醉推卸责任，有个伸缩余地。

"竹林七贤"中，以阮籍、嵇康两人最有名，但结局却迥乎不同。嵇康态度更为激烈，毫不妥协，又喜欢发议论，因而以"非汤武而薄周孔"的罪名被司马氏杀害。阮籍不大谈有关时局和伦理问题，何晏曾再三怂恿司马懿杀阮籍而未被采纳，主要也是因为他只饮酒，终日昏昏沉沉，对统治者还未构成严重危害之故。

阮籍饮酒，是环境使然，这又与他出世隐遁的思想相关联。当一个人完全清醒时，便会对现实不满，深感痛苦；但怎样加以解脱呢？只有饮酒，借酒浇愁；再进一步，必然产生人生无常，醉酒当歌，敷衍了事，玩世不恭的态度，以出世求隐作为生活的归宿。宋吕南公《灌园集·谒真君殿》诗："念昔魏晋间，士流罕身全，高义乐遗世，学者习虚玄"，大约就可以概括出世求隐的原因了。正如《咏怀诗》里所说的："纶深鱼渊潜，矰设鸟高翔"（其七十五），"苟非婴网罟，何必万里畿"（其六十五），这就是求隐的主要动机了。

求隐是对现实不满的结果，带有浓厚的虚无主义色彩，表现出一种追求个人解脱和人生如梦的宿命论思想，是反抗的消极形式。求隐最直接的动机是为了避祸、保真，不甘心同流合污，而又找不出解决社会矛盾的更好办法。有济世志，而又不能施展自己的抱负，于是消极退缩，企图独善其身；要想独善其身，就需要逃避现实，追求隐遁出世的生活，而饮酒便成为主要的表现形式了。

阮籍反对名教礼法，极端憎恶礼俗、利禄之徒。在封建社会，除君臣、父子关系必须纳入忠、孝的正轨之外，对男女关系的态度如何，又往往是衡量伦理道德、辨别是非善恶的严格标准。因此，所谓男尊女卑，男女授受不亲，都被看做天经地义。

阮籍首先在这一方面有所突破,《本传》曾经有集中的论述,三次谈到他对男女关系的态度:嫂子回娘家,他去告别,有人讥笑,却说:礼教是为我设的么?邻居的少妇长得很出挑、漂亮,站柜台卖酒,他去喝酒,醉了,便在她的身边躺下就睡。本人不觉得有什么关系,少妇的丈夫察觉后,也并不介意。有个军人的女儿,既有才能,又好看,没有嫁人就死了;阮籍并不认识她的父兄,直接前往吊唁痛哭,哭够了才回家。宋代理学家所谓"目中有妓,心中无妓"的精神境界,庶乎近之。"外坦荡而内淳至",说明他对礼教已达到"忘我"的地步,根本是不当一回事的。

阮籍以"裈中虱"形容那些利禄之徒,他所讥讽的只限于伪君子、假道学,而寄予希望的却是"保真",即复归自然,还原和保持自己的本来面目。"名教"应当反映"自然",而"自然"是一个和谐的统一体,它是由元气构成的,这样必然要标榜"天地生于自然"、"万物生于天地"的主张。阮籍对他所想象的合乎自然规律并适应自然规律,成为人世间和谐统一体中组成部分的法度,是并不反对的。这是就伦理道德而论;若从他的思想体系来看,甚至连上下古今都不承认,《大人先生传》里所说的:"天地解兮六合开,星辰陨兮日月颓,我腾而上将何怀!"认为一切都无意义,一切都无必要,一切都是虚无缥缈,于是只好沉湎于酒了。"何以解忧,唯有杜康",大约这才是阮籍的本色。但一跌落到现实生活中,又不能不经过种种因素的反光折射,而打一个很大的折扣。这恐怕就是阮籍对名教问题"矛盾统一"的看法,也是时代的悲剧;但它仍然脱离不了历史传统的影响。《大人先生传》正是对现实极端不满而又找不到正确出路的产物。

出世求隐虽然是反抗的消极形式,但神仙隐士作为自由、幸福和理想的追求,在特定的历史条件下,也具有相对的积极意义。因此,阮籍的作品,虽然只集中地写他个人的愤世、嫉俗、叹生、忧时,并以鸟兽草木为依托;但内容已大大超过了个人生活、思想、感情的范围,反映和表达了更多人的遭遇和愿望。因此,具有更广泛的社会意义，更加渲染着时代的色彩。高尔基所说的艺术形象几乎永远大于思想，大约即指此而言。

阮籍的思想主流是玄学。魏晋玄学导源于老庄思想，再加佛教的影响，是两者的混血儿。它的兴起，与时代有密切关系。玄学的特征是虚无，对一切持否定态度，感觉人生无常，不必矜持、认真，只要我行我素，生活态度不妨敷衍了事，得过且过。所追求的理想正如天马行空，了无障碍。想达到这种境界，最好是求仙得道，返朴归真。虚无就需要无为，无为而无不为，才合乎自然运行的规律。无为应当清静，摆脱一切，不拘小节，超然物外。此亦一是非，彼亦一是非，根本就没有什么准则可言，而流入相对主义。这种思想充分表现在《达庄论》里。

至于《大人先生传》，则是阮籍对君权礼教的彻底否定，充分表达出无君无臣思想。他宣扬："盖无君而庶物定，无臣而万事理，保身修性，不违其纪。惟兹若然，不失长久。今汝造音以乱声，作色以诡形，外易其貌，内隐其情，怀欲以求多，诡伪以要名。君立而虐兴，臣设而贼生。坐制礼法，束缚下民。……"从反对封建伦理道德的角度来看，《大人先生传》是有一定积极意义的；但否定一切之后，出路何在呢？阮籍却无答案。只有虚无，只有无为，而这也正是他的理想境界。从这种境界来衡量世人，当然是庸庸碌碌，鸟为食亡，人为利死；于是他就坚决反对礼俗之士，把他们骂得狗血喷头，比作虱处裈中。

玄学与名士清谈一脉相承。魏晋名士有的服药，有的饮酒，有的既服药又饮酒。大体上正始名士服药，竹林名士饮酒。在"竹林七贤"中，嵇康也兼服药，阮籍则专门喝酒，刘伶更是狂饮。他们饱食终日，言不及义，上下古今，任意发挥，这样就成为一种社会风气。"竹林名士"偏重于饮酒，也都反对名教。饮酒有一种境界，大约在过量之后，头脑就飘飘然，昏昏然，进入一种忘我、虚幻的状态，于是忘乎所以，有点接近所谓神仙生活了。这种生活是与玄学一脉相通的。

为什么要拼命饮酒，像阮籍那样纵酒酣昏，遗落世事呢？最好的解释是因为他生当乱世，随时有遭杀身之祸的危险，以酒作为推脱和掩护的手段，便可"苟全性命于乱世"。一个饱经忧患，头脑清醒的"士流"，当然有所爱，也有所憎；但爱、憎却不能直接表达，充分流露，于是只好借酒装糊涂了。郑板桥所谓"难得糊涂"，大约也适合于阮籍的实际情况吧。

三、阮籍的《咏怀诗》

作为一个现实主义文学家，阮籍对生活的感受必然借诗文抒发、表达，《咏怀诗》八十五首（其中五言诗八十二首）是他生平诗作的总集，并非一时所作。这八十多首《咏怀诗》，都是抒情诗，旨在通过主观的感受来反映人生。通过这些诗作，也可以窥探魏、晋之交的社会动态。

阮籍《咏怀诗》的源流，上承曹植下接左思、陶潜，在五言诗形成的过程中，占重要地位。它的主题思想不外乎抒发对生活的感慨，反对名教，要求脱离利禄的羁绊，返朴归真；同时，也有对当时政治的讥讽，但写得很含蓄，很隐晦，曲曲折折地透露、抒发对生活的联想。所谓"感于哀乐，缘事而发"。就题材而言，阮籍《咏怀诗》已经突破了乐府民歌和《古诗》里写游子、思妇等老框框，而着重写自己的嗟生、忧时、愤世、嫉俗的思想感情。但为了避祸保全，写得隐晦难懂，与他时代相隔不远的颜延之在《咏怀诗注》里就说过："虽志在刺讥而文多隐避，百世而下难以猜测。"这是因为他处于魏、晋之交，权力再分配的曹氏与司马氏政治角逐的"夹缝"当中，心怀不满但又不便明白痛快地倾吐的结果。

阮籍的诗应当远溯"三曹"时的"建安风骨"。汉末魏初是很重要的时代，在文学方面起了一个重要的变化。在黄巾、董卓大乱和党锢纠纷之后，曹操初步奠定了中国统一的基础。曹操是一个有胆略、有识见、有本事的人，在天下基本底定的形势下，他曾说过：倘无我，不知有多少人称王称帝！这话是有根据的。

在大动荡、大混乱之后，他开创了一个新的政治局面，真堪称"治世之能臣，乱世之枭雄"。

治乱世用重典，曹操尚刑名，立法森严，正是为了匡济时弊。影响到文章方面的，成了清峻的风格。此外是主张通脱，一时形成思想解放、言谈比较自由的风气，允许异端和外来思想存在。对选拔人材的标准，可以概括为"有才便是德"，不强调品德，特别对忠字更马虎些。不然，又怎样解释汉献帝的禅让，而自己竟然会变成魏王了呢？

曹丕《典论》："诗赋欲丽"，"文以气为主"，于清峻、通脱之外，又加华丽和壮大。建安七子的文章，可以说是"慷慨"、"华丽"。大乱之后，人事无常，就必然带有苍茫、悲凉、浓郁之气。建安诗风"慷慨任气"，曹植"烈士悲心"（《杂诗》），正是反映了社会的丧乱，同时也反映了澄清天下、建立功业的积极精神。而所谓"建安风骨"，也正是这种精神凝聚而成的。

钟嵘《诗品》认为《古诗》和曹植的诗都出于国风。扩大范围，也不妨说导源于民歌，和汉乐府民歌有密切关系；这种关系还可追溯到《楚辞》。中国诗歌的发展大体上有两条线：一条是民歌，另一条是文人诗。当某一种民歌在民间广泛流行时，为了充实自己作品的内容，诗人往往吸取民歌刚健、清新的成分；但民歌仍在发展、传播，到一定的时候，另外一种新形式出现，又为诗人所吸收。如此往返交接，从四言——（杂言）——五言——（杂言）——七言，以至于词曲，就形成了中国诗歌流动、发展的长河，永不枯竭。当文人诗在单纯追求形式之后，以雕琢堆砌为能事，趋向于形式主义，蓬勃的生命力也就枯竭了。

真正奠定五言诗基础的应当是曹植。阮籍是接力者，起着"中转"作用。左思《咏史》和陶潜《饮酒》都受阮籍影响，纵然各人风格不同，但现实主义的"轨迹"却是相当清晰的。左思的"被褐出阊阖，高步追许由，振衣千仞冈，濯足万里流"，决心退出"攀龙客"之群，极端蔑视那些"高门"权威，不正是阮嗣宗遗绪么？

至于东晋的陶渊明，几经丧乱，一切都已看惯，不再那么多的激昂慷慨，于是趋向冲淡和平，但有时仍不忘世事。鲁迅说他除冲淡和平的一面之外，还有金刚怒目的另外一面。《饮酒》第十三："一士长独醉，一夫终年醒"，大约就是矛盾的统一。既醉且醒，就不能没有"两面"。他在前代作家中和阮籍相近，但"文体省净，殆无长语"（《诗品》），不再像阮诗那种奇丽、恍惚了。

《古诗》以后，曹植、阮籍、左思、陶潜是魏、晋两代约二百年的代表作家，他们的作品主要是五言诗，对唐代五言诗的发扬光大有很大的影响。他们的诗作主要体现了现实主义的道路，只重白描，不假雕琢，刚健、清新、自然、浑厚是其共同特色。他们构成五言诗的优良传统，在中国文学史上写下了光辉的一页。

《晋书·本传》说阮籍"博览群书，尤好老庄"，这对他的诗作具有重要而又深远的影响。虚无主义色彩，个人求解放的向往，人生如梦的宿命论，畏祸避世，是他诗的主调。同时，对权势利禄的蔑视，对名教礼法的否定，又是必然派生出来的结果。两者构成了《咏怀诗》的整体面貌。

即以《咏怀诗》为例，几乎全部贯串着这种以"虚无、出世"为基调的精神实质。例如：

夜中不能寐，起坐弹鸣琴。薄帷鉴明月，清风吹我衿。孤鸿号外野，翔鸟鸣北林。徘徊何所见，忧思独伤心。（其一）

谁言万事艰？逍遥可终生。临堂翳华树，悠悠念无形。彷徨思亲友，倏忽复至冥。寄言东飞鸟，可用慰我情？（其二）

嘉树下成蹊，东园桃与李。秋风吹飞藿，零落从此始。繁华有憔悴，堂上生荆杞。驱马舍之去，去上西山趾。一身不自保，何况恋妻子？凝霜被野草，岁暮亦云已。（其五）

天马出西北，由来从东道。春秋非有讬，富贵焉常保？

清露被皋兰，凝霜沾野草。朝为美少年，夕暮成丑老。自非王子晋，谁能常美好！（其六）

灼灼西隤日，余光照我衣。回风吹四壁，寒鸟相因依。周周尚衔羽，蛩蛩亦念饥；如何当路子，磬折忘所归？岂为夸誉名，憔悴使心悲！宁与燕雀翔，不随黄鹄飞。黄鹄游四海，中路将安归？（其十）

昔年十四五，志尚好书诗。被褐怀珠玉，颜闵相与期。开轩临四野，登高望所思。丘墓蔽山冈，万代同一时。千秋万岁后，荣名安所之？乃悟羡门子，噭噭今自蚩。（其十九）

俦物终始殊，修短各异方。琅玕生高山，芝英耀朱堂。荧荧桃李花，成蹊将夭伤。焉敢希千术，春秋表微光。自非凌风树，憔悴乌有常？（其二十一）

幽兰不可佩，朱草为谁荣？修竹隐山阴，射干临层城。葛累延幽谷，□□□□生。乐极消性灵，哀深伤人情。竟知忧无益，岂若归太清。（其二十二）

杨朱泣岐路，墨子悲染丝。揖让长离别，飘飘难与期。岂徒燕婉情，存亡诚有之。萧索人所悲，祸衅不可辞。赵女媚中山，谦柔愈见欺。嗟嗟涂上士，何用自保持！（其二十三）

于心怀寸阴，羲阳将欲冥。挥袂抚长剑，仰观浮云征。云间有玄鹤，抗志扬哀声。一飞冲青天，旷世不再鸣。岂与鹖鴠游，连翩戏中庭？（其二十四）

鸒鸠飞桑榆，海鸟运天池。岂不识宏大，羽翼不相宜。扶摇安可期，不若栖树枝。下集蓬艾间，上游园圃篱。但尔亦自足，用子为追随！（其二十六）

生命辰安在？忧戚涕沾襟。高鸟翔山冈，燕雀栖下林。青云蔽前庭，素琴凄我心。崇山有鸣鹤，岂可相追寻！（其二十七）

拔剑临白刃，安能相中伤？但畏工言子，称我三江旁。飞泉流玉山，悬车栖扶桑。日月径千里，素风发微霜。势路

自穷达，咨嗟安可长？（其三十八）

危冠切浮云，长剑出天外。细故何足虑？高度跨一世。非子为我御，逍遥游荒裔。顾谢西王母，吾将从此逝。岂与蓬户士，弹琴诵言誓？（其四十二）

炎光延万里，洪川荡湍濑。弯弓挂扶桑，长剑倚天外。泰山成砥砺，黄河为裳带。视彼庄周子，荣枯何足赖？捐身弃中野，乌鸢作患害。岂若雄杰士，功名从此大。（其四十八）

多虑令志散，寂寞使心忧。翱翔观彼泽，抚剑登轻舟。但愿长闲暇，后岁复来游。（其五十）

洪生资制度，被服正有常。尊卑设次序，事物齐纪纲。容饰整颜色，罄折执圭璋。堂上置玄酒，室中盛稻粱。外厉贞素谈，户内灭芬芳。放口从衷出，复说道义方。委曲周旋仪，姿态愁我肠。（其五十五）

朝阳不再盛，白日忽西幽。去此若俯仰，如何以九秋？人生若尘露，天道竟悠悠。齐景升丘山，涕泗纷交流。孔圣临长川，惜逝忽若浮。去者余不及，来者吾不留。愿登太华山，上与松子游。渔父知世患，乘流泛轻舟。（其六十二）

一日复一夕，一夕复一朝，颜色改平常，精神自损消。胸中怀汤火，变化故相招。万事无穷极，知谋苦不饶。但恐须臾间，魂气随风飘。终身履薄冰，谁知我心焦。（其六十三）

一日复一朝，一昏复一晨，容色改平常，精神自飘沦。临觞多哀楚，思我故时人。对酒不能言，凄怆怀酸辛。愿耕东皋阳，谁与守其真？愁苦在一时，高行伤微身。曲直何所为？龙蛇为我邻。（其六十四）

有悲则有情，无情亦无悲。苟非婴网罟，何必万里畿！翔风拂重霄，庆云招所晞。灰心寄枯宅，曷顾人间姿。始得忘我难，焉知嘿自遗。（其六十五）

世务何缤纷，人道苦不遑。壮年以时逝，朝露待太阳。

愿揽羲和辔，白日不移光；天阶路殊绝，云汉邈无梁。濯发旸谷滨，远游崑岳傍。登彼列仙岨，采此秋兰芳。时路乌足争？太极可翔翔。（其七十二）

税驾安可学？东野穷路旁。纶深鱼渊潜，矰设鸟高翔。泛泛乘轻舟，演漾靡所望；吹嘘谁以益？江湖相捐忘。都冶难为颜，修容是我常。兹年在松、乔，悦怿诚未央。（其七十五）

从以上所引《咏怀诗》的一部分来看，阮籍畏祸避世的思虑是深沉的，表现手法主要是运用"比"、"兴"。刘勰《文心雕龙·比兴篇》："比者，附也；兴者，起也。附理者切类以指事，起情者依微以拟议。"李东阳《麓堂诗话》："所谓比与兴者，皆托物寓情而为之也。盖正言直述，则易于穷尽，而难于感发；惟有所寓托，形容摹写，反复讽咏，以俟人之自得，言有尽意无穷，则神爽飞动，手舞足蹈而不自觉。"也就是说，运用"比"、"兴"手法，可以更加具体生动，更加形象化。所谓触物生情，言近旨远，言有尽而意无穷。另外，还有很重要的一点，就是起到迂回的作用，不容易被人抓住"把柄"，也是避祸的一种手段。

诗人触景生情，感物怀忧，总是运用"比"、"兴"手法，抒发对现实生活的感触。苏辙："欲观乎诗，必先知其比兴。"阮籍《咏怀诗》往往托于鸟兽草木之名，抒发感想，和《楚辞》有类似的色彩。另外，以古喻今，用象征的手法讽喻时事，臧否人物，有时还带有神话气息，富于瑰丽的想象。这样曲折地反映现实，正是表现他畏祸避世的消极态度。不敢直言，只好迂回；不能明说，便以隐喻暗示。阮籍"本有济世志"，但处在当时那样政治窒息的环境，却不得不力求韬晦以至于避世。这种精神上的矛盾和苦闷，只得用诗来表达。但他爱憎分明，歌颂什么，鞭挞什么，也是一清二楚的。他也歌颂壮士，赞美气节。对那些"临难不顾生，身死魂飞扬"和"忠为百世荣，义使令名彰"的正面人物，则是肯定、向往并加以赞扬的。严羽《沧浪诗话》说阮籍有"建安风骨"，他的"慷慨任气"就与建安诗有共同之处。

李善论阮籍《咏怀诗》说："嗣宗身仕乱朝，常恐罹谤遇祸。因兹发咏，故每有忧生之嗟。虽志在刺讥，而文多隐避，百代之下，难以情测也。"这并不是像董仲舒在《春秋繁露》中所说的"诗无达诂"一样。如果从时代背景和作者的处境加以分析，透过现象看本质，阮籍《咏怀诗》的爱憎还是非常分明而又强烈的。刘勰说："嵇康师心以遣论，阮籍使气以命诗"；敢于"师心"，敢于"使气"，不矫揉造作，不阿谀逢迎，这大约正是"竹林名士"的可贵之处。

阮籍的《咏怀诗》是中国文学史上的宝贵遗产，打上了魏、晋之交的时代烙印，反映了作者真挚的思想感情。由于作品的内容超越了个人生活的局限，表达了更多人的愿望，就成为时代、社会的感觉器官和代表，意义更为重大和广泛。能够这样，是由于合乎现实主义的写作态度。即使在今天，仍然有许多可供我们借鉴的东西。

这就是在分析、研究阮籍其人其事后的结论。仁者见仁，智者见智，究竟是否这样，当然可以有不同的看法；但"遭阮公之时自应有阮公之诗"，却是确切不移的。

主 要 参 考 书 目

1. 房玄龄《晋书》卷四九《阮籍传》，中华书局校点本。
2. 《阮籍集》，上海古籍出版社本。
3. 鲁迅《而已集·魏晋风度及文章与药及酒之关系》，人民文学出版社本。

嵇　　康

（公元 223—262 年）

郭维森

一、时代和身世

嵇康，字叔夜，生于魏文帝曹丕黄初四年（公元 223 年），于魏常道乡公曹奂景元三年（262）被杀（一说被杀于 263 年）。只活了三十九岁。他生活的年代正是魏晋之际政治剧烈变动的时期。明帝后期，"外有强暴之寇，内有劳怨之民"，魏国已陷入深刻的危机之中。明帝立十三年死，曹爽和司马懿受遗诏辅政。继位的齐王曹芳是个幼童，只拥有皇帝的空名。于是在曹爽与司马懿之间便展开了争权斗争。嘉平元年（249）曹爽被杀，其党羽丁谧、邓飏、何晏、毕轨、李胜、桓范、张当等，都被夷三族。从此大权全归司马氏。明年，太尉王凌都督扬州，举兵反，司马懿东征，王凌失败自杀，其所欲拥立的楚王曹彪也被"赐死"。这年司马懿死，其子司马师继任大将军。嘉平六年（254），中书令李丰与光禄大夫张缉等，欲以夏侯玄为大将军取代司马师，被发觉。夏侯玄、李丰以及与此事有牵连者都被处死。也因此事，司马师废黜了齐王曹芳，代之以高贵乡公曹髦。正元二年（255）镇东将军毋丘俭、扬州刺史文钦反，为司马师所讨平。同年司马师死，其弟司马昭继任大将军录尚书事。甘露二年（257），征东大将军诸葛诞不受征召，发兵反。司马昭挟持太后及帝往讨。三年，寿春城陷，诸葛诞被杀。在司马氏步步进逼的形势下，高贵乡公于甘露五年，亲率僮仆数百人向司马氏进攻，在战斗中，被司马昭部下所杀。曹髦死后，司马昭立常道乡公曹奂，曹奂立四年，邓艾、钟会奉命灭蜀。钟会中蜀将姜维计谋，结果邓艾、钟会皆死。咸熙二年（265）司马昭死，同年其子司马炎废曹奂，自立为晋武帝，建立了晋朝。从正始元年（240）开始，二十多年间，司马氏集团与曹氏集团展开了激烈的斗争，最后司马氏得胜，曹氏集团中人几乎被杀绝。正始元年嵇康才十七岁，他一生的主要时期，便是在这种政治风浪中度过的。政治斗争影响到他生活的各个方面。

嵇康是谯郡（郡治在今安徽亳州）铚（今安徽宿州）人[1]。据王隐《晋书》云："嵇本姓奚，其先避怨，徙上虞，移谯国铚县，以出自会稽，取国一支，音同本奚焉。"（《世说新语·德行》注引）或说因铚有嵇山故改姓嵇。[2] 这两种说法都说明了嵇康先世因避仇家而迁徙，甚至还改了姓。嵇康的先世是没有什么社会地位的，其父嵇昭字子远，做过督军粮及治书侍御史之类的小官，其兄嵇喜字公穆，到晋朝，官做到扬州刺史。嵇喜作《嵇康传》说他们："家世儒学"这恐怕只是门面话。嵇康出生不久，他父亲便去世了，《幽愤诗》中说："嗟余薄祜，少遭不造。哀茕靡识，越在襁褓"。他靠母兄抚养长大。"母兄见骄"与他任性的性格，恐怕确也不无关系。大约是同乡的缘故，嵇康与曹家结了姻亲。他娶了沛穆王曹林之女（或云孙女）为妻。曹林与曹丕、曹植是异母兄弟，建安十六年，封饶阳侯，二十二年徙封谯，黄初三年为谯王，七年徙封鄄城，太和六年改封沛，景初、正元、景元中，累增邑，并前四千七百户。曹林死后子曹纬嗣位，嵇康与魏之宗室联姻，除了获得一个中散大夫的头衔外，政治上却不

---

① 一说铚县，在今河南省夏邑县附近，待考。
② 见《三国志·王粲传》注引虞预《晋书》。

见得享有什么特权。曹丕、曹叡时，宗室诸王都受到猜忌，派有"监国谒者"监视他们的行动，并不许诸王之间或诸王与大臣之间交往，又为防止他们养成势力，还一再迁徙他们的封地。曹家诸王名为王侯，其实囚徒的处境，在曹植的诗文中有着深刻的反映。明帝以后，大权归于司马氏，曹氏集团又成了被怀疑被打击的对象，诸王的政治地位更下降了。然而嵇康作为曹家的姻戚，招来司马氏的疑忌却十分可能。从嵇康一生的事迹来看，他倒不是特别忠于曹魏政权，但对司马氏打着名教的幌子巧取豪夺感到深恶痛绝，则是确定无疑的。

二、山阳隐居

嵇康有一个俸禄六百石，掌议论的中散大夫的虚衔，是并不需要到朝廷办事的。他有相当一段时期隐居在山阳。《晋书·嵇康传》说："（王）戎自言与康居山阳二十年，未尝见其喜愠之色。"可知山阳是嵇康主要居住地。山阳在今河南焦作市附近，相传太行山支脉有白鹿山，上有天门谷、百家岩，即嵇康隐居之处。当时隐居山阳的，除嵇康外还有阮籍、山涛、王戎、向秀、刘伶、阮咸，他们七人常作竹林之游，人们便称之为"竹林七贤"。东晋时，袁宏、戴逵等作《竹林名士传》，"七贤"之名更为人们传颂。这些被称为"名士"的人物，都高蹈遁世，并且都有一些旷放的行为。他们大都喜欢喝酒，常常要搞出一些惊世骇俗的行动来，以表示对礼俗的鄙视和对现实的不满。针对名教的虚伪，他们矫枉过正，处处要表现出直情任性，顺应自然。他们又都擅长清谈，有的还擅长音乐。住在山阳的七位名士，经常在竹林聚会，谈玄说理，饮酒赋诗，弹筝抚琴，无拘无束，真是"高雅"得很。可是这七位的志趣、政治态度却有很大的差别。就其经济地位来说，嵇、阮、向、刘都不是世家大族出身（二阮是士族，但他们这一支派败落了）。王戎出身于仕宦家庭。山涛族父也曾为颍川守。就财产说嵇、阮等也较贫寒。名士们虽然都有反礼俗的倾向，但态度是不一样的。其中嵇康最激烈、大胆，有的则具有较多的消极颓废思想。至于这七人后来的变化，差别就更大了，甚至完全站到了对立的方面。山涛、王戎后来都做了大官，山阳隐居不过是他们一时的避风港，或者是一种沽名钓誉的手段而已。东晋时颜延之写《五君咏》，便将这二人排除在"竹林七贤"之外。所以对于"竹林名士"我们是不好笼统地下一结论的。就其生活作风而言，嵇康比较严肃，他虽也喝酒，但很反对纵欲，魏晋名士中一些腐朽的生活作风在他身上是找不到的。

嵇康在山阳，除与竹林名士来往外，还曾结识两位"高士"，一位是王烈。《晋书·嵇康传》说王烈服食养性，嵇康甚敬信之，"共入山，烈尝得石髓，如饴，即自服半，余半与康，皆凝而为石"。所谓石髓，其实就是尚未凝固的钟乳。钟乳、赤石脂石英都是魏晋名士好服用的"五石散"的主味药。嵇康是服药的，他相信服食可以延年益寿，所以才有与王烈的交往，后人故神其事，传说得越来越离奇了。嵇康结识的另一位"高士"是孙登。这位"高士""冬以被发自覆，夏则编草为裳，弹一弦琴而五声和"。似乎也颇神异，其实这也是一位服药的隐士，服药后燥热，故而冬天也可不穿衣服。嵇康曾向孙登求教，他告诫嵇康要含而不露，识时务，沉默为上。他警告说："今子才多识寡，难乎免于今之世矣。子无多言。"后来嵇康遭祸，在狱中作诗自责，还说："昔惭柳下，今愧孙登。"（见《三国志·王粲传》注）可知孙登也就是个信奉老庄哲学、从事服食养性的隐士，并无神异之处。

嵇康隐居山阳时，名气已很大，其风度又极好，《嵇康别传》云："康长七尺八寸，伟容色，土木形骸，不加饰厉，而龙章凤姿，天质自然，正尔在群形之中，便自知非常之器。"《世说新语·容止》注引山涛说他："岩岩若孤松之独立，其醉也，傀俄若玉山之将崩。"魏晋人是很重视风度的。嵇康文才、风度都好，便使许多人对之倾慕。其中突出的例子是赵至。赵至出身低微，是所谓"士（兵士）家"（参见唐长孺《魏晋南北朝史论丛》）。他十四岁参观太学时，遇见正在写石经古文的嵇康，便很崇拜他。十六岁离家出走，追随嵇康到山阳，求他指教。从赵至的事情看，嵇康在当时是有相当的号召力的。

和嵇康来往密切的，还有东平吕安，安亦能文，与嵇康志同道合，每一相思，辄千里命驾。吕安也与向秀交好，曾与向秀在山阳种菜灌园。在《嵇康集》中，我们还看到，嵇康与郭遐周、郭遐叔、阮德如（阮侃）互有诗歌赠答，这三人都与嵇康有较深的友谊，但对生活的态度却不尽相同，几首赠答诗都为离别而作。

三、玄学与清谈

魏晋名士的重要标志是能清谈。嵇康当然也是一位清谈家。东汉末以来，思想界冲破儒教樊篱，提倡所谓"通脱"，言论、行为都比较地不受拘束，其时先秦诸子学说大有卷土重来之势。曹操在《度关山》中便写有"兼爱尚同，疏者为戚"。这样称道墨学的诗句。傅玄上晋武帝疏中说："近者魏武好法术而天下贵刑名，魏文慕通达而天下贱守节。"因曹操提倡法治，名家学说重新受到广泛的注意。法治提倡"循名责实"，那么弄清概念、辨别异同就十分重要，故而名、法有密切关系。名家研究的是逻辑学与论辩方法，有时则不免流于诡辩，魏晋时，名学已不限于区别概念，而要研讨事理的名实关系，称之为"校练名理"。名士们以清远的言辞讨论一些比较抽象的哲理，这就是所谓清谈。他们清谈的主要内容是玄学。玄是玄远、玄妙的意思。当时老子、庄子、周易三部书最流行，是清谈家们的主要依据，六朝人总称之为"三玄"，谈者通过思辨、推理，以唯心主义的观点多方面地阐述这三部书。玄学是特定时代的产物，经过汉末大乱，兵燹疾疫，造成了"白骨露于野，千里无鸡鸣"（见曹操《蒿里行》）的惨象。士大夫知识分子也是颠沛流离，甚至大批文人

"一时并谢"；政治舞台上则像走马灯一样变换，以至"名士少有全者"。这样的社会便为老庄虚无哲学提供了滋生的土壤。玄学清谈，固然在提倡逻辑学、发展论辩文方面有重要作用，其所讨论的问题也并非全无意义，然而就总体来说，却是鼓吹虚无，提倡脱离实际。所以西晋灭亡之后，颇有人觉悟到"清谈误国"而作出反省的。如刘琨在国破家亡之后，深感："然后知聃周之为虚诞，嗣宗之为妄作也。"（见刘琨《答卢谌书》）东晋王羲之也说："今四郊多垒，宜人人自效，而虚谈废务，浮文妨要，恐非当今所宜。"（见《世说新语·言语》）都以严峻的现实对虚无思想作了批判。

稽康是魏晋玄学思潮中的重要人物，他所论到的"声无哀乐"、"养生"等，都是清谈名理的重要命题。但是，如前所述清谈名士中有很大的差别。稽康、阮籍等人，身处魏晋之际，表现狂放，倡导虚无，实有其不得已之苦衷，并具有冲击礼教的积极意义，这是与后来的效颦者大不相同的。东晋人已看清了这一点，所以戴逵说："竹林之为放，有疾而为颦者也，元康之为放，无德而折巾者也。"（见《晋书·戴逵传》）在稽康身上，入世与出世，愤激与超脱，有着深刻的矛盾。在他仿屈原《卜居》而写的《卜疑》中，这种种矛盾表现得很具体。如文中问道：

> 吾宁发愤陈诚，谠言帝庭，不屈王公乎？将卑懦委随，承旨倚靡，为面从乎？……宁斥逐凶佞，守正不倾，明否臧乎？将傲倪滑稽，挟智任术，为智囊乎？……宁如伯奋、仲堪，二八为偶，排摈共、鲧，令失所乎？将如箕山之夫，颍水之父，轻贱唐虞，而笑大禹乎？……

从这些问句看来，稽康又何尝忘情于世事？揣摩句意也隐然若有所指。这里丝毫也看不出一个高蹈遁世者的形象。《卜疑》与《卜居》不同，它不像《卜居》那样爱憎分明，揭示了两种人生观的对立，在某些问句中，《卜疑》真正表示了作者的犹豫、困惑。在《卜疑》中，稽康将老、庄作了适当的区别。他问："宁如老聃之清净微妙，守玄抱一乎？将如庄周之齐物，变化洞达而放逸乎？"嵇康主要还是心仪老子守玄抱一的思想。在《答二郭三首》诗中，他写道："朔戒贵尚容，渔父好扬波，虽逸亦以难，非余心所嘉……"对于庄子保全自身的混世思想，他也是不赞成的。从根本上说，嵇康是有抱负的，他曾受过儒学的熏陶，只是因为身处乱世，又看到野心家们利用名教干出种种卑劣的勾当，出于愤激，才要以"真"来揭穿"伪"，以自然来对抗名教。嵇康的诗中，一再提到环境的险恶："鸟尽良弓藏，谋极身心危，吉凶虽在己，世路多崎岖。""豫子匿梁侧，聂政变其形。顾此怀怛惕，虑在苟自宁。""详观凌世务，屯险多忧虞。施报更相市，大道匿不舒。夷路值枳棘，安步将焉如"。他还常以鸾凤自比，而悲叹："云网塞四区，高罗正参差，奋迅势不便，六翮无所施"。因此他才向往于"逍遥游太清"，幻想远远地离开险恶的环境，离开层层的罗网。可是嵇康又是一位感情激越的人，他不能不说，不能不写，所以在他的诗文中多的是对现实的批判，对伪善者的讽刺，这些地方和他"游心太玄"的愿望，可说是背道而驰。

四、名理文章和诗篇

嵇康的名理文章，讨论的是比较抽象的道理。如李充《翰林论》所说："研覈名理而论难生焉，论贵于允理，不求支离，若嵇康之论成文矣。"（见《太平御览》卷五九五引）嵇康的论文观点明确，论点集中，具有论辩的特点。另一方面，他的这类文章，也不乏对社会的揭露和对礼法之士的批判。如《养生论》，主张"清虚静泰，少私寡欲"，批评士族中人"声色是耽"的纵欲生活。针对当时情况，这是有意义的。尤其对这类人又想长寿又要享乐，"心战于内，物诱于外"患得患失的心理刻画，特见精彩。这类人"欲之患其得，得之惧其失，苟患失之无所不至矣。在上何得不骄，持满何得不溢，求之何得不苟，得之何得不失耶！"魏晋士大夫得失急骤，生死无常，因而产生极为贪婪的变态心理，被嵇康一语道破了。《养生论》中还对孔夫子作了含蓄的讽刺："……又勤诲善诱，聚徒三千，口勌谈议，身疲磬折，形若救（求）孺子，视若营四海，神驰于利害之端，心骛于荣辱之涂……"《养生论》确也反映了嵇康的消极避世思想和某些迷信的观点，然而其中一些概括了生活真理的思想却更值得重视，如："富贵多残，伐之者众也，野人多寿，伤之者寡也"，"形恃神以立，神须形以存"等等。后者还以唯物主义观点阐述了精神与物质的关系。嵇康的《释私论》也是一篇谈哲理的文章。这篇文章认为公、私之辨全在于真、伪。论点不免偏激。可是我们也看到作者所以这样强调，也是离不开当时的背景的。《释私论》揭出在充满虚伪变诈的社会里，有许多似非而是和似是而非的事："……或谖言似信，不可谓有诚；激盗似忠，不可谓无私。"其时"名教"是伪善的集中表现，故而嵇康提出"越名教而任自然"，在文章中对"名教之士"则作了尖锐的讽刺："明君子之笃行，显公私之所在，阖堂盈阶，莫不寓目而曰：善人也。然背颜退议而含私者，不复同耳"。嵇康的名理文章很有创造性，他颇受王充的影响，敢于"违众诡俗"进行激烈地争辩。在著名的哲学论文《声无哀乐论》中，他一反儒家以教化为主要目的的乐论，提出"外内殊用，彼我异名"，认为主观的哀乐之情与客观的乐声并无必然的联系，所谓"声音自当以善恶为主，则无关于哀乐，哀乐自当以情感，则无系于声音"。这就触到了美学上长久争论的美的客观性与主观性的问题。嵇康把主、客观割裂开来，把人的情感与乐声说成完全不相干的两回事，这是强调声乐的客观性过了头。可是他对儒家传统思想，特别是董仲舒"天人感应"说影响之下，要求音乐顺天应人完全成为封建统治工具的思想进行了猛烈的冲击，则是很有意义的。在《声无哀乐论》中，嵇康还与孔子"郑声淫"的论断大唱反调。他说："若夫郑声，是音声之至妙。妙音感人，犹美色惑志，耽槃荒酒，易以丧业，自非至人，孰能御之!"并不是"郑声"本身有毛病，而是人们不能克制，听到美妙的音乐不免陷溺其中，这才出了毛病。

嵇
康

嵇康对"郑风淫"的新解释，对于"乐教"有很大破坏力，是非常大胆的议论。《声无哀乐论》析理精微，举证宏富，在论辩文的发展过程中有很重要的地位。与《声无哀乐论》相类似，嵇康在《明胆论》中，也将明（识见）与胆（胆略）从概念上作了区别。他认为"明胆异气，不能相生，明以见物，胆以决断，专明无胆，则虽见不断，专胆无明，达理失机"。这个问题稍加扩大，便成为认识与实践的关系问题。当时，能提出这一类问题来讨论，在哲学思想史上自是一大进步。论辩中，嵇康的观点尽管有偏激以至谬误之处，但却时时闪现出唯物主义的光彩。

鲁迅在《魏晋风度及文章与药及酒之关系》中说："嵇康的论文，比阮籍更好，思想新颖，往往与古时旧说反对。"的确，嵇康以他新颖的思想，犀利的笔锋，对于虚伪的礼教，传统的观念进行了猛烈的冲击。他写《管蔡论》替被周公、孔子视为大逆不道的管叔、蔡叔翻案，说他们的过错只是"不达圣权"误认为周公要取成王而代之，才参与了叛乱；而周公既诛管、蔡，又因"罪诛已显，不得更理"也就不再为之辨明冤屈了。若把这篇文章和王凌、毋丘俭等叛乱的事联系来看，则其讥刺的矛头明显地指向了司马氏集团。嵇康论文中随处对礼法之士加以讽刺，而他猛烈抨击礼法之士的一篇论文则是《难自然好学论》。文章中说：

> 六经纷错，百家繁炽，开荣利之涂，故奔骛而不觉。是以贪生之禽，食园池之粱菽，求安之士，乃诡志以从俗，操笔执觚，足容苏息，积学明经，以代稼穑。

尖锐地提出礼法之士所谓好学，不过是追逐利禄的一种手段而已。进一步他更大胆地指出六经抑性，礼律犯（范）情，他说：

> 今若以□（明）堂为丙舍，以诵讽为鬼语，以六经为芜秽，以仁义为臭腐，睹文籍则目瞧，修揖让则变伛，袭章服则转筋，谭礼典则齿龋，于是兼而弃之，与万物为更始，则吾子虽好学不倦，犹将阙焉，则向之不学，未必为长夜，六经未必为太阳也。

不学未必为长夜，六经未必为太阳。这是多么激烈大胆的议论。

这就从根本上动摇了礼法之士的依据。

嵇康的诗，今存五十三首，体裁有四言、五言、六言、乐府。嵇诗有"清峻"之称，它大多是发挥老庄思想，幻想高蹈出世，然而同时又强烈地揭露了统治集团间欺诈倾夺的情形。所以它们和玄言诗是很不相同的。刘熙载《艺概》称嵇康"虽《秋胡行》贵玄默之致，而激烈悲愤，自在言外"。"愿与知己遇，舒愤启其微。"这才是他浮游太清的目的。要离开虚伪的浊世，便只有逃到虚幻中去。嵇康的高蹈，实际上有更多的轻世傲俗的意味。他的诗，有的写得清宕遐远，有的写得慷慨豪迈，都是他内心的独白，情感的流露。嵇康的四言诗写得尤其好，有很高的艺术成就。如：

> 轻车迅迈，息彼长林，春木载荣，布叶垂阴。习习谷风，吹我素琴。交交黄鸟，顾俦弄音。感寤驰情，思我所钦，心之忧矣，永啸长吟。(《兄秀才公穆入军赠诗十九首》)

这首诗以清新俊雅的笔调写出了明媚的春光，创造了十分新鲜的意境。王夫之赞叹说："'春木'四句，写气写光，几非人造。"同样写景，"浩浩洪流"一首则给我们以另一种意象：

> 浩浩洪流，带我邦畿；萋萋绿林，奋荣扬晖；鱼龙瀺灂，山鸟群飞。驾言出游，日夕忘归，思我良朋，如渴如饥，愿言不获，怆矣其悲。(同上)

这里"带"、"奋"、"扬"等都是积极性的字眼，显示了开阔的气象和蓬勃向上的精神，"鱼龙瀺灂，山鸟群飞"的景象，也使人感到生动壮丽。嵇康的四言诗，重视词语的选择，在继承《诗经》的基础上有很大的发展。如："穆穆惠风，扇彼轻尘，奕奕素波，转此游鳞。"(同上)"虽有好音，谁与清歌，虽有姝颜，谁与发华；仰讯高云，俯托轻波，乘流远遁，抱恨山阿。"(同上)很明显，"扇"、"转"、"讯"、"托"等字眼都是经过锤炼的，能较好地传达出作者的感受。

嵇康的诗篇善于创造一种清新高雅的意境。如他描写月夜的诗句："闲夜肃清，朗月照轩；微风动袿，组帐高褰。旨酒盈尊，莫与交欢，琴瑟在御，谁与鼓弹"（同上），"微风轻扇，云气四除；皎皎亮月，丽于高隅。"（《杂诗一首》）读着这些诗句，使人仿佛置身于清丽、静谧的月夜之中，引起了种种联想、种种感受。

嵇康的诗篇决不是老庄哲学的讲义，其中包含着作者丰富的感情。其诗篇中不乏形象的语言和对于事物的精彩的描绘。如《酒会诗》之二：

> 婉彼鸳鸯，戢翼而游。俯啄绿藻，托身洪流。朝翔素濑，夕栖灵洲。摇荡清波，与之沉浮。

这首诗就相当生动地表现了戏水的鸳鸯自由自在的神态。

一般说嵇康是追求超脱旷远的诗境的，可其诗篇中又偏多危苦之言，那像恶梦一样缠绕着他的世事，总是来破坏他清高悠远的遐想，以至其诗篇中还出现了讽刺的形象："斥鷃擅蒿林，仰笑神凤飞；坎井蜩蛭宅，神龟安所归?"（《述志诗二首》）以及对友人的指责："功名何足殉，乃欲列简书"（《答二郭三首》）。嵇康终究不是一个高蹈避世的隐士，而是一位感情激越的诗人，他那种"安得反初服，抱玉宝六奇，逍遥游太清，携手长相随"（《兄秀才公穆入军赠诗十九首》）的愿望，也只是矛盾心情的反映。

此外，嵇康还写过《琴赋》、《太师箴》、《圣贤高士传》等作品。

五、"广陵散于今绝矣!"

嵇康居住在山阳，时常在门前的柳树下打铁。《晋书》本传说他打铁"以自赡给"，恐怕有点言过其实。他打铁主要还是个人爱好，凭着自己的性情去干，同时也多少含有不理会孔孟轻视劳动的那一套而表现出抗世疾俗的意思。嵇康家贫，但有人请他打造东西却往往并不取值，以酒食来则与之共饮食。有一次，他正同向秀在柳树下打铁，司马氏的亲信钟会忽然来访。钟会是贵公子出身，其父钟繇曾为魏太傅。他善书法，也喜欢谈玄理，曾撰《四本论》讨论才、性的同、异、合、离的问题。《四本论》写好后，他想让嵇康为之鼓吹，但却不敢送去，只是于户外遥掷，便回急走。这一次，他带了大批宾客大模大样地来访问嵇康。然而嵇康却自顾打铁，给他个不理不睬。等到他怏怏离去时，嵇康才问道："何所闻而来，何所见而去"，揭穿他来意不善。而钟会则居心叵测地回答："闻所闻而来，见所见而去"。（见《世说新语·简傲》）这便种下了嵇康的死因，钟会在杀害嵇康一事中，果然起了很大的作用。

司马氏大肆屠杀曹魏集团中人，嵇康是曹家女婿，本已在被疑忌之列，偏偏他犀利的笔锋又常常针对时事，揭穿司马氏的伪善，当然更是取死之道。景元二年（261）山涛被任为吏部郎，举荐嵇康以自代，嵇康便写了《与山巨源绝交书》表明自己的态度。这是一篇绝妙的讽刺文章，他举出官场奉迎、庸俗交际等等七件事情来，说明这些是决不堪忍受的，而自己"非汤、武而薄周孔"和"刚肠疾恶，轻肆直言"这两条，又干犯当时忌讳，决不为当世所容，故而不可以出来任职。这七不堪二不可，充分表现了他对庸俗世态的痛恶和对虚伪礼教的蔑视。《绝交书》可谓嬉笑怒骂皆成文章。如文中说自己性情疏懒，"头面常一月十五日不洗，不大闷痒，不能沐也，每常小便而忍不起，令胞中略转乃起耳。"将这些写进文章，也就是要让"子曰"店里的名教先生们气得跳起来。所谓"简与礼相背，懒与慢相成"，对于礼教他采取一种傲慢的态度。"人伦有礼，朝廷有法"，然而他却全然不能遵守，并且还要揭穿"礼"的虚伪、"法"的荒唐，让礼法之士再也戴不住他们的假面具。在《绝交书》中，嵇康表示自己的志向和性格是不能轻易改变的，就好比禽鹿"少见训育，则服从教制。长而见羁，则狂顾顿缨，赴蹈汤火，虽饰以金镳，飨以嘉肴，逾思长林而志在丰草也"。对于投靠了司马氏又要拉人下水的山涛，嵇康的嘲讽是辛辣的：

　　恐足下羞庖人之独割，引尸祝以自助，手荐鸾刀，漫之膻腥……

　　　　不可自见好章甫，强越人以文冕也；己嗜臭腐，养鸳雏
　　　以死鼠也。

虽然采用的庄子文句，然而就其所取比喻而言，将司马氏招徕名
士的利禄比作死鼠，称为膻腥，无疑也会狠狠地刺激司马氏的神
经的。可以说《绝交书》不只是针对山涛个人，而应如《别传》
所言"欲标不屈之节，以杜举者之口"（《世说新语·栖逸》注
引），实则是一篇不与司马氏合作的声明，一篇反礼教的宣言。

　　这篇《绝交书》引起司马昭的震怒，恰在此时发生了吕安事
件。吕安之兄吕巽是司马昭的亲信，也曾同嵇康交友，但却是个
"外厉贞素谈，户内灭芬芳"的衣冠禽兽。他强奸了吕安的妻子，
却诬告吕安不孝，以至吕安被充军。原先嵇康曾居中调停，不料
吕巽继续搞阴谋陷害吕安，嵇康发觉上当，乃与吕巽绝交。吕安
在流放途中曾写信给嵇康，有"昔李叟入秦，及关而叹"[①] 等语，
更招司马昭之忌，于是吕安被逮下狱，而嵇康也受其牵连被投入
狱中。嵇康是一个受人景慕的人物，所以"康之下狱，太学生数
千人请之，于时豪俊皆随康入狱"（见《世说新语·雅量》注引
王隐《晋书》）。这不能不给司马氏造成相当的压力。然而钟会却
力劝司马昭杀害嵇康，他说嵇康"上不臣天子，下不事王侯，轻
时傲世，不为物用，无益于今，有败于俗"。他举姜尚诛华士，
孔子诛少正卯为证，说明"今不诛康，无以清洁王道"。（见《世
说新语·雅量》注引《文士传》）"清洁王道"之类，大约是在
大庭广众中讲的。至于私下进谗那就更恶毒了。钟会对司马昭
说："嵇康，卧龙也，不可起。公无忧天下，顾以康为虑耳。"又
造谣说，嵇康"欲助毋丘俭，赖山涛不听"。《晋书》本传说嵇康
欲助毋丘俭，这是缺少根据的。因为：第一，从嵇康的思想倾向

────────────

　　① 《文选》《与嵇茂齐书》李善注引《嵇绍集》云"赵景真与从兄茂齐书，时
人误谓吕仲悌与先君书，故具列本末"。干宝《晋纪》则以为吕安与嵇康书。二说不
同。戴明扬《嵇康集校注》附录考证，以为此文当为吕安作，嵇绍之说乃有意为其父
讳。

看，他并非为效忠曹魏政权而反对司马氏，其思想中遗落世务的一面，也使他不可能采取积极行动；第二，如果嵇康欲起兵响应，何必谋之山涛，嵇康与向秀、吕安关系密切，不闻谋之二人，却谋之与司马氏有姻亲关系的山涛，显然是不可能的；第三，嵇康果真要谋反，那是灭族之罪，这在当时也不乏先例，可事实上嵇康死后毫无株连，显然并未加之谋反罪名；第四，嵇康之死距毋丘俭失败被杀已七八年，说他响应毋丘俭这是不好解释的，故而孙盛、习凿齿干脆说嵇康死于正元二年，所谓"司马文王反自乐嘉，杀嵇康、吕安"（《三国志·王粲传》注），然而这显然与事实不合。以上理由说明，钟会所说显然不是事实。可是听到这样的诬告，司马昭却非杀嵇康不可了。

嵇康系狱时写了《幽愤诗》，取司马迁"既陷极刑，幽而发愤"之意。诗中略寓自悔意，然而更多的则是愤慨不平："欲寡其过，谤议沸腾，性不伤物，频致怨憎"，他痛心的是"有志不就"，他悲哀的是不能像鸿雁那样"奋翼北游"。诗篇最后，仍然表示了高蹈遁世的愿望。看来，嵇康并未预计到等待他的竟是死亡，所以他才产生了这种痛苦而又矛盾的心情。

嵇康终于被杀害了！在洛阳城东，建春门外的马市刑场上，嵇康临刑时镇定自若，他要来五弦琴，弹奏了一阕悲壮的曲子，叹息说："广陵散于今绝矣！"（《晋书·嵇康传》）一代文豪便死于礼教的屠刀之下。

嵇康所奏的《广陵散》并未绝灭。据后世著录之拍名，其寓意似乎是聂政刺韩相侠累故事。宋楼钥《谢文思、许尚之石函广陵散谱》诗，形容此曲："慢商与宫同，惨痛声足备"，可见其声调大概是悲壮激烈的。

嵇康被杀后，向秀心怀畏惧，不敢抗拒司马氏，受本州差遣赴洛阳，司马昭还余怒未息地讥讽他说："闻有箕山之志，何以在此。"（见《晋书·向秀传》）当他从洛阳返回经过山阳时，听到笛声，怀念起嵇康、吕安，因作《思旧赋》。其序称："……于时日薄虞渊，寒冰凄然，邻人有吹笛者，发声寥亮，追思曩昔游宴之好，感音而叹。"向秀的这篇《思旧赋》，对我们了解嵇康所处的时代，以及他为什么会有那种种行为，为什么会有那种种思想，是很有帮助的。玄远超脱的言行，总还是植根于现实的土壤之中。

嵇康只有一个儿子，名嵇绍，他被杀时，嵇绍才十岁。嵇康曾写有一篇《家诫》，教育他立身处世之道。嵇绍在晋朝做了官。八王之乱时，晋王室互相残杀。惠帝永兴元年（304），东海王司马越等带着惠帝出兵攻打成都王司马颖，在荡阴战败，嵇绍以身体捍卫惠帝，被射杀，其血直溅帝衣。这就是文天祥《正气歌》中所称颂的嵇侍中血。嵇康反对司马氏以至被杀，其子却成了晋朝的忠臣，这该如何解释呢？其实，这种情形在封建社会中并非罕见，时移世异，新的王朝建立了，便获得了神圣的至高无上的权威，臣民们对之效忠便是天经地义的事；而且嵇康、嵇绍终究是封建统治阶级的成员，他们和司马氏家族之间并不存在不可调和的阶级矛盾。

嵇康是正始时期代表作家之一，诗文都很精彩，尤其论文，批判礼教，嘲笑虚伪，并能展开争论。这样的作者在文学史上还是少见的。可是千百年来，由于温柔敦厚的诗教的约束，对他的重视可以说是远远不够。其诗文集梁时有十五卷，录一卷，宋以后则仅存十卷，并且讹误极多。今本为明黄省曾所编辑。近世鲁迅、戴明扬先后据吴宽丛书堂抄本及其他版本、其他书籍加以精校，方成可读之书，为从哲学、文学、艺术等方面批判继承这份珍贵文化遗产创造了条件。

主 要 参 考 书 目

1. 房玄龄《晋书·嵇康传》，中华书局校点本。
2. 周树人校《嵇康集》，文学古籍刊行社影印本。
3. 戴明扬《嵇康集校注》，人民文学出版社版。
4. 鲁迅《而已集·魏晋风度及文章与药及酒之关系》，人民文学出版社本。

5. 吉联抗译注《嵇康·声无哀乐论》，人民音乐出版社版。

6. 刘义庆《世说新语》，《四部丛刊》本，《四部备要》本。

7. 侯外庐等《中国思想通史》，人民出版社版。

8. 汤用彤《魏晋玄学论稿》，中华书局版。

嵇
康

潘　岳

（公元 247—300 年）

韦凤娟

　　潘岳生于三国魏齐王正始八年（公元 247 年），卒于晋惠帝
永康元年（300），字安仁，是西晋时期的一位文学家。祖籍荥阳
中牟（今郑州与开封之间）。据《水经注》卷十五"洛水"所载
及萧统的《文选·西征赋》、《文选·在怀县作》李善注，其父与
潘岳本人的坟茔均在巩县西南三十五里的罗水流经处。潘岳在诗
文中都表示这个地方是他的旧乡。因此巩县是他一家（至少从他
父亲开始）的实际居住地。

　　潘岳的妻子是杨肇的女儿。杨氏在魏及晋初是名门望族。杨
肇历仕大将军参军、荆州刺史、折冲将军等职，封东武伯。杨肇
之子杨潭娶郑默之女。据潘岳赠王堪的《别诗》："峨峨王侯，中
外之首。子亲伊姑，我父唯舅"，他与王堪是姨表亲。又据《晋
书·阮瞻传》："内兄潘岳每令鼓琴"，可见潘杨两家与当时名气
大的阮（籍）、郑（袤）、王（烈）等家族，都有姻亲关系。

　　潘岳的祖父名瑾，曾为安平太守。他的父亲名芘，曾为琅琊
内史。他的从父潘勖在汉献帝时为尚书郎，迁右丞，是建安时著
名的文学家，曾在建安十八年著《册魏公九锡文》（见《文选》
卷三五）。自从册封曹操开始有九锡文，"其文皆铺张典丽，为一
时大著作"（赵翼《廿二史札记》卷七），各朝的九锡文皆摹仿
潘勖所作。潘勖之子满也有文才，满之子尼也以文章知名。因此

潘氏一门从建安到西晋，俱以文学名世。潘岳在这样的家庭环境中受到很好的文学熏陶。他"总角辩慧，摛藻清艳"，被乡里称为"奇童"（见《文选·藉田赋》李善注引），长大以后更是才华出众、高步一时。

潘岳进行文学创作活动的主要时期，正是文学史上继建安之后又一个文学比较繁荣的时期。当时文坛上活跃着"二陆"（陆机、陆云）、"三张"（张载、张协、张亢）、"一左"（左思）、"两潘"（潘岳、潘尼）等一大批文人。他们大多倾心于艺术形式的精美，讲求语言的细致雕琢及句法的对偶整齐，形成了"结藻清英，流韵绮靡"（《文心雕龙·时序》）的特色。——这就是文学史上称为"太康文学"的时期。潘岳在当时与"太康之英"陆机齐名，被并称为"潘陆"。他们同是太康文学的主要代表人物。

潘岳的生平经历大致可分为四个时期。

一、"摄官承乏，猥侧朝列"

泰始元年（265），潘岳十九岁。这一年的十二月，司马氏经过三十年处心积虑的经营，终于正式篡夺了曹魏天下，司马炎登基为帝，大封宗室功臣。这一重大政治事件给潘岳生活带来了直接的影响。司马懿第九子伦被封为琅琊王，潘岳的父亲芘被任命为琅琊内史，他就随同父亲到了琅琊。

年轻的潘岳以新奇的眼光观察着秦始皇曾到过的这个地方，当地人捕猎野雉的方法引起了他的兴趣。约在第二年初夏，他写了一篇《射雉赋》（见《文选》卷九）详细记叙了这种捕猎方法的情节。当地人先把幼雉养大，到了春末夏初，"天洸洸以垂云，泉涓涓而吐溜；麦渐渐以擢芒，雉鸣鸣而朝鸲"，猎人们用竹笼装着驯养的雉来到野雉出没的山丘草坡上，听见野雉求偶的叫声，就把竹笼里的雉放出招诱，猎人在隐蔽处伺机射杀，猎人发箭，野雉中箭：

　　鲸牙低镞，心平望审；毛体摧落，霍若碎锦。

寥寥数语，物体人事，纷现纸上，很有生气。赋中还描写了野雉美丽的外形和好斗的性格，如：

> 鸣雄振羽，依于其冢，抑降丘以驰敌，虽形隐而草动。

描写雄雉在自己的"领地"上神气活现的样子，及其发现敌人（其他雄雉）后急速冲下山丘的情景，也很形象准确。这篇赋是现存可考知的潘岳最早的作品，他铺陈辞藻和叙事的才能，在这篇作品里已经开始展现。

约在泰始二年的下半年，潘岳被司空荀颢辟为司空掾，从此踏上了仕途。他的侄子潘尼曾写了一首四言诗《赠司空掾安仁》，恭维他"颉颃将相，高揖王侯"，潘岳自己也是踌躇满志，以为从此可以干一番事业了。泰始四年（268）四月，晋武帝耕藉田，潘岳作了一篇《藉田赋》，文采富丽，进一步显示了"铺采摛文"的纯熟技巧，很受时人推重。少年名高，潘岳未免有点飘飘然，于是招致忌恨，自此后滞官不迁达十年之久。

直到咸宁四年（278），贾充召潘岳为太尉掾，但仍不免沉沦下僚，心中是相当苦闷的。这一年的秋天，他写了《秋兴赋》（《文选》卷一三）。在序中，他说："摄官承乏，猥侧朝列；夙兴晏寝，匪遑底宁。譬犹池鱼笼鸟，有江湖山薮之思"。他对周旋官场感到厌倦；对滞官不迁，更是牢骚满腹。眼看着夏去秋来，年华流逝，不禁万般愁绪萦绕在心。"嗟秋日之可哀兮，谅无愁而不尽"，他像宋玉那样借写秋景来抒发自己的愁怀：

> 天晃朗以弥高兮，日悠阳而浸微。何微阳之短晷，觉凉夜之方永。月朣胧以含光兮，露凄清以凝冷。熠耀粲于阶闼兮，蟋蟀鸣乎轩屏。听离鸿之晨吟兮，望流火之余景。宵耿介而不寐兮，独展转于华省。

这凄清的秋景，勾起他心中的无限怅惘。他幻想能摆脱尘世的羁绊：

> 耕东皋之沃壤兮，输黍稷之余税。泉涌湍于石涧兮，菊扬芳于崖澨；澡秋水之涓涓兮，玩游儵之潎潎，逍遥乎山川之阿，放旷乎人间之世。

这篇赋是潘岳最为人称道的名篇。它精美而清婉，表现了西晋文坛"采缛于正始，力柔于建安"、讲求形式美的共同特色。但它丽而不繁，柔而不靡，且不像陆机作品以典正凝重见长、以绮丽繁富取胜，而是语言明畅、情景交融、意境高远，别具一种清丽的风韵。

约在作《秋兴赋》前后，他的连襟任子咸去世了，潘岳摹仿曹丕、王粲写了《寡妇赋》（见《文选》卷一六），拟叙寡妇哀愁的情状。赋中先回忆了婚后的恩爱，又写到眼前的凄凉：

> 愁烦冤其谁告兮，提孤孩于坐侧；时暧暧而向昏兮，日杳杳而西匿；雀群飞而赴楹兮，鸡登栖而敛翼；归空馆而自怜兮，抚衾裯以叹息。

她希望能在梦中与亲人相会，可是无法解脱的哀痛使她"目炯炯而不寝"，更觉得"夜漫漫以悠悠兮，寒凄凄以凛凛"。她有心追随亲人而逝，可是又舍不得年幼的孩子，"羌低徊而不忍"。挣扎着活下去吧，也是十分艰难：

> 省微身兮孤弱，顾稚子兮未识，如涉川兮无梁，若凌虚兮失翼……

层层叙说，娓娓道来，把寡妇悲痛欲绝、求生不易、寻死亦难的心理活动刻画得细致入微，催人泪下。这篇赋文辞凄楚，情意缠绵，笔触细腻。如果说《秋兴赋》主要在艺术风格上表现了潘岳的独特之处，那么《寡妇赋》则在内容上展示了潘岳善叙哀情的特色。

潘岳在洛阳滞官的时期，尽管仕途不达，心情郁闷，但生活还是比较闲适的。他常常一个人挟弹乘车出洛阳道游玩。路上的妇人爱慕他的容止，都手挽手围着他，往他的车上扔果子，使他满载而归。这也可算是一件少年得意之事吧。不过，给他沉闷的官宦生活带来乐趣的，还是他和夏侯湛的友情。夏侯湛是名门之后，年稍长于潘岳。潘岳与他结识后，意气相投，成为挚友。他们少年美貌，风流倜傥，时常结伴同游，被时人称为"连璧"。他们也常在一起研讨文学。《世说新语·文学篇》载：夏侯湛作

《周诗》,潘岳看后称赞道:"此非徒温雅,乃别见孝悌之性",受到启发而作《家风诗》。他们两人终生保持着极好的友情。元康元年五月夏侯湛病逝,潘岳非常悲痛,不能自持。直到几个月后才振作起来,写了《夏侯常侍诔》(见《文选》卷五七),追念亡友。

这一时期,他个人的生活中还遭遇了一件不幸的事,即他的岳父杨肇原为荆州刺史,泰始八年(272)因救援东吴降将步阐失利,被免为庶人,咸宁元年(275)郁郁而死。潘岳与他翁婿感情甚好,写了《杨荆州诔》(见《文选》卷五六)及碑文。约在十年后,潘岳由外任调回洛阳,还专程前往坟前凭吊,写了《怀旧赋》(见《文选》卷一六),追忆杨肇当年的知遇之恩。

二、"驱役宰两邑,政绩竟无施"

咸宁五年(279)前后,潘岳出为河阳县令。

他的外调,可能与当时朝廷上的党争有关。当时朝廷上以贾充、荀勖、荀颛等为一方,以任恺、庾纯、裴楷等为另一方,彼此结怨很深,形成朋党,晋武帝也无力裁夺。这一场派系斗争虽是在统治阶级上层人物之间进行的,但实际波及的人较多。潘岳虽只是一个无足轻重的小官员,但他先后任荀颛、贾充的府掾,政治上的色彩是不言自明的。《晋书》本传记载他曾题阁道词。所谓"阁道",当指洛阳宫中或即为尚书阁。词中讽刺当时的尚书仆射、"竹林七贤"之一的山涛、侍中裴楷及和峤等人。也许正由于这首题词的影响,他被调出了洛阳。①

河阳在今河南孟县之西、黄河北岸。潘尼曾写了一首《赠河阳》(见《文选》卷二四)说潘岳出任河阳令,如同"逸骥腾夷路,潜龙跃洪波",其实潘岳内心是非常苦闷的。他写了一篇《河阳庭前安石榴赋》,直言不讳地发泄内心的怨愤:

---

① 《晋书·潘岳传》将阁道词系于河阳令时所题,疑有误。

> 仰天路而高睇，顾邻国以相望；位莫微于宰邑，馆莫陋于河阳。

尽管抑郁不平，他并没有悲观失望。他写那棵在狭陋不堪的庭院里开着火一样红花的果树：

> 处悴而荣，在幽弥显；其华可玩，其实可珍；羞于王公，荐于鬼神。岂伊仄陋，用渝厥贞。果犹如之，而况于人。

这显然是以物喻人，是潘岳的自勉之词。他在河阳县勤于政务，还种了许多桃树李树，春天到来，河阳县境内到处可见满树盛开的桃花、李花，被人称为"花县"。他还结识了公孙宏。公孙宏是谯人，流落到此，善鼓琴，又能属文，潘岳爱惜他的才艺，曾多方加以照顾。

四年之后，约在太康三年（282）的春天，潘岳转为怀县令，又在怀县羁居三四年。在这两任县令生涯的时期，他曾写了《在河阳县作》二首、《在怀县作》二首（均见《文选》卷二六）。这四首诗都含蓄地表现了他内心的不满。如《在河阳县作》的第一首，开头他以自嘲的口吻说自己无才无德，不宜置身仕途，只希望"长啸归东山，拥耒耨时苗"。接下去又叹息自己命运多蹇："譬如野田蓬，斡流随风飘；昔倦都邑游，今掌河朔徭"，他只好"登城眷南顾"，眺望远处滔滔的黄河水、苍莽的北芒山。他又强打精神鼓励自己："谁谓邑宰轻，令名患不劭；人生天地间，百岁孰能要"。整首诗描写内心活动层次细腻，生动地表现了潘岳在仕途上苦苦挣扎的情况。

用精美的辞藻来描写自然景物，是西晋文坛的一个重要特色，大量造句工整的景句，是构成太康诗歌"缛旨星稠，繁文绮合"（《宋书·谢灵运传》）的风貌的重要因素。在这方面潘岳充分显示了他作为太康诗风的代表人物的地位。他的诗中多有优美的景色描写：

> 川气冒山岭，惊湍激岩阿；归雁映兰畤，游鱼动园波；鸣蝉厉寒音，时菊耀秋华。（《河阳县作》二首）

这些景句形象生动，色彩鲜明，辞藻华美，但还不是过于雕琢，描写细致，但尚不致伤于繁芜，因此比陆机的某些作品更能代表西晋写景诗的特点。梁代钟嵘《诗品》说郭璞《游仙诗》"宪章潘岳，文体相辉，彪炳可玩"，大约就是指的潘岳这类诗对郭璞有所影响吧。

潘岳的诗不是单纯作景色描写，与《秋兴赋》一样，也表现出情景交融的特点。如《在怀县作》其一描写炎夏酷暑的情景：

> 朝想庆云兴，夕迟白日移。挥汗辞中宇，登城临清池。
> 凉飙自远集，轻襟随风吹。灵圃耀华果，通衢列高椅。瓜瓞
> 蔓长苞，姜芋纷广畦。稻栽肃芊芊，黍苗何离离。

很形象地写出了盛夏季节万物的生机勃勃，以衬托出诗人的身心疲乏。两相对比之下，潘岳看到万物欣欣向荣，自己却"虚薄乏时用，位微名日卑；驱役宰两邑，政绩竟无施"，心中自然格外烦躁，内在的焦急与外界的炎热融成一体，更让人感到酷暑难耐，这首诗就是《诗品·总论》中称赞的"安仁倦暑"。

潘岳出外任前后八九年之久，直到太康六年（285）左右，才被召为尚书度支郎。潘岳有一篇《上客舍议》，大约是这时候作的。[①] 从这以后到永熙元年（290），这数年间，他迁廷尉评，不久又被免职，闲居洛中。他曾写了一篇《狭室赋》描写自己当时居处的仄陋：天热时"珠汗挥其如雨"，下雨时则"器用为之浮漂"。这可能是夸张形容之词，但也可见出他当时困窘情况的一斑。

三、"匪择木以栖集，鲜林焚而鸟存"

永熙元年（290），晋武帝死。杨骏为太傅，辟潘岳为太傅府主簿。

---

① 《晋书·潘岳传》将此议系于任怀县令时。按此议所论之事，属于尚书度支郎职务范围之内。《晋书》本传所系疑有误。

重入仕途，对于热衷功名的潘岳来说当然是值得庆贺的。但事情发展的结果却使他卷入了又一场政治争斗中，险遭杀身之祸。

当初晋武元皇后杨艳临终时，深忧太子（即后来的惠帝）地位不稳，请求晋武帝立她的叔父杨骏之女杨芷为后，晋武帝答应了。从此杨骏以后父之尊，势倾天下。惠帝即位后，杨骏辅佐朝政，多树党羽。这就引起了朝廷上另一派系——贾氏集团的严重不满。贾充自魏末以来历任高官，晋武帝登基后，又以佐命之功，封鲁郡公，深得宠信。贾充又将女儿南风嫁给太子为妃，惠帝即位后，立为皇后。这时贾充已去世，因无子，立外孙韩谧为嗣，改姓贾。惠帝痴呆无能，贾后多权诈，一心要擅政。贾谧也是野心勃勃。杨氏权力的扩张无疑对贾氏集团构成了极大的威胁。贾后和贾谧便与楚王玮等密谋诛杀杨骏。元康元年（291）三月，楚王玮秉承贾后的旨意来到洛阳。孟观、李肇让惠帝连夜作诏书，中外戒严，遣使者奉诏废杨骏。接着又派人马包围杨府，四下放火。杨骏逃到马厩，被杀。杨骏亲党被杀者数千人。贾氏集团趁势又策划了一连串事变。杨骏被诛后，汝南王亮为太宰，与太保卫瓘共同辅政。时仅三个月，贾后矫诏命楚王玮杀了汝南王亮和卫瓘。紧接着又以擅杀亮、瓘的罪名，杀了楚王玮。这样贾氏集团在朝廷上占了绝对优势。

这一系列政局变动尤其是杨骏被诛事件对潘岳的刺激是很大的。事发之夜，潘岳恰好在洛阳城外，幸免死于乱兵之中。杨骏被诛后，他的僚属依法当株连，与潘岳同署主簿朱振已被杀，幸亏楚王玮的长史，即潘岳在河阳时结交的旧友公孙宏救助，潘岳才死里逃生，仅被免官了事。眼见着政局的急剧变动，他深切地体验到宦海风云的可怕，"悟山潜之逸士，卓长往而不反；陋吾人之拘挛，飘萍浮而蓬转"（《西征赋》）。但他并没有打算从此从官场抽身撤退，他得到的最大教训是："匪择木以栖集，鲜林焚而鸟存"，在政治风云中如果所托非人，是很可怕的。——这是潘岳的切身经验，也是当时的客观实际。潘岳功名之心未泯，当然就要重新"择木而栖"。他早年曾为贾充的府掾，既有这样的历史关系，贾氏集团又是当时左右朝政的政治势力，所以他就选择了贾氏这棵"大树"。

可能正是由于贾谧的关系，潘岳很快又被任命为长安令。元康二年（292）他离京赴任，作了一篇《西征赋》（见《文选》卷一〇）。这篇赋是潘岳的名作。一开首追述了杨骏被诛的事件，透露了自己在贾、杨之争中惶恐不安的心情："危素卵之累壳，甚玄燕之巢幕。心战惧以兢悚，如临深而履薄"，后悔自己所托非人。又说："皇鉴揆余之忠诚，俄命余以末班"，对贾氏的感恩戴德跃然纸上。接着抒写了自己携带家小、西投长安时的心境。在赋中他详细记叙了沿途所经之地的山川形势、人物古迹，抒发怀古之幽情，也隐然寄托了对于现实的感慨。这篇赋在形式上与班彪《北征赋》、曹大家的《东征赋》类似，但体制更为宏大，征引更为广博，充分表现了西晋文坛重视文采、讲究铺陈的特点，以其篇幅之宏大、文采之富丽来说，在当时除了左思的《三都赋》外，极少能有与其相比的。而且潘岳的笔端仿佛始终缭绕着一股驱不散的愁绪，落笔之处，总是触景伤神，表现出一种凄婉的风韵，这与他大多数作品的风格是一致的。

约在元康六年（296）前后，潘岳由长安令召入洛阳为博士，未拜职，因母疾去官，闲居洛阳。

这一年潘岳五十岁，已涉知命之年。回顾三十年的宦海生涯，"八徙官而一进阶，再免，一除名，一不拜职，迁者三而已矣"，可谓坎坷不平，一时间不觉心灰意懒，写了一篇《闲居赋》（见《文选》卷一六）。在序中他写道："巧诚有之，拙亦宜然。……方今俊义在官，百工惟时，拙者可以绝意于宠荣之事矣"。又说自己："览止足之分，庶浮云之志，筑室种树，逍遥自得。池沼足以渔钓，春税足以代耕，灌园鬻蔬以供朝夕之膳，牧羊酤酪以俟伏腊之费"，不想再涉足官场。在赋中，他描绘自己将在一个既幽静又高雅的地方筑室隐居，在园中穿池种树，在"微雨新晴"的日子里，全家老少"或宴于林，或禊于汜"、"浮杯乐饮，丝竹骈罗，顿足起舞，抗音高歌，人生安乐，孰知其他！"标榜清静闲适，是魏晋以来士大夫们的普遍习尚，当时不少文人都有类似作品表现对山林隐士、田园乡居的向往之情，如陆机的《应嘉赋》、陆云的《逸民赋》等。《闲居赋》造句工致，行文流畅自如，笔调清淡，更有高远之意，艺术技巧方面是同类作品中的佼佼者。

潘岳虽然在《闲居赋》中说守拙归田，但实际上自从"择木而栖"、投靠贾氏以来，他比以往更为热衷于官场奔趋。自从元康元年，贾氏排挤、消灭政敌，独掌朝政以来，在张华、裴頠等人的辅佐下，朝政出现了将近十年的相对稳定局面，使元康时期成为继太康之后又一个表面较为繁荣的时期。贾谧依仗着贾后的权势，权倾人主。他开阁延宾，终日门庭若市。他又爱好文学，俨然以文学提倡者自居。当时不少文人都依附其门下，其中知名的如陆机、陆云、左思、石崇、刘琨……等二十四人，号为"二十四友"。潘岳为"二十四友"之首。史书上有他和石崇望贾谧的路尘而拜的记载，这当然极不光彩。不过，潘岳更希望自己的才能得到贾谧的赏识。他曾和左思一起在贾谧那里讲论《汉书》（《文选》录有《于贾谧座讲汉书》一首），还常常帮助贾谧代拟书表。当初朝廷议立《晋书》限断，中书监荀勖认为应从魏齐王芳正始起年（此年司马懿与曹爽辅政），著作郎王瓒则打算把嘉平以下的朝臣都写入晋史（嘉平元年，司马懿发动高平陵事变，诛杀曹爽及其亲党），两方争执不下。惠帝即位后，贾谧建议，以泰始年号为断，得到司徒王戎、司空张华、侍中乐广等人的赞同，事定。贾谧上议的文辞，即出自潘岳手笔。这一时期，潘岳大约常常为人代笔。《晋书·乐广传》载，侍中乐广迁河南尹，准备上表辞让，但他善清言而不长于笔（此指书表奏议等文章），请潘岳代作。潘岳说："当得君意"，乐广就讲了讲自己的意思。潘岳敷衍成文，被时人称为名笔。当时人说："若（乐）广不假（潘）岳之笔，岳不取广之旨，无以成斯美也。"认为潘岳似乎有辞无意。其实潘岳有自己的苦衷。他希望自己的才华为贵臣们赏识，代人属文，只得善察他人意旨，不便独出机杼。元康六年陆机由江南返京，与贾谧有赠答诗。贾谧之诗即是潘岳代作（见《文选》卷二四）。这首诗写得雍容典正，并不能表现潘岳的一贯风格。

这一时期，潘岳经常参予"二十四友"之游。就是在他闲居洛中这一年，石崇被任命为征虏大将军，镇下邳。石崇家业丰厚，是历史上著名的富豪。他在河阳谷水流经处有别馆金谷园，"却阻长堤，前临清渠，百木几于万株，流水周于舍下"（石崇《思归引序》，见《文选》卷四五），风景宜人。石崇临行前在金谷园大宴宾客，潘岳也参加了。那次参加宴会的人大多写了诗，石崇将其收为一集，自己作了一篇序文。潘岳也写了一首《金谷集作诗》（见《文选》卷二十）。其中写道：

　　王生和鼎实，石子镇海沂。亲友各言迈，中心怅有违。何以叙离思，携手游郊畿。朝发晋京阳，夕次金谷湄。回谿萦曲阻，峻阪路威夷。绿池泛淡淡，青柳何依依。滥泉龙鳞澜，激波连珠挥。前庭树沙棠，后园植乌椑。灵囿繁若榴，茂林列芳梨。饮至临华沼，迁坐登隆坻。玄醴染朱颜，但愬怀行迟。扬桴抚灵鼓，箫管清且悲。春荣谁不慕，岁寒良独希。投分寄石友，白首同所归。

这首诗与《在河阳县作》、《在怀县作》一样，表现出擅长描绘的特色，生动地勾画出一幅士大夫们悠然观景宴饮的行乐图。这首诗语言平实，像"前庭树沙棠，后园植乌椑"，毫无雕琢，只是照实写来。又如"绿池泛淡淡，青柳何依依"两句，化用《诗经》"昔我往矣，杨柳依依"，既是写园中实景，又很含蓄地点明饯行的主题，用典贴切生动。此诗虽是写宴饮，但结尾几句仍是流露出好景不常、盛时不再的凄惶之意，因此没有当时一般宴饮之作的浮艳色调。

金谷园聚会不久，元康七年潘岳被召为著作郎。

正当士大夫们耽于游乐的时候，西北边境却是烽烟迭起。长期以来，西北少数民族匈奴、羌、氐与西晋政权矛盾不断激化，时有争战。这与自元康初年就担任征西大将军、都督雍梁二州诸军事的赵王伦所实行的残暴欺压政策有直接关系。傅畅《晋诸公赞》记载赵王伦都督雍梁时，"诛羌大酋数十人，胡遂反"（见《文选》卷二〇潘岳《关中诗》李善注）。赵王伦还任用奸佞之徒孙秀，与雍州刺史解系在军事上发生争执，互相表奏，不能协调部署。朝廷无奈，只好召回赵王伦，让梁王肜都督关中军事。元康六年八月，雍梁之地羌、氐纷纷举事，推氐人齐万年为帝，围攻泾阳。朝廷恐慌，派遣安西将军夏侯骏、建威将军周处率兵征讨。周处为人刚直，曾任御史中丞，执法不避宠戚，得罪过梁王肜。梁王肜和夏侯骏借机报复，逼迫周处以五千人去迎击齐万年七万人马，又断其后退之路。周处孤军陷阵、弦绝矢尽，终于力战而亡。齐万年军威大振，西晋守军纷纷弃地而逃。当时"偏师裨将之殒首覆军者，盖以十数；部符专城纡青拖墨之司、奔走失其守者，相望于境"（《马汧督诔》序）。小小的汧城也被重兵围困。城中有粮草数百万石，如被齐万年得到，就如虎添翼。朝廷上下无计可施。在这危急关头，"位末名卑"的汧督马敦奋勇而起，固守孤城。守城的木石殆尽，薪刍竭乏，他带领众人拆毁房屋，把粗大的栋梁用铁链系起来做成可上下活动的槌木；又把木头削碎充作饲料；城外围兵掘地穿城，马敦命人把空瓮、空壶复于地面，听其掘地之声以测定地道方位，然后挖坑相截，用烟火去熏……终于保住了城池和粮草，功劳显著。但是他遭到雍州从事的忌恨，被诬下狱。元康七年九月，气愤而卒。周处及马敦之死，充分暴露了西晋政治的腐败。

对于这一件事的始末，潘岳知道得很清楚，十分感慨，写了一篇《马汧督诔》（见《文选》卷五七）。他在序及诔文中概述了齐万年起兵、周处战死的经过及晋兵的败状；又详细叙述了守城战事的激烈、马敦守城的种种方法。汧城守卫战悲壮的情形也因此才被记录下来。

潘岳一生作过不少哀诔之文，但大多都是为亲人、朋友所作，如《杨荆州诔》、《夏侯常侍诔》等；也有一些诔文是为了官场应酬的需要，如《太宰鲁武公诔》、《贾充妇宜城宣君诔》等。仅有这一篇《马汧督诔》是个例外。他与马敦非亲非故，素无交往，并无应酬的必要，纯然出于一时的义愤，才为这个素不相识的马敦写了这篇诔文。此诔一反潘岳一贯的凄婉风格，笔力刚健，用明快而有力的语言刻画了一位有智有勇的义士形象，表现了潘岳对"功存汧城，身死汧狱"的马敦的敬意和同情。所以明人张溥《潘黄门集》题词说："余读潘安仁《马汧督诔》，恻然思古义士，犹班孟坚之传苏子卿也。"诔文中也流露了对官吏无能、官场混浊的不满情绪。

过了一年多，元康九年正月，齐万年被孟观所破。这时潘岳为黄门侍郎，奉诏作了《关中诗》十六章（见《文选》卷二十）。这首诗详述了这次战乱的经过，在赞美周处的忠勇的同时，也揭露了无耻武将虚冒功绩，对赵王伦暗寓讽刺之意。他后来被赵王伦所害，可能与此事有关。潘岳还在诗中用了不少篇幅沉痛记录这场持续了两年多的动乱给人民带来的灾难：

> 哀此黎元，无罪无辜；肝脑涂地，白骨交衢；夫行妻寡，父出子孤；俾我晋民，化为狄俘。（第七章）

> 斯民如何，荼毒于秦；师旅既加，饥馑是因；疫疠淫行，荆棘成榛；绛阳之粟，浮于渭滨。（第一五章）

这篇诗本是应制之作，就其用意而言，潘岳是把人民遭受的战祸归罪于起义的氐、羌，而赞美统治者之关心民瘼。这种立场当然是不足取的。事实上，氐、羌各族之反晋，实起于西晋统治集团的民族压迫政策，而起义队伍发展之迅速，也正反映了西晋政权的不得人心。因此，从客观上说，《关中诗》中所记录的因战乱而引起的饥疫祸灾之重、人民死亡之惨，正是对西晋统治者罪行的揭露。

这一时期，潘岳遭受到一个重大打击：元康八年秋天，他的妻子杨氏卒于洛阳德宫里。潘岳悲痛欲绝，在安葬妻子时写了《哀永逝文》（见《文选》卷五七）。文中写道：

> 昔同途兮今异世，忆旧欢兮增新悲。谓原隰兮无畔，谓

> 川流兮无岸；望山兮寥廓，临水兮浩汗；视天日兮苍茫，面
> 邑里兮萧散。匪外物兮或改，固欢哀兮情换。

潘岳安葬妻子后只觉得山河惨淡，四周的一切都变得空旷萧条了，他的心是那样的寂寞空虚。

时光流逝，忽忽又是一年。潘岳服丧完毕，不得不按规定复职。临行前他依依不舍地留连虚室，徘徊坟茔。行迹所历，触目所见，无一不勾起对亡妻的怀念。他写了他的名篇《悼亡诗》（见《文选》卷二三）三首。其一：

> 荏苒冬春谢，寒暑忽流易。之子归穷泉，重壤永幽隔。
> 私怀谁克从，淹留亦何益。僶俛恭朝命，回心反初役。望庐
> 思其人，入室想所历。帷屏无仿佛，翰墨有余迹。流芳未及
> 歇，遗挂犹在壁。怅恍如或存，周遑忡惊惕。如彼翰林鸟，
> 双栖一朝只。如彼游川鱼，比目中路析。春风缘隟来，晨霤
> 承檐滴。寝息何时忘，沉忧日盈积。庶几有时衰，庄缶犹
> 可击。

在诗中他感叹自己沉浸在永恒的哀伤中，竟不觉冰雪消溶、春风吹拂、晨霤滴沥，时节交替；光阴流逝了，而自己对亡妻的哀念，却并不因此而淡薄，"寝息何时忘，沉忧日盈积"，反而更深长了。像"帷屏无仿佛"四句，很真实地表现出物是人非的悲怆之感。而"怅恍如或存，周遑忡惊惕"句，更是微妙地表现出失去了朝夕相处的伴侣的人精神痛苦、恍惚迷离的神态。这三首《悼亡诗》写景抒情，由物及人，通过一系列日常事物行止的刻画，深刻地表现出真挚深厚的伉俪之情。它层次分明，笔触细腻，具有缠绵悱恻、委曲深婉的特色。而且通篇行文自然，如涓涓细流，缓缓流来，毫无艰涩勉强之处。在潘岳的早期作品如《秋兴赋》、《寡妇赋》中已表现出来的，把叙事、写景、抒情融为一体的艺术特色，在这里得到充分的表现，达到更为成熟的境界，使《悼亡诗》具有感人的艺术力量。后人写哀念亡妻的诗都用"悼亡"为题，正是受了潘岳的影响。

四、"投分寄石友，白首同所归"

约在元康九年的秋天，潘岳回任复职。

这时朝廷上的争斗达到了白炽化的阶段。潘岳追随贾谧，涉足愈深。他参预了贾后、贾谧废太子的密谋，奉贾后之旨，仿照太子遹的口气作书，如同太子醉后所作。其中说与谢妃（太子生母）共约害帝举事。贾后设计将太子骗入宫中灌醉，然后给他纸笔，照着潘岳所拟之辞抄写。贾后又将太子手书呈送惠帝。于是废太子为庶人，幽于金庸城。不久迁往许昌。

永康元年（300）三月，贾后矫诏派人至许昌害太子。四月，赵王伦、梁王肜矫诏废贾后为庶人，杀贾谧，张华、裴頠等同时遇害。赵王伦自为相国，都督中外军事。他的亲信孙秀为中书令。潘岳在琅琊时，孙秀为小吏，服侍潘岳。潘岳讨厌他的为人，曾多次挞辱他。此时，潘岳所"择"之"木"业已倾复，只希望一身幸免，他问孙秀："孙令犹忆畴昔周旋不?"孙秀引了两句《诗经》回答说："中心藏之，何日忘之。"潘岳自知难逃一死。不久，孙秀诬潘岳及石崇、欧阳建等阴谋奉淮南王允、齐王冏为乱，石崇、潘岳因此被诛，夷三族。当初潘岳作《金谷集诗》中最后两句："投分寄石友，白首同所归，"不幸竟成了谶语。

潘岳的一生在西晋文人中是有代表性的。他依附于当时权势极大的贾氏家族，最后随着贾氏集团在政治角逐中的失败而招致杀身灭门之祸。这自然与潘岳的个人品质有关，但更不能忽略当时政治环境的影响。他所生活的年代正是统治阶级内部的派系斗争异常尖锐复杂的时期。当时的文人若要求得仕途上的发展和文学上的凭借，几乎都不能不卷入贵族、豪门、权臣、悍将争斗的漩涡中。不独潘岳为然。元好问在《论诗》中曾写道："心画心声总失真，文章宁复见为人。千古高情《闲居赋》，争识安仁拜路尘。"认为潘岳的作品与其行为是矛盾的。这种矛盾现象在西晋不少文人身上也存在。因此通过潘岳的一生，有助于了解西晋文人的思想状况，及西晋政治对文学创作的影响。

作为一个文学家，潘岳在文学史上是有一定地位的。他善缀词令，长于铺陈，造句工整，充分体现了太康文学讲求形式美的倾向，所以在当时与陆机受到同样的推重，梁代钟嵘的《诗品》将他列为上品，并有"陆才如海，潘才如江"的赞语。刘勰也在《文心雕龙·体性篇》中说"安仁轻敏，故锋发而韵流"，又在《才略篇》中说"潘岳敏给，辞自和畅"。他的多数作品内容比较单薄，范围也比较狭窄，大多为抒发士大夫的愁思情怀，这一点也与当时多数文人的创作情况相似。不过，他"善为哀诔之文"，今存的作品中除了《寡妇赋》、《哀永逝文》、《悼亡诗》等名篇以善叙哀情著称外，还有诔、哀辞、祭文等二十多篇，这就形成了潘岳独特的悲而不壮、哀而不怒的创作基调。从艺术形式上看，他的语言华美而明畅，用典也比较浅近，不似陆机那样深奥晦涩；他的文笔轻灵，不像陆机那样凝重。孙绰曾说："潘文浅而净，陆文深而芜"（《世说新语·文学篇》），这是比较中肯的意见。潘岳的作品具有一种清绮哀艳的独特风格。陆机虽被钟嵘推为"太康之英"，但就作品的感情真挚、自然流畅而言，潘岳的艺术成就实际上超过了陆机。

《隋书·经籍志》录有《晋黄门郎潘岳集》十卷，已佚。明人张溥辑有《潘黄门集》。

主 要 参 考 书 目

1. 房玄龄《晋书》卷五五《潘岳传》，中华书局校点本。
2. 《潘黄门集》，张溥《汉魏六朝百三家集》本。
3. 丁福保《全晋诗》，中华书局排印本。
4. 严可均《全晋文》，中华书局影印本。
5. 萧统《文选》，中华书局影印胡刻本。
6. 范文澜《文心雕龙注》，人民文学出版社本。

7. 陈延杰《诗品注》，人民文学出版社本。

8. 郦道元《水经注》，清王先谦思贤讲舍本。

9. 傅璇琮《潘岳系年考证》，载《文史》第一四辑。

左　思

（公元 252？—306？年）

刘文忠

一、左思的生平和创作活动

左思字太冲（一作泰冲），齐国临淄（今山东淄博市东）人，他是战国时齐国公族左公子的后代，因而姓左。父亲左熹字彦雍[①]，出身于小官吏，《左思别传》云"起于笔札"。妹左棻（《晋书》作左芬，此据《左棻墓志》）《离思赋》自言"生蓬户之侧陋"，足见左思并非出身于豪门望族，而是寒门出身。左熹以其吏干，做过殿中侍御史、太原相、弋阳大守等官。左思母亲早死。兄妹均以文才出名。

左思少年时代曾学过钟繇、胡昭的书法，并学鼓琴，都没有学成。其父对友人说："思所晓解，不及我少时"。左思受到他父亲的激励，更加勤奋学习，涉猎甚广，兼通阴阳之术。左思其貌不扬，口才也不好，但文章写得很好，《晋书·左思传》说他

[①]　左思父名，《晋书》卷九二《左思传》作左雍，今据 1931 年洛阳出土《左棻墓志》改，《墓志》及碑阴文字载赵万里撰集的《汉魏六朝冢墓遗文图录》卷一中。左棻的死日、葬日、葬地，《墓志》所记甚详，为《晋书》所不载，碑阴所记左思的全部家庭成员，亦为《晋书》所不载，是研究左思与左棻的重要文物史料。科学出版社 1956 年版赵万里《汉魏南北朝墓志集释》一、第 3 页，亦载有《左棻墓志》。

"貌寝、口讷，而辞藻壮丽，不好交游，以闲居为事"。

左思的生卒年，史无明载，从左棻的入宫时间，大体可以推知左思的生年。《晋书·后妃传》载："芬少好学，善缀文，名亚于思，武帝闻而纳之。泰始八年（公元272年）拜修仪。"实际上泰始八年是左棻入宫的时间，《晋起居注》①云："咸宁三年（277）拜美人左嫔为修仪"，此说比《晋书》可靠。左棻初入宫时最高的品秩不过是美人，她以文名被纳入宫，应比以美色选入宫的少女年长一两岁。她的入宫年龄大约在十八岁左右，此时左思至少二十岁。以此推断，左思大约生于公元252年或稍前一点。

左思十九岁时，大约用了一年的时间，写了一篇《齐都赋》（全文已佚），这是左思的处女作。二十岁，随妹入洛，举家搬到京都洛阳居住。左思兄妹虽同居京师，但相见困难，左思有两首《悼离赠妹》诗，诗中有"自我不见，于今二龄"两句，据此则知此诗写于公元274年。

左思的代表作是《三都赋》与《咏史诗》。《文心雕龙·才略篇》说："左思奇才，业深覃思。尽锐于《三都》，拔萃于《咏史》。"左思写《三都赋》的情况，文学史上曾有不少佳话。为了写作《三都赋》，他曾拜见过熟悉蜀地情形的张载，"访岷、邛之事，遂构思十年，门庭藩溷皆著纸笔，遇得一句，即便疏之"（《晋书·左思传》），足见左思创作《三都赋》下过一番苦功夫，创作态度非常严肃认真。在写作过程中，曾遭到陆机的讥笑："陆机入洛，欲为此赋，闻思作之，抚掌而笑，与弟云书曰：'此间有伧父，欲作《三都赋》，须其成，当以覆酒瓮耳。'"（同上）但赋成之后，陆机看到后很佩服，自认为无法超过他，不准备再写《三都赋》了。《三都赋》的蜚声文坛，还经历了一个曲折的过程。《世说新语》记载了这样一个故事："左太冲作《三都赋》，初成，时人互有讥訾，思意不惬。后示张公（张华）。张

① 《晋起居注》已佚，此条转引自《太平御览》卷一四五《皇亲部》。

曰：'此二京可三，然君文未重于世，宜以经高明之士。'思乃询求皇甫谧，谧见之嗟叹，遂为作叙，于是先相非贰者，莫不敛衽赞述焉。"由于高名之士和文坛宿儒为《三都赋》作注作叙，左思才名重京师，《三都赋》曾轰动一时，当时"豪贵之家，竞相传写，洛阳为之纸贵。"（《晋书·左思传》）

《三都赋》究竟何时写成，《晋书·左思传》和《世说新语·文学》注引《左思别传》的说法很不一致。《左思传》说：左思完成《齐都赋》的写作之后，欲作《三都赋》，"会妹芬入宫，移家京师"，乃开始收集资料，准备写《三都赋》。赋成之后，皇甫谧"为其赋序，张载为注《魏都》，刘逵注《吴》、《蜀》而序之曰：'观中古以来为赋者多矣，相如《子虚》擅名于前，班固《两都》理胜其辞，张衡《二京》文过其意。至若此赋，拟议数家，傅辞会义，抑多精致，非夫研覈者不能练其旨，非夫博物者不能统其异。'"皇甫谧死于公元 282 年（见姜亮夫《历代人物年里碑传综表》），他为《三都赋》作序，不得晚于是年。据此推知《三都赋》的写作时代应为公元 272 至 282 年之间。但《晋书·左思传》又载：陆机入洛之后，曾与陆云作书讥笑左思作《三都赋》。陆机入洛是在晋武帝太康十年（289）（见姜亮夫《陆平原年谱》）。这时应是左思得句便疏之时，所以有人推断《三都赋》写成约在公元 291 年或稍后（同上）。但此时皇甫谧已死去将近十年，何能为之作序？《晋书·左思传》的记载，显然前后存在着矛盾。另据《左思别传》的记载说："（贾）谧诛，归乡里，专思著述。齐王冏请为记室参军，不起，时为三都赋未成也。后数年，以疾终。其《三都赋》改定，至终乃止。"贾谧被诛在晋惠帝永康元年（300），如根据《左思别传》的说法，则《三都赋》写成应在公元 300 年之后。《别传》的作者，为自圆其说，把皇甫谧为之作序、刘渊林（逵）为之作注的事一概推翻，说："（左）思造张载，问岷蜀事，交接亦疏。皇甫谧西州高士，挚仲洽宿儒知名，非思伦匹。刘渊林、卫伯舆并蚤终，皆不为思赋序注也。凡诸注解，皆思自为，欲重其名，故假时人名姓也。"《左思别传》对左思颇多微词，如说左思"以椒房自矜，故齐人不重"，同时说他在《三都赋》的序注上弄虚作假，恐未必可信。《三都赋》究竟写于何时，目前是难以确定的。

《咏史诗》八首的写作时代也很难考定。《咏史》八首有系年线索可寻的是《咏史》之一。诗中有"左眄澄江湘，右盼定羌胡"之句。"江湘"当指东吴，"羌胡"指北方的少数民族。鲜卑的首领树机能在咸宁五年（279）春正月曾攻陷凉州。凉州是当时北方的羌胡与西晋政权争夺的中心。从《咏史》之一的写作时间来判断，当时割据东南的孙吴与占据凉州的羌胡均未平定，故左思才能怀有统一和安边的理想。《晋书·武帝本纪》载：咸宁五年（279）平凉州，泰康元年（280）降孙皓，可见这首诗不会写在咸宁五年之后。左思出身寒门，他生活在以司马氏为代表的世族地主当权的时代，自曹魏建立"九品中正"制以后，逐渐形成了根深蒂固的门阀，西晋初期又出现了世族独占上品的现象，所谓"上品无寒门，下品无世族"（《晋书·刘毅传》），就是对门阀制度很好的概括。泰始八年，左思因妹入宫而移家京师，从此便与皇帝攀上了亲戚。左思又自恃才高，加上这样一个特殊的社会关系，所以才产生"梦想骋良图"（《咏史》之一）的幻想。以此推断，《咏史》之一，应写于左思入洛之后，咸宁五年以前（272—279）。但这一首诗的写作时间并不能说明《咏史》八首均写于这段时间内，因为这八首诗的思想内容比较复杂，它反映了作者由积极入世到消极出世的思想变化过程；其中有青年时代的浪漫幻想，有在现实中碰壁的感慨和理想受到现实嘲弄后的愤懑不平；有由立功到立言即与官场决裂、"绝意仕宦"、"专思著述"的转变，这种思想变化过程，不是短时间所能完成的。以此推断，《咏史》八首，写作最早的第一首可能写于公元275年左右，多数是中年的作品，少数（如第八首）可能写于公元300年之后（详见《文学评论丛刊》第七辑《左思和他的〈咏史诗〉》）。

《杂诗》一首，《文选》卷二九李善注云："冲于时贾充征为记室，不就。因感人年老，故作此诗。"贾充生于公元217年，卒于公元282年，一说卒于太康四年，即公元283年。贾充死时，左思不过三十岁，贾充与左思的关系史书不详，李善可能将齐王冏欲征左思为记室督的事误记为贾充。《杂诗》末两句云："壮齿不恒居，岁暮常慨慷。"似有晚年追悔壮年误入仕途之意。李善认为这是左思的暮年之作，大体是可信的。

《娇女诗》约写于左思三十五岁至四十岁之间。据《左棻墓志》碑阴记载：左思夫人为翟氏，左思有子女四人，长子名髦字英髦，长女名芳字蕙芳，次女名媛字纨素，次子名聪奇字骠卿。《娇女诗》所写的两个女儿即纨素与蕙芳，从诗中的描写看，纨素当时大约十岁左右，蕙芳大约十三四岁，照一般情况推断，这首诗约写于公元290年左右。

《招隐》二首，《文选》李善注引王隐《晋书》云："左思徙居洛城东，著'始经东山庐'诗。"这两首诗是咏归隐生活的，应为左思晚期的创作。所谓徙居洛城东，这个地址未必是左思初入洛时的住处。贾谧被诛后，左思退居宜春里，洛阳东郊，疑即宜春里，这两首诗约写于公元301年左右。

除了《三都赋》与现存的十四首诗之外，《左太冲集》中还有一篇《白发赋》，也是左思后期的作品，这篇赋标志着左思创作道路的变化，由咏物的大赋一变而为抒情的小赋。《三都赋》走的是扬雄、司马相如的路子，《白发赋》继承的是东汉以来抒情小赋的传统，二者是大相异趣的。

左思一生并未做过重要的官职，当张华做司空的时候（约296），他做过张华的祭酒。他曾依附过贾谧，贾谧做秘书监时曾举荐左思做秘书郎。左思曾为贾谧讲过《汉书》，是依附贾谧的"二十四友"之一。贾谧因参与谋废以至谋害太子，于永康元年（300）被斩，贾氏亲党皆被收捕。同年的三月十八日，左思的妹妹左棻也死去了（见赵万里《汉魏六朝冢墓遗文图录》卷一《左棻墓志》）。这两件事对他的震动必定很大，他的退隐，与这两件事是有关系的。这一年，他开始退居宜春里。公元301年，齐王闷想让他做记室督，他以病为由辞掉了。他打算专门搞创作。不料，过了两年，即晋惠帝太安三年（303），河间王司马颙的部将张方作乱京师，"入京大掠，死者万计"（《资治通鉴》卷八五）。左思想求得一个安定的写作环境而不可得，遂"举家适冀州，数岁以疾终"（《晋书·左思传》）。以此推断，左思的卒年，大约在晋惠帝永兴三年（306）左右。

二、左思的诗和赋

左思的创作，留存下来的不多，仅有赋三篇①，诗十四首，他的大多数作品，靠《文选》和《玉台新咏》得以保存下来。据《隋书·经籍志》载，左思原有文集（《左思集》）三卷。大约在宋代已散佚，丁福保编的《左太冲集》是靠《文选》、《玉台新咏》及类书编辑而成。《悼离赠妹》二首四言诗未收录在内。

左思的《三都赋》，虽然在当时曾轰动一时，但以今天的观点来看，这篇长达一万多字的大赋，文学价值并不高，他写作《三都赋》，走的是汉代大赋的老路，宏丽巨衍，铺张扬厉。左思的《三都赋序》，在文学批评史上倒有值得注意之点。它对汉赋的夸张失实提出了批评，主张作赋要重视真实性。他说：

> ……相如赋《上林》，而引卢桔夏熟；扬雄赋《甘泉》，而陈玉树青葱；班固赋《西都》，而叹以出比目；张衡赋《西京》，而述以游海若。假称珍怪，以为润色。若斯之类，匪啻于兹。考之果木，则生非其壤；校之神物，则出非其所。于辞则易为藻饰，于义则虚而无征。……余既思摹"二京"而赋《三都》，其山川城邑，则稽之地图，其鸟兽草木，则验之方志。风谣歌舞，各附其俗。……美物者，贵依其本；赞事者，宜本其实。匪本匪实，览者奚信？

---

① 即《齐都赋》、《三都赋》、《白发赋》。其中《齐都赋》全文已佚，仅能据类书辑得数句佚文。

左思提出作赋要征实，重视真实性，这是现实主义创作方法的一个重要方面。他对汉赋的批评也是正确的。但文学是以表现人的生活和思想感情为主的，左思所重视的真实，基本上是物的真，忽视了情真、意真。《三都赋》虽然克服了汉赋某些"虚而无征"的缺点，但并不能因此而取得较高的文学价值，倒不如《白发赋》写得那样活泼而有风趣。

左思的诗，几乎篇篇皆好，特别是《咏史》八首，更是划时代的杰作。谢灵运说："左太冲诗，潘安仁诗，古今难比。"（钟嵘《诗品》转引）。刘勰《文心雕龙·明诗》篇说："晋世群才，稍入轻绮。张、左、潘、陆，比肩诗衢。"《才略》篇又说："左思奇才，业深覃思，尽锐于《三都》，拔萃于《咏史》。"刘勰把左思的《咏史》诗当做出类拔萃的作品。钟嵘把左思列在上品，极力推崇"左思风力"，称左思为太康年间的文章中兴人物。他在《诗品序》中说："太康中，三张、二陆、两潘、一左，勃尔复兴，踵武前王，风流未沫，亦文章之中兴也。"同时，钟嵘还将左思的《咏史》，当做"五言之警策"。这些看法，都是很有见地的。

左思的《咏史》诗，名为咏史，实为咏怀。读《咏史》八首，对左思的了解，胜过读《晋书·左思传》。《咏史》八首，为我们塑造了一位有远大理想、有才能、有反抗性但却郁郁不得志的知识分子的形象，表现出作者鲜明的个性。左思突破了咏史诗的传统写法，他不呆衍史事，古人古事完全是他咏怀的工具，这种咏史诗是前无古人的。且看他的《咏史》之一：

> 弱冠弄柔翰，卓荦观群书。著论准《过秦》，作赋拟《子虚》。边城苦鸣镝，羽檄飞京都。虽非甲胄士，畴昔览《穰苴》。长啸激清风，志若无东吴。铅刀贵一割，梦想骋良图。左眄澄江湘，右盼定羌胡。功成不受爵，长揖归田庐。

这完全是借史事以示作者的才能和抱负。诗人少年博学，文武全才，积极要求建功立业，以伸展自己的才智，并且具有"功成不受爵"的高尚情操。但诗人又感到理想的实现是困难的，志酬高隐依稀难得，所以只好托之于梦想。左思虽然与晋武帝攀上了亲戚，但左棻是以文才被选入宫的，并未受到晋武帝的宠幸。由于左思出身寒门，在仕途上他很难飞黄腾达。当时的世族与寒门，不仅等级森严，而且这种等级具有一定的世袭性，窃居要位的，"非公侯之子孙，则当涂之昆弟"（《晋书·段灼传》）。因此，左思受压抑的愤懑情绪，必然暴发为对门阀制度的猛烈抨击，《咏史》之二，就是抨击门阀制度的最强音，诗中写道：

> 郁郁涧底松，离离山上苗。以彼径寸茎，荫此百尺条。
> 世胄蹑高位，英俊沉下僚。地势使之然，由来非一朝。金张
> 借旧业，七叶珥汉貂。冯公岂不伟，白首不见招。

在这首诗中，诗人用比兴的手法，贴切的比喻，形象地揭露了"世胄蹑高位，英俊沉下僚"的不合理现实，并且指出这种现象是由来已久、根深蒂固的。作者将汉代的金日磾、张汤的世居高位与冯唐的白首屈于郎署相比，以古喻今，来批判门阀制度，凝聚着对这一制度的极大愤慨，概括了作者自己丰富而深刻的现实感受。左思的这种批判精神，在当时，在历史上都是具有进步意义的。这是《咏史》诗的一个鲜明的主题，也是它高度的思想性之所在。正因为这一点，使得左思作品的思想成就高出了他的同辈诗人。

左思的《咏史》诗，还通过对历史上高节之士的歌颂，表达了对豪门世族的蔑视和与它们决裂的精神，如：

> 吾希段干木，偃息藩魏君。吾慕鲁仲连，谈笑却秦军。
> 当世贵不羁，遭难能解纷。功成耻受赏，高节卓不群。临组
> 不肯绁，对珪宁肯分。连玺曜前庭，比之犹浮云。（《咏史》
> 之三）

> 皓天舒白日，灵景耀神州。列宅紫宫里，飞宇若云浮。
> 峨峨高门内，蔼蔼皆王侯。自非攀龙客，何为欻来游。被褐
> 出阊阖，高步追许由。振衣千仞冈，濯足万里流。（《咏史》
> 之五）

> 荆轲饮燕市，酒酣气益震。哀歌和渐离，谓若旁无人。

虽无壮士节，与世亦殊伦。高眄邈四海，豪右何足陈。贵者
虽自贵，视之若埃尘。贱者虽自贱，重之若千钧。（《咏史》
之六）

在这些诗中，作者歌颂了段干木、鲁仲连、许由、荆轲等人的高
尚情操。左思为什么会崇拜这些历史人物呢？这是因为他们或则
不慕功名富贵，自甘退隐；或则为人排难解纷而不求报答；或则
有廉让之风；或则蔑视豪右而自甘与下层人民为伍。这些人物的
思想品质对左思颇有影响，左思所怀抱的"功成不受爵，长揖归
田庐"的理想，正是受这些高节之士影响的结果。

另一方面，左思对那些"朝集金张馆，暮宿许史庐"的权贵
们，对于那般趋炎附势之徒，则决心远离他们，并与他们决裂。
他似乎感到跻身仕途是走错路了，有"自非攀龙客，何为欻来
游"的悔恨情绪。他要以许由为榜样，高蹈遗世，要像荆轲那
样，视贵者如粪土，视贱者若千钧，以此力拔流俗，从而表现了
诗人高旷的襟怀和疾恶如仇的性格。在《咏史》之四中，他将京
城内赫赫王侯的豪华、奢靡与寂寂寥寥门无车马的扬雄相比，指
出王侯的豪华不过如过眼云烟，热闹一时；而扬雄却独擅英名，
以"立言"而得以不朽，这正是他晚年辞官归隐，潜心于著述的
思想基础。

当然，也应指出，《咏史》诗也表现了左思的某些消极思想
和认识上的局限。他虽然不遗余力地抨击门阀制度，但有时却又
认为才智之士受压抑是际遇问题，是时运使然，是"英雄有迍
邅，由来自古昔"（《咏史》之七）。诗人鉴于某些历史人物因不
安贫贱而终遭祸患，企图安贫乐贱，以求远祸全身。"饮河期满
腹，贵足不愿余。巢林栖一枝，可为达士模"（《咏史》之八）
就是这种思想的表现。他接受了庄子消极思想的影响，以知足常
乐来聊以自慰。

在《咏史》诗之外，《招隐》二首及《杂诗》，思想内容与
风格大体与《咏史》诗相近。别具一格的是《娇女诗》，这首诗
把他的两个小女儿的天真活泼，写得情亲可爱，跃然纸上，显示

了左思多方面的创作才能。它对杜甫的同题材的诗歌，有明显的影响。

《悼离赠妹》二首，表现了左思与其妹左棻骨肉分离的痛苦，兄妹虽同居京都洛阳，竟两年不能相见。这两首四言诗，对认识宫廷妃嫔的生活，也有一定的价值。

三、左思的评价问题

历代文人对左思的诗歌，特别是他的《咏史》诗评价是比较高的，而且从六朝到明、清，有逐渐升高的趋势。钟嵘虽然把左思列在上品，但从评语看，远没有对陆机的评价高，甚至连潘岳也不如。（钟嵘认为陆机为"太康之英，安仁为辅"。）钟嵘评左思的诗说："文典以怨，颇为精切，得讽谕之致。虽野于陆机，而深于潘岳。"讲求"词采葱茜"、"举体华美"（钟嵘《诗品》）的钟嵘，对质由中出、不假雕琢的左思有不满之处。明、清的不少文论家，认为左思应在潘、陆之上。如明人胡应麟说：左思的《咏史》诗"造语奇伟，创格新特，错综震荡，逸气干云，遂为古今绝唱"（《诗薮》147页）。清人沈德潜说："钟嵘评左诗，谓'野于陆机，而深于潘岳'，此不知太冲者也。太冲胸次高旷，而笔力又复雄迈，陶冶汉、魏，自制伟词，故是一代作手，岂潘、陆辈所能比埒。"（《古诗源》卷七）刘熙载说："野者，诗之美也，故表圣《诗品》中有'疏野'一品。若钟仲伟谓左太冲'野于陆机'，野乃不美之辞。然太冲是豪放，非野也，观《咏史》可见。"（《艺概》53页）这些评价都是很中肯的，比钟嵘大大前进了一步。左思在太康诗人中是鲜有其俦的，他不像陆机那样雕琢字句，因袭模拟。他的诗壮美、豪放而且富有创造性，思想高度和艺术成就均在潘、陆之上。他继承了建安文学的优良传统，所谓"建安风骨，晋宋莫传"（陈子昂《与东方左史修竹篇序》），未免言过其辞。如果把"太康之英"的桂冠从陆机头上摘下来戴在左思头上，看来是比较公允的。

四、左思的《咏史诗》在文学
史上的地位及其影响

左思的《咏史》诗，表现手法很丰富："或先述己意而以史事证之；或先述史事而以己意断之；或止述己意而史事暗合；或止述史事而己意默寓。"（张玉谷《古诗赏析》卷一一）显得错综多变，纵横掷踏，卓荦不凡。如"郁郁涧底松"一首，先用贴切的比喻，比兴的手法，引出"世胄蹑高位，英俊沉下僚"的"己意"，接着用金、张的"七叶珥汉貂"和冯唐"白首不见招"的史事作证明，这就是"先述己意而以史事证之"。"主父宦不达"一首，先说四贤的迍邅遭遇，最后得出"何世无奇才，遗之在草泽"的结论，即"先述史事而以己意断之"。"弱冠弄柔翰"一首，通篇自抒怀抱，诗中所用史事，或才能与己相似，或抱负与己相同，这就是"止述己意而史事暗合"。"吾希段干木"一首，作者仅咏段干木、鲁仲连的高贵品质，对他们的企慕则默寓其中，这就是"止述史事而己意默寓"。

左思的《咏史》诗，语言质朴但又造语奇伟。他的诗歌用语有两个特点：一是喜用叠字，从这方面可以看出他深受乐府民歌和《古诗十九首》的影响。另一特点是喜用慷慨激昂的豪言壮语，如"长啸激清风，志若无东吴"和"振衣千仞冈，濯足万里流"之句，"高眄邈四海，豪右何足陈"之章，出语何等豪迈。前人说他"睥睨千古"、"逸气干云"、"卓荦磅礴"、"自制伟词"，就与这种语言风格很有关系。他具有建安文学"慷慨任气"、"磊落使才"（刘勰《文心雕龙·明诗》）的特点。钟嵘在《诗品》中所说的"左思风力"与刘勰所称许的建安风骨是一脉相承的。

左思的《咏史》诗，在我国诗歌发展史上具有里程碑的意义。为了说明这个问题，我们有必要简单回顾一下"咏史诗"在诗歌史上的发展演变。把"咏史"作为诗题的始于班固。班固的

左
思

《咏史》诗，仅咏一事（即缇萦救父），其写法不过是联缀史传，很像"传体"，又加文辞质直，所以被钟嵘讥为"质木无文"。《文选》选录了九家二十一首"咏史诗"，但班固的《咏史》诗未被选入。主张选文标准要"事出于沉思，义归乎翰藻"（萧统《文选序》）的萧统，大概也认为班固的《咏史》诗是质木无文的。

建安时代，曹植、王粲均有"咏史"之作，虽然文采超过班固，但写法依然是专咏一事，此时的"咏史"与"咏怀"仍然是泾渭分明。杜挚的《赠毋丘俭》诗，虽未以"咏史"为题，但却是一首咏史诗，他打破了专咏一事的写法，用了不少古人古事，但显得呆演史事，"堆垛寡变"（胡应麟《诗薮》147页），并没有将咏史与咏怀结合起来。

左思的《咏史诗》，打破了"咏史诗"的传统写法，开了"名为咏史，实为咏怀"（张玉谷《古诗赏析》卷一一）的先河。从此之后，"咏史诗"为之一变。何焯在《义门读书记》中，将"咏史诗"概括为两种类型，他说："咏史者，不过美其事而咏叹之。概括本传，不加藻饰，此正体也。太冲多摅胸臆，此又其变。"其实这种变体的"咏史诗"，正是左思在诗歌史上的一大创新，变体是"正体"的发展和提高，它使"咏史诗"摆脱了原始的发展阶段，使诗歌能更好地"吟咏情性"，抒情言志。

左思将咏史诗变化为不专咏一人一事，不呆衍史事，从而达到《义门读书记》中说的"咏古人而己之性情俱见"的境界，这是前无古人的。阅读他的《咏史》八首，他那鲜明的个性，傲岸的性格，高旷的胸怀，豪迈的气概，急切用世的心情和满腔的愤慨都跃然纸上，这样的"咏史诗"，在我国诗歌史上是罕见的。

左思的《咏史》诗，在文学史上产生过巨大的影响。他在"咏史诗"上的贡献，犹如谢灵运之于"山水诗"，陶渊明之于"田园诗"，起了导夫先路的作用。他以进步的思想性和高度的艺术成就，沾溉了后代诗人。鲍照、李白、杜甫等，无不受其影响。如杜甫的《咏怀古迹五首》，就是取法左思的。诚如杨伦在

《杜诗镜铨》中所言:"此五章乃借古迹以咏怀也。"又说:"五诗咏古即咏怀,一面当作两面看,其源出太冲《咏史》。"这种看法是正确的。唐代诗人的"咏史诗"如果从咏史与咏怀的结合看,大抵是取法左思的,但在情景交融的艺术境界上又有所前进。那种班固式的"质木无文"的"咏史",那种"概括本传,不加藻饰"的"正体"咏史诗,已为唐人所不取。左思的变体"咏史",至唐代已成为"咏史诗"的正宗,变体转化为正体,从而创造出既新又美的艺术境界;但他们在通过"咏史诗"来表现作者的鲜明个性方面,却又不如左思。左思在文学史上的地位,是与他的《咏史》诗分不开的。

主 要 参 考 书 目

1. 房玄龄《晋书》卷九二《左思传》,中华书局校点本。
2. 丁福保《左太冲集》,《汉魏六朝名家集初刻》本。
3. 《左思别传》,见《世说新语》注引。
4. 《左九嫔集》,北京图书馆清人抄本。
5. 《左棻墓志》,载赵万里撰集《汉魏六朝冢墓遗文图录》卷一。
6. 陆侃如《左思评传》,《山东文学》1963 年 2 月号。
7. 刘文忠《左思和他的〈咏史〉诗》,《文学评论丛刊》第七辑。

左
思

陆　机

（公元 261—303 年）

蒋祖怡　韩泉欣

　　自公元 280 年到 289 年，号称"天下安业"的晋武帝太康时代，西晋社会出现了短暂的繁荣景象。在此前后，文学方面，有所谓"三张、二陆、两潘、一左"，一时称盛。（钟嵘《诗品·总论》）特别是其中的陆机，被后人誉为"太康之英"，是我国文学史上的一位重要作家和文学理论家。就文学创作说，他的作品代表了太康文学的主要倾向；就文学理论说，所作《文赋》，乃是我国文学理论批评史上第一篇系统的创作论，对后代文学创作和理论发展，产生了深远的影响。

　　据《晋书》本传，陆机所作诗、赋、文章，共有三百多篇，惜多散佚。我们现在能看到的《陆士衡文集》，是后人的辑本，计十卷，共一百七十四篇。这份并不丰厚的遗产，一方面，不妨看做陆机本人一生坎坷的记录；而另一方面，也多少反映了他处身的那个时代的历史面貌。

一、从世勋苗胄到孙吴遗臣

　　陆机，字士衡，吴郡华亭（今上海市松江区）人。吴景帝永安四年（公元 261 年）出生在东吴一个世族大家庭里。祖父陆逊，是东吴的丞相；父亲陆抗，是东吴的大司马；从父陆凯，为左丞相；从父陆喜，累迁吏部尚书：皆系重臣名将，为孙吴建立了殊勋。再加上孙、陆联姻①，使陆氏家族在吴国有十分巩固的势力。陆机就是在这样的家庭里度过他的童年和少年时代，享有优裕的物质生活和深厚的文化教养。《晋书》本传中说他"少有异才，文章冠世，伏膺儒术，非礼不动"，这是和他的出身及教养有着密切关系的。

陆机从少年时代起就产生了建功立业的愿望，这自然是受了父、祖两代的熏陶和影响。陆机的祖、父辈为辅佐孙吴政权尽劳尽瘁，功勋卓著。这对于陆机，不但是无上荣耀，而且直接激励了他追求功名、光宗耀祖的热情。吴末帝凤凰三年（274）秋，陆机的父亲陆抗死在大司马任上。当他病重之际，给吴主孙皓上疏，援引陆逊遗言，陈述西陵地位的重要，指出当时西陵防务的缺失，建议孙皓"特诏简阅，一切料出，以补疆场受敌常处；使臣所部，足满八万，省众息务，并力备御"，最后请求吴主在他死后，仍然"以西方为属"。这种事情，在陆机的思想上，烙下了深刻的印象。直到晚年，忆及父亲的故世，陆机还写下这样的诗句："昔予翼考，维斯伊抚。今予小子，缪寻末绪。"（《赠弟士龙十首》之三）可以推知他当时的心情，是要像他父亲那样去做一番事业。

然而，在陆机面前所展示的，却不是他梦寐以求的"建功立业"的道路。

孙权对东南地区的开发，是有显著功绩的。孙权死后，统治集团内部的矛盾斗争越来越尖锐，孙皓的暴政到了极点，靠滥用酷刑维持他的统治，大臣和宗族几乎被他杀尽。惟独陆氏家族因有强固的势力，并掌握着重兵，所以得免。《世说新语·规箴》记载了左丞相陆凯和吴主孙皓的一段对话——孙皓问丞相陆凯曰："卿一宗在朝有几人？"陆曰："二相、五侯、将军十余人。"皓曰："盛哉！"陆曰："君贤臣忠，国之盛也；父慈子孝，家之

---

① 孙权把兄孙策之女嫁与陆逊；陆机的弟弟陆景的妻子，是孙皓的胞妹。

盛也。今政荒民弊，覆亡是惧，臣何敢言盛?"事实上，陆凯进谏的那番话，孙皓一句也听不进去，所以吴国的国运，终于不保。

陆抗去世那一年，陆机十四岁，和他哥哥陆晏、陆景、陆玄及弟弟陆云，分领父兵，为牙门将。其时，形势已急转直下。一方面，是吴将频频降晋；一方面，则晋军屡屡侵吴。到吴末帝孙皓天纪四年（280），晋武帝司马炎发兵二十余万，分六路攻吴，吴军不战而溃。晋将王濬带领水军自武昌顺流而下，直逼建业，吴主孙皓只好到王濬军前乞降。司马炎对吴国用兵不过三个月，吴国就覆灭了。陆机的两个哥哥在战争中被害：陆晏为王濬别军所杀，陆景为王濬所杀。

二十岁的陆机遭受了国破家亡的厄运，心中的悲痛不言可喻。在这种情况下，他只得和弟弟陆云回到华亭故里，闭门勤学，度过了十年寂寞的时光。"华亭鹤唳"和"千里莼羹"，成为陆机毕生难忘的回忆。这十年乡居，在政治上确乎是默默无闻，但文学才能却得到锻炼和发扬。陆机观览万物，赜养情志，钻研典籍，学习技巧，在此基础上开始写作。《拟古十二首》和一部分乐府诗，可以推定是这时期的作品。看得出他像学画一样，从临摹古典名作入手，虽则模拟的痕迹较深，但也有几首清新可诵之作。如《拟明月何皎皎》：

> 安寝北堂上，明月入我牖。照之有余晖，揽之不盈手。凉风绕曲房，寒蝉鸣高柳。踟蹰感节物，我行永已久。游宦会无成，离思难常守。

写宦游人的离思，把环境气氛的渲染和主人公情感的抒发结合起来，读之楚楚动人。又如《吴趋行》：

> 楚妃且勿叹，齐娥且莫讴。四坐并清听，听我歌吴趋。吴趋自有始，请从阊门起。阊门何峨峨，飞阁跨通波。重栾冰游极，回轩启曲阿。蔼蔼庆云被，泠泠祥风过。山泽多藏育，土风清且嘉。泰伯导仁风，仲雍扬其波。穆穆延陵子，灼灼光诸华。王迹隤阳九，帝功兴四遐。大皇自富春，矫手

顿世罗。邦彦应运兴，粲若春林葩。属城咸有士，吴邑最为
多。八族未多侈，四姓实名家。文德熙淳懿，武功侔山河。
礼让何济济，流化自滂沱。淑美难穷纪，商榷为此歌。

这是对吴国风物和历史的赞歌，也是作者追慕乡先贤和祖德之情
的寄托！又如《君子行》：

天道夷且简，人道险而难。休咎相乘蹑，翻覆若波澜。
去疾苦不远，疑似实生患。近火固宜热，履冰岂恶寒？掇蜂
灭天道，拾尘惑孔颜。逐臣尚何有？弃友焉足叹！福钟恒有
兆，祸集非无端。天损未易辞，人益犹可欢。朗鉴岂远假，
取之在倾冠。近情苦自信，君子防未然。

在这首诗里，反映出陆机对政治环境的复杂和人生的祸福无常已
有所体会，但以为君子远虑，可防患于未然，在复杂的斗争面
前，表现了积极进取的精神和不畏祸难的锐气。这正是陆机矜重
坚毅的个性特征的自然流露！

除了诗歌，陆机还写了不少赋和文。《述先赋》和《祖德赋》
今已不传。今天能看到的，有《七征》、《辩亡论》等。从这些文
章和赋，可知陆机虽则闲居乡里，却从未忘记对政治的关注。其
中《辩亡论》上下，特别值得注意。《晋书》本传说："以孙氏
在吴，而祖、父世为将相，有大勋于江表，深慨孙皓举而弃之，
乃论权所以得，皓所以亡，又欲述其祖、父功业，遂作《辩亡
论》二篇。"《辩亡论》在写法上摹仿《过秦论》。但陆机文章不
及贾谊的峭拔锋利，笔势流畅。刘勰《文心雕龙·论说》云：
"陆机《辩亡》，效《过秦》而不及；然亦其美矣。"两人写作时
的心情也不相同：贾谊总结前朝覆灭的教训，是要给当今皇帝指
出前车之鉴；陆机作为孙吴遗臣，他在《辩亡论》里，更多地寄
托了故国之思！

晋武帝太康四年（283），下诏征陆喜等十五人入洛，以陆喜
为散骑常侍。太康九年（288），复诏内外群官举清能、拔寒素。
第二年，陆机、陆云兄弟就和吴人顾荣一起，离开家乡到洛阳去
了。陆机此次入洛，与"举清能、拔寒素"有关，是迫于王命，

不得不然。

二、宦海浮沉，文坛驰誉

陆机兄弟到洛阳后，去拜访的第一个人就是张华。这时张华已被免去太常的官职，以列侯家居，但他仍然是当时极有地位和声望的文坛领袖。张华素来爱重陆机的声名，和陆机一见如故。他说："伐吴之役，利获二俊。"（《晋书》本传）在张华的引荐之下，陆机弟兄结识了不少当朝的达官贵人和文士，得有机会显示自己的机敏和才华。有一次，他们去拜访侍中王济。王济指着羊酪，问陆机："卿吴中何以敌此？"陆机答道："千里莼羹，未下盐豉。"（同上）这两句话，被当时人称为名对。但也有人轻视吴楚亡国之士，故意给他们冷遇的。《世说新语》中记载了陆机弟兄所遇到的奚落："陆士衡初入洛，咨张公所宜诣，刘道真是其一。陆既往，刘尚在哀制中，性嗜酒。礼毕，初无他言，唯问：'东吴有长柄壶卢，卿得种来不？'陆兄弟殊失望，乃悔往。"（《世说新语·简傲》）另一件事是："卢志于众坐问陆士衡：'陆逊、陆抗是君何物？'答曰：'如卿于卢毓、卢珽。'士龙失色。既出户，谓兄曰：'何至如此！彼容不相知也。'士衡正色曰：'我父、祖名播海内，宁有不知？鬼子敢尔！'……"（《世说新语·方正》）这些人本来想羞辱陆机，不料反而让世人看见了陆机的才能和志气。又据《世说新语·赏誉》："蔡司徒在洛，见陆机兄弟住参佐廨中，三间瓦屋，士龙住东头，士衡住西头。士龙为人，文弱可爱。士衡长七尺余，声作钟声，言多慷慨。"从这几则轶事，可以想见陆机其人的风貌。

陆机既以才能为世所重，其进入仕途，就成了势之必然。太熙元年（290），太傅杨骏辟陆机为祭酒，是年陆机三十岁，正在有为之秋。但实际上陆机的进入官场，只意味着跌进了不可测的深渊。这是他个人的悲剧，更是他生活着的那个时代社会的悲剧！

晋统一中国，是东汉末年以来历史的一大进步。晋武帝在政治上和经济上施行了一些有利于国家统一和人民生活安定的措施，因此呈现出暂时繁荣的景象。当陆机太康末年入洛时，在京都看到："廛里一何盛？街巷纷漠漠。甲第崇高闼，洞房结阿阁。"(《君子有所思行》)"暮春春服成，粲粲绮与纨。金雀垂藻翘，瓊佩结瑶璠。方驾扬清尘，濯足洛水澜。蔼蔼风云会，佳人一何繁。"(《日出东南隅行》)洛阳的这种繁华和奢侈，同经过战争破坏的东吴的寂寞和荒凉，恰恰成为鲜明的对比。可是，晋武帝有几条措施却给晋王朝遗留下隐患。第一，大封皇子和宗室为国王；第二，重用外戚。这两件事伏下了以后大战乱的导火线。因此，太康年间的繁荣是短暂的，那种表面平静的生活，恰恰是暴风雨发生前的可怕的沉寂。到了晋惠帝元康元年（291），各种社会矛盾迅速激化。于是，外戚杨、贾争权在先，"八王之乱"继之于后。陆机终于被卷入斗争的旋涡而不能自拔。

贾后专朝是西晋历史由安到危的转折点。贾后和外戚贾谧参与国政，权势愈盛，"贵游豪戚及浮竞之徒，莫不尽礼事之，或著文章，称美谧"(《晋书·贾充传》)。其中，石崇、欧阳建、潘岳、陆机、陆云、挚虞、王粹、左思、刘琨等二十四人，皆附会于谧，号曰"二十四友"。陆机被擢为太子洗马，和贾谧同侍东宫。此后，陆机的官职虽屡有迁调，但总的说来，仕途并不得意。元康二年（292）改官中书著作隶秘书。元康三年（293），复太子洗马职。元康四年（294），吴王司马晏出镇淮南，陆机、陆云同拜郎中令，因得归吴。元康六年（296），从吴王游梁、陈。不久，入为尚书中兵郎，转殿中郎。元康八年（298）出补著作郎，撰写《晋纪》，实成《三祖纪》四卷（见《隋书·经籍志》）。永康元年（300），贾谧与贾后密谋，杀害愍怀太子。同年，赵王伦与孙秀图谋，逼死贾后，诛贾谧等数十人，其中有张华、潘岳等。及赵王伦辅政，以陆机为相国参军，并因参与诛贾谧有功，赐爵关中侯。

在陆机这一段经历中，与贾谧交往，对他一生的评价关系很大。《晋书》本传称他"好游权门，以进趣获讥"，实在只说到问题的一面。陆机有强烈的功名心，热中仕进，所以贾后专朝，他投到贾谧的门下，列身"二十四友"，与之诗酒唱和。但是，陆机是富有正义感的文人学者，在"二十四友"中，他和潘岳的谄事贾氏颇有不同。

这一时期中，陆机的创作，在数量上最多，在质量上也达到了如《晋书》本传所说的"天才秀逸，辞藻宏丽"的境地，故能驰誉于初晋文坛。从思想内容上来看，这一时期的作品，大都反映了他的强烈的政治追求和仕途蹭蹬、大志不遂的苦闷惶惑的心情。如《长安有狭邪行》："倾盖承芳讯，欲鸣当及晨。守一不足矜，歧路良可遵。"《长歌行》："容华夙夜零，体泽坐自捐……但恨功名薄，竹帛无所宣。"大志不遂，不免勾起怀乡之情："悼孤生之已晏，恨亲没之何速。排虚房而永念，想遗尘其如玉。眇绵邈而莫觏，徒伫立其焉属。"（《怀土赋》）仕途蹭蹬，不免发出思归之叹："悲缘情以自诱，忧触物而生端。昼辍食而发愤，宵假寐而兴言。羡归鸿以矫首，挹谷风而如兰。"（《思归赋》）在《折杨柳》里，陆机有感于人世之盛衰无常："盛门无再入，衰房莫苦开。人生固已短，出处鲜为谐。……升龙悲绝处，葛藟变条枚。寤寐岂虚叹，曾是感与摧。"有时他甚至想到归隐："弹云冕以辞世，披霄褐而延伫……超尘冥以绝绪，岂世网之能加？"（见《幽人赋》）想到游仙："因自然以为基，仰造化而闻道，性冲虚以易足，年缅邈其难老。……观百化于神区，觐天皇于紫微，过太华以息驾，越流沙而来归。"（见《列仙赋》）但这些终究不过是美志不遂而引起的一时之想，他孜孜以求的，还是建功立业。这在陆机看来，不仅关乎他个人的得失，而且维系着朝政的成败。所以在《塘上行》里，他再次指出："男欢智倾愚，女爱衰避妍。不惜微躯退，但惧苍蝇前。愿君广末光，照妾薄暮年。"

陆机这时期写的奉制诗、应酬诗、代作诗之类，大都是浮泛之作，其中《赠尚书郎顾彦先》（二首）却值得注意。如第二首云：

　　　　朝游游层城，夕息旋直庐。迅雷中宵激，惊电光夜舒。
玄云拖朱阁，振风薄绮疏。丰注溢修霤，黄潦浸阶除。停阴
结不解，通衢化为渠。沉稼湮梁颖，流民泝荆徐。眷言怀桑
梓，无乃将为鱼。

这首诗表达了陆机对国事的关心和对灾民的同情，思想性较高。
缺点在追求用字的典雅，使内容的表达受到限制。《赴洛道中作》
（二首）历来认为是陆机五言诗的代表，也不免于此病。如"振
策陟崇丘，案辔遵平莽。夕息抱影寐，朝徂衔思往。顿辔倚高
岩，侧听悲风响"，刻炼太过，就见出斧凿的痕迹。但是，当他
用乐府诗来表达自己的感情时，情况就有所不同，上引各乐府诗
可以为证。究其原因，主要的不外两个：一、陆机出身名门贵
族，又重负文名，对劳动人民的生活，终究远隔一层；而这些乐
府诗，却是写的他切身的感受。二、乐府诗来自民间，去人民不
远，所以要求语言的平易通俗。陆机的乐府，比起曹操来，已经
比较文雅典丽，但是，较之《赠尚书郎顾彦先》，显然通俗得多
了。《文心雕龙·体性》有云："士衡矜重，故情繁而辞隐。"从
上面的分析看来，"情繁辞隐"是切中陆机诗的特点的。同书
《才略》又说："陆机才欲窥深，辞务索广；故思能入巧，而不制
繁。"也同样指出了陆诗的特点。同书《明诗》论西晋诗风，所
谓"采缛于正始，力柔于建安"，也包括陆机的诗篇在内。

　　陆机的赋胜于他的诗。他的赋与讲求堆砌的汉代大赋不同。
他继承了汉末以来产生的抒情小赋的传统，不但篇幅短小，而且
具有自己清新的特色。他的抒情之作，如《叹逝赋》，颇含老庄
哲理，但写来回环往复，曲折情深：

　　　　川阅水以成川，水滔滔而日度。世阅人而为世，人冉冉
　　而行暮。人何世而弗新，世何人之能故。野每春其必华，草
　　无朝而遗露。经终古而常然，率品物其如素。

赋中"苟性命之弗殊，岂同波而异澜？瞻前轨之既覆，知此路之
良难"之叹，乃是有感于懿亲戚属、昵交密友的凋落殆尽。这些
昵交密友，当包括陆机入洛之初为之延誉，而后来被赵王伦杀害

的张华在内。

陆机的赋，以咏物之作为长。诚如他自己在《文赋》中所说，"赋体物而浏亮"。咏物之赋是盛行于六朝的新事物、新品种，而三国和西晋初期已崭露头角。陆机的小赋，可称赋中的代表。特别是他的《文赋》，全文不满两千字，是以赋论文之祖。另一篇咏物赋——《瓜赋》，为萧统《文选》所未收。这篇三百字左右的小赋，读来清新可喜：

> 发金荣于秀翘，结玉实于柔柯；蔽翠景以自育，缀修茎而星罗。

仿佛看得见瓜田里苍翠碧绿，一派生机。接着罗列十几种瓜名。最后描写瓜的形色和品种：

> 五色比象，殊形异端。或济貌以表内，或惠心而丑颜。或摅文而抱绿，或披素而怀丹。气洪细而俱芬，体修短而必圆。芳郁烈其充堂，味穷理而不馈。德弘济于饥渴，道殷流而贵贱。

虽是写瓜的形色和品种，却让人联想到人的种种美德。即物即人，体现了作者的道德观和审美观。

陆机还有一篇《漏刻赋》。漏刻是我国古代用以计时的器具，写漏刻就是写时间。时间是抽象而不容易描写的，但在陆机，观察而兼以想象，描写而结合议论，写得十分生动：

> 尔乃挈金壶以南罗，藏幽水而北戢。拟洪杀于编钟，顺卑高而为级，激悬泉以远射，跨飞途而遥集，伏阴虫以承波，吞恒流其如挹。是故来象神造，去犹鬼幻，因势相引，乘灵自荐，口纳胸吐，水无滞咽。形微独茧之绪，逝若垂天之电。偕四时以合最，指昏明乎无殿。笼八极于千分，度昼夜乎一箭。抱百刻以骏浮，仰胡人而利见。

陆机的赋，见于文集者共二十五篇。其中有抒情的，如《叹逝》、《感时》、《思亲》等；有咏物的，如《瓜赋》、《鼓吹赋》、《鳖赋》、《桑赋》等。《文选》所录，数量上不及潘岳；但陆机的辞赋，在西晋文坛实负盛名。

陆机的文章，较他的赋更有气魄。在入洛后十年内，主要有《汉高祖功臣颂》、《吊魏武帝文》、《演连珠》五十首等，都是名作。

《汉高祖功臣颂》一文的主旨在论述刘邦之所以能得天下，由于"知人善任"，所以萧何、曹参、韩信、张良等三十一人，与定天下、安社稷。陆云的《盛德颂》用意亦同，其序曰："余行经泗水，高帝昔为亭长于此，瞻望山川，意有恨然，遂奏章以通情焉。"陆机则不用章奏体式，目的亦在规箴："明明众哲，同济天网。剑宣其利，鉴献其朗。文武四充，汉祚克广。悠悠遐风，千载是仰。"此文为此体中最为精阔之作。故《文心雕龙·颂赞》称："陆机积篇，惟《功臣》最显，其褒贬杂居，固末代之讹体也。"前面两句评语，十分确当；而后两句，则似嫌保守，金无足赤，人无完人。以赞为主，并指出其缺点，评价古人采取实事求是的态度。可见，"褒贬杂居"正是陆机对"颂赞"一体的革新，称之为"讹体"，未免有失允当。

《吊魏武帝文》前边有序。陆机叙述作此文的原由是：他在秘阁中看到曹操的遗令，深感这样一个叱咤风云的英雄人物，和他临死前所作所为很不协调。序文说：

> 夫以回天倒日之力而不能振形骸之内，济世夷难之智而受困魏阙之下，已而格乎上下者藏于区区之木，光于四表者翳乎蕞尔之土，雄心摧于弱情，壮图终于哀志，长算屈于短日，远迹顿于促路。

吊文前半侧重写曹操生前的豪情壮举，后半侧重写他临死时与他平生行为雄姿极不相称的几件事。序文对曹氏遗令中"卖履分香"诸事缕缕写来，吊文则轻轻一笔带过，却着重写曹操死后对此事的执行情况，颇具讽刺的意味：

> 陈法服于帷座，陪窈窕于玉房，宣备物于虚器，发哀音于旧倡。矫感容以赴节，掩零泪而荐觞，物无微而不存，体无惠而不亡。庶圣灵之响像，想幽神之复光，苟形声之翳没，虽音景其必藏。徽清弦而独奏，进脯糒而谁尝？悼缥帐

之冥漠，怨西陵之茫茫。登雀台而群悲，伫美目其何望！
《文心雕龙·哀吊》评此文说："陆机之吊魏武，序巧而文繁。"
很中肯要。所以，《文选》仅录其序，删去其文。

"连珠"一体，始于西汉，直到梁代还有人拟作。刘勰在
《文心雕龙·杂文》篇中都嫌他们"欲穿明珠，多贯鱼目"，而独
推陆机的《演连珠》为"理新文敏，而裁章置句，广于旧篇"，
此评诚非虚语。兹选录二则：

> 臣闻图形于影，未尽纤丽之容；察火于灰，不睹洪赫之
> 烈。是以问道存乎其人，观物必造其质。（此言现象与本质
> 的关系，后两句说出本意。）

> 臣闻情见于物，虽远犹疏；神藏于形，虽近则密。是以
> 仪天步晷，而修短可量；临渊揆水，而浅深难察。（此言远
> 者不必难知，近者不必易察。余篇均用比喻。）

近似骈体之文，但篇幅短小，说理精深，属辞圆熟，读来如弄珠
运丸，晶莹流利，不愧"连珠"之称。陆机而后，此体几无
嗣响。

陆机的创作，有诗、乐府、赋、文、连珠等：不愧是个多面
手。文学创作而外，陆机在史学、艺术方面也多所建树：史作有
《晋纪》四卷（实即《三祖记》，见《隋志》，今亡）。又有《吴
书》若干卷，见陆云《与兄机书》，今亦不存。据《隋志》著
录，又有《洛阳记》一卷，《要览》三卷，今均亡佚。陆机还是
西晋初期的书法家，他所写的章草《平复帖》至今尚流传，是书
法中的珍品。[①]《法书要录》卷一载王僧虔《书论》说："陆机
书，吴士书也，无以较其多少。"《宣和书谱》亦称："机能章草，
以才长见掩耳。"陆机又有《吴章》二卷，见《隋志·字书类》，
大约是陆机论书法的著作，今亦亡佚。陆机还有画论，见唐张彦
远《历代名画记》引："丹青之兴，比《雅》、《颂》之述作，美

---

① 王世襄有《西晋陆机〈平复帖〉流传考略》一文，载《文物参考资料》
1957 年第一期。

大业之馨香。宣物莫大于言，存形莫善于画。"

三、精心锐意创新论

在曹丕撰写《典论·论文》之后五十多年，我国文论史上又出现了一颗晶莹的明珠，那就是陆机的《文赋》。它不单是第一篇系统的创作论，而且是唯一用"赋"的体裁论文的名作。《文选》李善注引臧荣绪《晋书》云："机，天才绮练，当时独绝，新声妙句，系踪张、蔡。机妙解情理，心识文体，故作《文赋》。"

《文赋》一开始就叙述作者的动机和原由道：

> 余每观才士之所作，窃有以得其用心。夫放言遣辞，良多变矣。妍蚩好恶，可得而言。每自属文，尤见其情：恒患意不称物，文不逮意，盖非知之难，能之难也。故作《文赋》以述先士之盛藻，因论作文之利害所由，他日殆可谓曲尽其妙。至于操斧伐柯，虽取则不远，若夫随手之变，良难以辞逮。盖所能言者，具于此云尔。

可见《文赋》之作，既总结了以前作家的经验，也融合了陆机自己创作的甘苦和体会。

《文赋》中有"遵四时以叹逝，瞻万物而思纷"的话，根据近人郑奠《文赋义证》、逯钦立《文赋撰出年代考》等的考订，《文赋》为陆机四十岁后所作。

陆机《文赋》的最大历史作用在于：当文学从两汉经学的附庸地位得到解放后不久，它第一次揭示了艺术的想象问题，并对它作了较为细致而形象的描述：

> 其始也，皆收视反听，耽思旁讯，精骛八极，心游万仞。其致也，情瞳昽而弥鲜，物昭晰而互进。倾群言之沥液，漱六艺之芳润，浮天渊以安流，濯下泉而潜浸。于是沉辞怫悦，若游鱼衔钩而出重渊之深；浮藻联翩，若翰鸟缨缴而坠层云之峻。收百世之阙文，采千载之遗韵；谢朝华于已

披，启夕秀于未振；观古今于须臾，抚四海于一瞬。
此节所论就是艺术构思过程中的形象思维，说明了"想象"的作用和它的范围的广漠无垠。

《文赋》在论述艺术想象之外，还十分重视作品的结构、布局、剪裁和修辞等的作用。他认为这阶段和艺术构思阶段一样的复杂："体有万殊，物无一量，纷纭挥霍，形难为状。辞程才以效伎，意司契而为匠；在有无而僶俛，当浅深而不让；虽离方而遁圆，期穷形而尽相。"陆机在这里提出两点：一、文辞与文意的关系，"意"是主要的。正如刘熙载在《艺概》中所说的："《文赋》：'意司契而为匠。'文之宜尚意明矣。"二、"穷形尽相"，即完美地、真实地反映、表达客观事物的"形"和"相"，这是一切文学作品状物写人的共同目的和要求。而另一方面，陆机又认为每个作品都应该有自己独特的个性。这是因为"作情"的不同，也是由于文体各异的缘故。《文赋》用十八个"或"字来说明这种种不同的情形："或因枝以振叶，或沿波而讨源；或本隐以之显，或求易而得难；或虎变而兽扰，或龙见而鸟澜；或妥帖而易施，或岨峿而不安。……"

《文赋》是主张以意为主、以内容为主的，所以常将"理"与"文"或"理"与"辞"并提，且显示它们之间的主从关系。如"理扶质以立干，文垂条而结繁"，"要辞达而理举，故无取乎冗长"，"伊兹文之为用，固众理之所因"等等，都是把内容放在第一位，文辞放在第二位的。

《文赋》论到十种文体时，提出"诗缘情而绮靡，赋体物而浏亮"，引起后人的纷纷非难。徐祯卿《谈艺录》说："而晋氏之风，本之魏焉。……陆生之论文曰：'非知之难，行之难也。'夫既知行之难，又安得云知之非难哉？又曰：'诗缘情而绮靡。'则陆生之所知，固魏诗之渣秽耳。"谢榛在《四溟诗话》中批评说："绮靡重六朝之弊，浏亮非两汉之体。"沈德潜《说诗晬语》以为陆机此说"先失诗人之旨"。纪昀在《云林诗钞序》中责备道："《大序》一篇……其中发乎情、止乎礼义二语，实探风雅之大原。后人各明一义，渐失其宗。一则知止乎礼义而不必其发乎情……一则知发乎情而不必其止乎礼义，自陆平原缘情一语引入歧途，其究乃至于绘画横陈，不诚已甚欤？"如此等等。《文赋》中的"诗缘情而绮靡"，正是肯定了当时诗歌的主要倾向，在理论上是进步的，在创作实践上是符合客观实际的。至于"赋体物而浏亮"，亦不过指当时流行的咏物小赋而言。所以胡应麟《诗薮》说："《文赋》云'诗缘情而绮靡'，六朝之诗所自出也，汉以前无有也；'赋体物而浏亮'，六朝之赋所自出也，汉以前无有也。"《文赋》肯定晋初文坛上出现的有发展前途的新事物，对文学发展来说，有它一定的积极意义。随着汉末开始的儒家正统思想的动摇和削弱，要求对诗、赋的特性重新认识，而曹丕《典论·论文》中所提出的"诗赋欲丽"，只论及诗、赋的形式方面的特点；《文赋》提出诗的"缘情"和"绮靡"、赋的"体物"和"浏亮"，则兼内容和形式两方面而言之。

《文赋》中还提出一个陆机尚未能解决的"应感之会，通塞之纪"方面的问题，说到在进行创作的时候，有时"通"（陆机称它做"天机骏利"），有时"塞"（陆机称它为"六情底滞"）。《文赋》中描写"通"的时候，其情状是："思风发于胸臆，言泉流于唇齿。"当"塞"的时候，其情状是："兀若枯木，豁若涸流。"陆机对此慨叹说："时抚空怀而自惋，吾未识夫开塞之所由也。"

《文赋》过分强调佳句在文章中的作用："石韫玉而山晖，水怀珠而川媚。彼榛楉之勿剪，亦蒙荣于集翠。"后来，刘勰在《文心雕龙·镕裁》中批评说："士衡才优，而缀辞尤繁；士龙思劣，而雅好清省。及云之论机，亟恨其多，而称清新相接，不以为病，盖崇友于耳。夫美锦制衣，修短有度，虽玩其采，不倍领袖；巧犹难繁，况在乎拙？而《文赋》以为榛楉勿剪，庸音足曲，其识非不鉴，乃情苦芟繁也。"按《世说新语·文学》注引《文章传》："司空张华见其文章，篇篇称善。犹讥其作文大冶，谓曰：'人之作文，患于不才；至子为文，乃患太多也。'"同书又引孙绰评"陆文深而芜"。陆机文芜，即《文赋》亦在所不免。

总之，《文赋》是我国文论史上第一篇系统的创作论。它以想象为中心，提出了文学创作上一系列重要问题，如内容与形式的关系，文学遗产的继承与革新，文章的结构，文体的分类等等，这些问题，即使到今天也还是值得研究的。

陆机的其他作品对后代形式主义的影响，要比《文赋》在理论上的影响大得多。胡应麟在《诗薮》中说："士衡云：'谢朝华于已披，启夕秀于未振。'又云：'立片言以居要，乃一篇之警策。'有意乎其濯陈言而驰绝足也。然平原诸文，模拟何众，而创获何希也？平原诸诗，藻绘何繁，而独造何寡也？故曰：非知之艰而行之艰也，其有以自试也。"这些批评是中肯的。陆机的文学理论和他的文学创作实践之间有着较大的差距，这是毋庸讳言的事实。而钟嵘《诗品》称陆机："尚规矩，不贵绮错，有伤直致之奇。然其咀嚼英华，厌饫膏泽，文章之渊泉也。"拿这些话评陆机的《文赋》尚可，称陆机的其他作品则似嫌过誉。

后世文论中，受《文赋》影响最深的，是梁代刘勰的《文心雕龙》。章学诚在其《文史通义·文德》中说："古人论文，惟论文辞而已矣。刘勰氏出，本陆机氏说而倡论文心。"比如，《文心·神思》用一个专篇来讨论艺术想象问题，显然就曾受到《文赋》的影响。

四、在"八王之乱"中丧生

晋惠帝永宁元年（301），陆机四十一岁。其时赵王伦谋篡位，以陆机为中书郎。这年三月，齐王冏、成都王颖、河间王颙等共起兵讨伦，三部司马为内应。四月，入宫逐伦。时惠帝已废，囚金墉城，三王共迎惠帝返朝，赐伦死。齐王冏以陆机职在中书，上伦的《九锡文》及禅文，疑为陆机所作，遂收陆机等九人付廷尉，赖成都王颖及吴王晏救理，陆机亦有表上齐王冏以自辩，得减死，徙边，遇赦而止。

齐王冏既矜功自伐，受爵不让，陆机作《豪士赋》以刺，有"身危由于势过，而不知去势以求安；祸积起于宠盛，而不知辞宠以招福"，"笑古人之未工，忘己事之已拙。知襄勋之可矜，暗成败之有会。是以事穷运尽，必于颠仆；风起尘合，而祸至常酷也"等语。此赋序文几四倍于赋文，说的是因非常时势侥幸得到权位厚禄的庸人，如不及时引退，而妄自矜夸，必然要遭受颠覆的惨祸。序文辞藻丰富，说理精切，文势起伏，层次井然，堪称佳作。《文选》仅录其序，而把赋文删去了，这是很有道理的。

陆机遇赦后，曾作《园葵》诗以谢成都王颖。时成都王颖表面上推功不居，谦恭下士，与统治阶级中热衷于互相倾轧的人似乎不同。陆机既感谢他的救命之恩，又把复兴晋室的希望寄托在成都王的身上，因此，力图尽忠于颖。颖亦以陆机参大将军军事。后复以陆机为平原内史，故世称机为"陆平原"。陆机到官后，作表以谢颖，全文载《陆集》及《文选》。其中说："臣本吴人，出自敌国，世无先臣宣力之效，才非丘园耿介之秀，皇泽广被，惠济无远，擢自群萃，累蒙荣进。"又讲到受齐王冏诬害，"幽执图圄，当为诛始"，而"重蒙陛下恺悌之宥，回霜收电，使不陨越，复得扶老携幼，生出狱户"，"猥辱大命，显授符虎，使春枯之条，更与秋兰垂芳，陆沉之羽，复与翔鸿抚翼"。此表情旨真切，文词华赡，其中韵语，已臻珠圆玉润的地步。

陆机这一年的作品，还有《丞相箴》，似亦为刺冏之作，其中"舍贤昵谗，则丧尔邦。且偏见则昧，专听悔疑，耳目之用，亦各有期"，"矜己任智，是蔽是欺。德无远而不复，恶何适而不追。存亡日鉴，成败代陈，人咸知镜其貌，而莫能照其身"（《艺文类聚》卷四五），所述行事，与冏相一致。

《五等论》盖亦作于此时。陆机见诸王互相倾轧，跋扈放肆，认为应加强封建制度。此实迂拘的见解，反映了陆机思想的局限。

太安二年（303），机四十三岁。这年八月间，河间王颙、成都王颖举兵讨长沙王乂，颖以陆机为前将军前锋都督，督北中郎将王粹、冠军将军牵秀、中护军石超等军二十余万，南向洛阳（《御览》七百六十七，亦见《晋起居注》）。惠帝以乂为大都督，帅军御之（《晋书·惠帝纪》）。时王粹、牵秀辈皆有怨心，机固辞都督，而颖不许。机同乡孙惠劝机让都督于粹。机曰："将谓吾为首鼠避贼，适所以速祸也。"遂行（《晋书·陆机传》及《成都王颖传》）。陆云作《南征赋》以美其事。

成都王颖的嬖人孟玖弟孟超为小都督，未战，纵兵大掠，机囚其主事之人。超率兵卒百余人，直入陆机麾下夺之，顾谓机曰："貉奴！能作督否？"司马孙拯劝陆机杀掉他，陆机不听。超乃在军中扬言："陆机将反。"又与他哥哥孟玖信，说陆机持军观望。后陆机军败，卢志等又在司马颖面前说陆机的坏话，颖大怒，叫牵秀秘密收捕陆机。陆机遂遇害于军中，夷三族。弟陆云亦同时遇害。《世说新语》载："陆平原河桥败，为卢志所谮被诛，临刑叹曰：'欲闻华亭鹤唳，可复得乎？'"

陆机出身于名门贵族，自孙吴亡国，在故乡居住十年，然后入洛，一方面固然是逼于王命，但与他主观上的追求功名、建功立业的思想，有很大关系。所以入洛以后，置身于统治阶级的互相倾轧当中。陆机有追求正义的一面，但他不知道在统治阶级阵营中，根本无所谓正义。结果，终于做了他们争权夺利的牺牲品。张溥《陆平原集题辞》中说他"冤结乱朝，文悬万载"，诚非妄语。章炳麟《文录初稿·陆机赞》评陆机一生，其言较为公允：

余读《陆机传》及其文章，以为皓作淫虐，自祸厥宗，虽世勋苗胄，改事新主无嫌也，犹裴回十岁，不忍死其宗室故君。既不获已而仕于晋，重遇惠帝昏乱，执不洁全，簸荡伦、颖之间，以疏遬俘余，总督六师，近监于王姻，远构于媟御，转相牵掣，虽有穰苴之略，未或不崩，逭人间之，至于陨身湛宗，三英同戮。以彼其明，而日月暗于微眚，思之未尝不愤懑也。然撮其文章行迹，犹不失为南国仁贤。

主要参考书目

1. 房玄龄《晋书》卷五四《陆机传》、《陆云传》。中华书局校点本。
2. 《四部丛刊初编·陆士衡文集·陆士龙文集》，商务印书馆缩印江南图书馆藏明正德覆宋刊本。
3. 姜亮夫《陆平原年谱》，上海古典文学出版社版。
4. 郝立权《陆士衡诗注》，人民文学出版社版。
5. 萧统《文选·文赋》，中华书局影印胡刻本。

郭 璞

（公元 276—324 年）

曹道衡

一、郭璞的生平和思想

郭璞字景纯，河东闻喜（今山西闻喜）人。他生于晋武帝咸宁二年（公元 276 年），卒于晋明帝太宁二年（324），亲身经历了西晋末年和东晋初的多次祸乱。他的父亲郭瑗，晋初任建平太守。郭璞本人是一个知识渊博的学者，对古文字以及训诂之学有颇深的造诣，曾对《周易》、《尔雅》、《山海经》、《楚辞》等古书做过注释，其中《尔雅注》和《山海经注》一直流传至今，成为人们研究这两部书的主要依据。他还精于历算及术数之学，以善于卜筮闻名。古人关于他生平的记载有很多怪诞的传说。例如《晋书》本传中很大一部分内容都是他为人卜筮应验或玩弄法术的故事。这是因为唐初人修《晋书》，喜广采小说异闻之故，此点刘知几在《史通》中早已指出过。正因为史传的记载偏重这些方面，再加上郭璞的作品多数散佚，就使我们对他的实际经历所知甚少。

郭璞少年时代，大约是在家乡闻喜度过的。据说那时有个叫"郭公"的人，精卜筮之术，客居河东，郭璞之善于卜筮就是跟他学的。闻喜这一带，离匈奴族首领刘渊的根据地平阳（今山西临汾）不远，西晋末年的"五胡"之乱起初就是从河东一带开始的。史书上说郭璞通过卜筮，预知家乡将乱，就避难到东南去，似是附会之辞。因为身居河东的郭璞，显然完全可以预感到当地的形势而避乱他乡。

郭璞离开家乡时，已经是一个颇有才能的文学家了。他从闻喜出发，取道今运城、安邑附近的盐池，写下了《盐池赋》、《登百尺楼赋》和《巫咸山赋》等。从他的《流寓赋》残篇来看，他经过盐池之后，大约是在陕县（今河南三门峡市）附近渡过黄河，又东向到达洛阳。在洛阳，他似乎并未逗留很久，又继续向东南进发，直抵今安徽的庐江。当时江淮间表面上还显得承平，而实际则酝酿着动乱，郭璞感觉到了这一情况，于是又南行过江到宣城，并在宣城太守殷祐幕下任了一个时期的参军之职。最后，他又沿江东下到今江苏南部，定居于暨阳（今江苏江阴东），并把他母亲和哥哥的遗体安葬在那里，并题诗云："北阜烈烈，巨海混混，垒垒三坟，唯母与昆。"（见《世说新语·术解篇》）

当郭璞从宣城东下时，中原正值东海王越擅权，刘渊、石勒已起兵作乱。当时尚为琅玡王的元帝司马睿镇守建邺，王导任丹阳太守，对郭璞颇为器重，引为自己的参军。不久，洛阳失陷，退守长安的愍帝司马邺也相继被刘曜所俘，西晋从此覆灭，北方大部分土地落入了刘聪、石勒之手。司马睿在王导等人扶持下，在建康（即建业，今南京市）建立了偏安一隅的东晋王朝。郭璞因献《南郊赋》，被任为著作佐郎。后来朝廷又任命他为尚书郎之职。他曾上表推辞说："今当以劣弱之质，充督责之官，以无用之才，管繁剧之任；且台郎清选，论望宜允"（见《北堂书钞》卷六〇引），表示自己不能称职，但最后还是就任了，并且"数言便宜，多所匡益"（《晋书》本传）。

郭璞当时对民族的灾难和国土的沦丧颇感悲愤。他在《答贾九州愁诗》中写有"顾瞻中宇，一朝分崩，天网既紊，浮鲵横腾，运首北眷，邈哉华恒"等句。在《与王使君》中，他还希望王导能辅佐司马睿收复中原，有"方恢神邑，天衢再廓"等语。

郭璞

然而总的来说，他对东晋统治集团中矛盾重重，掌握兵权的大臣互相倾轧，无意于共赴国难的局面有所认识，因此不免抱有悲观消极的情绪。所以在《答贾九州愁诗》中，他又说道"乱离方煽，忧虞匪歇，四极虽遥，息驾靡脱"，自称只能"未若遗荣，阅情丘壑，逍遥永年，抽簪收发"。他的《辞尚书郎表》可能也是在这种心情的支配下写的。

郭璞和东晋初年的大臣如温峤、庾亮等都有较深的交谊，也颇为当时的太子司马绍（明帝）所器重，但因为他性情轻易，举止不讲究威仪又好酒色，所以不得重用。他的朋友干宝对此曾加以规劝，他却回答说："吾所受有本限，用之恒恐不得尽。"这两句话未免流于消极和狂放，其实却是他身居乱世，力求自晦的借口。试看他在友人陈述死时，哭之云："嗣祖（述字）嗣祖，焉知非福！"其忧生之嗟是何等深重。

郭璞的从事卜筮，在当时也受到过一些上层士族的非议。他在《客傲》一文中，曾假托有人就此责难而作了答覆。他自以为这是和庄周之为漆园小吏，严君平之卖卜于成都，以及焦先之遁迹、阮籍之昏饮一样，乃是逃避现实以求自保的一种手段。这篇文章的确道出了他的真情。然而，郭璞的玩弄卜筮，侈谈阴阳术数，也不完全为了明哲保身。因为他作为统治阶级的成员，且在朝廷任职，毕竟对政局不能完全置之度外，有时他还借这种方法来规劝帝王和大臣。当时东晋政权局于江南一隅之地，"以区区吴越，经纬天下十分之九"（《晋书·王羲之传》）。又常常遇到自然灾害，如元帝太兴二年（319），"徐、扬及江西诸郡蝗，吴郡大饥"（《晋书·元帝纪》）；同书《五行志上》说，这次吴郡灾荒"死者千数焉"。人民的生活已经困乏已极，而统治者的诛求却并不减轻，朝廷往往以重法镇压人民，狱讼繁多。郭璞曾屡次上表元帝司马睿，要求减轻刑罚，实行大赦。他在这几篇奏章中，大抵讲的是阴阳灾异，粗看起来，似乎全属迷信，而究其实质，仍在规劝帝王减轻对人民的压迫。如在元帝初年时他上疏说："夫法令不一则人情惑，职次数改则觊觎生，官方不审则粃政作，惩劝不明则善恶浑，此有国者之所慎也。"后来他又乘皇孙诞育之际，上疏要求减轻刑狱和赋役说："去秋以来，诸郡并有暴雨，水皆洪潦，岁用无年。适闻吴兴复欲有构妄者，咎征渐成，臣甚恶之。顷者以来，役赋转重，狱犴日结，百姓困扰，甘乱者多，小人愚崄，共相扇动。虽势无所至，然不可不虞。"（《晋书》本传）这些话虽是为统治者着想，从当时具体的历史条件看，还是对人民有所同情的。

郭璞之死，更说明他并未脱离当时的政治斗争。他被割据荆州的王敦辟为记室参军。王敦素有背叛朝廷的密谋，郭璞早有所知，却迫于事势，不能不应征。这时朝廷大臣温峤、庾亮对王敦的阴谋也有觉察，叫郭璞占卜讨伐王敦的成败，郭说"大吉"，实即鼓励他们的行动。相反地，当王敦准备叛乱时，也叫他占卜，他就说"无成"。据《世说新语·文学》篇注引《郭璞别传》说："璞极言成败，不为回屈，敦忌而害之。"可见郭璞正是为着维护统一，反对叛乱而被杀害的。《晋书》本传还记载他临死时王敦问他占卜过自己的寿限没有？他说："命尽今日日中。"足见他当时清楚地知道自己的死已不可避免。他平时虽力求全身远祸，但到了涉及重大问题时，仍能坚持气节，维护国家的统一。

郭璞死后，朝廷追赠他为弘农太守。他的诗文本有数万言，但多数散佚。今存者是后人搜辑的，称为《郭弘农集》。

二、郭璞早期的辞赋及其《游仙诗》

郭璞的多数作品由于史料缺乏，其具体的写作年代很难确考。他有四篇赋可以考定为西晋末年在北方开始南行时所作。其中《巫咸山赋》和《盐池赋》基本上是写景，笔法与后来的《江赋》有些相似之处，但还不像《江赋》那样艰涩。《流寓赋》和《登百尺楼赋》则写到了当时的战乱。如《登百尺楼赋》中有"嗟王室之蠢蠢，方构怒而极武，哀神器之迁浪，指缀旒以譬主；

雄戟列于廊技，戎马鸣乎讲柱"等语，似指晋惠帝后期被成都王颖、东海王越等所挟持，而洛阳又被张方等人所掳掠之事，诸王的军队竟把都城当做互相厮杀的场所。《流寓赋》对"八王之乱"说得比较隐晦，只说了"过王城之丘墟，想毂洛之合斗；恶王灵之瓮流，奇子乔之轻举"等句，用典故来暗喻这场内乱。但在这篇赋中，却写到了他从家乡出来时沿途所见的离乱情景：他到猗氏时，"观屋落之隳残"；写到他从解池出发时，又说："背兹邑之迥逝，何险难之多历"。这些句子可以说明他从闻喜南逃时，不光洛阳已在"八王之乱"中屡遭兵燹，就是黄河以北的晋南地区，也已骚动起来。考《晋书·惠帝纪》建武元年（304）八月，"匈奴左贤王刘元海（即刘渊）反于离石"。郭璞所写的晋南情景，恐怕就是这时前后。上面所说的四篇赋，写作时间大约相差不远，多少可以看出一些关于西晋后期北方的动乱以及郭璞当时的思想情况。可惜它们都非全文，而是类书中摘引的片段。在他现存的作品中，大约也仅此四篇作于南渡以前。

历来推崇郭璞的人大抵称赏他在东晋时代的作品。如钟嵘《诗品》说他的诗"故称中兴第一"，《晋书》本传说他"词赋为中兴之冠"。迄今所存郭璞诗赋，最有名的是《游仙诗》十四首和《江赋》，尤以《游仙诗》更为人所传诵。

郭璞的诗可能多数是以游仙为题的。《诗品》评他的诗说："但《游仙》之作，辞多慷慨，乖远玄宗，而云'奈何虎豹姿'，又云'戢翼栖榛梗'，乃是坎壈咏怀，非列仙之趣也。"钟嵘在这里所引的两句诗，在今存的十四首《游仙诗》中就见不到。另外，《北堂书钞》卷一百五十八引郭璞《游仙诗》："放浪林泽外，被发师岩穴；仿佛若士姿，梦相游列缺"，同书卷一百五十引郭璞诗："翩翩寻灵娥，眇然上奔月"，虽未说明是《游仙诗》，句意似亦属游仙。可见郭璞的《游仙诗》原来不止十四首；而且今存的十四首，也未必每首都是全文。至少从第十一首以下，语意都好像有所未尽。

如果从这十四首的内容来看，钟嵘所说的"坎壈咏怀"的意味，多少还可以看出一些；至于"辞多慷慨"，则似乎不大像。相对地说，只有第五首还对现实流露了一些不满：

> 逸翮思拂霄，迅足羡远游。清源无增澜，安得运吞舟。珪璋虽特达，明月难闇投。潜颖怨清阳，陵苕哀素秋。悲来恻丹心，零泪缘缨流。

这首诗中愤世嫉俗的情绪比较强烈，而讲神仙、隐逸的内容确实很少。但像这样的作品，在现存《游仙诗》中只是个别的。多数诗的内容则是写求仙者居于孤寂的深山之中，得道后飞升天空，与神仙遨游。如第二首写寓居千仞青溪中的道士的住处："云生梁栋间，风出窗户里"，这种人物都是"翘迹企颍阳，临河思洗耳"的忽视功名利禄之辈，只有他们才能成仙。在第三首中更显出了游仙者对世俗的蔑视：

> 翡翠戏兰苕，容色更相鲜。绿萝结高林，蒙笼盖一山。中有冥寂士，静啸抚清弦。放情凌霄外，嚼蕊挹飞泉。赤松临上游，驾鸿乘紫烟。左挹浮丘袖，右拍洪崖肩。借问蜉蝣辈，安知龟鹤年。

这里写的游仙者弹琴、长啸，幽居山林，实际上正是魏晋以来清谈名士们的情趣。他们把世俗之人比作蜉蝣，而自比龟鹤，也流露了傲世的思想。这种思想感情，在当时特定的环境下，既有自命清高、孤芳自赏的一面，也有蔑视庸俗、鄙弃荣华的一面。这些诗往往都写得有情采，描绘景物既形象又富于色泽，人物的风神也显得很飘逸。这些诗中虽常有一些超现实的幻想，而其根本情调，却正是晋代一些不满现实而又无法自解的知识分子们的自我安慰。他们想成仙，离开人世，其实是想在幻想中逃避黑暗的现实。他在《游仙诗》中曾多次提到："进则保龙见，退则触藩羝；高蹈风尘外，长揖谢夷齐"（第一首）；"啸傲遗世罗，纵情在独往"（第八首）。当然，他并不能真正脱离现实世界。在第九首中，他写到升天以后，反顾大地："东海犹蹄涔，昆仑蝼蚁堆"，可算高超了；然而他毕竟忘怀不了人寰："遐邈冥茫中，俯视令人哀"。这颇有点像屈原《离骚》中"陟升皇之赫戏兮，忽临睨夫旧乡；仆夫悲余马怀兮，蜷局顾而不行”的味道。

有时，诗人也写到了真正成仙和长生都是不可能的，他说："虽欲腾丹谿，云螭非吾驾；愧无鲁阳德，回日向三舍；临川哀年迈，抚心独悲咤"（第四首）。可见他虽咏仙境，内心未必真信仙人的存在。从某种程度上说，郭璞这些诗和阮籍的《咏怀诗》比较相近。阮籍的《咏怀诗》第七十首中说："有悲则有情，无悲则无思；苟非婴网罟，何必万里畿。"他正是感到现实的黑暗，才幻想出世成仙。不过郭璞的诗比阮籍更多一些幻想的成分而已。

《游仙诗》中的隐逸、出世思想当然也由于诗人受魏晋清谈家崇尚老庄之风的影响。诗中那些遗世独立，向往自由，以及感叹人世无常等思想，更与老庄及魏晋清谈名士一脉相承。诗中还明确地提到"漆园有傲吏，莱氏有逸妻"（第一首）的典故；宣扬"明道虽若昧，其中有妙象"的老子哲学命题；诗中所出现的仙人，多数也出于《庄子》、《淮南子》等书。所以《世说新语·文学篇》注引宋檀道鸾《续晋阳秋》说："故郭璞五言，始会合道家之言而韵之"，似乎玄言诗的兴起，郭璞可以算是"始作俑者"。其实檀说并不合乎史实。因为玄言诗的兴起，早在郭璞之前。《文心雕龙·时序篇》："自中朝贵玄，江左称盛，因谈余气，流成文体"。钟嵘《诗品》则称郭诗"宪章潘岳，文体相辉，彪炳可玩，始变永嘉平淡之体。"檀道鸾只是看到了《游仙诗》中有老庄哲学的内容；钟嵘则不但看到思想内容，还注意到艺术风格。"玄言诗"的最大毛病在乎缺乏形象与文采，"淡乎寡味"；而并不在它们有议论及表现哲理。从艺术价值而言，"玄言诗"除了孙绰《秋日》、支遁《咏怀诗》及《利城山居》等少数几首外，实在没有多少可取之处，与郭璞很难相提并论。郭璞的诗并非没有议论，像"朱门何足荣"既属直说，"其中有妙象"亦系谈玄，但从全诗而论绝无枯燥平板之弊。这主要是由于郭诗确实有真情实感，在诗风上注意向前代名家学习，吸取其长处。例如钟嵘说他"宪章潘岳"，从他那些写景的部分看，也确实和潘岳的《在河阳县作》二首及《在怀县作》二首手法上比较相近。《游仙诗》的第四、第十三两首，从内容到构思也与潘岳相近。不过郭诗所受前人的影响，决不止潘岳一家，至少他那种表现忧生之嗟而又写得颇隐晦的诗风与阮籍亦有相似之处。[1] 他写仙境的手法亦受有张协的影响。试看《艺文类聚》卷七十八所载游仙之作，虽在三国、西晋已有多人写过，但这些诗中的仙境，都是写人们与翱翔天际的仙人为伍，或进入天帝的琼楼玉宇，驾云乘龙，基本和汉魏乐府中一些写游仙之作差不多。张协那首《游仙》的佚文，则和郭璞一样，与其说神仙之居是富丽堂皇的，倒不如说是清幽宁静的。这说明郭璞在"宪章潘岳"之外，也吸收了别的作家之长，融合为自己一家之体。他这种诗风，对后代诗歌也产生了深刻影响。如李白的《古风五十九首》中有不少首都与郭璞《游仙诗》相似。尤其是第十九首的"俯视洛阳川，茫茫走胡兵；流血涂野草，豺狼尽冠缨"等句，实即更具体地表现"遐邈冥茫中，俯视令人哀"的意思。李贺《梦天》中的"遥望齐州九点烟，一泓海水杯中泻"，更不过是化用郭璞《游仙诗》第九首"东海犹蹄涔"二首及第十三首"四渎流如泪，五岳罗若垤"的意境。

郭璞的诗被誉为"中兴第一"，如果从现存的几首来看，艺术技巧方面确有很多长处，而所反映的社会生活未免狭窄，思想倾向也不够积极。不过《游仙诗》业已不全，像钟嵘所举为"辞多慷慨"的例句，已不见于十四首中。他原来很可能还有些思想意义更积极的东西没有流传下来。这些作品的散佚，恐怕与后人的欣赏角度有关。据《世说新语·文学篇》载，东晋阮孚最欣赏郭诗的"林无静树，川无停流"（原诗已佚，据刘孝标注谓出《幽思篇》）之句。这两句诗本身倒不失为佳句，既有形象，也有

---

① 阮籍《咏怀诗》中也有几首有游仙的意味，与郭璞相似。和阮籍同时的嵇康，也有一首《游仙》诗，诗风亦与郭璞相近。郭璞的处境和嵇、阮有不少相同的地方，他受他们的影响是很自然的。

哲理。但阮孚欣赏它的原因却是"每读此文，辄觉神超形越"。可见当时人所欣赏的是那种离世遁俗的情趣。后来萧统编《文选》时所录的《游仙诗》在艺术上确选得很精，但内容也偏于出世。至于《北堂书钞》、《艺文类聚》等类书，也主要选取郭璞类似这一情调的作品。所以钟嵘所引的有感叹离乱之意的诗，后来就逐渐散佚了。这不但是郭璞的不幸，而且对我们的文学史研究来说，也是一种损失。

郭璞除了《游仙诗》外，另有四言诗四首，又有无题的五言诗四首，均见类书，恐非全篇。其中《艺文类聚》卷三所引两首及卷六十七所引一首，艺术上均不足与《游仙诗》相比。《初学记》卷十八所录郭诗"君如秋日云，妾似突中烟；高下理自殊，一乖雨绝天"，则具有民歌色彩，与他别的诗作不同。

三、关于《江赋》、《客傲》及其他辞赋

郭璞的辞赋今存者有十一篇，除前面谈到的四篇系西晋所作外，其余七篇之中，《江赋》、《客傲》及《南郊赋》据《晋书》本传载，都作于东晋；还有四篇则均系从类书辑出，既非全文，亦难确考其写作年代。

《江赋》全文见于《文选》，乃郭璞到南方后不久所作。这篇赋极写长江江流之长，水域之广以及地势的险峻，波涛的汹涌；赋中更着重描述的是长江流域的各种动植物，以此显示物产之丰富。这些描写颇多夸饰的地方。钱钟书先生在《管锥编》中引姚旅《露书》中的评语，指出此赋述长江所汇合的河流，有的与江水"杳不相涉"；对长江所流经的地区亦有夸大；所陈物产有的是海物，不产于江中。所以钱先生说姚评"中肯抵瑕，具徵左思《三都赋·序》中所讥'假称珍怪'，'匪本匪实'。几如词赋家之痼疾难瘳矣"（见《管锥编》第四册 1235 至 1236 页）。这篇赋的笔法，和汉代一些大赋相近，排比罗列的现象较为严重。尤其因为郭璞作为一个古文字学者和博物学家，应用的古字和僻典较

多，行文不免艰涩。所以历来似较少人爱读。平心论之，此赋写景之雄伟壮丽以及文字流畅，确实比稍前的木华《海赋》逊色；但比庾阐《扬都赋》一类被谢安斥为"屋下架屋，事事拟学"（见《世说新语·文学篇》）一类作品，仍要高明得多。

《江赋》中也不是没有较好的片段，如写江流之湍激和两岸之地势，就写得很有气势：

> 呼吸万里，吐纳灵潮，自然往覆，或夕或朝，激逸势以前驱，乃鼓怒而作涛。峨嵋为泉阳之揭，玉垒作东别之标，衡霍磊落以连镇，巫庐嵬崛而比峤，协通灵气，渍薄相陶，流风蒸雷，腾虹扬霄，出信阳而长迈，淙大壑与沃焦。

这段文字并不长，却简括地综述了整个长江流域的地形，而且也写出了大江浩瀚的气魄。这种文字，作者若无雄健的笔力是不易做到的。

《江赋》中最富于诗意的部分，恐怕是写长江中舟楫往来的部分：

> 若乃宇宙澄寂，八风不翔，舟子于是搦棹，涉人于是檥榜。漂飞云，运艅艎，舳舻相属，万里连樯，泝洄沿流，或渔或商。……长风飚以增扇，广莫飙而气整。徐而不飏，疾而不猛。鼓帆迅越，趑涨截洞。凌波纵柂，电往杳溟。霭如晨雾孤征，眇若云翼绝岭，倏忽数百，千里俄顷，飞廉无以晞其踪，渠黄不能企其景。

这段文字形容江船顺风扬帆，行进迅速，颇为生动。钱钟书先生说："'晨雾孤征'四字可以适独坐而不独惊四筵也"（《管锥编》第四册 1235 页），就是取其设想新奇而又体物入微，颇能传神。

《客傲》全文载于《晋书》本传，虽然不如《江赋》之有名，但行文较《江赋》平易。此文模仿汉东方朔《答客难》、扬雄《解嘲》等，文中比较集中地表现了他的哲学思想和处世态度。他认为"蚎蛾以不才陆槁，蟒蛇以腾骛暴鳞"，仕进既有风险，隐居容易扬名，也会招忌，只能"不尘不冥，不骊不骍"，亦即既不求富贵，也要和官僚们周旋，自称"无岩穴而冥寂，无江湖而放浪"。这正是《老子》中所谓"和其光，同其尘"和《庄子·山木篇》所谓"周将处乎才与不才之间"的处世哲学。这也是魏晋名士们常常用以全身远祸的手段。

他的《南郊赋》已非全文，无非是歌颂帝王祭天的威仪之盛。至于其他四篇残缺的赋，写作时间无考。其中《蚍蜉赋》和《蜜蜂赋》似都有寓意，前者是借蚂蚁的感时而动，以喻人之必须知时势；后者可能有感于蜜蜂当能听命于蜂皇，以捍卫其巢，借此感叹晋朝诸将不能同心协力抵御刘渊、石勒的侵掠。《龟赋》只剩两句，内容已无从推测。《井赋》虽不全，但它起首有四个三字句，对后来谢惠连《雪赋》、杜牧《阿房宫赋》等都有影响。

郭璞的著作除了明张溥《汉魏六朝百三家集》所辑《郭弘农集》外。还有《尔雅注》和《山海经注》等学术著作。两书对训诂学及古代神话的研究都是极为重要的资料。

主要参考书目

1. 房玄龄《晋书》卷七六《郭璞传》，中华书局校点本。
2. 郭璞《尔雅注》，《十三经注疏》本。
3. 郭璞《山海经注》，郝懿行《山海经笺疏》本。
4. 严可均《全晋文》，中华书局影印本。
5. 丁福保《全晋诗》，中华书局排印本。

陶 渊 明

（公元 365—427 年）

廖仲安

陶渊明，又名潜，字元亮，私谥靖节，别号五柳先生。生于
晋哀帝兴宁三年（公元 365 年），卒于宋文帝元嘉四年（427），
浔阳柴桑（今江西九江西南）人。他是晋宋时代著名的诗人，辞
赋散文家。

一、家世、青少年时代

陶渊明出生于一个没落官僚家庭。曾祖父陶侃，是东晋开国
元勋，官至大司马、都督八州军事，封长沙郡公，但他是"孤
寒"士人出身，当时有些贵族官僚就在背后骂他是"溪狗"、"小
人"。唐初令狐德棻等所修的《晋书》也说他是"望非世族，俗
异诸华"。祖父陶茂做过武昌太守。父亲早死，不知名。母亲是
东晋名士孟嘉的第四个女儿，而孟嘉的妻子又是陶侃的第十个女
儿，换句话说，陶渊明的母亲就是陶侃的外孙女。可是，因为父
亲早死，他从少年时就生活贫困。颜延年说他"少而贫苦，居无
仆妾，井臼弗任，藜菽不给"。好在他少年时物质生活的贫困，
从精神生活的丰富中得到了补偿，他自幼受到了很好的家庭教
育，在"学者以《庄》、《老》为宗而黜《六经》"的两晋时代，
他不仅像一般士大夫那样学了《老子》、《庄子》，而且由于家庭

影响，他还学了儒家的《六经》，还读了不少文、史以及神话小说之类的"异书"。

他生活的东晋十六国时代，是一个民族分裂割据的时代。

东晋王朝是大世族地主专政的封建王朝，这个政权的主要支柱是西晋末年中原大乱中从北方逃到江南的司马氏、王氏、谢氏等世家大族，也有从东吴时传留下的朱、张、顾、陆等南方的官僚贵族世家。尽管当时广大中原土地都被匈奴、羯、氐、羌、鲜卑等族的上层首领们所占据，民族矛盾空前尖锐，但这些东晋的门阀贵族们却主要是关心他们对江南人民的统治是否巩固，对辗转在五胡贵族首领统治下的中原汉族人民，则漠不关心。陶渊明生活的东晋后期，是国内阶级矛盾和统治阶级内部矛盾越来越尖锐，由内乱酿成内战，东晋王朝在内战火并中日渐衰亡的时代。

他青少年时代，志趣并未固定。正如他的《感士不遇赋》所说："咨大块之受气，何斯人之独灵；禀神智以藏照，秉三五而垂名。或击壤以自欢，或大济于苍生，靡潜跃之非兮，常傲然以称情。"这就说明"独善其身"或"兼善天下"两种人生前途他都考虑过。他虽然自称：

"少无适俗韵，性本爱丘山。"

"弱龄寄事外，委怀在琴书。"

"闲居三十载，遂与尘事冥。"

"少年罕人事，游好在六经。"

但他有些时候，并不是那样温和闲静：

"忆我少壮时，无乐自欣豫。猛志逸四海，骞翮思远翥。"

"少时壮且厉，抚剑独行游；谁言行游近，张掖至幽州。饥食首阳薇，渴饮易水流。"

可见他不仅有志士的胸怀，而且有豪侠的热血。身在江南的匡庐、彭蠡的山水田园里，却向往着胡马铁蹄下的张掖、幽州的边塞和原野。从这些豪放的诗句，我们可以联想到他曾祖父不忘"致力中原"的遗志，也可以联想起他十九岁到二十一岁时，东晋王朝在淝水之战中，以劣势的晋军打败了苻坚的近百万大军南侵并收复了徐、兖、青、司、豫、梁六州的巨大胜利。

他的《五柳先生传》可能写于青年时期。他模仿《庄子》的寓言，以简洁的文笔，描述了自己"闲静少言，不慕荣利"，"好读书，不求甚解；每有会意，必欣然忘食"，"性嗜酒，家贫不能常得"，"不戚戚于贫贱，不汲汲于富贵"的性格与风貌。这里所流露的正是他入仕以前"被褐欣自得，屡空常晏如"的乐观自得的心情。

二、学仕奔波的壮年时代

晋孝武帝太元十八年（393），陶渊明二十九岁。这一年，他第一次出来做官，做的是江州祭酒。《宋书》本传说：

> 亲老家贫，起为州祭酒。不堪吏职，少日自解归。

什么叫"不堪吏职"，大概是他个性刚直坦率，不能忍受做小官的那种种拘束和折磨。他辞职回家后，州里又来召他做主簿，他也辞谢了。这次辞官后，就在家闲居了六七年。直到晋安帝隆安四年（400），他才又到荆州，在州府里做属吏，职务不明，只知他曾奉使命到建康办事。根据史传，这时的荆州刺史正是桓玄，桓玄是东晋时有篡位野心的大军阀桓温的小儿子（大家都知道的"大丈夫不能流芳千古，也要遗臭万年"这句名言就是桓温说的），陶渊明来荆州做吏的时候，桓玄正控制着长江中上游，窥伺着篡夺东晋政权的时机。在这个背景下，陶渊明写过这样三首诗：

> 行行循归路，计日望旧居。一欣侍温颜，再喜见友于。
> 鼓棹路崎曲，指景限西隅。江山岂不险，归子念前途。凯风负我心，戢枻守穷湖。高莽眇无界，夏木独森疏。谁言客舟远，近瞻百里余。延目识南岭，空叹将焉如？
>
> 自古叹行役，我今始知之。山川一何旷，巽坎难与期。崩浪聒天响，长风无息时。久游恋所生，如何淹在兹？静念

园林好，人间良可辞。当年讵有几，纵心复何疑！

——《庚子岁五月中从都还阻风于规林二首》

闲居三十载，遂与尘事冥。诗书敦夙好，园林无世情。如何舍此去，遥遥至西荆！叩枻新秋月，临流别友生。凉风起将夕，夜景湛虚明。昭昭天宇阔，晶晶江上平。怀役不遑寐，中宵尚孤征。商歌非吾事，依依在耦耕。投冠旋旧墟，不为好爵萦。养真衡茅下，庶以善自名。

——《辛丑岁七月赴假还江陵夜行涂口》

写作这三首诗时，他明明是在桓玄手下做着官，当着差，诗里对官事却一句也不提。但是仔细读下去，"如何舍此去，遥遥至西荆！"对出仕桓玄言外似有无穷的悔恨。"久游恋所生，如何淹在兹？""怀役不遑寐，中宵尚孤征。"对俯仰由人的宦途生活，也发出了深长的叹息。结尾更表示了他不贪恋爵禄荣利，打算辞官归田的决心。大约隆安五年（401）冬天，他就因母丧辞职回家了。

晋安帝元兴元年（402）正月，东晋下诏讨伐桓玄，桓玄领兵东下，三月，攻入建康，夺取东晋王朝军政大权，杀了司马道子、司马元显父子。元兴二年（403）春天，陶渊明却在家乡浔阳开始躬耕生活，实践了"商歌非吾事，依依在耦耕"的夙愿。他的《癸卯岁始春怀古田舍二首》说：

在昔闻南亩，当年竟未践。屡空自有人，春兴岂自免。夙晨装吾驾，启途情已缅。鸟哢欢新节，泠风送余善。寒竹被荒蹊，地为罕人远。是以植杖翁，悠然不复返。即理愧通识，所保讵乃浅。

先师有遗训，忧道不忧贫。瞻望邈难逮，转欲志长勤。秉耒欢时务，解颜劝农人。平畴交远风，良苗亦怀新。虽未量岁功，即事多所欣。耕种有时息，行者无问津。日入相与归，壶浆劳近邻。长吟掩柴门，聊为陇亩民。

这里写出了他第一次躬耕的体验。"鸟哢"两句，见春天田野景物的清新。"平畴"四句，见劳动生活的愉快。同时，他也认真地考虑了孔子的"忧道不忧贫"之类的教训，他不仅在四言诗《劝农》里引出"舜既躬耕，禹亦稼穑"的先圣典范，婉转地和孔子辩论。在人生的道路上，他也选择了孔子所反对的长沮、桀溺等人所走过的躬耕避世的路。总之，他对孔子的教训，感到"瞻望邈难逮"，只好敬而远之了。他的"怀古"，就是怀念荷蓧丈人、长沮、桀溺。

同年的冬天，桓玄在建康公开篡夺了帝位，改国号为楚，把晋安帝迁徙幽禁于陶渊明的家乡浔阳，陶渊明这年冬天则在家闭户高吟着：

寝迹衡门下，邈与世相绝。顾盼莫谁知，荆扉昼常闭。

对桓玄称帝的事，不屑一谈。

元兴三年（404），建武将军、下邳太守刘裕联合刘毅、何无忌等文武官吏，自京口（今江苏镇江）起兵讨伐桓玄，桓玄兵败西走，把幽禁在浔阳的晋安帝带到江陵。刘裕入建康后被文武官吏们共推为镇军将军、都督八州军事、徐州刺史。陶渊明这时也离家沿江东下，入刘裕幕府中任镇军参军。从《归去来辞序》中"诸侯以惠爱为德"的话来看，他出任镇军参军也许是由于刘裕的聘请。但从他的《始作镇军参军经曲阿》这首诗中"我行岂不遥，登降千里余。目倦川途异，心念山泽居"这几句诗看，他入刘裕幕府为时不久，就有了辞职回家的打算。"真想初在襟，谁谓形迹拘？"也暗示了他思想变化的过程。他最初出仕，本来是怀着理想的。后来见事不可为，又觉得仕宦的形迹反正拘束不了他，所以他紧接着就表示要回家隐居。这年五月，桓玄被杀死，其余党仍继续作乱。

陶渊明离开刘裕幕府以后，并没有马上回家，他又转移到建威将军刘敬宣的幕下，任建威参军。晋安帝义熙元年（405）三月，他曾奉刘敬宣使命赴建康，他的《乙巳岁三月为建威参军使都经钱溪》诗里说：

曰余何为者？勉励从兹役。一形似有制，素襟未可易。园田日梦想，安得久离析？

仍然是身在宦途，心想田园的情调在继续回旋荡漾。眼下的这一趟差使，他也是勉强为之。他归田的决心，大概是不会改变了！

同年五月，桓玄余党告平。八月，他做了彭泽令，这是他仕途生活的最后一任官职。他这次做官辞官的过程，萧统《陶渊明传》叙述甚详：

> ……后为镇军、建威参军，谓亲朋曰："聊欲弦歌，以为三径之资可乎？"执事者闻之，以为彭泽令。不以家累自随，送一力给其子，书曰："汝旦夕之费，自给为难，今遣此力，助汝薪水之劳。此亦人子也，可善遇之。"公田悉令吏种秫，曰："吾常得醉于酒足矣！"妻子固请种粳，乃使二顷五十亩种秫，五十亩种粳。岁终，会郡遣督邮至，县吏请曰："应束带见之"，渊明叹曰："我岂能为五斗米折腰向乡里小儿！"即日解绶去职，赋《归去来》。

他的《归去来辞序》里叙做彭泽令过程如下：

> 余家贫，耕植不足以自给，幼稚盈室，瓶无储粟。生生所资，未见其术。亲故多劝余为长吏，脱然有怀，求之靡途。会有四方之事，诸侯以惠爱为德。家叔以余贫苦，遂见用于小邑。于时风波未静，心惮远役。彭泽去家百里，公田之利，足以为酒，故便求之。及少日，眷然有归欤之情。何则？质性自然，非矫厉所得；饥冻虽切，违己交病。尝从人事，皆口腹自役；于是怅然慷慨，深愧平生之志。犹望一稔，当敛裳宵逝。寻程氏妹丧于武昌，情在骏奔，自免去职。仲秋至冬，在官八十余日。因事顺心，命篇曰《归去来兮》。乙巳岁十一月也。

《传》和《序》的叙述，有同有异。经过反复研究，其辞官的实情和过程大概是这样：陶渊明这次出仕彭泽的动机，是为归隐以后的生活作物质上的准备。他出仕刘裕、刘敬宣时早就有归田的决心；但是，又觉得宦途生活并不足以改变他归隐的志愿，不如"聊欲弦歌，以为三径之资"，这就决定他出仕彭泽只是暂时的打算。但是，这种为谋隐而求官的行为，很快就在他思想上引起了强烈的矛盾。这种违反自己正直个性，为口腹而自役的行为，对他来说太痛苦了！正在犹豫矛盾之时，妹妹死在武昌的消息传来，于是他马上就辞官了。

现在看来，渊明不唱道家敝屣名利的高调，不讲儒家"忧道不忧贫"的教训，公然宣称自己是为贫而仕，为口腹而仕，其襟怀之坦率已经够惊人了。不料他到官才八十多天，竟然又弃官不做了。原来设想在三百亩公田上收获一茬糯米粳稻，不过是留下了一段夫妻协商的有趣故事，因为"仲秋至冬"，并非种秋粳的季节。至于他不肯束带折腰见督邮的事，则颇难肯定。晋宋时代人物，虽然个个讲清高，实则个个都要官职，只有陶渊明拿着现成的县令不做，在当时实在是惊世骇俗的行动。因此对他的辞官过程，有一些传闻异辞，也是可以理解的。

三、《归去来辞》与《归园田居》

陶渊明十三年的仕途生活，自辞彭泽令就结束了。他本来是"猛志逸四海"，愿意"大济苍生"的人，十三年来他时而出仕，时而归田；既在反叛东晋王朝的桓玄下面做过事，又在当时还拥戴东晋的刘裕下面做过事，到头来，他对两方面都失望了。他的《归去来辞》正是他与官场诀别的宣言。这篇辞赋一开头就是激愤的诀绝之辞：

> 归去来兮，田园将芜胡不归？既自以心为形役，奚惆怅而独悲？悟已往之不谏，知来者之可追。实迷途其未远，觉今是而昨非。

这几句激愤之辞，像当头棒喝，振起全篇。他以沉痛的自责来表现他对官场的憎恶，也是委婉而深刻的。十三年来，他在政局的风云变幻、内战的连续不断中，见过多少卑鄙黑暗的阴谋和残酷血腥的场面，他的家乡、他的职务都和这些现实紧密地联系在一起，他要想闭着眼睛不看也不可能。

> 舟遥遥以轻飏，风飘飘而吹衣。问征夫以前路，恨晨光

之熹微。乃瞻衡宇，载欣载奔。僮仆欢迎，稚子候门。三径就荒，松菊犹存。携幼入室，有酒盈樽。引壶觞以自酌，眄庭柯以怡颜。倚南窗以寄傲，审容膝之易安。园日涉以成趣，门虽设而常关。策扶老以流憩，时矫首而遐观。云无心以出岫，鸟倦飞而知还。景翳翳以将入，抚孤松而盘桓。

归去来兮，请息交以绝游，世与我而相违，复驾言兮焉求？悦亲戚之情话，乐琴书以消忧，农人告余以春及，将有事于西畴。或命巾车，或棹孤舟。既窈窕以寻壑，亦崎岖而经丘。木欣欣以向荣，泉涓涓而始流；羡万物之得时，感吾生之行休。已矣乎，寓形宇内复几时，曷不委心任去留，胡为乎遑遑欲何之？富贵非吾愿，帝乡不可期。怀良辰以孤往，或植杖而耘耔，登东皋以舒啸，临清流而赋诗。聊乘化以归尽，乐夫天命复奚疑！

从"舟遥遥"以下全篇文字，都是将离彭泽县登舟起程之前悬想回家的情景，预拟归家后生活的安排。周振甫说："《序》称《辞》作于十一月，尚在仲冬；倘为追录、直述，岂有'木欣欣以向荣'、'羡万物之得时'等物色？亦岂有'农人告余以春及，将有事乎西畴'、'或植杖而耘耔'等人事？其为未归前之想象，不言而可喻矣。"（参见钱钟书《管锥编》1225—1226页）这篇文章被萧统收入《文选》，北宋欧阳修说："晋无文章，惟陶渊明《归去来兮辞》一篇而已！"据南宋《容斋随笔·和归去来》说："建中靖国间，东坡和《归去来》，初至京师，其门下宾客从而和者数人，皆自谓得意也，陶渊明纷然一日满人目前矣。"直到今天仍是广泛传诵的名作。

《归田园居五首》作于义熙二年（公元406年）的春天和夏天：

少无适俗韵，性本爱丘山。误落尘网中，一去十三年。羁鸟恋旧林，池鱼思故渊。开荒南野际，守拙归园田。方宅十余亩，草屋八九间，榆柳荫后檐，桃李罗堂前。暧暧远人村，依依墟里烟。狗吠深巷中，鸡鸣桑树巅。户庭无尘杂，虚室有余闲。久在樊笼里，复得返自然。

诗中把他自己十三年来的仕途生活，比作"羁鸟"、"池鱼"，无时不在想念着"旧林"、"故渊"的自由天地。现在他像一只鸟儿从黑暗可怕的牢笼里飞了回来，日夜梦想着的田园景物又出现在他的面前，他好像是又重新开始了一种新的生活："久在樊笼里，复得返自然！"一种自由、解放的舒畅心情洋溢在诗的字里行间。

野外罕人事，穷巷寡轮鞅。白日掩荆扉，虚室绝尘想。
时复墟曲中，披草共来往。相见无杂言，但道桑麻长。桑麻日已长，我土日已广。常恐霜霰至，零落同草莽。

此诗写他在农村断绝了和官场、上层社会的应酬，却和农民们"披草共来往"，他身心都在田园里，种桑麻就说桑麻，没有其他的杂念，自然就和农民有了共同的语言。

种豆南山下，草盛豆苗稀。晨兴理荒秽，带月荷锄归。
道狭草木长，夕露沾我衣。衣沾不足惜，但使愿无违。

此诗也是直写种豆锄草的劳动。晨出暮归，这一天的活对他来说并不轻松，因此就有一种先难后获的充实愉快的心情。"晨兴"两句给农家披星戴月的劳动增加了无限的诗意。

其余两首，"久去山泽游"一首反映农村战后的荒凉景象，"怅恨独策还"一首写自己和邻居农民的欢聚之乐，也是归田以后生活中的插曲，他的躬耕生活就这样地开始了。

四、归田以后的艰苦生活

陶渊明归田之初，家有僮仆，虽然他和妻子也都参与耕种，但劳动余闲时间较多，温饱也没有忧虑。但平静的田园生活并没有过几年，义熙四年（408）六月，他家就遭了一场大火，《戊申岁六月遇火》诗说："正夏长风急，林室顿烧燔。一宅无遗宇，舫舟荫门前。"当时，他想起远古的东户子时代，吃不完的粮食就堆放在田头。人们吃饱之后就无忧无虑。但是他最后说："既已不遇兹，且遂灌我园。"他并没有忘记耕田灌园的本务。

义熙六年（410），他家乡浔阳又成为卢循领导的农民起义军与官军激战的战场，江州刺史何无忌战死，自春至秋，战祸延续了五六个月，这一年他写了著名的《庚戌岁九月中于西田获早稻》：

> 人生归有道，衣食固其端。孰是都不营，而以求自安？开春理常业，岁功聊可观。晨出肆微勤，日入负耒还。山中饶霜露，风气亦先寒。田家岂不苦，弗获辞此难。四体诚乃疲，庶无异患干。盥濯息檐下，斗酒散襟颜。遥遥沮溺心，千载乃相关。但愿常如此，躬耕非所叹。

在如此动乱的年月，他仍然坚守着耕种的"常业"；渐衰的身体已经深知山中霜露、九秋风寒的威力，他仍然说："但愿常如此，躬耕非所叹。"这多么像一个在多灾多难的年月里临变而能守常的中国农民。不管战争多么剧烈，他的诗仍然没有一个字触及战争和时局。

大约在义熙七年（411），他移居到浔阳负郭的南村，结识了不少新的邻居，其中既有共话桑麻农务的农民，也有共赏奇文、共赋新诗的文人。例如后来成为刘宋王朝权贵的殷景仁，当时就一度和他同游共话。又如当时的两个佛教徒周续之和刘遗民也和他经常往来，好事者曾把他们三人称为"浔阳三隐"。大概因为周、刘两人的介绍，他还和当时居住在庐山东林寺的佛教著名法师慧远和尚一度成为方外之交。但从《形影神三首》、《和刘柴桑》、《示周续之、祖企、谢景夷三郎》等诗来看，他和这几位佛家信徒、法师的思想并不投合。

在义熙十年（414）前后，他年已五十，在这个由中年进入老境的时候，他写了《杂诗十二首》（其中四首咏行役之苦的诗当属中年之作）。其中有两首最为研究者所注意：

> 白日沦西河，素月出东岭。遥遥万里辉，荡荡空中景。风来入房户，夜中枕席冷。气变悟时易，不眠知夕永。欲言无余和，挥杯劝孤影。日月掷人去，有志不获骋。念此怀悲悽，终晓不能静。

忆我少壮时，无乐自欣豫。猛志逸四海，骞翮思远翥。荏苒岁月颓，此心稍已去。值欢无复娱，每每多忧虑。气力渐衰损，转觉日不如。壑舟无须臾，引我不得住。前涂当几许，未知止泊处。古人惜寸阴，念此使人惧。

前诗写他在斗室月夜中，想到自己平生壮志未酬而挥杯劝影，痛苦失眠的心情。后诗则回忆少年时代的乐观精神和远大抱负，由于宦途生活的教训和折磨，"荏苒岁月颓，此心稍已去"。但他对此并不甘心。"寸阴"两句，又令人联想起他曾祖陶侃的名言："大禹圣者，乃惜寸阴。至于众人，当惜分阴。岂可逸游荒醉，生无益于时，死无闻于后，是自弃也。"

义熙十二年（416）八月，刘裕率领大军讨伐后秦姚泓，十月打下了洛阳。次年八月，他的部将王镇恶打下长安，姚泓降，后秦灭亡。这是自淝水之战以来东晋对北方的又一次重大胜利。刘裕的声威更加显赫，晋安帝下诏进封他为宋公。这时左将军朱龄石派遣长史羊松龄赴关中向刘裕称贺。羊松龄可能也是陶渊明在南村的邻居。他临行之时，陶渊明写了一首《赠羊长史》：

愚生三季后，慨然念黄虞。得知千载上，正赖古人书。圣贤留余迹，事事在中都。岂忘游心目，关河不可逾。九域甫已一，逝将理舟舆。闻君当先迈，负疴不获俱。路若经商山，为我少踌躇。多谢绮与角，精爽今何如？紫芝谁复采？深谷久应芜？驷马无贳患，贫贱有交娱。清谣结心曲，人乖运见疏。拥怀累代下，言尽意不舒。

从这首诗来看，他对关中的恢复，九州的行将统一，内心是颇为激动的，甚至还说："九域甫已一，逝将理舟舆。"就凭着"圣贤留余迹，事事在中都"这一点就足以鼓舞他"游心目"于关中了。但是心情激动、跃跃欲试，只是他思想的一面，我们不要忘记羊松龄前往祝贺的刘裕，是他做镇军参军时的主帅。他的心情是复杂的，他只好希望羊松龄路经商山的时候，代他向商山四皓的精灵表示问候。商山四皓（东园公、绮里季、夏黄公、角里先生）是逃避秦始皇的暴政而入商山隐居的，他的言外之意也就是说：即使刘裕像秦始皇那样统一了九州，他自己也还可以学四皓入山隐居，不和他合作。他这时似乎已预料到刘裕攻下长安后，很快就要称皇帝了。事态的发展也正如他所预料的那样，刘裕打下长安后，顾不得巩固胜利，经略西北，只留下几个武将和一个十二岁的孩子刘义真孤军自守，就忙着回建康搞篡国称帝的活动去了。

陶渊明的躬耕生活是继续不断的。义熙十二年（416），他写了一首《丙辰岁八月中于下潠田舍获》说：

> 贫居依稼穑，戮力东林隈。不言春作苦，常恐负所怀。司田眷有秋，寄声与我谐。饥者欢初饱，束带候鸣鸡，扬楫越平湖，泛随清壑回。郁郁荒山里，猿声闲且哀。悲风爱静夜，林鸟喜晨开。曰余作此来，三四星火颓。姿年逝已老，其事未云乖。遥谢荷蓧翁，聊得从君栖。

诗的开头与结尾，都说自己贫居是以稼穑为生，又说自归田以来已经十二年，自己虽然年貌已老，但是耕种的事并未放下。诗中描写他们半夜起身，登舟越湖，经过清壑荒山，前往水边的下潠田收获的情景，其中"饥者欢初饱，束带候鸣鸡"，"悲风爱静夜，林鸟喜晨开"等诗句，写得多么真实亲切，没有饥寒劳苦经验的人是很难写出来的。

义熙十四年（418），他五十四岁，写了一首《怨诗楚调示庞主簿·邓治中》：

> 天道幽且远，鬼神茫昧然。结发念善事，僶俛六九年。弱冠逢世阻，始室丧其偏。炎火屡焚如，螟蜮恣中田；风雨纵横至，收敛不盈廛。夏日长抱饥，寒夜无被眠。造夕思鸡鸣，及晨愿乌迁。在己何怨天，离忧悽目前。吁嗟身后名，于我若浮烟。慷慨独悲歌，钟期信为贤。

这首诗以屈原、司马迁式的悲愤心情，倾诉了他五十四年以来立志行善，艰苦自励，反而遭遇种种的困苦和灾难，火灾、虫灾、风灾、水灾，交互而至，夏饥冬寒，经常威胁着自己。他这个能够临变而守常的人，虽然也说"在己何怨天"，但他毕竟是对天道发生了根本性的怀疑："天道幽且远，鬼神茫昧然。"这不能不说他的思想正在发生着剧烈的变化。

归田以后的十二年，他写了著名的《饮酒》诗二十首，他把这一组咏怀言志的作品题为"饮酒"诗是既有时代色彩，又有个性特征的。在魏晋时代，一部分文人名士中有一种好饮酒的时代病。这个时代，统治阶级内部各豪门世族之间，不断地发生着剧烈尖锐的斗争，许多文人名士都因为卷入这些斗争的漩涡里断送了性命。所以当时文人名士们讲话极难，只好多饮酒、少说话，而且即使一时讲话讲错了，还可以借酒醉请求别人谅解。魏末诗人阮籍就是以经常醉酒逃祸而闻名的。不过，阮籍虽以饮酒著名，但他的八十几首《咏怀》诗中却罕见酒字，陶渊明可以说是第一个大量写饮酒诗的诗人。梁萧统《陶渊明集序》说："有疑陶渊明之诗，篇篇有酒，吾观其意不在酒，亦寄酒为迹也。"他的话说得很不错，在《饮酒》二十首里，的确包括着相当丰富复杂的内容。萧统编《文选》时，就把他《饮酒》中的"结庐在人境"、"秋菊有佳色"两首改题为《杂诗》：

> 结庐在人境，而无车马喧。问君何能尔？心远地自偏。
> 采菊东篱下，悠然见南山。山气日夕佳，飞鸟相与还。此中有真意，欲辨已忘言。

这首诗的意境是和平静穆的，诗人的态度是淡然忘世的。他晚年非常穷苦，心情能够如此平静，实在很不容易。所以王安石说："渊明诗有奇绝不可及语，如'结庐在人境'四句，有诗人以来无此句。"正因他的思想真正远离官场，心远地偏，才能在采菊看山之际，景与意会，兴致悠然。虽然近之东篱，远之南山，都不在人境之外，却自然有超脱尘俗的境界。

> 秋菊有佳色，裛露掇其英。汎此忘忧物，远我遗世情。
> 一觞虽独进，杯尽壶自倾。日入群动息，归鸟趋林鸣。啸傲

陶渊明
338

东轩下，聊复得此生。

诗人取菊花之芳洁，寄此身之啸傲；见归鸟之入林，悟人生之归宿。苏东坡说："靖节以无事为得此生，则见役于物者，非失此生耶？"此诗与前一首倾向是一致的。

但是，陶渊明的结庐人境，虽远权贵，未隔庸俗。像上面在东篱边，东轩下，斗酒自陶，心里淡然忘世的情况，在他生活里不可能是经常的。所以，《饮酒》里又还有下面不同的生活小镜头：

> 有客常同止，取舍邈异境。一士长独醉，一夫终年醒。醒醉还相笑，发言各不领。规规一何愚，兀傲差若颖。寄言酣中客，日没烛当秉。

> 子云性嗜酒，家贫无由得。时赖好事人，载醪祛所惑。觞来为之尽，是谘无不塞。有时不肯言，岂不在伐国。仁者用其心，何尝失显默。

虽同是喝酒，但不同场合有不同的气氛，前一首写他和一个自命头脑清醒的势利之徒相处，本来是话不投机半句多。幽默的诗人只好趁着杯酒，自己说自己的醉话，给对方来一个"醒醉还相笑，发言各不领"。"日没"句，是仿古诗"昼短苦夜长，何不秉烛游"的语气，在这里还是一句醉话。后一首写人们载酒前来向他问学请教，他这个"性嗜酒，家贫不能常得"的人，对他们总是来酒就喝，有问必答，但有时对方问他一些类似"伐国"的现实政治问题，他又只好沉默了。两首诗既刻画了酒杯光景之间的不同世态，也见出他饮酒时那种如履薄冰的苦心。白居易的《访陶公旧宅》诗说得好："呜呼陶靖节，生彼晋宋间。心实有所守，口终不能言。"

前面提到，陶渊明的弃官归田，在当时是一种惊世骇俗的行为。在他的《祭从弟敬远文》里讲道："余尝学仕，缠绵人事，流浪无成，惧负素志，敛策归来，尔知我意。常愿携手，置彼众议。"就说明当他弃官归来时，只有从弟敬远对他深表同情，其他的"众议"，显然都是对他有所非议或嘲笑的。《饮酒》第六首也说：

> 行止千万端，谁知非与是？是非苟相形，雷同共誉毁。
> 三季多此事，达士似不尔。咄咄俗中愚，且当从黄绮。

这首诗也反映，他的与众不同的"行止"，在当时曾经招来不少
的嘲笑和非议，积毁销骨，众口铄金，"独正者危，至方则碍"，
他对世俗舆论的颠倒是非、混淆黑白确实是深有体会的，在封建
时代，所谓世俗舆论，无非是占统治地位的阶级所左右着的舆
论，也就是《庄子·胠箧》所说的："窃钩者诛，窃国者侯。侯
之门，仁义存焉。"《饮酒》第八首说：

> 青松在东园，众草没其姿。严霜殄异类，卓然见高枝。
> 连林人不觉，独树众乃奇。提壶挂寒柯，远望时复为。吾生
> 梦幻间，何事绁尘羁！

这是一首比兴体的诗。前人说陶渊明此诗是"借孤松为自己写
照"，这是不错的。陶诗里常用青松自比（如"芳菊开林耀，青
松冠岩列"，"因值孤生松，敛翮遥来归"，"抚孤松而盘桓"）。
以松树比喻坚贞的人格，是从孔子到刘桢、左思以来形成的传
统。但是从陶渊明这首诗来看，显然更接近左思《咏史》中：
"郁郁涧底松，离离山上苗。以彼径寸茎，荫此百尺条。世胄蹑
高位，英俊沉下僚。地势使之然，由来非一朝。"左思以"涧底
松"和"山上苗"对比，是为了揭露门阀世族统治下，贫寒士人
遭受压抑的情况。陶渊明以"青松"和"众草"对比，显然也有
揭露门阀世族统治下造成的黑白混淆、贤愚不分的社会现象之用
意。众草虽然暂时可以埋没青松，可是严冬到来后，青松终于以
它的后凋之节蔑视众草。

> 清晨闻叩门，倒裳往自开。问子为谁欤？田父有好怀。
> 壶浆远见候，疑我与时乖："褴褛茅檐下，未足为高栖。一
> 世皆尚同，愿君汩其泥。""深感父老言，禀气寡所谐。纡辔
> 诚可学，违己讵非迷！且共欢此饮，吾驾不可回！"

据《宋书·陶潜传》说，义熙末年，朝廷曾征召陶渊明做著作
郎，被他拒绝了。这首诗大概就是以寓言形式反映自己拒绝征召

的情况。这首诗仿效了《楚辞·渔父》中屈原和渔父对话的形式。"举世皆尚同，愿君汩其泥"，正是学渔父劝屈原"世人皆浊，何不淈其泥而扬其波"的语气，而陶渊明的回答，也发扬了屈原的不肯"以皓皓之白而蒙世俗之尘埃"的精神。结尾"且共欢此饮，吾驾不可回"，虽然是"和而不同"的语气，其中却有一股子坚韧不拔的毅力。不过，他对世俗的态度，也并非一味的温和，《饮酒》的最后一首就说：

> 羲农去我久，举世少复真。汲汲鲁中叟，弥缝使其淳。凤鸟虽不至，礼乐暂得新。洙泗辍微响，漂流逮狂秦。诗书复何罪，一朝成灰尘。区区诸老翁，为事诚殷勤。如何绝世下，六籍无一亲。终日驰车走，不见所问津。若复不快饮，空负头上巾。但恨多谬误，君当恕醉人。

这首诗就是痛恨整个社会"真风告逝，大伪斯兴"，不仅远古羲农时代的淳朴之风一去不返，就是为努力弥补四分五裂的社会而汲汲奔走的孔子，为传授六经而殷勤讲学的西汉儒生田何、伏生等人，也不可再得了。只见社会上都在为追逐名利而驰驱奔走，心里非常悲愤。结尾四句，陡然说到饮酒，显然是他悲愤到极点之后，故作自我开脱的醉人醉语。可见饮酒并没有消除他胸中种种不痛快的情绪。他纵使饮酒，也并不常是那样超脱清闲、浑身静穆。类似"有酒不肯饮，但顾世间名。所以贵我身，岂不在一生"，"不觉知有我，焉知物为贵？悠悠迷所留，酒中有深味"等消极颓放的情调，在《饮酒》二十首中并不占主要的地位。"不赖固穷节，百世当谁传。"他并没有因为饮酒而丧失其有所不为的狷介品格。

他的《咏贫士七首》的创作时间，大概与《饮酒》相去不远，第一首说：

> 万族各有托，孤云独无依。暧暧空中灭，何时见余晖。朝霞开宿雾，众鸟相与飞。迟迟出林翮，未夕复来归。量力守故辙，岂不寒与饥？知音苟不存，已矣何所悲。

元人刘履《选诗补注》说："且所谓朝霞开雾，喻朝廷之更新；

众鸟群飞，比诸臣之趋附。而迟迟出林，未夕来归者，则又自况：其审时出处与众异趣也。"后人因定此七首作于宋永初二年。按晋宋易代，是采取"禅让"的形式，新朝的将相班底，在旧朝时早就组织就绪；并不需要等到开国，人们早就群飞趋附了。而且以"迟迟出林"之鸟，比喻绝无仕宋之念的诗人，更属无理。其实"迟迟出林"二句，与"云无心以出岫，鸟倦飞而知还"相同，"朝霞"、"众鸟"也不必指永初之后。趋附权势之人，何世无之？《咏贫士》之颂荣启期、黔娄、袁安、张仲蔚、黄子廉，与《饮酒》之颂伯夷、叔齐、荣启期、颜回、张仲蔚并无不同。《咏贫士》写袁安卧雪、阮公弃官及黄子廉佐州辞归二首，也与《饮酒》中写"长公曾一仕"、"仲理归大泽"一诗非常相似。这些都是继左思《咏史》的传统，寄托自己安贫守贱的抱负，并为门阀贵族压抑下的孤寒正直的人士鸣不平。

六、《桃花源诗并记》

大约在东晋末年，或更晚一些到刘宋初年，陶渊明写出了他的杰作《桃花源诗并记》。关于《桃花源记》，大家都非常熟习了，这里只抄引他的《桃花源诗》：

> 嬴氏乱天纪，贤者避其世。黄绮之商山，伊人亦云逝。往迹浸复湮，来径遂芜废。相命肆农耕，日入从所憩。桑竹垂余荫，菽稷随时艺。春蚕收长丝，秋熟靡王税。荒路暖交通，鸡犬互鸣吠。俎豆犹古法，衣裳无新制。童孺纵行歌，班白欢游诣。草荣识节和，木衰知风厉。虽无纪历志，四时自成岁。怡然有余乐，于何劳智慧。奇踪隐五百，一朝敞神界。淳薄既异源，旋复还幽蔽。借问游方士，焉测尘嚣外。愿言蹑清风，高举寻吾契。

《记》和《诗》都是描写同一个乌托邦的空想社会。《记》是散文，很接近唐人的传奇小说，有曲折新奇的故事情节，有人物，有对话；《诗》的语言比较质朴，记述桃源社会制度较详。两者可以各自独立，也可以互相补充。

桃花源社会的特点，可以说，就是在没有战争动乱，没有改朝换代，没有国家君臣，没有赋税徭役的条件下，人民过着自由劳动、单纯俭朴的生活。用陶渊明的话说，就是："不知有汉，无论魏晋。""春蚕收长丝，秋熟靡王税。"

作者写桃花源社会的产生是由于"先世避秦时乱，率妻子邑人来此绝境，不复出焉，遂与外人间隔"。从这一点来看，这个故事是有其历史现实背景的，并非完全出于虚构。自汉末以来，国内遭遇了几次大的战乱。广大人民辗转于兵灾战祸的威胁之下，无法生存，往往逃亡到深山绝境之中去谋生。《三国志·田畴传》就记载田畴汉末"入徐无山中，营深险平敞地而居，躬耕以养父母。百姓归之，数年间至五千余家"。（陶渊明《拟古》诗中"辞家夙严驾"一首即怀念田畴之作。）西晋末年，北方大乱中太尉郗鉴就"举千余家俱避难于鲁之峄山"（《晋书·郗鉴传》）。这种聚众据险避难的方式，后来相当普遍。所以在十六国分裂割据时代，北方形成不少坞屯壁垒的半独立小王国。当然，这种坞屯壁垒都有地主、官僚统治着，下面甚至还有乡邑的小头目，也有法令规章，有一定的政治军事制度。江南的东晋比之北方，社会固然相对统一安定，但是为逃避东晋王朝的赋税徭役而逃亡深山险境的情况也同样存在。陶渊明生活着的晋宋时代，在陶渊明的家乡江州，就有过类似的事。《晋书·刘毅传》载刘毅在义熙七年（公元 411 年）任江州刺史时曾上表陈述江州人民的生活情况说：

> （江州）自桓玄以来，驱蹙残败，至乃男不被养，女无匹对，逃亡去就，不避幽深。自非财殚力竭，无以至此。若不曲心矜理有所厘改，则靡遗之叹，奄焉必及。

《宋书·夷蛮传·荆州蛮传》也说：

> 蛮民归附者，一户输谷数斛，其余无杂调。而宋民赋役严苦，贫者不复堪命，多逃亡入蛮。蛮无徭役，强者又不供官税。……所在多深险，居武陵者有雄谿、樠谿、辰谿、酉

獠、舞獠，谓之五獠蛮。

比陶渊明同时而略晚的刘敬叔《异苑》里还记载了一段故事：

> 元嘉初，武陵蛮人射鹿，逐入石穴，才容人。蛮人入
> 穴，见其旁有梯，因上梯。豁然开朗，桑果蔚然，行人翱
> 翔，亦不以怪。此蛮于路砍树为记，其后茫然，无复仿佛。

这大概就是躲避赋税徭役逃入武陵蛮族中的汉民所传布的故事。

桃源故事，除历史现实背景而外，还有它的思想渊源。先秦
时代，《诗经·魏风·硕鼠》里，魏人为反对"重敛"而逃亡的
时候，就曾经幻想过"乐土"、"乐国"的自由天地。春秋战国时
代，《老子》、《庄子》里更宣传过远古原始时代小国寡民的社会，
那里人们过着"甘其食，美其俗"，"鸡犬之声相闻，老死不相往
来"的生活。到魏晋时代，有少数思想家就继承老庄的空想，进
一步发展成为无君无臣的理想。魏末阮籍就在《大人先生传》里
讲："盖无君而庶物定，无臣而万事理"，"君立而虐兴，臣设而
贼生"的言论。嵇康也在他的《难自然好学论》里说："昔鸿荒
之世，大朴未亏，君无文于上，民无竞于下。物全理顺，莫不自
得。饱则安寝，饥者求食，怡然鼓腹，不知为至德之世也。"在
《太师箴》里揭露"季世"统治者的罪恶："刑本惩暴，今以胁
贤。昔为天下，今为一身。"也把批判的锋芒指向国君和皇帝。
西晋时代的思想家鲍敬言更形成比较系统的无君论思想。他说：
"曩古之世，无君无臣。穿井而饮，耕田而食。日出而作，日入
而息。……含餔而熙，鼓腹而游。"自有国家君臣之后，就"獭
多则鱼扰，鹰众则鸟乱。有司设则百姓困，奉上厚则下民贫"。
所以他提出社会应该倒退到原始时代，让人民"身无在公之役，
家无输调之费。安土乐业，顺天分地。内足衣食之用，外无势利
之争"（见葛洪《抱朴子·诘鲍篇》）。这种乌托邦思想，反映了
小私有者农民对封建剥削制度的软弱抗议。陶渊明自弃官归田以
后，"东户"、"羲皇"、"重华"、"黄虞"这些远古人物更经常反
复地出现在他的诗文里，正是和阮、鲍等人无君论思想对他的影
响分不开的。"桃花源"显然就是无君论的空想世界。

当然，《桃花源诗并记》是艺术创作，不是玄学的讲义。无论是他对乌托邦世界的向往，或桃源故事的引人入胜的情节，"芳草鲜美，落英缤纷"，"土地平旷，屋舍俨然"的景物，"黄发垂髫，并怡然自乐"的生活气氛，以及桃源人民纯朴的精神世界，都是源于他半生田园生活的体验。

《桃花源记》把消灭剥削压迫的理想放在生产力非常落后的小农社会的基础上，其思想上存在落后狭隘的局限性是无可争论的。他不可能理解社会矛盾、阶级斗争以及先进的生产力都是推动社会发展的动力，只好把社会理想寄托在倒退到原始社会的方向上。但是，他的乌托邦的图画究竟是对封建制度的抗议，并以它的理想光辉，照见了封建制度的丑恶和黑暗。以后，以"桃源"为题的诗歌，层出不穷。唐代王维的《桃源行》、韩愈的《桃源图》和北宋王安石《桃源行》都是名作。北宋王禹偁的《录海人书》记渔民海上奇遇，南宋康与之的《昨梦录》里记杨氏兄弟奇遇的故事，仍然在继续发挥着这种桃花源式的幻想。说明这篇作品一千多年以来都为广大的读者所喜爱。

七、晚年的生活

晋恭帝元熙二年（420）六月，刘裕终于在据有较大的政治军事实力，得到一部分门阀势力支持，篡位时机成熟的条件下，夺取了东晋的政权，把晋恭帝废为零陵王，第二年就派人把他杀了。东晋一百零四年的统治宣告结束，刘宋王朝就开始了。

从东晋到刘宋，政权虽然转移，但是门阀世族的统治势力和特权地位并没有改变。刘裕出身低微，在军事上很有才能，但在政治上却缺乏远见和魄力，无力改变魏晋两百年来门阀世族统治的局面。他所亲信的权臣中虽然也有寒门庶族，但许多高位仍然不能不让豪门世族人物充任。如任扬州刺史录尚书事的王谧，先任江州刺史、后任扬州刺史的王弘，刘裕临终付以托孤重任的谢晦等，都是豪门世族的代表人物。终刘宋一代，门阀世族的经济实力仍然继续保持，世族在社会上、政府里仍然操纵着婚、宦、社交、舆论的实权。寒门庶族的人才依然没有出路（少数为帝王所亲信的权臣只是例外）。西晋时代左思在《咏史》诗里说："何世无奇才，遗之在草泽！"到晋宋之际，陶渊明在《感士不遇赋》里也仍然在慨叹："何旷世之无才，罕无路之不涩！"比陶渊明更晚的宋代诗人鲍照，虽然文学才华很高，也因为"身地孤贱"，不能不感叹："自古圣贤尽贫贱，何况我辈孤且直！"

从陶渊明的政治态度来看，他对晋宋两朝都是厌恶不满的。他的辞官归田，首先就是对东晋王朝的不满。后来，随着刘裕军事、政治势力的增长，他也逐渐看清刘裕的真相，就更坚决不肯再出来做官了。南宋词人辛弃疾在一首〔鹧鸪天〕里说陶诗"都无晋宋之间事，自是羲皇以上人"，正是巧妙地概括了陶诗对晋宋两朝都很不满意的倾向。

当然，陶诗里也有少数作品反映了晋宋易代的政变。最重要的是一篇《述酒》，这篇诗和其他陶诗质朴自然、接近口语的风格完全不同，诗里用了许多廋词隐语，连学问渊博的黄山谷也说："似是读异书所作，其中多不可解。"后来经过韩驹、汤汉以及宋以后一些注家的努力，十之六七是可以读懂了。汤汉说："按晋元熙二年六月，刘裕废恭帝为零陵王，明年以毒酒一罂授张伟使酖王，伟自饮而卒。继又令兵人逾垣进药，王不肯饮，遂掩杀之。此诗所为作，故以'述酒'名篇。诗辞尽隐语，故观者弗省。独韩子苍以'山阳下国'一语，疑是义熙后有感而赋。予反覆详考而后知决为零陵哀诗也。"原来从汉到魏，从魏到晋，改朝换代都是采取所谓"禅让"的形式（实际上就是以武力逼着前朝的末代皇帝交出玉玺，却又要假借尧舜"禅让"的美名，安排交出玉玺的仪式）。由晋到宋，本来也已经仿照前两朝的老谱，搬演过"禅让"的闹剧场面了，晋恭帝在交出玉玺时还说："桓玄之时，天命已改，重为刘公所延，将二十载，今日之事，本所甘心。"（见《宋书·武帝纪》）按情理说，刘裕是完全可以放心的了。没有想到，他头年刚导演过闹剧，第二年就导演了这场流

陶渊明

346

血的惨剧。叫陶渊明这个"乱也看惯了，篡也看惯了"的老诗人也忍不住要发出悲愤的声音，他一改诗中不谈政治事件，不臧否人物的惯例，用廋词隐语写成这首《述酒》，感叹"山阳归下国，成名犹不勤"，指出恭帝的结局比封山阳公的汉献帝还更悲惨。

他的《拟古九首》里也有两首比兴体的诗鲜明地流露出眷念旧朝的心情。如第三首：

> 仲春遘时雨，始雷发东隅。众蛰各潜骇，草木纵横舒。翩翩新来燕，双双入我庐，先巢故尚在，相将还旧居。自从分别来，门庭日荒芜。我心固匪石，君情定何如？

仲春二月，众蛰惊雷，春雨初降，草木怒生。但诗人的心情却如此的寂寞，他独独关情于一双来到荒芜的门庭寻觅旧巢的燕子，甚至和燕子说起话来："我心固匪石，君情定何如？"问燕子问得这样突然，好像这个不忘旧巢的燕子特别懂得他眷念故朝的心意。正如明人黄文焕《陶诗析义》所说："无人可语，但以语燕。"又如第九首：

> 种桑长江边，三年望当采。枝条始欲茂，忽值山河改。柯叶自摧折，根株浮沧海。春蚕既无食，寒衣欲谁待。本不植高原，今日复何悔！

以桑树象征晋朝，是有来历的。西晋傅咸《桑树赋》序说："世祖（晋武帝）昔为中垒将军，于直庐种桑一株，迄今三十余年，其茂盛不衰。皇太子（晋惠帝）入朝，以此庐为便坐。"后来陆机、潘尼都作过《桑赋》，都以桑树作为晋朝兴起之兴征。刘裕于义熙十四年（公元418年）立恭帝，元熙二年（公元420年）逼恭帝禅位，前后正三年。本来希望恭帝在三年内政治上有所建树，固本自立，不料毫无成绩，即遇政变，根株全毁。追溯原因，正在不该种桑于江边（意谓不该倚赖刘裕），而应该植根于高原。如今事已悔之无及。比兴之中，寄托了一片沉痛的心情。"春蚕"、"寒衣"两句又深注自己依恋晋朝的思想。

沈约《宋书·陶潜传》说："（潜）自以曾祖晋世宰辅，耻复屈身异代，自高祖王业渐隆，不复肯仕。所著文章，皆题其年月，义熙以前，则书晋氏年号，自永初以来，唯云甲子而已。"这个说法，在封建时代的评注陶诗的人中很有影响。但也很早就有人怀疑。首先，陶渊明义熙元年自彭泽辞官归田的时候，刘裕刚以一个地位不高的武将临时被推为八州都督，初掌朝政，下距晋宋易代还有十五年。不能说他辞官的原因就是"耻复屈身异代"，即使他当时对刘裕不满，也不可能预见刘裕将来篡晋的结局。沈约说的书年号、书甲子的情况，也与陶集情况颇有出入。现存陶集中，题晋代年号者只有文两篇（即《桃花源记》、《祭程氏妹文》），题甲子者有诗十二首，文三篇，其中唯《自祭文》一篇作于宋代。但是，自宋以后他没有一篇诗文题过刘宋王朝的年号，确属实情。封建时代许多研究者带着"忠愤"的有色眼镜来解释他后期的大部分作品，把他的归隐动机解释为忠于晋朝，显然是说不通的。当然说他对晋宋两朝的感情有所不同，还是符合实际的。

他的晚年，还写了著名的《读山海经十三首》，这里只引其中三首：

孟夏草木长，绕屋树扶疏。众鸟欣有托，吾亦爱吾庐。既耕亦已种，时还读我书。穷巷隔深辙，颇回故人车。欢言酌春酒，摘我园中蔬。微雨从东来，好风与之俱。泛览周王传，流观山海图。俯仰终宇宙，不乐复何如！

夸父诞宏志，乃与日竞走。俱至虞渊下，似若无胜负。神力既殊妙，倾河焉足有？余迹寄邓林，功竟在身后。

精卫衔微木，将以填沧海，刑天舞干戚，猛志故常在。同物既无虑，化去不复悔。徒设在昔心，良辰讵可待！

颜延年说陶渊明"心好异书，性乐酒德"。这一组诗正是借着《穆天子传》、《山海经》等"异书"中的神话故事，抒发自己的感慨，寄托自己的"猛志"。第一首写乡村孟夏景物烘托读书的环境气氛，也表现出他沉醉于"周王传"、"山海图"神话世界之中的坦率自然的读书风度。"夸父"一首，一反历来嘲笑夸父不自量力的俗见，大胆歌颂了他敢和太阳竞走的勇敢精神。"精卫"

一首，又歌颂了精卫、刑天这两个精灵物怪，它们能够不屈服于命运，敢于抗暴复仇，敢于和比自己强大的仇敌斗争。

他还仿阮瑀、左思等前辈，写了一首《咏荆轲》诗：

> 燕丹善养士，志在报强嬴。招集百夫良，岁暮得荆卿。君子死知己，提剑出燕京。素骥鸣广陌，慷慨送我行。雄发指危冠，猛气冲长缨。饮饯易水上，四座列群英。渐离击悲筑，宋意唱高声。萧萧哀风逝，淡淡寒波生。商量更流涕，羽奏壮士惊。心知去不归，且有后世名。登车何时顾，飞盖入秦庭。凌厉越万里，逶迤过千城，图穷事自至，豪主正怔营。惜哉剑术疏，奇功遂不成！其人虽已殁，千载有余情。

虽然是《史记》里已经写得栩栩如生的英雄形象，但在陶渊明笔下，显然又饱含着诗人的激情。他让一个横扫六合的暴君在荆轲面前战栗起来。朱熹说："陶渊明诗，人皆说是平淡，据某看，他自豪放，但豪放得来不觉耳。其露出本相者，是《咏荆轲》一篇。平淡底人如何说得这样言语出来。"他这些"金刚怒目"的豪放之作，虽然不能说和晋宋易代的事没有关系，但更应该联系他的一生、他的全人来考虑。从少年时代的"猛志逸四海"，到中年时代的"有志不获骋"，再到老年时代的"猛志故常在"，显然有一股济世的热情流贯在他的一生中。他的平淡质朴的诗风并没有掩盖这一点。

陶渊明的晚年，生活愈来愈贫困。当农田收成较好的时候，他还能过"欢言酌春酒，摘我园中蔬"的清淡自得的生活，但遇到天灾，有时就难免有断炊的危机。有时就不免要上门乞贷。有时也有好朋友主动周济他。晋宋之际著名的诗人颜延年义熙十一年做江州刺史刘柳的后军功曹，就曾经是他居住南村的邻居，虽然两人的诗歌风格不同，但彼此同游共饮中，感情相当融洽。从颜延年的《五君咏》来看，他在喜爱阮籍、嵇康上，还是和陶潜气味相投的。宋少帝景平元年（423），颜延年做始安郡太守，经过浔阳时，又每天找陶渊明喝酒，临去时留下二万钱给他，他就全部送给酒家存着，随时取酒。但是，他接受周济是有原则的。

宋文帝元嘉三年（426），檀道济做江州刺史，亲自到他家访问，这时他又病又饿好些天，起不了床。檀道济劝他："贤者处世，天下无道则隐，有道则至。今子生文明之世，奈何自苦如此？"他说："潜也何敢望贤，志不及也。"檀道济馈以粱肉，被他挥而去之。他的《有会而作》大概也就是拒绝檀道济的馈赠之后的作品。他诗中以《礼记·檀弓》里那个宁肯饿死也不吃"嗟来之食"的人为榜样，说："馁也已矣乎，在昔余多师！"

元嘉四年（427）的秋天，陶渊明在贫病交攻之下，身体越来越衰弱了。他大概预感到自己的死期已到，在九月中神志还清醒的时候，给自己写了《挽歌诗》三首，《自祭文》一篇。《挽歌诗》的第三首说：

> 荒草何茫茫，白杨亦萧萧。严霜九月中，送我出远郊。四面无人居，高坟正嶕峣。马为仰天鸣，风为自萧条。幽室一已闭，千家不复朝。千年不复朝，贤达无奈何！向来相送人，各自还其家。亲戚或余悲，他人亦已歌。死去何所道，托体同山阿。

生死的问题，是他诗文中多次提到的问题，从《归去来辞》到《形影神》三首以及《杂诗》、《饮酒》等诗都不断提到死，所以当他面对死亡之时，也就态度很自然，很洒脱达观，能不喜不惧。他居然模仿汉乐府《薤露》、《蒿里》等挽歌的诗体，描写自己被送葬入土的光景，而能摆脱一般挽歌凄凉黯淡的情调，实在很难得。他的《自祭文》以最简洁朴素的四言韵文回顾自己的一生：前半生虽做了几次小官，但他只觉得"宠非己荣，涅岂吾缁"。后半世躬耕作苦，则以"勤靡余劳，心有常闲"而欣慰。结尾的时候，他发出了在人世上的最后一声叹息："人生实难，死如之何"！这是就孔子的"未知生，焉知死"的话，下一转语，说自己已经尝尽了生的艰难，死又能更怎么样呢！他对生死问题确实是看得很透彻清醒的。据朱熹《资治通鉴纲目》说："十一月，晋征士陶潜卒。"年六十三岁。

亲友们依照他的遗愿，以"省讣却赙，轻哀薄敛"的俭朴仪式安葬了他，并询诸友好，谥曰靖节征士。

八、文学上的成就和影响

回顾陶渊明的一生，少壮时代从时代思潮家庭环境中同时接受了道家和儒家两种互相矛盾的思想，培养了"猛志逸四海"和"性本爱丘山"的两种不同的志趣，但是入仕途以后，门阀世族的统治，军阀的专权，使他济世的理想完全落空，只好弃官归田，走洁身自好、独善其身的道路。他的归田，是"结庐在人境"，隐不绝俗；亲自参加一定的劳动，"力耕不吾欺"。后半生坚决不和统治阶级同流合污。他归田以后，处于"欲有为而不能"的痛苦中，虽有时不免淡然忘世，或消极颓放，但他对现实还是继续留心，是非爱憎之情依然在炽热地燃烧着。正如鲁迅先生所说的，"陶潜正因为并非'浑身静穆，所以他伟大'"。

陶渊明一生留给我们的作品：诗歌共一百二十六首，其中四言诗九首，五言诗一百一十七首。他的四言诗并不甚出色，五言诗则沿着汉魏以来文人五言诗向抒情化、个性化发展的道路上形成了独创的新风格，特别是在除了《诗经》中少数农事诗而外几乎没有先例的条件下，把平凡的田园劳动生活引入诗歌的艺术园圃，扩大了诗歌的广阔天地，对诗歌的发展做出了巨大的贡献。

陶诗的艺术风格，主要是质朴自然，接近口语。梁钟嵘《诗品》评论说："宋征士陶潜，其源出于应璩，又协左思风力。文体省净，殆无长语。笃意真古，辞兴婉惬。每观其文，想其人德。世叹其质直。至如'欢言酌春酒'，'日暮天无云'，风华清靡，岂直为'田家语'耶？古今隐逸诗人之宗也。"萧统《陶渊明集序》说："其文章不群，词采精拔；跌荡昭彰，独超众类，抑扬爽朗，莫与之京。横素波而傍流，干青云而直上，语时事则指而可想，论怀抱则旷而且真。加以贞志不休，安道苦节，不以躬耕为耻，不以无财为病。自非大贤笃志，与道汗隆，孰能如此乎？"北宋以后，黄庭坚说他的诗"不烦绳削而自合"，秦观说他的诗"长于冲澹"，陈师道说："渊明不为诗，写其胸中之妙尔。"朱熹说："渊明诗平淡，出于自然。"又说："陶却是有力，但语健而意闲。隐者多是带气负性之人为之，陶欲有为而不能者也。"但质朴自然，也需要分析。

苏东坡论陶的几段名言，比前人似较深入了一层。他说："渊明诗初视若散缓，熟视有奇趣。如曰：'暧暧远人村，依依墟里烟。狗吠深巷中，鸡鸣桑树巅。'又曰：'采菊东篱下，悠然见南山。'大率才高意远，则所寓得其妙，遂能如此。如大匠运斤，无斧凿痕。"（见李公焕《笺注陶渊明集》引《冷斋夜话》）苏轼这段话能在陶诗的平淡散缓的外表下看出其内在的"奇趣"，确实揭示了一点陶诗的秘密。他的生活作风是平易近人的，他的思想品格却是耿介超拔的。他人格的"常"与"奇"反映在他的诗里，自然也就达到"常"与"奇"的统一。"日入室中暗，荆薪代明烛。"农家照明的荆条是平常的，诗人与亲邻谈笑欢聚的气氛，却是罕见的。"弊庐何必广，取足蔽床席。"床席是平常的，能安贫守俭的主人却是高洁的。"通子垂九龄，但觅梨与栗。"梨和栗是平常的，做父亲的对孩子慈祥幽默的风度却是非常亲切的。"众鸟欣有托，吾亦爱吾庐。"众鸟是平常的，欣喜万物各得其所的主人胸怀却是博大宽厚的。以前诗里罕见的桑、麻、鸡、狗等极平凡的农村景色，一经他写入诗中，无不充满奇趣。陶诗的写自然景物，历来备受作家批评家们的赞扬。但是我们仔细看去，实在又很难找到像谢灵运山水诗里那样精雕细刻的诗句。他不过为了抒情、叙事，随意点染或烘托几句，却往往收到百读不厌的效果。"鸟哢欢新节，泠风送余善。""平畴交远风，良苗亦怀新。""日暮天无云，春风扇微和。"都是写春天，却写得各有新意，不相重复。"清气澄余滓，杳然天界高。""门庭多落叶，慨然知已秋。""往燕无遗影，来雁有余声。"从不同的角度写秋天，却都不失秋天的萧瑟凄清的风味。而且这些写景的诗句和他的抒情叙事的部分能浑然融合，天衣无缝。

苏东坡还说过陶诗"质而实绮，癯而实腴"。意思是说他的诗平淡之中有华采，质朴之中含丰韵。这与上面论陶诗常中见奇分不开，但这里更着重的是说陶诗语言的特色。陶诗经常用的是简淡质朴的"田家语"，把他的诗与谢诗比较，铺排语很少，用典故很少，渲染物色的形容词更少。他诗中的色彩最清淡，差不多都是"青松"、"白云"、"玄鬓"、"白发"之类，像"清歌散新声，绿酒开芳颜"，就算是陶诗中最华丽的句子了。他的许多名句如"相见无杂言，但道桑麻长"，"晨兴理荒秽，带月荷锄归。"除了精选的名词、动词而外，一个形容词也没有；又如《移居》、《责子》等诗除个别句子而外，不须任何解释，可以一读就懂。但是这些诗的丰采韵味，却是相当浓厚的。清代沈德潜《说诗晬语》说："陶诗胸次浩然，其中有一段渊深朴茂不可到处。唐人祖述者，王右丞有其清腴，孟山人有其闲远，储太祝有其朴实，韦左司有其冲和，柳仪曹有其峻洁，皆学焉而得其性之所近。"以这几个唐代学陶的山水田园诗人做镜子，正反映出陶诗朴素风格中含蕴着的丰富多彩。

他现存文十二篇，计辞赋三篇，韵文五篇，散文四篇。

辞赋三篇中，《归去来辞》、《感士不遇赋》前面都有或详或略的介绍。惟《闲情赋》，在陶集中别具特色。这篇赋是仿张衡《定情赋》、蔡邕《静情赋》、阮瑀《止欲赋》而作。赋里铺陈了一连串爱情追求的幻想，例如："愿在丝而为履，附素足以周旋。悲行止之有节，空委弃于床前。"虽然结尾是"止乎礼义"，并未进攻到底，但那些胡思乱想的自白究竟是大胆的。所以唐末司空图诗说："不疑陶令是狂生，作赋其如有定情。"（《白菊》）萧统《陶渊明集序》说此赋是陶集中的"白璧微瑕"，北宋以后苏轼等人又反驳萧统。实际说，萧统指出此赋劝多于讽，并没说错。至于为瑕为瑜，则往往因时因人而异，晋宋时代，吴歌西曲流传江南，这篇赋不过吸取民间情歌《子夜歌》之意而已。

韵文五篇中，《扇上画赞》类似《咏贫士》之类主题。《读史述》九章也是赞美《史记》人物从"夷齐"至"张长公"，其中"夷齐"、"箕子"两章，有"天人革命"之后"绝景穷居"

的易代之感。《祭程氏妹文》、《祭从弟敬远文》是哀吊亲人的祭文。其中回忆他和从弟敬远同房谈心，互相勉励，以及共同收获，"三宿水滨"的情景，不仅亲切动人，而且也是陶渊明传记的好资料。《自祭文》前面已介绍过了。

散文四篇：其中《五柳先生传》、《桃花源记》前已介绍。《晋故征西大将军长史孟府君传》是为他外祖父孟嘉写的传记。《世说新语》刘孝标注引此文称为《孟嘉别传》。传里说孟嘉"行不苟合，言无夸矜"，"好酣饮，逾多不乱"等语，可见渊明性情颇受外祖的影响。《与子俨等疏》，《宋书》、《南史》都载入本传。这大概是五十岁以后一次大病中写给四个儿子的一篇家常话，既谈自己平生的志趣和个性，也勉励几个不同母的弟兄要互相友爱。他的贫困的家境，爱好自然的情趣，与坦率慈祥的个性，都写得跃然纸上。

大概说来，他的诗文在南朝时并不受文坛重视，他死后颜延年为他作诔，对他的文学成就，只说一句"文取指达"，沈约作《宋书》把他收入隐逸传，对他的诗文成就也没有肯定。齐梁时刘勰撰《文心雕龙》，对他的作品只字不提。钟嵘的《诗品》虽称他是"隐逸诗人之宗"，也仅列他于中品。萧统虽然为他编集、作传、作序，并在序中对他的诗文评价很高，可是在《文选》里只选了他的诗八首，文一篇。入选作品的篇数比谢灵运、颜延年都少。到了唐代，他才开始受到广泛的重视，李白、高适、颜真卿、白居易，推崇其人格，王维、孟浩然、韦应物、柳宗元，仿效其诗歌，为他在文坛上的地位奠定了基础。北宋以后，陶渊明的地位益尊。苏轼追和陶诗达一百零九首，大有推崇他在曹刘李杜之上之势，南宋陆游、辛弃疾和金代元好问推崇陶诗，范成大田园杂咏受益于陶诗，对诗坛影响也不小。大理学家朱熹、陆九渊对他的大力称颂，更使他在诗坛上的崇高地位不可动摇了。元明以后，注陶、评陶的风气大开。他的诗集版本之多，注释、评论之多，几与注杜、评杜相埒。对他的思想与风格的看法，历来就有分歧。颜延年重其清高，沈约重其不屈身于异代。李白喜其嗜酒天真，自由自在。高适则欣赏他不肯拜迎长官，鞭挞世俗而弃官归田。王维的山水田园诗风格虽有接近陶诗之处，但他责备陶渊明不当去官，而去过那"叩门拙言词"的"屡乞而多惭"的生活，则是错误的。颜真卿强调陶"奕叶为晋臣"，也许是针对安史之乱中一批唐室臣僚屈身事敌而故意借题发挥。评陶的分歧，在宋代有了更大的发展。大概说来，北宋人论陶，强调其真率自然，南宋人则较多地强调他"耻事二姓"的"忠愤"气节。元明清以后观点的分歧，一般都已跳不出唐宋人基本倾向的对立。值得指出的是宋、明两朝的遗民对陶的忠愤，特多共鸣。如汪元量《夷山醉歌》"遮莫貂蝉贵此身，何如柴桑漉酒巾"，明遗民阎古古《陶靖节墓》说"寄奴犹带英雄气，容得柴桑旧酒人"，更是借陶渊明来讽刺现实了。清代中期以后的诗人龚自珍、谭嗣同的推崇陶诗，也别有寄托，他们特别强调陶诗并"不平淡"的一面。龚说"渊明酷似卧龙豪"，"陶潜诗喜说荆轲"，都是欣赏其豪情激荡的。谭嗣同更说陶是"慷慨悲歌之士也，非无意于世者"。

当然，我们也要指出，陶诗中那种"乐天安命"、"知足保和"的思想和今天的时代精神格格不入。他的某些消极颓放、及时行乐之类的思想对后代流毒也不小。白居易说他的诗"篇篇劝我饮，此外无所云"，也更是在宣扬他的消极颓放思想上起了推波助澜的不好作用。

主 要 参 考 书 目

1. 元初李公焕《笺注陶渊明集》十卷，常见有《四部丛刊》影印本。此本版本较古，又有集注性质，博采宋人评语。

2. 清陶澍《靖节先生集注》十卷，常见有《四部备要》本。书中除采用宋汤汉、元初李公焕、明何孟春等各家注释外，附"诸家评陶汇集"，及自作"年谱考异"，资料比以前评注本更为丰富。陶澍，清嘉庆、道光时人，曾官至两江总督。

3. 近代古直《陶靖节诗笺》，有《隅楼丛书》本及《层冰堂五种》本，后者称为《陶靖节诗笺定本》，比前本有增删。本笺在探究陶诗词语出处上用力独勤，远较陶澍注为详，有助于体会陶诗之深度。

4. 当代人王瑶注《陶渊明集》，人民文学出版社本，注释用白话，为求简明，只注难词典故，不载评语。诗文分别依编年顺序编列。

5. 当代人逯钦立校注《陶渊明集》，中华书局版。本书在校勘字句上颇下功夫。简释亦用白话，不注文词出处及历代评语。末附《关于陶渊明》、《陶渊明事迹诗文系年》，为"文化大革命"时期遗稿，有个人独见，也有当时"左"倾思潮的影响。

6. 《陶渊明讨论集》，中华书局版，为1958至1960年《光明日报·文学遗产》讨论陶诗的文章汇编。议论之对立颇为尖锐。虽时过境迁仍可参考。

7. 《古典文学资料汇编·陶渊明卷》为北大、北师大两校中文系师生合编，中华书局版。上编为总评性资料，下编为诗文分篇汇评。虽不能说十分完备，但比清代温汝能《陶诗汇评》、陶澍《诸家评陶汇编》所收的广博得多。五四以来评陶论著很多，本书只选梁启超、鲁迅、朱自清、陈寅恪、朱光潜五家论著，亦颇精当。

谢 灵 运

（公元 385—433 年）

沈玉成

一、乌衣子弟

晋孝武帝太元十年（公元 385 年），我国文学史上著名的山水诗人谢灵运出生在会稽始宁（今浙江上虞）一所老宅子里。

原籍陈郡阳夏（今河南太康）的谢氏，东晋南渡以来一直是高门华胄的领袖。谢灵运的祖父谢玄，是淝水之战的前敌指挥之一，曾和叔父谢石、族弟谢琰一起率领八万人马击败了苻坚的百万之众，建立殊勋，因此被封为康乐县公。但是谢氏的这一支中，人丁似乎并不兴旺，谢玄只有一个儿子谢瑍，而且"生而不慧"。谢灵运的出生，使举家一则以喜，一则以忧。由于惟恐不能养育，这个信奉道教的家庭就把谢灵运送到钱塘杜明师的道馆中寄养。这样，谢灵运就有了"客儿"、"阿客"的小名，后代人也习称他为谢客。

在东晋南渡以后，以庄园经济为基础的世族门阀统治的根蒂更加深固。他们不仅是政治上的统治者，也是文化上的垄断者。谢灵运虽然寄养在道馆里，到十五岁才回到都城建康（今江苏南京），但可以推想，这一段时期他一直在接受良好的文化教育，而且并没有脱离家庭的影响①。

在寄居钱塘的时期，幼年的谢灵运笃志好学，"博览群书"，为他一生的文学创作打下了坚实的基础。但是，当时的钱塘毕竟比较闭塞，很难有条件开扩眼界。十五岁回到建康以后，情况就大不相同了。这个东晋政权的中心，地势上虎踞龙蟠，文化上则菁华荟萃。谢家和王家两大家族，聚居在朱雀桥边的乌衣巷内。这些阀阅之家，自然不乏百无一用甚至把马看成老虎的子弟（见《颜氏家训·涉务》，颜之推讲的是梁代，晋、宋之间自亦不会例外），但也确实产生过不少文化素养很高的人物。

谢灵运的族叔、晋孝武帝的女婿谢混，是当时政界和文坛的中心人物，文采风华，被推为江左第一。他能诗，开始注意到了改革玄言诗风。钟嵘认为他上继郭璞、刘琨（《诗品·总论》），沈约称赞他"大变太元之气"（《宋书·谢灵运传论》）。他的诗篇中像"景仄鸣禽夕，水木湛清华"，也被公认为清新可喜的名句。谢混同时又是一个有政治眼光的人，为了维护他所代表的家族利益，不致使门户中衰，他十分注意于本家族子弟的培养。《宋书·谢弘微传》说："混风格高峻，少所交纳，唯与族子灵运、瞻、曜、弘微并以文义赏会。"这种文义赏会，正是谢混培养下一代的一种形式。在酣宴之余，谢混写过一首五言诗，针对谢灵运等人的优缺点作了奖励和规劝。他认为"康乐诞通度，实有名家韵。若加绳染功，剖莹乃琼瑾"。又说："阿客博而无检。"谢混不负知人之明，以当时的尺度来说，他对谢灵运的评价是相当中肯的。

就在这一段时期，谢灵运承袭了康乐公的封爵，食邑二千户，接着又按照惯例授员外散骑侍郎②。《宋书·谢弘微传》载：

---

① 钱塘与始宁仅一江之隔，而且谢玄曾见到谢灵运的"文藻艳逸"（《晋书·谢玄传》）。谢玄卒于太元十三年，时灵运仅四岁，"文藻"云云，自是夸饰。但谢玄曾经感叹过"我乃生瑍，瑍那得生灵运"，可见他了然于谢灵运幼年的"颖悟"（《宋书·谢灵运传》），谢灵运并没有和他的家庭"一别音容两渺茫"。

② 谢灵运袭爵的具体时间，史无明文。本传"以国公例，除员外散骑侍郎，不就，为琅琊王大司马行参军"。琅琊王德文为大司马，事在义熙元年（405），中间又隔了一段桓玄篡逆，前后两年。由此推知当在元兴元年（402），谢灵运十八岁左右。

"晋世名家身有国封者，起家多拜员外散骑侍郎。"当时的黄门侍郎、散骑侍郎，属于"清贵"之官，由此迁转，往往坐致公卿，所以都由世家大族的成员担任。但是对这样一个好机会谢灵运却拒绝而辞官不就。其原因，估计应当和桓玄造反、进入建康有关。元兴三年（404），桓玄为刘裕等所讨平。下一年，即义熙元年，又授谢灵运为琅玡王大司马行参军，他就不嫌屈就而到任了。这是谢灵运出仕之始，时年二十一岁。又下一年，他转为抚军将军刘毅的记室参军。

二、在政治的风浪中颠顿

一个作家的创作道路，总是受着他本人的经济地位、生活经历以及由此形成的世界观的影响。这一点在谢灵运身上表现得尤其明显。

两晋政权，实质上是门阀专政。南渡以后，上层统治者之间的矛盾更加复杂，最突出的是北来士族和江东士族之间的矛盾，拥护皇室的门阀和意在篡权的军阀之间的矛盾。前者由于王导等人的处置得宜而趋于缓和，后者却始终不断而趋于尖锐。晋孝武帝宁康元年（373），掌握朝政和荆、扬两州军事权力的大军阀桓温病死[①]，桓氏让出扬州，但仍继续保留了荆州地区的军权。继桓温而当国的是谢氏家族的代表人物谢安。他执政以后，就着手组建一支由执政者自己掌握的军事力量，以便与桓氏的势力取得平衡。组建这支新军的实际负责人就是谢玄。由于谢玄在京口（今江苏镇江）招募士卒，而京口又名北府，所以这支新军就称为"北府兵"。

北府兵在东晋后期的政局中是一支重要的力量。它对外击败了苻秦的百万大军，对内则是夺权斗争的重要筹码。

---

① 东晋的经济、政治重心是荆、扬两州。扬州是京畿所在，荆州则地据上游，为甲兵之所聚，可以扼制下游。东晋的军阀如王敦、陶侃、桓温、桓玄都是先以荆州为根据地，手握强兵，然后进而有"窥窬之志"（《晋书·陶侃传》）。

　　南朝宋的开国皇帝刘裕，原来是北府兵中的将领。桓玄篡晋，刘裕表面上虚与委蛇，暗中却在集结力量，密谋推翻桓玄。刘裕的这一次政治赌博取得了成功，一举击败桓玄，迎立晋安帝复位，他自己则成为东晋政权的实际掌握者。

　　刘裕以击败桓玄而取得政权，但他取晋室而代之的目标则与桓玄并无二致。当刘裕权威日盛，为了自身利益而拥护司马氏政权的世家大族就急忙筹划对策。当时，高门华胄的冠冕王、谢二家，王氏的力量业已稍衰，作为谢氏家族的中心人物，谢混就势所必至地肩负起团结世族、对抗刘裕的重任。谢混的计划是利用刘毅的实力以打击刘裕。

　　刘毅也出身于北府兵，参与过推翻桓玄的计划。元兴三年（404）春，刘裕在京口起兵，刘毅同时在广陵起兵。二刘会师，攻克被桓玄占据的建康。其后，刘毅的地位很快上升，渐至于和刘裕势均力敌。从豪门世族来说，需要刘毅军事上的后盾；反之，刘毅也需要豪门世族政治上的支持。所以义熙二年（405）桓玄之乱刚刚平定不久，刘毅以抚军将军、豫州刺史的身份移镇姑孰（今安徽当涂），谢灵运就入其军幕以为记室参军，看来并不是一件偶然的事。

　　谢灵运在刘毅幕中前后七年。从义熙二年开始，以刘裕为一方和以谢混、刘毅为另一方的斗争越来越激烈。义熙四年，扬州刺史出缺。对这一双方所必争的重要职位，刘毅推荐谢混继任；但刘裕的手段更为敏捷，自请入朝辅政，捷足先得，造成既成事实。义熙八年，刘毅移镇江陵，任荆州刺史。谢灵运也跟着到了江陵。刘裕乘刘毅新败于卢循的机会，没有容得他喘息即于这年九月以迅雷不及掩耳的手段杀死了谢混和刘毅的弟弟刘璠，紧接着又进兵江陵，刘毅兵败自杀。从此，刘裕代晋之势已经定而不可移，余下的不过是时间和机会问题了。

　　这一次斗争，以庶族出身的刘裕所代表的军阀势力取得了胜利，但并不可能意味着根本动摇长期以来已经根深蒂固的门阀力量。刘裕本人很清楚这一点，所以，在刚刚击溃了政敌以后，立即改变了做法。他没有株连谢混的家人妻子(《宋书·谢弘微传》),甚至在他受禅称帝的时候,还以"不得谢盖寿(谢混的小名)奉玺绶"为遗憾(《晋书·谢混传》)。同时,他立即起用谢灵运为太尉参军(当时他官居太尉)表示拉拢,以安定世族的情绪。第二年刘裕从江陵回到建康,改任谢灵运为秘书丞,但时隔不久又把他免职。免职的原因,史阙不详,想来也不至有什么重大的罪名。究其实,不过是刘裕对世族又拉又打、交互为用的政治手段而已。

就世家大姓来说,后世那种"不事二姓"的伦理观念是比较淡漠的。他们拥护司马氏政权,反对刘裕的问鼎野心,着眼点乃是他们本家族、本阶层的利益:与其有一个强有力的皇帝,还不如维持一个"虚君"式的政权。而一旦形势的发展已无可挽回,他们也会顺水推舟,主持劝进。后来刘裕代晋,谢安的孙子谢澹,王导的曾孙王弘、王昙首都表示赞成,就是例证。然而,这只是就统治阶级内部的整个关系加以分析而得出的结论,具体到每一个人身上,则又有其情况的不同。如上所述,谢灵运和谢混的关系极为密切,而且追随刘毅达七年之久,这种情况已经决定了他不可能受到刘裕集团真正的信任。再则,作为乌衣巷子弟,谢灵运的门第优越感特别强烈,他的《述祖德》诗两首,"兼抱济物性,而不缨氛垢","万邦咸震慑,横流赖君子",口气是多么俯视一世;而本传说他"为性褊激,多愆礼度",谢混批评他"博而无检",则是这种优越感的折光反映。这些高门大族本来瞧不起武将①,更何况刘裕所出身的北府兵又为谢玄所一手创建。要谢灵运向自家门下的一个"老兵""摧眉折腰"而又心甘情愿,在事实上也是办不到的。不信任加上瞧不起,就决定了谢灵运半生的政治命运和悲剧性的下场,也直接影响了谢灵运作品的思想

---

① 这种情况不胜列举。最有名的例子是谢奕称桓温为"老兵",谢万称部下的将领为"劲卒"。《晋书·谢安传》记载了这两件事,并有很生动的描绘。谢奕是谢安的哥哥,谢灵运的曾祖;谢万则是谢安的弟弟。

内容和基本格调。

不论谢灵运的主观如何，他强不过客观现实。义熙十二年，他三十二岁，罢官已经三年，刘裕准备北伐长安，骠骑将军刘道怜留守建康，又召他为咨议参军，转中书侍郎，又为世子中书咨议，黄门侍郎。九月，刘裕将军到达彭城（今江苏徐州），谢灵运奉使到彭城慰劳，并写作了《撰征赋》。值得注意的是，在这一照例是歌功颂德的文体中，谢灵运只用了很小的一部分篇幅来恭维刘裕，反倒大段大段地抒发思古之幽情，回忆本朝的历史，"远感深慨，痛心陨涕"。一年以后，刘裕生擒姚泓，得胜而回，仍然驻扎在彭城。义熙十四年六月，刘裕接受相国宋公的官职和封爵，在代晋而自立的道路上又迈进了一步。谢灵运又一次前去彭城，刚好赶上刘裕在项羽戏马台大摆筵席，聚集群僚，欢送辞官东归的孔靖①。与会者都赋诗赞美孔靖的高尚其志和刘裕的宽宏大度，其中以谢瞻的诗句"巢幕无留燕，遵渚有来鸿"为一时之冠。谢灵运也写了《九日从宋公戏马台送孔令》。他们两人的诗中都有"圣心"一词，可见已经在事实上承认了刘裕作为最高统治者的地位。但是谢灵运的情绪仍然低沉，这一年他在彭城过年，有《彭城宫中直感岁暮》诗，结句"晚暮独悲坐，啼鸠歇春兰"，可以概见他当时的心情。但这时刘裕对他又重加笼络，本传说他"除宋国黄门侍郎，迁相国从事中郎，世子左卫率"，也应当是本年或稍后的事情。

刚刚重新当官，倒楣的事又跟着赶到。谢灵运有一个门人桂兴②，和他的小妾通奸。事情被发觉，谢灵运一怒之下杀死了桂兴，把尸体扔到水里。一个世家大族的贵官杀掉一个地位低微而且情不可宥的门人，本来不值得大惊小怪，但他却因此被王弘参

---

① 孔靖，字季恭。刘裕为宋公，让他担任宋国尚书令，他辞让不肯受命。

② 《宋书》本传："坐辄杀门生，免官"。《宋书·王弘传》录王弘奏弹谢灵运记载此事作"力人"，《南史·王弘传》作"军人"。在魏晋南北朝，门生的地位很低，接近于部曲佃客，《晋书·王机传》即以"奴客、门人"并提。本传复记谢灵运"奴僮既众，门生、义故数百"，可以为证。

362

谢灵运

了一本，要求把他免官、削爵、治罪。刘裕给予免官了事，以示宽大。

在谢灵运三十六岁的那一年（420），刘裕通过"禅让"的形式正式做了皇帝，改国号为宋，改元"永初"。虽说是水到渠成，实至名归，但既然改朝换代，总得有一番"正名"的手续。刘裕在安排好了晋恭帝的去处以后，接着就下了一道诏书，凡是晋代的封爵一律作废。例外的只有五家公爵，即王导、谢安、温峤、陶侃、谢玄，因为"德参微管，勋济苍生"，对他们的后人仅降一级，食邑二百户，以资奉祀先人。谢灵运被降为康乐县侯，为此，他还写了一封言不由衷的《袭封康乐侯表》①。

三、寄情山水

谢灵运在二十岁以前投身政治，不足二十年，他在官场生涯中已两经挫折。尽管他在《述祖德》诗里歌颂他的祖父"高揖七州外，拂衣五湖里"，但他实际上是一个热衷用世的人，决不能甘于全身远祸。他从两次免官中得出了教训，他是不受新王朝欢迎的人，要获得信任，必须取得有力者的支持。他所找到的支持者就是刘裕的次子庐陵王义真。

刘裕有七个儿子。长子义符，次子庐陵王义真，三子宜都王义隆。义真与义隆同岁，义符比他们长一岁。据《宋书·武三王传》记载，"义真聪明爱文义，而轻动无德业"，和谢灵运可以说是同声相应，同气相求。投在义真门下的知名人士，除了谢灵运以外，还有另一位诗人颜延之和一个名叫慧琳的和尚。

---

① 表见《艺文类聚》卷五一。郝昺衡《谢灵运年谱》以为"侯"当作"公"，系晋末袭封康乐公时所作，证据是表中有"岂臣尪弱，所当忝承"之语。按，表中明言"逮至臣身，值遭泰路，日月改晖，荣落代运"，"皇恩远被，殊代可俪"。是以信陵之贤，简在高祖之心；望诸之道，复获隆汉之封"，其为易代以后所作，当无疑义。"尪弱"云云，是一般的谦词，非必实指年岁。拙作《中古文学丛考》（载《中华文史论丛》1981年3辑）中提到谢灵运袭爵事，承郝说而误，谨此订正。

当时刘裕已经年老，长子义符早已立为太子。诸子中是否有夺嫡的阴谋，史无名文。但是有两件事很值得注意：第一，少帝义符即位两年即以游乐无度的理由被废，旋即被徐羡之、傅亮所弑，可见他的地位极不巩固。第二，义真曾经说过，得志之日，以谢灵运、颜延之为宰相，慧琳为西豫州都督。义真和他们交往时，至多才十五六岁，少不更事，弱而好弄，这样的话也活脱体现了一个小孩子的口吻，但至少可以说明，他在庐陵王的地位上有进一步"得志"的企图，也就是说想做皇帝。由此，当时的政局内幕已可窥见一斑。所以谢灵运和义真的接近，显然是一种政治性的活动，而决不是像义真自己解释的"未能忘言于悟赏，故与之游耳"。

对于皇子之间的矛盾，老谋深算的刘裕不可能没有觉察。永初三年（422）三月，刘裕患病。为了预为身后之计，就下诏把义真调离建康，以南豫州刺史的名义出镇历阳（今安徽和县）。五月，刘裕病卒，义符继位，是为宋少帝。

少帝即位时，年仅十七岁，朝政大权落在徐羡之、傅亮、谢晦手中，徐、傅是刘裕的佐命之臣，在刘裕诸子之中，他们拥护义隆；谢晦是谢灵运的族兄弟，年轻时经常在一起文酒流连，但在政治上却早已分道扬镳。为了芟除义真的羽翼，在徐、傅的策划下，谢灵运以"构扇异同，非毁执政"的理由出为永嘉太守，颜延之也在同时出为始安太守。七月，谢灵运离开建康由水路去永嘉赴任。他怀着恋恋不舍的心情和亲友告别，并写有《永初三年七月十六日之郡初发都》、《邻里相送至方山》两首诗。

永嘉郡治在今天的温州，地处浙江东部沿海，以风景清幽著称。谢灵运出京后，先回到会稽始宁老宅。在和家人亲友道别的时候，他声称三年任满就要回来安享清福。然后，他沿富春江溯流而上，经桐庐、兰溪，转由婺江而达金华。舍舟陆行，至丽水而又挂帆东下，直抵永嘉。这一条路线所经，是有名的风景区，山水佳绝。吴均在他著名的《与宋元思书》里写道：

> 自富阳至桐庐，一百余里，奇山异水，天下独绝。水皆

缥碧，千丈见底，游鱼细石，直视无碍，急湍甚箭，猛浪若奔。夹岸高山，皆生寒树，负势竞上，互相轩邈。……鸢飞戾天者，望峰息心；经纶世务者，窥谷忘反。

仕途蹭蹬的谢灵运是否也产生了"息心"、"忘反"的念头呢？看来并没有。他只是陷于苦闷和忧虑之中。这有他自己的诗《富春渚一首》为证：

宵济渔浦潭，旦及富春郭。定山缅云雾，赤亭无淹薄。溯流触惊急，临圻阻参错。亮乏伯昏兮，险过吕梁壑。洊至宜便习，兼山贵止托。平生协幽期，沦踬困微弱。久露干禄请，始果远游诺。

夜渡渔浦，旦及富春，像定山这样的山，也因为隐在云雾之中而无法盘桓登览。诗中的"惊急"、"险过"，不仅是冲着大江上风涛，也是针对着人生中的困阨。最后强自排遣，又用《周易》和《庄子》的玄理聊作自我麻醉。

舟行疾速，谢灵运一路都有诗抒情记事。《初往新安相庐口》、《七里濑》、《夜发石关亭》，应当都是这次行程中的作品。

苦闷和忧虑一直缠绕着谢灵运。抵达永嘉不久，他就患病卧床，一直到第二年春天才算痊愈。当早春的阳光赶走了肃杀的寒风，他登楼眺望，不禁感慨系之，写下了著名的诗章《登池上楼》。诗中以潜伏的虬龙和高飞的鸿雁起兴，归结到离群索居的感伤。其中著名的警句"池塘生春草，园柳变鸣禽"，还经常为后人赏析，甚至还有一段颇为有趣的传说。这个传说见于《诗品》引《谢氏家录》：

康乐每对惠连，辄得佳语。后在永嘉西堂，思诗竟日不就。寤寐间忽见惠连，即成"池塘生春草"。故尝云：此语有神助。非我有也。

谢惠连是谢灵运的族弟，少慧。谢灵运梦见谢惠连而得句，这是出于某种灵感的触发，还是故神其说，已经无法确考。不过这两句诗确实工巧而自然。叶梦得说："此语之工，正在无所用意，猝然与景相遇，借以成章，故非常情所能到。"（据王若虚

《湻南诗话》卷一引）胡应麟说"灵运诸佳句多出深思苦索"，"此却率然信口，故自谓奇"（《诗薮》外编），说明的都是同样一个道理。

人总是要有精神寄托的。谢灵运青云失路，成为徐、傅网中的政治俘虏，他无法反击而心有不甘，于是就消极不理政事，"民间听讼，不复关怀"。这一方面可以表明自己的清高，一方面也是向执政者示威，或许竟是一种以退为进的策略，用以显示地位小不足回旋，自己这样一个人物，不是区区永嘉所能牢笼。在病愈以后，他就四出遨游，而且一走就是十天半月。到他离开永嘉为止，登山临水一直是他生活中的主要内容，而且多有诗篇纪胜抒怀。这一时期是他山水诗创作的高潮，至少，在他留存下来的诗篇中，这一个时期的山水诗最为集中。

谢灵运游踪所及，遍于永嘉全境。他登上秀丽的瞿溪山、绿嶂山、岭门山、石鼓山、白石山，在清澈的瓯江上泛舟容与，兴之所至，则一片孤帆，直抵沧海。他以檀越的身份施舍斋僧，又在白石山下视察了农田水利的情况，为这次视察而写的《白石岩下径行田》诗，表露了在他诗作中难得看到的对民生疾苦的一点同情："小邑居易贫，灾年民无生。知浅惧不周，爱深犹在情。"

在永嘉整整一年，谢灵运的思想始终纠缠在矛盾之中，进既不能，退又不甘。但是庙堂之上，徐、傅当权的局面丝毫也没有改变的迹象。他终于决心称病去职。他的同族兄弟谢晦、谢曜、谢弘微等来信劝阻，都没有动摇他的决心。这一年秋天，他离开永嘉，途中有《初去郡》诗，自称现在可以得遂素志，达生而谢绝浮名，成为羲皇上人。通篇议论夹以叙事，只有"野旷沙岸净，天高秋月明。憩石挹飞泉，攀林搴落英"四句写景，清净明朗，和矛盾暂时得到解决以后的欣快心情正相一致。在这前后，他还作有《辞禄赋》、《归途赋》。

一年前，谢灵运在始宁声称，做官以三年为期。现在他提前实现了自己的诺言回到始宁老宅，时年三十九岁。

东晋在江南建立政权，离不开土著地主的支持。南下的北方世族尽可能不在太湖流域的吴郡、吴兴一带建立庄园，以免触动南方世族的经济利益。他们在当时还属于不发达地区的浙江乃至福建寻找安身立命之地。谢氏家族的据点是会稽始宁，谢安曾在这里高卧不起，谢玄东归，开始经营庄园，到谢灵运辞永嘉太守还乡，其间已历四十年。庄园带水傍山，极幽居之美，而且规模巨大，包有南北二山，两山之间不通陆路，仅有水道往来。谢玄原来住在南山，谢灵运又在北山别营居宅，并对庄园的新建部分以及农田水利、手工作坊等一一亲自规划布置。他有一篇《山居赋》，详尽地记载了这些情况。从文学技巧的角度来说，《山居赋》不是一篇成功的作品，但其中关于始宁别墅的详尽描写，却为今天的历史学家研究当时的庄园制度留下了一份重要的资料。

正当谢灵运在始宁剪榛开径、觅石寻崖，并且和隐士名僧谈玄说法的时候，刘宋王朝最高统治阶层的内部斗争却激化到了白刃相加的地步。做了两年皇帝的少帝义符，以"刑罚苛虐"、"费用万端"的理由被废，主其事者是徐羡之、傅亮和谢晦。他们拥护义符的三弟义隆。然而按照封建宗法的规定，庐陵王义真应当是合法的继承人。于是他们先在景平二年（424）二月废义真，五月再废义符，不久又陆续把他们杀害。

在刘宋皇室的内部斗争中，谢灵运想通过义真以飞黄腾达的企图最终破灭了，这在他感情中引起的痛苦自然是不言而喻的。在两年以后入京路上所写的《庐陵王墓下作》和《庐陵王诔》中，他沉痛地说："延州协心许，楚老惜兰芳。解剑意何及，抚故徒自伤。""事非淮南，而痛深于中雾；迹非任城，而暴甚于仰毒。"除了知遇的感伤以外，愤懑之情，也不能自已地溢于字里行间。

谢灵运这一次辞官家居，前后约两年多。除了修治庄园以外，他还是继续登临游览，也还是继续写诗。这一时期可以考见的诗作，有《石门新营所住四面高山回溪石濑茂林修竹》等五首。这时，他的诗名越来越高，《宋书》本传记载他在始宁写诗，"每有一诗至都邑，贵贱莫不竞写，宿昔之间，士庶皆遍。远近钦慕，名动京师"。

四、从挣扎到灭顶

政局的风云继续变幻。元嘉三年（426）初，宋文帝的地位已经巩固，他就下手剪除了专政擅权的徐羡之和傅亮。谢晦时任荆州刺史，也被擒伏诛。徐、傅等人的送命，是否由于参预机密过多而被灭口，还是"杀人二昆而以之北面，挟震主之威，据上流之重，以古推今，自难为免"（《宋书·蔡廓传》），已不得而详，但这件事却为谢灵运带来了虚幻的希望。果然，宋文帝下诏征他为秘书监，他还故作姿态不肯出山，第三次才整装就道，到达建康。一别四年，乌衣巷的旧宅依然无恙。他见到了同时被召还京的老友颜延之，高兴地写下了《还旧园作见颜范二中书》，颜延之有和诗。可惜这种高兴并没有保持多久。宋文帝征召谢灵运，其目的和他的父亲起用谢灵运一样，不过是杀了这个家族的成员又作出一点廉价的安抚，决不意味着对谢灵运本人的真正信任。谢灵运出任秘书监，又迁侍中，始终只是一个文学侍从之臣，任务是整理内府藏书，"补足遗阙"，以及撰写《晋书》。

宋文帝在政治上不信任谢灵运，并不是出于某种偏见。上面说过，谢灵运的门第优越感特别强烈，在思想深处总不能和"老兵"出身的最高统治者融洽无间；再则，他和庐陵王义真有过政治色彩十分浓厚的交往而又一直未能忘情。入京以后，宋文帝问过他"自南来何所制作"，他回答说："《过庐陵王墓下作》一篇。"（《文选》卷二三《过庐陵王墓下作》李善注引）这纵使不是当面给宋文帝以难堪，至少也像传说中孟浩然对唐玄宗念"不才明主弃"一样煞风景。这个故事如果可靠，就可以说明谢灵运尽管是高明的诗人，却是拙劣的政治家，甚至可以说对政治一窍不通。然而他缺乏自知之明，自以为出身高贵而又具有政治才能，理应参预朝廷大政，现在宋文帝把他作为文学侍从之臣，无疑是委屈了自己。于是他经常称疾不朝，"穿池援植，种竹树菫，驱课公役，无复期度。出郭游行，或一日百六七十里，经旬不归，既无表闻，又不请急"（《宋书》本传），不仅故态复萌，而且变本加厉。这种对执政者的公然藐视使宋文帝不能忍受，但是形格势禁，又不便使用过于激烈的手段，于是暗示他自己辞官。谢灵运被迫接受了这一保全双方面子的做法，上表称病，宋文帝批准给假回会稽休养。这一年，谢灵运四十四岁。

刘裕在代晋以前，曾经两次北伐，攻灭南燕、后秦，但广大的北方地区仍处在北魏和大夏的统治之下。谢灵运在辞官返家前夕，上表建议再度北伐。他认为目前北方少数民族之间的矛盾尖锐，"师老于外，国虚于内，时来之会，莫复过此。观兵耀武，实在兹日"，而自己"久欲上陈，惧在触冒。蒙赐恩假，暂违禁省，消渴十年，常虑朝露，抱屯愚志，昧死以闻"。这一道表文反映了他对统一大业的关心，不论动机如何，都应该加以肯定。

谢灵运再度回到始宁。政治斗争中一次又一次的失败，他感到自己已经走上了"末路"（《酬从弟惠连》），而只能甘于"居常以待终，处顺故安排"（《登石门最高顶》）的结局了。这个时期和他经常在一起的，有族弟谢惠连，还有何长瑜、荀雍、单璩之，都是文坛的知名之士。特别是谢惠连，少年聪俊，后人把谢灵运和他并称为"大小谢"。他的《雪赋》和《秋怀》、《捣衣》诗，都是文学史上值得提到的作品。这位"小谢"很早就为他的族兄所赏识，前面已经提到过"池塘生春草"的故事。在谢灵运从永嘉辞官回到始宁以后，他对谢惠连的父亲谢方明不能理解自己的儿子表示过不满，还把何长瑜从谢方明那里带回始宁。谢灵运和这四个人在一起，唱和酬应，"以文章赏会，共为山泽之游"，当时人把这四个人称为"四友"。

谢灵运声称"居常"、"处顺"，但实际上，这位乌衣子弟中的大名流是很难达到这一境界的。他啸傲风月，徜徉山水，头戴曲柄笠，脚登木屐①，不论多么险峻幽僻，也必定要登临而后快，

---

① 晋、宋间人好着木屐。谢灵运的木屐，前后齿可以活动，"上山则去前齿，下山去其后齿"。后来李白在《梦游天姥吟留别》中称之为"谢公屐"。

同时还和从前一样，"所至辄为诗篇"。这时的谢家，在政治上虽已不像过去那么烜赫，在经济上却依然富足。谢灵运出游，经常跟随有一批门人和奴僮，多的时候竟达几百人，以至于让临海太守王琇误认为山里出现了强盗。这种一仍故态的骄横恣肆不仅使百姓惊扰侧目，而且使政敌轻而易举地找到了借口，政治上的打击随之接踵而来：先是被御史中丞傅隆参奏而免官，不到三年，和他积不相能的会稽太守孟𫖮又以紧急公文上奏宋文帝，加之以蓄意谋反的重大罪名。

　　由于上述的各种原因，一张巨大的政治网已经笼罩在谢灵运的周围；又由于他的不自检点，这张网又正在收紧。谢灵运感觉到了，但他不甘心成为刀俎上的鱼肉，他还要挣扎。当孟𫖮宣布他意图谋逆，他星夜驰入建康，上表为自己辩护。宋文帝也认为孟𫖮的罗织有欠高明，对这件事暂时置而不问，但却把谢灵运留在建康，前后大约半年多。在这段时间里，他的行动比较收敛，也比较认真地做了两件事，一是编定了六万四千五百八十三卷"四部书"的目录，二是和名僧慧严、慧观对《大般涅槃经》作了文字上的润饰。这一年年底，宋文帝又把他发赴外任，委派他为临川（今江西临川）内史。

　　现在，谢灵运是真的走上"末路"了。《宋书》本传说他到临川以后"在郡游放，不异永嘉"。如果说谢灵运在永嘉的"肆意游遨"还带有一点消极反抗的味道，在临川的"游放"就仿佛是明知不起的病人在作最后的享乐。试比较一下他两次离开建康的诗，《永初三年七月十六日之郡初发都》，"李牧愧长袖，郤克惭蹒步。良时不见遗，丑状不成恶"，还自比李牧、郤克，不过是生不逢辰、官场失意而已。而这次离开建康，所写的《初发石首城》，"寸心若不亮，微命察如丝"，"故山日已远，风波岂还时"，则已经由失意而失望、绝望，有类于其鸣也哀了。再看他征途之中和到达临川以后所写的诗，像"凄凄明月吹，恻恻广陵散"（《道路忆山中》），"荒林纷沃若，哀禽相叫啸"（《七里濑》），"明月照积雪，朔风劲且哀"（《岁暮》），心情的颓废和情调的凄厉，都是在永嘉的诗作中见不到的。

事情的发展和谢灵运预感到的一样。他到达临川的下一年，即元嘉九年（432），他又被别人弹劾，朝廷派随州从事郑望生到临川逮捕谢灵运。可能是出于铤而走险、死中求活的万一希冀，他反而把郑望生扣留，举兵抗命。这样的挣扎自然无济于事，他很快被擒，解押到建康。司法官认为按律当处以死刑，宋文帝仍然以谢玄"勋参微管"的理由，把谢灵运徙付广州。在去广州的路上，他作有《感时赋》、《岭表赋》。在《感时赋》中，他已经十分明确自己必死无疑。果然，抵达广州不久，据说有一个名叫宗齐受的武将到涂口去，路上听到七个人在胡言乱语，于是就派兵抓住了他们。其中有一个人招供说，谢灵运曾出钱要他们几个人纠合乡里健儿，在三江口把他拦劫下来。事情的巧合和供辞的离奇，使研究者提出了许多疑问，但不管怎么样，谢灵运最终以这一罪状被杀于广州，时年四十九岁。据《宋书》本传记载，他在抗命被捕和临行时都有诗篇，表示对晋室的忠贞，其可靠的程度如何，这里也只能存而不论了。

谢灵运有一子，名凤，早亡。凤子超宗，好学，有文辞，曾被齐武帝誉为"灵运复出"，事迹见《南齐书》卷三十六本传。

五、刻意追新的创作实践

谢灵运具有深厚的文化素养，工诗文，能书画，通史学，又熟精佛老。他一生的著述非常丰富，据近人的统计，见于著录的有二十一种[1]，可惜大多散佚。今天所能见到的，除了《大般涅槃经》的译文而外，还有诗九十多首和文四卷[2]。

尽管他是一个具有多方面才能的文人，但是他的主要成就，

---

① 据叶笑雪《谢灵运传》，见《谢灵运诗选》，古典文学出版社1957年版。
② 据丁福保《全宋诗》和严可均《全宋文》。严氏所辑，包括了谢灵运一些专著的片断，如《晋书》和《游名山志》，但还有缺漏。

如所周知，则在于诗歌，特别是山水诗。

魏晋时代崇尚清谈。东晋偏安江左，清谈之风较西晋变本加厉。这种风气浸袭到文学创作的领域里，造成了玄言诗的盛行。刘勰在评论这一时期的现象时，曾概括地说过："自中朝贵玄，江左称盛，因谈余气，流成文体，是以世极迍邅而辞意夷泰。诗必柱下之指归，赋乃漆园之义疏。故知文变染乎世情，兴废系乎时序。"（《文心雕龙·时序》）当时的清谈名家孙绰、许询，就是玄言诗的主要作者。这些玄言诗淡乎寡味，近似于老庄哲学的有韵注疏，既谈不上缘情言志，也谈不上风华辞采，但在"世情"、"时序"的影响下，居然在东晋一朝蔚为风气。

物极必反。这种不属于文学的诗歌，其生命力终究是脆弱的。代之而崛起于诗坛上的就是山水诗。山水诗脱胎于玄言诗，又否定了玄言诗，这两者是互相对立而又互相联系的。在玄学家的心目中，山水本来有"以形媚道"（宗炳《画山水序》）的一面，山水之中包孕着玄趣，玄言诗中出现一点山水描写也并不罕见。东晋后期，模山范水的作品渐渐增多，诗风开始转变。谢灵运的叔父谢混在这一转变中曾经作出过贡献，但真正以自己的艺术实践完成这一变革，并使山水诗在中国文学史上成为一个流派的，则是谢灵运。

谢灵运的山水诗不仅数量多，而且质量高。由于写作的对象是新的事物，过去的文学作品中没有多少可资借鉴的技巧，所以作家必须自铸新辞，精心刻镂。谢灵运在山水诗的创作中，"钩深索隐，惨澹经营"（沈德潜《古诗源》），调动了多方面的艺术手法以准确地捕捉大自然的各种形象，形成了鲜丽清新的艺术风格。鲍照说："谢五言如初发芙蓉，自然可爱。"（《南史·颜延之传》）汤惠休说："谢诗如芙蕖出水。"（《诗品》中）两位和谢灵运同时代的诗人使用的同一比喻，正好就是这种风格的生动说明。但是另一方面，致力于追求新奇，其弊易流于艰涩险怪，这一文学史上常见的病症，在谢诗中也是常常可以看到的。

评论家们指出，谢灵运的山水诗具有开创生面、变革诗风的意义，然而其中仍然保留了不少的玄言哲理。分析这一现象，不能离开他的社会实践。他一生颠顿于政治斗争的风浪之中并最终而灭顶，他的登山临水经常是排遣失意的一种形式；同时，谢家是一个道教徒的家庭，他本人在青年时期又改奉佛教，老庄和释氏的精神麻醉剂构成了他思想中的重要部分。"山水诗"是后人总结文学史上的一种现象而赋予的名称，在诗人本身，登临寓目而辄有所书，也不过是在心为志，发言为诗而已。——他并没有去区别山水、玄言或者别的什么。谢灵运的巨大突破，在于沟通并且融化了玄言和山水，寓理于情，寓情于景，诚如黄子云在《野鸿诗的》中所评论，"于汉魏之外另辟蹊径，舒情缀景，畅达理旨"。然而这是一个高标准，在山水诗还没有成熟的那个时代，一位诗人不论多么高才博学，要使所有的作品都达到这一标准，显然是办不到的。所以，谢灵运有一部分作品，哲理游离于情景之外，类似于玄言和山水的混合物，应当看成是文学发展过程中的一种必然现象。

　　总的来说，由于他的出身、经历所决定，谢灵运在政治生活、个人品德以及思想意识上都有许多可以非议的地方。也由此，他诗篇中所反映的生活面就比较狭窄，很少看到值得肯定的进步理想，纵使有对时政的不满，也不过属于个人的怨望。然而他毕竟是我国文学史上的一位重要诗人，在促使玄言诗向山水诗转化的过程中起过决定性的作用。他那刻意追新的艺术实践，也为后来者提供了有益的经验。在他身后不久，摹仿者风起云从，一时有所谓"谢灵运体"（《南齐书·高帝十二王传》、《梁书·伏挺传》）。下及唐代，大诗人李白、杜甫、王维、孟浩然、韦应物、柳宗元等等，都曾从他的作品中吸取过营养。历来的文艺批评家，从刘勰、钟嵘一直到现代，对谢灵运的诗歌创作都给予了充分的注意。各种评论之中，肯定以至溢美的占其大部，也有一些则贬低得近乎褊狭。

　　谢灵运所撰写的《晋书》，本传说是"粗立条流，书竟不就"，但《隋书·经籍志》录有谢灵运《晋书》三十六卷，可见所谓"不就"，应当是未竟全功之意。他的书法宗尚二王，过去曾认为尚有作品存世，现经专家鉴定，系出后人假托。他在佛学上也有很深的造诣，代表的著作是《辩宗论》，为顿悟之说作护法。这些方面的详细情形，有志于专门研究的读者可以自己去作进一步的探索，本文就不加论述了。

主 要 参 考 书 目

1. 沈约《宋书》卷三六《谢灵运传》，中华书局校点本。
2. 钟嵘《诗品》（陈延杰注），人民文学出版社本。
3. 萧统《文选》，中华书局影印胡刻本。
4. 严可均《全上古三代秦汉三国六朝文》，中华书局影印本。
5. 黄节《谢康乐诗注》附《补遗》，人民文学出版社本。
6. 王仲荦《魏晋南北朝史》，上海人民出版社版。
7. 刘师培《中国中古文学史》，人民文学出版社版。

刘义庆

（公元 403—444 年）

周一良

刘义庆生于东晋安帝元兴二年（公元 403 年），卒于刘宋文帝元嘉二十一年（444）。祖先是彭城（今江苏徐州市）人，后迁居晋陵郡丹徒县京口里（在今江苏省镇江市）。父亲刘道怜，是宋武帝刘裕的二弟。刘裕的幼弟道规早死，没有儿子。宋朝建立后，道规封临川王，以刘义庆为嗣，永初元年（420）义庆袭封。

刘道怜素无才能，不受刘裕重视。刘义庆的兄弟义綦，也凡鄙没有学识。而义庆却从小为武帝刘裕所赏识。宋文帝刘义隆每给他写信，也加意斟酌，说明对义庆的尊重。义熙十二年（416），义庆从武帝攻后秦，到过长安。宋朝代晋后，义庆袭封临川王，任侍中。元嘉元年（424），转散骑常侍、秘书监，又任度支尚书，迁丹阳尹，主管首都地方事务。元嘉六年（429），在丹阳尹之外，兼任尚书左仆射，参与朝政。元嘉八年（431），因为与朝廷的左仆射相对应的天上星座左执法发生变异①，义庆害怕有灾祸，固辞仆射职位，请求外调。元嘉九年（432），出任使持节、都督荆雍益宁梁南北秦七州诸军事、平西将军、荆州（治今湖北省江陵县）刺史。荆州地广兵强，颇为富足，是长江上游

---

① 《宋书》本传作"太白星犯右执法"。义庆时为左仆射，所以当从《南史》本传作左执法。

的重镇，宋武帝命令诸子相继镇守。刘义庆被认为是宗室诸王中的人才，所以受命担任此职。他在荆州八年，有政绩，《宋书》本传说他"为西土所安"。元嘉十六年（439），改任都督江州豫州之西阳晋熙新蔡三郡诸军事、江州刺史①。刘义庆到任才一年，长期在朝廷辅政的彭城王义康被贬出京，到江州代替义庆任刺史。两人在江州治所豫章（今江西省南昌市）相见而哭。这事传到宋文帝耳里，责怪义庆，调他回京。义庆知道得罪了皇帝，大为恐惧。后来文帝改变主意，改派义庆任都督南兖州徐兖青冀幽六州诸军事、南兖州刺史，他这才幸免于难。刘义庆在南兖州治所广陵（今江苏省扬州市）生病，请求回京，元嘉二十一年（444）卒于建康（今江苏省南京市）。

《宋书》本传说义庆：

> 为性简素，寡嗜欲。爱好文义，文词虽不多，然足为宗室之表。受任历藩，无浮淫之过。唯晚节奉养沙门，颇致费损。

本传又记载他少年时善于骑马。南朝时学习骑马容易被目为政治上抱有野心（参看周一良《宋书札记》），因此他后来放弃了这个嗜好。义庆性谦虚，每次到任和离任时，地方迎送的财物他一概不受。这些大约都与宋文帝对于宗室诸王和文武大臣之过分猜忌有关。为了全身远祸，义庆不得不小心谨慎，终于称病摆脱官职。史称刘义庆江州招聚文学之士，如陈郡袁淑、吴郡陆展和东海何长瑜、鲍照等，都成为他的佐史或国臣。在荆州时，临川王国侍郎有盛宏之，曾撰《荆州记》（参看曹元忠辑本《荆州记》序）。在他的周围，聚集了不少有名的文人学士。

《宋书》本传载，刘义庆曾撰《徐州先贤传》十卷，又仿照班固《典引》，著有《典叙》，"以述皇代之美"。刘氏本贯的彭城原属徐州，徐州先贤当是追叙他们家乡的人物。所谓《典叙》，

---

① 《宋书》本传作"江州之西阳"云云，据钱大昕《廿二史考异》补"豫州"二字。

大约是叙述刘氏家族或刘宋王朝的历史。但在此之外，《南史》本传还记载刘义庆著有《世说》十卷，撰《集林》二百卷，并行于世。《徐州先贤传》、《典叙》和《集林》，都已不传。沈约卒于梁天监十二年（513），上距刘义庆之死只七十余年。而《宋书》刘义庆本传所依据的宋朝旧史，可能年代更早，更接近刘义庆的时代。较早的史料中，反而不提撰《世说》之事，看来《世说新语》一书并非出于临川王刘义庆之手。鲁迅在《中国小说史略》里说，《世说新语》"乃纂缉旧文，非由自造；《宋书》言义庆才词不多，而招聚文学之士，远近必至，则诸书或成于众手，未可知也"。这个意见是很确切的。日本川胜义雄氏推论此书可能出于义庆门客、谢灵运好友何长瑜之手。①《世说新语》即使不是，而且很可能不是刘义庆自著，肯定也是在他的思想指导影响之下纂辑而成的。

汉代刘向曾著有《世说》一书，已亡佚。刘义庆因此名其书为《世说新书》，唐人著作和此书的唐写本都用此称。宋初犹沿用《世说新书》之名，后来才改称《世说新语》。《世说新语》有梁刘孝标（名峻）注本。宋泰始五年（469）北魏平青齐，迁徙一部分人口到首都平城（今山西省大同市），其中包括一些受过教育的文人，刘孝标在内。他在平城曾参与翻译佛经，到齐永明四年（486）才回到江南。注文征引的古书达四百余种，当是他在南朝所作。

《世说新语》分为三十六门，开端的德行、言语、政事、文学四门的分法，是沿用了《论语·先进》篇里孔门弟子的四科。这三十六门中所包括的故事，从时代说，由汉末到刘宋时，约三百年；从内容说，大致有两大类题材：一大类是继承汉末月旦评的传统，品评人物，即所谓"人伦鉴识"。三十六门中，不仅《识鉴》、《赏誉》、《品藻》等篇内容多属于这一方面，其他篇

中国历代著名文学家评传（第一卷）

---

① 见《东方学报》京都第 41 期所载《关于世说新语之编纂——元嘉之治的一个侧面》。

中，也多有"目"某人或为某人"目"的故事。"目"是"题目"的省略，意即品评。《赏誉》篇中，记载了所谓对吴四姓旧目云云，是对孙吴的朱、张、顾、陆四个家族的品评。甚至于对外国高僧高坐上人，也加以题目。《德行》篇中称王绥为"试守孝子"，是人物品题在玩笑方式上的一种表现。《言语》篇记载桓温营建江陵城，甚为华丽，大会宾僚云，"若能目此城者有赏"。这是把对人物的品评题目引申运用于城郭景色了。

另一大类的题材是记述魏晋南朝的玄谈清言。这其中有谈哲理的，也有只是言词辩给、善于应对的故事。例如《政事》篇所载有名的王衍与阮修关于老庄与孔孟同异的"三语掾"的故事，和《假谲》篇支愍度立心无义的故事，都属于前者，是研究当时思想史、宗教史的重要资料。《世说新语》中所记善于应对的故事很多，不烦列举。《言语》篇有一段记载简文帝与桓温的故事：

> 简文作抚军时，尝与桓宣武俱入朝，更相让在前。宣武不得已而先之，因曰："伯也执殳，为王前驱。"简文曰："所谓'无小无大，从公于迈'。"

这个故事记述两人都善于词令，巧妙地引用诗句表示谦逊，而并不一定是实有其事。但如果意识到司马昱与桓温当时政治上既相联系又相敌对的紧张关系，则它所暗示的内容确实反映了两人关系之微妙，故事的要害就不止于应对敏捷的语言问题了。当然，在语言方面，《世说新语》里保存了不少东晋南朝习用的词汇和口语，如"将无"、"将不"之作"莫非"解，这类例子很多，是研究语言的学者们的一个宝藏。

作为文学作品，《世说新语》有其重要价值。虽然书中每段文字简练笔墨不多，但隽永生动，耐人寻味，往往细致深刻地反映了魏晋南朝人的思想风貌。在描绘政治人物方面，如《识鉴》篇载：

> 石勒不知书，使人读《汉书》，闻郦食其劝立六国后，刻印将授之。大惊曰："此法当失，云何得遂有天下！"至留侯谏，乃曰："赖有此耳！"

前后只用三句话，表达出石勒的统治经验和远见卓识。《轻诋》篇有这样一段：

> 庾公权重，足倾王公。庾在石头。王在冶城。坐大风扬尘①，王以扇拂尘曰："元规（庾亮字）尘污人！"

王导口中的五个字，描绘出他对庾亮不满之深。当时朝廷上统治阶级内部外戚与高门之间的矛盾，也委婉细致地衬托出来。

《雅量》篇载：

> 谢公与人围棋，俄而谢玄淮上信至。看书竟。默然无言，徐向局。客问淮上利害。答曰："小儿辈大破贼。"意色举止，不异于常。

这段叙述描绘出谢安的风度。结合《晋书》本传根据其他来源在下面接着的叙述：

> 既罢还内、过户限，心喜甚，不觉屐齿之折。

从中更可看出，谢安既有作为一个封建统治阶级中政治家的镇静雅量，也有作为一个人的喜怒哀乐。

《任诞》篇有两段故事：

> 毕茂世云："一手持蟹螯，一手持酒杯，拍浮酒池中，便足了一生。"

> 王子猷尝暂寄人空宅住，便令种竹。或问："暂住，何烦尔？"王啸咏良久，直指竹曰："何可一日无此君？"

这两个不同的故事，表现了魏晋人物两种不同类型的放诞不羁，都很典型，给人留下深刻印象。

《伤逝》篇载：

> 顾彦先平生好琴。及丧，家人常以琴置灵床上。张季鹰往哭之，不胜其恸，遂径上床鼓琴。作数曲竟，抚琴曰："顾彦先颇复赏此不？"因又大恸，遂不执孝子手而出。

描写悼念亡友的哀痛之情，跃然纸上。又如《贤媛》篇记载妇女的妒忌：

---

① "坐"即"停车坐爱枫林晚"的"坐"，犹言由于。

> 谢公夫人帏诸婢，使在前作伎，使太傅暂见，便下帏。
> 太傅索更开。夫人云："恐伤盛德。"

笔墨不多，特别是谢安夫人的话只用四个字，却描绘出她这种具有教养的士族高门妇女的妒忌心理和老练手腕，使得像谢安这样的封建统治阶级中大人物，也只好哑口无言。《规箴》篇还有一段描写贪吝泼辣的妇女的故事，异常生动，可以说是对于门阀士族贪婪剥削生涯的无情揭露：

> 王平子年十四五，见王夷甫妻郭氏贪，欲令婢路上担粪。平子谏之。并言不可。① 郭大怒，谓平子曰："昔夫人临终，以小郎嘱新妇，不以新妇嘱小郎！"急捉衣裾，将与杖。平子饶力，争得脱，逾窗而走。

这里所举只是《世说新语》全书中的极小一部分，就足以说明，这部书作为文学作品，也是很成功、有价值的。

刘义庆以前或与他同时，有不少著作性质与《世说新语》有近似之处，但都已失传，说明它们没有《世说新语》那样的强壮生命力。宋代以后，又出现一些模仿《世说新语》的著作，都远不能和它相比，未能广泛流传。其原因除内容而外，与《世说新语》一书文学技巧之高超是分不开的。即使此书并不出于刘义庆之手，我们把这位主编者列入著名文学家的行列，让他作为参与撰写《世说新语》这部文学名著的许多无名作家的代表，应该也是有意义的吧。

主 要 参 考 书 目

1. 沈约《宋书》卷五一《临川烈武王道规传》，中华书局校点本。
2. 李延寿《南史》卷一三《临川烈武王道规传》，中华书局校点本。
3. 刘义庆《世说新语》，思贤讲舍本。

---

① 唐写本"郭"字下无"氏"字，"并言"两字下有"诸"字。

鲍　　照

（公元？—466 年）

曹道衡

一、鲍照的生平

鲍照字明远，祖籍东海（晋代郡名，治所在郯，即今山东郯城一带，辖区包括今江苏北部和山东南部的一些地方）人①；也有材料说他是上党（今属山西省）人，则是因为东海鲍氏的祖先乃东汉太尉鲍昱之子鲍德，由上党迁居东海（见《元和姓纂》），六朝和唐代人讲籍贯，往往说的是其人最早的祖贯，所以东海、上党二说并不矛盾。至于鲍照本人的出生地点，大约是在京口（今江苏镇江）一带。因为晋代的东海郡属徐州，西晋末年的战乱中，北方人南逃时，徐州诸郡流民，大抵聚居京口，故东晋南朝以此地为南徐州治所。

鲍照的生年无考，卒于宋明帝泰始二年（公元 466 年），据南齐虞炎《鲍照集序》说他卒年五十余推算，当生于东晋安帝义熙十年（414）前后。

---

① 鲍照祖籍东海，究属今何地，有种种不同说法，有的认为在今山东苍山南；有的认为在江苏灌云；我认为在东海郡，具体属何县，不能确考。参见拙作《关于鲍照的家世和籍贯》（《文史》第七辑）。

东海鲍氏在南朝算不得高门，他的父祖姓名都不见于史传。他本人虽以文学才能见称于世，但在《宋书》中，他的事迹不过寥寥数语，附见于《临川王义庆传》。《南史》本传比《宋书》稍详，但有不少疏误。较可信的史料倒是南齐虞炎所作的《鲍照集序》，然亦语焉而不详。

关于鲍照的身世，当前学术界仍有争论，即：他是士族还是庶族出身的问题。从文化教养及仕官经历看，认为他虽较贫寒，还应属于士族。这些意见应该说是有道理的。不过，《南齐书·幸臣传》中却把他和巢尚之等庶族出身的人并提。因此这个问题，似不易断定。不过，在等级森严的门阀制度下，士族中的下层，其实也不为上层人物所重视。下层士族与庶族之间，接触较多，正如刘宋初年的王弘所说："如衰陵士人，实与里巷关接，相知情状，乃当于冠带小民。"（《宋书·王弘传》）鲍照自称"北州衰沦，身地孤贱"（《拜侍郎上疏》）。虞炎《鲍照集序》亦称他"家世贫贱"。这些都说明他的出身较低，即使是士族，也不过是王弘所谓"衰陵士人"，否则《南齐书·幸臣传》就不会提到他。

关于鲍照早年的经历，我们几乎一无所知。从他的《请假启》来看，似乎他父亲死得较早。他母亲大约活到了宋孝武帝时代。此外，他有一个妹妹，就是著名的女诗人鲍令晖。她死于孝武帝前期。[①] 鲍照的妻子似乎也比他先死，因此他写过一篇《伤逝赋》。此外，他还有没有别的亲人不得而知。根据虞炎《鲍照集序》说他"少有文思"，可以推测他的创作活动应该开始得较早。

鲍照开始踏上仕途的时间，大约是宋文帝元嘉十六年（439）去见临川王刘义庆，被任为临川国侍郎之际。当时他大约二十多岁。据说他去见刘义庆前，曾有人劝他别去，说是

---

① 《诗品》以为鲍令晖是齐代诗人，一些研究者根据鲍照《请假启》，已证明此说不妥，详见钱仲联《鲍参军集注》。

"郎位尚卑,不可轻忤大王!"鲍照听了很气愤,答云:"千载上有英才异士,沉没而不闻者,安可数哉!大丈夫岂可遂蕴智能,使兰艾不辨,终日碌碌与燕雀相随乎?"(见《南史·临川烈武王道规传》附鲍照传)于是,他就去谒见刘义庆,贡诗言志,得到赏识,被任为临川国侍郎。这一年秋天,他就离家赴江州,进入刘义庆的幕下。① 在赴任途中,他把沿途所见的景色和自己的感受写信告诉鲍令晖,这就是至今传诵的骈文名作《登大雷岸与妹书》。和这封信差不多同时,他还写了一篇《游思赋》。

鲍照在临川王刘义庆幕下共六个年头。他和刘义庆之子刘烨的关系较好。刘义庆自己又是一个较有文学才能的人,对他也较重视,所以总的来说,相处得还不算很坏。他现存的文章中,有一篇《皇孙诞育上疏》,自称"兼郎中令侍郎臣照言",从时间推测,大约作于元嘉二十年左右,说明他在临川国可能兼任过郎中令之职。但他和那些同列似乎关系不算好。在他的《野鹅赋》中提到"惟君囿之珍丽,实妙物之所殷,翔海泽之轻鸥,巢天宿之鸣鹑,鹏程材于枭猛,翚荐体之雕文,既敷容以照景,亦选翮以排云,虽居物以成偶,终在我以非群"等句,显然暗喻自己和那些同僚合不来。所以他又说:"空秽君之园池,徒惭君之稻粱,愿引身而蹑迹,抱末志而幽藏。"当时他确曾受到过打击,在《谢随恩被原表》中他自称"由臣悴贱,可诬可侮,曾参杀人,臣岂无过;寝病幽栖,无援朝列,身孤节卑,易成论硋",即系受人排挤打击后的怨愤之词。

刘义庆死于元嘉二十一年。义庆死后,鲍照很可能闲居一个阶段。有的研究者认为他曾一度到过衡阳王刘义季的幕下,并随

---

① 鲍照去临川王刘义庆幕下以前,是否有官职?从《南史》所谓"郎位尚卑"及《临川王服竟归田里》的"舍耒将十龄"来看,确有此可能性。此点我在《关于鲍照的家世和籍贯》(《文史》第七辑)中曾提到。但目前尚无确切材料可以证明。所以暂时把他出仕之年定为此际。

义季北至彭城（今徐州）等地。此说尚难确证。① 他至迟到元嘉二十四年，又再次出仕，当时据说河济俱清，他向宋文帝献了一篇《河清颂》。这篇文章写得典雅庄重，颇受过去的评论家所称许。《宋书》本传还全录此文。其实它不过是歌颂帝王功德之作，在鲍照作品中，称不上代表作。

鲍照再次出仕后，曾到过宋文帝子始兴王刘濬幕下任侍郎之职。他曾奉刘濬之命，作过《白纻舞曲》四首，还随刘濬登蒜山，作《蒜山被始兴王命作》等诗。刘濬和杀死宋文帝的太子刘劭是同谋，合称"二凶"。鲍照离开他幕下大约是元嘉二十八至二十九年间的事。元嘉三十年就发生了刘劭杀文帝的事。鲍照在离开刘濬时，对刘劭、刘濬的行径，可能有所觉察。因为据《宋书·二凶传》等书记载，宋文帝和他两个儿子间的矛盾，已存在很久。鲍照辞去始兴王国侍郎之职后，就去到今湖北随县一带任永安令②。他在永安令任上写了《采菱歌》七首，其中第五首有"空抱琴中悲，徒望近关泣"之句，用《左传·襄公十四年》孙文子得罪卫献公，"遂行，从近关出"的典故。近人黄节等注家都认为他这首诗乃对时事有所感而作；第六首："春芳行歇落，是人方未齐。"则亦似感叹元嘉之政将衰，对刘宋王室互相残害的密谋深感忧虑。

当刘劭杀文帝自立，孝武帝刘骏起兵平乱时，鲍照正任永安令。因为他曾在刘濬幕下任职，且去职不久，所以曾受株连，一度被禁止。但事实证明他与此案无干系，不久即解禁止。他在

---

① 清钱振伦说，详见钱仲联《鲍参军集注》。此说主要根据为《见卖玉器者》诗之"我方历上国，从洛入函辕"句。但细玩原诗似是作者拟卖玉器的人口吻，自称要由洛阳入关，把玉器卖给关中的"十贵"、"四豪"之流。（这"十贵"、"四豪"当指汉代的贵人，亦托古之词，类似《拟古》中所言"函谷"、"上林"。）并非诗人真正要去北方。何况鲍照时代，长安、洛阳已早落入北朝疆域。恐怕很难设想作者以长安、洛阳代指彭城等地。

② 鲍照任永安令问题，过去的研究者有的认为是"永嘉令"之误。我认为他确实曾任永安令（见下文）。详细理由见拙作《鲍照几篇诗文的写作时间》（见《文史》十六期）。

《谢永安令解禁止表》中自称："加以沦节雪飙，沈诚款晦；值天光烛幽，神照广察，澡疪从宥，与物更禀；遂晞晒阳春，湔汰秋水，缀翼云条，茸鲜洪沼，洗胆明目，抃手太平，重甄再造，含气孰比。"就是向孝武帝感激被赦而重新起用的事。

鲍照在孝武帝时，曾任海虞令、太学博士兼中书舍人、秣陵令、永嘉令等职。① 大约在他任中书舍人时，孝武帝有一次向他谈到了鲍令晖的文学才能，他说："臣妹才自亚于左芬，臣才不及太冲耳。"（见《诗品》）但此后不久，鲍令晖就去世了，鲍照曾向皇帝请假送葬。② 在这期间，他的经济状况是很贫困的。自称所住的屋子"上漏下湿"，"比欲完葺，私寡功力，板锸绚涂，必须躬役"。（《请假启》）

孝武帝大明五年（461）改封第七子刘子顼为临海王任广州刺史，同年又改任荆州刺史。鲍照任他的行参军，到荆州后，又任刑狱参军。当时刘子顼年仅六岁。大明八年，孝武帝死去。子前废帝刘子业继立。次年（465）宋明帝刘彧杀子业自立。晋安王刘子勋在江州起兵反对刘彧，各地藩王、镇将纷纷响应。刘子顼的长史孔道存等挟子顼举兵响应子勋。但子勋不久被刘彧击溃，各地镇将也多数归降刘彧。当时荆州人宋景乘子勋兵败，刘彧部将吴喜、张兴世所率领的军队将到之际起兵掠城，鲍照为宋景所杀，年五十余。

鲍照死后，所著诗文大部散失。直到南齐武帝永明（483—493）年间，才由虞炎奉文惠太子萧长懋之命，搜集遗文，编成《鲍照集》。据虞炎说，当时所能搜罗到的作品，也仅半数。又据《隋书·经籍志》集部著录为十卷，原注云"梁六卷"。现今所见的《鲍集》有两个版本最为流行。一个是《四部丛刊》影印明毛

---

① 鲍照仕历据南齐虞炎《鲍照集序》。《南史》本传云："文帝以为中书舍人"。《南史》作于唐代，而虞炎是南齐人。又考《南齐书·幸臣传》："孝武以来，士庶杂选，如东海鲍照，以才学知名"，与虞炎合。足证《南史》之误。

② 《诗品》以鲍令晖为齐代人。但鲍照的《请假启》有"天伦同气，实惟一妹，存没永诀，不获计见，封瘗泉壤临送"诸语。可见《诗品》之说不确。

据宋本校勘的《鲍氏集》，凡十卷；另一个本子是明张溥《汉魏六朝百三家集》本，分卷和篇目次第与《鲍氏集》不同，但内容差不多。张本改名《鲍参军集》。今人多袭用此名。钱仲联的《鲍参军集注》是当前最详善的注本。

清代纪昀在《四库全书总目提要》中曾怀疑今本已非虞炎所编的本来面目。他所列举的理由，似不很充分。但在印刷术发明以前，由于抄写时有个别作品被遗漏，或一些字句的误衍、误夺以及次序颠倒等错误则亦在所难免。

关于鲍照的一生，历来还有一个"才尽"的说法。据云因为孝武帝"好为文章，自谓物莫能及"，鲍照怕触犯忌讳，"为文多鄙言累句"。关于此说，《宋书》本传在提到此事后，就讲"实不然也"。明代张溥在《鲍参军集题辞》中也说："集中文章，实无鄙言累句，不知当时何以相加。"今天看来，鲍照作品的写作年代，虽难精确地系年，但有不少诗歌作于孝武帝即位以后是不成问题的。如《从临海王上荆初发新渚》、《在江陵叹老伤年》等，显系孝武帝后期所作；他辞赋的代表作《芜城赋》，多数研究者也认为是大明三四年间孝武帝平刘诞之乱后作①。这些诗赋都很难说有什么"鄙言累句"。不过，在孝武帝后期，他写的应用文字确实较少。因为这种应用文字，最易引起统治者注意。据《宋书·临川王义庆传》说到文帝"与义庆书，常加意斟酌"。孝武帝即位后，他在这类文章中，可能有意加进一些"鄙言累句"以自晦，使这些文章很少流传，也是可能的。

二、鲍照的乐府诗

鲍照的文学成就是多方面的。他的诗、赋、骈文都有名作。其中数量最多的是诗歌。历来的评论家把他和颜延之、谢灵运并列为"元嘉三大家"。其实，他诗歌所反映的社会生活比谢灵运

---

① 此说我本人持有异议，详见下文。

要丰富得多；在艺术上可谓各有千秋。至于颜延之则根本不足以和他相提并论。

鲍照的诗以乐府诗为最有特色，其中尤以《拟行路难》十八首更被历来读者所传诵。这十八首诗，并非一时之作，内容也包括很多方面。[①] 像陈徐陵编的《玉台新咏》，选录其中四首，把今本《鲍集》中的第八首"中庭五株桃"放在第一首，而把集中的第一首"奉君金卮之美酒"放在第三首，次序和本集完全不同。本集中的第十八首有"余当二十弱冠辰"一语，似是诗人二十岁左右所作（但这一般是约数，未可认定为二十岁那一年）。从这首诗的"莫言草木委冬雪，会应苏息遇阳春"等句看来，他对自己的前途尚抱有希望，和另几首写仕途不得志的内容很不一样。因为这些诗，大抵以抒写悲愤为主。如第四首：

> 泻水置平地，各自东西南北流。人生亦有命，安能行叹复坐愁。酌酒以自宽，举杯断绝歌路难。心非木石岂无感，吞声踯躅不敢言。

这是作者在仕途上受尽挫折之后的哀怨之词，诗的情调虽偏于感伤，却是饱含着血泪的倾诉，决非一个初涉仕途的年青人所能写得出的。第六首的情调与此不同，它偏于激愤，而且显系受过打击以后所作：

> 对案不能食，拔剑击柱长叹息。丈夫生世能几时，安能蹀躞垂羽翼。弃檄罢官去[②]，还家自休息。朝出与亲辞，暮还在亲侧。弄儿床前戏，看妇机中织。自古圣贤尽贫贱，何况我辈孤且直！

---

① 《拟行路难》非一时之作，余冠英在《乐府诗选》中早已指出；钱仲联《鲍参军集注》亦赞同此意见。我在《论鲍照诗歌的几个问题》（《社会科学战线》1981年二期）中亦主此说。因为徐陵所见鲍诗，当系梁时旧本。（徐陵虽陈代人，其书实编于梁代。）他所见的疑即《隋书·经籍志》所言"梁六卷"之本，次序与今本不同。或梁时《鲍集》次序，本有几种不同的写本。这可以推想《拟行路难》原是搜集时放到一起的，并不是一个整体。这虽属推测，但这种可能性确实存在。过去有人把《拟行路难》看做整体，并据此考证鲍照生卒年，似非确论。

② 檄，本集作"置"，今从《乐府诗集》。

这首满怀悲愤地控诉门阀制度的作品，更是对当时社会上"方正"的人不容于世有所体验之后才能写得如此淋漓尽致。一个初涉仕途或尚未踏上仕途的人，即使想写作这种题材，也是不可能写得这么深切感人的。清人沈德潜曾评此诗云："家庭之乐，岂官游可比，明远乃亦不免俗见耶。"（见《古诗源》卷十一）他不知道这正是鲍诗高明之处。正如清初王夫之所说"以乐景写哀，以哀景写乐，一倍增其哀乐"（《姜斋诗话》卷一）的道理。这也是作者具有丰富生活经验的产物。

《拟行路难》中还有一些诗，写的是行子、思妇及被遗弃的妇女的愁苦之情，写得也很细致真实。如第十三十四两首是写行子思念妻子的，第八和十二两首是写思妇想念征夫的，都能抓住一些细节，来衬托人物的心理。如：

床席生尘明镜垢，纤腰瘦削发蓬乱。（第八首）

通过器物的积满尘垢，说明久不使用和整理，来形容妇女因相思而疏懒，既无心妆饰，也忘了整治家务，以此刻画相思之苦。又如：

流浪渐冉经三龄，忽有白发素髭生。今暮临水拔已尽，明日对镜复已盈。（第十三首）

对征夫的想念家室，写得尤为深刻。白发和白须是衰老的象征，身居客地，怀有乡愁，本来容易衰老。作客者却时刻想早日回乡与家人团聚，因此怕衰老，担心客死异乡。在这种心理支配下，他见了白发就尽量拔去，可是白发偏偏长得快，今天拔去，明天又生，正显示了主人公心情的忧愁之深。像这些诗句，聊聊数语，极为传神。

《拟行路难》中还有几首写人死不能复生的悲哀，情调颇为伤感。这种思想感情是鲍照一生的坎坷遭遇造成的。当然，《行路难》这种曲调，本来属于挽歌一类。据《世说新语·任诞篇》载，东晋的袁山松就喜爱这种歌曲，当时人说他"道上行殡"。鲍照这十八首《拟行路难》虽非全写生死问题，但情调也以悲哀为主，这也多少和那种曲调本身有关。

《拟行路难》这种曲调，出现于汉魏时代。《世说新语·任诞篇》注引《续晋阳秋》曾说道"北人旧歌有《行路难》,曲辞颇疏拙"。但这些原有的曲辞,早已失传;后来东晋袁山松曾加以改写,其歌辞也没有保存下来。至于鲍照这十八首拟作,辞采华美,显然已不能算"疏拙"了。诗中有许多地方已运用了一些典故如"柏梁台"、"阿房宫"等,含有吊古之意,似亦非一般民歌中的内容。然而这十八首诗,仍多少保留了一些民歌气息,有些句子的风格,和后来某些说唱文学还有相似之处,如第十二首的"朝悲惨惨遂成滴,暮思绕绕最伤心"。有些句子则不避俗语,在今天看来还接近口语,如第十八首的"但愿樽中九酝满,莫惜床头百个钱"。这种诗句,在南北朝诗歌中比较少见。《诗品》中评鲍照诗"险俗"。所谓"俗",恐怕主要是指这一类作品。

《拟行路难》在诗歌形式方面,也起着一定的开创作用。这十八首诗基本上是五七言杂用,有时甚至还有八言句。这种杂言诗虽早在汉代的《郊祀歌》和三国时代某些民歌及文人诗中已经出现。但那时的杂言诗,基本上只是在五言或某些四言诗中,夹杂少数七言或三言的句子。三国时也有过一些七言诗,如曹丕的《燕歌行》,但都系每句用韵,和后来的七言诗不大一样。晋代在南方民歌中曾出现《白纻歌》,对鲍照有一定影响,却也是每句用韵。至于鲍照的《拟行路难》,则以七言为主,杂用一些五言句,它和过去的七言诗最大的不同,在隔句用韵,基本上已是后来所谓"七言古诗"的形式①。所以过去的评论家,常常以鲍照为七言诗的开创者。如清初王夫之就说:"前虽有作者,正荒忽中鸟径耳。"(《古诗评选》)

和《拟行路难》一样常被人们称道的另一首杂言乐府诗是

中国历代著名文学家评传(第一卷)

----

① 七言诗每句押韵,对作者不免造成拘束,隔句用韵,写起来就自由得多。在鲍照以前的作者,可能有些人已感到每句押韵的缺点,不自觉地有所突破。如《初学记》卷二十七载前秦苏蕙《织锦回文诗》中的一段,顺着读全押"阳"韵,倒读则是分押"真"、"侵"二韵,但其中"奏曲发声悲摧藏"句,"奏"字和"琴"、"音"、"心"等属"侵"韵的字不叶韵。但这种突破旧格的例子,在鲍照以前还是很少的。清人叶燮曾评句句押韵的七言诗"节促而意短,通篇竟似凑句,毫无意味"(《原诗·外篇下》)。鲍照的贡献,正在他打破了这种拘束。

《梅花落》。在《乐府诗集》中归入《汉横吹曲》一类，据说本是笛曲。这类曲调在《乐府诗集》中均无古辞，不知原有曲辞均已散佚，还是本来只有曲调而无歌辞。鲍照这首诗主要是写梅花之能在严寒中开放，而毕竟不能持久，终致零落，其用意在比喻正直的人，在恶劣的环境中即使能洁身自好，也常常要遭到摧残。这首诗在形式上和《拟行路难》又不一样，诗的前半押"歌"、"麻"韵，后半押"质"韵；转韵之处在"念其霜中能作花，露中能作实"这一句。一般的诗歌转韵，大抵和语气相一致，而此诗的语意与韵脚并不配合。这在古诗中也有先例。清王夫之《姜斋诗话》卷一《诗译》中说："句绝而语不绝，韵变而意不变，此诗家必不容昧之几也。"他还从《诗经》中举例加以说明，可见此体不能非议。

鲍照的乐府诗还有三言、七言杂用的(《代淮南王》、《代雉朝飞》)，三、五、七言杂用的(《代北风凉行》)，四言、五言杂用(《代空城雀》)和三言的(《代春日行》)等形式，都显得自由活泼，在南北朝人所拟作的乐府诗中别具一格。

鲍照五言体的乐府诗也有许多传诵的名篇，这些诗虽袭用乐府旧题，却反映了刘宋一代许多重大的社会问题，对统治者的腐朽作了较深刻的揭露，在艺术上也丰富多彩，有的辞藻绚丽，有的造语奇险，也有的质朴自然，各具特色，而总的来说笔力刚劲，颇具汉魏诗的风骨，在南朝诗人中尤为难得。在这些诗中，最为人们所熟知的是写出征军人生活的《代东武吟》、《代出自蓟北门行》等首。这些从军的题材，虽在前人的诗中早已有之，但鲍照这些作品显然反映的是刘宋时代一些出征者的思想和感情。当时宋魏两个政权南北对峙。宋文帝曾有北伐中原的意愿，这在某种程度上也符合一些出征者的要求。他们渴望收复中原，建功立业，在战斗中表现出英勇气概。如《宋书》中《柳元景传》、《臧质传》等所载元嘉二十七年的宋魏战争时，宋军一些将士作战确很勇敢。像《代出自蓟北门行》中"时危见臣节，世乱识忠良；投躯报明主，身死为国殇"等句，虽主要是作者自述雄心，

390

也多少反映出将士们的情绪。由于刘宋的国力不如北魏强大，再加上宋文帝对所委任的将帅并不放心，处处"遥制兵略"，指挥失当，以至战争失利。这就使战士们感到失望。鲍照在《代陈思王〈白马篇〉》中，正反映了他们既想报国立功，又感到朝廷对他们刻薄寡恩的矛盾心情：

> 白马骓角弓，鸣鞭乘北风。要途问边急，杂虏入云中。闭壁自往夏，清野径还冬。侨装多阙绝，旅服少裁缝。埋身守汉境，沉命对胡封。薄暮塞云起，飞沙被远松。含悲望两都，楚歌登四墉。丈夫设计误，怀恨逐边戎。弃别中国爱，要冀胡马功。去来今何道，卑贱生所钟。但令塞上儿，知我独为雄。

这首诗的气概雄浑，确实和曹植等建安作家相似。但它所反映的战争情况，则显然像南朝当时的形势一样，采取的是守势。出征者对自己从军多少有些后悔。至于《代东武吟》和《代苦热行》反映的更是士兵在作战中吃尽千辛万苦，而朝廷对他们的封赏及抚恤却极为微薄。这两首诗的主题思想虽然差不多，而手法则迥异。《代东武吟》采用一个老兵倾诉自己的经历及晚年的苦况，纯用写实的手法；《代苦热行》则竭力描绘南征的艰苦，对那里的地理环境的险恶作了许多夸张和渲染，最后则画龙点睛地以"爵轻君尚惜，士重安可希"作结。

《代白头吟》和《代陆平原〈君子有所思行〉》都是讥刺统治者的诗。《白头吟》本是一首弃妇谴责丈夫负心的诗，而《代白头吟》则把这个主题扩大化了，它写的是统治者任用谗佞而疏远正直的人。《代陆平原〈君子有所思行〉》则似是指责宋文帝于元嘉二十二年造玄武湖，立方丈、蓬莱、瀛洲三神山（见《宋书·何尚之传》）而发，所以有"筑山拟蓬壶，穿池类溟渤"之句①。这两首

---

① 西汉时长安太液池已有模拟"三神山"之事，见班固《西都赋》及张衡《两京赋》。但偏安江左的宋文帝也要仿造，何尚之苦谏，他还不听，说什么"小人常自暴背，此不足为劳"。所以诗人作刺。

诗虽都用了少量典故，但基本上还比较质朴而有古气。

《代放歌行》和《代结客少年场行》都是揭露官僚们的奢侈和热衷名利，作者对他们采取极端蔑视的态度。《代贫贱苦愁行》则写贫贱者处世的种种难处。这种苦况，显然都是作者亲身体验过的，所以写来十分亲切。此诗一大特点是语言质直，纯用白描手法，显得古朴而自然，颇受历来评论者的赞赏。

鲍照这些乐府诗不但反映了当时社会上的种种现实问题，而且在艺术上也独具特色，一般来说，都写得苍劲而且清拔，虽时有雕润，仍与汉魏乐府诗的气派比较接近。

三、鲍照的乐府以外的诗歌

鲍照的乐府诗基本上上承汉魏诗的传统，反映生活面比较广，而且刚健古朴。至于他乐府以外的诗歌，则似乎更多地继承和吸收了前代以及同时一些文人诗的长处，形成自己的风格。在他的诗集中，有一部分是公开声明的拟古之作，有些还指出是学刘桢、阮籍、陶渊明的。其中《学刘公干体五首》，确有建安诗的特色，但绝非亦步亦趋地摹仿，如第三首：

胡风吹朔雪，千里度龙山。集君瑶台上，飞舞两楹前。

兹晨自为美，当避艳阳天。艳阳桃李节，皎洁不成妍。

这首诗起句以笔力雄健取长，接下去两句写雪花飘舞亦很形象。后面四句则借景物起兴，暗喻富贵者的荣华不能长保。这种诗在使用比兴的手法方面，确与刘桢一些诗相近，而起句又多少受曹植的影响，从全诗来看，也开了谢朓某些诗的先河。所以名为拟刘桢，实则兼取古人之长，又别创新意。

他的《咏史》和《拟古》第二首命意比较接近左思的《咏史诗》，而且笔力雄健也与左思相类似。《答客》的思想和手法，在一定程度上近似陶渊明的《饮酒》、《拟古》等诗。但诗中所表现的个性，却与左思、陶渊明不同。如《拟古》第二首的末尾似偏于忧愤而不像左思那么豪迈；《答客》的"浮生急驰电，物道险弦丝"等句，也表现出鲍诗"操调险急"的特点，和陶渊明之平易不一样。此外，他有时也吸取谢灵运写景诗的某些长处，用绚丽的辞藻来描绘自然景色，如《望孤石》：

> 江南多暖谷，杂树茂寒峰。朱华抱白雪，阳条熙朔风。蚌节流绮藻，辉石乱烟虹。泄云去无极，驰波往不穷。啸歌清漏毕，徘徊朝景终。浮生会当几，欢酌每盈衷。

这首诗写的是冬景，而色彩鲜明，显示出作者对景物的欣赏心情。这种诗风就与谢灵运有一定的相似之处。如起首四句，取意就近于谢灵运《入华子岗是麻源第三谷》诗。在他有些作品中，也经常化用或吸收谢灵运诗中的一些句法，如乐府诗《采桑》中的"早蒲时结阴，晚箪初解箨"，显系从谢诗《于南山往北山经湖中瞻眺》的"初篁苞绿箨，新蒲含紫茸"中化出；《冬至》中的"舟迁庄甚笑，水流孔急叹"，也脱胎于谢诗《永初三年七月十六日之郡初发都》的"爱似庄念昔，久敬曾存故"。总的来说，他的诗风却与谢灵运很不一样。在他的诗作中描写自然景色的远较谢诗为少。前人评论有认为"鲍不如谢"的说法，主要是就写景诗而言。因为谢诗写景往往刻画工致，而又清新自然，鲍照在这方面则往往流于险仄。像他的《登庐山》二首，虽极写山势的高峻，却如清人方东树所批评的那样，并未写出庐山的特点。

但鲍照在写景方面也自有其特长，他善于写山路的险峻，以衬托旅人的愁苦。如《行京口至竹里》：

> 高柯危且竦，锋石横复仄。复涧隐松声，重崖伏云色。冰闭寒方壮，风动鸟倾翼。斯志逢凋严，孤游值曛逼。兼涂无憩鞍，半菽不遑食。君子树令名，细人效命力。不见长河水，清浊俱不息。

这首诗写的也是冬景，但和前引的那首意境完全不同，出现在诗中的画面是一片严寒肃杀的景象，正好反映了诗人风尘仆仆为衣食奔走的辛苦和不得志的心情。像这一类诗，在鲍照集子中较多，如《发后渚》、《岐阳守风》、《发长松遇雪》等都属于这一类。

鲍照另一些诗，也有写景之句，其特点在于注意对仗和辞藻，已开齐梁诗人的先声。如《上浔阳还都道中作》一诗，除少数句子外，基本上都用对仗：

> 昨夜宿南陵，今旦入芦洲。客行惜日月，崩波不可留。侵星赴早路，毕景逐前俦。鳞鳞夕云起，猎猎晚风遒。腾沙郁黄雾，翻浪扬白鸥。登舻眺淮甸，掩泣望荆流。绝目尽平原，时见远烟浮。倏忽坐还合，俄思甚兼秋。未尝违户庭，安能千里游。谁令乏古节，贻此越乡忧。

这首诗不大用典，也不像有些写景诗那样时有生僻的古字，因此比较符合后来沈约所提倡的"易见事"、"易识字"等要求。试看沈诗中如《新安江至清浅深见底贻京邑游好》、《早发定山》、《循役朱方道路》诸诗，都与鲍照此诗的写法相近。钟嵘《诗品》说沈约诗"宪章鲍明远"，恐怕和这类诗有一定的关系。和沈约同为"永明体"代表人物的谢朓，也同样受鲍照的影响。例如鲍照的《玩月城西门廨中》的"归华先委露，别叶早辞风"等句，就和谢朓相近。又如前引《学刘公干体》第三首的"朔风"二句，与谢朓《观朝雨》的手法类似；谢朓《游山》等诗中一些写山径险峻之处，亦受鲍照影响。这说明鲍照生活在刘宋后期，当时的诗风正在发生变化，他的诗正起着承先启后的作用。

历来论鲍诗者，讲到反映社会现实的方面，往往举他的乐府诗为例。但乐府以外的诗，有些也写到了统治阶级对人民的横征暴敛，如《拟古》第六首：

> 束薪幽篁里，刈黍寒涧阴。朔风伤我肌，号鸟惊思心。岁暮井赋讫，程课相追寻。田租送函谷，兽藁输上林。河渭冰未开，关陇雪正深。笞击官有罚，呵辱吏见侵。不谓乘轩意，伏枥还至今。

这首诗的可贵在于它是文人诗中较早地反映了赋税的苛重和官吏对人民凶暴的问题。前此作品中反映这一问题的，只有《华阳国志》中所载东汉桓帝时无名氏讥刺巴郡太守李盛仲的那首"狗吠何喧喧"等。但这首诗基本上是民间作品。至于鲍照以前的文人则似乎很少注意这一问题。有的同志曾认为此诗所写的主人公有"乘轩意",似乎是"寒士"而非劳动人民。但这丝毫不影响本诗的价值。因为当时的官吏对"寒士"尚且如此横暴,对农民当然更可想而知了。

鲍照的《观圃人艺植》一诗,则从另一个角度反映了当时的社会状况。他所写的"圃人",虽可能是个自耕农,未必是被剥削的贫苦农民。然而此诗主旨却在把"圃人"和"善贾"、"巧官"作对比。在诗人笔下,那些人尽管安富尊荣,而"圃人"的劳动则很辛苦,相比之下,使人觉得"圃人"比那些富贵者要高尚得多。像这类诗歌的思想意义,并不在于他所写的人物属于哪个阶级,而在于那些诗所反映的问题确实属于当时社会的重要矛盾,而且这些问题却又是前此作家所很少注意到的。

在鲍照诗歌中,借咏物以喻自己不遇知音的诗,也颇具特色,如《山行见孤桐》一诗是寄托自己希望有人识拔,以便做一番事业的意愿;《见卖玉器者》则是讽刺统治者缺乏眼力,不能赏识自己。这些诗虽都是抒发不得志的牢骚,却含蓄不露,纯用比兴手法。鲍照对这种比兴手法运用得颇为熟练,他不光用来写自己的不得志,有时也用于写赠别的诗。如《赠傅都曹别》,以鸟为喻,自称"短翮不能翔,徘徊烟雾里",不但感情真挚,设想也很新奇。《赠故人马子乔》六首的末首,以双剑比喻自己和马子乔的关系,也写得一往情深。

鲍照也有一些应制一类的诗,如《侍宴覆舟山》二首等①,不论思想和艺术都不能算成功之作。过去的批评家认为他不擅长"朝庙之作"。其实这些作品一般较少佳作,不光是鲍照那些诗如此。此外像《数名诗》、《建除诗》一类,那仅仅是文字游戏,也很少人爱读。这些作品在鲍诗中所占的比重毕竟很少。总的来说,鲍照在南北朝诗人中,应该说是很突出的,他的诗不但反映

---

① 这两首题下原注:"敕为柳元景作",当是鲍照给柳元景代笔,所以很难表现自己的真情实感。

的生活面广泛，而且在艺术风格上也颇多创造，尤其七言诗的成熟，他更有着不可磨灭的贡献。

四、鲍照的辞赋和骈文

鲍照的贡献虽以诗歌为最大，但他的辞赋和骈文也都有传诵的名作。其中最有名的，当然是《芜城赋》。这篇赋历来的注释者大多认为是大明三年或四年间（459—460）作，其根据是大明三年时，竟陵王刘诞曾在广陵起兵背叛朝廷，宋孝武帝派沈庆之率兵镇压，在破城之后曾对城中的军民大肆杀戮。鲍照写这篇赋就是凭吊此次内乱后广陵城残破的情景。这种设想当然有一定的理由。因为赋中所写广陵盛时的情况，主要以西汉的吴王刘濞建都广陵时代作背景，而刘濞也是一个背叛朝廷而最后被平定的人物。但是这种解释基本上是一种猜测。因为根据《文选》李善注的说法，此赋是鲍照登广陵故城而作①。从现有的史料来看，鲍照在孝武帝时代，除了在建康任中书舍人等职外，还做过海虞令、秣陵令、永嘉令等官，大明五年又任临海王子顼的幕僚，随同子顼前往荆州。从孝武帝即位到大明五年总共八年时间。在这八年中，鲍照共做了四个官职，其中并没有一种职位在长江以北，更没有关于他曾去广陵的记载；而在此以前，例如他在始兴王刘濬幕下时，确曾去过广陵，在那个时期，由于元嘉二十七年那次战争，广陵城也曾受过破坏。再说李善所谓"广陵故城"，可能指的是西汉时广陵的故址，并非刘宋时代作为南兖州治所的广陵城。所以认定《芜城赋》所写广陵荒残景象是刘诞叛乱后的情况，恐怕难于论定。再说宋孝武帝对刘诞的镇压所以特别残酷，是因为他揭了孝武帝的痛处，公开说："陛下宫帏之丑，岂

---

① 考《旧唐书·儒林传》，李善注《文选》，本于由隋入唐的曹宪，曹宪是"扬州江都（即广陵）人"，其说当有根据。至于《芜城赋》作于大明时之说，乃本"五臣"李周翰说。"五臣注"实多谬误，未足征信。

可三缄"（《宋书·竟陵王诞传》），以至城破时，孝武帝竟下令
"使悉杀城内男丁"（《宋书·宗越传》）。在这种淫威之下，鲍照
当年或次年就去凭吊这一战役的遗迹，这未免过于冒险。所以此
赋的写作年代和用意，似尚可进一步研究。

《芜城赋》是一篇感叹兴衰变化的吊古之作。赋的前半写广
陵在往日的盛况："车挂轊，人驾肩，廛闬扑地，歌吹沸天"；由
于财力雄厚，城墙的建筑也十分坚固："是以板筑雄堞之殷，井
干烽橹之勤，格高五岳，袤广三坟，崒若断岸，矗似长云，制磁
石以御冲，糊赪壤以飞文。"在统治者看来，这似乎可以"万祀
而一君"，永保其富贵了。然而历史的事实却粉碎了他们的梦想。
到了鲍照眼前，广陵竟是一片废墟：

> 泽葵依井，荒葛罥涂，坛罗虺蜮，阶斗麏鼯。木魅山
> 鬼，野鼠城狐，风嗥雨啸，昏见晨趋。饥鹰厉吻，寒鸱吓
> 雏，伏虣藏虎，乳血餐肤。崩榛塞路，峥嵘古馗。白杨早
> 落，塞草前衰，棱棱霜气，蔌蔌风威。孤蓬自振，惊沙坐
> 飞，灌莽杳而无际，丛薄纷其相依。通池既已夷，峻隅又已
> 颓，直视千里外，唯见起黄埃。

这两段描写形成强烈的对比，昔日盛况，更衬托出后来的荒凉，
作者很少直接抒写自己的情怀，而通过对客观景物的描绘，内心
的感伤已跃然纸上。

这篇赋在艺术手法上的又一特色是把现实的事物和想象的东
西结合在一起，如写广陵残破景象时，竟出现了"木魅山鬼"，
并且似乎耳闻其呼啸，目睹其出祟，尤其是"孤蓬自振，惊沙坐
飞"等句，分明是风吹蓬飞的常见现象，却渲染得颇为阴森，给
读者以强烈的印象。赋中即使写一些实有的事物如鹰、鸱之类，
也刻画得十分生动，以"厉吻"、"吓雏"来形容它们的鸷悍，也
使人感到好像浮现于目前一样。这篇赋所以为历来读者所喜爱，
和它描写事物的生动和形象有密切关系。

这篇赋在艺术上的又一特色是对所描写的事物，往往只作粗
线条的勾画，而不像后来一些抒情小赋那样对某一事物作细致的

描写。在赋中写到的事物很多，而每一事物往往只是一两句，展现在读者面前的画面比较广阔，在这一点上，作者多少吸取了汉代大赋那种境界开阔、气势雄浑的长处；另一方面，他又使自己所描写的种种事物有机地结合在一起，构成一幅完整的画面，毫无堆砌、罗列之感。在句法上，既有工整的对仗，华美的辞藻，又时间以散句，使人觉得既典雅绚丽，又很自然。所以不但历来的骈文家推崇此赋，就连力排骈体的桐城派"古文"家姚鼐对它也颇为赞赏。

除了《芜城赋》以外，鲍照辞赋中比较有名的要算《舞鹤赋》。这篇赋虽属"体物"之作，却也寓有借物自喻，以写其胸中不平之意。他把鹤的起舞写成是失去自由以后抒愤的行为。在赋中，他认为鹤在被人捕获之前，本是"朝戏乎芝田，夕饮乎瑶池"的自由自在的鸟。然而它"厌江海而游泽，掩云罗而见羁；去帝乡之岑寂，归人寰之喧卑"。这样，鹤当然是不甘心的。作者把鹤的起舞安排在一个悲凉的气氛之中：

> 于是穷阴杀节，急景凋年，凉沙振野，箕风动天，严严苦雾，皎皎悲泉，冰塞长河，雪满群山。既而氛昏夜歇，景物澄廓，星翻汉回，晓月将落，感寒鸡之早晨，怜霜雁之违漠，临惊风之萧条，对流光之照灼。唳清响于丹墀，舞飞容于金阁。

这段描写就有着强烈的抒情气氛。赋中写鹤的舞姿虽然着墨不很多，却颇传神。其中"众变繁姿，参差洊密，烟交雾凝，若无毛质，风去雨还，不可谈悉"几句，更把鹤飞舞的迅速变化，姿态横生，写得极为生动。赋的最后以"守驯养于千龄，结长悲于万里"作结，更点出了鹤虽善舞，而决不愿成为人们的笼中之鸟，以此比喻自己的文学才能虽高，却被官僚们所轻视的苦闷。

鲍照还有两篇短赋也颇可注意，那就是他的《尺蠖赋》和《飞蛾赋》。这两篇赋都是借物比人，前者是赞美尺蠖的能屈藏，见机而动，实际上是比喻人们在当时那种动乱之世，与其直道求伸，还不如明哲保身，隐遁远世。《飞蛾赋》则借飞蛾之自投烈焰，以取灭亡，暗喻一些热衷利禄的人追求势位，终致取祸。这两篇赋虽短，却多少可以看出作者对刘宋末年社会现实的态度。他不是一个贪图利禄之辈，对仕途的黑暗也有较深的认识，但为了衣食，他始终不能不做幕僚以度生，最后终于在统治阶级内部的争权斗争中，成了无辜的牺牲者，这是鲍照的悲剧。

鲍照的文多数是应用文字，其中具有文学价值的首推《登大雷岸与妹书》。这封信是他在元嘉十六年前往江州时在旅途中所作。这封信除了诉说旅途苦辛及离家的别绪之外，主要是写江上的秋景。信中写到作者在舟中极目四望，景物各各不同。如写庐山：

> 西南望庐山，又特惊异，基压江潮，峰与辰汉连接。上常积云霞，雕锦缛，若华夕曜，岩泽气通，传明散彩，赫似绛天，左右青霭，表里紫霄。从岭而上，气尽金光；半山以下，纯为黛色，信可以神居帝郊，镇控湘汉者也。

这种描写近乎一幅绝妙的风景画，不但色泽鲜艳，而且构思也很精妙，表现了作者初次离乡远游，见到庐山美景时的惊喜心情。至于对长江宽广与波涛的壮阔，写得也很传神。信中还写到作者在旅途中心境的变化："夕景欲沉，晓雾将合，孤鹤寒啸，游鸿远吟，樵苏一叹，舟子再泣，诚足悲忧，不可说也"，更是富于抒情意味。这封信的写法有点类似辞赋，也是上下四方各各作了不同的描写，在句中也常有一些较生僻的字，然而历来仍传诵不衰，主要在于此信在写景方面确有特色，在鲍照的文中，可推为压卷之作。

鲍照另一篇著名的文章是《石帆铭》，此文亦以写景见长，而文字典雅，笔法类似汉赋。他的《瓜步山楬文》则是一篇杂文，他在文中指出瓜步山不过是一座小山，因为峙立江边，倚仗地势，反而显得高峻和雄奇。因此说："故才之多少不如势之多少远矣。"这显然是对门阀制度的一种讽刺。

在鲍照的文章中，还有一篇《佛影颂》和一篇《飞白书势铭》，前者讲的是绘画，后者讲书法。可见他对这两种艺术都有一定的研究。他对文学尤具卓见，据《南史·颜延之传》载，颜延之曾问他关于颜和谢灵运的优劣，他直言不讳地说："谢五言如初发芙蓉，自然可爱。君诗若铺锦列绣，亦雕缋满眼。"（《诗品》亦有类似记载，但说是汤惠休语。）这深中颜延之诗的弊病。颜延之为了报复竟作"休鲍之论"。钟嵘《诗品》对此评论道："（汤）惠休淫靡，情过其才，世遂匹之鲍照，恐商周矣。羊曜璠云：是颜公忌照之文，故立休鲍之论。"其实不但鲍照，就是汤惠休的诗，也颇具民歌气息，不能厚非。倒是颜延之那种动辄用典，并专工朝庙之制的诗，才是绝少可取之处的。

主 要 参 考 书 目

1. 沈约《宋书》卷五一《临川烈武王道规传》（附鲍照传），中华书局校点本。

2. 李延寿《南史》卷一三《临川烈武王道规传》（附鲍照传），中华书局校点本。

3. 《鲍氏集》，《四部丛刊》影印明毛扆据宋刊校本。

4. 钱仲联《鲍参军集注》，上海古籍出版社本。

5. 《鲍照集序》，严可均《全齐文》本。

6. 钟嵘《诗品》，严可均《全梁文》本。

7. 刘义庆《世说新语》，《诸子集成》本。

8. 丁福保《全汉三国晋南北朝诗》，中华书局本。

9. 萧统《文选》，中华书局影印胡刻本。

10. 徐陵《玉台新咏》，成都古籍书店影印本。

11. 郭茂倩《乐府诗集》，中华书局校点本。

12. 余冠英《乐府诗选》，人民文学出版社版。

13. 王夫之《姜斋诗话》（戴鸿森笺注），人民文学出版社版。

14.《汉魏六朝百三家集题辞注》，人民文学出版社版。

沈　约

（公元 441—513 年）

王达津

一、沈约的家世和生平

　　沈约字休文，吴兴武康（今浙江武康县附近）人。他的生活经历跨宋齐梁三代，是齐梁时期著名的文学家，也是著名的史学家。

　　他的先世是东吴的世家大族，族人很多。晋王朝南迁后，他的高祖沈警曾做过谢安的参军，因为来自北方的世家大族和南方的世家大族有矛盾，北方以王、谢为首的世族当政，势力强大，沈警于是就托病还家。后来他又做过前将军青、兖二州刺史王恭的参军，不久也辞职了。沈警很相信孙泰、孙恩所传的道教，孙恩起义兵于会稽，就以沈警的儿子沈约的曾祖沈穆夫为振武将军、余姚令。孙恩失败后，沈警和沈穆夫兄弟都被晋王朝所杀，穆夫的孩子们流亡逃窜，辛苦备尝。刘裕破孙恩后，穆夫的儿子沈田子便投奔到刘裕门下，追随他克建康破桓玄，又随他北伐破姚泓入长安，任刘裕子安西将军刘义真的中兵参军、龙骧将军、始平太守，守长安。但他擅杀了安西司马王镇恶，于是被安西长史王修收杀。他的弟弟沈林子即沈约祖父，也在刘裕部下，追随刘裕克建康，又从刘裕北伐，任刘裕参军、征虏将军。刘裕即位，就是宋武帝，封他为汉寿县伯，迁辅国将军。沈约的父亲沈璞，是沈林子最小的儿子，宋文帝刘义隆时，官至宣威将军、盱眙太守，防魏有功，转为淮南太守。宋文帝病死后，宋王朝内乱，宋孝武帝刘骏起兵夺取政权，由于沈璞没有及时响应，便被刘骏杀掉。沈约再次遭遇家难，十三岁（公元453年）即成孤儿，到处潜窜，遇到大赦，才免于流亡。

东晋一代，以王、谢为代表的北方世族掌握政权，直到宋、齐，王、谢力量才逐渐削弱，南方世族有了较多的参预政权机会。这是沈约后来能以南方世族身份，取得较高地位的原因。但沈约父祖在宋均以军功起家，这也是南朝人士所轻视的，因此沈约在《宋书·自序》里，特别记载了沈警通《左氏春秋》和沈林子、沈璞的文章、著述。而沈约更十分好学，夜以继日地苦读，他母亲常不得不去灭掉他的灯烛。他精通文史，"年二十许，便有撰述之意"（《宋书·自序》）。

他本来先打算写晋书，宋明帝刘彧泰始元年（465），他二十五岁，尚书右仆射蔡兴宗知道后，便为他启请，宋明帝允许他正式去撰写。他同文士范岫同被蔡兴宗赏识，起家奉朝请。泰始三年（467）春，他二十七岁，蔡兴宗出为安西将军、郢州刺史，引他做安西外兵参军兼记室，范岫做主簿。泰始五年（469），蔡兴宗升迁征西将军、荆州刺史，沈约又做征西记室参军带关西（荆州县名）令。蔡兴宗病死后，后废帝元徽元年（473），他三十三岁，改为安西将军、郢州刺史晋熙（《梁书》本传误为晋安，今据本纪改）王法曹参军，转外兵参军兼记室。宋末入朝任尚书度支郎。

南齐萧道成建元元年（479），沈约三十九岁，被任命为征虏将军、南郡王萧长懋的记室带襄阳令。十多年来他只做参军之类的小官，他《与徐勉书》（《梁书·沈约传》）中说：

> 吾弱年孤苦，旁无期属（近亲）……崎岖薄宦，是非为己，望得小禄，旁此东归（回家养亲）。岁逾十稔，方忝襄阳县公。

可见他当时仕宦是很不遂心的。但长懋是萧道成的长孙，后来做了皇太子，由此他却获得了进取的机会。

建元四年（482），齐武帝萧赜即位，立长懋为太子，沈约年四十二，进入他仕宦和创作的得意期，他迁太子步兵校尉，管东宫书记，并直永寿省，校四部图书。沈约又特被亲遇，和太子谈话，日斜方出；又被允许进入太子寝室，招呼太子起来，接见宾友。永明二年（484），又兼著作郎，他上表（《初学记》十二）云：

> 臣约言：即日被诏，以本官兼今职。臣艺不博古，学谢专家……珥笔史观，记言文府，趋奉载扬，腆情交颜。……

此后到永明六年（488）左右至八年，又官太子右卫率（据《谢朓集》），后迁太子家令。

永明初，王俭为卫军将军，他写有《和王卫军解讲》诗，是写崇奉佛法的。

永明三年（485），太子亲临国学释奠（祭孔，事见《南齐书·礼志》），沈约有《侍皇太子释奠宴》四言诗，又有《为临川王（萧映）九日侍太子宴诗》，大约也写于此时。本年褚炫为吏部尚书，沈约写有《代褚炫让吏部表》（《艺文类聚》四八）。

永明四年（486），写有《代安陆王谢荆州表》（《初学记》十）。永明五年（487），受命撰《宋书》。

永明六年（488），沈约年四十八，九月齐武帝萧赜到琅琊城（今南京附近）讲武，沈约有《从齐武帝琅琊城讲武应诏》诗，王融等同时应诏。同年《宋书》撰写告竣上献，有《上〈宋书〉表》。这一年他还和隐士沈麟士通过信，请他出山（《梁书·沈麟士传》），沈麟士有信拒绝，他写有《答沈麟士书》（《艺文类聚》三七），信中说：

> 约少不自涯，早爱虫鸟，逐食推迁，未谐夙愿，冀幽期可话，克全素履，与尊贤弋钓泉皋，以慰闲暮，则平生之心，于此遂矣。

文中表示出自己也有想隐居的素心，说明他思想上存在矛盾，但他正被知遇，自然不会隐退。

沈约在永明年代，同时还被竟陵王子良所赏接。齐武帝第二子竟陵王萧子良，在永明二年入为护军将军兼司徒，永明四年进号车骑将军。萧子良礼才好士，倾意接待宾客，文士云集门下。永明五年正位司徒，并于鸡笼山西邸集学士抄书为《四部要略》。沈约也是竟陵王子良的宾友之一，他和兰陵萧衍（即梁武帝）、琅琊王融、陈郡谢朓、兰陵萧琛、南阳范云、乐安任昉、吴郡陆倕号称竟陵八友。

王融先做竟陵王司徒法曹参军，后迁太子舍人，永明六年王俭为仪同前，才迁秘书丞。谢朓为王俭卫军东阁祭酒，不久也做了太子舍人，永明八年才出为随王幕僚。当时都和沈约是亲密的僚友。

永明初竟陵王子良造《永明乐》，沈约有《谢竟陵王示〈永明乐歌〉启》（《艺文类聚》三七），沈约、王融等均有和作。沈约写有乐府《临高台》、《芳树》、《有所思》等诗，萧衍、王融、谢朓、刘绘也都有和沈右率作。沈约又有与王融等同作的《三日侍华（今本误作林）光殿曲水宴应制》，与范云、王融等同作的《和竟陵王游仙诗》，与范云、王思远等同作的《古意》，与王融等同作的《和竟陵王抄书》，此外还有《奉和竟陵王郡县名》、《奉和竟陵王药名》、《和陆慧晓百姓名》及与人同作的一些咏物诗，如《咏笙》、《咏篪》、《咏竹槟榔盘》等。这时沈约等贵公子孙颇有专写应诏诗和以诗为戏的倾向，如他所写的咏《领边绣》、《脚下履》二诗，格调更卑弱，近于宫体。这时期较好的诗则是能抒发自己真实感情的，如《别范安成（岫）》、《饯谢文学（朓）离夜》、《奉和竟陵王经刘瓛墓下作》等少数诗篇。这一时期，沈约还写有与竟陵王同作的《梧桐赋》等。

大约在永明八年（490）这一年，他五十岁，又迁中书郎、司徒（竟陵王）右长史、黄门侍郎。不久又兼尚书左丞，升为御史中丞（此年代据《文选·奏弹王源》注引吴均《齐春秋》），这时他写了一篇意气凌厉的弹劾文《奏弹王源》，但是是站在世家大族立场，反对世族因贫困而和庶族富人通婚的。文中有句云："虽埋轮之志，无屈权右，而狐兔微物，亦蠹大猷。"他并没有抨击权右的文章，只写了一篇《修竹弹甘蕉文》(《艺文类聚》八七) 用比喻来寄托。永明九年 (491) 安陆王萧缅死去，沈约写有《齐安陆昭王碑文》(《文选》卷五〇)，诗有《冬节后至丞相府诣世子车中作》是哀悼萧缅的作品。永明十一年 (493) 沈约五十三岁，安陆王萧子敬进号车骑将军，沈约转为车骑长史。

郁林王萧昭业即位，隆昌元年 (494)，竟陵王辅政，沈约年五十四，升吏部郎。不久王融因想拥立竟陵王子良为帝，被郁林王所杀，竟陵王子良又因病死去，沈约也被出为宁朔将军东阳太守。

生活环境的变化，倒有助于沈约的诗文创作，朝廷的昏暗，迫使沈约去赏爱山水的清新，沈约著名的山水诗，多写于贬出之后。在往东阳的路上，他写有《悯途赋》(《艺文类聚》二七)：

> 结榜穷渚，思临长屿，情依旧越，身经故楚。……日拂长浦，风扫联霞，送云凝愤，广水腾哗。听奔沸于洲屿，望掩暧于烟沙。

往东阳以及到东阳后，他写有《早发定山》、《新安江至清浅深见底贻京邑游好》、《泛永康江》、《石塘濑听猿》、《游金华山》、《登玄畅楼》等名篇，还写有著名的《八咏诗》。

齐明帝即位，沈约进号辅国将军。建武二年 (495) 沈约五十五岁，征入为五兵尚书。本年写有《让五兵尚书表》(《艺文类聚》四八)、《去东阳与吏民别》诗。谢朓先自中书郎出为宣城太守，本年或次年谢朓有《古郡卧病赠沈尚书》诗，约有答诗《酬谢宣城朓》。

建武四年 (497) 沈约年五十七，迁国子祭酒。任祭酒时期，时政昏乱，忧虑日深，他写有《直学省愁卧》、《宿东园》、《行园》、《休沐寄怀》等诗。次年谢朓也调入为尚书吏部郎，有《和沈祭酒〈行园〉》诗。

明帝死，尚书令徐孝嗣专权，使沈约草遗诏，升他为左卫将军加通直散骑常侍。这时候东昏侯萧宝卷立，极为荒淫。永元元年（499）即位后，沈约曾为萧宝卷草封他的爪牙李居士、左兴盛、刘山阳制文（《文苑英华》四一六）。但他看到齐王朝将乱，于是以母老为辞，改官冠军将军、司徒左长史、南清河太守。谢朓也因为不支持始安王萧遥光篡位的野心被杀。沈约《怀旧诗》沉痛地怀念王融、谢朓等，当写于本年后。

公元501年，雍州刺史萧衍（竟陵八友之一）带兵攻入建康，立了齐和帝。这年十二月，萧衍便把竟陵西邸旧友沈约、范云召来，引约为自己的骠骑将军司马、左卫将军。这时，萧衍王业已成，很需要世族文人拥护，沈、范都享有声望。沈约、范云也乘机劝萧衍代齐，很得萧衍欢心，便以沈约为散骑常侍、吏部尚书兼右仆射，范云为左仆射。公元502年，萧衍自立为帝，称梁武帝。沈约被封为建昌侯，迁尚书左仆射。沈约有《谢封建昌侯表》（《艺文类聚》五一）说：

> 陛下投袂万里，拯厥涂炭，臣虽心不吠尧，而迹沦桀犬。此则王业始基，臣所不与（预），徒倚日月之私，竟无蒸烛之用。……遂班山河之誓，亦何以慰悦帷帐，酬报爪牙。

表示自己没有拥戴的汗马功劳，说得也很诚恳实际。

天监二年（504）冬，沈约母亲死去，丁忧离职。天监三年春，梁武帝不许他守孝，起复为镇军将军、丹阳尹。

天监五年（506），沈约六十六岁，进侍中、右光禄大夫，领太子詹事、扬州大中正。太子萧统年才六岁。萧衍这时精选文士作为太子宫僚。次年（507），沈约改授尚书左仆射，领中书令、前将军兼侍中，又迁尚书令领太子少傅。九年（600），沈约年七十，转左光禄大夫，侍中、少傅官职依旧。沈约一生很为提高南方世族和武康沈氏地位努力，所以很希望做到台司（三公），多次示意，但梁武帝始终没有允许。天监五年曾用谢家的谢朓做司徒，谢朓死后，就用自己的弟弟临川王宏做司徒。这些官只能北来世族做，《南齐书·沈文季传》记载褚渊说："南士无仆射。"

沈文季回答说："南风不竞，非复一日。"又《张绪传》记齐武帝欲用张绪做右仆射，去问王俭。王俭说："南方由来少居此职。"可见南方世族一向连仆射都没有资格当，沈约官至尚书令、尚书左仆射已经是梁武帝破格的宠遇了。既不能给他台司，于是给他鼓吹一部，又加上"特进"称号，以表示抚慰。天监十二年（513），沈约病卒，年七十三，谥为隐侯。隐字含有贬义，是"怀情不尽"的意思，这主要是因为沈约病重时，请巫祈祷，说是齐和帝作祟，沈约便让巫上章说禅代的主张，并非由自己提出。梁武帝听到后，自然对他这种不够忠诚的态度不满，因此谥为"隐"。

　　沈约在天监年代，创作不如以前了，大多数文章是替梁武帝作的诏令。诗也多应诏作品，如《侍宴乐游苑饯吕僧珍应诏》、《侍宴乐游苑饯张徐州刺史应诏》等。梁武帝曾写过《春景明志》诗，命沈约、王僧孺和作（《梁书·王僧孺传》）。诗已亡佚。

　　梁武帝喜欢作吴歌、西曲，《古今乐录》说：《襄阳蹋铜蹄歌》是梁武帝西下时所作。沈约也写有三首。《古今乐录》说："梁天监十一年武帝改制〈江南弄〉七曲。"沈约有《江南弄》四首，此外还有《四时白纻歌》等，这些民歌体诗虽染上贵族色彩，但还比较清新。

　　他的一生是在三朝动乱中度过的，世族文人有着寄生性，自然在创作上很有局限，到晚年官位一高，就更不会有更好的作品创作出来了。

<h2 style="text-align:center">二、沈约的为人</h2>

　　沈约在南朝还是品质较好的作家，他任安西将军蔡兴宗参军的时候，蔡兴宗对自己的孩子们说：沈约是人伦的师表。他任镇军将军、丹阳尹时，任昉从义兴太守任免官回建康，由于他做官廉洁，家中人连衣服都很欠缺，沈约特派人送衣裙去迎接他（《梁书·任昉传》）。

他长于史学，对历史兴亡、历史人物的是非得失，还是比较清楚的。在《宋书》中对昏君、小人的评价，以及他的《奏弹王源文》、《修竹弹甘蕉文》都表现他还是有些骨气的文人。

但南朝政权是短促的，宋才五十九年，就有八个皇帝，齐才二十三年，竟有七个皇帝，除了开国少数霸主宋武帝、宋文帝、齐高祖、齐武帝、梁武帝外，多数是荒淫无道的昏君。世家大族是寄生的，奢侈淫逸的。少数世族出身的文人，想在政治上有所为，是很艰难的。沈约家世两次遭遇家难，又属南方世族，军功起家，更不免寄人篱下，饱历沧桑。沈约又想以自己的文史才，取得世族高华地位，因此只能曳裾王门，在政治上"唯唯而已"（《梁书·沈约传》）。《南齐书·褚渊、王俭传论》说：

> 自是世禄之家，习为旧准（即依附新王朝），羽仪所隆（高位），人怀羡慕，君臣之节，徒致虚名，贵仕素资，皆由门庆。……固知殉国之感无因，保家之念宜切。

这就是说皇帝一如过眼的路人，欲忠无由，只好保家保身，坐取高位。这是一种必然现象，沈约为人，也就不能例外，所以他虽不趋炎附势，但也不能在政治上有所作为。

由于沈约精通典章制度，他在这方面则还是有些贡献的。如整理谱籍，《南史·王僧孺传》记：尚书令沈约曾建议保存晋代咸和二年（327）后所留下来的谱籍加以整理，梁武帝因诏王僧孺改定《百家谱》，这自然是站在世族立场上建议的，有他阶级局限。又如选举制度，天监中沈约曾上书论选举（《通典》一六），讲汉代不分士庶，一律必须学而优则仕，经过做小吏，有能力，然后选拔为文学、功曹，又积累岁月，才学出众，才被公府召辟，又经过做牧守地方官，才可以做台司。他批评当时秀才、孝廉对策，只是雕虫小技，不关政理得失，以此求才，只是白费工夫。这一论评具有真知灼见。

梁初整理音乐，也曾诏问过沈约，沈约有《答诏问音乐书》见《隋书·乐志》。他也懂法律，《梁书·柳恽传》："天监元年与仆射沈约等共定新律。"又《文选》阮籍诗注采用了沈约的注解，也可以看到沈约对前人作品，特别是阮籍《咏怀》这样的作品，下过工夫。这些方面还是或多或少有益于当时或后代的。

至于他奖励人才，表扬后进，却是他为人最突出的表现。今列举事例于下：

> 竟陵王深相契重，号为周舍，时太子左（当为右）卫率沈约亦以述曾方汲黯。（《梁书·范述曾传》）

> 与同郡陆倕，幼相友狎，尝同载诣左卫将军沈约，适值任昉在焉，约乃谓昉曰："此二子后进才秀，皆南金也。"（《梁书·张率传》）

这都是奖励有骨鲠的品质好的人物的，而在文学方面表扬后进则更多。如：

> 沈约亦复爱其文，尝谓逊曰："吾读卿诗，一日三复，犹不能已。"（《梁书·何逊传》）

> 沈约尝见均文，颇相称赏。（《梁书·吴均传》）

> 尚书令沈约当世辞宗，每见筠文，咨嗟吟咏，以为不逮也。（《梁书·王筠传》）

> 尝著《鸿序赋》，尚书令沈约见而称曰："可谓得明道之高致，盖《幽通》之流也。"（《梁书·萧子显传》）

> 湘州刺史杨公则卒，几为之诔，时年十五。沈约见而奇之，谓其舅蔡撙曰："昨见贤甥《杨平南诔》，文不减希逸（谢庄）之作。"（《梁书·萧几传》）

> 年十四尝赠沈约五言诗，为约所称赏。（《梁书·谢举传》）

> 尝为上朝诗，沈约见而美之，时沈约郊居宅新成，因命工书人书之于壁。（《梁书·刘显传》）

> 为《游庐山诗》，沈约见之，大相称赏，自以为弗逮。约郊居宅新构阁斋，因命工书人题此诗于壁。（《梁书·何思澄传》）

以上都是奖励文学上的新秀的，而在文论方面则高度评价了《文心雕龙》，《梁书·刘勰传》：

既成，未为时流所称，勰自重其文，欲取定于沈约。约时贵盛，无由自达，乃负其书，候约出干之车前，状若货鬻者。约便取读，大重之，谓为深得文理，常陈几案。

对熟习典章制度的文人，则很赞美范岫。《范岫传》：

　　　文惠太子之在东宫，沈约之徒，以文才见引，岫亦预焉。……约尝称曰："范公好事该博，胡广无以加焉。"

　　从以上的事例看，沈约这样爱人才、奖后进，不能不说是影响于当时社会和后代的好作风。所以李商隐诗："雾夕咏芙蕖，何郎（逊）得意初。此时谁最赏，沈范两尚书。"（《漫成》），就是评价沈约、范云这样的美德的。总的说来，他为人还是比较笃实而有骨气的，早岁负有清名，但晚年地位高了，贪慕荣利，便为《梁书》所讥评。

三、沈约的文学思想和文学成就

　　沈约、王融、谢朓等在齐代创造了"永明体"诗，永明体是一种新体，是齐梁时代的格律诗，为唐代完成格律诗奠定了基础。

　　魏晋文人已经逐渐讲求声律，梁慧皎《高僧传》说："始自陈思王曹植，深爱声律……原夫梵呗之起，亦肇自陈思。"陆机《文赋》也讲道："暨八音之朗畅，若五色之相宣。"谢灵运诗："蘋苹泛沉深，菰蒲冒清浅。"（《从斤竹涧越岭溪行》）上句用双声、叠韵，下句用叠韵、双声。到齐永明年代，研究声律的文人已经很多。梁钟嵘《诗品序》讲："王元长倡其首，谢朓、沈约扬其波。……至于平上去入，则余病未能，蜂腰、鹤膝，闾里已具。"《南史·陆厥传》说："齐永明末，盛为文章，吴兴沈约、陈郡谢朓、琅琊王融，以气类相推毂。汝南周颙，善识声韵；为文皆用宫商，以平上去入为四声，以此制韵，有平头、上尾、蜂腰、鹤膝。五字之中，音韵各异，两句之中，角徵不同，不可增减，世呼为永明体。"唐封演《闻见记》也说："周颙好为韵语，因此切字皆有平上去入之异。永明中，沈约文辞精拔，盛解音律，遂撰《四声谱》，时王融、刘绘、范云之徒，慕而扇之，由是远近文学，转相祖述，而声韵之道大行。"以上都讲到了沈约提倡四声八病。八病指平头、上尾、蜂腰、鹤膝、大韵、小韵、旁纽、正纽。宫、商、角、徵、羽，也指平上去入，这比唐诗只讲平仄，要求要严格。八病后人解释很多，总之都是指句子中声韵相犯的拗病，顾名可以思义，这里我们不赘述。

沈约在《宋书·谢灵运传论》已强调了诗歌中的音律协调美，并讲到了它的要求。如他评屈、宋："英辞润金石，高义薄云天。"评张衡："绝唱高踪，久无嗣响。"评王褒、刘向之徒："虽清辞丽曲，时发诸篇，而芜音累气，亦已多矣。"都是从侧重音调美的角度品评的，总之，他是以音调美为诗文的必具条件。《传论》最后说：

欲使宫羽相变，低昂互节，若前有浮声，则后须切响。一简之内，音韵尽殊；两句之中，轻重悉异，妙达此旨，始可言文。

就今天看，除平对仄外，又讲求上、去、入和字音轻重的协调，类似宋人填词、元明制曲的要求，就嫌过分拘泥了。但他们所作，还未达到唐人格律诗的流畅程度，如沈约"残朱犹暧暧，余粉尚霏霏"（《早行逢故人》）音调全协，接近唐人；但"影逐斜月来，香随远风入"（《有怀不至》）两句平仄相对，可是上句二、四都用仄，下句二、四都用平，就唐人说来，这还是古诗，是齐梁体。

沈约虽重视四声，但另一方面还要求表达自然，《传论》中说："子建函京之作，仲宣霸岸之篇，子荆零雨之章，正长朔风之句，并直举胸情，非傍诗史，正以音律调协，取高前式。"他的话是说这些诗篇出自真正感情，但所以表达得好，却正在音律调韵的协调。他所以强调声律，目的是为了更好地抒情，这是他立声律论的根据。《颜氏家训·文章篇》也讲到沈约文学上要求自然的思想，说："沈隐侯曰：'文章当从三易，易见事（事典）

一也，易识字二也，易读诵三也。'"又引北朝文士评论说："邢子才（邵）常曰：'沈隐侯用事，不使人觉，若胸臆语，深以此服之。'祖孝征（挺）亦尝谓吾曰：'沈诗云："崖倾护石髓"，此岂似用事耶?'"石髓是道士服食的东西，嵇康随王烈入山得石髓柔滑如饴（见《文选注》引《竹林名士传》），这句子就不像用典。颜之推这一段话，使我们可以更清楚地看到沈约要求自然的文学思想。他也常佩服谢朓的话："好诗圆美流转如弹丸。"（《南史·王筠传》）

沈约除重声律外，还重视形象美，在他《与王筠书》里说：

> 览所示诗，实为丽则，声和被纸，光影盈字。夔牙按响，顾有余惭，孔雀群翔，岂不多愧。

他既重视"声和"，又重"光影"，要求做到"玄黄律吕，各适物宜"。又王筠写了《草木十咏》，沈约书之于壁，不加题目，认为诗"指物呈形，不假题署"。足见他同时重视形象美。

由上述论点看，所谓"高义"，所谓出自胸臆，还是指思想感情，但沈约、王融、谢朓都是贵公子孙，急于声律色泽的要求，而缓于思想内容的要求，于是陆厥《与沈约书》中讲到古人"急于情物，而缓于章句"，说："曲折声韵之巧，无当于训义，非圣哲立言之所急也"，也切中沈约等提倡声律的弊病。

沈约文名盛于齐梁间，以五言诗为最。钟嵘《诗品》评他五言最优，云："不闲于经纶，而长于清怨"，表示他缺乏有重大意义的作品，但有些对时代流露不满的"清怨"之作。这些清怨作品主要表现于他去东阳写的山水诗和郊居田园以及送别怀旧诗中。如《早发定山》：

> 夙龄爱远壑，晚莅见奇山。标峰彩云外，置岭白云间。倾壁忽斜竖，绝顶复孤圆。归海流漫漫，出浦水溅溅。野棠开未落，山樱发欲然。忘归属芳杜，怀禄寄芳荃。眷言采三秀，徘徊望九仙。

这首诗从始至终对仗精整，音调比较和谐而抒情也较自然。"标峰彩云外，置岭白云间"是六朝诗好句，"野棠开未落，山樱发欲然"这句子对唐人也有影响。又如《石塘濑听猿》：

　　　　嗷嗷夜猿鸣，溶溶晨雾合。不知声远近，惟见山重沓。
　　既欢东岭唱，复伫西岩答。

诗思像流水流泻，不假雕琢，而且把猿拟人化了，颇有情趣。他的郊居《宿东园》诗：

　　　　陈王斗鸡道，安仁采樵路。东郊岂异昔，聊可闲余步。
　　野径既盘纡，荒阡亦交互，槿篱疏复密，荆扉新且故。树顶
　　鸣风飙，草根积霜露。惊麏去不息，征鸟时相顾。茅栋啸愁
　　鸱，平岗走寒兔。夕阳带层阜，长烟引轻素。飞光忽我道，
　　岂止岁云暮。若蒙西山药，颓龄倘能度。

这首诗微微表现出今昔之感，细致地描写了即目所见，对仗很工，而且情景如画，笔下流利自然。用词又很精美，如"茅栋啸愁鸱，平岗走寒兔"。诗也继承曹植、陶潜诗的一些特点，写得是很出色的。他的山水郊居诗所以写得较好，是由于朝廷的昏暗，城市的浮华，迫使他厌倦，而在山水田园中能换取得一些清新意境的原故。《浮永康江》"山光浮水至，春色犯寒来"也写得意境独到。

　　送别和怀旧诗，表现了他胸有骨鲠的一面，如《别范安成（岫）》：

　　　　生平少年日，分手易前期，及尔同衰暮，非复别离时。
　　勿言一樽酒，明日难重持。梦中不识路，何以慰相思。

《伤谢朓》：

　　　　吏部信才杰，文峰振奇响。调与金石谐，思逐风云上。
　　岂言陵霜质，忽随人事往。尺璧尔何冤，一旦同丘壤。

这两首诗率尔直言，气骨遒劲，前一首不用对仗，别具一格，末两句不但感情深挚，也可想见诗人想象力的丰富。后一首是对谢朓的诗歌和为人作了诚挚的评价。

　　他的乐府诗，受吴歌西曲的影响，如《四时白纻歌》、《夜夜曲》等，都较清新活泼。《夜夜曲》云：

　　　　河汉纵且横，北斗横复直。星汉空如此，宁知心有忆。

孤灯暧不明，寒机晓犹织。零泪向谁道，鸡鸣徒叹息。

沈约诗讲声律、对仗比王融、谢朓还要严谨些，所以有的诗很精拔，有的诗就失之刻板。明陆时雍说沈约诗："有声无韵，有色无华。"（《诗镜总论》）是嫌他写得少兴寄，没有言外意。清沈德潜说："家令诗，较之鲍谢，性情声色，俱逊一格矣。然在萧梁之代，亦称大家，以边幅尚阔，词气尚厚，能从古诗一派也。"（《古诗源》）是说他眼界还宽广，气质还厚挚，思想性虽不高，但不失为当时大家。

沈约兼能文章，《郊居赋》在当时很有名。除代写诏令外，《宋书》中一些传论和《奏弹王源》文，写得也较挺拔，有气骨。《修竹弹甘蕉文》虽是戏作，倒有些寄托。今录《文昌杂录》引文及评语于下：

> 梁沈约有《修竹弹甘蕉文》其略曰："长兼淇园贞干臣修竹顿首：切寻苏台前甘蕉一丛，宿渐云路，荏苒岁月。今月某日有台西阶泽兰、萱草，到园同诉，自称：'今月某日，巫岫敛云，秦楼开照，乾光弘普，无幽不瞩。而甘蕉攒茎布影，独见障蔽！虽处台隅，遂同幽谷。'臣谓偏辞难信，敢察以情，登摄甘蕉左近杜若、江篱，依源辨覆。两草各处，异列同欸，既有证据，差非风闻。妨贤害政，孰过于此，而不除戮，宪章安用？请以见事，徒根剪叶，斥出台外，庶惩彼将来，谢此众屈。"观自昔文集，未尝有类此制者，虽曰新奇，盖亦有所寓托也。

这一篇寓言文，用比喻手法，抨击妨贤妒善、抑制人才的大臣，还是有一定的积极意义的。

沈约有文集一百卷，多已散失，现存的都保留于《全梁文》和《全梁诗》中。他还曾编选宋代诗文为《宋文章志》一百卷，也早已失传。

四、沈约的史学

齐梁时代不少文人兼长史学，萧子云写过《晋书》，萧子显写过《后汉书》、《晋史草》、《南齐书》。沈约也兼长史学，写过《晋书》一百一十卷，《宋书》百卷，《齐纪》二十卷等，现在留下的只有《宋书》。

沈约《宋书》比《南齐书》、《梁书》、《陈书》写得都详尽。《史通·烦省篇》讲南朝地区狭小，年代短促，"适使作者采访易洽，巨细无遗，耆旧可询，隐讳咸露"。沈约《宋书》材料丰富，揭露帝王荒淫事是不少的。但沈约《宋书》是根据何承天、裴松之、苏宝生等旧作和徐爰加以整理的稿子写成的，所以他的史见主要表现于各传论、评方面。《史通·论赞篇》评汉魏以下史的论赞说："大抵皆华多于实，理少于文，鼓其雄辞，夸其俪事（对仗、用典）。"但仍认为较好的"应以干宝、范晔为最，沈约、臧荣绪、萧子显次之"。可见《宋书》的论赞还是写得比较好的。刘知几对《谢灵运传论》"全说文体，备言音律"简直写成了文学批评，有些不满，清人浦起龙却说那是"史家变体，作手化裁"，还是可以肯定的。

《宋书》评宋孝武帝刘骏："役己以利天下，尧舜之心也；利己以及万物，中主之志也；尽民命以自养，桀纣之心也。观大明之世，其将尽民命乎！"《良吏传论》评当代很少良吏，是因为帝王"弥笃浮侈，恩不恤下，以至横流"，"岂徒吏不及古，民伪于昔，盖由为上所扰，致治莫从"。这些话虽有阶级局限，对帝王的罪恶，还是有认识的。《恩幸传论》分析恩幸小人得势原因，并评他们"鼠凭社贵，狐假虎威"。词锋锐利，文笔很美，因此与《谢灵运传论》同被选入《文选》中。

《史通·覈才篇》讲文学家不宜写史，因为他们容易重文采而忽略史实，但肯定了班固和沈约，说："其有赋述《两都》，诗裁《八咏》（沈约《八咏楼》诗），而能编次汉册，勒成宋典，若斯人者，其流几何?"可见沈约以文人兼具史识，写成《宋书》，这样的人还是不可多得的。

关于沈约的《晋书》，是从他二十多岁起，写了二十多年，已写成百二十卷，但自己认为采掇史料，还不周备，所以没有写就定稿。齐永明中，失去第五帙，大约以后经侯景之乱，全部没有保存下来。唐初据十九家晋史编撰《晋书》，其中已没有沈约的书。《史通·杂说中》曾根据间接的材料，说他好造奇说，把晋元帝说成是牛金所生，很荒谬。但这只是部分问题，全书费心力如此之久，如流传下来，也会有一定贡献。现存的残文只有《晋书·食货志论》和《晋书·选举志论》二篇，保留于《通典》中。后一篇是讲九品中正制的一段文字，沈约已经又把它写在《宋书·恩幸传论》里。

主要参考书目

1. 沈约《宋书》卷一〇〇《自序》，中华书局校点本。

2. 萧子显《南齐书》卷四七《王融传》、《谢朓传》，卷一至八《帝纪》，中华书局校点本。

3. 姚思廉《梁书》卷一至三《武帝纪》，卷一三《沈约传》，中华书局校点本。

4. 李延寿《南史》卷一九《谢裕传》（附谢朓），卷二〇《王弘传》（附王融），中华书局校点本。

5. 刘师培《中国中古文学史讲义》，人民文学出版社版。

6. 陆侃如、冯沅君《中国诗史》中册，人民文学出版社版。

7. 胡国瑞《魏晋南北朝文学史》第四章，上海文艺出版社版。

8. 郭绍虞《中国文学批评史》中古期，人民文学出版社版。

9. 遍照金刚《文镜秘府论·天卷》，以及本书附周维德《〈文镜秘府论〉声病说》，人民文学出版社版。

10. 浦起龙《史通通释》，中华书局本。

11. 严可均《全上古三代秦汉三国晋南北朝文》，中华书局本。

12. 丁福保《全汉三国晋南北朝诗》，中华书局本。

江　淹

（公元 444—505 年）

曹道衡

一、江淹家世和青少年时代

　　江淹字文通，生于宋文帝元嘉二十一年（公元 444 年），卒于梁武帝天监四年（505），历仕宋、齐、梁三朝，是南朝著名的作家。他的祖籍是济阳考城（今河南兰考东）人，先世因西晋末年之乱逃亡江南。他的祖父江耽官至丹阳令，父亲江康之任南沙令。江淹本人是在今江苏南部一带长大的。济阳江氏在南朝是一个门望较高的士族，其中像江湛一支，在宋文帝刘义隆时曾煊赫一时，子孙亦历世贵显。但江淹那一支似远不能与江湛相比。从江耽父子的官职看来，他们的社会地位只相当于一般的下层士族。

　　江淹的母亲是梁代学者刘昭的姑母，祖籍平原高唐（今山东高唐），也是从北方流亡到江南的士族。刘昭之父刘彪的官职也不高。他们的族人大约住在今无锡一带。在南朝时，这里曾经是一些北方次等士族南渡后聚居之地。这多少能说明江淹早年的贫困和不得志，与他出身寒微有关。

　　江淹早年的经历据他的《自序传》说，六岁就能写诗；十三岁那年，父亲江康之就死了，家境贫困。《南史·江淹传》还记载说：江淹早年曾砍柴养母，有一次，他在砍柴处拾到了侍中的服饰"貂蝉"，想出售以供衣食，被他母亲所劝阻。他母亲认为这是"吉兆"。她说江淹的才能和品行都很好，不会长期贫困下去，不如留着以备将来做到侍中之职后佩带。这个故事不见于《自序传》和《梁书》本传，可能出于六朝人的小说或传闻，未可尽信。但说江淹早年贫苦，曾砍过柴，大约是事实。

根据《自序传》和《梁书》、《南史》记载，江淹开始踏上仕途是宋孝武帝大明七年（463）的事，当时他年仅二十岁。关于他二十岁以前的情况，由于史料缺乏，我们所知道的就是这一些。在他现存的作品中，也没有发现他那一时期的创作。但有一点是肯定的，那就是他那时的文化教养已相当高。因为当他一踏上社会，就去充任藩王的教师，并且从那一年所写的诗看来，已颇具功力，说明他自称"六岁能诗"之语，并非自我夸张。

二、十一年的幕僚生涯

江淹从二十岁出仕到三十一岁被贬斥到建安吴兴的十一年左右，基本上是在刘宋几个藩王手下充任幕僚，其中尤其在建平王景素处时间最长。

江淹出仕之初是充任宋孝武帝刘骏第十一子始安王刘子真的教师，授以"五经"。当时刘子真仅七岁，所以江淹的职务不过是一个发蒙的塾师。不过，刘宋诸王照例从小就被委以官职，刘子真名义上已是征虏将军南彭城太守领石头戍事，江淹除了教他念书外，也兼任他的幕僚。江淹曾陪同他登石头城，并作有《侍始安王石头》一诗，这是现存江淹诗歌中最早的一篇。此诗虽非江淹的名篇，但在当时同类诗作中亦不见逊色。

江淹在刘子真幕下大约有四个年头。在此期间，刘子真上给朝廷的一些章表都出自江淹之手。此外，他还在随同子真赴广陵就任南兖州刺史时，写过一首《从征虏始安王道中》诗。

江淹在刘子真幕下时，孝武帝的另一个儿子新安王刘子鸾正任南徐州刺史，曾举江淹为自己的从事。刘子鸾是孝武帝宠妃殷氏所生，尊宠过于诸子。江淹写了《奏记诣南徐州新安王》一文，表示推辞。但在他后来所作的《自序传》中则称曾任新安王从事之职，可能是迫于形势而就任，不久就离职。从江淹生平的行事看来，他大约不很乐意当刘子鸾的部属，因为子鸾在孝武帝时，因宠遇过甚，颇受前废帝子业等人所忌。江淹对政治形势往往颇敏感。所以不久，他又回到了刘子真幕下。前废帝永光元年（465），子鸾被杀。当时子真就任南兖州刺史，江淹也随同赴任。

宋孝武帝死于大明八年（464），前废帝刘子业继位，刘宋皇室内部爆发了一场争夺皇位的内讧。刘子业即位后，对他几个弟弟和叔父都很猜忌，士族中一部分人如蔡兴宗等对他很不满。据史书记载，刘子业颇为荒淫。这可能是事实，不过他死后史官记事，也难免有所夸大。子业在位共一年多一些时间，就被他叔父湘东王刘彧亦即宋明帝所杀。孝武帝的儿子晋安王刘子勋不满意明帝自立，在寻阳起兵反对朝廷，各地藩王和大将们纷纷起兵响应。但斗争的结果是刘彧取得了胜利，刘子勋兵败被杀，大将们则相继投降了朝廷。刘彧获胜后，尽杀孝武诸子，子真年仅十岁，也未被放过。刘子真死后，江淹又转到了建平王刘景素幕下。

刘景素是文帝刘义隆的孙子，建平王刘宏之子，继承了刘宏的王位。他不是孝武帝的直系亲族，所以免于波及。刘景素本人好立名誉，招致文士，而江淹在当时已颇有文名，所以景素很器重他，待以"布衣之礼"。但江淹当时年少气盛，恃才傲物，引起同僚之忌。正好当时广陵令郭彦文有罪入狱，有人就借端诬陷江淹受贿，因此被连累入狱。江淹在狱中写了《诣建平王上书》。此文在历来被视为他文章中的名篇，全文笔法颇似西汉邹阳的《狱中上梁王书》。文中虽多用排句和对句，然散句仍较多，和一般骈文仍有差别。此文自陈冤屈，语气不卑不亢，笔锋带有感情。文中写到自己在狱中苦况说："不图小人固陋，坐贻谤缺，迹坠昭宪，身恨幽圄，履影吊心，酸鼻痛骨。下官闻亏名为辱，亏形次之，是以每一念来，忽若有遗，加以涉旬月，迫季秋，天光沈阴，左右无色，身非木石，与狱吏为伍，此少卿所以仰天槌心，泣尽而继之以血也。"这段文字情调颇为悲苦。当讲到自己的冤屈时，语气虽似缓和，实颇激昂。他说："夫鲁连之智，辞禄而不返；接舆之贤，行歌而忘归；子陵闭关于东越，仲蔚杜门于西秦，良可知也。若使下官事非其虚，罪得其实，亦当钳口吞舌，伏匕首以殒身，何以见齐鲁奇节之人，燕赵悲歌之士乎！"这篇文章深深打动了刘景素，立即把江淹释放。

　　江淹出狱后，曾被南徐州刺史桂阳王刘休范举为秀才，对策上第，任巴陵王刘休若的右常侍。当时刘休若正任雍州刺史，在襄阳。江淹于赴襄阳途中，写下了《望荆山》一诗①：

　　　　奉义至江汉，始知楚塞长。南关绕桐柏，西岳出鲁阳。寒郊无留影，秋日悬清光。悲风挠重林，云霞肃川涨。岁晏君如何，零泪沾衣裳。玉柱空掩露，金樽坐含霜。一闻苦寒奏，再使艳歌伤。

这是江淹在《杂体诗三十首》以外被录入《文选》的少数诗作之一，也是他早年作品中较有特色的名篇。这首诗展示的是一片萧瑟的秋景和作者在旅途中的感伤之情。这是江淹刚从狱中出来，在远适异乡的情况下所产生的哀怨。但他在诗中很少直接抒发自己的心情，而只是通过写景，将这种情绪烘托出来。他的《秋至怀归》似亦作于襄阳②。此诗亦颇有佳句，如"楚关带秦陇，荆云冠吴烟；草色敛穷水，木叶变长川"诸句，亦颇能显示出作者的诗才。

　　江淹在巴陵王休若的幕下并没有久留，就又回到建平王景素那里充任主簿之职。那时刘景素正在丹阳尹任上。江淹来到建

---

　　①《望荆山》据李善《文选注》，谓从景素赴荆州时作。但江淹在景素任荆州刺史前，久已在他幕下，不得称"奉义（慕义）"。且景素系由湘州赴任，江淹随行，似亦不会提到鄂北的桐柏、鲁阳等地名。所以我认为此诗是赴襄阳任休若右常侍时作。

　　② 此诗有"怅然集汉北，还望岨山田"之句。襄阳在汉水南岸，距汉北较近。此后江淹到过江陵等地，均北距汉水甚远。

康，结识了谢灵运的孙子谢超宗。谢当时是司徒建安王刘休仁的主簿兼丹阳丞。两人官职差不多，又都长于作诗，因此交谊颇好。江淹所作的《应谢主簿骚体》、《就谢主簿宿》等都是他和谢超宗交往之作，大抵均作于这一时期。此后不久，江淹还写过一封信给袁炳，即今本江集中的《报袁叔明书》，向袁炳诉说自己仕途上的不得志。这封信因为是向好友吐露衷情，信笔写来，有骈句，也有散句，虽不刻意求工而自然工致。此文笔法颇受司马迁《报任少卿书》、杨恽《报孙会宗书》的影响。但文中有些片段却运用了六朝诗赋中常见的借景抒情的手法，如：“凉秋阴阴，独立闲馆，轻尘入户，飞鸟无迹”等句，自然流丽而不平板，颇具特色，可算是南朝散文中的佳作。此后不久，袁炳就死了。他只活了二十八岁。江淹写了《袁友人传》以示哀悼。他和袁炳的感情很深，在《自序传》中，他自称平生知己就数袁炳。他在《袁友人传》中写到袁炳的早死说：“嗟乎！斯才也，斯命也，天之报施善人，何如哉！何如哉！”短短数语，表现出他内心极大的悲愤。这篇文章笔法酷似《史记》中的一些传赞。可见他受西汉散文特别是司马迁《史记》的影响极深。像《袁友人传》这种文章，全无一点骈文气息，而真挚动人，在南朝人的文章中可谓独树一帜。可惜这类文章数量不多，很少引起历来评论者注意。

　　江淹在此后一段较长的时间内，始终没有离开刘景素幕下。这说明他对寄人篱下的幕僚生涯虽不无牢骚，然而一般来说，仍认为在景素那里尚差能度日。刘景素从丹阳尹调任吴兴太守、湘州刺史、荆州刺史和南徐州刺史，他都随同前往。他的《从冠军建平王登庐山香炉峰》、《渡西塞望江上诸山》、《从建平王游纪南城》等诗，都是从景素游宦湘州、荆州时所作。这些诗中常常有一些写景的好句，但不少诗也流露出一种人世无常、羡慕神仙的消极出世思想。这可能和刘宋后期的统治阶级内部矛盾尖锐，皇室之间互相残杀，出入官场的人也多少怀着忧生之嗟有关。在这些诗中，江淹那种高古和奇险的风格逐步形成。像《从冠军建平王登庐山香炉峰》诗，就与鲍照登庐山时写的两首诗比较相近。

这大约是他当时的遭遇和鲍照有些相似，所以在风格上也有意识地向鲍照学习。后来的评论家往往把"江鲍"并称，正是从这方面着眼。

前面我们已谈到江淹在建平王刘景素幕下有一个时期的关系还比较融洽。然而到了荆州后期，情况却发生了变化。因为宋明帝刘彧在位初期，意在消灭孝武帝诸子；后来则逐步消灭那些帮他登上帝位的诸王如刘休仁、刘休若等。像景素的地位和权势，还不足以造成对帝位的威胁，所以他与朝廷之间还可以相安无事。到了泰豫元年（472）明帝一死，形势就又不同了。明帝的长子后废帝刘昱继位，因为"狂凶失道"，在朝野人士中已失尽了威信。于是不少人就寄希望于景素，因为他在宋文帝的孙子中年龄最大，且有礼贤下士的名声。这就使刘昱生母陈氏的亲族以及刘彧生前得宠的近臣杨运长、阮佃夫等对景素都很猜忌。景素也日渐感到矛盾的尖锐化，于是就和亲信密谋自全之计，同时，他也有觊觎皇位的意图。他曾经想发檄文征天下兵顺流而下，夺取政权。江淹对这种密谋很不赞成，认为一旦发动起来，必然败亡，劝景素不要轻举妄动。但景素则感到当时的事态已不得不发，自然很难采纳江淹的意见。于是，江淹就写了十五首诗，"略言性命之理"，给景素看，意在进行讽谏。这就是现存的《效阮公诗十五首》。这些诗在手法方面竭力摹仿阮籍《咏怀诗》，有的地方甚至字句也相近。如第一首"岁暮怀感伤"，内容就和阮籍《咏怀诗》第一首"夜中不能寐"相似；第八首"昔余登大梁"和《咏怀诗》第十六首"徘徊蓬池上"相似。这多少给这些诗蒙上一层保护色，然而它们的讽谏用意也很清楚。如第三首：

> 白露淹庭树，秋风吹罗衣。忠信主不合，辞意将诉谁？独坐东轩下，鸡鸣夜已晞。总驾命宾仆，遵路起旋归。天命谁能见，人踪信可疑。

这首诗的主旨即在写自己的忠心不为景素所理解的苦闷。诗的末二句更是规劝景素不要自以为"天命攸归"，这是无法知道的；

至于他左右那些人的行迹却颇可怀疑。这都是劝景素不要听信那些左右的话，妄图侥幸一逞。第四首中的"慷慨少淑貌，便娟多令辞"，更是说自己的忠言不为景素所理解，而那些阿谀逢迎，赞助景素反对朝廷的人则反而受到信任。第十一首中的"扰扰当途子，毁誉多埃尘；朝生舆马间，夕死衢路滨"，指斥那些人目的在于追求势位，而往往自取灭亡；第十四首更断言富贵不可常保，提出了"光色俯仰间，英艳难久持"的告诫。这十五首诗，总的倾向是讲世事的变化无常，祸福相倚，规劝景素不可轻举妄动。由于当时景素和朝廷之间的矛盾还没有公开化，所以诗中的语言也往往是委婉曲折的。不过作为当事人的刘景素当然很清楚，而且大觉逆耳。从此以后，他对江淹更疏远了。

在这个期间，江淹除了写诗之外，还作过一些辞赋。这些赋大体上都受屈原、宋玉的影响较深，如《灯赋》效法宋玉的《风赋》，而《邃古篇》则学屈原《天问》①。它们都寓有讽谏的意味，用意和《效阮公诗》相近。他所以不断进行讽谕，无非是出于对景素的感情。因为刘宋自孝武帝以后，藩王起兵反对朝廷，一般都以失败告终。然而景素已处于"矢在弦上，不得不发"的境地，所以对这些劝告只是置若罔闻。

泰豫元年闰七月，景素被调任南徐州刺史，由于和朝廷的矛盾进一步尖锐化，他就从江陵直接到京口赴任，途经建康时没有上岸去朝见后废帝。从泰豫元年下半年到元徽二年上半年（472—474）这两年左右，江淹还在景素幕下，同时又兼任东海郡丞。这时他和景素的关系变得越来越紧张。他个人的生活也很不如意，他妻子及次子江艽大约都在这期间先后死去②。这些不幸的事件在他的思想上更增添了消极的色彩。他诗文中讲隐居和

① 《邃古篇》不见《四部丛刊》景印乌程蒋氏密韵楼藏明覆宋本，见乾隆江昉刊本，严可均《全梁文》亦载有此文。
② 江淹《伤爱子赋》自称"爰守官于江浔"，并未提到贬黜，似是在京口任东海郡丞时事。赋中又称"尔母氏之丽人"，似江妻卒于江艽死后。但《悼室人》中亦不见黜为建安吴兴令事，疑亦为在京口时事。

幻想求仙的内容出现得更多了。

江淹在南徐州期间，正是刘宋皇室内部夺权斗争极复杂和尖锐的时候。这是由于明帝刘彧死后，朝廷对藩王和大臣控制已有所削弱，而后废帝刘昱的行径，也引起了整个统治集团的失望。元徽二年五月，江州刺史桂阳王刘休范认为有机可乘，就起兵反对刘昱。叛乱发生时，朝廷大臣萧道成、袁粲等，曾以皇帝的名义叫江淹起草了一篇《敕为朝贤答刘休范书》。这篇公文当然要指斥刘休范背叛朝廷之罪，喻以"顺逆"，动以祸福。在当时这类公文照例也都是这种内容。但表面上还持观望态度的刘景素既然已有密谋，看到了此文，自然也不会痛快。

此后不久，他和刘景素之间的矛盾终于爆发了。当时，东海太守陆澄家有丧事，应回家守制，身为副职的江淹，援引当时惯例要求代行太守之职。但作为直接主管南徐州事宜的刘景素故意任命了别人。江淹对此稍作争议，刘景素就以此为借口，把他贬为建安吴兴（今福建浦城）令。福建在当时是一个荒僻的地方，这对江淹来说，无疑是一个沉重的打击。但仕途的失意和生活的困苦却使他在创作方面取得了更高的成就。正是在建安吴兴的短短两年左右中他写出了许多杰出的名篇。同时，这次贬黜也使他避免了刘景素事件的连累，又为他后来受到萧道成赏识，造成了机会。

三、在建安吴兴的两年贬谪

江淹被贬为建安吴兴令的具体时间，史籍虽无明文记载，但可以肯定是发生于元徽二年（474）五月以后。从他一些诗看来，出发时大约是这一年的秋天。当时他一个在无锡的舅父曾来相送，洒泪告别。江淹写了《无锡舅相送衔涕别》一诗，情调颇为凄惋。诗中有"曾风漂别盖，北云辣征人；杯酒怜岁暮，志气非上春"等句，反映了他遭受打击后心灰意阑的情绪。从他一系列诗中，我们大致可以推知他从京口赴建安吴兴的路线。他从京口出发途经浙江的富春江一带，写了名篇《赤亭渚》诗，流露了对京都的留恋，有"一伤千里极，独望淮海风；远心何所类，云边有征鸿"之句。接着他又折而西南行，由今闽浙赣三省交界处转入福建，抵达建安吴兴。在路上，他写了《渡泉峤出诸山之顶》、《迁阳亭》、《游黄蘖山》诸诗①。这些诗在江淹的作品中颇富特色。因为闽浙边界的崇山峻岭在当时是偏僻的地方，很少文人到此，再加上江淹自己被贬的牢骚，使奇险的景色与作者的心情在诗中更好地交融起来，形成种种独特的画面。这是前此的写景诗中很少出现过的。如《渡泉峤出诸山之顶》：

> 岑崟蔽日月，左右信艰哉。万壑共驰骛，百谷争往来。鹰隼既厉翼，蛟鱼亦曝鳃。崩壁迭枕卧，崭石屡盘回。伏波未能凿，楼船不敢开。百年积流水，千岁生青苔。行行讵半景，余马以长怀。南方天炎火，魂兮可归来。

在这首诗中出现的画面是人迹罕至的深山穷谷，路途十分险峻，作者的心情也是抑郁的被放逐者那种忧谗畏讥之情。它既不同于谢灵运那些山水诗之色调明朗而富于生机，也不同于鲍照某些写景诗之刻画山路险仄，旅途辛苦，往往以写实的笔法出之。江淹这诗则在写实时往往杂有夸张和想象，呈现出光怪离奇的景色，借以衬托自己身陷绝境的无可奈何心情。这些诗还喜欢用一些古奥的词汇和接近古诗的句法，显出一种高古之气，这与刘宋末年诗风日渐趋向柔靡和绮丽很不一样。

江淹这一类诗，有时不一定很悲观，反而有些旷达的情绪。如《游黄蘖山》：

> 长望竟何极，闽云连越边。南州饶奇怪，赤县多灵仙。金峰各亏日，铜石共临天。阳岫照鸾采，阴溪喷龙泉。残杌千代木，廧崒万古烟。禽鸣丹壁上，猿啸青崖间。秦皇慕隐沦，汉武愿长年。皆负雄豪威，弃剑为名山。况我葵藿志，

---

① 《迁阳亭》，一作《仙阳亭》。《黄蘖山》疑即《宋书·谢方明传》所谓"黄蘖峤"，在今浙赣交界处。

松木横眼前。所若同远好，临风载悠然。

这首诗看起来有点像游仙诗，但所写的景色基本上是写实的。诗中出现的景色，仍是闽浙一带的偏僻山区，山势高峻，古木茏葱。在这荒无人烟之地，联想到尘嚣之外的仙境，因此幻想出世和游仙，也较自然。这是作者另一种心境的反映。他在遭受挫折之后，对释老和神仙的向往进一步发展起来，所以心境显得比较平静，但从本质上说，他并不是真正想出世。他在建安吴兴一段时间，写过一些求仙和崇释老的诗歌，如《采石上菖蒲》以及《杂三言五首》中的《搆象台》、《访道经》等。但在他此时所作辞赋中，仍多怨愤之情。至于从建安吴兴返回建康之后，他更成了萧道成的谋士。此后他的作品中讲求仙、归隐只不过是一种风雅的点缀而已。

在建安吴兴时期，江淹的生活也较困苦。据他在《青苔赋》中说，所住的地方是"凿山楣以为室"，周围环境根据《待罪江南思北归赋》中的描写看来，也很荒凉。当然，这些辞赋中的写景部分往往有许多夸张，但多少也能说明他生活的某些状况。这个时期江淹的文学创作主要是辞赋。因为这种文体介于诗和散文之间，形式比较自由，可以更方便于发愤抒情。在这些作品中，较有代表性的是《青苔赋》、《泣赋》、《四时赋》、《待罪江南思北归赋》，而最为历来读者所传诵者，则莫过于《恨赋》和《别赋》。

从这些赋中可以看出他对贬黜的怨愤：

况北州之贱士，为炎土之流人；共魍魉而相偶，与蟪蛄而为邻。(《待罪江南思北归赋》)

他时刻怀念着北方原籍和自己出生的苏南一带：

咏河兖之故俗，眷徐扬之遗风；眷徐扬兮阻关梁，咏河兖兮路未央。(《泣赋》)

他的仕进之心似乎还没有衰歇，还抱有"身在江湖，心存魏阙"的思想：

何尝不梦帝城之阡陌，忆故都之台沼。(《四时赋》)

江淹

当然，由于遭受贬黜，他也产生过消极遁世的念头。如《翡翠赋》，是借禽鸟自喻，认为自己身受打击，正是迫于名僵利锁之故。他说：

> 嗟乎！鸡鹜以稻粱致忧，燕雀以堂构贻愁，既衔利之情近，又遁害之无由。

这种思想是封建士大夫们身处逆境时所常有。即使他们身处顺境，在佛教兴盛的南北朝，也常常会受到它的影响。江淹早年就接触过佛教经典和老庄思想，在被贬之后，这种思想更有所发展。他从建安吴兴回到故乡还写过《吴中礼石佛》等诗，也曾和朋友讨论过求仙、炼丹的事情。他晚年虽未辞官，却认为万事知足，想归心佛教。这实际上是在动乱的政局中求自全之计，而这种思想的形成，也与这一阶段的处境有关。

《恨赋》和《别赋》似乎也产生于建安吴兴时期。这一点，在《恨赋》中表现得最为清楚。赋中有这样的句子：

> 或有孤臣危涕，孽子坠心，迁客海上，流戍陇阴，此人但闻悲风汩起，血下沾衿，亦复含酸茹叹，销落湮沉。

这完全是他谪居建安吴兴时心情的写照。从《恨赋》和《别赋》中许多片段看来，都与《青苔赋》有相似之处。《青苔赋》中"若乃崩隍十仞，毁冢万年，当其志力雄俊，才图骄坚……而顿死艳气于一旦，埋玉玦于穷泉"一段，内容就和《恨赋》末段相像；"至于修台广庑，幽阁闲楹……零露下兮在梧楸，有美一人兮歇以伤"一段，又与《别赋》写"居人愁卧"的一段手法颇为近似。这三篇赋不论从内容到手法都比较相像，写作时间应该也相近。在这三篇赋中，《青苔赋》作于建安吴兴是没有疑问的，《恨赋》如前所述，当亦作于这一时期，《别赋》的写作时间较难确考，而其思想情绪，恐怕也以作于这一时期的可能性较大。

从艺术风格上说，《青苔赋》的某些片段，摹拟鲍照《芜城赋》的痕迹比较显著。《恨赋》和《别赋》也受鲍照的影响，然而总的来说，已更多江淹自己的特色。首先从文体上说，鲍照《芜城赋》虽然也有较浓厚的骈俪化倾向，但仍有汉赋那种古奥的句法，散句也较多；而《恨赋》和《别赋》则对仗和声律都比《芜城赋》更讲究一些。其次，《芜城赋》的风格较为雄浑，赋中出现的形象往往多用粗线条的勾画；而《恨赋》、《别赋》则更偏于细腻的描写和刻画。这种差别，正是从晋宋文学向齐梁文学转化的一种趋势。这不论在当时的诗文或辞赋中都有所表现。江淹本人虽活到了梁初，而他现存的作品，基本上作于宋末齐初；传诵的名篇则几乎全产生于宋末，因此他的许多诗赋，往往最能代表这个转变时期的文风。他的作品比起鲍照等人来，似较多绮丽的色彩，但比齐梁作家来，又较古奥、遒劲。

《恨赋》和《别赋》所以传诵的主要原因，恐怕在于江淹比较成功地掌握了社会上各个类型的人物，在某一情绪支配下的种种不同表现。例如，《恨赋》是写人在生死问题上的感慨，《别赋》是写人的离愁别恨。同是一种情绪，反映到不同的人身上，也各各不同。江淹根据他对各类人们的考察和体验，对各种不同类型的人们进行概括，并加以个性化，通过细节的描写去反映他们的心理活动，有时三言两语，就使人感到那些人的性格各不相同，而且都栩栩如生。如《恨赋》中写明妃（昭君）的"恨"与敬通（冯衍）的"恨"，虽都是不遇知己，但一个是士人，一个是美女，性格就不大一样。《别赋》中写的刺客之别慷慨激昂；写夫妇之别柔情缠绵，情调迥然不同，然而却都能逼真地写出一些人物在分别时的愁恨。从手法上讲，《恨赋》与《别赋》稍有不同。《恨赋》主要是选择一些历史人物的故事，作为某一种类型人物的代表来描写；《别赋》则基本上按各种人物类型来写，不具体指出某个人物，因此概括性更强，更便于作细致的刻画。尽管这两篇赋中所写的不少人物情况各异，而他们的离别之情，却常常能引起不少读者的共鸣。这是因为江淹当时沉浮仕途，很不得意，他对那些行子、思妇的心情体会得很深，因此能形象地表现出来。这种感情所以在过去的社会中常常引起共鸣，是因为在当时，有许多人经历过类似的遭遇。他笔下这些人物的形象，在今天虽已是历史的陈迹，但对人们了解封建社会还有一定的意义。

从江淹的一生来说，在建安吴兴的两年多时间不算很久，但这是他创作的黄金时代。不论诗歌或辞赋中最有特色、最为人们所传诵的作品都产生于这一时期。

四、中年以后的仕历和创作方面的"才尽"

江淹谪居建安吴兴期间，刘宋皇室内部的矛盾日益尖锐化了。元徽四年（476）七月，刘景素听信了垣祗祖的错误情报，认为建康已乱，就在京口起兵，想夺取帝位。但这次政变的准备过于仓促，实力也很弱，所以旋即被朝廷镇压下去，景素亦被捕杀。一年以后，大臣萧道成又发动政变，杀死后废帝刘昱，夺取朝廷大权，表面上拥立顺帝刘准为傀儡。萧道成对江淹的文才本来有所了解，所以在当政以后，就把他从建安吴兴召回。江淹回乡后，曾短期家居，写了《还故园》、《吴中礼石佛》等诗，声称"请学碧灵草，终岁自芬芳"（《还故园》）；并且断言"轩骑久已诀，亲爱不留迟"（《吴中礼石佛》），似乎从此要遁入空门，不再出仕了。其实，萧的召回江淹，当然意在罗致，而江也未尝不想投靠萧。归隐、学佛在江淹来说，只不过是借此表示自己的"清高"而已。不久，萧就任命他为尚书驾部郎，兼骠骑功曹参军之职。后一个职务，属于萧的僚属。江淹就写了《到功曹参军笺诣骠骑竟陵（王）〔公〕》①一文，向萧表示感恩。

当江淹来到萧道成幕下时，萧道成代宋之势已成。但是，在他面前还有一大障碍，那就是手握强兵的荆州刺史沈攸之。如果

---

① 此文题目应为《到功曹参军笺诣骠骑竟陵公》。"骠骑竟陵公"是萧道成当时的官爵。各本误"公"为"王"。张溥本作"公"是对的，但他不知"骠骑竟陵公"为谁，臆加"子良"二字，大误。

不除掉这个政敌，萧的权力就时刻受到威胁。萧道成曾和江淹合计对付沈攸之的策略。江淹对当时的形势作了分析，认为萧道成有五个有利条件，而沈攸之有五个不利条件，断言沈攸之不得人心，终为失败。后来的事实确也是这样。

由于江淹的意见与萧道成一致，所以颇受萧的赏识。由此萧的重要文书，大抵由他起草。如江淹为萧起草符檄指责攸之"箕赋深敛，毒被南郢；枉绳矫墨，害著西荆"。萧篡宋自立时的诏诰、禅册也都出于他的手笔。萧称帝后，江淹任东武令，参掌诏册，兼管《齐史》的修撰工作；不久又升为中书郎，和檀超一起修《齐史》，作了十篇"志"（今佚）。

萧道成死后，江淹升为骁骑将军。齐武帝萧赜永明三年（485），他任尚书左丞。江淹第一个诗文集大约就编定于此前不久。我们目前所能见到的江淹作品，绝大多数都收在这个集子中。他所作的《自序传》大约就是为这个集子写的序言，文中提到自己官至中书侍郎，同时讲到萧道成时，又提到了"高皇帝"的谥法，可见作于萧道成刚死，萧赜即位不久的时候。他在文中自称"平生未尝著书"，只有十卷集子。至于我们现在所见的《江淹集》，已非当时十卷本的原来面目，而是经别人辑录的。今所见《铜剑赞》等少数文章，可能是《隋书·经籍志》和《梁书》本传中提到的《江淹后集》中的作品。但那个《后集》中的文章，绝大多数已失传。

江淹后期作品所以多数散失的原因恐怕由于他当时已不再专心于文学创作。他那时官做大了，政务繁多；而从主观上说，又自以为"人生当适性为乐，安能刻意苦力，求身后之名哉"（《自序传》）。这样，所写的作品自然也不像以前那样精心构思，于是艺术价值差，经不起时间的淘汰。

当然，他那时不见得没有从事文学创作。据说南齐武帝萧赜曾问大臣王俭："当今谁能为五言诗？"王俭答云："谢朓得父膏腴，江淹有意。"（见《南齐书·谢瀹传》），可见他的诗，还曾得到别人称赞。在现存江淹诗歌中有一首《郊外望秋答殷博士》，可能是他在永明三年任国子博士时所作①。这首诗虽不及《赤亭渚》、《游黄蘗山》诸首那样广为传诵，但还是较可取的。诗中像"白露掩江皋，青满平地芜；长夜亦何际，衔思久踟蹰"等句，有情有景，不失为佳句。

　　江淹著名的拟古诗《杂体诗三十首》，可能也是此时或稍后的作品。因为这一组诗的最后一首是拟汤惠休，而汤惠休据《诗品》说是南齐人，考正史记载，汤的创作活动主要在元嘉后期宋孝武时，以年代考之，可能活到齐初。江淹的《杂体诗》大抵都取已故作家的作品来模仿。所以产生于这一时间的可能性较大②。江淹的诗，自梁代以来就颇为人们所重视。钟嵘评江淹"诗体总杂，善于摹拟"；萧统在编《文选》时，选录了他的《杂体诗三十首》，占入选江诗的绝大部分。《杂体诗》选取"古诗"和自汉至刘宋的二十九位著名诗人，对这三十家各拟其诗体，仿作一首。江淹在这三十首诗前面写了序言。他说："夫楚谣汉风，既非一骨；魏制晋造，固亦二体。""关西（西汉）邺下（魏），既已罕同；河外（东晋以前）江南（东晋以后），颇为异法。"这些话可以看出他已多少认识到文学作品会随着时代而发展变化。另外，他又认为不同的作家，也各有其不同的风格，"故蛾眉讵同貌而俱动魄，芳草宁共气而皆悦于魂。"他反对那种"论甘忌辛，好丹非素"，以致"公干、仲宣之论，家有曲直；安仁、士衡之评，人立矫抗"的偏见。在序言的末尾，他自称："今作三十首诗，敩其文体，虽不足品藻渊流，庶亦无乖商榷云尔。"这说明作者是有意识地要通过拟作来显示三十家各自的特色。前此只有谢灵运的《拟魏太子邺中集诗》作过这种尝试。但谢灵运所

中国历代著名文学家评传（第一卷）

----

　　① "殷博士"疑即殷孚子殷臻（见《南史·殷景仁传》附）。江淹在永明初曾任国子博士，而王俭当时为丹阳尹，兼国子祭酒，用殷臻为丹阳丞。王俭可能用殷臻为博士。因为诗中"属我兹景半，赏尔若光初"，颇似对故人之子的口气，而江淹与殷孚为友人，在集中有多处可证。

　　② 《杂体诗》在江淹作品中较重要，但其写作时间无法确定。这里仅据推测，姑系于这时期。待考。

拟，只限于建安时代的八家。某中的七家，谢灵运都一一作了说明，并且尽量按照说明中的理解去进行拟作。但谢诗本意杂有讥切刘宋初年政事之意，不纯在表现八人的艺术风格。江淹《杂体诗》的目的与谢灵运不尽相同，而且难度更大些。因为他所拟的不仅有三十家之多，而且时代各不相同。江淹在写作《杂体诗》时，似乎也参考了谢灵运的做法。例如，他写《王侍中·怀德》时，先写汉末丧乱，近于王粲《七哀》；后写曹操恩遇，又近于《公宴》。这种构思就和谢作相近。但谢灵运似更注意那些作者的处境和思想，江淹则较注意作家的名篇及其风格。因此谢诗在拟刘桢时，着重拟《赠五官中郎将》一诗，而江诗《刘文学·感怀》则主要拟《赠从弟》。谢灵运拟曹丕的诗写得比较典雅，着重表现他作为主人的身份；而江淹则着重拟《芙蓉池作》和《于玄武陂作》等名篇。

江淹对建安以外的作家，似乎也着重拟他们的名篇，他还注意这些人物对后世影响主要在哪些方面。这两个问题，在有些作家身上未必一致，江淹对此是费过一番斟酌的。如晋代的陆机，拟古之作较多。这些诗在陆诗中似乎较好，但并不代表他的特色。至于他的其他诗歌，则又过于繁缛，句法多失之平板。江淹作《陆平原·羁官》则主要模仿他的《赴洛二首》及《赴洛道中作二首》。这四首诗在陆机作品中确实较少雕琢习气，而且也富于真实感情。又如颜延之的诗，本来以朝庙之作著名，如果从艺术上看，他较好的作品当推《北使洛》、《五君咏》等，但这些诗似无法代表颜诗的特色。因此江淹宁愿采取他那些应制诗来拟作，取名《颜特进·侍宴》。这说明他对那些作家的特点，有自己的见解。他这种见解，也往往和我们相符。总的看来，江淹这三十首诗除《左记室·咏史》一首，曾被人们指出其风格不像左思外，其余各首，基本上都能接近原作的特色。像拟陶渊明、鲍照、汤惠休等的几首，还曾被人误以为是那些作家所作。这说明江淹在学习前人创作经验上下了很深的功夫。这种模拟功夫是古人常用的一种学诗方法。李白早年也曾对《文选》进行模拟。过去有些人对《杂体诗》的苛责是毫无道理的。因为这种拟作，目的在于吸收众家之长，不能单纯以独创性来要求。

除了上述那些诗歌以外，江淹的《灵丘竹赋》可能也是永明初所作，艺术上虽无太高成就，也还算可读之作。他的《铜剑赞》可能比此赋写得更晚一些，但除了显示作者的知识渊博外，艺术上却很少特色。到了永明中期以后，江淹的创作就绝少存留的了。

江淹在永明以后，虽然创作方面已很少贡献，但仕途上则还做了些事业。例如，郁林王萧昭业时，他任御史中丞，弹劾权贵，毫无顾忌，受到当时执政的齐明帝萧鸾称赞。建武元年（494）萧鸾即位后，他出任宣城太守，在郡共四个年头。建武四年（497），他被召回建康，任黄门侍郎领步兵校尉。相传的"江郎才尽"故事就发生于此时。这个故事有几种说法。最早记载此事的是钟嵘《诗品》，说是江淹罢郡还都途中，寄宿野寺，梦见一人自称郭璞，对他说："吾有笔在卿处多年矣，可以见还"，江淹从怀中掏出一支五色笔给他，从此写诗无佳篇。《南史》本传载有二说：一说与《诗品》略同；另一说则谓江淹从宣城还都，泊舟禅灵寺，梦见一人自称张协，说曾把一匹锦寄存江处，要他交还。江淹从怀中拿出几尺锦来。那人很不高兴，责备他把锦都割截完了。那人又对丘迟说：这几尺我也无用，给了你吧！从此江淹就写不好文章了。这些故事本身近于荒谬，但江淹到建武时代已写不出好作品来，这是事实。

江淹"才尽"的原因是多方面的。前面我们提到他官职升迁后不再精心创作当然是一个方面。另外，他自从得到萧道成提拔之后，仕途上比较顺利，自然不能再像过去那样真实地抒写叹穷嗟卑的情绪了。试看他在齐初的作品，已多数为应用文字，真正有文学意味的东西已为数甚少。

江淹的"才尽"恐怕与当时文风的变化也很有关系。《诗品》在论沈约时，有这样一段话：

> 永明相王爱文，王元长等皆宗附之。约于时谢朓未遒，江淹才尽，范云名级故微，故约称独步。

这里的"相王"指南齐竟陵王萧子良。他卒于郁林王隆昌元年（494）。可见在齐梁人心目中，江淹"才尽"并非自建武四年始，而是在永明年间。文中还提到"谢朓未遒"，"范云名级故微"。考谢朓的名作，大抵出现于永明后期及建武年间；范云在永明年间至建武以前，已官至零陵内史，与郡守之职相仿。所以江淹"才尽"的时间，事实上应在永明中年。这个期间正是"永明体"兴起之际，所以我们似乎有必要考虑到江淹"才尽"与"永明体"的兴起有无关系。

关于"永明体"，我们通常认为它是一个讲究声律的诗歌流派。这样说当然不错。但"永明体"的提倡者除了讲究"四声八病"之外，还对诗歌有一些主张。如谢朓认为"好诗圆美流转如弹丸"（见《南史·王筠传》载沈约述谢朓语）；沈约认为作诗当从"三易"："易见事"、"易识字"、"易读诵"（见《颜氏家训·文章篇》）。沈约所谓"易见事"，指用典不应过于生僻；"易识字"指诗中不应多用罕见的古字；"易读诵"是要求诗句声调和谐。这三点和谢朓所谓"圆美流转如弹丸"是一个意思。江淹的诗似乎不大符合这三点要求。他的诗不讲究声律。他的一些名句如：

草色敛穷水，木叶变长川。（《秋至怀归》）

几乎完全是以仄声对仄声，平声对平声，如以"四声八病"来要求，显然犯了声病。又如：

水夕潮波黑，日暮精气红。（《赤亭渚》）

以"水夕"对"日暮"也是以仄声对仄声，不合声律。但后一例子，永明作家似不一定认为大病，因为他们自己有些诗也不免有这种例子。至于"易见事"和"易识字"两条，江淹的作品似更有距离。他不少诗用典甚多，且不算很熟见，难免生僻。至于好用古字，则在一些名作中亦所不免。像《游黄蘗山》即是一例。另外，他诗中又多用虚字，比较接近汉魏古诗，这也和永明诗人大不相同。当时人大抵崇尚的是永明诗家之作。据《诗品》载，齐梁间有些人"笑曹刘为古拙，谓鲍照羲皇上人，谢朓古今独步"，显然是对汉魏诗人与鲍照都不大重视。许多人喜爱沈约的诗，"见重闾里，诵咏成音"。在这种风气下，师法汉魏和鲍照的江淹也就不大会受人重视。时人称他"才尽"，又说张协把锦交给了丘迟，这就意味着他们认为丘迟之诗高于江淹。这也不足怪，因为从现存的丘诗看来，显然诗风更近于"永明体"。

值得注意的是，江淹在齐代，大部分时间在建康做官，但在集子中竟找不到他和永明作家交往的痕迹，在别人集子里，也似乎绝少提到他。这也许和永明作家多出入萧子良门下，而江淹到了齐代，因为已有一定地位，不愿再卷入政治斗争的漩涡有关①。正是这一点，他在齐明帝篡夺政权时，不但未受打击，反而在后期升任秘书监的要职。东昏侯时，他又兼卫尉卿。他对形势是有估计的，自称："此非吾任，路人所知，正取我空名耳。且天时人事，寻当翻复。"（见《梁书》本传）梁武帝萧衍起兵，他就微服归降。在梁代，他官至金紫光禄大夫，封醴陵伯，卒年六十二。

他的晚年可以说是安富尊荣的，用他自己的话说："平生言止足之事，亦以备矣"。（《梁书》本传）然而使他名传后世的，决非他的官爵，而是早年穷愁困苦时期所著诗文。对于作为文学家的江淹来说，他晚年的"才尽"，未免是一个悲剧。

主要参考书目

1. 李延寿《南史》卷五九《江淹传》，中华书局校点本。
2. 《江文通文集》，《四部丛刊》影印乌程蒋氏密韵楼藏明翻宋本，或清乾隆江昉刊本（称《醴陵集》）。
3. 钟嵘《诗品》，严可均《全梁文》本。
4. 《颜氏家训》，《诸子集成》本。
5. 萧统《文选》，中华书局影印胡刻本。

---

① 竟陵王萧子良门下所谓"八友"大抵与政治有关。如萧衍即后来的梁武帝，沈约、范云是梁武帝的"佐命"。永明作家的代表人物之一王融，在齐武帝临终时，曾企图立子良为帝，未成被杀。可见这些人是有政治背景的。

谢　朓

（公元 464—499 年）

林东海

> 蓬莱文章建安骨，中间小谢又清发。
> 俱怀逸兴壮思飞，欲上青天览明月。
> ——唐李白《宣州谢朓楼饯别校书叔云》

谢朓字玄晖，陈郡阳夏（今河南太康县）人，南北朝南齐著名诗人。出身于望族。高祖父是晋代宰相谢安的弟弟谢据，曾祖父谢允、祖父谢述、父亲谢纬，都先后仕于晋宋，为朝廷所亲重。盛极必衰，这是历史上常见的现象。谢家到了谢朓的父辈，政治上受到很大的挫折，家道一度衰落了。

刘宋文帝（义隆）元嘉二十二年（公元 445 年），谢朓的伯父谢综和范晔谋反，事败被诛；他的二伯父谢约也被株连处死；他的父亲谢纬娶宋文帝（《宋书》作宋太祖）第五女长城公主为妻，因系皇亲，才得幸免于难，不过还是被流放到广州去了。宋孝武帝（刘骏）孝建年间（454—456），谢纬返回京都（今南京），家道才有所恢复。这就是谢朓的家世。

一、永明诗人的代表——谢文学

宋孝武帝大明八年（464），谢朓在京都呱呱坠地了。这时候，他父亲谢纬从流放地广州回京已近十年。据《宋书·谢景仁传》载，谢纬"孝建中还京师，方雅有父风，太宗泰始中至正员郎中"。这衰落的谢家望族，经过谢纬的经营，有所复苏。这样的家庭，为谢朓的成长和发展提供了十分重要的条件。在这个望族加皇亲的家庭里，谢朓有很好的学习环境，他本人又十分好学，所以少年时代就颇传美名。

谢朓的青少年时代是在社会动乱中度过的。打从他降世的第二年始，刘宋皇室诸王就进行残酷的权力斗争。太子刘子业继位（大明八年）后，大杀宗室，其后自己也被杀掉，宋明帝（刘彧）夺得了帝位；接着晋安王刘子勋称帝作乱，又是一场杀戮。后来宋明帝又大杀诸弟，宋后废帝（刘昱）继位。江州桂阳王刘休范也起来造反，被萧道成击败。萧道成在宋皇室的夺权斗争中壮大起来，终于灭宋，取而代之，于公元479年建立南齐政权。谢朓十五岁以前，经历了这许多风浪。乱世出英雄，青年谢朓会因为乱世而加强政治上的进取精神；乱世多险途，青年谢朓也会因为乱世而产生政治上的彷徨心理。这一切，在他开始社会活动以后，都在不同的时期，不同的方面，或多或少地表现出来。

萧道成篡宋立齐，很注意殷鉴。他向沛国刘瓛提出如何治理国家的问题，刘瓛回答说："政在《孝经》。凡宋氏所以亡，陛下所以得者，皆是也。陛下若戒前车之失，加之以宽厚，虽危可安；若循其覆辙，虽安必危矣。"萧道成很感慨地说："儒者之言，可宝万世。"刘宋之亡，宗室诸王的互相残杀，是一个重要原因，有鉴于此，所以萧齐刚建立政权，就十分注意宗室诸王的和睦团结，发挥所谓"维城"的作用。诸王门下都罗致了一批人材，在承平时代，这些人材不是鸡鸣狗盗的侠客，而是从事于文学创作活动的文士。谢朓在永明年间，就是辗转于诸王门下从事文学创作活动的。

谢朓入仕时间并不算早。他十九岁那一年，即建元四年（482），才"解褐"（初入仕）为豫章王萧嶷太尉行参军（王府的重要幕僚）。这以前，他已同齐高祖萧道成的功臣王敬则的女儿结了婚①。出身望族，还有这重要的姻亲关系，加上他"少好学，有美名"，这都是他进入南齐藩王幕府的重要阶梯。豫章王萧嶷，字宣俨，是齐高祖萧道成的第二子。他在哥哥齐武帝继位后，由于"恭悌尽礼，未尝违忤颜色"，所以也深受"友爱"（《南齐书·豫章文献王传》）。谢朓在他的门下干了两三年，有些什么具体活动，由于缺乏史料，也就不得其详了。

按照《南齐书》本传的记载，谢朓离开豫章王后，"度随王东中郎府，转王俭卫军东阁祭酒，太子舍人、随王镇西功曹，转文学"。这段历史，我们只能从旁的材料推知其大概。随郡王萧子隆，字云兴，是齐武帝萧赜的第八个儿子，颇有点文才。齐武帝对他能作诗文大加赞赏，说："我家东阿也。"拿他来和曹魏时代的大文学家曹植相媲美。永明四年（486），随王萧子隆为持节、督会稽、东阳、新安、临海、永嘉五郡、东中郎将、会稽太守。谢朓想必是因为他的文学才能为随王所赏识，就在这一年转到东中郎府门下。

《南齐书》本传没提到他和竟陵王萧子良的关系，事实上这段关系在谢朓的文学创作活动中是十分重要的。《梁书·武帝纪》载："竟陵王子良开西邸，招文学，高祖（萧衍）与沈约、谢朓、王融、萧琛、范云、任昉、陆倕等并游焉，号曰八友。"竟陵王开西邸招文学之士，在竟陵八友及其他文士的传记材料中多有提到。竟陵文宣王萧子良，字云英，是齐武帝的第二个儿子。他少年时代好尚清雅，能礼才好士，专意招纳宾客，四方才学之士都游集到他府上。永明五年（487），他在鸡笼山（今南京鸡鸣山）开西邸②，招集学士抄"五经"、百家，编《四部要略》一千卷。

---

① 《南史》本传载，谢朓有子谢谟，和武帝萧衍的次女结婚。后来因为谢谟"门单"，梁武帝又将次女改嫁。东昏侯永元元年（499），谢朓被害，卒年三十六，其子谟结婚当在此前。其子结婚如在十六至十八岁，则谢朓结婚应在十九岁"解褐"之前。

② 竟陵王子良开西邸招纳宾客事，《资治通鉴·齐纪》系于永明二年（484），并指谢朓为"镇西功曹"，与史实似有出入。今从《南齐书·竟陵文宣王传》。

西邸确是文人荟萃之地，到这里的文士，除八友外，知名的尚有王僧孺、江革、范缜、柳恽、刘绘等等。这些人并非全是竟陵王的幕僚，谢朓可能就是以随王幕僚的身份参加文学活动的。西邸的文学活动，真可以说是文学史上的一大盛事。所谓永明体新诗的创立和发展，西邸的文学创作活动，无疑地起了重要的促进作用。

谢朓在竟陵王西邸所写的文学作品，主要是些应教之作和唱和之作。在谢朓的集子里，尚存应竟陵王之教所作的赋二篇。一是《高松赋》，题下注明"奉司徒竟陵王教作"。竟陵王曾作过《高松赋》，王俭有《和竟陵王子良高松赋》，谢朓这篇小赋，也应是和作。另一是《拟宋玉风赋》，题下注云："奉司徒教作。"

> 夫江海之为大，实涓浍之所归；瞻衡恒之峻极，不让壤于尘微。嗟孤陋之无取，幸闻道于清徽；理弱羽于九万，愧不能兮奋飞。(《高松赋》)

> 邹马之宾咸至，申穆之醴已酬。朝役登楼之咏，夕引小山之讴。压朱邸之沉邃，思轻举而远游。骋骊之马鱼跃，飘鉴车而水流。此乃宋玉之盛风也。(《拟宋玉风赋》)

"太山不让土壤，故能成其大；河海不择细流，故能就其深。"(《史记·李斯传》)谢朓以山海之汇集涓埃而成其深，来赞扬竟陵王子良之以文会友，招纳宾客。这些宾客咏王粲当阳登楼之赋，引淮南小山招隐之词，实际却无怀才不遇之感，也无谢世归隐之意。细味谢赋的内容，宾主之间相处得很好，如鱼得水，其欢洽之情溢于言表，其奋飞之志跃然纸上。

在永明前期，浙江唐寓之造反，很快就被平定下去，朝中政权比较稳定，皇室诸王也比较缓和，比起刘宋末期要好得多，所以竟陵王西邸的这一帮文士大唱赞歌。谢朓就写了一组《永明乐》(共十首)。

> 民和礼乐富，世清歌颂徽。鸿名轶卷领，称首迈垂衣。(其二)

> 彩凤鸣朝阳，玄鹤舞清商。瑞此永明曲，千载今为皇。

（其十）

《南齐书·乐志》载："《永平（明）乐》歌者，竟陵王子良与诸文士奏之。人为十曲。"西邸文士所作的《永明乐》词，大都已散失，谢朓的词倒是全流传下来了。永明九年（491）三月，齐武帝幸芳林园华光殿修禊宴群臣，四十五人赴宴，饮酒赋诗。谢朓也侍宴赋诗，为太子作，又代人应诏作，今存尚有二十八首。王融还为这次所赋之诗作了一篇很有名气的《三月三日曲水诗序》。这次赋诗，也属一般性应酬文字。

西邸文士诗作，反映的社会面很狭，除了唱赞美歌外，就是刻意咏物。各种乐器，如琵琶、箎、琴等，各种生活用品，如帘、席、竹火笼、灯、烛等，以及各种花草树木，他们都加以讽咏。在现存的作品中，此类咏物诗不少。谢朓就有《咏风》、《咏竹》、《咏蔷薇》、《咏蒲》、《咏兔丝》、《咏琴》、《咏席》、《咏灯》、《咏烛》等等。

　　玲珑类丹槛，苕亭似玄阙。对凤悬清冰，垂龙挂明月。
照粉拂红妆，插花理云发。玉颜徒自见，常畏君情歇。（《咏镜台》）

这类咏物诗，虽然略有寄托，但主要是用力于刻镂物状，求其形似，不如后来的咏物诗词那样物我交融，富于情致。谢朓和西邸文士的咏物诗，在内容上虽然没有多少可取之处，但却是咏物诗的先河。

西邸文士们的文学创作，还有一种值得注意的题材，就是模拟汉魏晋宋的乐府民歌。这一部分作品，虽然不曾反映重大的社会内容，比较而言，在表现闺情方面，却是具有一定的生活气息的。从形式上看，这些作品汲取了民歌的精神，缩短了乐府的体制，可以说是古绝形式的滥觞。谢朓在这方面的成就尤其突出。

　　佳期期未归，望望下鸣机。徘徊东陌上，月出行人稀。
（《同王主簿有所思》）

　　落日高城上，余光入缭帷。寂寂深松晚，宁知琴瑟悲。
（《铜雀悲》）

夕殿下珠帘，流萤飞复息。长夜缝罗衣，思君此何极。（《玉阶怨》）

这些小诗，虽然在现实生活中未必确有所指，但应当说还是有浓厚的生活气息的，诗中所创造的意境，也达到了相当高的艺术水平，对唐诗有深远的积极影响。

谢朓经常出入于竟陵王西邸，然而他仍然是随王的幕僚。竟陵王和随王的关系比较密切，又都喜爱文学，他们兄弟之间有时也相互唱和。谢朓参与西邸的文学活动也就是不足为奇的事了。随王子隆娶尚书令王俭的女儿为妃。大概因为有这么一种姻亲关系，所以谢朓一度从随王府转为王俭卫军东阁祭酒、太子舍人。这当然不影响他同随王的关系以及同西邸文士来往。永明七至九年，西邸文士有两次大唱和，一次是为已故的刘瓛，一次是为将别的谢朓。

刘瓛是当时著名的儒生，就是他向齐高祖萧道成提出以《孝经》治国的建议。永明初，有许多人拜他为师。西邸文士就有不少是他的学生。永明七年（489），齐武帝萧赜为刘瓛立馆教授生徒。竟陵王萧子良经常亲自去或派西邸文士（如刘绘、范缜）去看望他。就在这一年，刘瓛病死。竟陵王和随王以及西邸文士非常怀念他。随王萧子隆经过他的墓，写了一首《经刘瓛墓下》，沈约奉和一首，竟陵王萧子良也作了一首《登山望雷居士精舍同沈右卫过刘先生墓下作》，其他文士如虞炎、柳恽等人都有奉和之作。谢朓也写了一首《奉和竟陵王同沈右率过刘先生墓》，诗中有云："若人陵曲台，垂帷茂渊道。善诱宗学源，鸣钟霭幽抱。"他对这位刘先生的评价也很高。

就在这一次唱和之后，永明八年（490），随王代鱼复侯萧子响为使持节、都督荆、雍、梁、宁、南北秦六州、镇西将军、荆州刺史。此前谢朓已从王俭门下改为随王镇西功曹，这时转为随王文学，称"谢文学"指此。永明九年（491），随王"亲府州事"，谢朓也跟着随王赴荆州（今湖北江陵）。在谢朓将离京都西行赴府时，西邸文士设夜宴为之饯行。宴会成了吟诗会，许多人都作诗赠别,今天还保存了不少这次宴别的赠答诗。沈约作《钱谢文学》一诗,诗云"以我径寸心,从君千里外",足见他们情谊之笃。其他如萧衍、虞炎、范云等人也都跟着作钱别诗。谢朓本人作了两首答谢的诗。

> 玉绳隐高树,斜汉耿层台。离堂华烛尽,别幌清琴哀。翻潮尚知限,客思眇难裁。山川不可梦,况及故人杯。(《离夜》)

> 春夜别清樽,江潭复为客。叹息东流水,如何故乡陌。重树日芬蒀,芳洲转如积。望望荆台下,归梦相思夕。(《和别沈右率诸君》)

从谢朓的诗和其他人的和作看来,对谢朓将离京赴荆的钱行是很隆重的。西邸文士会集高楼,华烛生辉,离杯频传,清琴掩抑,逸兴遄飞,他们你唱我和,像是开了赛诗会。这次所写的诗,主要是表现离情别绪,其中也流露出凄苦的滋味。谢朓诗中的"叹息东流水"、"客思眇难裁"就有这种滋味。江孝嗣《离夜》诗云"离歌上春日,芳思徒以空",范云的《钱谢文学》诗云"分弦饶苦音,别唱多凄曲",也反映出这种离别的况味。这种况味,使人感到西邸盛会的黄金时代已经成为过去了。

谢朓这次离京赴荆州,可以说是跨出书斋走向生活,因此他的诗歌创作能够开辟出新境界,不再是内容上比较苍白的赞美歌和咏物诗,也不再是生活面较狭窄的模拟乐府的小诗,而是表现了壮丽风光和生活感受。他在赴荆州至返京这一时期创作的诗,具有诗人较为鲜明的个性。这阶段的诗作,可以说是走向高峰所经过的一个重要高坡。

> 徘徊恋京邑,踯躅躇层阿。陵高墀阙近,眺迥风云多。荆吴阻山岫,江海含澜波。归飞无羽翼,其如离别何!(《将发石头上烽火楼》)

> 大江流日夜,客心悲未央。徒念关山近,终知返路长。秋河曙耿耿,寒渚夜苍苍。引领见京室,宫雉正相望。金波丽鳷鹊,玉绳低建章。驱车鼎门外,思见昭丘阳。驰晖不可

442 谢朓

接，何况隔两乡。风烟有鸟路，江汉限无梁。常恐鹰隼击，时菊委严霜。寄言尉罗者，寥廓已高翔。（《暂使下都夜发新林至京邑赠西府同僚》）

这次跟从随王萧子隆到荆州府，有些什么政治背景，已经无从详考，从这一阶段所作的诗歌看来，他离京是逼于不得已的。在石头城乘船以前，最后登上烽火楼高处眺望，对于京邑不胜眷恋，而且担心一去难归。在荆州时，他在《答张齐兴》诗中说："谁知京洛念，仿佛昆山侧。向夕登城壕，潜池隐复直。地迥闻遥蝉，天长望归翼。"也可以看出他很想返京。据《南齐书》本传载，随王萧子隆"在荆州，好辞赋，数集僚友。朓以文才尤被赏爱，流连晤对，不舍日夕。长史王秀之以朓年少相动，密以启世祖"，于是谢朓被召还京。王秀之告密，原因是"朓年少相动"。"相动"一词语焉不详，但这决非小事。后来萧遥光诬陷谢朓的启中还提及此事，说谢朓"昔在渚宫（属荆州，在今湖北沙市），构扇藩邸，日夜从谀，仰窥俯画"，这就是指在荆州时的所谓"相动"，是说他向随王扇动滋事，挑拨离间。他留在荆州二三年，被召还京已是永明十一年秋天。当时朝廷已经不太稳定，危机已露出端倪，一场杀戮即将开始。谢朓想必预感到他的还京也许是凶多吉少。所以赠西府同僚的诗说"常恐鹰隼击，时菊委严霜"。他一返京便被调离随王，去任新安王（即海陵王萧昭文）中军记室。他在《辞随王笺》中说："不悟沧溟未运，波臣自荡，渤澥方春，旅翮先谢。"这确是一场风波。然而因他经历了这一场风波，他的诗歌才向前迈进了一步，才反映出某些社会矛盾和表现出诗人的思想倾向。如"大江流日夜"一诗便成了这一阶段不可多得的佳作，为历来读者所称颂。

就在谢朓还京的这一年，齐武帝死了，太孙萧昭业继位。萧鸾为了篡权，先杀了昭业，立新安王萧昭文；又废昭文为海陵王，而后杀之。就在这一年，竟陵王忧惧而死，随王及其他诸王也相继被杀。萧鸾登上了皇帝的宝座，是为明帝。谢朓从解褐为豫章王太尉行参军至为新安王中军记室，前后十二年，也就是在永明年间，一直在诸王门下过他的文学生涯，成了永明新体诗的代表作家。

《南齐书·陆厥传》云："永明末，盛为文章，吴兴沈约、陈郡谢朓、琅邪王融，以气类相推毂；汝南周颙，善识声韵。沈约等文皆用宫商，以平上去入为四声，以此制韵，不可增减，世呼为永明体。"所谓永明体，主要是就声律而言的。声律，谢朓的舅公范晔就能"别宫商，分清浊"（《后汉书·自序》）；沈约则更明确地提出："欲使宫羽相变，低昂互节，若前有浮声，则后须切响"。永明诗人把这四声平仄规律自觉地运用于诗歌创作，又汲取了魏晋以后的骈化修辞，讲求整齐对偶，这便形成了新体诗。谢朓的五言诗正体现了这些特点：

> 江南佳丽地，金陵帝王州。逶迤带渌水，迢递起朱楼。飞甍夹驰道，垂杨荫御沟。凝笳翼高盖，迭鼓送华辀。献纳云台表，功名良可收。（《鼓吹曲·入朝曲》）

这一首诗，除了末尾两句修辞上不成对，其余八句对仗颇为工整，声律方面也大都合乎平仄规律。这是一首典型的永明新体诗，如果删去其中两句，仿佛就是五言律诗。这种诗体，应当说就是唐代律诗的雏型。

二、诗歌创作的高峰——谢宣城

尽管齐高祖以刘宋祸出萧墙宗室残杀为鉴戒，接受刘瓛以《孝经》治国的建议，但是权力毕竟比孝悌重要得多，所以南齐仍没能免于重蹈覆辙。从高祖、武帝至太孙萧昭业被杀、海陵王被废，齐明帝萧鸾篡统，才十五年光景。竟陵王萧子良一死，西邸文士也就随着奔星四散了。

永明十一年（493），谢朓自荆州返京，迁新安王萧昭文中军记室。就在这一年，萧鸾废萧昭文为海陵王，随即加以杀害。在这宫廷政变的关键时刻，谢朓何以没有因为是萧昭文的幕僚而被杀害或贬逐呢？个中消息，史料未详。谢朓的岳父王敬则在这场政变中，是萧鸾的支持者，所以事成后能以太尉升为大司马，或者是因为这个原因，谢朓才得以转危为安。在政变发生之前，他曾"窜迹独处"（《酬德赋》）；海陵王上台时，他还当了很短暂的尚书殿中郎，接待过北魏派来的使者。接待使者的事，原想以"口讷"（不善言谈）为借口推让掉，没被批准。从这件事情，可以看出他当时在政治上的彷徨。

建武元年（494）萧鸾夺权的时候，谢朓便由文学的生涯转向危险的宦途了。《南齐书》本传载："高宗（萧鸾）辅政，朓为骠骑咨议领记室，掌霸府文笔，又掌中书诏诰，除秘书丞。"他在这时，写了《郁林王（萧昭业）墓铭》、《海陵王墓铭》、《为明帝（萧鸾）拜录尚书表》、《为明帝让封宣城公表》、《为百官劝进明帝表》等表文。在劝进表中说："伏愿陛下，仰答灵祇，弘宣景命，诞受多方，奄宅万国。"可见他的政治立场已从萧昭文转向萧鸾了。他在离开海陵王尚书殿中郎之职转为记室时，自以为在政治上无望了，在《始出尚书省》诗中云：

> 惟昔逢休明，十载朝云陛。既通金闺籍，复酌琼筵醴。
> 宸景厌照临，昏风沦继体。纷虹乱朝日，浊河秽清济。……
> 趋事辞宫阙，载笔陪旌棨。邑里向疏芜，寒流自清泚。……
> 乘此终萧散，垂竿深涧底。

他以为十载休明出入朝廷的盛事已成为过去了，从此只能老于渔樵，无所作为了。不料竟是一阵飙风过后，雨霁天青，柳暗花明。在建武二年（495）春天，他仍转中书郎，又开始乐观起来了。《直中书省》诗云：

> 紫殿肃阴阴，彤庭赫宏敞。风动万年枝，日华承露掌。
> 玲珑结绮钱，深沉映朱网。红药当阶翻，苍苔依砌上。兹言
> 翔凤池，鸣佩多清响。信美非吾室，中园思偃仰。朋情以郁
> 陶，春物方骀荡。安得凌风翰，聊恣山泉赏。

紫殿彤庭是那样的美丽，心胸情志是那样的和乐，反映出他对于政治前途又充满了信心。他又为齐明帝萧鸾唱起赞歌来了。建武二年写了一组《乐歌·雩祭歌》：

清明畅，礼乐新。候龙景，选贞辰。(《迎神歌》之一)

浚哲维祖，长发其武。帝出自震，重光御宇。七德攸宣，九畴咸叙。静难荆衡，凝威蠡浦。(《世祖武皇帝歌》之一)

尽管他的赞歌唱得不坏，齐明帝对他的态度也还可以，但是他毕竟是齐高祖、齐武帝二朝诸王的幕僚，他的岳父王敬则又出为会稽太守，想在朝中青云直上并不那么容易。果然，就在建武二年夏天，他出任宣城太守。

这次出任外官，并非他的本意。当时原西邸的文士赴外任的不止他一人，沈约就出任东阳(今属浙江)太守。他在赴任之前还病了一场。那时沈约曾赠给他五言诗一首，对他勖勉和劝诫，正如他在《酬德赋》中所说的："既勖予以炯戒，又引之以风雅。若笙簧之在听，虽舒忧而可假。"他这时已意识到政治道路是不平坦的，消极的情绪流露出来了。虽然出任宣城太守可以说是政治上的波折，然而对于他的诗歌创作却是一种促进。赴宣城的这一时期，他的诗歌创作达到了最高水平。后人称赞他的诗歌时，都管他叫"谢宣城"，也许跟这一点不无关系。任宣城太守的时间并不算长，然而留下来的好作品却不少，如《之宣城郡出新林浦向板桥》、《始之宣城郡》、《宣城郡内登望》、《冬日晚郡事隙》、《后斋迥望》、《游敬亭山》、《赛敬亭山庙喜雨》、《赋贫民田》等等。

从这些诗歌，我们可以了解到，谢朓在这一时期的政治态度，已不是一味进取，而是进退两可，甚至知难而退了，所以产生了归隐的念头。

既欢怀禄情，复协沧洲趣。嚣尘自兹隔，赏心于此遇。虽无玄豹姿，终隐南山雾。(《之宣城郡出新林浦向板桥》)

弃置宛洛游，多谢金门里。招招漾轻楫，行行趋岩趾。江海虽未从，山林于此始。(《始之宣城郡》)

我行虽纡组，兼得寻幽蹊。缘源殊未极，归径窅如迷。要欲追奇趣，即此陵丹梯。皇恩竟已矣，兹理庶无睽。(《游

敬亭山》)

他曾经有怀禄之情，而今产生了遁迹沧洲（隐者所居的水滨）之趣，因而想豹隐南山了（典出《列女传》）。告别了京华金门，来到山区岩石之下，虽不能像孔丘所说的"道不行，乘桴浮于海"（《论语·公冶长》），现在却可以隐居山林了。这次到宣城，虽然纡组（做官），但可以兼得寻幽探奇。既然皇上恩绝，退隐是顺理成章的事了。他说归隐的话，固然带点牢骚情绪，却不是装腔作势，政治态度的确转向消极了。

不过，这时因为管理了地方的政治，接触到底层的人民，他的思想境界倒是提高了。天旱的时候，和老百姓一起到敬亭山庙去求雨。他在《赛敬亭山庙喜雨》诗中说："福被延氓泽，乐极思故乡。登山骋归望，原雨晦茫茫。胡宁昧千里，解珮拂山庄。"这时他的感情开始和平民有点沟通了。他在《赋贫民田》诗中说：

> 中岁历三台，旬月典邦政。会是共治情，敢忘恤贫病。将无富教礼，孰知有方性。孰本抑工商，均业省兼并。察壤见泉脉，觇星视农正。……既微三载道，庶藉两岐咏。俾尔仓廪实，余从谷口郑。

他重本抑末反对兼并的主张，在当时是有积极意义的；他希望贫民能丰衣足食，而他自己却要像汉朝谷口郑子真那样，修身自保，"非其服弗服，非其食弗食"（见《汉书·王贡两龚鲍传》）。他的这种同情贫者的思想，在青年时期就有所表现。据说他在西邸活动的时候，乐于奖掖人才，也乐于帮助贫士。有一次冬寒大雪，看到江革"敝絮单席而耽学不倦"，就脱下自己所穿的襦，并亲手割半毡给江革当卧具（见《梁书·江革传》）。当时同情的是寒士，在宣城时，同情的是贫民，其思想境界又高出许多。从他的诗中可以知道，他曾从宣城转到湘州当地方官。《忝役湘州与宣城吏民别》和《将游湘水寻句溪》二诗写的就是这件事。

> ……疲马方云驱，铅刀安可操。遗惠良寂寞，恩灵亦匪报。桂水日悠悠，结言幸相劳。吐纳贻尔和，穷通勖所蹈。

（《忝役湘州与宣城吏民别》）

诗中态度谦虚，没有矜夸他的政绩，临别时还同吏民殷勤告别，互相勉励。这一阶段，他的思想确实达到了一种新的境界。

谢朓在宣城所创作的诗歌，思想性提高了，艺术性也提高了。

谢朓诗歌创作的主要成就，是发展了山水诗。《文心雕龙·明诗》云："宋初文咏，体有因革，老庄告退，山水方滋。"魏晋以后，汉儒诗教的统治地位被动摇了，老庄思想开始活跃起来，金丹道教和佛教思想也往往借助老庄的躯壳来传播[①]，不管是庄、是道（教）、是佛，他们多爱遍游名山，隐遁洞府，都对大自然感到兴趣。山水文学也就应运而生了。玄言诗也就为山水诗所代替了。前期的山水诗总带点仙气和佛理。如郭璞的诗就带点仙气，谢灵运的诗则带点佛理。山水诗到了谢朓，仙气和佛理净化得差不多了，其笔下的自然已是人间的山川景物。他在永明时期的诗作，经常写到山水景物。

　　远树暧阡阡，生烟纷漠漠。鱼戏新荷动，鸟散余花落。不对芳春酒，还望青山郭。（《游东田》）

　　高秋夜方静，神居肃且深。闲阶涂广露，凉宇澄月阴。婵娟影池竹，疏芜散风林。（《奉和随王殿下》其二）

　　朱台郁相望，青槐纷驰道。秋云湛甘露，春风散芝草。（《永明乐》其三）

这类山水景物都是即目所见，切身所感，虽然思想境界不算高，但已没有仙气，也没有佛理，应当说这已将山水诗推向一个新的阶段。在离京赴宣城以及在宣城所写的山水诗，不仅加强了思想性，而且运用了永明声律和骈化修辞，因而将南齐一代的山水诗推向最高峰。

　　晓星正寥落，晨光复泱漭。犹沾余露团，稍见朝霞上。（《京路夜发》）

---

① 道教是道家（老庄）的变种；佛教经典初译为汉文时，多借用道家术语。

江路西南永，归流东北骛。天际识归舟，云中辨江树。
（《之宣城郡出新林浦向板桥》）

　　　余霞散成绮，澄江静如练。喧鸟覆春洲，杂英满芳甸。
（《晚登三山还望京邑》）

　　　寒城一以眺，平楚正苍然。山积陵阳阻，溪流春穀泉。
（《宣城郡内登望》）

　　　飒飒满池荷，修修荫窗竹。檐隙自周流，房栊闲且肃。
苍翠望寒山，峥嵘瞰平陆。（《冬日晚郡事隙》）

　　　窗中列远岫，庭际俯乔林。日出众鸟散，山暝孤猿吟。
（《郡内高斋闲望答吕法曹》）

　　　旧埒新塍分，青苗白水映。遥树匝清阴，连山周远净。
即此风云佳，孤筱聊可命。（《赋贫民田》）

晨征所遇，江行所感，登山所见，上阁所望，都如画似的跃然纸
上，而且饶有情味。这些景物有的渲染了气氛，有的直接抒发了
感情，尤其是"青苗白水映"二句，以农田景物表现渴望丰收的
心情，境界益见其高。所以说任宣城太守时期是他诗歌创作的
高峰。

　　谢朓在宣城时（建武三年），曾转官湘州。这段历史不见载
籍，只是从他的诗作得知。后来，约在建武四年（497），为晋安
王萧宝义镇北咨议。这年夏天曾入京都，次年行南徐州事。就在
这一年，齐明帝病危，权力之争又趋激化。明帝萧鸾生怕齐高
祖、齐武帝二代的诸王起来将权力夺回去，于是由始安王萧遥光
将诸王斩尽杀绝。谢朓的岳父王敬则这时仍任会稽太守。他是
高、武二朝的旧臣，因而受到猜疑，他自己也惴惴不安。永泰元
年（498）明帝派张瓌为平东将军，王敬则不愿束手就缚，说：
"东今有谁，只是欲平我耳；东亦何易可平！吾终不受金罍！"
（意即不愿受金罍鸩酒赐死。）其子王幼隆派徐岳到南徐州同谢朓
联络。谢朓惧祸，将徐岳抓起来，并上书告发王敬则谋反。王敬
则仓卒发兵，兵败被诛。而谢朓却因为告密有功，越级升迁为尚
书吏部郎。从此他便卷进险恶的政治漩涡。次年八月，明帝病

死，东昏侯宝卷即帝位，江祐（音石）阴谋废东昏侯，立始安王萧遥光，暗中联结谢朓。谢朓平素以门第较高，轻视江祐①，不愿参预废立，反遭江祐、萧遥光的诬陷；东昏侯永元元年（499）被投入监狱而死，年三十六。《资治通鉴》胡三省注云："谢朓以告王敬则超擢，而死于遥光之手，行险以徼幸，一之谓甚，其可再乎！"谢朓的品行，在一般人看来，是很不光彩的。但这与其说是个人的悲剧，无宁说是时代的悲剧。正如《南齐书》本传赞语所说的："高宗始业，乃顾玄晖。逢昏属乱，先蹈祸机。"谢朓临终前要他的朋友沈约为他的冤案写上一笔。沈约写了怀旧诗《伤谢朓》，总结了他的一生：

> 吏部信才杰，文锋振奇响。调与金石谐，思逐风云上。
> 岂言凌霜质，忽随人事往。尺璧尔何冤，一旦同丘壤。

谢朓是永明诗人的代表，在当世就享有盛名。萧衍（梁武帝）很看重他的诗，说："三日不读谢（朓）诗，便觉口臭。"（《本事诗》）沈约也很推崇其诗，说："二百年来无此诗也。"（《南齐书》本传）刘孝绰也名重一时，无所推让，"唯服谢朓，常以谢诗置几案间，动辄讽味"（《颜氏家训·文章篇》）。梁简文帝与湘东王书称谢朓诗文为"文章之冠冕，述作之楷模"（《梁书·庾肩吾传》）。他真可以称为一代诗宗。他的诗歌关于声律对仗的技巧，对于唐代近体诗的形成和发展，有着深刻的影响；关于写景状物的技巧，也为唐代许多著名诗人所倾倒。如杜甫说："谢朓每诗堪讽诵"（《寄岑嘉州》），"诗接谢宣城"（《陪裴使君登岳阳楼》）。李白更是经常提起谢朓："解道澄江静如练，令人长忆谢玄晖"（《金陵城西楼月下吟》），"我吟谢朓诗上语，朔风飒飒吹飞雨"（《酬殷明佐见赠五云裘歌》），"三山怀谢朓，水澹望长安"（《三山望金陵怀殷淑》）……甚至有这样的传说，李白登华山落雁峰，说："恨不携谢朓惊人诗来搔首问青天耳。"（《搔

---

① 《南史》本传载，江祐与弟江祀及刘沨、刘宴一起等候谢朓，谢朓对江祐开玩笑说："可带二江（祐、祀）之双流（刘沨、刘宴）。"祐以为轻己。

首集》）由此可见李白对于谢朓的崇拜，所以清人王士禛《论诗绝句》说李白"一生低首谢宣城"。谢朓诗歌不仅影响了唐代的诗人，而且影响了有唐一代的诗风。正如宋严羽说的："谢朓之诗，已有全篇似唐人者。"（《沧浪诗话》赵紫芝也说："玄晖诗变有唐风。"（《四库总目提要·谢宣城集》）

主 要 参 考 书 目

1. 谢朓文集，原十卷。南宋罗炤刻《谢宣城集》（五卷），有《四库全书》本、《六朝诗集》本、《汉魏诸名家集》本、《六朝四家全集》本、《汉魏六朝名家集初集》本等；又名《谢宣城诗集》（五卷），有《拜经楼丛书》本、《四部丛刊》本、《四部备要》本、《丛书集成初编》本等。

2. 谢朓的诗，各文学史都有专节论述。专题研究论文较少。有伍叔傥撰《谢朓年谱》，见1927年商务印书馆版《小说月报》号外郑振铎编《中国文学研究》。1936年出版郝立权编《谢宣城诗注》四卷，附《集说考证》。

刘　勰

（公元 465—521 年）

牟世金

　　汉末建安（公元 196—220 年）年间开始，我国古代文学进入一个新的历史时期：文学的自觉时代。这个时期的文学艺术，由于摆脱儒家思想的束缚而独立发展，文学的艺术特征和社会意义逐渐为多数文人所发现和认识。有的提出文章乃"经国之大业，不朽之盛事"（曹丕）；有的体会到诗文创作的乐趣："伊兹事之可乐，固圣贤之所钦"（陆机）。因此，有意识地从事文学创作的人越来越多，建安时期就出现了"彬彬之盛，大备于时"（《诗品序》）的空前繁荣局面。从汉末到齐梁的三百年间，在文学创作日趋繁荣的过程中，不仅文学艺术在自觉的道路上积累了许多新的经验，作者在新的创作实践中，对文学艺术有了许多新的认识；更由于种种复杂的社会因素，造成人们对文学艺术多种不同的认识和主张。建安以后，文学创作也经历了一段崎岖不平的道路。至于齐梁，文学风气更呈每下愈况之势。这一切，就对人们提出了从理论上加以总结的历史要求。刘勰的《文心雕龙》，就是在这种情况下肩负着历史的重任出现的。

一、刘勰的一生

　　刘勰，字彦和，东莞莒（今山东莒县）人，侨居京口（今江苏镇江）。大约生于宋明帝泰始元年（465），卒于梁武帝普通二年（521）。祖父刘灵真，可能没有出仕或地位较低。父刘尚，曾任越骑校尉（一种低级军职），死得很早。刘勰由于家贫早孤，终身未婚。

有关刘勰的事迹，由于史书记载简略，至今还存在不少疑问。首先是他的家世问题。《梁书·刘勰传》（以下简称《梁传》）说，刘勰的祖父刘灵真是"宋司空秀之弟也"。据《宋书·刘秀之传》，刘秀之是"刘穆之从兄子也"；而《宋书·刘穆之传》又说刘穆之乃"汉齐悼惠王肥后也"。齐悼惠王就是汉高祖刘邦的儿子刘肥。这样推算，刘勰不仅有位列三公的族祖刘秀之，而且是刘邦、刘肥等帝王的后裔了。这类记载和刘勰本人的实际是有矛盾的。近年来王元化、程天祐等详考刘勰家世①，对这问题的研究有了进一步发展。他们都据比《梁书》晚出的《南史》已删去"司空秀之弟也"和"汉齐悼惠王肥后也"，以证《宋书》和《梁书》中此二句不可信。这是一个很值得注意的论据。《南史》的作者李延寿在《自序》中明确讲过，南北诸史"往往失实，常欲改正"。其所删削，当然有可能是他认为"失实"的地方。但这里有必要补充一点：《南史》是宋、齐、梁、陈四代史书的节要，其中虽有少量增补，总的篇幅却减原史之半。其所削除，多是为了删繁就简，以存大要。因此，还须进一步找出《南史》删去这两处的确切原因。

《南史》的体例是采用家传形式，按世系编次列传，一姓一族的人物，集中在一起。如刘穆之和刘秀之，《宋书》分列两传，《南史》则并为《刘穆之传》一传。《南史》不仅将"五世孙"、"六世孙"合为一传，甚至凡是同宗的"宗人"也常合为一传，可是，却将刘穆之、刘秀之和刘勰分为两传。

《南史》是否要列刘勰入《文学传》而和穆之、秀之分开呢？

---

① 见王元化《文心雕龙创作论·刘勰身世与士庶区别问题》；程天祐《刘勰家世的一点质疑》，《社会科学战线》1981 年第三期。

不。《梁书》、《南史》虽然都把刘勰编入《文学传》，但《梁书·文学传》共二十五人，其中到沆等十四人，《南史》都并入家传而未列入《文学传》。这就说明，《南史》未将刘勰并入刘穆之等人的家传，他们原非一家，不是同宗。《南史》既以家传为体例，既特别重视世系，它就只能加强说明世系或家族关系，反而删去"汉齐悼惠王肥后"、"司空秀之弟"，可见是经著者察核不符而删去的。

明确了刘勰与刘穆之一宗无关，他的一生及其思想中的许多问题，都易于理解了。《梁传》和《南史·刘勰传》都说刘勰"家贫不婚娶，依沙门僧祐"，这就不容怀疑，"不婚娶"的主要原因就是"家贫"。刘勰既非世家大族，祖父无官，父亲做过小官却又早死，"家贫不婚娶"就是合情合理的了。同时，刘勰之所以要入定林寺依沙门僧祐，也是由于家贫早孤所致。

据范文澜推算，刘勰约二十岁丧母，居丧三年后，即入定林寺依僧祐（见《文心雕龙·序志》注）。僧祐是南朝佛家研究戒律学的著名律师。相传他也有一段逃婚的故事："祐年数岁，入建初寺礼拜，因踊跃乐道，不肯还家。……年十四，家人密为访婚，祐知而避至定林，投法达法师。"（《高僧传·僧祐传》）这对刘勰终生不婚即使有所影响，也只能是很次要的因素。若刘勰很早就佞佛如此诚笃，就很难理解他后来又对孔儒崇拜得五体投地和积极的入世态度。刘勰在定林寺长达十四五年之久（488—501 或 502）。当时寺庙藏书是很丰富的，除佛教经籍外，儒家经典和诸子百家的著作也不少。定林寺在京师建康（今南京市）城外不远，要阅读定林寺内没有的书籍，也是很容易得到的。所以，自幼"笃志好学"（《梁传》）的刘勰，在这十多年内，除阅读佛书，协助僧祐整理佛经外，更饱览经史百家和历代文学作品，因而才能在定林寺的后期，写成《文心雕龙》这部巨著。

刘勰在定林寺期间，曾写过不少有关佛教方面的东西。《梁传》说："然勰为文长于佛理，京师寺塔及名僧碑志，必请勰制文。"其中部分就是在定林寺期间写的。如刘勰在定林寺的第五年，即齐永明十年（492），超辩"终于山寺……沙门僧祐为造碑墓所，东莞刘勰制文"（《高僧传·超辩传》）；第七年，即延兴元年（494），僧柔死后的墓碑，也是"东莞刘勰制文"（《高僧传·僧柔传》）。这都是刘勰动手写《文心雕龙》以前的事。到他三十一二岁时（495—496），曾夜梦孔子而开始了《文心雕龙》的写作。刘勰具体记载这个他引以为荣的美梦说：

> 齿在逾立，则尝夜梦执丹漆之礼器，随仲尼而南行，旦而寤，乃怡然而喜。大哉！圣人之难见也，乃小子之垂梦欤！自生人以来，未有如夫子者也。……于是搦笔和墨，乃始论文。（《文心雕龙·序志》，以下引《文心雕龙》只注篇名）

认为自有人类以来，没有比孔子更伟大的人了。这位身在佛门的刘勰，在定林寺住七八年之后，居然做起这样的梦来，对孔子作了如此崇高的评价，是很值得注意的。它至少说明，刘勰在定林寺的长期生活中，并非一心只读佛门书，一意只奉释家圣。刘勰称孔子"垂梦"于他，实际上是他自己长期沉浸于儒家著作而心向往之的反映。所以，刘勰一梦而提笔论文，并不是一种偶然现象。在封建社会的政治生活中，"执礼器"不是小事，何况亲随孔子南行？即使这个梦本身不足说明什么，刘勰对这个梦如此重视，并为实现其梦而开始写《文心雕龙》，这就充分说明，刘勰的思想是积极入世的儒家思想。在《文心雕龙》中，刘勰对自己的人生态度表达得很明显。他并未用三世轮回的佛教思想而寄望来世，却是清醒的现实主义者。他说：

> 君子藏器，待时而动，发挥事业，固宜蓄素以弸中，散采以彪外，楩柟其质，豫章其干。摛文必在纬军国，负重必在任栋梁。（《程器》）

刘勰认为一个理想的人，应具备高尚的才德，以待时机到来，做出一番事业。因此，要充实其内，光彩其外，如高大的楠木、樟木，坚其质而挺其干。从事写作就应有助于军国大业，出仕做官则须负起栋梁之重任。这虽然是对一般文人的泛论，但我们于此可见：他主张文人都应如此，更能说明他对人生的积极入世态度；这种态度不仅不排斥他自己在内，把这段话视为刘勰的自白，也是不会相去太远的。这只从《序志》篇就可得到充分的印证。本篇述己之志就是："君子处世，树德建言。"这里也谈到过去、现在、未来的问题，但与一般佛徒对待"三世"的态度完全不同。刘勰的着眼点是现实，忧虑的是"岁月飘忽，性灵不居"；已是三十多岁的人了，时光在不断地飞逝，而人的寿命却片刻不留。他认为："腾声飞实，制作而已。"因此要抓紧现实，从事论著。对过去和未来的态度则是："茫茫往代，既沈予闻；眇眇来世，倘尘彼观也。"同样是立足于现实而企图起到继往开来的作用。

孔子曾有"甚矣吾衰也，久矣吾不复梦见周公"（《论语·述而》）的感叹。刘勰虽然"齿在逾立"而出仕无门，他仍壮志满怀，毫无"吾衰"之感。魏晋以后，孔道不扬，刘勰也是看到了的：正始（240—249）时期已"聃周当路，与尼父争途矣"（《论说》）。但他不是"不复梦见周公"，且"随仲尼而南行"了。联系上述刘勰的人生态度，就更可进窥他在当时夜梦孔子的底蕴了。这次述梦，正可看做他要开始实践其理想的宣言。刘勰自述他写《文心雕龙》的动机说：

> 唯文章之用，实经典枝条，五礼资之以成，六典因之致用，君臣所以炳焕，军国所以昭明，详其本源，莫非经典。而去圣久远，文体解散；辞人爱奇，言贵浮诡，饰羽尚画，文绣鞶帨，离本弥甚，将遂讹滥。盖《周书》论辞，贵乎体要；尼父陈训，恶乎异端；辞训之异，宜体于要。于是搁笔和墨，乃始论文。（《序志》）

他认为文章的作用是巨大的，各种典礼法制，无不依靠它来完成；君臣功业，以至一切军国大事，也都赖其发扬光大。但后世作者爱奇好诡，过分追逐浮华，离开了文章为封建政教服务的根本。因此，刘勰要根据儒家圣人的意见提笔论文，以图改变当时的文风，使文学创作发挥其重大作用。

这说明，刘勰写《文心雕龙》的意图，和他的人生态度是完全一致的，他正是为了实现其政治抱负"乃始论文"的。但在"上品无寒门，下品无世族"（《晋书·刘毅传》）的六朝时期，出身寒门的人，即使真是"负重"的栋梁之材，也是壮志难酬的。当时的法制是："甲族以二十登仕，后门以过立试吏。"（《梁书·武帝纪》）穷得不能结婚的刘勰，前已说明不是什么"甲族"，二十岁后可"登"者只有定林寺。"过立"之后是否有"试吏"的机会呢？"齿在逾立"的刘勰，只得了春梦一场。对积极用世的刘勰，这是他并非贵族的力证。出身世家大族的人，当时无论其才德如何，是不会落得"过立试吏"尚不可得的。刘勰何以在三十岁后夜梦孔子，这岂非原因之一？他也明明知道："勋荣之家，虽庸夫而尽饰；迍败之士，虽令德而常嗤"（《史传》），士庶之别，是"由来非一朝"了。但刘勰并不完全失望，而是清楚地意识到："将相以位隆特达，文士以职卑多诮，此江河所以腾涌，涓流所以寸折者也。"（《程器》）涓涓细流是不能和一泻千里的长江大河相比的，自己的途程，必然要经历无数的艰难曲折。因此，刘勰以极大的毅力来从事《文心雕龙》的写作。从"齿在逾立"开始，经过五六年的努力，到他三十七岁时（501），我国古代第一部完整的文学理论巨著《文心雕龙》告成了。

但"人贱物亦鄙"，这部著作脱稿之后，却"未为时流所称"（《梁传》）。刘勰也承认："识在瓶管，何能矩矱"，个人的见识是有限的，不可能确立人人遵循的正确法则；但也相信自己这部书："按辔文雅之场，环络藻绘之府，亦几乎备矣。"（《序志》）有关文学艺术的种种问题，都已周密而全面地作了论述；《梁传》说他"自重其文"，对此书是有充分信心的。刘勰深知，一部优秀的著作，是"音实难知，知实难逢"的；但"良书盈箧，妙鉴乃订"（《知音》），必须经高明的鉴赏家的评论，才能做出定论。因此，他决心取定于当时文坛上声望甚高的沈约。又由于沈约地位高，架子大，刘勰没有正式拜访他的资格，只好背上书稿，装做小贩，候沈约车出，上前挡驾。沈约是一个门阀观念很强的人（见《文选》卷四沈约《奏弹王源》），对刘勰这种无名小辈，当然不放在眼里；但这部《文心雕龙》，却不能不使他感到意外。《梁传》说沈约读后"大重之"，不仅认为此书"深得文理"，还"常陈诸几案"，以便自己随时翻阅。

由于沈约的称誉，刘勰及其《文心雕龙》才渐为世人所知。也可能由于沈约的关系，年近四十的刘勰，才于天监二年（503）踏上仕途：起家奉朝请。《宋书·百官志》说："奉朝请者，奉朝会请召而已。"当时只是一个没有具体官职的低级官号①。天监三四年，才相继任临川王萧宏的记室（管理文书）和车骑将军夏侯详的仓曹参军（管理仓库）。天监六年开始，做了四五年的太末（今浙江龙游县）令，"政有清绩"（《梁传》）。约在天监十年，又改任仁威将军萧绩的记室。到天监十三年，刘勰五十岁时做了昭明太子萧统的通事舍人（管理章奏），这就是刘勰一生最幸运的时刻了。《梁传》说："昭明太子好文学，深爱接之"，这是可能的。但这时的刘勰，一方面由于年过半百，渐趋衰老；一方面萧家王朝并未发现这位栋梁之材而让他在军国大事中发挥"负重"的作用。就是萧统的"深爱接之"，也是很有限度的。这只要和刘勰的前任庾仲容相比就很明显。《梁书·庾仲容传》说："（仲容）除安成王中记室，当出随府。皇太子以旧恩特降饯宴，赐诗曰：'孙生陟阳道，吴子朝歌县，未若樊林举，置酒临华殿。'时辈荣之。"这种特殊的恩遇，在萧统和刘勰的关系中是没有影子的。所以，到天监十八年，刘勰虽再迁步兵校尉（管理东宫警卫工作），继续兼任通事舍人，但他已五十五岁，当年栋梁重任的抱负已没有实现的可能了。又由于僧祐死于天监十七年，他生前搜集的经卷急待整理，刘勰奉命再度回定林寺整理这些佛经。旧地重游，不能不忆起当年曾引以为荣的旧梦；经过二十多

---

① 《资治通鉴》卷一四七，天监七年"诏吏部尚书徐勉定百官九品为十八班，以班多者为贵"。奉朝请是第二班。

年的泪流"寸折"，这时才有若大梦初醒，悟得宦海无边，回头是岸的"真谛"。因此，在完成整理佛经任务之后，便以最大决心于普通元年（520），首先在定林寺燔发自誓，然后请求弃官为僧，改名慧地。这时的刘勰，才算消除尘念，一心皈佛了。但刘勰出家后，不到一年而死，终年五十七岁。

《梁传》说刘勰有"文集行于世"。这话《南史·刘勰传》已删，是则唐初已不复存，其"文集"内容，现已无从得知。刘勰的著作除《文心雕龙》外，现在尚存《梁建安王造剡山石城石像碑》（见《会稽掇英总集》卷十六）和《灭惑论》（见《弘明集》卷八），两篇都是佛教方面的著作。刘勰在文学史上有其重要地位，主要是他留下了一部三万七千多字的《文心雕龙》。

二、刘勰的思想

刘勰七岁时，曾梦"采云若锦，则攀而采之"（《序志》）。在叙志时讲这个故事，无非表示他少有奇志。到三十一二岁，又梦随孔子南行，则意在说明他将根据"尼父陈训"来写《文心雕龙》。到天监十五年（516）刘勰五十二岁时，剡山石像建成，刘勰为之写《梁建安王造剡山石城石像碑》，又大讲一通梦话。碑文主要是记这座巨石佛像凿建的始末。它之得以建成，要在一梦。其中说：

> 有始丰县令吴郡陆咸，以天监六年十月二十二日，罢邑旋国，夕宿剡溪，值风雨晦冥，惊湍奔壮，中夜震惕，假寝危坐。忽梦沙门三人，乘流告曰："君识性坚正，自然安隐（稳）；建安王感患未瘥，由于微障。剡县僧护造弥勒石像，若能成就，必获康复。冥理非虚，宜相开导。"咸还都经年，稍忘前梦。后出门遇僧……乃剡溪（梦中）所见第三人也。再显灵机，重发神证，缘感昭灼，遂用腾启。

据《梁书·南平王伟传》，萧伟是梁武帝萧衍之弟，曾于天监元年封建安王。从天监六七年之后，萧伟一直疾病缠身，这是史实。上引刘勰碑文，主要是说佛像显灵托梦，且梦中沙门径入人世催促，要萧伟建成石像，"必获康复"。于是大兴土木，三年乃成。而史实却是：当天监十五年石像落成之际，正是萧伟病势转危以至"水浆不入口累日"之时。其后仍日益沉重，始终未"获康复"。刘勰当时身为太子舍人，这些情况不会不知，但却在碑文中大肆吹嘘："再显灵机"、"灵应之奇"、"感通之妙"等等，就完全是自欺欺人的梦呓了。

刘勰这三次说梦，大体上可反映他少年、中年和晚年三个时期的思想面貌。但问题是复杂的，还不能简单地、绝对地把他的思想分割为三个时期。刘勰思想的复杂，就在于他几乎整整一生都沉浸在佛教的汪洋大海之中，但他一生的主要行事，特别是他的力作《文心雕龙》，其主旨显然与佛家教义无关。就刘勰或存或亡的一些佛教论著来看，其佛教思想是无庸置疑的。但我们要研究的，不是佛教思想家的刘勰。对文论家的刘勰，研究其思想必须从他的文论出发，这也是无庸置疑的。问题在于：佛教信徒的刘勰，和文论家的刘勰是一个人；《文心雕龙》的思想和刘勰的佛教思想有无关系？有两种对立的看法。一种认为："刘勰撰《文心雕龙》，立论完全站在儒学古文学派的立场上。……在《文心雕龙》里，严格保持儒学的立场，拒绝佛教思想混进来。"（范文澜《中国通史简编》第二编）另一种认为："刘勰的指导思想是以佛统儒，佛儒合一"（马宏山《〈文心雕龙〉散论》）；"《文心雕龙》的指导思想是'般若'，而'师圣宗经'只不过是在'般若'思想指导之下为文的工具而已。"（马宏山《〈文心雕龙〉散论》）这两种意见都各有理由，但用刘勰的话来说："各执一偶之解，欲拟万端之变，所谓东向而望，不见西墙也。"（《知音》）要合于刘勰的实际，就必须对他的全面情况细加察考，片面强调某一方面而忽略另一方面，就势难准确地说明《文心雕龙》的思想。

刘勰既认为自有人类以来，最伟大的就是孔子；又认为儒家经典是"恒久之至道，不刊之鸿教"（《宗经》），对儒家的圣与经都作了至高无上的评价；那么，在同一部《文心雕龙》中，虽不能说没有"佛教思想混进来"，但决不会把"以佛统儒"作为指导思想。问题还在于：以一切皆空、一切皆无为特征的"般若"思想，只能引导人们否定一切现实的客观存在；如讲般若学的《大明度经·本无品》所说："一切皆本无，亦复无本无，……无过去当来现在，如来亦尔，是为真本无。"这种"本无"论者对他自己是否存在，也只能是否定的，又怎能承认文学或文学理论？承认文学所赖以反映的客观世界和用以服务的社会现实？《文心雕龙》则明明是承认这一切的，它不仅承认物决定文，文反映物，且极力主张用文学创作来为封建政教服务。"般若"思想则正与此背道而驰，它又怎能成为《文心雕龙》的指导思想呢？

反之，认为《文心雕龙》是纯粹的儒家思想，作者严格拒绝佛教思想混入其中，也并非事实。《文心雕龙》不可能是绝缘体。刘勰的时代，是佛教思想大泛滥的时代；刘勰的一生，是在佛教的浓雾之中度过的一生；何况《文心雕龙》是在定林寺中写成？齐梁之际，上自帝王，下至臣民，信奉佛教、宣扬佛教者，比比皆是，自幼信佛的刘勰，又何须对佛教思想严加拒绝？事实上，《文心雕龙》中也十分明显地运用过佛教思想。《论说》篇有云：

> 夷甫、裴頠，交辨于有无之域；并独步当时，流声后代。然滞有者，全系于形用；贵无者，专守于寂寥，徒锐偏解，莫诣正理；动极神源，其般若之绝境乎。

在这段论述中，是不能仅仅视"般若"二字为用词问题的。刘勰是作为一个思想武器，在评论魏晋时期"崇有"与"贵无"这场大辩论中使用的。他认为两说都非"正理"，只有既不承认"有"也不承认"无"的"般若绝境"才是最正确的。这当然是货真价实的佛教思想。但这种思想在《文心雕龙》中既不是普遍的，更不是用以探讨一切文学理论的指导思想。它只是针对"崇有"和"贵无"之辩而发；这和刘勰曾说"李（耳）实孔师"（《诸子》），我们不能据以得出"以道统儒"，或以道家思想为全书指导思想的结论一样。

《文心雕龙》的主导思想，是和它的作者的人生观不可分割的。所谓"颂其诗，读其书，不知其人可乎?"(《孟子·万章下》)进一步认清刘勰是怎样一个佛徒，是解决这一问题的关键。晋宋以来，佛教大行，梁武帝更是一个著名的佛教皇帝。他做皇帝的第三年（天监三年），便正式宣布佛教为国教，要求"公卿百官，侯王宗室，宜反伪就真，舍邪入正"(《全梁文》卷四《敕舍道事佛》)，以至有"处处成寺，家家剃落，尺土一人，非复国有"(《南史·郭祖深传》)之势。在这种环境下，刘勰和佛教有种种瓜葛，本是不足为奇的。只要略加具体分析，问题就很清楚：第一，刘勰入定林寺与"家贫不婚娶"有关；第二，在定林寺时间虽长，并未年满具戒，直到死前几个月才正式出家；第三，他虽经长期佛家思想的洗礼，但从三十一二岁夜梦孔子的思想来看，仍以崇奉孔儒为主；第四，从刘勰做官"政有清绩"可知，他对做官是积极认真的，否则，以刘勰的门第，未必能做到太子舍人；第五，正如《程器》篇所说："穷则独善以垂文，达则奉时以骋绩。"这是他自己一生的信条。可说刘勰为"奉时骋绩"而做了毕生的努力。但直到晚年，仍在东宫作"庭间之回骤，岂万里之逸步哉"(《通变》)。他是做栋梁之材的泡影已灭，才不得已而走"独善其身"的道路的。

这是了解刘勰思想的一条主线。虽然后两点是他写成《文心雕龙》以后的事，但只有从整体看局部、从全人看其著作，才有可能得到准确的认识。而刘勰完成《文心雕龙》以后的生活道路，正是他在《文心雕龙》中表达的思想的实践，因而为其整个人生观作了最有力的印证。

《文心雕龙》是了解刘勰思想的重点，其中有关论述就更为明显。前述他在《序志》等篇表达的"君子处世，树德建言"等，并不是偶发的空论，在讨论种种文学问题中，这种思想表达得更具体、更充实。刘勰反对文学创作与现实脱节，认为"安有丈夫学文，而不达于政事哉?"(《程器》)猛烈地批判在"世极迤遭"时"而辞意夷泰"的玄言诗(《时序》)。对那种"无贵风轨,莫益劝戒"(《诠赋》)的辞赋,"无所匡正"、"无益时用"(《谐隐》)的文字游戏,全书进行了反复的批判。刘勰一再强调的则是:"顺美匡恶"(《明诗》),"彰善瘅恶,树之风声"(《史传》)的优良传统;对作者的要求是"披肝胆以献主"(《论说》),在"大明治道"(《议对》)、"兴治齐身"、"抑止昏暴"(《谐隐》)中发挥文学的巨大作用。这类主张,是举不胜举的。这只能说明,刘勰在《文心雕龙》中运用的是积极入世的儒家思想;对文学创作来说,就是力图使之在为封建政教服务中发挥较大的作用。《文心雕龙》一书,虽还未可遽定它是刘勰入仕的敲门砖,至少可以说,他入仕以后的实际行动和《文心雕龙》中表达的思想是完全一致的。由此可见,无论是刘勰其人或《文心雕龙》其书,主导思想都是儒而非佛。

问题在于:一个佛教徒而以儒家思想为主导来论文,这是不是有矛盾?

首先,细究刘勰入定林寺的原因,在梁武帝大力提倡以至用政令推行之下,刘勰从事的一些活动,以及他最后的出家,他对佛教"虔诚"的程度,是不能估计过高的。问题还在于,即使刘勰真有献身佛门的诚意,也未必就非用佛理来论文不可。只略举当时的几个实例,便可说明这点。如梁武帝萧衍,用以骗人,他虽大倡佛教,但用以治国,却不能不"雅好儒术"(《资治通鉴》卷一四五)。他自己可演四次舍身同泰寺为奴的闹剧,但于用人理政,却不能不重视儒学。因此,在他宣布佛教为国教的第二年(天监四年),就接着下诏说:"二汉登贤,莫非经术,服膺雅道,名立行成。魏晋浮荡,儒教沦歇,风节罔树,抑此之由。……可置五经博士各一人,广开馆宇,招内后进!"(《梁书·儒林传序》)还是要广开儒学来培养治国理政的人材。又如沈约,如果读了他的《均圣论》、《神不灭论》、《答范缜神灭论》(均见《广弘明集》)等大量宣扬佛教的著作,再看其《宋书·孝义传》等,我们会怀疑它是否出自一人之手。至如"素信三宝(佛、法、僧）"而对佛理尚有建树的萧统①，在他的《文选序》、《陶渊明集序》等论著中，也是嗅不出什么佛教气味的。甚至主张"文章且须放荡"（《艺文类聚》卷二五《诫当阳公大心书》）而大写其宫体诗的萧纲，对佛教"崇信亦甚，其所著作，旨多弘法"（汤用彤《汉魏两晋南北朝佛教史》）。这种史实足以说明，即使精研佛理，佞佛更深的人，也完全可以论佛则佛，论文则文。这是理解刘勰虽是佛教信徒而所著《文心雕龙》并不以佛家思想为主的重要佐证。

即使虔诚的佛徒，也可以在无关教义的论著中大讲儒术、崇拜周孔而不矛盾，在当时还有一个具体原因，就是晋宋以来儒佛同源的普遍思潮。孙绰认为："周孔即佛，佛即周孔，盖外内名之耳。"（《弘明集》卷三《喻道论》）沈约也说："内圣外圣，义均理一。"（《全梁文》卷二九《均圣论》）梁武帝更以为："穷源无二圣，测善非三英。"（丁福保《全梁诗》卷一《会三教诗》）这种思潮不只是影响到刘勰，他自己正是这一大合唱中的重要角色之一。《灭惑论》有云："至道宗极，理归乎一；妙法真境，本固无二。……故孔释教殊而道契。"既然儒佛不二，周孔即佛，一个佛徒崇奉周孔，在当时就是合理合法的了。

由此可见，在当时的情况下，一人而兼有儒佛思想是允许的，一书而兼取儒佛之说也并不矛盾。但即便如此，问题仍未得到彻底解决。儒佛二教毕竟不能合二为一；虽可抽象地说儒佛二教"理归乎一"，在大量实际问题上，仍是各异其旨。刘勰对这个矛盾其所以处理得当，最根本的原因还在于：《文心雕龙》的主要任务不是传教，而是论文。它既非"五经论"，亦非"般若论"、"道德论"。一个懂得文学艺术的理论家，是不会赞成用文学作品来宣传教义的。刘勰不仅反对用诗赋来宣扬玄学，狠狠批判了"诗必柱下之旨归，赋乃漆园之义疏"的创作倾向，也不

①《南史·萧统传》："太子亦素信三宝，遍览众经。乃于宫内别立慧义殿，专为法集之所。招引名僧，自立《二谛》、《法身义》。"

满于东汉时期一切作品都"斟酌经辞"而"渐靡儒风"(《时序》)。嵇康的《与山巨源绝交书》，虽已明文提出他"每非汤武而薄周孔"，刘勰却评此书为"志高而文伟"(《书记》)之作。甚至孟子的某些言论，刘勰也用"躁言丑句"(《奏启》)等予以无情的否定。这种观点在《文心雕龙》中并不是个别的。所以，有的论者认为："刘勰论文，并不要求用儒家思想来写作。"① 这是事实。刘勰之前，宣扬佛教的作家作品还不多。如鲁迅称为"释氏辅教之书"的志怪小说，宋有刘义庆的《宣验记》，齐有王琰的《冥祥记》等，刘勰并未论及。檀道鸾《续晋阳秋》曾谓："至过江，佛理尤胜……(许)询及太原孙绰，转相祖尚，又加以三世(佛理)之辞，而诗、骚之体尽矣。"(《世说新语·文学》注引)对许询，《文心雕龙》中也未论及；对孙绰，除《明诗》篇批判了他的玄言诗外，《才略》篇还讲："孙绰规旋以矩步，故伦序而寡状。"范文澜注云："孙兴公(即孙绰)《游天台山赋》多用佛老之语，不甚状貌山水。"这类作品都只有干巴巴的说教，而缺乏鲜明生动的形象描写，所以刘勰评以"大浇文意"。《文心雕龙》不从狭隘的宗教思想出发，而吸取各家有益于文的资料(详下)，正是它能成为一部不朽的古代文论的重要原因之一。即使它以儒家思想为主导思想，也并未提出"文以载道"的主张。它虽强调"征圣"、"宗经"，正如《征圣》篇所说："征之周孔，则文有师矣"，主要是要求在写作为文上向儒家圣人学习。《宗经》篇说：

> 故文能宗经，体有六义：一则情深而不诡，二则风清而不杂，三则事信而不诞，四则义直而不回，五则体约而不芜，六则文丽而不淫。

这就是刘勰主张征圣、宗经的全部目的。他要求的只是"情深"、"风清"、"事信"等，并没有限定必须某一家的"情深"或"义直"。因此，诸子百家之书，可以视为"亦学家之壮观也"(《诸

---

① 周振甫《谈刘勰的"变乎骚"》，《古代文学理论研究丛刊》第二辑。

子》）；对崇尚老庄学说的何晏、王弼之论，给以"师心独见，锋颖精密，盖人伦之英也"（《论说》）的高度评价。这样的例子很多。从刘勰肯定何晏的论文而否定其诗歌："何晏之徒，率多浮浅"（《明诗》）可以看出，他主要是从作品的优劣出发，而不是从思想属于何家何教出发。

但以上所说，也只能是就其大体而言。在个别问题上，或用"般若"，或讲"仁孝"，也是有的。特别是持儒家偏见的评论更多，如论屈原"异乎经典"四事，以儒家经书所无，便斥为"诡异之辞"、"谲怪之谈"等（《辨骚》）；认为商鞅、韩非的学说"弃仁废孝，辕药之祸，非虚至也"（《诸子》）等。这些地方说明，刘勰论文，是受到儒家思想的一些束缚的，以至成为《文心雕龙》的主要局限之一。也正因为这种局限在全书中是局部的、次要的，它才能在许多重大问题上，摆脱儒佛思想的桎梏，从而总结了许多有益的文学创作经验，探讨了一系列重要的文学理论。

三、《文心雕龙》及其主要成就

《文心雕龙》的主要成就，即其在古代文学理论史上的重要贡献，有以下四个方面：

一、在文学理论上集前人之大成，并建立了完整的理论体系。

清人孙梅曾说，《文心雕龙》"五十篇之内，百代之精华备矣"（《四六丛话》卷三一）。胡维新则谓此书"读之千古如掌"（《两京遗编》序）。《文心雕龙》确是全面总结了先秦以来文学创作的主要经验，把握了文学艺术的一些基本规律；因而通过此书，可以鸟瞰晋宋以前的文学概况及其精华。

文学理论，主要是文学创作经验的总结。《文心雕龙》既以大量篇幅分别总结了各种文体的写作经验，也吸取了《乐记》、《毛诗序》、《典论·论文》和《文赋》等前人已有初步总结的种

刘勰

种经验。以儒家经典为主的先秦诸子百家论著，刘勰也从其片言只语中吸收了丰富的养料。如《宗经》篇的"言以足志，文以足言"（《左传·襄公二十五年》），"情欲信，辞欲巧"（《礼记·表记》），"《易》称'辨物正言，断辞则备'"（《周易·系辞下》），"《书》云'辞尚体要，弗惟好异'"（《尚书·（伪）毕命》）等，都取自儒家经典。《神思》篇的"形在江海之上，心存魏阙之下"（《庄子·让王》），"疏瀹五藏，澡雪精神"（《庄子·养生主》）等取自《庄子》。《定势》篇的"势者，乘利而为制也"，取自《孙子·计篇》；"圆者规体，其势也自转；方者矩形，其势也自安"，取自《尹文子·大道》①。《情采》一篇，就兼取《论语》、《孝经》、《老子》、《庄子》、《韩非子》、《阙子》、《淮南子》等诸家之说（见范文澜《文心雕龙·情采》注）。这样的例子在《文心雕龙》中不胜枚举。

刘勰众采百家，并不是拼凑一个大杂烩。他并不拘其原意，也不是在思想上兼收并蓄，而是从写作上根据自己立论的需要，或取各家之长，或利用旧说，从而建成自己的理论体系。当然，刘勰的集前人之大成，既非包罗无遗，也不是把前代最可贵的经验都总结到了。如劳动人民"饥者歌其食，劳者歌其事"（《公羊传·宣公十五年》何休注）的重要经验，《文心雕龙》中就没有予以应有的重视。但刘勰不仅注意到"匹夫庶妇，讴吟土风"，能够反映出士气的"盛衰"、国家的"兴废"（《乐府》），更总结了劳动人民以文学艺术为斗争工具的重要经验：

> 芮良夫之诗云："自有肺肠，俾民卒狂"。夫心险如山，口壅若川；怨怒之情不一，欢谑之言无方。昔华元弃甲，城者发"睅目"之讴；臧纥丧师，国人造"侏儒"之歌：并嗤戏形貌，内怨为俳也。（《谐隐》）

这是说：传为芮良夫的《桑柔》诗中讲过："昏君自有歹心肠，逼得百姓要发狂。"国君的心虽比高山还险，老百姓的嘴却像江

---

① 详见詹锳《〈文心雕龙〉的定势论》，《文学评论丛刊》第 5 辑。

河那么难堵。由于群众怨恨的心情各不相同，其嘲笑讽刺的作品也没有固定的方式。如宋国华元被郑国打败后，逃归监督筑城，筑城工就作歌嘲讽他被敌人打得丢盔弃甲，监督民工却神气十足的丑态。刘勰认为这种嘲讽之作，是由不同的"怨怒之情"决定的。这就不仅总结了嘲讽的形式决定于"内怨"的文学理论，更接触到劳动人民的斗争不可阻止，文学创作则为其斗争武器的重要规律。所以，本篇反复强调，"谐隐"这种文学式样并不是"空戏滑稽"，而是用以"抑止昏暴"、"振危释惫"的有力武器。

从《文心雕龙》全书看，对民间创作经验认识不足的局限是存在的。但上例说明，一个4、5世纪的封建文人能有如此认识，也就难能可贵了。这段论述也不是刘勰的首创，而是取《诗经·桑柔》、《左传》中对宋国城者之讴的记载和《国语·周语》中的"防民之口，甚于防川"等资料综合而成。但刘勰利用这些史料组合起来，就构成了他自己的文学理论，并成为其整个理论体系的组成部分。

《文心雕龙》全书的体系，《序志》篇已作了明确交代：

> 盖《文心》之作也，本乎道，师乎圣，体乎经，酌乎纬，变乎骚；文之枢纽，亦云极矣。若乃论文叙笔，则囿别区分，原始以表末，释名以章义，选文以定篇，敷理以举统：上篇以上，纲领明矣。至于割情析采，笼圈条贯，摛神性，图风势，苞会通，阅声字；崇替于《时序》，褒贬于《才略》，怊怅于《知音》，耿介于《程器》；长怀《序志》，以驭群篇：下篇以下，毛目显矣。

这段话说明了全书五十篇的基本轮廓：由《原道》至《辨骚》的五篇为"文之枢纽"；由《明诗》至《书记》的二十篇为"论文叙笔"；《神思》以下二十四篇为"割情析采"；最后一篇《序志》是全书的序言。"割情析采"部分包括创作论和批评论两个部分，所以全书共由四大部分组成。

"文之枢纽"的五篇中，《原道》、《征圣》、《宗经》三篇为全书总论。《原道》篇主要论万事万物都有其自然的文采；作为全书的基本观点，意在文必有采，但反对过分雕琢而违反自然。《征圣》、《宗经》两篇的主旨前面已经提到，主要是学习儒家经典的写作原则，重在内容方面的"情深"、"事信"、"义直"等。"原道"和"征圣、宗经"两种基本观点的结合，就构成其完整的文学主张："衔华佩实"、文质兼备。这就是刘勰评论作家作品和探讨种种文学理论的出发点。《正纬》论纬书之伪，只是《宗经》篇的附论。《辨骚》是介于"文之枢纽"和"论文叙笔"两类之间的一篇，其基本性质为"文类之首"（范文澜《文心雕龙·原道》注）。因为骚体是"轩翥诗人之后，奋飞辞家之前"的作品，刘勰认为它既有同于经典之处，也有异于经典之处，所以须要"辨骚"。如果"骚"属"经"（王逸就称之为《离骚经》），就不能和一般文体等同对待。但从"灵均唱骚，始广声貌"（《诠赋》）来看，它和儒家经典已大不相同了，故又称"变乎骚"。所谓"变"，则指它已发展变化为与经典不同的文学作品了。

"论文叙笔"部分通常称为"文体论"。这部分对三十五种文体分有韵的"文"和无韵的"笔"逐一评论，各种文体大都叙其源流、释其名称、评其代表作品和总结其文体特点及写作要领。这部分虽可称为"文体论"，其重要意义则在分别总结各种文体的写作经验；下篇所论各种文学理论，正是在这个基础上提炼出来的。刘勰对各种文体的总结或评论，就以"衔华佩实"的基本观点为依据。如论诗，强调"舒文载实"，从"造怀指事，不求纤密之巧；驱辞逐貌，唯取昭晰之能"两个方面来肯定建安诗作，从"采缛于正始，力柔于建安"两个方面来批评西晋文学（《明诗》）。论赋，则既要求"义必明雅"，又要求"词必巧丽"，而以"丽词雅义，符采相胜"为其理想作品（《诠赋》）。一再赞扬"情采芬芳"（《颂赞》）、"文质辨洽"（《史传》）的作品，而反对"或文丽而义暌，或理粹而辞驳"（《杂文》）的文章。

刘勰用"割情析采"来概括《神思》以下创作论和批评论的内容，更说明他是以"衔华佩实"的基本观点来论述这些问题的。

从《神思》到《总术》的十九篇是创作论。《时序》、《物色》两篇和《辨骚》篇的位置相似，也是介于创作论和批评论之间的篇章。这二十一篇是《文心雕龙》的精华部分，对艺术构思、艺术风格、继承和革新的关系、内容和形式的关系、文学和现实的关系等重大理论问题和种种艺术技巧，分别进行了专题论述。贯串这些论题的一条主线，就是"割情析采"，即通过对"情"与"采"、"文"与"质"的关系的分析，以探讨如何创造出衔华佩实的理想作品。如论艺术构思即着眼于心物交融的关系："神用象通，情变所孕。物以貌求，心以理应。"（《神思》）论艺术风格的基本原理就是："情动而言行，理发而文见，盖沿隐以至显，因内而符外者也。"（《体性》）对作品总的要求提出："练于骨者，析辞必精；深乎风者，述情必显"；"风清骨峻，篇体光华。"（《风骨》）论内容和形式的关系，更阐明了"文附质"，"质待文"，二者相互依存而不可偏废的原理（《情采》）。其它如《镕裁》篇论"櫽括情理，矫揉文采"；《附会》篇论"附辞会义"等，也主要是从"情"与"采"、"文"与"质"两个方面，从不同角度来论述如何把作品写得衔华佩实、文质并茂。至于"阅声字"各篇（从《声律》到《练字》）所论种种艺术技巧，则不外研究如何抒情状物，仍属"割情析采"的具体内容。刘勰的创作论以"割情析采"为纲，相当全面地论述了文学理论上的一系列问题。概括而言，它探讨了构成文学艺术的基本要素——物、情、言三者的相互关系。如《物色》篇所说："情以物迁，辞以情发"，就涉及情与物、言与情两种关系。本篇论及言与物的关系更多。如"以少总多"、"物貌难尽"、"文贵形似"、"体物为妙，功在密附"、"物色虽繁，而析辞尚简"等。刘勰的创作论，主要就是对这三种关系的论述①。

批评论的基本论点是："缀文者情动而辞发，观文者披文以

---

① 刘勰对物、情、言三种关系的全面论述，详见拙著《〈文心雕龙〉创作论新探》，《社会科学战线》1982 年 1—2 期。

入情"（《知音》），仍是从情与言的关系着眼的。"披文入情"的具体办法，就是通过"六观"来"阅文情"。所谓"六观"，就是从体裁的安排、辞句的运用、继承与革新、表达的奇正、典故的运用和音节的处理等六个方面，来考察其表达的内容如何，以及能否很好地表达内容。显然，这正是"割情析采"的具体工作。

以上简析说明，《文心雕龙》确有自己完整的结构和严密的理论体系。它不仅是从总论、文体论、创作论到批评论，井井有条地组成一个整体，且以儒家经典中表述的文学观点为主，熔各家之说为一炉；以"衔华佩实"为纲贯串全书，全面论述了物与情、物与言、言与情三种关系，把文学理论上的一系列基本问题，作了相当全面的论述。刘勰的这一成就，在封建社会中是前无古人，后无来者的。

二、从文学的内部规律上，探索了当时文学发展的正确道路。

刘勰以"衔华佩实"为纲建立的一整套理论体系，并不是主观臆造出来的。它既为文学艺术本身的规律所决定，也是古代文学发展到齐梁时期的历史产物。刘勰不过是初步掌握了文学艺术的规律，顺应了当时的历史要求，才这样来建立其理论体系的。

汉代文人还没有形成真正的文学概念，当时的"文学"，基本上处于儒学的附庸地位。建安时期开始，文学艺术逐渐摆脱经学的束缚而独立发展，出现了文学史上光辉的一页：建安文学。但好景不长，从西晋开始，文学创作在世族文人操纵下，形式上日趋浮华淫艳，内容上愈渐空虚颓废。至于齐梁，文学艺术的发展道路，出现了严重的危机。汉人以《诗经》为六经之一，是儒家政治道德的教科书，而认识不到它是文学艺术。《离骚》也被尊之为《离骚经》。对辞赋，抑之则为"童子雕虫篆刻"，"壮夫不为"（扬雄《法言·吾子》）；扬之则为"古诗之流"（班固《两都赋序》)，仍图和"经"拉上关系，才有其合法的立足之地。在这种情形下，汉代文人自然不可能找出文学的正确道路。

建安文学之所以被公认为开始了"文学的自觉时代"，主要就是此期文人才普遍有意识地在创作中"以情纬文，以文被质"（《宋书·谢灵运传论》）。这就开始了文学创作是一种美的、艺术创作的新时期。但所谓"以情纬文，以文被质"，情与文，文与质，是水乳相融为一体的。其后的发展却偏重于"文"而忽略了"质"，以至宋初，出现了"俪采百字之偶，争价一句之奇"（《明诗》）的局面。刘勰的任务，不仅是要纠正这种畸形发展，而且要从理论上来探讨、总结文学艺术的正确道路。

《文心雕龙》当然不可能力挽狂澜而立竿见影，但刘勰正是面对现实，总结历史经验，围绕着"衔华佩实"这条主线，从文与质的统一，通与变的结合，情与采的关系等几个重要方面，探索了当时文学艺术应走的正确道路。《通变》是一篇集中研究文学发展道路的专论。所谓"通变"，刘勰又称为"因革"，也就是继承和革新的意思。刘勰认为："文律运周，日新其业。变则其久，通则不乏。"文学创作要能不断发展，就必须继承和革新相结合。但刘勰所讲的继承和革新是有所专指的。本篇通过对"九代咏歌"的考察，认为古来文学艺术发展总的趋势是：

> 黄唐淳而质，虞夏质而辨，商周丽而雅，楚汉侈而艳，魏晋浅而绮，宋初讹而新：从质及讹，弥近弥澹。何则？竞今疏古，风味气衰也。（《通变》）

刘勰认为从古代的质朴发展到魏晋以后的浅而绮、讹而新，主要原因就是"竞今疏古"，也就是只"变"而不"通"。因此，他主张"矫讹翻浅，还宗经诰"，要继承古代儒家的经典来改变当时的"浅"、"讹"。由此可见，"通"与"变"的关系，就是古与今的结合："望今制奇，参古定法"。能如此，文学创作的发展，就可"骋无穷之路，饮不竭之源"，而有广阔的发展道路了。

刘勰所论，显然意在用古代的"质"，来矫正当时过分的华艳；则"通"与"变"的结合，实质上就是"文"与"质"的结合，所以他说："斯斟酌乎质文之间，而櫽括乎雅俗之际，可与言通变矣。"这里有待研究的是，刘勰所说的"质文"二字是什么意思。从他总结"九代咏歌"的发展趋势是"从质及讹"来看，当指质朴与文华。但据整个"通变"论的主旨，又很难认为它要解决的，只是一个质朴与文华的调和问题。在这段具体论述中，有几点值得考虑：第一，用"还宗经诰"来"矫讹翻浅"，不可能是只宗儒家经典的朴质文风，刘勰的宗经思想以内容为主是很明显的；仅用质朴的文风，也很难起到"矫讹翻浅"的作用。如果刘勰真是意在调和质朴与文华的关系，何不肯定"质之至也"的黄唐之风而要"还宗经诰"？第二，刘勰论"九代咏歌"，既不满虞夏之前"黄歌"、"唐歌"的过于朴质，也反对楚汉以后"侈而艳"、"讹而新"的不良倾向。他评价最高的是"丽而雅"的"商周篇什"，具体说就是《诗经》。所谓"还宗经诰"，在诗歌创作方面主要就是学习《诗经》。儒家五经之一的《诗经》，正是刘勰认为"圣文之雅丽，固衔华而佩实者也"的典范。第三，刘勰明确肯定了商周以前的作品："序志述时，其揆一也"。那么，在"通"的要求中，只能包括"序志述时"，而不可能否定"序志述时"。由此可见，刘勰在本篇所讲的"质"与"文"，和"通"与"变"、古与今，都是相联类的概念；他所论"通变之术"的实质，仍是围绕其"衔华佩实"的论纲，来探讨文学艺术发展的道路问题。

　　齐梁文学虽然误入歧途，但在漫长的古代文学史上，从文学的自觉时代开始，它还处在青少年时期。如果像裴子野那样，认为当时的"雕虫之艺"是"淫文破典"，是"乱代之征"(《全梁文》卷五三《雕虫论》)，因而予以彻底否定；或者像苏绰那样，为了"捐其华"而主张："一乎三代之彝典，归于道德仁义"(《全后魏文》卷五五《大诰》)，那就是倒退到汉以前的状态，就无异于取消文学，至少是夭折了自觉的文学。所以，在这个重要的时刻，针对当时文风，强调"通"，主张"参古定法"是必要的，却绝不能忽视"变"而否定"望今制奇"的一面。从这个意义看，刘勰的"通变"论，是有重要历史意义的。刘勰对情采关系、文质关系的正面论述，正是为了从根本上来解决这个重要问题。《情采》篇说：

> 夫铅黛所以饰容，而盼倩生于淑姿；文采所以饰言，而辩丽本于情性。故情者文之经，辞者理之纬；经正而后纬成，理定而后辞畅，此立文之本源也。

所谓"立文之本源"，即文学创作的根本原则。只有从理论上阐明这个根本原则，才能更有力地说明通古变新的必要。《情采》篇首先就肯定文采："圣贤书辞，总称文章，非采而何？"但文采只能起到修饰语言的作用，作品的好坏，主要决定于内容。文采在作品中和妇女的涂脂抹粉一样，可以起到一定修饰容貌的作用；但如一个人生得实在太丑，铅粉黛墨是无能为力的。可是，一个妇女如果毫无必要的装饰，就无从表示出她是一个"妇女"。所以本篇又说："虎豹无文，则鞟同犬羊"；一定的表现形态和必要的文采，并不是可有可无的。刘勰用"文附质"、"质待文"概括了二者相互依存的关系，并根据这种关系，进一步确立了文学创作中文与质经纬相成的原则。这样，文学创作以"述志为本"，并根据表达内容的需要而施以相应的文辞采饰，就能创造出"衔华而佩实"的作品了。此论除具有一般的理论意义外，更主要的是既有利于维护文学艺术独立发展的道路，也为矫正过分追求华艳的文风，提出了有力的理论根据。这种理论和裴子野等人的根本区别，在于它是根据文学的内部规律提出来的，必须古与今的结合、文与质的统一，文学艺术才能独立存在并继续向前发展。

三、《文心雕龙》对文学艺术特征的把握，较前人有了显著的发展。

不可否认，刘勰在这上面还有其不足之处，如在《辨骚》、《诸子》等篇中，对古代一些优美神话、寓言的否定，所论文体有一些并非文学作品等。但刘勰并非否定一切神话，如《正纬》篇对"羲农轩皞之源，山渎钟律之要，白鱼赤乌之符，黄金紫玉之瑞"等神奇传说，也认为"事丰奇伟，辞富膏腴，无益经典而有助文章"。这不仅是作了肯定，而且是从文学艺术的角度来肯定的。刘勰对某些神话的否定，主要是受儒家思想的局限造成，

刘勰

而不是对其艺术特点不理解。至于论章表奏议等文体，虽表现了刘勰在认识上有一定的模糊，但也应考虑到：古代某些章表书记确可谓之文学作品；而全面总结各种文体的写作经验来提炼有关文学理论，未尝没有一些可取之处（详见拙著《文心雕龙译注·引论》）；何况刘勰论"文"，则列"骚"、"诗"、"乐府"、"赋"等体于前；叙"笔"，则列"史传"、"诸子"等体于前。由此可见，在这些上面即使表现了刘勰认识的不足，也是较为次要的。

刘勰对文学特征的认识，主要有三：首先是他论文学创作的第一篇就是《神思》，这是很能说明问题的。是否经过艺术构思，是区别文学和非文学创作的一个重要界限。艺术构思不同于其它文章写作的构思，最主要的区别是凭虚构象。"规矩虚位，刻镂无形"二句，就清楚地表明了这种特点。所谓"规矩"，是要赋予具体可感的形态；"刻镂"，则指运思中对意象的酝酿加工。这种构思，就不仅仅是考虑对现存事物作如何安排组织之类，而是从无到有，把没有固定形态的意象，精雕细刻成具体、鲜明、可感的艺术形象。艺术构思的另一重要特征是形象思维。这种思维既以形象为对象，又以构造形象为目的。因此，在整个构思过程中始终没有离开具体的形象。这是构思其它文章所没有的特点。《神思》篇所论艺术构思正具有形象思维的特点，"神与物游"就是这种特点的高度概括。想到登山"则情满于山"，想到观海"则意溢于海"，就是作者的精神活动与物象相结合的具体情形。在这个过程中，"物以貌求，心以理应"，艺术形象就是在这种心物交融中孕育出来的。刘勰称艺术构思为"驭文之首术"，因而以《神思》为其创作论的第一篇。这种安排很能说明他对文学艺术特征的认识。

其次，文学艺术以"述志为本"的特点，《文心雕龙》中更为明确。文学创作也"序志述时"，或者说"抒情状物"，就是说，除了表达情志，还有反映现实的一面。但"序志述时"在文学创作中是不能截然分开的；文学艺术反映现实，和客观的历史记载不同，它既非简单的复制，亦非无动于衷的直陈实录，无论

475

● 中国历代著名文学家评传（第一卷）

是写有意的"采菊东篱下",还是无意的"悠然见南山",都是为了抒发某种主观的情志。

"诗言志"是我国古代诗歌的优良传统。先秦两汉以来,论者不绝:"诗以言志"(《左传·襄公二十七年》),"诗者,志之所之也"(《毛诗序》),"诗以言情"(《初学记》卷二一刘歆《七略》),"诗缘情而绮靡"(陆机《文赋》)等,这个观点一直是明确的。刘勰虽是继承前说,也有一定的发展。前人主要是讲诗的抒情言志,刘勰不仅扩大到一切文学创作都是"为情而造文",都以"述志为本",都是"情以物迁,辞以情发",而且对文学创作的这一特征,从理论上进行了初步探讨。《明诗》篇说:"人禀七情,应物斯感;感物吟志,莫非自然。"道理虽然简单,却从文学创作的基本规律上说明了"述志为本"的文学特征。对"有心之器"的人来说,他和"无识之物"(《原道》)不同,就是有思想感情。因此,人受到外物的影响而抒发其情,就是一种自然而必然的规律。"情动而辞发"就是文学创作,就决定了文学创作以抒情言志为特点。此外,《情采》篇以"情"来概括文学的全部内容,《镕裁》篇说:"万趣会文,不离情辞"等,都说明刘勰对文学艺术抒情言志的特点,已有较为深入的认识。

文学艺术的另一重要特点是形象性。文学创作虽以抒情言志为目的,但和一般章表书记的陈情达志不同,它不是直陈其情,径达其志,而必须通过一定的艺术形象。古人常说的"寓情于景"、"借物遣怀"等,正说明了这种特点。用刘勰的话说,就是要"体物写志"。陆机《文赋》曾讲到"期穷形而尽相",虽已接触到文学艺术形象性的特点,却未明确"体物"的目的在于"写志",只有认清"体物"和"写志"的内在联系,才能接触到文学创作的特质,否则,为写形而写形,虽"穷形尽相"何益?这说明,刘勰的认识是相当可贵的。

《诠赋》篇说:"赋者,铺也,铺采摛文,体物写志也。"赋以状物为主,所以,虽是论赋体的写作,对写物图貌之作都有普遍意义。如《明诗》篇誉为"五言之冠冕"的《古诗十九首》,

刘勰认为其主要优点就是："婉转附物，怊怅切情"，即能密切结合物象描写，从而表达出动人的感情。刘勰对建安作家评价甚高，而认为其共同特点就是："驱辞逐貌，唯取昭晰之能，此其所同也。""驱辞逐貌"四字，是对诗歌创作经验很重要的总结。《明诗》篇一再强调"诗言志"，"感物吟志"，"民生而志，咏歌所含"等，《时序》篇更直接说过，建安诗人"并志深而笔长"；可见"驱辞逐貌"之说，并非以"逐貌"为目的，同样是要通过形貌描绘来表情达意。

刘勰对文学艺术的形象性这一重要特征的认识，除继承并发展了陆机等人的有关论述外，也主要是从历代文学创作的经验中总结出来的。上举"驱辞逐貌"、"体物写志"已能说明这点。刘勰注意总结这方面的经验，还由于认识到它有着巨大的艺术效果："曹刘以下，图状山川，影写云物，莫不纤综比意，以敷其华；惊听回视，资此效绩。"（《比兴》）又说："写物图貌，蔚似雕画。析滞必扬，言庸无隘。"（《诠赋》）生动的形象描绘，其所以能使人"惊听回视"，就因为不仅把物象写得美如雕画，还能把不明白的东西表达得很显著，把平凡的事物写得很不平凡。从这种认识出发，《物色》篇具体总结了《诗经》以来"写物图貌"的经验（详下），从把物象写得"情貌无遗"，进而提出"物色尽而情有余"的要求。

上述三个方面：以"神与物游"为文学创作的特殊方法，以"述志为本"为文学创作的特殊任务，以"写物图貌"为文学创作的特殊形式，说明刘勰对文学艺术的特征已有充分的认识。他在《总术》篇对文学创作提出一个总的要求，堪为这种认识的总说明：

> 数逢其极，机入其巧，则义味腾跃而生，辞气丛杂而至。视之则锦绘，听之则丝簧，味之则甘腴，佩之则芬芳：
> 断章之功，于斯盛矣。

这就是刘勰对文学创作的最高理想。义味充沛，辞采丰富，能给人以视觉、听觉、味觉、嗅觉之美感享受。这样的作品，不通过凭虚构象的方法，不表达深刻动人的情志，不用蔚似雕画的形式是创造不出来的。这种理想作品，更不是不懂文艺特征的论者所能提出的。

四、对我国古代现实主义文学理论的发展作出了重要贡献。

现实主义的创作和理论，在我国古代都有着源远流长的优良传统。早在先秦时期儒家提出的一些点点滴滴的文学见解中，如"兴、观、群、怨"等，虽还仅仅是文学理论的萌芽，就具有一定的现实主义倾向了。经《乐记》、《毛诗序》、《论衡》等有关论著不断加以发展和充实，这种倾向愈渐明显起来。以儒家文学观为主导思想的《文心雕龙》，在古代现实主义文学理论发展的进程中，更是集前人之大成而又有重要的发展。当然，无论是刘勰或任何其他古代文艺理论家，都不可能按照我们今天理解或要求的"现实主义"概念来论述；我们只能从刘勰自己的理论体系中，探讨他对古代现实主义所作的总结。

在总论中，刘勰首先提出客观世界的万事万物都是美的，作者的任务就是要"写天地之光辉，晓生民之耳目"(《原道》)。他把文学艺术家的这一光荣职责强加给儒家圣人，固有其崇儒思想的局限，但在全书总论中这样提出，无非要求师圣、宗经，希望后世作者也能如此，其用意仍是未可厚非的。反映美好的现实来晓示读者，这应该说是现实主义文学家的任务。但客观现实，尤其是六朝时期的社会现实，并不都是美好的，因此，刘勰特别重视"写真"。他根据儒家"情欲信，辞欲巧"、"辨物正言"等说，提出了"六义"的主张。其中"情深而不诡"，"事信而不诞"等，就是要求情感和事物的真实可信，而反对虚妄荒诞的描写。

总论中的这种主张，也是贯彻在全书之中的。如论骚体提出了"酌奇而不失其真，玩华而不坠其实"的著名论点，肯定其"循声而得貌"、"披文而见时"等反映现实的功能(《辨骚》)；论诗则称赞："大禹成功，九序惟歌；太康德败，五子咸怨'；而批判玄言诗："嗤笑徇务之志，崇盛亡机之谈"(《明诗》)：其于反

映现实或违反现实之作的不同态度十分鲜明。建安诗作其所以
"雅好慷慨，良由世积乱离，风衰俗怨，并志深而笔长，故梗概
而多气也"（《时序》）。慷慨多气的作品，是"世积乱离"等社
会现实所决定的，而这种慷慨多气之作，又真实地反映了"风衰
俗怨"等现实面貌。这就高度概括地总结了建安文学的现实主义
特点而为千古定论。

刘勰主张真实地表达情志和反映现实的观点，在他的创作论
中有更集中的论述。《物色》篇总结晋宋以来"文贵形似"的经
验说："巧言切状，如印之印泥，不加雕削，而曲写毫芥。故能
瞻言而见貌，印（即）字而知时也。"这里说的"曲写毫芥"，
当然不同于所谓"细节的真实"，但不只有其相通的精神，都是
要求具体细致地描绘事物的真实面；在写"真"这个基本点上，
"曲写毫芥"的要求，则可说有过之而无不及。只有这样，才能
"如印之印泥"，也才能通过作品以"见貌"、"知时"。这里存在
的问题是：真则真矣，是否非艺术的真，或是自然主义的真？刘
勰认为这是非艺术的真，这是因为刘勰是情真和形真并重的。
他说：

> 昔诗人什篇，为情而造文；辞人赋颂，为文而造情。何
> 以明其然？盖《风》、《雅》之兴，志思蓄愤，而吟咏情性，
> 以讽其上：此为情而造文也。诸子之徒，心非郁陶，苟驰夸
> 饰，鬻声钓世：此为文而造情也。故为情者要约而写真，为
> 文者淫丽而烦滥。……故有志深轩冕，而泛咏皋壤；心缠几
> 务，而虚述人外。真宰弗存，翩其反矣。（《情采》）

这段话有两点值得注意：首先是这种情真的主张，当时颇有针对
性。略早于刘勰的孔稚珪，曾写《北山移文》对南齐周颙之类假
隐士进行过尖锐的嘲讽。这种假隐士，当时不是个别的。刘勰的
主真说虽有更为广泛的意义，利用这种典型，却很能说明情真在
文学创作中的必要。那种心怀高官厚禄的人，写的却是隐居山林
的生活情趣；即使表面上把山林皋壤写得惟妙惟肖，仍是"真宰
弗存"的虚伪之作。刘勰所主张的真情，则是《诗经》作者的

"志思蓄愤，而吟咏情性，以讽其上"。他所反对的假情，则是"心非郁陶，苟驰夸饰，鬻声钓世"。以有无愤懑忧愁之情而从事创作为真情假情之别，这在当时就有较大的普遍性和现实性了。

其次，主张"为情而造文"，就不可能纯客观地写真；"为情者要约以写真"，就不可能是自然主义的真。刘勰明知"物貌难尽"，并要求做到"物色尽而情有余"，所以，虽"曲写毫芥"，必须"要约以写真"。

正因为刘勰既重形真，又重情真，两个方面的结合，就比王充、左思等前辈的崇实主真说有了重大发展。王充《论衡》不是论文学的专著。左思的《三都赋序》虽是论文，但强调："其山川城邑，则稽之地图；鸟兽草木，则验之方志"等，也未必符合艺术的真。文学艺术的"图状山川"，是和绘制地舆图不能相提并论的；文学作品中写到的鸟兽草木，也无法用地方志来验证。刘勰所主张的真，则是艺术的真。如《尚书·武成》中讲武王伐纣，有"血流漂杵"之说，这是孟子也认为不可信的话（见《孟子·尽心下》）。刘勰则认为："倒戈立漂杵之论，辞虽已甚，其义无害也。"他在《夸饰》篇讲到的这类例子很多，认为这种与事实不符的夸张描写，不仅不违背真实，而且是"壮辞可得喻其真"。对一个艺术家来说，如果拘泥于表面形貌的绝对真实，很多事物就反而表现不出它的真来。文学创作本身就是凭虚构象，绝对求真，就势必否定文学艺术。

刘勰论形象描绘，虽主张"以切至为贵"，但不是要求表面的、局部的真，而要求"拟容取心"（《比兴》），即通过准确的形貌表现其精神实质。这和顾恺之所说"以形写神"（《历代名画记》卷五）之旨颇近。怎样才能在真实的"写物图貌"的基础上表现高度真实的精神实质呢？这就是现实主义艺术论中涉及的重要课题了。早在公元5世纪末产生的《文心雕龙》，当然没有圆满解决这个问题的可能。但刘勰的"深得文理"并非虚传，他从我国第一部现实主义诗歌总集的《诗经》中，总结了一条可贵的经验：

　　　　"灼灼"状桃花之鲜,"依依"尽杨柳之貌,"杲杲"为出日之容,"瀌瀌"拟雨雪之状,"喈喈"逐黄鸟之声,"喓喓"学草虫之韵;"皎日"、"嘒星",一言穷理,"参差"、"沃若",两字穷形:并以少总多,情貌无遗矣。(《物色》)

这条重要经验就是:"以少总多"。这个"少",就是本篇所说事物的"要害",也就是事物的本质特征。它之所以是事物的本质特征,就因为是从"多"中概括出来的。只有从大量的桃花中,才能提炼出"灼灼其华"的特征,从大量的柳树中,才能概括出"杨柳依依"的特征。因此,"灼灼"、"依依"等形貌,就能准确地反映所有桃花、杨柳的本质特点。这种"以少总多"的方法,正是"要约写真"的具体途径。刘勰的这些论述,比之他以前笼统的、机械的崇实主真论,显然是一个重大的发展。刘勰所论虽然侧重自然现象,而有失于人物世事之不足,但从对艺术方法的把握来看,它是合于现实主义艺术的基本特征的。

　　上述四个方面说明,《文心雕龙》在我国古代文学理论史上,是有其重要贡献的。它愈来愈受到国内外广大研究者的重视,这就是其重要价值的最好说明。由于这部论著内容丰富而复杂,本文只能就其大要,略述一己之见。其中还存在不少有争议的问题,这里提出的一些初步看法,也还有待广大《文心雕龙》研究者的鸿裁。

主 要 参 考 书 目

1. 姚思廉《梁书·刘勰传》,中华书局校点本。

2. 李延寿《南史·刘勰传》,中华书局校点本。

3. 慧皎《高僧传》,光绪十年金陵刻本。

4. 黄叔琳《文心雕龙辑注》,中华书局版。

5. 范文澜《文心雕龙注》,人民文学出版社版。

6. 杨明照《文心雕龙校注拾遗》,上海古籍出版社版。

7. 刘永济《文心雕龙校释》,中华书局版。

8. 王利器《文心雕龙校证》,上海古籍出版社版。

481

中国历代著名文学家评传(第一卷)

9. 陆侃如、牟世金《文心雕龙译注》，齐鲁书社版。

10. 赵仲邑《文心雕龙译注》，漓江出版社版。

11. 郭晋稀《文心雕龙注译》，甘肃人民出版社版。

12. 周振甫《文心雕龙注释》，人民文学出版社版。

13. 姜书阁《文心雕龙绎旨》，齐鲁书社版。

14. 周振甫《文心雕龙选译》，中华书局版。

15. 黄侃《文心雕龙札记》，中华书局版。

16. 王元化《文心雕龙创作论》，上海古籍出版社版。

17. 詹锳《刘勰和文心雕龙》，中华书局版。

18. 陆侃如、牟世金《刘勰和文心雕龙》，上海古籍出版社版。

19. 张文勋、杜东枝《文心雕龙简论》，人民文学出版社版。

20. 陆侃如、牟世金《刘勰论创作》，安徽人民出版社版。

21. 詹锳《文心雕龙的风格学》，人民文学出版社版。

22. 马宏山《文心雕龙散论》，新疆人民出版社版。

23. 杜黎均《文心雕龙文学理论研究和译释》，北京出版社版。

24. 牟世金《雕龙集》，中国社会科学出版社版。

钟　嵘

（约公元 468—518 年）

牟世金　萧华荣

钟嵘是齐梁时期杰出的文学理论家、批评家，他的《诗品》与刘勰《文心雕龙》同时出现在齐梁时期，是辉耀在古代文学理论批评史上的双璧。

一、钟嵘的生平与思想

钟嵘字仲伟，大约于南朝宋明帝泰始四年（公元 468 年）生于颍川长社（今河南长葛市西）。他的七世祖钟雅在东晋时官至散骑侍郎、尚书右丞，苏峻之乱中殉难，追赠光禄勋。钟雅的父亲钟晔曾任公府掾，儿子钟诞官至中军参军。以下数代史书没有记载。钟嵘的从祖钟宪在南齐时为正员郎，父钟蹈为齐中军参军。兄钟岏字长丘，梁时任建康令，著《良吏传》十卷；弟钟屿字季望，任永嘉郡丞，梁天监十五年（516）曾参与编纂类书《遍略》。钟氏是颍川望族。《唐贞观八年条举氏族事件》于"颍川郡七姓"中有钟氏一姓，《姓解》亦云："颍川钟氏"。[①] 可知钟嵘出身世族。

齐永明三年（485）秋，钟嵘与兄钟岏同入国子学（《南齐

---

① 见《文史》第九辑王仲荦《唐贞观八年条举氏族事件考疑》。

书·周颙传》)。据当时国子生入学年龄"十五以上，二十以还"的规定（《南齐书·礼志上》），是年钟屿当不超过二十，钟嵘大概十七八岁。钟嵘因"明《周易》"，得到国子祭酒、卫将军王俭的赏识，举荐为本州秀才。

永明年间（483—493），竟陵王萧子良移居鸡笼山西邸，招致文学之士，著名的主要有萧衍（梁武帝）、沈约、谢朓、王融、萧琛、范云、任昉、陆倕等，号"竟陵八友"。其中，沈约、谢朓、王融是讲究声病音律的"永明体"诗的重要创始人，任昉、王融写诗注重用事。"西邸"是当时的文学中心，"京邑人士，盛为文章谈义，皆凑竟陵王西邸"（《南齐书·刘绘传》）。时钟嵘正在京师，对诗歌创作讲究声病和大量用事的风气与弊病自然会有清楚的认识。

齐建武（494—498）初，钟嵘起家为南康王萧子琳侍郎。建武三年，他上书言事，建议齐明帝不必躬亲细务，应"量能授职"，"恭己南面"，其意见未被采纳。五年，萧子琳被杀，钟嵘改任抚军行参军，出为安国令。永元三年（501），又改任司徒行参军。

萧衍建梁（502）后，钟嵘上言："永元诸军官是素族士人，自有清贯，而因斯受爵，一宜削除，以惩浇竞。若吏姓寒人，听极其门品，不当因军遂滥清级。若侨杂伧楚，应在绥抚，正宜严断禄力，绝其妨正，直乞虚号而已。"反映出钟嵘认为世族寒门有别的门阀等第观念。他的上书被采纳，并迁为中军临川王行参军。

天监三年（504），萧元简封衡阳王，出任会稽太守，引钟嵘为宁朔记室，直至天监十三年。在此期间，何胤隐居会稽若耶山，与元简往还甚密，后迁秦望山，筑室而居。有一年山发洪水，漂拔树石，此室独存。元简令钟嵘作《瑞室颂》，辞甚典丽。

天监十三年，萧元简回京任给事黄门侍郎，钟嵘当随元简同回京师。此前，即天监十二年，沈约去世。据《南史·钟嵘传》："嵘尝求誉于沈约，约拒之。及约卒，嵘品古今诗为评，言其优劣。"可见《诗品》是在沈约死后开始写的。《诗品序》说："其人既往，其文克定，今所寓言，不录存者。"也明言所评诗人俱已过世。《诗品》所评的梁代诗人共有十位，其卒年可考者，以沈约为最迟。因此，可以断定《诗品》写于天监十三年（514）之后。

天监十七年（518），晋安王萧纲（即梁简文帝）为西中郎将，负责石头戍军事，钟嵘被引为记室，不久，卒于此职，终年约五十一岁。

如前所述，钟嵘出身世族，502年上书建议清理军官中士庶寒门的混杂现象，正是其门阀观念的反映。这种士大夫阶级的意识在《诗品》中也有所表现，主要是重"雅"轻"俗"的审美趣味。但钟嵘基本上是忠于艺术和恪守自己的批评标准的。他把许多出身寒素甚至名不见经传的诗人列入《诗品》的评论范围。家世寒贱、沉于"下僚"的左思被提到艺术殿堂的"上品"，而许多世家子弟、达官贵人以至于皇帝都被置之"下品"。他评鲍照："嗟其才秀人微，故取湮当代。"对这位出身寒门而埋没不闻的诗人，表示了同情的叹惋。这说明他在具体评价作家作品时，能从他所理解的实际艺术成就出发，在一定程度上突破了士大夫阶级的局限。

钟嵘的思想基本上属儒家。儒家思想经汉代鼎盛之后，魏晋六朝转入中衰，但齐梁时一度有所抬头。赵翼《二十二史札记·南朝经学》中说："齐高帝少为诸生，即位后，王俭为辅，又长于经礼，是以儒学大振。"钟嵘青年时代正当此"儒学大振"之际，他所入的国子学以传授儒学为主，他所熟谙的《周易》是儒家重要经典，国子祭酒王俭又深通儒学。因此可以说，钟嵘曾受到儒家思想较深的熏陶。《诗品》的主导思想基本上也是儒家的。《诗品序》论诗常取《毛诗序》的传统提法，但也有所取舍；《诗品》正文追溯诗歌风格源流分为《国风》、《楚辞》两大主要流别，他尤为推重《国风》系，视为风雅正宗，表现出宗经的倾向；《诗品》具体评论作家作品，常常采用"讽喻"、"风规"、

"激刺"等儒家传统文学思想；这都可以看出儒家思想的影响。但齐梁时期毕竟属于儒学的衰微时期，也毕竟属于文学的自觉时代，因而《诗品》的宗经思想不很突出，而对于诗的某些艺术规律和美学特征的探索和表述却越出了儒家思想的藩篱。

《梁书·钟嵘传》记载："嵘尝品古今五言诗，论其优劣，名曰《诗评》。"可知《诗品》原名《诗评》。《隋书·经籍志》著录："《诗评》三卷，梁钟嵘撰，或曰《诗品》。"可知到隋代已有《诗评》、《诗品》两个名称。唐、宋时期，仍有两个名称并行。宋代以后，便只有《诗品》一名，直到现在。

在我国古代诗史上，两汉到六朝是五言诗从兴起到相当繁荣的时期，逐渐取代了《诗经》以来四言诗的地位，成为"会于流俗"的诗坛的主要形式。另一方面，齐梁时期诗风又十分颓靡。由于上层统治者的倡导与带头，形式主义、唯美主义大肆泛滥，"庸音杂体，人各为容"；批评方面也很混乱，"随其嗜欲，商榷不同，淄渑并泛，朱紫相夺"。钟嵘为了肯定五言诗这种新形式，打破那种认为四言为"正宗"、五言为"流调"的保守观念，为了针砭颓风，矫讹归正，辨体溯源，便写了《诗品》一书，评论了汉魏至齐梁一百二十多位五言诗的主要作者及其作品，分置于上、中、下三卷之中。卷上十二人（《古诗》按一人计），是为"上品"；卷中三十九人，是为"中品"；卷下七十二人，是为"下品"。

二、钟嵘的诗歌批评理论

《诗品序》简要地回顾了五言诗发生、发展的历史，比较精辟地阐发了有关诗歌创作、欣赏、批评等问题，是指导全书诗歌批评的理论纲领。归纳起来，主要有以下三个方面：

（一）关于诗的性质、产生与社会功用

魏晋以来，人们往往通过文体辨析来认识诗歌有别于其它文

体的本质特征，如曹丕《典论·论文》认为"诗赋欲丽"，陆机《文赋》认为"诗缘情而绮靡"。钟嵘也是从不同文体的比较中认识诗的性质的。他说：

> 夫属词比事，乃为通谈。若乃经国文符，应资博古；撰德驳奏，宜穷往烈。至乎吟咏情性，亦何贵于用事？

他认为诗与一般文体不同，其特点是"吟咏情性"。这种提法来自《毛诗序》的"吟咏情性，以风其上"，与"诗言志"、"诗缘情"说有着一脉相承的联系。他既强调抒发感情，又在正文的具体评论中提出"讽喻"、"激刺"等，这就把"言志"与抒情、思想与情感联系起来了，与挚虞《文章流别论》、范晔《狱中与诸甥侄书》、刘勰《文心雕龙》等关于诗言"情志"的认识是一致的；但他把"经国文符"与抒情诗歌相对论述，更能说明诗歌艺术独具的特点。

钟嵘认为诗人所吟唱的感情并不是主观自生的，而是触发于客观外物，首先是自然现象的变易：

> 气之动物，物之感人，故摇荡性情，形诸舞咏……若乃春风春鸟，秋月秋蝉，夏云暑雨，冬月祁寒，斯四候之感诸诗者也。

更重要的是，他还论述了人类社会生活的悲欢离合、荣辱忧喜对诗歌创作的作用："嘉会寄诗以亲，离群托诗以怨。"他所列举的"感荡心灵"的事例中，绝大多数都是"托诗以怨"的，如"楚臣去境"、"汉妾辞宫"、"骨横朔野，魂逐飞蓬"、"塞客衣单，孀闺泪尽"等，反映出他对于矛盾动荡的封建时代人们苦难多欢愉少的社会现实的认识。这是钟嵘对古代诗歌理论的一个新贡献。

因为诗是"吟咏情性"的，在创作上，钟嵘便主张"直寻"，反对"补假"，即主张通过"即目"、"所见"的现实事物感受与抒发新鲜真挚的诗情，反对专尚用典，以古人的陈迹代替生活实感，以"且表学问"代替抒写情志；他称赞慷慨激越的"建安风力"，批评"平典似《道德论》"的玄言诗；他要求自由畅达地表露真情实感，不赞成以人为的音律声病拘束诗情的"永明体"。

他热情肯定五言诗，也是与其"穷情写物"的主张分不开的。他常着眼于感情的有无与强弱来评论作家作品，如认为《古诗》"意悲而远，惊心动魄"，李陵诗"文多凄怆"，曹植诗"情兼雅怨"，王粲诗"发愀怆之词"，刘琨诗"多感恨之词"，等等。

钟嵘认为诗以情生，又以情感人，达到其审美教育作用。他指出"使味之者无极，闻之者动心，是诗之至也"；称赞阮籍《咏怀》诗能够"陶性灵，发幽思……使人忘其鄙近，自致远大"。但他认为诗有"使穷贱易安，幽居靡闷"的作用，可以慰藉那些痛苦失意的灵魂，使其安于穷贱的命运而不反抗不合理的现实，反映出儒家"怨而不怒"、"温柔敦厚"的诗教和士大夫阶级的局限。

（二）关于诗歌批评的审美标准

钟嵘在《诗品序》中严厉地抨击了当时诗歌评论方面的不良风气：

> 观王公搢绅之士，每博论之余，何尝不以诗为口实，随其嗜欲，商榷不同。淄渑并泛，朱紫相夺，喧议竞起，准的无依。

可见他反对那种主观随意的诗歌批评，认为这是诗坛"淆乱"的重要原因。他主张有一个可以共同依从的客观批评标准，才能区分出作家作品的优劣高下。

钟嵘从诗歌欣赏的美感以及这种美感的创造过程入手，逐层地揭示出其诗歌批评的审美标准。首先，他提出对诗的美感要求："有滋味"。他认为五言诗所以"会于流俗"，就是因为"有滋味"的缘故，而这是由"指事造形，穷情写物"造成的。紧接着，他又指出要"指事造形，穷情写物"，就必须运用"兴"、"比"、"赋"三种艺术方法："文已尽而意有余，兴也；因物喻志，比也；直书其事，寓言写物，赋也"。这就是要把对于客观"事"、"物"的描写与主观"志"、"意"、"言"的抒发巧妙结合起来，实际上也就是要处理好"物"与"情"的关系，融情于物，因物见情，物情相生，这样就会产生那种"文已尽而意有余"的审美效果，由具体可感的艺术形象引发出广远的联想与想像。但一般地抒情还不够，要"干之以风力"，抒发那种慷慨激越的感情；一般地写物也不够，要"润之以丹采"，鲜明生动地描写形象，从而"使味之者无极，闻之者动心"，在欣赏时产生强烈的"滋味"美感。"有滋味"的艺术美就是这样创造出来的。其中"风力"无疑是对这种艺术美的内容上的要求，"丹采"是对其形式上的要求。"风力"与"丹采"，便是钟嵘诗歌批评的审美标准。他特别强调"风力"即情感因素，与其"吟咏情性"的理论基础是一致的。因而，他不满于玄言诗、事类诗、"永明体"诗，实际上也就是由于它们"淡乎寡味"，缺少"自然英旨"和"真美"，即缺少那种主要由情感因素造成的"滋味"美感的缘故。

钟嵘强调"风力"，有着针砭齐梁柔靡诗风的意义；主张"丹采"，一般说来也合于艺术创造的规律。但由于他有时将"丹采"看得过重一些，因而对某些作家作品的评价是不够得当的，这也与时代风气有一定关系。

钟嵘从艺术美感及其创造入手阐明自己的审美标准，不但使这标准具有了一定的客观性，也把创作与欣赏、作家与读者、艺术创作与社会效果沟通起来，是很值得注意的。

（三）关于文学批评的内容与方法

从"疾淆乱"的目的出发，运用"风力"、"丹采"的审美标准，怎样具体地进行评论呢？钟嵘通过比较的方法，阐述了文学批评的内容与方法：

> 陆机《文赋》，通而无贬；李充《翰林》，疏而不切；王微《鸿宝》，密而无裁；颜延论文，精而难晓；挚虞《文志》，详而博赡，颇曰知言：观斯数家，皆就谈文体，而不显优劣。至于谢客集诗，逢诗辄取；张骘《文士》，逢文即书：诸英志录，并义在文，曾无品第。嵘今所录，止乎五

言。虽然，网罗今古，词文殆集。轻欲辨彰清浊，掎摭利病，凡百二十人。

这段话说明：《诗品》作为诗歌批评专著，不同于《文赋》等探讨文学理论的文章，而要"显优劣"；也不同于谢灵运、张陟编纂的诗文集，而要论"品第"。"显优劣"、论"品第"，就是比较评价作家的艺术成就与地位。钟嵘以此作为自己的诗歌批评的核心内容。他把历代诗人分为三品，就是"显优劣"；他在正文各品目中经常纵横地比较作家优劣高下。他很不满当时"轻薄之徒，笑曹、刘为古拙，谓鲍照羲皇上人，谢朓今古独步"的优劣不分、高下莫辨的状况，要为青年作者树立取法与学习的高标准。

这段话还说明：显示作家的优劣高下，要以其作品为依据，对之"辨彰清浊，掎摭利病"。"辨彰清浊"就是"致流别"，辨析作家作品的风格特色和渊源流派，是"庸音杂体"还是"篇章之珠泽"；"掎摭利病"就是分析作家作品的利病得失。二者是显示作家优劣的基础。

总之，通过"致流别"、"掎摭利病"，从而对作家"显优劣"、论"品第"，这便是钟嵘对文学批评的内容和方法的理解。

三、钟嵘的诗歌批评实践

《诗品》正文是钟嵘诗歌批评的具体实践，共有五十九条品目，有的一条评论一位作家，有的一条评论数位作家。每条品目，大致都按"致流别"、"掎摭利病"、"显优劣"的顺序和内容展开，如卷上《刘桢》条：

其源出于《古诗》（"致流别"）。仗气爱奇，动多振绝。真骨凌霜，高风跨俗。但气过其文，雕润恨少（"掎摭利病"）。然自陈思以下，桢称独步（"显优劣"或论"品第"）。

（一）"致流别"

所谓"致流别"，就是探索诗人的渊源关系和风格流派。《诗品》明确指出"其源出于某某"的共二十四条，三十五人。如《古诗》条："其体源出于《国风》。""体"字在这里指作家作品的风格，他是从风格着眼辨析渊源流变的。

钟嵘把五言诗的源头归之于《国风》、《小雅》、《楚辞》三个，其中源出《小雅》的仅阮籍一人，因而实际上便只有《国风》、《楚辞》两个主要源头，这是旨在引导人们向《诗经》中的民歌部分及屈原作品学习，具有拨乱反正、矫讹归本的意义。从客观上说，《诗经》和《楚辞》在表现手法上，是我国古代现实主义和浪漫主义的两大源头。钟嵘虽未明确地认识到这点，但他划分为这两大流派，无疑看出了二者有很大的差异。从他的辨析与表述看，他似乎认为《国风》系的基本特点是"雅"，如其中曹植一支：曹植"情兼雅怨"，陆机有"雅致"（见卷下《谢超宗等七人》条），颜延之"是经纶文雅才"。"雅"从积极方面说，是雅正，有委婉讽喻的内涵。但发展到后来如颜延之，则失之于过分注重用事了。《楚辞》系的基本特点是"怨"，如李陵是"怨者之流"，班姬"怨深文绮"，王粲"发愀怆之词"，刘琨"多感恨之词"，沈约"长于清怨"，有着浓烈的悲怨不平之情。这一系有的由于注重形式"华艳"和内容"儿女情多"，其末流就多"哀艳"之作了。《文心雕龙·定势》篇云："是以模经为式者，自入典雅之懿；效《骚》命篇者，必归艳逸之华。"钟嵘似乎也有这种看法，因而他对《国风》系作者较为重视，表现出宗经的倾向。

钟嵘的"致流别"是对魏晋以来风格流派问题研究的深入发展。他通过对作家风格源流的具体辨析，揭示出一些带有规律性的东西，如有些作家或因遭际相似，或因才学相类，形成同一风格流派。而在同一流派中，既有继承，又有新变，表现出其风格的一致性与多样性。在同一时代的作家群中（如建安作家），风格也具有一致性与多样性。

钟嵘在建立与运用这一批评方法中，过分强调了文学的历史继承关系，并且有时往往只看到某一点的相似之处，忽略了形成作家风格的多方面因素，把复杂问题简单化了，因此对有的流派的划分，如认为陶潜出于应璩，应璩出于曹丕，曹丕出于李陵，就受到后人的一致非难。

（二）"掎摭利病"

所谓"掎摭利病"，就是具体分析作家作品的优点、缺陷。他从辨析"滋味"的艺术欣赏入手，从"质"与"文"、内容与形式两方面进行分析。这两方面结合得好的，他就认为是优秀的作家作品，如"文温以丽，意悲而远"的《古诗》、"怨深文绮"的班姬诗，特别是曹植，"骨气奇高，词采华茂，情兼雅怨，体被文质"，完全合于其"风力"、"丹采"的审美标准，被推崇为五言诗人之冠。有的作家作品内容上有"雅意"，有"讽喻之致"、"激刺之旨"，有"凄怨"之情；有的作家作品形式上"华美"、"彪炳"、"华净"，等等，也得到适当的肯定。但内容"靡嫚"、"淫靡"，形式质木无文，则是他所不取的。

钟嵘认为内容或形式任何方面的"过"即"过分"，都会造成作品的病累。如玄言诗的"理过其辞"，刘桢诗的"气过其文"，嵇康诗的"过为峻切"，宋孝武帝诗的"过为精密"，谢灵运诗的"逸荡过之"，等等，都"有伤"于作品的诗意。从钟嵘高度评价了喜欢用典的谢灵运诗，可以看出，他并非完全反对用事，而只是反对"句无虚语，语无虚字"的过分注重用事。他也不完全反对音律，只是主张"清浊通流，口吻调利"的自然音韵，而反对"务为精密，襞积细微"的过分讲究禁忌声病。

钟嵘对作家作品的艺术分析不乏精当之处。但总起来看，艺术分析似嫌失之笼统，有时对艺术形式分析过多，对思想内容分析太少，是他在此问题上的较大缺陷。

（三）"显优劣"

所谓"显优劣"，就是比较与评价作家的艺术成就与文学地位，这是《诗品》的核心内容，是在"致流别"与"掎摭利病"的基础上进行的。从风格源流上说，在《国风》与《楚辞》两大流派中，他更加重视《国风》系作家，如评为"建安之杰"的曹植，"太康之英"的陆机，"元嘉之雄"的谢灵运，都属《国风》系。再从互相对应的几对作家来看，《国风》系的曹植、刘桢、陆机、颜延之，分别高于《楚辞》系的曹丕、王粲、潘岳、鲍照。——这都是"宗经"思想的反映。从艺术分析上说，那些他认为内容与形式完美结合的，如《古诗》、班姬、曹植、阮籍，列为上品；有的作家内容或形式的某一方面虽有缺陷，但钟嵘认为他们总的成就较高，也列上品，如刘桢、王粲、陆机、左思、谢灵运等。有一定的成就和影响，但钟嵘认为他们的作品内容或形式方面没有很大特色或缺陷较大，则列为中品，如曹丕、嵇康、陶潜、颜延之、谢朓、任昉、沈约等。成就平平，但仍可"预此宗流"者，便置于下品。另外，在对作家作品的成就进行比较时，他还运用了这样的表述，如张协"雄于潘岳，靡于太冲"，左思"野于陆机，深于潘岳"，范云、丘迟"浅于江淹，秀于任昉"。"深"、"雄"、"秀"无疑是优于"浅"、"靡"、"野"的。

钟嵘在比较作家作品的优劣高下时，是重内容还是重形式呢？他说："干之以风力，润之以丹采。"实际上，应当说他确是更重内容的。他对久有争论的刘桢与王粲、陆机与潘岳之间的比较便是两个颇有说服力的例子。刘桢"气过其文"，王粲"文秀质羸"，二人文质的偏胜恰巧相反。他评"质胜文"的刘桢为"陈思以下，桢称独步"，成就在"文胜质"的王粲之上。人们一向认为"潘文浅而净，陆文深而芜"[①]。他将"深芜"的陆机置

于"浅净"的潘岳之上，也说明更重内容些。但"丹采"既然也是他的一个重要的批评标准，有些文风较为质朴的诗人便被评价过低，如把陶潜置于中品，把曹操放在下品，俱属不当。但他对绝大部分诗人成就与地位的评价还是较为得当的，这已为多数论者所公认。

《诗品》晦于宋以前而显于明以后。这说明它终究能够经得起时间的考验，抖落掉历史的尘封，显示出其固有的光彩。《诗品序》和正文阐发的一些理论问题，如"吟咏情性"的诗的性质论，主张"直寻"反对专尚用事以及"兴"、"比"、"赋"并用不可偏废的诗的创作论，"有滋味"的诗的美感论，"陶性灵"的诗的社会功用论等等，都得到后人的一致肯定与深入发挥，产生了深远的影响。

《诗品》对后世的另一重要影响，表现在诗歌评论的形式上。"诗话"是我国古代诗歌评论的重要形式，各种"诗话"著作之多，远远超过其它形式的诗论、诗评。仅有宋一代，就有上百种之多。关于《诗品》与"诗话"的关系，不少人认为《诗品》是历代诗话之祖。如章学诚《文史通义·诗话》云："诗话之源，本于钟嵘《诗品》。"孙德谦《雪桥诗话序》云："诗话之作，……大底皆准仲伟，而精识远不逮矣。"《学津讨源》本《诗品》毛晋《跋》认为《诗品》"实诗话之伐山也"。现在仍有人认为《诗品》是古代第一部诗话。我们认为《诗品》与历代诗话体例有别，一般说来，《诗品》较有系统性，诗话大多较为零散；《诗品》内容集中，诗话大多较为总杂；《诗品》严正，有些诗话有时往往流为戏谑，甚至自我标榜，党同伐异。但《诗品》与诗话毕竟有紧密联系，对历代诗话的启示与影响是不可否认的。

虽如前述，《诗品》中存在着不少缺陷与局限，但钟嵘阐述的一些理论问题，即使在今天看来也不失其正确性；钟嵘进行文学批评的方法，现在仍有一定的借鉴意义；钟嵘对汉魏六朝诗人的评论，成为我们研究此段文学史很好的参考资料，有的甚至可成为理解与评价某些作家作品的钥匙。

主 要 参 考 书 目

1. 姚思廉《梁书·钟嵘传》，中华书局校点本。

2. 陈延杰《诗品注》，人民文学出版社版。

3. 许文雨《文论讲疏·钟嵘诗品》，正中书局 1947 年版。

4. 罗根泽《读〈诗品〉》，见《文学遗产》147 期。

5. 王达津《钟嵘生卒年代考》，见《文学遗产》170 期。

6. 牟世金《钟嵘的诗歌评论》，见《文学评论》1962 年第 2 期。

7. 吴调公《说诗味——钟嵘的诗歌评论及其美学思想》，《江海学刊》1963 年第 9 期。

8. 张文勋《钟嵘的诗歌理论》，《社会科学战线》1979 年第 3 期。

郦 道 元

（公元 469？—527 年）

段熙仲

一、郦道元的生平

郦道元字善长（zhǎng），北魏地理学家兼散文家，祖籍范阳涿县（今河北涿州）人①。他的六世祖官至乐浪太守②，史失其名。从时代推测，当在永嘉之乱前后。道元的祖父郦嵩，官至北魏天水太守。父范，魏献文帝皇兴元年（公元 467 年）随慕容白曜攻取南朝宋所据的青州，皇兴三年（469）以功任青州刺史。郦道元大约就在这一年生于青州，下距他于孝明帝孝昌三年（527）为萧宝夤所害，得年约五十九岁。

郦道元的青少年时代是在青州度过的。在《水经注》中，他曾几次写到当年在青州游玩山水的情景。如《淄水篇》云：

> 阳水东北流径广县故城西，旧青州刺史治，亦曰青州

---

① 《魏书》、《北史》本传皆误作"涿鹿"。考《魏书·地形志》，幽州有范阳郡，郡有涿县，并无涿鹿。《水经注》中别有涿鹿，显系两地。《汉书·地理志》、《后汉书·郡国志》及《晋书·地理志》别有涿鹿县，属上谷郡。涿县在今河北省中部，另是一地。郦道元世居涿县，其六世祖自先贤乡迁至巨马河之东，郦亭沟水之际，见《水经注·巨马河》。

② 前燕慕容廆在其统治区内设有乐浪太守，疑郦氏的六世祖曾仕于前燕。

城。又东北流，石井水注之。井际广城东侧，三面积石，高深一四（四丈）有余。长津激浪，瀑布而下。澎赑之音，惊州蹠谷，漰渀之势，状同洪河。余生长东齐，极游其下。

又《巨洋水篇》云：

巨洋水又北，过临朐县（今山东临朐）东，熏冶泉注之，水色澄明而清泠特异，渊无潜石，浅镂沙文，中有古坛，参差相对。后人微加功饰，以为嬉游之处。南北邃岸凌空，疏木交合。先公以太和中作镇海岱（《尚书·禹贡》："海岱惟青州"）。余总角之年，侍节东州。至若炎夏火流，闲居静想，提琴命友，嬉娱永日。桂笋寻波，轻林委浪。琴歌既洽，欢情亦畅，是焉栖寄，实可凭衿。小东有一湖，佳饶鲜笋，匪直芳齐芳药，实亦洁并飞鳞。

这里所说的"总角之年"是用《三国志·周瑜传》裴注引《江表传》典故，指十六岁左右。考郦范于魏孝文帝太和八年（484）曾再度任平东将军青州刺史，当时郦道元为十六岁左右。从这些记载看来，他对青州壮丽优美的山水景色有着深厚的感情，因此当他写到当时情景时，给人留下了深刻的印象。

郦道元在太和十六年（492）以前曾任尚书祠部郎中、尚书主客郎中及太尉元丕的掾属等职。此后，又因御史中尉李彪汲引为治书侍御史，太和十八年，因李彪被劾，牵连而罢官。景明年间（500—503）他任冀中镇东府长史、颍川太守。永平中（508—512）任鲁阳太守，当时朝廷要求图状山川形势，于是郦道元就主张进行实地考察。鲁阳是"蛮族"聚居之地，道元向朝廷上表要求立校劝学，魏宣武帝特许说："鲁阳本以'蛮人'不立大学，今可听之，以成良守文翁之化。"这对当时文化的发展起了推动作用。

宣武帝延昌四年（515），郦道元任东荆州刺史，因故罢官，直到孝明帝正光五年（524）始为河南尹，中间闲居十年，很可能就是他写作《水经注》的时间。他任河南尹时，举赵肃为主簿，史称赵"执法宅心平允"。明帝正光五年，他曾奉命与李崇一起去北边筹处"六镇"（北魏在北境所置军事辖区）改州事宜。次年，又率兵讨叛将元法僧于彭城。孝昌二年（526）为御史中尉，因事杀汝南王元悦的亲信，因此与元悦结怨。第三年（527）大将萧宝夤在关中谋反，元悦借故举郦道元为关右大使，卒被萧宝夤杀害于阴盘驿亭。

郦道元好学，历览奇书。他游踪宦迹北至平城（今山西大同市），南至彭城（今江苏徐州市），"沿历徐兖，路径洙泗"。他还曾和南朝使者接触，扩大见闻，撰注《水经》四十卷；又曾撰《本志》十三篇及《七聘》诸文。除《水经注》外，今皆亡佚。

二、《水经注》的科学价值

《水经注》一书是一部不朽的著述。书中江河等经流二百三十七，是《水经》所原有，郦注详述支流一千二百五十二，十倍于原书。不幸在北宋初，四十卷注文已缺其五，有待于后人辑补。特别是经文注文混淆，博学如宋末的王应麟也经注不能辨别。但王氏所注《玉海》中幸而保存了一百十六条经水之名，缺少二十一篇有待于辑补。

地理之学本是古代史学的附庸而蔚为大国的，水利科学又从中别出专门逐步发展。《水经》本身就继承了《山海经》、《禹贡》、《史记·河渠书》、《汉书·地理志》等一类古籍的著作。《山海经》以山为主，顺带着记下某水出焉而流向某方，注于某较大的河川，特别提到河源和江源，当是战国时书。《禹贡》是《尚书》的一篇，司马迁记其内容于《夏本纪》，班固却纳入《地理志》，透露出转变的方向。但《禹贡》除九州经界和地区贡赋以外，并列出导山、导水二部分。一个导字表现了人工治水至何处，入于何大川，有详有略，开了《水经》记水的先河。《地理志》郡县下的自注也不忘随地记录某水所出、所经，导致《水经》的规模。《河渠书》则顾名思义，治河为民除害，开渠为民兴利，关系到国计民生。司马迁足迹遍于四方，认识到"甚哉水之为利害也"！又亲自参加群臣从官自将军以下的负薪塞宣房的劳动，独具只眼写成此书，于是从地理书发展到水利书。郦道元以长时间的辛勤劳动为《水经》作注，历评"大禹记著山海，周而不备，《地理志》其所录简而不周，《尚书》、《本纪》与《职方》(《逸周书》有《职方》)俱略，都赋所述裁不宣意，《水经》虽粗缀津绪，又缺旁通（记经水不及支流），罕能备其宣导"。他本人"默室求深，闭舟问远"，知难而进，"布广前文"，于是"脉其支流之吐纳，诊其沿路之所缠，访渎搜渠，缉而缀之。经有谬误者，考以附正"。虽然"缠络枝烦，条贯系伙"，正可自献径见之心，备陈舆徒（群众）之说。"作者的苦心，可以从自序窥见一二。

注文先明水道，次兼及于州郡城郭的沿革，再旁引杂书逸事，考证经文的正误，记土特产以至于奇禽异物：这些合成一大类。另一大类为沿途所见山川名胜，描绘成若干有长有短的画面，美不胜收。司马迁的《史记》以夹叙夹议见长，成为古典散文的一种典范。郦注则可以说是错综结合于叙事文之间，分散着长长短短的山水文。正因为有这种特点，记叙散文体例谨严、语言准确，山水文"江山之助、情貌无遗"，无愧于作者之林。

只是由于历时已过千年，在宋初由写本而雕板，缺卷、脱文、错简、衍文、讹字造成阅读研究的困难。而存在的最大困难则是经文和注文的混淆，有必要先恢复注文的本来面目。从明代的朱谋㙔作笺对全书进行校释起，清代有全祖望、赵一清、戴震三家。戴氏又得见明嘉靖时重抄的《永乐大典》，有郦氏的自序全文，大典本"贿"韵"水"字所引经注全文（也缺五卷）。大典抄本除讹字脱句外，经注混淆一如旧本。

经三家的辛勤整理，而戴氏始以明快的语言提出经文注文的区别规律："凡水道所经之地，经则云过，注则云径；经则统举都会，注则兼及繁碎（应是详细）地名；凡一水之名，经则首句标明，后不重举，注则文多旁涉，必重举其名以更端；凡书内郡县，经则但举当时之名，注则兼考故城之迹。"清乾隆帝夸之曰

"中尉继功人"。

赵一清在所著《水经注释》中，独具只眼说："观夫善长之为人，志气刚毅，故起例谨严；博览群书，故驰词绚发。"从注文的两大特点，看到了郦氏注文所以有杰出成就的根源。作家的性格与记叙文的风格是有关联的。作家的素养是对山水文的绮丽有影响的。前者使《水经注》全书有体系，有条理，有主观的要求，以实践为检验经文旧说传说的真误之标准。后者使作家从儿时到成年的爱好，对行文取材有抉择地取精用宏，从民歌到文人作品，做到了不废舆徒之说。千金之裘本出于集千狐之腋。

这部不朽的著述中，科学性的学术语言的创造和模山范水的艺术性的语言的结合，是相当难得的调和。

人们在后代只知赏识到校勘家"知其然"的继功，而忽视了此书创作者一字不苟，如全文用径字代替过字，谨严的自觉性努力。作者在著述时，心目中无时不悬有正鹄，经注的区别分明应归功于此点。四十卷巨著中，每一经流都得详尽的补充说明："远近之端，小大之势，源流之径趣，归宿之殊区"，千头万绪，在作家心目中，都存在一幅幅明晰的画图，条分缕析，脉络分明，种种区别都得用文字表达出来。既不似马援的"聚米为山谷，指画形势"，也不同于臧旻的"口陈其状，手画地形"，或是谢庄的"制木方丈画山川土地，各有分理，离之则州别郡殊，合之则宇内为一"。杨守敬推测为"其所据必有至精至详之图"，而说其所作图"今乃据书以为图"。郦氏确也曾寻图访赜，但"山川图以方志参差，遂令寻其源流……既在径见，不容不述"（见汝水篇）。道元的真知是从实践其境而获得。

逻辑思维在于思绪的有精密条理，更有赖于实事求是。道元注《水经》并不盲从，篇中往往以细心的考证来纠正"经为误证"，赵一清许"其志气刚毅故起例谨严"，确有见地。执法如山，疾恶如仇的郦道元的是非感是极其鲜明的，所以注中叙事部分是可以作谨严的自我要求的，要求有真知灼见。自序中明明说："其所不知，盖缺如也。"对旧说的"济水南流注于河，郭缘生《述征记》曰：济水径河内温县注于河，盖沿历之实证，非为谬说也"（见济水篇）。而亲身实践如"余每读《琴操》见琴慎相和雅歌录云：'饮马长城窟。'及其扳陟斯途，远怀古事，始知信矣，非虚言也。"（见《河水三》）皆其实例。

郦道元在《水经注》中对一些事物很重视，记下了石漆肥、温泉（地热能）、火井，而且说："水肥亦所在有之，非止高奴县（今陕西省延安）洧水（即延河）也。"这条资料本是故言，民间流传目验所得石油的记录，道元重视民众之见，所谓不废舆徒之说，这是实据。

就水利言水利，今水文学家，非常重视水尺。我国就有世界较早的水尺纪录，见于郦注。公元223年有伊阙的石刻铭记云："黄初四年六月二十四日辛巳，大出水，举高四丈五尺，齐此已下。"郦氏的认识已达到这样的高度，"盖记水之涨减也"。石铭摩崖作水尺，举高指洪水高峰齐此石刻水尺。这年洪水直到西晋时还称为"黄初大水"（可能与水经之作有关，详拙校《水经注疏》附录《水经六论·考水经写作年代》）。

郦注中相当重视沿水道边的古代碑刻，一一记录，下开宋人金石学的先河。洪适（kuò括）的《隶释》中就综录见于郦注古碑刻成水经注专章。注文力求准确，如世传的历史有名文物，洛阳太学的东汉蔡邕书丹的汉熹平（隶书）石经和曹魏时的三体石经（篆、科斗、隶三体）。《洛阳伽蓝记》就颠倒错乱了。

郦注不但记事物力求准确，而且寓褒贬于记叙之中，颇同于司马迁。如记魏明帝（曹叡）造景阳山事（见《穀水篇》），引孙盛的《魏春秋》："于时百役繁兴，帝躬自掘土，率群臣三公以下，莫不展力。"我们对照瓠子河篇的"塞瓠子决河，于是上（汉武帝）自万里沙还，临决河，沈白马玉璧。令群臣将军以下，皆负薪填决河"，武帝较曹氏比较关心河患。我们不能不想到北魏的修平城宫殿，修邺都宫殿，修洛阳宫殿，都是道元所亲见，是不是意存陈古以刺今？值得我们研究。

北朝的两部散文名著，有一种巧合，记伽蓝者以比丘惠生行记殿全书，注水经者以法显佛国记冠河水。这可以说是当时北朝崇信佛教的影响。尽管流传了若干神奇的故事，但是对原书之科学性不能不有所损害。唐人杜佑、李吉甫或嫌其语怪，或删去但存十卷。清初黄宗羲亦讥其"开章河水二字，注以数千言，援引释氏无稽，于事实何当？"今亦不必讳言其短。

三、《水经注》的文学价值

在我国古代文学作品中，对大自然景色的描写，历史极为悠久。《诗三百》中写到名山胜水已不止一见。《楚辞》中如《九歌》的《湘君》、《山鬼》及淮南小山《招隐士》等篇，写山水的成分就更多了。先秦诸子中，也有关于山水的描写，如《庄子·秋水篇》写秋天黄河水涨景色就颇有名。东晋以后，由于一些地志的出现，使山水散文盛行，其艺术价值超过了前此的述行大赋。郦道元的《水经注》则比这些地志更进一步，他开创了顺着水道的流向，对沿途景物进行描绘，有时兼有骈句的精细雕琢的篇幅。

《水经》开卷，始于河水，郦注引桓谭《新论》："四渎之源，河最高而长，从高注下，水流激峻，故其流急。"又引徐干《齐都赋》："川渎则洪河洋洋，发源昆仑，北朝沧渊，惊波沛厉，浮沫扬奔。"河水之特点为惊险，郦注把握此点，于沿途之孟门、龙门、吕梁、砥柱诸自古有名险阨，皆有所描绘。孟门与龙门二山相对，尸子①曾有"龙门未辟，吕梁未凿，河出孟门之上，大溢逆流，无有邱陵高阜灭之，名曰洪水"之说。注云：

> 经始禹凿，河中漱广，夹岸崇深，倾崖返捍，巨石临危，若坠复倚。其中水流交冲，素气云浮，往来遥观者，常若雾露沾人，窥深悸魄。其水尚崩浪万寻，悬流千丈，浑洪赑怒，鼓若山腾，浚波颓叠，迄于下口。方知慎子下龙门流

---

① 旧作淮南子，据《水经注疏》杨校改正。

浮竹，非驷马之追也。

于砥柱（今三门峡）云：

> 河水翼岸夹山，巍峰峻举，群山叠秀，重岭干霄。自砥
> 柱以下五户以上，其间百二十里，河中竦石桀出，势连襄
> 陆，盖亦禹凿以通河，其山虽辟，尚梗湍流，激石云洄，湿
> 波怒溢，合有十九滩，水流迅急，势同三峡，破害舟船，自
> 古所患。

于吕梁则曰：

> 其山岩层岫衍，涧曲崖深，巨石崇竦，壁立千仞，河流
> 激荡，涛涌波襄，雷奔电泄，震天动地。

同是河之巨险，但共性之中，仍有个性，并不雷同。骈句精工，
确是杰作，显示壮美。同卷之中，写鼓钟上峡却比较优美，
文云：

> 悬洪五丈，飞流注壑，夹岸深高，壁立直上，轻崖秀
> 举，百有余丈。峰次青松，岩悬赪石，于中历落，有翠柏生
> 焉，丹青绮分，望若图绣矣。

数行之中又兼壮美与优美。

山水文中，与大河相映发的长江，它们是祖国最大的经流。
大河巨阨已如上述，道元把握住的特色是惊险，而长江则着眼于
连绵七百里的三峡。全篇缺其一，但余三卷，作家信旧说，从江
出岷山叙这号称天府之国的益州江水。过广溪峡（即夔峡），大
书特书"斯乃三峡之首也"。杨守敬论定夔峡、巫峡、西陵峡为
三峡。"颓岩倚木，厥势殆交。此峡多猿"。又东历巫峡，"其间
首尾百六十里。自三峡七百里中，两岸连山，略无缺处，重岩叠
嶂，隐天蔽日，自非亭午夜分，不见曦月"。谢灵运有"天高秋
月明"的好句（《初去郡》），苏轼有"山高月小"的警语（《后赤
壁赋》），都以月色写高，独有道元以不见曦月写连山之高，是创
造。接着写"夏水阻绝，王命急宣，朝发白帝，暮到江陵，其间
千二百里，虽乘奔御风不以疾也"写水流之速。接着写春冬之时
的景色和高猿长啸的哀转久绝。道元取材之精，不仅在此，流头

滩、黄牛滩引行者之歌与上文渔者之歌，同是劳动人民的声音。弘之所记与《宜都记》略同，原书不传，赖道元引文保存佳处。更引袁山松"仰瞻俯瞩，弥习弥佳"的"山水有灵，亦当惊知己于千古"，情景交融，尤可想见。注中写水之外，并记五岳，泰山引马第伯书（见《后汉书·祭祀志》注）所谓封禅仪记。其书既第伯从登所亲见，其语可信，故不重复自运，摘录已可。郦道元对自己所未亲历的南岳，采用盛弘之的《荆州记》，写得较好。

> （衡）山在（湘水）西南，有三岭，一名紫盖，一名石囷，一名芙蓉，芙蓉峰最为竦杰，自远望之，苍苍隐天。故罗含云：望若阵云，非清霁素朝，不见其峰。丹水涌其左，澧泉流其右，山经谓之岣嵝，为南岳也……衡山东南二面，临映湘川。自长沙至此，沿湘七百里，中有九向九背，故渔者歌曰，帆随湘转，望衡九面。山上有飞泉下注，下映青林，直注山下，望之若幅练在山矣。

《水经注》写五岳不如江河，作家主观上毕竟以水为主，是写《水经注》而非《山海经》，如此则书有宾主，有轻重之别。全书结构，主观自觉地有体系。而沿湘七百里却遥遥和三峡七百里巧合，写水重其连绵，江河仍有区别。又三峡既引民歌，流入湘水的支流洣水则变化而有仙人遗咏，爱其文咏可念，故端牍抽札，以诠其咏。其略曰：

> 登武阳，观乐薮，峨岭千蕤洋湖口，命蜚螭，驾白驹，临天水，心踟蹰，千载后，不知如。盖胜赏神乡，秀情超拔矣。

风格俨然《陌上桑》、《山鬼》之遗。罗含《湘中记》亦道元所取材。此与盛弘之的《荆州记》，皆所谓就地取材，以他人之记述代本身的直接经验。这是由于南北对峙，作者不可能亲临其地，不同于因袭。故《温水篇》能详交趾砖城上起砖墙，砖上倚板，板上层阁，阁上架屋，屋上构楼的制造，而湘漓风物以文献无征，乃付缺如。

作家好奇，情之所钟又在山水，故每值异境，或遇异物，都不惜笔墨。如《漾水篇》之记仇池云：

> 绝壁峭峙，孤险云高，望之形若覆唾壶，高二十余里，羊肠蟠道三十六回，所谓积石嵯峨，嵌岑隐阿者也。上有平田百顷，煮土成盐，因以百顷为号。山上风水泉，所谓清泉涌沸，润气上流（常璩、范晔云一名仇池。）

又如《夷水篇》记风井，引袁崧云：

> 夏则风出，冬则风入，春秋分则静。余往观之，其时四月中，去穴数丈，须臾寒栗，言至六月中，尤不可当。

又记宜都北溪水：

> 所经皆石山，略无土岸，其水虚映；俯视游鱼，如乘空也。浅处多五色石，冬夏激素飞清，傍多茂木空岫。静夜听之，恒有清响。百鸟翔禽，哀鸣相和。巡颓浪者，不觉疲而忘归。

读之使人疑柳宗元"永州八记"所本。又《沅水篇》记明月池白壁湾云：

> 湾状半月，清潭镜澈，上则风籁空传，下则泉响不断，行者莫不拥楫嬉游，徘徊爱玩。（绿萝蒙罩，）颓岩临水，实钓渚渔泳之胜地，其迭响若钟音。

在《涟水篇》中记一异物云：

> 衡阳湘乡县历石鱼山，下多玄石，山高八十余丈，广十里，石色黑而理若云母，开发一重，辄有鱼形，鳞鬐首尾，宛若刻画，长数寸，鱼形备足，烧之作鱼膏腥，因以名之。

这段记载有真有假，石中鱼形，由古生物学观之，非常近似化石，只是烧之作鱼膏腥，则是附会无疑。郦道元不免好奇而轻信夸张之说了。

可惜的是，世界闻名的风景区，杭州西湖，在《水经注》中曾以明圣湖古名出现（《浙江水篇》），但由于南北分裂的限制，不曾得作家的模山范水"情貌无遗"的生花之笔加以渲染，是作家的不幸，也是西子湖的不幸。这正与《漓水篇》中，山水甲天下的阳朔竟不曾有道元的描绘一样，同是艺林憾事！

《水经注》的两大特色，体例的谨严是科学知识一丝不苟的表现，是重视实践的精神必然导致的成果。它在求真知灼见，所以不惜指明"经为误证"，是求真。文采的绚发是审美情操自然流露的表现，是祖国山川的壮丽必然诱发的感情。它在求"情貌无遗"，所以山水有灵惊为知己，是爱美。求真爱美，所以从儿时的刚强无畏到长成后疾恶如仇，真和美从来与善是一致的。我的结论是《水经注》是奇人写出的奇书！

主要参考书目

1. 杨守敬、熊会贞《水经注疏》，科学出版社影印本。

2. 全祖望《全校水经注》，薛福成校刊本（1888年）。

3. 赵一清《水经注释》，蛟川华雨楼张氏重校本（1880年）。

4. 戴震《水经注》，《四部丛刊》影武英殿本。

5. 朱谋㙔《水经注笺》，南京图书馆善乙本。

6. 《史记》、《汉书》、《后汉书》、《三国志》、《魏书》、《北史》、《周书》，中华书局校点本。

7. 赵贞信《郦道元生卒年考》，见《禹贡》半月刊第七一、七二、七三期合刊。

8. 陈桥驿《水经注记载瀑布》，杭州大学庆祝建国三十周年科学报告会论文。

9. 王仲荦《魏晋南北朝史》下册，上海人民出版社版。

何　逊

（约公元 480—518 年）

张忠纲

一、家世与生平

何逊，字仲言，东海郯（今山东郯城县西）人。生卒年不能确指，约生于南朝齐高帝建元二年（公元 480 年），卒于梁武帝天监十七年（518）。因他曾任尚书水部郎，后人遂称他为"何水部"，又因他曾两次任记室，故后世亦称他为"何记室"。

何逊的曾祖何承天，刘宋时历官衡阳内史、御史中丞等。世称"何衡阳"。好弈棋，善弹筝，通音律，"博见古今，为一时所重"（《南史·何承天传》）。承天是著名的天文学家，曾改定"元嘉历"，订正旧历所定的冬至时刻和冬至时日所在位置。他又是无神论思想家，多次进行反佛的理论斗争，利用当时自然科学所取得的成果，批判佛教的"神不灭"说和因果报应说。认为"生必有死，形毙神散，犹春荣秋落，四时代换，奚有于更受形哉？"（《何衡阳集·达性论》）何承天还于晋安帝义熙（405—418）末年私造《鼓吹铙歌》十五篇，总结历史教训，揭露封建统治者的残民虐政和骄奢淫逸，如《巫山高篇》云："古之为国，惟德是贵。力战而虐民，鲜不颠坠。"《君马篇》云："奈何汉魏主，纵情营所私。疲民甘藜藿，厩马患盈肥。人畜智厥养，苍生将焉归?"《上邪篇》云:"上邪下难正,众枉不可矫。"郭茂倩评曰:"虽有汉曲旧名,大抵别增新意,故其义与古辞考之多不合云。"(《乐府诗集》卷十九)何逊的祖父何翼,为员外郎。父亲何询,曾为南齐太尉中兵参军。从叔何佟,以才著闻,宦游不达,位至台郎。曾与梁武帝萧衍、王融、谢朓、任昉、江淹、周颙等人游竟陵王萧子良幕,皆为"当时之杰"(《金楼子·说蕃篇》)。逊与同族兄弟何思澄、何子朗俱擅文名,时人语曰:"东海三何,子朗最多。"思澄闻之则曰:"此言误耳。如其不然,故当归逊。"(《梁书·何思澄传》)所以何逊不无自豪地说:"吾宗昔多士,文雅高缙绅。"(《赠族人秩陵兄弟》)

何逊为梁代著名诗人。清王士禛选古诗以何逊冠梁代诸家之首,并说:"梁代右文,作者尤众。绳以风雅,略其名位,则江淹、何逊足为两雄,沈约、范云、吴均、柳恽差堪羽翼。"(《古诗笺·凡例》)但关于何逊的生平事迹,我们所能知道的却很少。《梁书》本传说他八岁即能赋诗,弱冠(二十岁)参加州举,射策优异,举为秀才。当时名流范云看到他的对策,非常赏识,大加称赞,遂结为忘年交。时范云为广州刺史,何逊曾有诗赠他:"缘沟绿草蔓,扶榭杂华舒。轻烟澹柳色,重霞映日余。遥遥长路远,寂寂行人疏。我心怀硕德,思欲命轻车。高门盛游侣,谁肯进畋渔?"范云写了《答何秀才》诗:"少年射策罢,擢第云台中。已轻淄水鲞,复笑广州翁。麟阁伫雠校,虎观迟才通。方见雕篆合,谁与畋渔同?待尔金闺北,予艺青门东。"对他期望很高。据说,从此以后,何逊凡有所作,范云即加赞赏,并对周围的人说:"顷观文人,质则过儒,丽则伤俗;其能含清浊,中今古,见之何生矣!"当时文坛领袖人物沈约也很喜爱何逊的诗,曾对他说:"吾每读卿诗,一日三复,犹不能已。"(均见《梁书·何逊传》)其为当世所重也如此。

梁武帝萧衍建梁登基后,何逊曾任奉朝请。天监六年(507)迁建安王萧伟水曹行参军,兼任记室,深得萧伟信任,日与游宴,不离左右。时萧伟兼任扬州刺史(治所在今南京),何逊与吴均俱在扬州刺史幕中，写有《扬州法曹梅花盛开》诗：

> 兔园标物序，惊时最是梅。衔霜当路发，映雪拟寒开。
> 枝横却月观，花绕凌风台。朝洒长门泣，夕驻临邛杯。应知
> 早飘落，故逐上春来。

故杜甫诗有"东阁官梅动诗兴，还如何逊在扬州"（《和裴迪登蜀州东亭送客逢早梅相忆见寄》）之句。天监九年（510）六月，萧伟出为江州（今江西九江）刺史，何逊仍从掌书记。后被举荐给梁武帝萧衍，与吴均俱得宠幸。后稍失意，梁武帝就说："吴均不均，何逊不逊。未若吾有朱异，信则异矣！"从此便疏远了他。遂迁安成王萧秀参军事，兼尚书水部郎。后因母亲去世而离职归家服丧。服丧期满，除庐陵王萧续记室。天监十六年（517）六月，萧续出为江州刺史，何逊复随府江州。不久即去世，终年四十岁左右。何逊死后，南平王萧伟命迎其枢以葬，并抚恤他的妻子。

二、创作及其影响

何逊死后，他的同乡友人王僧孺将其诗文集为八卷，后散佚。明人辑有《何记室集》。今以中华书局1980年出版的《何逊集》较为完备。何逊流传至今的诗文共有一百多篇。当时，他文章与刘孝绰齐名，世称"何刘"。齐梁时代，由于政权递变，统治阶级内部争权夺利，骄奢淫逸，因而文风趋向绮靡。正如后来李谔在《上隋高祖革文华书》中指出的那样："江左齐梁，其弊弥甚。……竞一韵之奇，争一字之巧。连篇累牍，不出月露之形；积案盈箱，唯是风云之状。"（《隋书·李谔传》）如稍早于何逊的诗坛领袖人物沈约，除了写过大量侍宴应制诗外，还写过《梦见美人》、《春思》、《六忆》、《夜夜曲》等作品。梁简文帝萧纲更公开主张："立身之道与文章异，立身先须谨重，文章且须放荡。"（《诫当阳公大心书》）而在这种"转拘声韵，弥尚丽靡"（《梁书·庾肩吾传》）的风气中，何逊自然要受到一定的影响，

他的诗题材比较狭窄，多为赠答酬唱、送别伤离之作，缺乏深广的社会内容。但他的可贵之处，是没有被当时的颓靡文风所牢笼，绝少色情之作。有的作品能够给人一种清新自然之感。故陆时雍说："仲言意境清微，幽芳独赏，叙怀述悰，是其所优。当梁之时，去艳修真，会归本素，亦可称大雅君子矣！"（引自何融《何水部诗注》卷首）

何逊的一些赠别诗写得婉转切情，如《临行与故游夜别》：

　　历稔共追随，一旦辞群匹。复如东流水，未有西归日。
夜雨滴空阶，晓灯暗离室。相悲各罢酒，何时更促膝？

诗极力渲染离别时难舍难分的情绪，"夜雨"二句更是寓情于景，笼罩着一片感伤气氛，结尾设问，进一步抒发了"盛会难再"的深沉感慨。它如《赠诸游旧》、《送韦司马别》、《与胡兴安夜别》、《相送》等诗，以景托情，情景交融，真情实感，颇为动人。故沈德潜曰："仲言诗虽乏风骨，而情词宛转，浅语俱深，宜为沈、范心折。"（《古诗源》卷十三）他的一些吟咏自然景物的诗，多写得新鲜生动，情景俱佳。如《下方山》：

　　寒鸟树间响，落星川际浮。繁霜白晓岸，苦雾黑晨流。
鳞鳞逆去水，泝泝急还舟。望乡行复立，瞻途近更修。谁能百里地，萦绕千端愁？

诗中描写霜晨景物细致入微，有声有色，"寒鸟"、"落星"、"繁霜"、"苦雾"，景象凄清，"鳞鳞"、"泝泝"，正状其心潮的不平静，而最后四句更将归途渐近、未到之顷的微妙心情逼真地传达出来。寻常情，眼前景，妙手写来，波澜层生，加之对偶工巧，连用叠字，更给诗增添了一层合谐的形式美。陆时雍评其诗曰："何逊诗语语实际，了无滞色。其探景每入幽微，语气悠柔，读之殊不尽缠绵之致。"（《诗镜总论》）何逊的写景诗颇多佳句，如"黄花发岸草"、"村梅落早花"、"黄鹂隐叶飞"、"新月雾中生"，又如"野岸平沙合，连山远雾浮"、"游鱼乱水叶，轻燕逐风花"、"林密户稍阴，草滋阶欲暗"、"山烟涵树色，江水映霞晖"、"岸花临水发，江燕绕樯飞"、"露湿寒塘草，月映清淮流"

等等，写景状物，细微贴切，绘声绘色，意象精工，难怪黄庭坚要说"句法妙何逊"了。何逊虽生乎骈丽之时，却能摆脱填缀之习，确是难能可贵。但他生当齐武帝"永明"（483—493）之后，正处于比较自由的古体诗向格律严整的近体诗过渡的重要阶段，沈约等人的"四声八病"之说影响颇大，所以何逊写诗很注意审音炼字，他的诗对仗自然而多工整，声韵和谐而少阻滞。就声律格调而论，有的诗已很接近后来律诗、绝句的要求，而如《慈姥矶》、《与虞记室诸人咏扇》、《送褚都曹》、《为人妾怨》、《闺怨》等诗，又俨然唐律、唐绝了。所以沈德潜说："水部名句极多，然渐入近体。"（《古诗源》卷一二）而宋人洪迈编选的《万首唐人绝句》，竟把何逊的《闺怨》等十四首五言诗误为唐人绝句收入，虽为后人讥笑，但据此足以证明何逊诗在声律格调方面已是酷似近体诗了。另有《七召》一篇，或谓何逊作，实无所据，不能确指，姑不论。

何逊虽算不上大诗人，但他的诗在我国古典诗歌由古入律的发展史上却占有一个相当的位置，何诗在思想和艺术方面尚有不少可取之处，对后世有着一定的影响。唐代伟大诗人杜甫对何逊就很赞赏，称他为"能诗何水曹"（《北邻》），赞扬"阴（铿）何（逊）尚清省"（《秋日夔府咏怀一百韵》）。当谈到自己的创作体会时，他曾说"颇学阴何苦用心"（《解闷十二首》之七）。杜甫有些诗的风格，有些诗的遣词用字，极似何逊。何诗工于发端，往往首联即对，如："扰扰排曙扉，鳞鳞驱早驾"（《临行公车》），"昱昱丹旗振，亭亭素盖立"（《王尚书瞻祖日》），"房栊灭夜火，窗户映朝光"（《嘲刘谘议》），"朱帘旦初卷，绮机晨未织"（《咏照镜》），"阶蕙渐翻叶，池莲稍罢花"（《秋夕仰赠从兄寘南》），"昔闻草木焦，今窥沙石烂"（《苦热》），"振衣喜初霁，褰裳对晚晴"（《春暮喜晴酬袁户曹苦雨》）等等。而杜甫有的律诗，特别是绝句，则往往采取首联对仗的句式。更为有趣的是，杜诗中有些名句就是从何逊诗变化来的，如杜诗之"薄云岩际宿，孤月浪中翻"（《宿江边阁》），就是化用何诗的"薄云岩际出，初月波中上"（《入西塞示南府同僚》）而成的。此类甚多，不烦赘举。故张溥曰："少陵佳句多从仲言脱出。"（《汉魏六朝百三名家集·何记室集题词》）正因如此，宋代注杜者，常在杜诗句下注引何逊诗文原句，为我们保存下来一些佚文佚诗片断，如：《分门集注杜工部诗》卷一《对雪》诗"有待至昏鸦"句下引："王洙曰：公自注：何逊诗：'城阴度堑黑，昏鸦接翅归。'"卷十八《秋日夔府咏怀一百韵》"唤起搔头急"句下引王洙曰："何逊云：'金粟裹搔头'。"引赵次公曰："公自注：何逊云：'金粟裹搔头'。以见搔头字所出。"蔡梦弼《杜工部草堂诗笺》卷三十八《送卢十四弟侍御护韦尚书灵榇归上都二十四韵》诗"休添玉帐旗"句下注引："何逊《孤愤文》：'杳无玉帐之旗'。"此类情况，宋人杜诗注本中尚有七八处。由此可见，何逊对杜甫的影响之大。所以陈祚明正确地指出："少陵于仲言之作，甚相爱慕。集中警句，每见规模；风格相承，脉络有本。浅学者源流弗考，一往吠声。今徒知推服少陵，而于少陵所推服者，反加诋毁，可乎？"（《采菽堂古诗选》卷二十六）唐裴敬在《翰林学士李公墓碑》中，称李白以前"以诗称者"，仅提到何逊、谢朓、陶潜、鲍照的名字。明龚师颜评何逊、庾信、徐陵、阴铿四家诗："以何为上，庾次之，徐、阴又次之。盖出雄浑于婉丽，仲言犹为近古也。"（张绂《何水部集跋》）清沈德潜称何逊和沈约、江淹三人在萧梁一代"可以鼎足"，而说："阴何并称，然何自远胜。"（《古诗源》卷一三）黄子云论萧梁一代诗人，只许何逊（见《野鸿诗的》），可见对他的重视。以前，我国学术界因受极"左"思潮影响，有以"宫体"概南朝诗的倾向，对何逊诗的评价也偏低。建国以来，除了几种《中国文学史》中提到何逊外，几乎没有一篇专论何逊的学术文章，这是不公允的，也是不正常的。这种情况，亟应改变。

主 要 参 考 书 目

1. 李延寿《南史》卷三三《何承天传》（附何逊传），中华书局校点本。

2. 姚思廉《梁书》卷四九《文学传上·何逊传》，中华书局校点本。

3. 《何记室集》，张溥《汉魏六朝百三名家集》本。

4. 王士禛选、闻人倓笺《古诗笺》，五言诗卷一〇，上海古籍出版社版。

5. 严可均《全上古三代秦汉三国六朝文·全梁文》卷五九，中华书局影印本。

6. 丁福保《全汉三国晋南北朝诗·全梁诗》卷九，中华书局本。

7. 郝立权《何水部诗注》，1937 年齐鲁大学印行本。

8. 何融《何水部诗注》，1947 年石印本。

9. 《何逊集》，中华书局本。

萧　　统

（公元 501—531 年）

殷孟伦

一、事迹概述

萧统，字德施，小字维摩，南兰陵（今江苏武进附近）人，生于齐和帝中兴元年（公元 501 年）。卒于梁武帝中大通三年（531）。他是南朝梁武帝萧衍的长子，母丁贵嫔。梁武帝天监元年（502）冬十一月甲子立为皇太子。他生而聪睿，三岁开始读《孝经》、《论语》，五岁遍读五经，并且完全能够背诵，可见他的记忆力是很好的。九岁时，他就在寿安殿讲《孝经》，尽通大义，讲毕，即在国学亲行释奠礼。十二岁时，他开始学习判案。他曾在内省看到狱官定案的事，问左右说：“这个穿皂衣的是干什么的？”左右答道：“是廷尉官属。”他就召视他们的文书，说道：“这些书我都可以念，我能就案情试行判决吗？”有司见他年幼，就骗他说：“可以。”他看了案情，就在案卷上写了判词并签署上杖五十。案事人抱着判案，不知道该怎么办，便向萧衍作了汇报，萧衍看了判词，觉得尚能符合案情，即带着笑容依他的办。此后，屡次让他听断讼狱，每有宽纵的案情，就让他判决。

他十三岁时，对耆老已知尊敬。太子洗马陆襄的母亲年将八十，他和萧琛、傅昭、陆杲每月派人去慰问，加赐珍馐和衣物。

十五岁，他加冠礼，读书数行并下，过目成诵。每遇游宴，赋诗至数十韵。或命作剧韵（指难押的字）赋咏，稍动脑筋便能写成，不加涂改，可见他是有才华的。

萧统成年后，萧衍便叫他省理万机。内外百司奏事之人填塞于前，纤毫必晓，每有所奏谬误及弄玩巧妄的，他立就辨析，示其可否，徐令改正，不曾弹纠一人。平断法狱，多所全宥。他性宽和，能容众，喜愠不形于色，对所引纳的才学之士，赏爱无倦，常常与之讨论典籍，或与之商榷古今，继以文章著述。当时东宫藏书达三万卷，名才俱集，其盛况为晋宋以来所无。他的著述亦称繁富，明代杨升庵考之不精，乃以他的弟弟简文所置"高斋学士"的事当做他的事，这不免以讹传讹。近人郑石君、高步瀛已作了驳正。

萧统性爱山水，有玄圃穿筑，更立亭馆，与朝士名素游玩其间，曾于后池泛舟。番禺侯萧轨大大称道，说在这里该奏女乐，他不答话，口咏左思《招隐》诗道："何必丝与竹？山水有清音。"萧轨听了很觉惭愧。萧统二十余年不畜声色，少时武帝曾敕他太乐女伎一部，但他毫不爱好，跟一般贵族所耽好的生活大不一样。

在他二十岁时，萧衍大弘佛教，亲自讲说。萧统亦素信三宝，遍览众经，乃于宫内别立慧义殿，专为法集之所，招集名僧，自立二谛、法身义，并有新意。那时时俗稍尚奢侈，他却以身作则，服御朴素，衣浣衣，膳不兼肉。

普通中，连岁"大军北讨，都下米贵，因命菲减膳，改常馔为小食，每霖雨积雪，辄遣腹心左右周行闾巷，视贫困家，及有流离道路"者，以米密加赈赐，人十石，又出主衣绵帛，多作襦袴，冬月以施贫冻，若死亡无可敛者，为备棺椁。其关心民间疾苦如此。他素性爱民，每闻远近百姓赋役勤苦，辄敛容变色。曾因户口不实，重于劳扰，吴兴郡屡以水灾失收，有上言当漕大渎以泻浙江的。这年春天，诏遣前交州刺史王弁假节发吴郡、吴兴、义兴三郡民丁就役，他上疏谏止其事，说：

伏闻当遣王弁（按《南史》作王奕）等上东三郡人丁，开漕沟渠，导泄震泽，使吴兴一境无复水灾，诚矜恤之至仁，经略之远旨，暂劳永逸，必获厚利。未蒙难睹，窃有愚怀。所闻吴兴累年失收，人颇流移，吴郡十城，亦不全熟，唯信义去秋有稔，复非恒役之民。即日东境谷稼犹贵，劫盗屡起，在所有司，皆不闻奏。今征戍未归，强丁疏少，此虽小举，窃恐难合。吏一呼门，动为大蠹。又出丁之处，远近不一，比得齐集，已妨蚕农。去年称为丰岁，公私未能足食，如复今兹失业，虑恐为弊更深。且草窃多伺候人间虚实，若善人从役，则抄盗弥增。吴兴未受其益，内地已离其弊。不审可得权停止功，待优忧以不？

萧衍看了，认为言之有理，"优诏以喻"，对他表示嘉奖。

在他三十一岁那年三月，游后池，姬人荡舟使他偶然落水，因此害病，到四月遂至暴恶，已而薨逝，谥号为昭明。

他的著作，有文集二十卷，已散佚。又撰集古今典诰文言为《正序》十卷、五言诗之善者为《英华集》二十卷，虽著录于《隋志》，今亦不存。他编纂的《文选》三十卷，今存。明人辑有《昭明太子集》五卷，系明辽府刊本，今收入《四部丛刊》集部中。另严可均《全梁文》有昭明太子集一卷。

二、《文选》的编选标准和萧统的文学思想

《文选》所选作家作品，除无名氏而外，共一百二十九家，约七百篇，都是可以称为"先士茂制，讽高历赏"的，大多数有过论定和为当时文学之士所公认。上自周秦，下迄齐梁（断自梁普通七年以前），在众多的作品当中精选出这些作品来，无疑是萧统所做的一次很有意义的总结工作。这中间，既反映出当时社会的一般风尚，当然也同时反映出主编者个人的文学主张。观察一下《文选》入选作品的大致情形，我们会发现，像屈原、宋玉、司马相如、扬雄、班固、张衡、曹植、王粲、刘桢、嵇康、

⊙
萧

陆机、潘岳、谢灵运、鲍照、谢朓、江淹、沈约等人的作品，入选数量较多，这些作家是有一定代表性的，在文学史上早为大家所肯定了的，例如刘勰在《文心雕龙》中就多次提到。从文献考察，李充《翰林论》的佚文也提到"孔文举之书"、"陆士衡之议"、"嵇康之论"、"司马相如《谕巴蜀父老》"等。可见萧统在选文标准方面，是有所继承的，是有一种比较合理的尺度的。但是，由于《文选》只有一篇短短的序言来说明自己的主张，它本身三十卷中又全是作品选而没作其他说明，因此，要想系统而详尽地考察萧统的文学思想比较困难。我们可以通过萧统对待刘勰的态度并从《文选》与《文心雕龙》的比较中看出一些问题来，另外，还可以考察《文选序》、《陶渊明集序》及答他人书等材料。下面就简单谈谈这几个方面：

《梁书·刘勰传》说："昭明太子好文学，深接爱之。"可见萧统与刘勰关系之密切。又《梁书·昭明太子传》说："引纳才学之士，爱赏无倦，恒自讨论篇籍，或与学士商榷古今，闲则继以文章著述，率以为常。"刘勰自然也在"才学之士"之列。刘勰兼东宫通事舍人是在天监十六年（517），当时萧统已十七岁，不可能没有读过《文心雕龙》，也不可能没有听到过刘勰的文学主张。《文选》选录的作家约有一百人，其中五分之四见于《文心雕龙》，如果把《文选》的文体分类和《文心雕龙》比较一下，就更可以看到二人的相通之处。在《文选序》中，萧统把"随时变致"和"娱耳悦目"作为文体发展的原因，这体现了他是从事物不断向前发展这个正确观点上看问题的，同时他注意文章客观效果对于文体演变的作用，这无疑也是正确的。根据萧统的文体分类，我们可以看到文章体裁发展到六朝时期已经比较完备了，他所做的区分工作，实在有"别裁伪体，妙简雅裁"的作用。如果我们注意一下《文选》把赋类分为京都、郊祀、耕藉、畋猎、纪行、游览、宫殿、江海、物色、鸟兽、志、哀伤、论文、音乐、情等十五目这种实际情形，就可以看出萧统是在《文心雕龙》的基础上又有所扩充。《文心雕龙·明诗》对建安诗风作了这样的叙述:"暨建安之初,五言腾踊……并怜风月,狎池苑,述恩荣,叙酣宴……"《文选》就是根据了这样的叙述,扩而充之,具体为"劝励"等目的诗作,合上乐府各目,条分缕析,使诗的名目增多至二十二目。所以,可以说《文选》这种分法,是根据了《明诗》篇中勾画出的大致轮廓而来的。

在《文心雕龙》中曾标举出的作家而在《文选》中却不曾入选的,大都以先秦为多,这是因为萧统遵守了他所定的详近略古的原则。对于同一时代的作家,也有《文心雕龙》标举的多而《文选》却入选的少的现象,其原因,当是萧统依"沉思翰藻"的原则决定取舍;即使对于一人之作,亦本此原则。或许因为《文选》是诵习读物,取其精而约,不取其博而泛,故一类中仅有一二作家或一二篇目。

《文选》所选作家和作品有多于《文心雕龙》的,大抵见于两晋及宋、齐、梁这段时期为多,揆其原因,当不外两种情况:一是刘书成于齐代,其入选作家当然不能下及于梁,即同在齐代,准以《文选》不录生存之例,入选者自然会有所限制。一是诗作方面,《文选》选录的作家往往同于钟嵘《诗品》所录,这也可以看出《文选》的取舍似又比《文心雕龙》扩大了一些。

由上所述,可见无论在文体分类,还是在作家、作品的选录方面,《文选》与《文心雕龙》都有着密不可分的关系:一个是属于理论和叙述的部分,一个是属于作品的选集部分。虽然两书不能处处密合,但其内部联系非常紧密,否则不会有极大程度的一致。

由此可以看出萧统与刘勰在文学思想方面的一致性。但在对待某些具体作家的作品评价方面,他们之间也并不完全相同。例如陶渊明,刘勰在《文心雕龙》一书中没有提到他,钟嵘《诗品》亦仅列之于中品,而萧统《陶渊明集序》则称:

> 文章不群,辞彩精拔,跌宕昭彰,独超众类,抑扬爽朗,莫之与京。横素波而傍流,干青云而直上。语时事则指而可想,论怀抱则旷而且真。加以贞志不休,安道苦节,不

以躬耕为耻，不以无财为病，自非大贤笃志，与道污隆，孰能如此者乎？

备极推崇之至，在《文选》中也选录了陶渊明的诗和《归去来》。从萧统的序文中可以看出他对于陶渊明的这种赞许不只是对一个具体作家的评价问题，也是他本人文学思想的流露。陶渊明的作品不但感情真实，语言纯朴，而且和他的人格融为一体，成为那个时代、那种历史条件下的极高的典型。在他的作品中表达了他自己的思想愿望、生活态度和高洁品格，同时，他又以纯洁通俗的语言，摆脱当时华美藻饰的文风，创造出许多艺术的珍品。萧统说他"独超众类"，"莫之与京"。这是与他对魏晋文风的看法分不开的。

在《答晋安王书》中，萧统说：

> 况观六籍，杂玩文史，见孝友忠贞之迹，睹治乱骄奢之事，足以自慰，足以自言。人师益友，森然在目。嘉言诚至，无俟旁求。

这里，他谈到文学作品的社会内容及其教育作用。在《答湘东王求文集及诗苑英华书》中，他又说：

> 吾少好斯文，迄兹无倦。谭经之暇，断务之余，陟龙楼而静拱，掩鹤关而高卧。与其饱食终日，宁游思于文林。或日因春阳，其物韶丽，树花发，莺鸣和，春泉生，暄风至，陶嘉月而熙游，藉芳草而眺瞩。或朱炎受谢，白藏纪时，玉露夕流，金风多扇，悟秋山之心，登高而远托。或夏条可结，倦于邑而属词，冬云千里，睹纷霏而兴咏。密亲离则手为心使，昆弟宴则墨以观露。又爱贤之情，与时而笃，冀同市骏，庶匪畏龙……

可见他对文学作品内容的要求是多方面的。在同一篇中，他还说：

> 夫文，典则累野，丽亦伤浮。能丽而不浮，典而不野，文质彬彬，有君子之致。吾尝欲为之，但恨未逮耳。

此亦可见他对文学的主张是文质并重——这是他在文学批评方面

提出的标准。

　　齐梁时代，绮艳的作品不少。徐陵《玉台新咏》大量采录，而萧统《文选》中却一点也不收，可见萧统与萧纲的主张绮丽文学截然不同。但同时，他也并未像裴子野《雕虫论》那样否定一切文学作品。他在文学方面的看法是有进步意义的。

三、对《文选》编选标准的理解

　　《文选序》中有两句话："事出于沉思，义归乎翰藻"。可以看做萧统选录各类作品的标准。对这两句话，有些学者作了种种解释。现在，我谈谈自己的看法：

　　我认为，"事"指写作的活动和写成的文章而言，"出"是产生，"于"，介词，在这里表所从，"沉思"犹如说"精心结构"或"创意"；"义"指文章所表达的思想内容而言，"归"，归终，"乎"同"于"，介词，在这里表所向，"翰藻"指确切如实的语言加工。用现代汉语直译这两句，应该是说："写作的活动和写成的文章是从精心结构产生出来的；同时，文章的思想内容终归是要通过确切如实的语言加工来体现的。"结合两句相互关系，又可以作进一步的理解，就是：就文章的设言、命意、谋篇来说，必须和所要表达的思想内容紧密结合，因为后者（沉思）是前者（事）所由来；就文章所要表达的思想内容说，又必须和它的确切如实的语言加工紧密结合，因为前者（义）是赖于后者（翰藻）来体现的。

　　总之，萧统本人的作品虽早已失传，无从稽考。但他编辑的《文选》，却是现存最早的一部古代诗文选集。千百年来，流行极广，经世不衰，在继承古代文化传统方面起了重要作用。萧统的《文选》序，在论述文学的本质特征和辨析文体的区别上，都做出了重要的贡献。所以说，萧统仍不失为中国古代著名的文学家之一。

主 要 参 考 书 目

1. 姚思廉《梁书》卷八《昭明太子传》，中华书局校点本。

2. 李延寿《南史》卷五三《昭明太子传》，中华书局校点本。

3. 《梁昭明文集》，《四部丛刊》本。

4. 《文选》，中华书局影印胡刻本。

5. 周贞亮《梁昭明太子年谱》，见《文哲季刊》第二卷第一册。

6. 何融《〈文选〉编撰时期及编者考略》，见《国文》月刊76期。

7. 骆鸿凯《文选学》，中华书局本。

8. 王运熙《萧统的文学思想和〈文选〉》，见1961年8月27日《光明日报》。

9. 殷孟伦《如何理解〈文选〉编选的标准》，见《文史哲》1961年第1期。

10. 范文澜《文心雕龙注》，人民文学出版社版。

11. 陈延杰《诗品注》，人民文学出版社版。

中国历代著名文学家评传（第一卷）

庾　信

（公元 513—581 年）

刘文忠

一、庾信的家世及少年时代

庾信字子山，小字兰成，南阳新野（今河南新野县）人，梁武帝天监十二年（公元 513 年），他诞生在一个官僚地主家庭中。庾信的八世祖庾滔随晋室南渡，遂徙家江陵。祖父庾易是位"志性恬静，不交外物"（《南齐书·高逸列传》）的隐士。父亲庾肩吾少有文才，八岁能赋诗，初为晋安王（萧纲）国常侍，转太子中庶子，掌管记，他是萧纲的"高斋学士"，也是一位"宫体诗人"。滕王宇文逌在《庾信集序》中称誉庾信的父亲说："文宗学府，智囊义窟；鸿名重誉，独步江南。或昭或穆，七世举秀才；且珪且璋，五代有文集。贵族华望盛矣哉！"这个世代业儒的家庭，对庾信的思想和文学修养必然会有很大影响。

少年时代的庾信天资聪敏，勤奋好学。他"博览群书，尤善《春秋左氏传》"（《周书·庾信传》）。庾信十五岁（梁大通元年）入东宫为昭明太子萧统的讲读，《哀江南赋》所写的"王子滨洛之岁，兰成射策之年"即指此事。中大通三年（531），昭明太子死去，其弟晋安王萧纲被立为皇太子。这时文坛上流行着适应统治阶级声色享受的"宫体诗"，靡靡之音充斥文坛。萧纲成为

"宫体诗"的领袖，庾信与其父庾肩吾与徐摛、徐陵父子俱围绕在他的周围。《周书·庾信传》载："父子在东宫，出入禁闼，恩礼莫与比隆。既有盛才，文并绮艳，故世号为徐庾体焉。当时后进，竞相模范，每有一文，京都莫不传诵。"

二、初入仕途与出使东魏

庾信开始做官大约在二十岁左右，初为湘东国侍郎，不久转调安南府行参军，后又升调尚书度支郎中。

庾信三十岁时（542），为郢州别驾，别驾的官职曾有半个刺史的说法，既掌握了一定的权力，就有了施展政治才能的机会。大同八年（542）春，安成郡人刘敬躬造反，梁武帝使庾信与湘东王萧绎讨论在江水中与刘敬躬作战的方略。刘敬躬久闻庾信的名德，遂不战而逃散。《哀江南赋》所云"论兵于江汉之君"即指此事，可见，庾信不仅能文，还懂得军事，是个文武全才的人。

大同十一年（545），三十三岁的庾信为通直散骑常侍，这时南北关系比较和缓，不断互派使者来发展友好关系。这年夏天，东魏使者来聘，同年秋至冬天，庾信与徐君房等出使东魏，庾信写了《将命至邺》与《将命至邺酬祖正员》诗，这两首诗反映了庾信的外交活动以及在南北通好方面所做的贡献。在《将命至邺》中说：

> 大国修聘礼，亲邻自此敦。张旆事原隰，负扆报成言。西过犯霜露，北指度辕辕。交欢值公子，展礼觌王孙。何以誉嘉树，徒欣赋《采蘩》。四牢欣折俎，三献满罍樽。人臣无境外，何由欣此言！风俗既殊阻，山河不复论。无因旅南馆，空欲祭西门。眷然惟此别，凤期幸共存。

这首诗用了很多外交辞令，歌颂了南北的友好往来，对东魏的热情款待，表达了感激之情。"本传"说他"聘于东魏，文章辞令，盛为邺下所称"。从这首诗中，也可以得到一点说明。

庚信从东魏回梁后，为正员郎，又为东宫领直，春宫兵马并受节制。

三、"侯景之乱"中的庚信

梁武帝太清元年（547），东魏司徒侯景欲率河南十三州降梁。梁武帝不听反对纳降侯景的劝告，准其投降，并封为大将军、河南王。这件事使得梁与东魏的关系紧张起来，梁武帝曾派兵北伐东魏，后不得已又与东魏讲和。太清二年（548），侯景反，由于梁武帝招降侯景，引狼入室，"五十年来，江表无事"（《哀江南赋》，后凡引此文不再注出处）的局面被打破了。梁武帝笃信佛教，三次舍身同泰寺，武备不修，所用非人，武帝诸子、侄各怀野心，坐观时变，侯景很快兵临梁朝的都城建邺（今南京市）。萧纲命庚信率宫中文武千余人（《资治通鉴·梁太清二年》作三千余人），营于朱雀航北。侯景兵到，"（庚）信方食甘蔗，有飞箭中门柱，信手甘蔗，应弦而落，遂弃军走"（《资治通鉴·梁太清二年》）。应该说，诗人庚信在这次战斗中的表现是怯懦的。

金陵陷落之后，庚信沿长江西行，逃奔江陵。他假托奉了皇帝之命，假借奉使出国的名义，混过了关口。一路上经历了许多困难与险阻："过漂渚而寄食，托芦中而渡水，届于七泽，滨于十死。"沿途目睹了"旅舍无烟，巢禽无树"的战后凄凉景象。在路过江夏（今湖北武昌）时，遇到曾和庚信少年时代有过同性恋爱关系的长沙王萧韶。"韶昔为幼童，庚信爱之，有断袖之欢。衣食所资，皆信所结。遇客，韶亦为信传酒。后为郢州，信西上江陵，途经江夏，韶接信甚薄，坐青油幕下，引信入宴，坐信别榻，有自矜色。信稍不堪，因酒酣，乃径上韶床，践蹋肴馔，直视韶面，谓曰：'官今日形容，大异近日！'时宾客满坐，韶甚惭耻。"（《南史·梁宗室上》）有人认为这是庚信闹的一幕"丑剧"，"这时期庚信对国家的哀痛究竟达到什么程度，是可以置疑的"（杨白桦《论〈哀江南赋〉及其序》）。实际上萧韶是个势利小人，庾信的"使酒骂坐"固然显得庾信心地狭窄，但他给萧韶一点难堪是萧韶的傲慢造成的，从这里我们看到庾信性格上的一个特点：爱冲动、易激怒，睚眦之怨必报。"本传"说他"身长八尺，腰带十围，容止颓然，有过人者"。这样一个具有一表人材的大汉，又有刚强的个性，庾信的形象，就大体可以想见了。

庾信逃奔江陵后，在庾家的故居（江陵城北三里宋玉宅）暂住了一段时间。侯景之乱使南朝人民和庾信的家庭都蒙受了巨大的灾难，由于战乱，当时"都下户口，百遗一二，大航南北，极目无烟"，"千里绝烟，人迹罕见，白骨成聚，如丘陇焉"。（《南史·侯景传》）庾信的两个儿子和一个女儿，也在这次战乱中死去了，其父庾肩吾与庾信在江陵会面不久也死去了。侯景之乱，使庾信破国亡家，对他后半生的影响和震动是巨大的。同时对他后期写作《哀江南赋》、《伤心赋》等，提供了很多形象的创作素材。

公元552年，梁元帝萧绎派王僧辩等平定了侯景之乱。同年，元帝即位于江陵。庾信对元帝曾抱有很大的希望，称他为"中兴之主"。元帝即位后，庾信被任命为御史中丞，不久，又迁为右卫将军，封武康县侯，加散骑侍郎。《哀江南赋》所说的"谬掌卫于中军，滥尸丞于御史"就是指这时的居官情况。梁元帝不思迁都，猜忌残忍。面对这位新主子，庾信时有忧谗畏祸的思想，这种思想在赋中有所流露。

四、出使西魏与羁留仕北

承圣三年（554），诗人庾信奉命出使西魏，正在这时，西魏大军进攻江陵，江陵陷落，元帝被执，不久即遇害而死。南朝人民又一次遭到巨大的灾祸。西魏统治者大肆杀戮，并将十万俘虏带至长安，这些俘虏大部分做了西魏统治者的奴隶。这十万俘虏的行列中就有庾信的妻子和老母。由于庾信是西魏安定公宇文泰的好友，庾信的妻子老母被放还。不久，庾信仕魏，这是庾信一生的分界线，从此他再也没有回到南朝去，而是"移住华阴下，终为关外人"（见《拟咏怀二十七首》之五）了。

五、庾信后期的生活经历

庾信的生平以四十二岁为界分为前后两个不同的时期，他的后半生是在北朝度过的，经历了二朝五帝，一共生活了二十八个年头。

《周书·庾信传》载："江陵平，拜使持节、抚军将军，右金紫光禄大夫、大都督，寻进车骑大将军，仪同三司。"倪璠《庾子山年谱》定为是年庾信仕魏，年四十二。江陵陷落在梁元帝承圣三年（554）十二月，《哀江南赋》说："三日哭于都亭，三年囚于别馆"，足见庾信曾被软禁过一段时间，他的仕魏最早应为公元555年，即四十三岁时。

唐人张鹭《朝野金载》卷六记载了庾信的一条轶闻逸事：

> 梁庾信从南朝初至北方，文士多轻之。信将《枯树赋》以示之，于后无敢言者。时温子升作《韩陵山寺碑》，信读而写其本，南人问信曰："北方文士何如？"信曰："唯有韩陵山一片石堪共语，薛道衡、卢思道少解把笔，自余驴鸣犬吠，聒耳而已。"

从《枯树赋》的内容看，似为庾信的暮年之作，这条轶闻不完全可靠。

公元557年，西魏被北周取而代之，孝闵帝宇文觉即位后，庾信被封为临清县子，邑五百户；除司水下大夫。在任职期间，他曾监修过渭桥，写过一首《忝在司水看治渭桥》诗。以后，他大约做了三年的弘农郡太守，回到长安后，迁骠骑大将军，开府仪同三司、司宪中大夫，进爵义城县侯，这年庾信四十八岁。同年他与庾季才、王褒并为"麟趾学士"，参与校书工作，并于政事闲暇之际，从事诗歌创作。这时庾信位望通显，超过南朝，在文学上地位更高，爱好文学的王公贵戚多以庾信为榜样，如赵国公宇文招，就以学"庾信体"出名。

陈文帝天嘉元年（560），陈朝的毛喜进陈、周和好之策，南北使命屡通，关系又一度缓和。有不少羁留北朝的南朝人士，陆续回到了南方去。庾信虽然对南朝陈有些敌对情绪，由于门阀思想的局限，他看不起寒族出身的陈霸先，对陈霸先保存南方汉族政权的功绩很不理解，甚至骂陈霸先为"无赖子弟"。但当他看到不少故人回到南朝时，时常勾起他的"乡关之思"。周武帝保定二年（562），陈尚书周弘正自周还陈，庾信写了《别周尚书弘正》、《送周尚书弘正二首》等诗。在《重别周尚书二首》中写道："阳关万里道，不见一人归。惟有河边雁，秋来南向飞。"他想到自己羁留长安，如在阳关之外，弘正南归，若秋雁渡河，大有羡慕弘正回南之意。在南北通好的时代，应该说庾信返回故国的机会是有的。公元575年，庾信正在洛州刺史任上，当时"南北流寓之士，各许还其旧国。陈氏乃请王褒及信等十数人。武帝惟放王克、殷不害等，信及褒并惜而不遣"（《北史·庾信传》）。这一年庾信已经六十三岁了，他失去最后一次归南的机会。周武帝宣政元年（578），庾信由洛州刺史征还长安，为司宗中大夫，其时王褒已经去世，庾信思归失望，哀怨益甚，抚今追昔，不禁感慨万端，著名的《哀江南赋》就是在这种情况下写的。

庾信的晚年是萧瑟的，故国之思与仕北的惭耻纠缠着他的头脑，成为他沉重的精神负担，在白首之年，他的家庭又遭到不幸，女儿与外孙又相继死去。晚年老病交加，景况更加凄凉。

庾信在六十七岁时，因病去职，两年后的秋天或冬天，即隋文帝开皇元年（581），便与世长辞了。

六、庾信前期的诗赋

庾信的创作，以四十二岁为界也可分为前后两个不同的时期。在思想内容与艺术风格上，前后期有很大的不同。

庚信前期的创作，在今本《庚子山集》中只占极少数，这是因为在金陵与江陵的两次战火中，庚信前期的创作几乎荡然无存。庚信的生前好友北周滕王逍说："（信）昔在扬都，有集十四卷。值太清罹乱，百不一存。及到江陵，又有三卷，即重遭军火，一字无遗。"（《庚子山集注·滕王逍原序》）现存集中有少数前期的作品，是隋文帝平陈之后所得的逸文，大约有诗三十余首，赋六篇，《玉帐山铭》等。

从现存的前期诗赋来看，其成就远不如后期，但也并非一无所取。特别是咏物和抒情的小赋，在赋的发展史上应占有一定的地位。艺术成就较高，影响也颇大，显露出年青诗人的才华和文学修养。如《春赋》多用整齐的诗句入赋，描写美好的春色，虽以美人来映衬春景稍显绮艳，仍不失为一篇抒情优美的小赋：

> 宜春苑中春已归，披香殿里作春衣。新年鸟声千种啭，二月杨花满路飞。河阳一县并是花，金谷从来满园树。一丛香草足碍人，数尺游丝即横路。开上林而竞入，拥河桥而争路。出丽华之金屋，下飞燕之兰宫。钗朵多而讶重，髻鬓高而畏风。眉将柳而争绿，面共桃而竞红。影来池里，花落衫中。

这篇小赋对仗多而不显得板滞，自然流丽，声韵婉谐，赋中糅合了某些诗的成分。

在《荡子赋》中，作者先写思妇"空床起怨"的种种情致，转笔写思妇闻夫婿将归，由忧而变喜，虽短小而富有波澜：

> 荡子辛苦逐征行，直守长城千里城。陇水恒冰合，关山唯月明。况复空床起怨，倡妇生离，纱窗独掩，罗帐长垂。新筝不弄，长笛羞吹。……新歌《子夜》，旧舞《前溪》。别后关情无复情，奁前明镜不须明。合欢无信寄，回纹织未成。游尘满床不用拂，细草横阶随意生。

> 前日汉使著章台，闻道夫婿定应回。手巾还欲燥，愁眉即剩开。逆想行人至，迎前含笑来。

其他如《七夕》、《鸳鸯》、《灯》、《镜》等赋，也多能得体

庚信

物抒情之妙。《灯赋》写灯花:"蛾飘则碎花乱下,风起则流星细落",刻画是细腻精工的。前期赋的不足之处是,咏物但求物态之真与巧尚形似,没有寄托深刻的思想,思想性较低,风格流于纤细、绮艳。

庾信前期的诗,总的看不如赋,多数是奉和之作。如《和咏舞》(简文帝有《咏舞》诗)、《奉和示内人》、《奉和山池》(简文帝有《山池》诗)、《奉和同泰寺浮屠》、《奉和初秋》(简文帝有《初秋》诗)等,大多数是描写歌声舞影、留连光景之作,内容上比较贫乏,艺术上也无多少可称道之处。在江陵时所写的一首《燕歌行》①,是比较优秀的边塞诗,表现了边塞战士的征战离别之苦:

> 代北云气昼昏昏,千里飞篷无复根。寒雁邕邕渡辽水,
> 桑叶纷纷落蓟门。晋阳山头无箭竹,疏勒城中乏水源。属国
> 征戍久离居,阳关音信断能疏。……自从将军出细柳,荡子
> 空床难独守。盘龙明镜饷秦嘉,辟恶生香寄韩寿。春分燕来
> 能几日,二月蚕眠不复久。

七、庾信后期的诗赋——"暮年诗赋动江关"

由于生活环境和北地民歌对庾信创作的影响,他摆脱了前期诗赋的"绮艳",而代之以清新、流丽、悲慨苍凉的艺术风格。他后期的诗赋,抒写"乡关之思"成了贯穿在许多作品的重要主题,而《哀江南赋》和《拟咏怀》二十七首,是他后期创作和整个创作中的双璧。

《哀江南赋》是一篇感人至深的自传体史诗,赋前五百多字的序,是全赋的纲领和序曲,既概括了主题,又阐述了创作动机。"穷者欲达其言,劳者须歌其事";"不无危苦之辞,唯以悲

---

① 据《周书·王褒传》,王褒在江陵"曾作《燕歌行》,妙尽关塞寒苦之状;元帝及诸文士并和之,而竟为凄切之词"。庾信《燕歌行》,似为和王褒之作。

哀为主。"这些创作原则标志着庾信后期已经走向现实主义的创作道路。

《哀江南赋》先写庾信的家德、祖风,作者所以这样写,一方面是受了士族文人爱炫耀自己家世的影响,如序中所云:"潘岳之文采,始述家风;陆机之辞赋,先陈世德。"但更重要的一点是将个人的命运与国家的兴亡联系起来,以突出国破家亡的悲哀,为全赋所表现的"乡关之思"作铺垫。诗人深沉的故国之思,首先是建立在对梁朝建国后四十余年歌舞升平景象的回忆之上的:

> 于时朝野欢娱,池台钟鼓。里为冠盖,门成邹鲁。连茂苑于海陵,跨横塘于江浦。东门则鞭石成桥,南极则铸铜为柱。桔则园植万株,竹则家封千户。西赆浮玉,南琛没羽。吴歈越吟,荆艳楚舞。草木之遇阳春,鱼龙之逢风雨。五十年中,江表无事。班超为定远之侯,王歙为和亲之使。马武无预于甲兵,冯唐不论于将帅。

这种升平景象的描写,当然有些夸大,但侯景之乱前的梁朝,由于当时北朝内部斗争激烈,江南地区确实获得了相对稳定的局面,"五十年中,江表无事"的说法基本上是符合事实的。使作者感到遗憾的是:梁武帝沉溺于佛教,"设重云之讲,开士林之学"。崇尚空谈,不修武备,"宰衡以干戈为儿戏,缙绅以清谈为庙略"。又错误地纳降了反复无常、包藏祸心的侯景,这就是造成"大盗移国,金陵瓦解"的重要原因。

庾信在赋中艺术地再现了侯景之乱,他一方面鞭挞了勾结侯景的萧正德之流,即《赋》中所说"王子召戎,奸臣介胄";批判了萧氏诸子侜坐观时变,即所谓"官守无奔问之人"。同时也热情地歌颂了在"太清之乱"中为国牺牲的英雄。如歌颂韦粲:"护军慷慨,忠能死节,三世为将,终于此灭。"赞扬江子一、江子四、江子五兄弟:"济阳忠壮,身参末将,兄弟三人,义声高唱,主辱臣死,名存身丧。"庾信对自己在国难当头所表现的怯懦,则进行了掩饰,所谓"将军一去,大树飘零",既掩盖了他自己的临阵逃跑，也夸大了他个人的作用。

侯景之乱被平定之后，梁元帝即位于江陵，对于元帝的"夷凶靖乱，大雪冤耻"，庾信给了他一定程度的肯定。但对元帝的自高自大、猜忌狠毒又进行了无情的批判：

> 沉猜则方逞其欲，藏疾则自矜于己。天下之事没焉，诸
> 侯之心摇矣！既而齐交北绝，秦患西起。……蔑因亲以致
> 爱，忍和乐于弯弧（指元帝害其兄邵陵王萧纶）。既无谋于
> 肉食，非所望于论都。……登阳城而避险，卧砥柱而求安。
> 既言多于忌刻，实志勇而形残（指元帝眇一目）。但坐观于
> 时变，本无情于急难。

承圣三年（554），江陵被西魏攻陷，西魏统治者大肆杀戮，并将十万臣民俘去长安，《赋》中十分沉痛地描绘了这次亡国惨祸，真实地反映了十万俘虏的血泪生活：

> 冤霜夏零，愤泉秋沸。城崩杞妇之哭，竹染湘妃之泪。
> 水毒秦泾，山高赵陉。十里五里，长亭短亭。饥随蛰燕，暗
> 逐流萤。……逢赴洛之陆机，见离家之王粲，莫不闻陇水而
> 掩泣，向关山而长叹！

作者进而指出，造成这种惨祸的原因，虽有外来因素，但主要在于诸王互相残杀："虽借人之外力，实萧墙之内起。"庾信这位出使西魏的亡国使者，只有"生而望返"、"死而思归"了。最后在深沉的故国之思中结束了全篇：

> 岂知灞陵夜猎，犹是故时将军。咸阳布衣，非独思归
> 王子。

附带指出，陈寅恪先生在《读哀江南赋》①一文中指出：庾信作赋的动机，在于"谋归南朝"，认为赋中的"思归王子"实指陈文帝之弟安成王顼。并指出："《哀江南赋》致意之点，实在于此。"这种看法似难令人置信。《哀江南赋》有几处对南朝陈表示蔑视与敌视，即使"无赖子弟"不是指陈霸先而是指侯景，但

---

① 此文收在上海古籍出版社出版的《金明馆丛稿初编》中。

"鉏耰棘矜者，因利乘便，将非江表王气，终于三百年乎?"及"惜天下之一家，遭东南之反气"等处，则明明是在指责陈霸先篡位，如果要谋归南朝的话，怎能在赋中屡骂南朝陈呢? 庾信虽时有"乡关之思"，但未必想回到南朝陈做他的臣民，他的"乡关之思"是建立在对梁王朝的回忆与思念上的。关于这一点我们还可找到其他旁证：庾信在一首《咏雁》诗中写道："南思洞庭水，北想雁门关。稻粱俱可恋，飞去复飞还。"这首诗明为咏物，实为咏怀，雁即诗人自我形象的写照，他既思南，又恋北，飞来飞去，徘徊不定，表现出诗人的矛盾心情。《拟连珠》第四十四首说："乌江舣楫，知无路可归；白雁抱书，定无家可寄。"倪璠注谓："虽极思念乡关，实无归陈之志矣。"这种看法比较符合庾信的思想。

《哀江南赋》寄寓的作者的"乡关之思"和他对南梁故国灭亡的深切悼念，其感情是真挚动人的。它凝聚着对故国君臣与人民在金陵、江陵两次被祸的哀伤，概括了江陵陷落时被俘获到长安的十万臣民的血泪生活。庾信的"乡关之思"，不仅属于作者自己，它具有一定的典型性和普遍意义。

《哀江南赋》是骈赋的划时代的杰作，在赋史上具有里程碑的意义，它具有史诗的规模和气魄。在声律方面宫商抑扬，改变了作者前期赋中以大量诗语入赋的特点。在文采方面绣错绮交。在用典上灵活自然，"援古证今，用人若己"（《文心雕龙·丽辞》）。它的对偶匀称妥帖，语言上骈散结合，不呆板，有错综变化之美。总之，《哀江南赋》的确是一篇"辞生于情，气余于采"（张溥《庾开府集题辞》），"华实相扶，情文兼至"（纪昀《四库全书总目提要》）的骈赋佳作。令狐德棻诋为"淫放"、"轻险"、"词赋罪人"（《周书·庾信传》）是失当的。至于王若虚所说的："庾信《哀江南赋》堆垛故实，以寓时事，虽记闻为富，笔力亦壮，而荒芜不雅，了不足观。如'崩于钜鹿之沙，碎于长平之瓦'，此何等语；至云'申包胥之顿地，碎之以首'，尤不成文也。"（王若虚《滹南遗老集·文辨》）这种看法也是有些偏颇的。庾信的用典虽然个别地方有些错误，在遣词造句方面也有些不符合规范的地方，诚如王若虚所指出的某些例证，但这是骈文的通病，不过是白璧微瑕而已。庾信的大量用典，一方面是受了时代文风的影响，同时也与他的政治处境有关。他身在北周而怀念南梁，有些话不便直说，不得不用典故，把事情说得曲隐一些。

庾信的"乡关之思"并不"仅寄于哀江南一赋"（张溥《庾开府集题辞》），在他后期的诗歌创作中，"乡关之思"是贯穿在许多作品中的一个重要主题。诚如倪璠所言："（《拟咏怀》二十七首）皆在周乡关之思，其辞旨与《哀江南赋》同"（《拟咏怀》二十七首题下倪璠注）。《拟连珠》四十四首，也贯穿着这个主题，"观其辞旨凄切，略同于《哀江南》之赋矣"（《拟连珠》四十四首题下倪璠注）。倪璠在《注释庾集题辞》中说："予谓子山入关后，其文篇篇有哀，凄怨之流，不独此赋（指《哀江南赋》，笔者注）而已。若夫《枯树》衔悲，殷仲文婆娑于庭树；《咏怀》之二十七首，楚囚若操其琴；《连珠》之四十四章，汉将自循其发。"所谓"篇篇有哀"，就是篇篇不离"乡关之思"，特别是《拟咏怀》二十七首，是抒写"乡关之思"的代表诗作，兹举数首，以见一斑：

　　俎豆非所习，帷幄复无谋。不言班定远，应为万里侯。燕客思辽水，秦人望陇头。倡家遭强聘，质子值仍留。自怜才智尽，空伤年鬓秋。（《拟咏怀》之三）

　　惟忠且惟孝，为子复为臣。一朝人事尽，身名不足亲。吴起尝辞魏，韩非遂入秦。壮情已消歇，雄图不复申。移住华阴下，终为关外人。（《拟咏怀》之五）

　　榆关断音信，汉使绝经过。胡笳落泪曲，羌笛断肠歌。纤腰减束素，别泪损横波。恨心终不歇，红颜无复多。枯木期填海，青山望断河。（《拟咏怀》之七）

　　萧条亭障远，凄惨风尘多。关门临白狄，城影入黄河。秋风别苏武，寒水送荆轲。谁言气盖世，晨起帐中歌。（《拟

咏怀》之二十六）

诗中处处流露着羁留不归的哀愁，他把自己的被逼仕北，比喻为不愿嫁人的娼女被强行嫁人和长期留在异国的"人质"。他想到自己屈节仕敌，为臣不忠，为子不孝，雄情消歇，壮图难申，身败名裂，虽老死而不得入关，充满着无可奈何的哀愁。他常常闻胡笳而落泪，听羌笛之声而断肠。悲伤损害了他的身体健康，终日流泪使他的双目失去光彩，愁恨绵绵，无有尽期。他的"乡关之思"可以说无往不在，一触即发，凄怨之情，哀感动人。

与"乡关之思"有联系的，是诗人对靦颜仕北的惭耻。庾信"博览群书，尤善《春秋左氏传》"。《左传》的"华夷之辨"，不能不给他以深刻的影响。故国君主的知遇之恩使诗人终生不能忘怀："畴昔国士遇，生平知己恩。直言珠可吐，宁知炭欲吞。"（《拟咏怀》之六）他感到知遇之恩不能相报的痛苦。他对靦颜仕北，时常感到面惭耳热，内心充满痛苦与不安。如在《拟咏怀》之二十中说："在死犹可忍，为辱岂不宽。古人持此性，遂有不能安。其面虽可热，其心长自寒。"精神上的折磨，使他感到"昏昏如坐雾"（《拟咏怀》二十四）中。他变得消极了，企图以"縠皮两书帙，壶卢一酒樽"（《拟咏怀》二十五）的读书饮酒生活聊以自慰并结束自己的一生。

除《拟咏怀》之外，庾信在后期的不少诗作中，也表现了诗人的"乡关之思"、亡国之痛和屈仕魏、周的惭耻，他甚至骂自己厚颜无耻，面皮像三寸厚的树皮。"木皮三寸厚，泥泾五斗浊"（《和张侍中述怀》）就是反躬自责的诗句。在他所写的寄人或赠友的诗中，时常流露出对故人和故土的依恋，有些五言小诗写得很好，如《寄王琳》说：

玉关道路远，金陵信使疏。独下千行泪，开君万里书。

《寄徐陵》云：

故人倘思我，及此平生时。莫待山阳路，空闻旧笛悲。

这些小诗虽只寥寥数语，但却表现出对故人和故国的深情，风格上悲慨苍凉，清新隽永。

⊙
庾

值得指出的一点是，宇文逌在《庾子山集序》中，极力夸张庾信在北周的位望通显，说他"高官美宦，有逾旧国"，并宣扬周明帝、周武帝对庾信的恩礼，诸王与庾信的深厚交情。这仅仅是事情的一个方面，它并不能掩盖庾信后期的萧瑟生涯。实际上北周统治者内部斗争非常激烈，庾信在北周并无实权，他后期所处的政治环境是相当险恶的。《寒园即目》描写说："苍鹰斜望雉，白鹭下观鱼。更想东都外，群公别二疏。"这几句话是寓有深意的。为什么看到苍鹰望雉和白鹭观鱼便联想到汉代疏广、疏受的退隐呢？这不是在说明，他当时的处境有如雉和鱼，随时都有被鹰鹭（喻北周统治者）吃掉的危险吗？庾信晚年的归隐思想，应从这里寻找解释。

八、庾信的评价与影响

总观庾信的诗赋创作，可以看出他确实是一位继往开来的作家，他不仅集六朝之大成，而且在诗赋写作上有创造，有革新。在文学史上产生过巨大的影响，特别是对唐代文学的影响，更是不容忽视的。王勃《滕王阁序》中千古传颂的名句"落霞与孤鹜齐飞，秋水共长天一色"，就是从庾信的《马射赋》"落花与芝盖同飞，杨柳共春旗一色"脱胎出来的。庾信在我国诗歌格律形式的发展上是做出了贡献的。刘熙载《艺概》说："庾子山《燕歌行》开唐初七古，《乌夜啼》开唐七律，其古体为唐五绝、五律、五排所本者，亦不可胜举。"李调元《雨村诗话》说："庾子山诗对仗精工，乃六朝而后转为五古、五律之始。"他的五言新体诗，如《对宴齐使》、《寄徐陵》、《秋日》等，在声律上已与唐代的五律、五绝暗合。《秋夜望单飞雁》、《代人伤往》二首，从句法、章法、对仗等方面看，也与唐人的七律、七绝很相近。

对庾信及其作品的评价，在历史上存在的分歧较大。

第一个给庾信较高评价的是北周的滕王逌，他在《庾子山集序》中说："信降山岳之灵，缊烟霞之秀。……妙善文词，尤工诗赋。穷缘情之绮靡，尽体物之浏亮，诔夺安仁之美，碑有伯喈之情。……齿虽耆宿，文更新奇。才子词人，莫不师教；王公名贵，尽为虚襟。"他高度赞扬了庾信的才华及在诗赋上的突出成就，并指出庾信晚年艺术风格趋向新奇，这基本上是对的。但滕王迥掩盖了庾信作品中的"乡关之思"，他并未抓住庾信晚期诗赋在思想内容上的特点。李延寿《北史·文苑传》说："徐陵、庾信分路扬镳。其意浅而繁，其文匿而采，辞尚轻险，情多哀思。"王通《文中子》说："徐陵、庾信，古之夸人也，其文诞。"令狐德棻在《周书·庾信传论》中说："然则子山之文，发源于宋末，盛行于梁季。其体以淫放为本，其词以轻险为宗，故能夸目侈于红紫，荡心逾于郑、卫。昔扬子云有言：'诗人之赋，丽以则；辞人之赋，丽以淫。'若以庾氏方之，斯又词赋之罪人也。"这几位史学家对庾信的评价均有过当之处，他们的失足之点在于把庾信视为宫体诗人，没有区分庾信前后期创作风格的不同，因而不能准确地把握庾信的艺术风格。但令狐德棻和李延寿看到庾信在北朝"虽位望通显，常有乡关之思，乃作《哀江南赋》以致其意"。在这一点上，他们是有见地的。

应该说，在唐代最理解同情庾信并给予他高度评价的是伟大的诗人杜甫。杜甫《春日忆李白》云："清新庾开府，俊逸鲍参军。"《戏为六绝句》之一云："庾信文章老更成，凌云健笔意纵横。今人嗤点流传赋，不觉前贤畏后生。"《咏怀古迹》五首之一说："庾信平生最萧瑟，暮年诗赋动江关。"杜甫准确地概括了庾信的艺术风格，认为他的风格是清新的，特别肯定了庾信的后期创作更加成熟，并且指出他晚年诗赋所以能深深感动人、扣人心弦，是生活使然。艰难玉成了诗人，萧瑟的生平，再加上他那支凌云健笔，使他写出惊天动地的艺术作品来。杜甫直到在临终前写的一首《风疾舟中伏枕书怀三十六韵奉呈湖南幕府亲友》诗中，还念念不忘庾信，说："哀伤同庾信，述作异陈琳。"足见杜甫多么同情庾信，同时也可看出庾信对杜甫的影响，他们在遭遇上和创作风格上都有相似之处。

明代的杨慎在《升庵诗话》中，也给了庾信较高的评价。他说："庾信之诗，为梁之冠冕，启唐之先鞭。史评其诗曰'绮艳'，杜子美称之曰'清新'，又曰'老成'。'绮艳'、'清新'人皆知之，而其'老成'，独子美能发其妙。余尝合而衍之曰：绮多伤质，艳多无骨，清易近薄，新易近尖。子山之诗，绮而有质，艳而有骨，清而不薄，新而不尖，所以为老成也。"应当指出，杜甫所说的"庾信文章老更成"，是说庾信的创作年老而更趋成熟。"清新"是一种风格，"老成"不是一种风格，杨慎似误把老成当做一种风格是错误的。

清代的全祖望指责庾信仕北是无耻的失节行为。他说："甚矣，庾信之无耻也。失身宇文，而犹指鹑首赐秦为天醉，信则已先天醉矣，何以怨天？后世有裂冠毁冕之余，蒙面而谈，不难于斥新朝颂故国以自文者，皆本之天醉之说者也。"（全祖望《鲒埼亭集》外编《题哀江南赋后》）全氏从民族气节出发，对庾信的指责有一定合理因素，但庾信的仕北，有其特殊的历史条件，由于梁王朝的灭亡和他对陈霸先所抱的敌对情绪，使他感到有国难投，另方面他的仕北有被迫的因素，并不完全是他个人的过错。至于《赋》中的"以鹑首而赐秦，天何为而此醉"，不过是说梁之襄阳一带（鹑首星的分野）亡没于西魏，这难道是上帝喝醉了酒而使然吗？这里虽然没有明确反对魏周的意思，但也没有文过饰非的企图。全氏指责"天醉"之说是"斥新朝颂故国以自文者"所本，就未免有些主观了。

主 要 参 考 书 目

1. 令狐德棻《周书》卷四一《庾信传》，李延寿《北史·文苑传》，中华书局校点本。
2. 倪璠注，许逸民校点《庾子山集注》，中华书局版。
3. 陈寅恪《读哀江南赋》，见上海古籍出版社版《金明馆丛稿初编》。
4. 刘开扬《论庾信及其诗赋》，见《文学遗产增刊》第七辑。

5. 杨白桦《论〈哀江南赋〉及其序》，见《江海学刊》1963 年第 8 期。

6. 许逸民《宋人记载中的庾信佚作》，见中国社会科学出版社版《文学评论丛刊》第五辑。

538 信